Axel von Gadolin

SCHWEDEN

Axel von Gadolin

SCHWEDEN

Geschichte

und Landschaften

Prestel-Verlag München

Bearbeitet und ergänzt von Walter Romstoeck

Die Karten zeichnete Alfred Beron

Passavia Druckerei AG Passau 1973

ISBN 3 7913 0043 1

INHALT

Vorwort

Das vorliegende Buch möchte dem deutschen Leser einen geschichtlichen und einen landschaftlichen Überblick über Schweden vermitteln. Der Verfasser, selbst ein Finnlandschwede, dessen Familie alte Wurzeln im ehemaligen ungeteilten schwedischen Reich hat, hat den Versuch unternommen, das Wesentliche aus einem unendlich reichen Stoff auszuwählen, in dem vollen Bewußtsein, daß jeder Auswahl ein subjektives Moment anhaftet. Der kurze geschichtliche Teil soll dem Leser das notwendige historische Verständnis vermitteln, das für ernsthafte Reisende unerläßlich ist. Die enge historische Verflechtung Schwedens nicht nur mit den beiden anderen skandinavischen Staaten, sondern auch mit Rußland und Deutschland, seine Großmachtstellung im 17. Jahrhundert, all das ist, glaube ich, für den deutschen Leser interessant und zum großen Teil unbekannt. Die Kenntnis der großen Geschlechter und geschichtlichen Figuren Schwedens wird seine Erfahrungen bereichern, er wird Städte und Landschaften mit anderen Augen ansehen und erleben. Auch wird ihm bewußt werden, daß das heutige Staatsgebiet nur den Rest eines größeren Reiches darstellt. Daß die russischen Küstenstreifen und die große Schärenwelt Finnlands – einschließlich der Ålandinseln – auch heute noch schwedischsprachig sind, ist selbst breiten Schichten der Bevölkerung Schwedens kaum bekannt. Das moderne Schweden hat sich völlig auf die drei gebliebenen Reichsteile Svealand, Götaland und Norrland konzentriert.

Der geschichtliche Überblick vermittelt dem deutschen Leser Kenntnis über die große Rolle, die die Deutschen in der Geschichte, in der Gesellschaft und im Wirtschaftsleben Schwedens gespielt haben. Pommersche, mecklenburgische, bayrische und pfälzische Fürsten haben Schweden regiert, und jede ältere Stadt hat ihre deutsche Bürgerschaft gehabt. Fast ein Drittel des alten schwedischen Adels ist deutschen Ursprungs, und die gewöhnlichen deutschen Namen sind in Schweden so zahlreich, daß sie gar nicht als deutsch auffallen.

Die Beschreibung des Landes folgt der alten Einteilung in Gaue, die schwedisch ›landskap‹, das heißt Landschaften, heißen. Administrativ ist das Land heute auf Landeshauptmannschaften (län) aufgeteilt, die auch Provinzen genannt werden könnten, wäre nicht ›Provinz‹ in älterer Zeit die Bezeichnung für ein erobertes Gebiet, zum Beispiel die Ostseeprovinzen, gewesen. Im allgemeinen folgen die Grenzen der Provinzen den alten Gaugrenzen, nur bei den ganz großen Einheiten wie Småland, einigen norrländischen Gauen oder im dichtbevölkerten Schonen kommen Unterteilungen vor. Der Begriff der alten Gaue ist aber in Schweden noch lebendig, und ein jeder kennt seine Landsmannschaft. Nur in Stockholm und in Göteborg hat sich ein Stadtbewußtsein entwickelt.

Die drei Reichsteile Schwedens umfassen zusammen 25 Gaue, unter denen vor allem Uppland, Västergötland und Östergötland eine zentrale geschichtliche Rolle als ›Urkantone‹ gespielt haben. Die sechs Gaue Svaelands und die zehn Götalands wie auch die Großstädte Stockholm und Göteborg sind ausführlicher, dagegen die neun norrländischen ›Landschaften‹ summarischer behandelt worden.

Was die Aussprache des Schwedischen betrifft, so sind die Hauptunterschiede zum Deutschen nur gering. Das å wie zum Beispiel in Småland wird wie ein breites dunkles o ausgesprochen; y und u in der Regel wie ü; ch vor hellen Vokalen und Umlauten wie sch; g vor hellen Vokalen und Umlauten wie j; k vor hellen Vokalen und Umlauten wie tsch – also tschürka statt kyrka – und f am Silbenende wie w.

Der Verfasser hat es als seine Aufgabe betrachtet, den Leser mit der Schönheit der schwedischen Landschaft, ihren Altertümern und Kultorten, ihren Kirchen, Schlössern und Städten bekannt zu machen. Als Finnlandschwede hegt er eine besondere Liebe zum alten Reich, dessen gebliebenes Kernland ihm durch und durch vertraut ist; gleichzeitig war seine Familie mit den historischen deutschen Familien des alten Reiches eng verbunden, so daß Deutsch ihm neben Schwedisch als seine zweite Muttersprache gilt.

DAS LAND UND SEINE MENSCHEN

Atlantischer
Ozean
Polarkreis
NORWEGEN
SOWJET-
Norrland
Lappland
Norrbotten
Västerbotten
Ångermanland
Jämtland
Härjedalen
Medelpad
Hälsingland
Dalarna
Gästrikland
FINNLAND
Bottnischer Meerbusen
Helsinki
Oslo
Svealand
Värmland
Västmanland
Uppland
Stockholm
Dalsland
Närke
Södermanland
Bohuslän
Östergötland
Västergötland
Götaland
Gotland
Halland
Småland
Öland
Blekinge
DÄNEMARK
Skåne
Kopenhagen
Ostsee
Staatsgrenzen
Landschaftsgrenzen
0
100
200 km

Dem Meere entstiegen, aus Feuer und Eis geboren

Das schwedische Landschaftsbild von heute wurde fast gänzlich von der letzten Eiszeit, von dem Abschmelzen der Gletscher und von der Erosion geprägt. Hierzu kommt noch der Vorgang der diskontinuierlichen Küstenhebung. Etwa ein Drittel Schwedens liegt unterhalb einer Meereshöhe von 90 Meter, ein zweites Drittel kommt über 240 Meter nicht hinaus, während nur ein Zwölftel über 600 Meter emporragt. Das Gebirge liegt weit im Westen und Nordwesten und hängt zum großen Teil mit dem norwegischen Hochgebirge zusammen. Der höchste Gipfel, Kebnekaise, liegt in Lappland und erreicht 2121 Meter. Die Gipfel Helagsfjället in Härjedalen und Storsylen in Jämtland geben sich mit 1796 und 1762 Metern zufrieden.

Das zusammenhängende Gebirge Nordschwedens wird durch zahlreiche parallele, nach dem Südosten gerichtete Flußtäler in einzelne Massive aufgeteilt, die meistens flach und abgerundet dastehen. Die großen Quellenseen und die bewaldeten Abhänge verleihen der Landschaft ein Gepräge der Erhabenheit und der Einsamkeit, das nicht einmal die Industrien und die Kraftwerke haben zerstören können. Mit Sälfjället in der Provinz Dalarna (dt.: Täler) hört das eigentliche Gebirge auf und wird im Südosten vom Mittelschwedischen Tiefland abgelöst. Das Südschwedische Hochland erreicht durchschnittlich 250 Meter, während dessen höchster Gipfel, der Eisenberg Taberg, gerade noch 343 Meter zählt. Sonst beleben niedrige Höhenzüge und einzelne Berge die überall wasserreiche Landschaft. Nur in Värmland kommen noch, südlich von Dalarna, Höhen bis 600 Meter vor. Die lange Ostküste am Bottnischen Meeresbusen, die langsam aus einem Meer von nur geringer Tiefe aufsteigt, ist auffallend flach, während die südlichere Schärenlandschaft vielgestaltig und abwechslungsreich ist.

Fast die ganze schwedische Landschaft – auch das Urgebirge bis auf die nordwestlichen Gipfel – ist mit eiszeitlichen Moränen überzogen. Lehm und Sand treten nur in den Flußtälern, um den Mälarsee, südlich des Vänersees, in Schonen, an der Südwestküste und auf den großen Inseln Gotland und Öland an den Tag. Geröllablagerungen in der Form von Höhenzügen durchziehen das ganze Land, wobei fast immer eine nord-südliche Richtung beobachtet werden kann. Charakteristisch sind die unzähligen erratischen Blöcke, die Rundhöcker und die Riesentöpfe. Im Gebirge formte das Eis die ehemaligen Täler weitgehend zu Mulden um. Die zahlreichen großen Seen am Felsenrande wurden teils vom Eis ausgehöhlt, teils aber durch Geröllablagerungen eingedämmt.

Schweden gehört dem atlantischen Klimagebiet an, zeigt aber verschiedene Gegensätze gegenüber der durch eine Gebirgswand abgetrennten Westküste Norwegens. Der nördliche Polarkreis durchzieht nur die äußerste Nordspitze des Landes, wo das wirkliche Hochgebirge gelegen ist. Noch in Uppsala in Mittelschweden kann das Thermometer im Winter 24° unter Null anzeigen. Im Gebirge spielt somit die Frostspaltung für die Verwitterung die größte Rolle. Wenn das Wasser in den Rissen der Felsenplatten friert, erweitert sich sein Volumen um 9%, und es wirkt nunmehr als Sprengkeil, der große Stücke oder Mengen von Körnern losbricht. So entsteht immer wieder Sedimentgestein, obwohl die Mühlen der Eiszeit nicht mehr mahlen. Schweden besitzt immerhin noch 290 Gletscher, die eine Fläche von 330 Quadratkilometern bedecken. Die Firngrenze verläuft beim Kebnekaise, dem höchsten Berg Schwedens im Nordwesten des Landes, auf rund 1500 Meter Höhe, jedoch liegen die Talgletscher weit niedriger.

Während die meisten Binnenseen im Winter zufrieren, bleibt das Meer im Südwesten offen. Der flache Bottnische Meerbusen erhält jeden Winter eine Eisdecke, äußerst selten aber friert die ganze Ostsee zu. Die dänischen Meerengen sind dagegen in dieser Hinsicht unsicher – König Karl x. Gustav zog von Holstein über die Meerengen im Jahre 1658 gegen Kopenhagen, Kavallerie und Artillerie eingerechnet. Im Jahre 1719 marschierte eine russische Armee über die gefrorene Ostsee gegen Norrköping in Ost-Gotland, und 1577 versuchte eine Tatarenformation von Reval aus

Südfinnland über das Eis des Finnischen Meerbusens anzugreifen.

Die nördlichen Teile Schwedens gehören der europäischen Nadelholzzone an, während die südlichen, Svealand und Gotland, der Laubwaldzone zugerechnet werden. Dank dem Golfstrom ist das Klima Fennoskandias überhaupt bei weitem günstiger, als es sonst auf entsprechenden Breiten normal ist. Die Windverhältnisse und ganz besonders die westlichen Zyklone tragen zu diesem besseren Klima bei, obwohl unter ungünstigen Umständen sowohl von Grönland als von Rußland häufig auch arktische Luft einströmen kann. Die mittlere Temperatur beträgt in Mittelschweden im Juli +17°, im nördlichen Gebirge aber nur +12°. Im Januar beträgt in Mittel- und Südschweden die Durchschnittstemperatur nur 0°, während sie im Norden bis auf −15° fällt. Die sogenannte Vegetationsperiode umfaßt in Mittel- und Südschweden rund 250 Tage, während sie im Norden auf 150-130 Tage schrumpft. Jedoch bessern die guten nördlichen Lichtverhältnisse die Ernte, und kanadischer Weizen gedeiht sogar nördlich des Polarkreises.

Das schwedische Klima kann als feucht bezeichnet werden, indem die Niederschläge die Verdunstung übertreffen. Die Westwinde sind im Lande vorherrschend. Während in Schonen die Schneedecke manchmal ausbleibt und selten länger als 40 Tage liegt, zählt die Gegend von Stockholm schon durchschnittlich 100 Schneetage und Nordschweden bis 240. Der Bauer weiß, daß die Schneedecke als Schutz für die Erdkruste und für das organische Leben zu betrachten ist; schneefreie Winter, die dann und wann sogar in Uppsala vorkommen können, schätzt der Landwirt keineswegs. Die Binnenseen frieren in Südschweden um die Monatswende November–Dezember zu, während der Eisgang innerhalb der zweiten Hälfte des April stattfindet. Im Norden liegt das Eis von Oktober bis Mai und Juni. Nebel kommt weit weniger als zum Beispiel in England vor und spielt auf dem Meere eine größere Rolle als auf dem Festland. Der Sommer ist meistens nebelfrei.

Schweden hat seine eigene Schöpfungsgeschichte, die in vieler Hinsicht die Ereignisse des nordeuropäischen Diluviums widerspiegelt. In der Tat zählt man drei Eiszeiten und zwei interglaziale Perioden, wo das Klima warm und behaglich war und eine südländische Flora vorherrschte. Wenn auch die schwedischen Mythen sogar von der Periodizität der Eiszeiten wissen, können sie kaum über den Zeitrahmen der letzten Vergletscherung zurückgreifen. Die Geologen meinen, daß der Eisrand der letzten Glazialzeit vor rund 13000 Jahren den Rückzug an der südwestschwedischen Küste antrat. Schweden mochte damals wie etwa Grönland heute ausgesehen haben. Vom beginnenden Rückzug bis zum völligen Verschwinden des Eises vergingen noch rund 6000 Jahre.

Der Rückzug geschah nicht kontinuierlich. Das Eis faßte immer wieder Mut, der Rand blieb stehen oder machte sogar Vorstöße. Die überkommenen Mythen können somit auch die Furcht vor der Wiederholung andeuten. Weltuntergang und Wiedergeburt wechseln, und die Furcht vor dem langen Winter, dem Fimbulwinter, der zwei Sommer überspringt, bleibt bestehen. Erst im vorigen Jahrhundert wurde die skandinavische Vergletscherung wissenschaftlich genau untersucht: der große schwedische Naturforscher Linné sprach noch 1734 von der Sintflut, die auch Schweden erreicht hätte.

In der Tat ist jedoch die Rede von der Sintflut keineswegs ganz sinnlos: man kann behaupten, daß Schweden unter dem Wasser geboren ist, dessen Oberfläche stellenweise bis 285 Meter höher lag als heute. Man rechnet, daß die Eismassen eine Dicke von 2000 bis 3000 Meter besaßen, und ihr gewaltiges Gewicht genügte, um die ganze Erdkruste in Skandinavien zusammenzupressen. So sank das Land, obwohl es von Urfelsen getragen wird, in die Tiefe. Als es unter schweren Geburtswehen wieder auftauchte, spielte sich eine neue Schöpfung ab.

Die Küstenhebung, die sich immer noch fortsetzt, und zwar schneller gegen den Norden zu, wurde von den Schweden Carl Linné und Anders Celsius (Erfinder des Celsius-Thermometers) bereits beobachtet. Sie ließen Marken an Uferfelsen einhauen und merkten bald, daß die Küstenhebung unterschiedliche Werte an verschiedenen Küsten aufzeigte. Diese Tatsache widersprach der älteren Theorie von der Verdunstung des Meeres, und man sprach nunmehr von der »Erhöhung des schwedischen Walls«, ohne doch auf die richtige Erklärung zu kommen. Die größte Küstenhebung findet heute am Bottnischen Meeresbusen statt, wo die Jahreswerte 6-9 Millimeter betragen. Der Nullstrich geht durch Nordjütland und Schonen, während Südschweden und der vor Dänemark liegende Rest langsam absinkt.

Die obenerwähnten Eiszeiten gehören alle drei dem Quartär an. Die schwedische Scholle ist indessen weit älter: die Unterlage besteht meistens aus Granit und Gneis, zwei Minerale, die auch häufig an den Tag treten. Diese stammen aus dem Präkambrium, also aus der geologischen Urzeit unserer Erde, die zwei Milliarden Jahre zurückliegt. Es sind Eruptivgesteine, die sich tief in der Erdkruste aus dem flüssigen Magma gebildet haben. Zu erwähnen sind noch Syenit, Diorit und Gabbro, wie auch Diabas, Minerale, die verschiedene Erze enthalten. Typische spätere Eruptivgesteine sind Basalt und Porphyr, der bis heute als Schmuckstein reichliche Verwendung findet.

Diesen folgen der Zeitreihe nach die sedimentären Gesteine, die gewöhnlich als Kambrosilurformationen erkannt worden sind. Es sind Sandstein, Kalkstein und Schiefer, die als ›massige Gesteine‹ bezeichnet werden. Von besonderem Interesse ist der Alaunschiefer, der unter Mischung mit organischem Material – meistens Trilobiten – gebildet worden ist. Der ölreiche Stinkstein (schwedisch ›orsten‹) enthält Alaunschiefer, und auch Uran wird aus ihm gewonnen.

Die jüngsten Gesteine werden metamorphisch genannt, und sie vertreten eine oft vulkanisch verursachte Mischung zwischen sedimentären und älteren eruptiven Mineralien. Erwähnung verdienen hier der Glimmerschiefer, der schwedische Marmor, der spätere Gneis, der Quarzit und der Leptit. Das Kohlenbecken in Westschonen stammt aus dem Trias. Sümpfe in der Nähe des damaligen Meeresspiegels, die heutigen tropischen Mangroveküsten ähnlich waren, dürften den Anlaß gegeben haben. Kreide- und Kalkablagerungen in Südschonen lassen Ölvorkommen vermuten, die Sedimente liegen hier bis vier Kilometer tief und bedecken eine Verwerfungslandschaft aus Urgebirge, die etwa die Proportionen der Alpen besitzt.

Im Tertiär geschah die Faltung der Alpen. Zu dieser Zeit war das schwedische Urgebirge längst vorhanden, obschon hie und da noch Spaltung und Verwerfung vorkamen. Vulkane entstanden jetzt nur in Schonen. Im Gegensatz zu Island befindet sich ganz Fennoskandia (Finnland, Schweden, Norwegen) seit langem außerhalb der vulkanischen Zone. Charakteristisch für das heutige Schweden bleiben fast ausschließlich die Folgen der Vergletscherungen und ganz besonders diejenigen der letzten Schmelzperiode. Von den vier europäischen Vergletscherungen im Quartär, die wir unter den Bezeichnungen Günz, Mindel, Riß und Würm kennen, entstanden aller Wahrscheinlichkeit nach die drei letzten in Skandinavien. Vorher waren aber bereits verschiedene nördliche Bergmassive bis auf die Wurzeln wegerodiert, worüber unter anderem die älteren Moränen Aufschluß geben.

Die Eiszeiten entstanden als Folgen von Klimaverschlechterungen, die noch ungeklärt sind: die Gletscher im nordschwedischen und im norwegischen Hochgebirge nahmen Jahr für Jahr zu und vereinigten sich schließlich zu einer deckenden Eismasse. Der Rücken der immer dicker werdenden Eiskruste wird ›Eisteiler‹ genannt, und dieser verschob sich von dem skandinavischen Felsenrücken (schwedisch: ›Kölen‹) nach dem Osten. Das Eis bewegte sich radial, vom Eisteiler ausgehend, in alle Richtungen und wurde immer in der Mitte ›neugeboren‹. In Skandinavien ist es schwer, Stellen nachzuweisen, die von der scheuernden und glättenden Wirkung des Eises unberührt geblieben sind, vielmehr ist der feste Fels an unzähligen Stellen spiegelglatt geschliffen, rundhöckerartig umgestaltet und von Schrammen, Furchen und feinen Ritzlinien bedeckt, die die Bewegungsrichtung des Eises belegen.

Als der Eisrand beim Rückzug das heutige Südschweden erreichte, war Norddeutschland noch eine Tundra. Das schon bestehende Becken der späteren Ostsee wurde zu einem immer wachsenden Eissee, der auf breiter Front quer über Mittelschweden bald Verbindung mit der Vorgängerin der Nordsee, dem sogenannten Tapesmeer, erreichte, dessen Oberfläche etwa 70 Meter höher als heute lag. Die Geologen nennen diesen großen östlichen Meeresarm, unter dessen Wogen Mittel- und Ostschweden wie auch Süd- und Westfinnland ruhten, das Yoldiameer. Eine breite Meerenge zog sich über das mittelschwedische Seengebiet bis zum großen Vänersee, der eine östliche Bucht des Tapesmeeres gewesen war.

Die Küstenhebung, die schon früher Südschweden (Gotenland) gehoben hatte, setzt aber nun auch stark in Mittelschweden ein, und das Yoldiameer wird wieder zum Binnensee unter dem Namen Ancylussee, ein Name, der sich von der angetroffenen Süßwassermolluske ›Ancylus fluviatilis‹ herleitet. Das Yoldiameer wiederum trägt den Namen, den ihm die Muschel ›Yoldia arctica‹ verliehen hat. Die frühere Meerenge schrumpft nun zu einem reißenden Fluß, der es auf der heutigen Landenge zwischen dem Vättersee und dem Vänersee zu einem gewaltigen Wasserfall bringt, dessen Spuren im Gelände weit sichtbar sind. Den längst verschwundenen Fluß nennen die schwedischen Geologen den ›Sveaälv‹ und die Stromschnellen, die größer als die Niagarafälle gewesen sein sollen, die ›Sveafälle‹.

Die Küstenhebung setzte sich indessen in Mittelschweden fort, während sie in Südschweden und Dänemark umgekehrt verläuft. Nach 500 bis 1000 Jahren fing der ›Sveaälv‹ an zu versiegen, gleichzeitig wurde Schonen von der Insel Seeland getrennt. Die flachen, dänischen Meerengen gingen aus der südlichen Küstensenkung hervor, und nun entstand endlich – über dem sogenannten Litorinameer – in bereits historischer Zeit unsere Ostsee, von den altisländischen Geschichtsschreibern ›Tystrasalt‹ genannt. Der Ladoga- und der Mälarsee blieben noch lange Meeresbuchten, und Uppland war noch am Anfang der Wikingerzeit von zahlreichen natürlichen Wasserstraßen durchzogen, die jetzt ausgetrocknet sind. Heute umfaßt die immer noch langsam zurückgehende Ostsee 385 000 Quadratkilometer, wovon der große Bottnische Meerbusen fast ein Drittel beansprucht. Die größte Länge der Ostsee beträgt 1750 Kilometer, ihre größte Tiefe, die sich eigenartigerweise zwischen der Insel Gotland und der schwedischen Ostküste befindet, 463 Meter, während die größte Breite 300 Kilometer nicht überschreitet.

Die gegenwärtigen schwedischen Landesgrenzen bestehen seit 1814. Früher schloß der Name Schweden auch den östlichen Landesteil Finnland mit ein, der 1809 abgetrennt wurde. Schweden ist, wie Deutschland, als Folge historischer Ereignisse allmählich geschrumpft, jedoch wurden die ehemaligen schwedischen Ostseeprovinzen Ingermannland, Estland, Livland, Pommern, Wismar und Verden geographisch nie zu Schweden gerechnet. Ebensowenig Norwegen, das von 1814 bis 1905 in Personalunion mit Schweden vereinigt war. Die Vereinigung der danisierten Landschaften Schonen, Halland, Bohuslän und Blekinge mit Schweden im Jahre 1658 dagegen wurde schwedischerseits als eine ›Wiedervereinigung‹ angesehen, und sie wurde auch von der Bevölkerung voll akzeptiert. Die selbstbewußten Schoner sprechen im Gegenteil gerne vom ›Königreich Schonen einschließlich Schwedens‹. Bei den Dänen hinterließ allerdings diese Abtrennung, die ja nicht freiwillig geschah, anhaltende Bitterkeit.

Die Fläche des heutigen Schweden wird mit 450000 Quadratkilometer angegeben gegenüber 248000 Quadratkilometer für die gegenwärtige Bundesrepublik Deutschland. Die Länge Nord-Süd beträgt 1575 Kilometer und die größte Breite 500 Kilometer. Abgesehen von der Sowjetunion sind nur zwei europäische Staaten größer als Schweden, nämlich Frankreich und Spanien. Nur zwei Länder, Norwegen und Finnland, sind unmittelbare Nachbarn. Die Grenze zu Norwegen mißt 1657 Kilometer und diejenige zu Finnland 536 Kilometer. Nach der Karte (Maßstab 1:2 Millionen) mißt die gesamte schwedische Küstenlinie rund 2500 Kilometer; eine detaillierte Messung dagegen, die den einzelnen Buchten folgt, ergibt 7624 Kilometer.

Die Brandung besitzt eine gewaltige Kraft, auch dort, wo das Meer sich im Rückzug befindet. Beim Eisgang ist diese Kraft oft verdoppelt. Zur Ufergestaltung, besonders am Bottnischen Meerbusen, tragen auch die von den Flüssen mitgeführten Sedimentmassen bei, die die Vergrößerung der Landfläche auf Kosten des Meeres beschleunigen. Die Ostsee kennt keine eigentlichen Gezeiten, jedoch kann die Höhe des Wasserspiegels, je nach den Windverhältnissen, um einen ganzen Meter wechseln. An der schwedischen Südwestküste dagegen, also am Kattegat und am Skagerrak, herrschen ähnliche Verhältnisse wie an der skandinavischen Nordseeküste. Jedoch fließt hier ein Strom an Überflußwasser von der Ostsee, eine Art ›Sveaälv‹, in die Nordsee, und zwar mit einer Geschwindigkeit, die vier Knoten erreicht.

Die Küsten von Mittel- und Südschweden sind häufig gebirgig und zeigen oft schöne eiserodierte Felsspalten auf. Wo das Gestein weniger widerstandskräftig ist, fressen die Wellen sich in die Bergwurzeln ein und verursachen Erdrutsche und Einstürze. Die Resthügel werden schwedisch ›klint‹ genannt, und diese kommen besonders auf den Inseln Öland und Gotland wie auch in Südwestschonen vor. Manchmal bleiben nur säulenartige Bergreste übrig, die ganz merkwürdig aussehen und mit einem uralten schwedischen Wort ›rauke‹ bezeichnet werden. Große zusammenhängende Sandufer gibt es vor allem an der schonischen Südküste und an den Buchten von Skälderviken und Laholm am Kattegat. Die Schärenbildung ist, die Südküste ausgenommen, an allen schwedischen Ufern reichlich, und sie verleiht besonders dem ›Schwedensommer‹ ein eigenartiges Gepräge. Das Ferienhaus auf der Insel ist etwas besonders Verlockendes, und es gibt deren in Schweden unzählige; nicht nur am Meer, sondern auch in den Seen, von denen es rund 96000 im Lande gibt.

Die drei Landesteile: Svealand, Götaland und Norrland

Seit alters her unterschied man in Schweden vier Landesteile, die das Kerngebiet des Reichs umfaßten, nämlich Svealand (Schwedenland), Götaland (Gotenland), Norrland (Nordland) und Österland (Ostland) oder Finland (Finnland). Um die Vormacht stritten in der vorchristlichen Zeit Svealand und Götaland, während Finland und Norrland anfangs fast menschenleere Kolonisationsgebiete waren. Seit 1809 gehört der frühere Landesteil Finland nicht mehr zu Schweden, so daß heute nur noch drei Landesteile übrig sind, die in der Süd-Nord-Richtung aneinandergrenzen.

Svealand (Schwedenland) liegt in der Mitte und hat dem ganzen Reich den Namen verliehen, obwohl der Gotenname geschichtlich weit bekannter gewesen sein dürfte. Das alte Zentrum von Svealand befand sich um den Mälarsee, um Uppsala und Roslagen und die Stockholm vorgelagerte Schärenwelt. Gegen Götaland war Svealand durch die beiden wilden Höhenzüge Kolmården und Tiveden abgegrenzt, gegen Norrland durch den Dalälv und den Siljansee beziehungsweise durch ein Stück nördliches Hinterland. Ein Verkehr zu Lande über den Gebirgsrücken im Westen (Kölen) war in älterer Zeit nur sporadisch möglich. Svealand entspricht auch weitgehend dem Mittelschwedischen Tiefland, und die beiden großen mittelschwedischen Seen, Mälaren und Hjälmaren, wie auch der nördlichere Siljansee gehören in dieses schwedische ›Reich der Mitte‹.

Obwohl Svealand eine uralte Kulturlandschaft ist, dominieren hier noch die Nadelholzwälder, jedoch im Wettbewerb mit Ahorn, Eiche, Linde, Esche, Birke, Espe, Eberesche, Mehlbeerbaum, Erle und Hasel. Unter den Nadelhölzern halten sich die Kiefer und die ursprünglich aus dem Osten eingewanderte, etwas düstere Fichte die Waage. Wacholder kommt außerhalb der Waldungen vor. Die Obstbäume Svealands sind vorzugsweise Apfel-, Birnen-, Kirsch- und Pflaumenbäume, der Hagedorn wird gern für Hecken benützt. Zum heutigen, wenn auch nicht zum geschichtlichen Svealand wird Värmland gezählt, das eine ganz andersartige und wildere Natur aufweist.

Der alte Name für Svealand war Svithiod, wobei ›thiod‹ eine altschwedische Bezeichnung für Volk ist. Das Volk selbst nannte sich ›sviar‹ oder ›svear‹, was eigentlich nur ›wir selbst‹ bedeuten soll. Feierlich heißt Schweden immer noch ›Svea Rike‹, das heißt Reich der Svear, und der Titel des Königs von Schweden lautet noch heute: ›Svea, Götes och Wendes konung‹, das heißt König der Schweden, der Goten und der Wenden. Die Geschichtsforscher sind sich indessen uneinig darüber, was unter den ›Wenden‹ zu verstehen ist: Vandalen, Slawen, Russen oder sogar Finnen. Rußland heißt nämlich auf finnisch ›Venäja‹ (Wendland), während Schweden ›Ruotsi‹ (Rußland) genannt wird. Der Name Finnland, schwedisch Finland, kann von ›Vienland‹, auch eine Art von Wendenland, hergeleitet werden. So nennen die Finnen auch heute noch das Weiße Meer ›Vienanmeri‹ und die dortige karelische Küstenregion ›Vienanmaa‹.

Aus ›Svea Rike‹ entstand dann in verhältnismäßig später Zeit die zusammengezogene Form ›Sverige‹, die heutige schwedische Bezeichnung für Schweden. In ›Svealand‹ treffen wir noch die alte Schreibweise an, während ›Svithiod‹ gang und gäbe ist, wenn es gilt, satirische Betrachtungen über Schweden anzustellen. In seinem 1679-1702 erschienenen großen Werk ›Atland eller Manheim‹ (Atland oder Manheim), später nur ›Atlantican‹ genannt, beweist der geniale und berühmte Professor der Botanik und der Anatomie Olof Rudbeck in Uppsala, der schon mit einundzwanzig Jahren die Lymphgefäße entdeckte, in einer zwar gelehrten, aber tatsächlich großmannssüchtigen Weise, daß Svealand die Geburtswiege aller indogermanischen Völker ist. Schlüsse dieser Art werden heute spöttisch zum sogenannten ›Rudbeckianismus‹ gezählt, spielten aber zur Zeit der Großmachtstellung Schwedens im 17. Jahrhundert eine bedeutende Rolle. Heute ist Svealand nur noch eine Gruppe mittelschwedischer Landschaften, und es ist auch keine Verwaltungseinheit mehr.

Götaland (Gotenland) kann als das südliche Pendant zu Svealand aufgefaßt werden. Der alte Name Gautthiod, auch Gauthiod, das Land also, wo das Volk der ›Gauta‹ (Goten) wohnte. Man neigt in der Tat dazu, Götaland als die Urheimat aller Goten zu bezeichnen, obwohl diese schon früh zu einem bedeutenden Teile nach der Weichselgegend ausgewandert waren. Doch bestanden noch lange enge Verbindungen zwischen den in Götaland zurückgebliebenen Goten und den anderen Gotenstämmen. Die in der Universitätsbibliothek zu Uppsala aufbewahrte, 1669 nach der Eroberung Prags nach Schweden gelangte gotische Bibelübersetzung des Bischofs Ulfilas aus dem 4. Jahrhundert wird als altschwedischer Urtext betrachtet. Die Goten und die Schweden (Svear) sprachen dieselbe Sprache, und in alter Zeit wechselt die geographische Bezeichnung ›Suecia‹ öfter mit ›Gothia‹.

An sich soll das Wort ›Gaut‹ (Gote) einen ebenso einfachen Hintergrund haben wie ›Svee‹ oder ›Svie‹. Es soll nämlich nur ›Jüngling‹ bedeutet haben, und tatsächlich gibt es noch heute im norwegischen Sprachbereich den Ausdruck ›Gut‹ für einen heranwachsenden Knaben. Eine Klimaverschlechterung soll einige hundert Jahre v. Chr. eine große Auswanderung junger Leute aus Schweden verursacht haben, und diese wurden nun ›Goten‹ genannt. Man hat auch die These vertreten, daß die Bewohner von Götaland sich als ›junges Volk‹ fühlten, obwohl sie sicher früher da waren als ihr nördliches Brudervolk in Svealand. Auch die Insel Gotland, die ja zu Götaland gehört, führt den Gotennamen, wenngleich die Einwohner Gotländer – aber auch ›gutar‹ – genannt wurden. In der schwedischen Sprache macht man seit Jahrhunderten auch einen Unterschied zwischen den Goten in Götaland, die ›götar‹ heißen, und den alten Goten, die in Italien, Südfrankreich und Spanien große Reiche gründeten und als ›goter‹ bezeichnet werden, wobei zu beachten ist, daß das ›g‹ vor einem weichen Vokal als ›j‹ gesprochen wird. Außerdem wird das schwedische ›o‹ in ›gotar‹ wie das deutsche ›u‹ getönt.

Zu Götaland gehören die beiden großen Seen Vänern und Vättern und eine Vielzahl weiterer Seen und Wasserläufe. Das Klima ist etwas milder als in Svealand, und zu den Bäumen kommt hier noch die Buche hinzu. An sich ist die ganze mitteleuropäische Waldflora in Götaland beheimatet. Rehe, Elche und sogar Hirsche gibt es sowohl in Götaland als auch in Svealand, und Füchse und Hasen sind zahlreich, während die größeren Raubtiere – Wolf und Bär – längst ausgerottet sind. Die Zoologen behaupten, daß es noch 221 Arten von Brutvögeln in Schweden und besonders in den beiden südlichen Landesteilen gibt, außerdem Auerwild, Birkwild, Schneehuhn und Haselhuhn, Schwäne, Wildgänse und Fasane. Die Singdrossel hört man im ganzen Land, aber die Nachtigall hauptsächlich in Götaland. Die Sperlingsvögel sind unzählbar, doch typisch sind die Finken, vor allem Dompfaff und Buchfink. Hinzu kommen die Bachstelzen, die Habichte, Eichelhäher und Elstern, Krähen und Raben sowie die zahlreichen Möwen. Typische Zugvögel sind die Kraniche, deren Aufbruch nach dem Süden den Herbst ansagt.

In den Zeiten, in denen die Ostsee als Binnenmeer noch den Namen Ancylus-See trug (etwa 7000-5500 v. Chr.), soll es eine reiche Fauna an Süßwasserfischen gegeben haben. Ihre Reste sind noch in den größeren Seen von Götaland vorhanden. Ungefähr von 5500 v. Chr. an wurde das Wasser zunächst immer salzhaltiger – es soll zur mittleren Zeit des sogenannten Litorinameers dreimal so salzig gewesen sein wie heute die Ostsee – und dadurch änderte sich die Fischfauna. Atlantische und Nordsee-Fische dringen zahlreich ins Skagerrak und ins Kattegat ein, die ganze schwedische Westküste gehört ja Götaland an, während die Fischarten in den schwedischen Binnenseen und der immer salzärmeren Ostsee mehr und mehr identisch werden. Der Ostseehering bildet heute noch ein Volksnahrungsmittel, während Hecht, Barsch, Zander, Brachse, Schellfisch und Forelle zur bürgerlichen Tafel gehören. Der Lachs, obwohl keineswegs knapp, spielt indessen die Rolle des Fisches einer vornehmen Tafel. An sämtlichen Küsten Schwedens ist der Seehund noch zahlreich vertreten.

Da die Wasserwege die Verkehrsstraßen der alten Zeit waren, nimmt es nicht wunder, daß der verlorene Landesteil Finnland noch vor den mittleren und nördlichen Teilen Norrlands kolonisiert wurde. Heute macht Norrland die größere Hälfte von Schweden aus, doch Besiedelung und Zivilisation drangen nur langsam durch die Jahrhunderte gegen Norden. Norrland und Lappland gehen ineinander über, und in der Tat ist Nord-Norrland der schwedische Teil des auf die drei Staaten Finnland, Schweden und Norwegen aufgeteilten Lappland. Wirkliche politische Grenzen existieren hier aber erst seit der Neuzeit.

Norrland ist der Landesteil der großen Flüsse, der Wälder, des Hochgebirges und der Eisenerze. Der Landesteil, der jetzt eine mächtige Industrialisierung erlebt, war noch um die Jahrhundertwende einem gewissen Raubbau ausgesetzt, an dem sich Waldspekulanten, Holzhändler und Holzindustrielle beteiligten. Die Landwirtschaft, die mit Mühe so weit nördlich ausgedehnt worden war, ging jählings zurück, weil die Wälder nunmehr den größeren Gewinn brachten. Die ›Norrlandsfrage‹ wurde in Stockholm zu einem Politikum, und 1901 wurde ein Norrlandskomitee eingesetzt, das den Auftrag hatte, Sanierungsmaßnahmen vorzuschlagen. Das Ergebnis war eine Reihe von Norrlandsgesetzen, die der Bevölkerung Schutz gegen die Spekulanten gewährten und die Industrie daran hinderten, zu großen Waldbesitz zu erwerben. Besondere Aufmerksamkeit wurde der Lage der Landwirtschaft und der Viehhaltung geschenkt, wobei auch jedem Bauernhof ein ausreichender Waldbesitz sichergestellt werden sollte. Die Norrlands-Gesetze besaßen sozialen Charakter, und viele meinen, daß die spätere, weitreichende soziale Gesetzgebung Schwedens hier ihren Anfang nahm.

Ein weiteres norrländisches Problem ist die etwas komplizierte Nationalitätenfrage. Die nördlichen Bezirke sind in überwiegender Mehrheit von Lappen und Finnen bewohnt. Die Lappen haben eine eigene Interessenvertretung, die alte, etwas unklare Bestimmungen über bedeutende Sonderrechte dieses Urvolks klären und zur Anerkennung bringen möchte. Das nördliche Norrland – Norrbotten – gehört außerdem noch zu dem sogenannten ›Kalottengebiet‹, das heißt zur Nordkalotte um den Polarkreis, über dessen gemeinsame Angelegenheiten eine besondere gesamtnordische Organisation berät. Neuerdings will auch die Sowjetunion, die Murmansk zur polaren Großstadt ausgebaut hat, in diesen Fragen mitreden. Da die schwedische Hauptverteidigungslinie gerade um die Festung Boden in Norrland gezogen ist, wird diese Initiative in Schweden kaum besondere Freude auslösen.

Was die Fauna und Flora anbetrifft, gibt es in Norrland, besonders in den alpinen Teilen, sowohl arktische wie sibirische Arten. Die Lappen halten noch das halbzahme Rentier, und unter den Raubtieren gibt es Bären, Wölfe und Luchse. Hierzu kommen noch Eisfuchs und Lemming und gewisse arktische Vogelarten wie Schneehühner, Schnee-Eulen und Schneeaare. Zur Vegetation in höheren Lagen gehören Zwergbirke und Weide, die einer Hügellandschaft manchmal das Aussehen von Obstgärten verleihen. Sümpfe und Moore stimmen melancholisch, während die vielen klaren Seen und die lebhaften und munteren Gebirgsbäche anregend wirken. Der kurze, lichtreiche norrländische Sommer ist prachtvoll, jedoch der Winter, wo sich die Sonne monatelang gar nicht zeigt, unheimlich. Trotzdem ist Norrland jetzt dabei, ein bevorzugtes Touristenland zu werden.

Landschaften und Provinzen

Schweden setzte sich ursprünglich aus ›Landschaften‹ zusammen, die in alter Zeit zumeist von Häuptlingen oder Kleinkönigen regiert wurden. Die Kernlandschaften Schwedens waren die sveeischen Mälarlandschaften und die götischen Landschaften um die beiden großen Seen Vänern und Vättern. Von diesen beiden Kerngebieten ausgehend, wurden die übrigen Landschaften an das wachsende zentralstaatliche Gebilde, das lange die schwedisch-gotische Doppelform bewahrte, angeschlossen. Die alten Landschaften waren Wahlkönigreiche und schufen sich schon früh Gesetze, auf denen das ganze schwedische Rechtssystem immer noch beruht. In Schweden gewann das für den Kontinent bestimmende Römische Recht nie Bedeutung, was auch für Finnland und Norwegen gilt. Auch das alte russische Rechtswesen, das der noch schwedischsprechende warägische Großfürst von Kiew, Jaroslaw, der Schwiegersohn des schwedischen Königs Olof Skötkonung, in der ersten Hälfte des 11. Jahrhunderts zusammenstellte, baute weitgehend auf dem schwedisch-warägischen Landschaftsrecht auf.

Die urgeschichtlichen Svea-Landschaften sind Uppland und Västmanland nördlich des Mälarsees wie auch Södermanland (gekürzt Sörmland) südlich des Sees. Ihre militärische Stärke verdanken diese ›Urkantone‹ aber der Angliederung der erzreichen nördlichen Landschaft Dalarna, wo man Eisen, Kupfer und Silber gewann. Dalarna wurde vom Südosten her allmählich besiedelt, so daß man nicht von einer ›Eroberung‹ sprechen kann, doch hat sich seine Bevölkerung stets durch eine ganz besondere Freiheitsliebe ausgezeichnet. In alten Schriften wird Dalarna ›Järnbäraland‹ genannt, was mit ›das Land, das Eisen trägt‹ übersetzt werden könnte. In älteren deutschen Nachschlagewerken wird oft von ›Dalekarlien‹ gesprochen. Dalarna wird von dem Dalälv, dem südlichsten der großen östlich gerichteten Gebirgsflüsse Schwedens, durchflossen, der in seinem unteren Lauf die Grenze zwischen Svealand und Norrland bildet. Gleichzeitig markiert dieser Fluß die Nordgrenze der schwedischen Eichenhaine.

Der Name der zwischen dem Hjälmarsee und dem Vättersee gelegenen Landschaft Närke lautete in alter Zeit ›Nerike‹, wobei ›rike‹ für Reich stehen kann, zumal die Landschaft ursprünglich ein selbständiges Gebiet mit eigenem Gesetz (Närkeslagen: Nerikegesetz) war. Es gab hier aber auch ein altes Zentrum namens ›Rek‹ und einen See, der früher ›När‹ und heute Kvismarken heißt. In der Tat dürfte Närke vom Süden her durch die Götar besiedelt worden sein, die Landschaft kam aber früh unter sveeischen Einfluß. Sowohl Svealand wie Götaland wurden als Landschafts-Bundesstaaten gegründet, wobei eine gewisse Autonomie der Landschaften, die gewöhnlich ihre eigenen Gesetze hatten, lange Zeit respektiert wurde. Zur Zeit des Yoldiameeres lag ganz Närke unter dem Wasser, und später zog der Sveaälv hier durch.

Värmland, die sechste Svea-Landschaft, soll seinen Namen vom See Värmeln haben, wo die Värmler wohnten. Diese wilde und hübsche Landschaft, die den nördlichen Teil des Vänern umschließt und deren Zentralfluß der Klarälv ist, der zunächst in seinem auf norwegischem Gebiet liegenden oberen Lauf fast 200 Kilometer zurückgelegt hat, bevor er 260 Kilometer durch Värmland fließt, war immer in vieler Hinsicht umstritten. Die Sage spricht von einer Kolonisation durch den Sveakönig Olof Trätälja, dessen Beiname ›Holzhauer‹ von den großen Wäldern Värmlands abgeleitet werden könnte. Die Archäologen meinen indessen, daß die Besiedlung vom Südwesten her erfolgte. Värmland hatte sein eigenes Gesetz (Värmlandslagen) und sein eigenes Landsthing, das auf der Insel Tingvalla in der Mündung des Klarälv zusammentrat, und war um 900 n. Chr. noch im Bündnis mit Norwegen; später wurde es vorübergehend Götaland zugeordnet.

Maßgebend für ganz Svealand wurde das Gesetz der Landschaft Uppland (Upplandslagen), das nach einer gründlichen Prüfung durch eine königliche Kommission im Jahre 1296 n. Chr. kodifiziert wurde. Dabei wurden Teile des älteren Västmanna-Gesetzes, das auch für Dalarna Gültigkeit gehabt hatte, übernommen. Jedoch waren gleichzeitig und vielleicht sogar früher allgemeine Gesetze beraten und erlassen worden, die aber in keinen wichtigen Punkten in Widerspruch zu den Svea-Gesetzen standen. Eine

Reichsgesetzgebung gab es im früheren Mittelalter noch nicht, sondern der Oberkönig anerkannte durch feierlichen Eid die Gültigkeit der einzelnen Landschaftsgesetze. Die berühmtesten gotischen Gesetze waren ›Västlandlagen‹ und ›Östlandlagen‹ sowie ›Gutalagen‹ für Gotland. Von Interesse ist, daß ›Skånelagen‹ (Schonen) im 12. Jahrhundert ins Lateinische übersetzt wurde, was bei den übrigen schwedischen Landschaftsgesetzen nie der Fall war. Das verlorengegangene Smålands-Gesetz und das Recht von Värend (alter Hauptort von Småland) sollen die größte Ähnlichkeit mit dem herulischen Recht aufgewiesen haben, unter anderem waren hierin Bruder und Schwester bei der Erbverteilung gleichgestellt.

Das götische Zentralland war schon früh in eine östliche und eine westliche Hälfte aufgeteilt, wobei der lange Vättersee die Scheidelinie bildete. Die Landschaften hießen demnach Östergötland (Ost-Gotenland) und Västergötland (West-Gotenland), Benennungen, die jedoch nichts mit den in Südeuropa lebenden Ostgoten und Westgoten zu tun haben. Die Konfusion wird oft noch dadurch verstärkt, daß als alte schwedische Adjektivformen ›östgötsk‹ und ›västgötsk‹ benutzt werden, die ein Deutscher mit ostgotisch und westgotisch übersetzen könnte. Da aber der Leser bereits erfahren hat, daß Schweden auf finnisch Rußland heißt, so möge er sich nicht weiter wundern.

Während nun Östergötland die fruchtbare Landbrücke zwischen der Ostsee und dem Vättersee umfaßt, breitet sich Västergötland auf dem Landengenplateau zwischen dem Vättersee und dem Vänersee aus und erreicht mit einem Zipfel, auf dem die Großstadt Göteborg (Gotenburg) liegt, das Westmeer am Kattegat. Südlich von diesen beiden Zentrallandschaften, die als götische Urkantone gelten können, erhebt sich das südschwedische Hochland mit Småland, eine große, recht wilde Landschaft, deren Name eigentlich ›Ansammlung kleiner Länder‹ bedeutet. Småland erreicht auf recht breiter Front die Ostsee im Osten und die Südostecke des Vättersees im Nordwesten.

Im Süden grenzt nun Småland an die drei ›untreuen‹ Landschaften Blekinge, Schonen und Halland, die – heiß umkämpft – eine lange Zeit von der dänischen Krone verwaltet und erst 1658 wieder an Schweden zurückerstattet wurden. So war lange Jahrhunderte hindurch die småländische Südgrenze auch die schwedische Reichsgrenze, und an dem Dialekt dieser drei Landschaften haftet immer noch etwas Dänisches. Treu schwedisch oder eher götisch blieb die kleine hübsche Landschaft Dalsland am Westufer des Vänersees, die nicht mit Dalarna in Nord-Svealand zu verwechseln ist. Nach Dalsland oder auch verkürzt nur Dal wird die südliche Hälfte des Vänersees, der Dalbosee, genannt. Die angrenzende achte Festlands-Landschaft Götalands, Bohuslän, war bis 1658 ein stark umkämpftes Grenzland, das oft zu Norwegen gehörte.

Zu Götaland werden aber seit alters her auch die beiden Rieseninseln Gotland und Öland gerechnet, die als eigene Landschaften zählen. Bei Kalmar, der alten småländischen Küstenstadt, wurde eine Brücke über die Meerenge nach Öland gebaut. Diese Küsteninsel, mit 1346 Quadratkilometern die kleinste Landschaft Schwedens, ist geologisch und botanisch besonders interessant, weil das Kalkgebirge hier allerlei Überraschungen bietet. Gotland mit der uralten Hansestadt Visby war lange Zeit ein eigener Staat, der zeitweise sogar über die Ostseeherrschaft verfügte. Von einem Märchenstrom umflutet, weist Gotland auch eine bunte Wirklichkeitsgeschichte auf. Die Brandschatzung von Visby durch den dänischen König Waldemar IV. Atterdag im Jahre 1360 hat Darstellungen veranlaßt, die mit dem Gemälde Delacroix' vom türkischen Blutbad auf Chios wetteifern könnten.

Die norrländischen Küstenlandschaften sind vom Süden nach dem Norden gezählt: Gästrikland, Hälsingland, Medelpad, Ångermanland, Västerbotten und Norrbotten. Die drei westlichen Inlandslandschaften, die das Hochgebirge umfassen, sind wiederum: Härjedalen, Jämtland und Lappland. Unter diesen Landschaften haben nur Hälsingland und Jämtland eine eigene geschichtliche Vergangenheit. Gästrikland mit der Stadt Gävle war lange Zeit nur eine nördliche Erweiterung Upplands, während Hälsingland das eigentliche Herzland Norrlands ist. Unter den obenerwähnten Landschaftsgesetzen rangierte ›Hälsingelagen‹ vor vielen andern und wurde später für ganz Norrland gültig. Die ›Hälsinger‹ waren ein unternehmender Zweig sveeischer Abstammung und haben sowohl die gegenüberliegenden finnländischen wie die norrländischen Küsten bereits im frühen Mittelalter kolonisiert. Der alte und immer auch noch offizielle Name der zweisprachigen finnländischen Hauptstadt Helsingfors – Helsinki geht auf eine Besiedlung durch Hälsingland (oder früher Helsingland) zurück, wovon auch die Benennung Helsinge für den Bezirk östlich von Helsinki zeugt. Der Name hängt ursprünglich mit der Bezeichnung für eine enge Stelle (Hals) zusammen; daher auch die Bedeutung Meerenge oder Sund. Helsingör und Hälsingborg am Öresund liefern hierfür Beweise.

Die Küstenlandschaften haben alle ihren großen Fluß, waldbedeckte Flußtäler und ein niedriges, angeschwemmtes Küstenland. Ein Dutzend Städte belebt die lange bottnische Küste, während die Zahl der Binnenlandstädte die Hälfte ausmacht. Über Jämtland gingen in alter Zeit die Verbindungswege zum ›Westmeer‹, das heißt der Nordsee, bei Drontheim in Norwegen. Die Landschaft dürfte schon um das Jahr 1000 christianisiert worden sein; auf der berühmten Insel Frösö mitten im großen See Storsjön findet man einen uralten Runenstein und auch Spuren von einem Tempel, der dem Gotte Frej (auch Frö, wovon der Inselname stammt) geweiht war. Von sveeischer Seite kolonisiert, wurde Jämtland später heiß umkämpft und gehörte vorübergehend zu Norwegen. Dasselbe war der Fall bei der davon südlich gelegenen Nachbarlandschaft Härjedalen. Heute ist Jämtland mit Åreskutan die führende schwedische Wintersportgegend.

Die alten schwedischen Landschaftsbezeichnungen stimmen heute nicht mehr mit der Provinzeinteilung des Landes überein. Viele von diesen Landschaften waren Herzogtümer; so war zum Beispiel Karl, der Vater Gustavs II. Adolf, Herzog von Södermanland, bevor er König Karl IX. wurde. Einige Landschaften sind heute noch Titularherzogtümer, so ist Prinz Bertil von Schweden gleichzeitig Herzog von Halland. Es gibt zwar heute in Schweden 25 Landschaften und 25 Provinzen, die ›Län‹ genannt werden, ihre Grenzen verlaufen aber nicht immer gleich, obwohl die Provinzen oft die Namen der alten Landschaften tragen. An der Spitze jeder Provinz steht ein Landeshauptmann, der für die Großstadt Stockholm den Titel eines Statthalters trägt. Die Sitze der Landeshauptleute werden Residenzstädte genannt.

Die Provinzen setzen sich aus Kommunen oder Kommunalverbänden zusammen, die ländliche oder städtische Einheiten wie auch sogenannte Munizipalgemeinden sein können. Außerdem gibt es eine jeweils eigene kirchliche, gerichtliche und militärische Einteilung des Landes.

Ob Skandinavien die Urheimat der Nordgermanen war oder ob eine Einwanderung stattgefunden hat, weiß man mit Sicherheit bis heute noch nicht. Auf jeden Fall dürften Schweden und Goten den mittel- und südschwedischen Raum bereits im ersten vorchristlichen Jahrtausend besiedelt haben. Auch stimmt es wohl, daß die Lappen allmählich gegen den Norden gedrängt wurden. Die These von einer älteren finnischen Besiedlung Nordschwedens muß jedoch kritisch betrachtet werden, da die Finnen wahrscheinlich viel später über die Landengen bei Ladoga und Onega in Österland oder Finnland einwanderten. Einige Märchen und Sagen setzen eine schwedische Einwanderung voraus, während Götaland in Schweden gerne als Urheimat aller Goten betrachtet wird.

Oben wurde dargestellt, wie die Bezeichnung Schweden aus Svea oder Svia hervorgegangen ist und daß die alten Mittelschweden sich ›svear‹ oder ›sviar‹ nannten, wobei der Singularis ›svee‹ oder ›svie‹ hieß. Als Adjektiv kann man schwedisch ›sve-isk‹, deutsch aber besser ›sveeisch‹ verwenden, wenn man von der alten Zeit, unter Ausschluß der Goten, sprechen will. Diese alte Schwedenbenennung finden wir auch bei den Griechen und den Römern. So spricht Tacitus 98 n.Chr. von den Svionen, Jordanis um 550 n.Chr. von den Suehans, während Adam von Bremen Suedia als eine Provinz im schwedischen Reich Sueonia auffaßt. Tacitus hatte für Schweden auch die Form Suebia benutzt, was nun schon an die Sueben, Sueven oder Schwaben erinnert, die bekanntlich bis nach Nordwestspanien und Lusitanien zogen und noch heute als Vorfahren der vornehmen Portugiesen gelten. Eine spätere latinisierte Form für Schweden ist Suecia, schwedisch Svezia; heute noch verwechseln alle kleinen Postämter in Italien Svezia (Suecia) mit Svizzera (Schweiz). Bei der Vergabe der Landeskennzeichen der Autos beanspruchten Schweden und die Schweiz (Suisse, Svizzera) das ›S‹, doch Schweden hatte seinen Anspruch zuerst angemeldet, so daß die Schweizer auf das aus dem Lateinischen abgeleitete ›CH‹ ausweichen mußten.

Den von den Sve-en selbst benutzten Staatsnamen Sviothiod trifft man bei den römischen und griechischen Kommentatoren nicht an, was weiter nicht wundernimmt, da man weiß, daß ›thiod‹ eben Volk bedeutet. Die erste Silbe gibt somit an, von welchem

Volk hier die Rede ist. Viel verwickelter als die Schweden-Bezeichnung ist nun diejenige der Goten, wie bereits angedeutet wurde. Im Verhältnis zum historischen Erfolg der kontinentalen Goten wirkt die Heimat Götaland recht bescheiden. Aber daß alle Goten trotzdem aus Götaland stammen und daß der zurückgebliebene Volksrest sich mit den Sveen zu einem Reich vereinigte, scheint dem Stande der heutigen Geschichtswissenschaft zu entsprechen. Der Deutlichkeit halber benutzt man jedoch, wie schon erwähnt, in der schwedischen Sprache verschiedene Bezeichnungen für die ausgewanderten (goter) und für die zurückgebliebenen Goten (götar).

Die Urheimat wird heute gern an das Gestade des großen Gaut-Elf (Göta-älv) verlegt, der das Wasser des großen Vänersees ins Kattegat bringt. Der Göta-älv ist eigentlich eine Fortsetzung des 460 Kilometer langen Klarälv, der den Vänern durchströmt wie der Rhein den Bodensee oder der Ticino den Lago Maggiore. Mit 50000 Quadratkilometern bildet er zugleich das größte Stromgebiet Schwedens. Als nun die alten Gauten ihren Machtbereich erweiterten, teilte sich dieser infolge der mittleren Lage des langen Vättern in ein altes westliches und ein neues östliches Gebiet, woher die innerschwedischen Bezeichnungen Västgötar (Westgoten) und Östgötar (Ostgoten) stammen. Die Aufteilung in Westgoten und Ostgoten hat, wie schon erwähnt, hiermit nichts zu tun und beruht außerdem auf einem Mißverständnis: Die richtigen Namen der beiden kontinentalen Gotenvölker waren nämlich Visigoten und Austrogoten, was in der alten Gotensprache die edlen Goten und die glanzvollen Goten bedeutet. In den romanischen Sprachen haben sich bekanntlich diese richtigen Benennungen erhalten.

In der angelsächsischen Beowulf-Sage um 700 n.Chr. wird viel von den Gauten in Schweden gesprochen, die mit den schon dem Untergange geweihten Goten in Südeuropa keineswegs verwechselt werden. Nach Beowulf ist noch um 550 n.Chr. Gauthiod unabhängig von Svithiod, ein gautischer König Hugleik fällt 516 im Kampf gegen die Franken in Friesland. Es kommt für die Gauten auch die Bezeichnung Geaten vor, und gegen diese führen die Sveen einen unerbittlichen Eroberungskrieg. Bereits um 600 dürfte aber eine einigermaßen friedliche Vereinigung von Svithiod und Gauthiod eingetreten sein, denn die späteren Gegensätze beziehen sich nur darauf, ob der Oberkönig einem gautischen oder einem sveeischen Königsgeschlecht entstammen soll. Es kommt auch die Bezeichnung Goethia für ganz Schweden vor, und Finnland wird mitunter Goethia orientalis genannt. Später wird der ›götische Geist‹ zum Ausdruck eines nationalen schwedischen Patriotismus; in diesem Sinne wurde 1811 der Götische Bund (Götiska förbundet) gestiftet, der nach der Niederlage von 1809 und dem damit verbundenen Verlust des alten Landesteils Finnland den Schweden nationalen Auftrieb geben sollte.

Zum Schluß muß festgestellt werden, daß es zwischen Schweden und Goten kein Wertgefälle gibt, wenn auch die schwedischen Goten sich heute Schweden nennen. Eine Ausnahme davon machen höchstens die Schoner (skåningar), deren Sprechweise schon die südliche Heimat verrät und die es selten unterlassen können, dies auch zu erwähnen.

Während die schwedische Schriftsprache völlig einheitlich ist, gibt es teils akzeptierte Unterschiede zwischen dem geschriebenen und dem gesprochenen Wort, teils verschiedene Intonierungen und dazu eine Unmenge von Dialekten. Nach der Art, wie jemand spricht, kann man auch weitgehend den Bildungsgrad und sogar den sozialen Hintergrund erraten. Die schwedische Orthographie ist nicht ganz leicht, obwohl sie, mit derjenigen der englischen Sprache verglichen, einem wie ein Kinderspiel vorkommt. Schwierigkeit bereitet es dem Ausländer, daß die schwedische Sprache neun Vokale gegenüber nur acht in der deutschen Sprache besitzt. Außerdem hat das ›ö‹ zwei verschiedene Lautwerte. Der für Deutsche unbekannte Vokal wird mit ›u‹ geschrieben, jedoch als ein Laut zwischen ›u‹ und ›y‹ ausgesprochen und als hart bezeichnet. Das deutsche ›o‹ wird schwedisch laut Alphabet als ›u‹ getönt, steht jedoch oft auch für das deutsche ›o‹. Der Vokal ›å‹ wird deutsch immer als ›o‹ ausgesprochen. Eigentliche Diphthonge gibt es in der schwedischen Sprache nicht mehr.

Die schwedische Sprache besitzt dieselben Zischlaute wie die deutsche, nur mit Ausnahme des stimmhaften ›s‹. Die Schreibweise, sowohl für den sch-Laut wie für den tsch-Laut, ist aber sehr umständlich. So kann das erstgenannte in fünf verschiedenen Formen wiedergegeben werden, nämlich mit sk, skj, sj, stj und sch, wobei sk nur vor einem weichen Vokal in der ersten Hauptsilbe als sch ausgesprochen wird. Der tsch-Laut wird in vier Kombinationen wiedergegeben: k, kj, tj und tsch, wobei k nur vor einem weichen Vokal und in der ersten Hauptsilbe zum tsch wird. Übernommene Fremdwörter werden unterschiedlich behandelt: sind sie lange im Gebrauch gewesen, wird die Aussprache allmählich schwedisch, sonst behält man in mehr oder weniger gelungener Form die ausländische Aussprache bei.

Als eine sehr präzise Sprache besitzt das Schwedische sowohl Schlußartikel, die mit dem Substantiv zusammengefügt sind, als auch den vorgesetzten freistehenden Artikel. Die Verbindung von beiden macht noch feinere Unterschiede möglich. Fünf Deklinationen kennt das Substantiv, während die Zeitformen den deutschen entsprechen, nur daß man im modernen Schwedisch die Pluralendungen geschleift hat und eine Singularform für alle sechs Personen gebraucht. Beim Passiv kann man ein ›s‹ anhängen oder es in der deutschen Weise bilden, wobei die schwedische Satzstellung weit einfacher bleibt. Außer für die Pronomen gibt es im Schwedischen nur Nominativ und Genitiv. Der Akzent liegt im Prinzip auf der ersten Silbe, doch gibt es viele Präfixe und außerdem Ableitungen, die eine Akzentverschiebung veranlassen.

Man unterscheidet zwischen ›Reichsschwedisch‹ und ›Finnlandschwedisch‹, und zwar seit der Trennung des alten Reichs 1809, bei der eine große schwedischsprachige Bevölkerung in Finnland zurückblieb, die mehr als hundert Jahre lang die Oberschicht, den Mittelstand und die Küstenbevölkerung des abgetretenen Landesteils bildete. Finnlandschwedisch klingt eintöniger und altertümlicher als Reichsschwedisch, zumal eine Lautverschiebung seit 1809 der reichsschwedischen Aussprache einen kleinen Zweitakzent am Ende des Wortes hinzugefügt hat. Die Dialekte wechseln nicht nur in den einzelnen Landschaften, sondern sind oft sogar von Dorf zu Dorf verschieden. In den schwedischsprachigen Küstenprovinzen Finnlands gab es noch um die Jahrhundertwende nicht weniger als 400 verschiedene schwedische Mundarten. Doch sorgte die Volksschule dafür, daß die Hochsprache zu ihrem Recht kam. Aber auch dort, wo diese gesprochen wird, kann man am Tonfall die Heimatgegend erkennen.

In der heutigen Zeit lohnt es sich kaum, über die nationalen Merkmale zu reden. An sich soll der Schwede blond und langschädlig sein, und er ist es wohl auch in den meisten Fällen. Fast ein Drittel des alten schwedischen Adels jedoch dürfte ausländischen Ursprungs sein. Viele kamen aus Deutschland, England und

Frankreich. Im Mittelalter hatten auch die meisten Handelsstädte neben der schwedischen eine deutsche Bürgerschaft. Holländer und Wallonen wanderten ein, und in Göteborg siedelte Gustav II. Adolf Juden an, um den Handel zu fördern. Im 20. Jahrhundert hat Schweden viele Flüchtlinge aufgenommen, und Gastarbeiter aus vielen Ländern haben hier eine neue Heimat gefunden.

Der Schwede früherer Tage war ein tapferer Kämpfer und wie seine Vorfahren, die Wikinger, hart und diszipliniert. Menschenopfer kamen noch bis zur Christianisierung um das Jahr 1000 vor, doch kam es danach nicht zu Ketzerverbrennungen und nur vereinzelt zu Hexenprozessen wie auf dem Kontinent. Die Freiheitsliebe war in Schweden immer groß, und der Reichsverweser Birger Jarl hob schon um 1250 die Sklaverei auf. Als schwedische Nationalfehler wurden Eifersucht und eine gewisse Überheblichkeit getadelt, wozu in der Gegenwart vielleicht ein Besserwissen in allen globalen Fragen kommt. Andererseits war Schweden ein tolerantes und soziales Land, auch innerhalb des alten Großreichs wurden die fremden Nationalitäten nie unterdrückt.

Spuren der ältesten Besiedlung

Ob Menschen während der interglazialen Zeiträume in Schweden wohnhaft waren, weiß man nicht sicher. Die ersten Spuren, die durch Knochengeräte belegt sind, bringen uns in die Gegend von Göteborg und führen etwa 9000 Jahre zurück. Das ältere Steinzeitalter scheint in Schonen angefangen zu haben; die Funde an Feuersteinwerkzeugen, die aus der Zeit um 5000 v. Chr. stammen, sind recht zahlreich. Sie wurden von Jägern und Fischern benutzt. Die großen Abfallhügel, ›kjökkenmöddinger‹ genannt, die vorwiegend in Dänemark angetroffen worden sind, geben recht viel Aufschluß über das ältere Steinzeitalter, wo schon eine gewisse Viehzucht, aber noch kein Ackerbau vorkam. An der schwedischen Westküste wurde der vulkanische Grünstein für Geräte verwendet, und man spricht hier von einer alten Steinzeitkultur bei Lihult und bei Nöstvet.

Weit gründlicher ist man mit dem jüngeren Steinzeitalter vertraut, das in Schweden etwa um 4000 v. Chr. beginnt. Am dichtesten bevölkert waren in jener Zeit Schonen, Västergötland und Bohuslän, die Besiedlung dehnte sich jedoch bis zum Mälarsee im

Norden aus. Die Schädelfunde deuten auf die Existenz von zwei Rassen hin: eine ältere brachyzephale und eine einwandernde dolichozephale. Jedoch trifft man in Schweden – außer in den nördlichsten Teilen – keine Ortsnamen an, die nicht germanischen Ursprungs wären. Daß man Schiffe bauen konnte, geht aus dem Umstand hervor, daß die Inseln Gotland und Öland ebenfalls zu dieser Zeit besiedelt wurden, auch die übrigen baltischen Inseln, vor allem Åland, sowie die Küsten von Norrland und Finnland. Fast sieht es so aus, als wären diese Menschen damals gegen den Norden getrieben worden.

Ausgehend von der Beerdigungsweise spricht man von der Epoche der Ganggräber und von derjenigen der Steinkisten. Hunderte und Aberhunderte von diesen Gräbern verteilen sich über das ganze südliche und mittlere Schweden, und sie stellen auch heute noch eine Sehenswürdigkeit dar. In Südschweden konnte man aus dem Grünstein besonders feine Äxte machen, die wie Kähne geformt waren, und sehr früh bestand hier die Seeverbindung mit Britannien. Opfersteine deuten die Anbetung der Sonne an, und aus Felszeichnungen kann man schließen, daß der Ackerbau früh begann. Vom Ende des jüngeren Steinzeitalters stammen die sogenannten Megalithgräber und die vielen Steinhaufengräber.

Um 2000 v. Chr. lernte man in Schweden, Kupfer zu gewinnen, und von 1800 v. Chr. an datiert man das Bronzezeitalter. Waffen, Werkzeuge und Ziergeräte werden mit größtem Geschick hergestellt, und die Technik scheint ganz auf der Höhe Mitteleuropas zu sein. Man hielt bereits Schafe und konnte Wolle herstellen. Der Schiffsbau war weit entwickelt, und Ostsee- und Nordseefahrten waren gang und gäbe. Über den Gräbern der Häuptlinge werden jetzt große Grabhügel aufgeschüttet, wie zum Beispiel der Hügel des Königs Björn bei Håga in der Nähe von Uppsala. Vornehme Tote werden in Steinsärgen beigesetzt, später geht man zur Leichenverbrennung über. Es scheint, daß die Bronze weitgehend importiert wurde, wofür man Schiffe brauchte.

Um 600 v. Chr. beginnt das schwedische Eisenzeitalter, und kurz darauf kommt es zu den ersten Angriffen der Nordgermanen auf die Kelten und auf das Römerreich. Das Eisen konnte man zu Hause aus den reichlich vorkommenden Sumpferzen gewinnen. Die Sprachforscher meinen, daß das indoeuropäische Urvolk bereits in der Steinzeit zerfiel; jetzt fingen auch die Germanen an, sich aufzusplittern. Die vier ersten christlichen Jahrhunderte werden in der schwedischen Geschichte die ›Römische Eisenzeit‹ genannt, weil die Mengen der aus dem Römischen Reich erbeuteten Eisengeräte über alle Maßen groß waren. Jetzt existieren in Schweden bereits die Kleinkönigtümer, die den obenerwähnten Landschaften entsprechen, und die beiden Staatsverbände Svithiod und Gauthiod organisieren sich.

Die Völkerwanderungszeit findet einen lebhaften Widerhall in ganz Schweden, und Tausende von Verbindungen bestehen zwischen den südwärts ziehenden Germanenstämmen und ihrer nordischen Urheimat. Ganz besonders strömen jetzt römische Goldmünzen und Ziergeräte aller Art ins Land. Es entwickelt sich eine Goldschmiedekunst von höchster Qualität in Schweden, denn das einströmende Goldmaterial, das nicht fein genug bearbeitet ist, wird wieder eingeschmolzen. Arm- und Halsringe aus Gold, mit allerhand Verzierungen versehen, werden bevorzugt. Die Ornamentik erreicht eine hohe Blüte. Ziergeräte, besetzt mit Granaten und Glas, sind besonders beliebt. Auch die Schwerter werden mit Goldknöpfen versehen.

Um diese Zeit, etwa 500-700 n.Chr., befindet sich das Zentrum Svithiods in Vendel, etwas nördlich von Uppsala. Hier wurden kurz vor der letzten Jahrhundertwende gewaltige Grabfelder entdeckt, deren vierzehn Großgräber auf ein königliches Geschlecht schließen lassen. Die Toten waren in neun Meter langen Schiffsgräbern beigesetzt, trugen volle Rüstung mit Helm und Schwert und waren, wie aus den Überresten hervorgeht, mit Bedarfsgütern für das Jenseits ausgerüstet. In der Nähe erhebt sich der Grabhügel von König Ottar Vendelkråka, und hier fanden die Archäologen Goldmünzen, die um das Jahr 476 n.Chr. in Konstantinopel geprägt worden waren.

Alt-Uppsala (Gamla Uppsala) mit seinen gewaltigen Königsgräbern gehört eigentlich schon der historischen Zeit an. Die drei Riesengrabhügel, die fast wie Berge wirken, waren den Göttern Odin (Wotan), Thor (Donar) und Frey (dem Fruchtbarkeitsgott) geweiht und stammen etwa aus dem 5. nachchristlichen Jahrhundert. Dem Frey wurden zum Fest des Hohen Winters Schweine geopfert, eine Sitte, die im schwedischen Weihnachtsschinken weiterlebt. Bemerkenswert ist auch der Thingshügel, denn hier wurde das große Schwedenthing (Allhärjartinget) abgehalten. Die alten Svea-Könige des Yngliga-Geschlechts wurden im frühen Mittelalter hier beigesetzt, und zwischen den Riesenhügeln ragte der prachtvolle, goldgeschmückte heidnische Tempel zu Uppsala empor, den Adam von Bremen noch beschrieben hat. Im Heiligen Hain neben dem Tempel wurden Menschenopfer durch Aufhängen dargebracht. Die Schlingen waren so aufgelegt, daß die Opfer bis zu drei Tagen und drei Nächten an den Zweigen hingen, ehe sie starben, und dabei deutbare Sätze oder Worte von sich gaben. An der Wurzel eines riesigen heiligen Baums in der Nähe – einer Esche – gab es eine klare Quelle, wo andere Opfer ertränkt wurden, damit die Priester den göttlichen Willen erfuhren. Der Tempel wurde am Ende des 11. Jahrhunderts zerstört.

Götter- und Sagenwelt nach Snorri Sturluson

Die schwedischen Mythen und Sagen sind Legion und können fast mit den griechischen wetteifern. Die meisten kennen wir durch die Aufzeichnungen des isländischen Geschichtsschreibers Snorri Sturluson, der 1178-1241 gelebt hat. In der ›Heimskringla‹ hat er sechzehn norwegische Königssagas gesammelt; sie ist in mehreren Handschriften überliefert. Auch die älteren Teile der Jüngeren Edda (Snorra Edda) gehen wahrscheinlich auf ihn zurück, so ein Lobgedicht auf König Hakon. Der altschwedische Glaube war eine Naturreligion mit viel Symbolik, die gleichzeitig die Eiszeiten widerspiegelt.

Am Anfang gab es zwei Welten, die der Kälte ›Nifelhem‹ und die der Hitze ›Muspelhem‹, die durch einen Riesenschlund ›Ginnungagapet‹ getrennt waren. In den Schlund tröpfelte ununterbrochen ein böses Gift (Etter), und aus diesem Gift entstand der gewaltige Leib des Riesen Ymer, der sich von der Milch der eisgeborenen Kuh Audumbla ernährte. Die Götter (Asar), die von einer Urkraft geschaffen waren, töteten den bösen Ymer, dessen ausströmendes Blut eine Sintflut verursachte. Aus seinem Leib schufen sie die Menschenwelt (Manhem oder Midgård) und aus seinem Blut das Meer. Selbst bauten sie sich Walhalla als Residenz, zu der der Regenbogen, die Götterbrücke Bifrost, hinführte. Gott des Himmels war Odin, Göttin der Erde seine Gemahlin Frigga (Freya), woher sowohl der ›Freitag‹ (Tag der Freya) wie auch die Bezeichnung ›Frau‹ stammen. Der Sohn des Himmels und der

Erde war der gewaltige Thor oder Donar, der Gott des Donners, der allen Germanen gemeinsam in Alt-Uppsala eigentlich der Hauptgott war. An ihn erinnern heute noch der ›Donnerstag‹ oder der ›Donnersberg‹ in der Rheinpfalz. In seinem ›Ring des Nibelungen‹ hat Richard Wagner im 19. Jahrhundert kontinentale Varianten dieses Glaubens auf der Bühne zu neuem Leben erweckt.

Die Gestorbenen blieben zum Teil bei der Erdgöttin Frigga, zum Teil erreichten sie den Himmel Odins. Darin spiegelt sich auch die Trennung von Körper und Seele beim Tode. Verbreiteter war jedoch eine primitivere Form, die an den Islam erinnert: die im Kampf gefallenen Krieger wurden von Walküren nach Walhalla begleitet, wo sie bis in die Ewigkeit ein materiell-seliges Leben führten. Wer eines natürlichen Todes starb (sotdöd), hatte keinen Anspruch auf Walhalla, und dieser Glaube war einer der Gründe für die Tapferkeit der alten sveeischen und gautischen Kämpfer. Die Schilderungen von den Gastmählern bei Odin in Walhalla erinnern an den sehr viel späteren Koran. Im Gegensatz zu den Semiten liebten jedoch die alten Schweden und Goten Schweinefleisch über alle Maßen, und der täglich geschlachtete Walhalla-Eber Serimner spielte eine große Rolle.

Ferner gab es den bösen Gott Loke, der aber sehr gut aussah und deswegen leicht Götter und Menschen betrügen konnte. Der milde Gott Balder, dem Loke nach dem Leben trachtet, wird am Ende umgebracht. Alle Tiere und Pflanzen der Welt, ja alle Steine und Erze hatten den Göttern versprochen, Balder zu schützen; man hatte aber die unbedeutende Mistel vergessen, und ein Mistelpfeil brachte Balder den Tod. Der Weltenbaum, die Riesenesche Ygdrasil, erzittert, und der Weltuntergang nähert sich. Der göttliche Wächter Heimdal stößt in das Gjallarhorn, der gefesselte Fenrisulven (Weltwolf) reißt sich los, die sich in den Schwanz beißende, um die Erde gelagerte Midgårds-Schlange erhebt sich, Hel, die Königin der Hölle (Helvete), macht sich bereit, der Fimbulwinter tritt ein, und der Weltuntergang Ragnarök verschlingt alles. Surtur, der Herrscher von Muspelhem, wirft seine Flammen über die untergehende Erde: die Sonne wird schwarz, die Erde versinkt, heiße Dämpfe quellen empor, die Sterne verblassen und verschwinden, und der Rest der Erde brennt lichterloh. Die lebhaften und ausgedehnten Beschreibungen erinnern an Atombombenexplosionen oder an einen Atombrand, wie er vielleicht bei den Supernovae vorliegt.

Es gibt indessen auch eine Wiedergeburt. Das immer bösere Menschengeschlecht, das von dem Urpaar Ask und Embla (das schwedische Gegenstück zu Adam und Eva) stammte, geht bis auf ein Paar unter: aus diesem Paar entsteht ein neues, besseres Geschlecht. Die guten Götter, unter ihnen Balder, sind wieder da, aber ein noch mächtigerer Gott, den man nicht nennen darf, lenkt das Ganze. Walhalla ist verschwunden, statt dessen gibt es ›Gimle‹, den goldenen Saal, der herrlicher als die Sonne ist.

Die einzelnen Schicksale der Götter in unserer alten Welt sind zahllos. Das Geschlecht der Riesen spielt immer noch eine Rolle, außerdem gibt es Halbgötter, ›Vaner‹, mit denen die Götter – im Stile der griechischen Mythen – Verbindungen eingehen. Das Feuer, das bereits im Steinzeitalter genutzt wurde, ist eine wenn auch gefährliche Gottesgabe. Der Brunnen der Weisheit (Mimers brunn) quillt an der Wurzel der Esche Ygdrasil. Die Weisheit setzt sich aus Gedankenkraft und aus Gedächtnis zusammen; diese zwei Größen werden von den beiden Raben Odins, Hugin und Munin, vertreten. Gegen die drei Nornen Urd (Vergangenheit), Verdandi (Gegenwart) und Skuld (Zukunft), die das Schicksal der Menschen bestimmen, kann niemand aufbegehren. Die ersten Sveen- und Gauten-Könige sind Halbgötter und Helden. Heilige Plätze gibt es überall – Quellen, Haine, Steine, Berge –, die noch beibehaltenen Ortsnamen erinnern daran. Die zahlreichen erhaltenen Runeninschriften, die jedoch erst in der Völkerwanderungszeit häufiger werden, erleichtern die geschichtliche Klärung.

GESCHICHTE

Anfänge und Mittelalter

Wikinger und Waräger

Die sogenannte Wikingerzeit beginnt um 750 n. Chr., und die Wikingerzüge gegen England, Irland und Kontinentaleuropa sind gewissermaßen Nebenerscheinungen der staatlichen Entwicklung in den nordischen Ländern. Sie waren keine staatlichen Unternehmungen, obwohl die Könige in einem späteren Zeitabschnitt auch Wikingerheere mobilisieren konnten. Die Führer der Winkingerzüge waren oft jüngere Fürstensöhne, aber auch Mitglieder mächtiger Familien. Man ist heute der Meinung, daß die starke Bevölkerungszunahme und die Abneigung gegen eine zu große Aufsplitterung des Landbesitzes zu diesen Glücksfahrten beigetragen haben. Man kann sogar behaupten, daß das Wikinger-Sein eine Art von Beruf wurde, dessen Hauptsaison in den Sommermonaten lag. Im Winter genoß man die Beute und traf die Vorbereitungen für die nächste Fahrt.

Die Verbindungen Svithiods und Gauthiods zum Frankenreich waren immer intensiver geworden, und man hat mit Sicherheit feststellen können, daß die neue Lehre vom guten Christ die Abwehrkraft der südlicheren germanischen Stämme und Völker geschwächt hatte. Klöster und Kirchen waren mit Schätzen gefüllt, doch meist ohne ausreichende Verteidigung. Der gelungene Überfall auf die reichen englischen Klöster Lindisfarne und Jarrow in Northumberland 793 und 794 n. Chr. gab den Wikingern großen Auftrieb: Friesland, Flandern, Frankreich, Spanien, England und Irland erlebten Wikingerangriffe an allen Küsten, außerdem fuhren die plündernden, gut organisierten Wikinger in ihren schnellen flachen Schiffen die Flüsse hinauf. Am beliebtesten waren der Rhein, die Schelde, die Seine, die Loire, die Garonne und die Rhône. Utrecht, Köln, Aachen, Gent, Abbeville, Amiens, Rouen, Nantes, Tours, Blois, Orléans, Poitiers, Bordeaux, Toulouse, Arles, Nîmes, Lyon und viele andere Städte wurden geplündert,

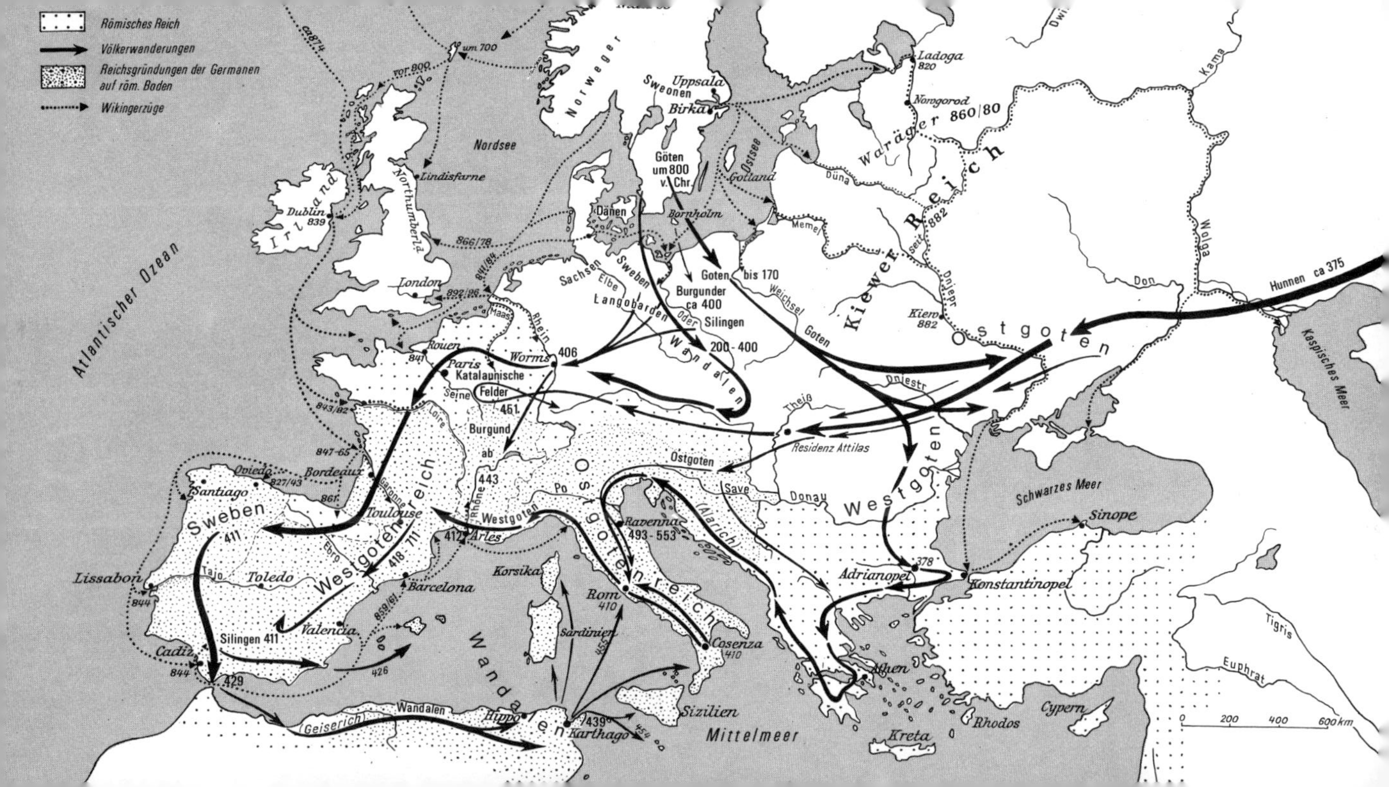

Römisches Reich
Völkerwanderungen
Reichsgründungen der Germanen auf röm. Boden
Wikingerzüge
Atlantischer Ozean
Nordsee
Norweger
Irland
Dublin 839
Northumberld
Lindisfarne
London
um 700
vor 800
ca 874
866/78
841/84
892/96
843/82
847-65
827/43
861
844
859/61
Sweonen
Uppsala
Birka
Göten um 800 v. Chr.
Bornholm
Gotland
Ostsee
Dänen
Sachsen
Elbe
Sweben
Langobarden
Goten
bis 170
Burgunder ca 400
Oder
Silingen
Wandalen 200 - 400
Weichsel
Goten
Memel
Düna
Ladoga 820
Novgorod
Waräger 860/80
Kiewer Reich
seit 882
Kiew 882
Dnjepr
Don
Wolga
Kama
Hunnen ca 375
Kaspisches Meer
Ostgoten
Dnjestr
Theiß
Residenz Attilas
Westgoten
Donau
Save
Schwarzes Meer
Sinope
Adrianopel
378
Konstantinopel
Athen
Kreta
Rhodos
Cypern
Tigris
Euphrat
Rhein
Maas
Rouen
841
Paris
Worms
406
Katalaunische Felder 451
Seine
Loire
Burgund ab 443
Rhône
Garonne
Bordeaux
Toulouse
Westgotenreich 418-711
Arles
412
Westgoten
Po
Ostgotenreich
Ravenna 493-553
(Alarich)
Rom 410
Cosenza 410
Korsika
Sardinien
455
Sizilien
Mittelmeer
Karthago
439
454
Hippo
Wandalen
(Geiserich)
Oviedo
Santiago
Sweben 411
Ebro
Tajo
Toledo
Lissabon
Barcelona
Valencia
Silingen 411
Cadiz
429
426
0
200
400
600 km

und 885 und 886 belagerten die Wikinger Paris, wo es jedoch dem Herzog Odo gelang, sie zum Rückzug zu zwingen.

Unermeßliche geraubte Schätze sammelten sich in Schweden, Norwegen und Dänemark an. Die Bewaffnung der Wikinger war hervorragend, und ihre phantastischen Schiffe waren beweglicher als die der anderen europäischen Völker. Karl der Große und die anderen Karolinger mußten den Wikingern Tribute zahlen, um Ortschaften und Städte, manchmal auch um Dokumente oder heiliges Kirchengerät wieder freizukaufen. Das Geheimnis der Wikingerschiffe, deren Seetüchtigkeit Fahrten bis nach Amerika erlaubte, ist als Folge verschiedener Ausgrabungen zum Teil entdeckt worden. Sie waren mit einem festen Kiel versehen, hatten aber, obwohl sie seefest waren, weniger Tiefgang als die Schiffe der christlichen Staaten. Auch konnten sie sehr rasch zwischen Rudern und Segeln wechseln. Die Maße lagen etwa bei 25mal 5 Meter, und das Material war Eiche mit Eisennägeln und Eisennieten. Da sie sehr flach gebaut waren, veranlaßten sie oft die Verfolger aufzulaufen, während sie selbst entkommen konnten.

Allmählich wurden aus einzelnen Wikingerzügen auch Ansiedlungsunternehmungen, wie zum Beispiel in der Normandie oder auf Sizilien. Während die westlichen Heerfahrten mehr und mehr von Norwegen und Dänemark ausgingen, obwohl sich die schwedische Westküste auch noch daran beteiligte, wurden die Ostsee, die baltischen und russischen Flüsse, das Kaspische und das Schwarze Meer die Domäne der Streifzüge der schwedischen Wikinger. Zeitweise beteiligte sich auch der Svea-König selbst daran; so wurde Kurland im 9. Jahrhundert Uppsala steuerpflichtig. Über die Herkunft des Wortes ›Wiking‹ besteht keine Einigkeit. Da man aber weiß, daß die tiefe Meeresbucht, die die Spitzen vom Skagerrak und Kattegat in die Grenzgegend Schweden-Norwegen hineinschiebt, von alters her ›Viken‹ genannt wurde und daß die westlichen Züge im allgemeinen von hier ausgingen, kann man ›Wiking‹ (Viking) von ›Viken‹ ableiten.

Die Ostwikinger wurden Waräger (Varjager oder Väringar) genannt. Auch hier verwoben sich Handelstätigkeit und Kriegszüge ineinander, und als Ergebnis geht unter anderem die Gründung Rußlands daraus hervor. Als Hauptbeweis hierfür gilt die sogenannte Nestorchronik, von einem Kiewer Mönch namens Nestor geschrieben, der zwischen 1059 und 1114 gelebt hat.

Archäologische Funde wie auch byzantinische und fränkische Annalen bestätigen die Geschehnisse, die bis in die kleinsten Details beschrieben sind. Fest steht, daß die russischen Staatsgründungen in Nowgorod und Kiew schwedischen Ursprungs waren und daß der griechische Kaiser in Konstantinopel (schwedisch Miklagård: große Stadt) durch viele Jahrhunderte eine warägische Leibwache besaß und Wikingertruppen anheuerte. Diese halfen mit bei der Rückeroberung von Kreta 961 n. Chr. durch den späteren Kaiser Nikophoros Phokas (963-969), woran eine Runeninschrift an einem Steinlöwen in Piräus erinnert, wo die Wikingertruppen später lagen. Dieser Steinlöwe wurde 1687 als Kriegsbeute nach Venedig gebracht, wo er noch immer zu sehen ist.

Obwohl Wikinger aus allen nordischen Ländern sich an den Ostzügen beteiligt haben, waren die Sveen doch führend. Im 9. Jahrhundert, wo Svithiod und Gauthiod bereits einen Staatenbund bildeten, rekrutierte sich das Aufgebot in Schweden hauptsächlich noch aus jenen Einwohnern, die unmittelbar an der See wohnten. Die Küsten und die vorgelagerten Inseln waren in Bezirke geteilt, die ›rods‹ (wahrscheinlich von Rudern) genannt wurden. Die Leute des Aufgebots, gewissermaßen also die Marine, wurden Rods-Leute genannt. Da die slawischen und finnischen Völker keine seegehenden Schiffe besaßen, beherrschten die Rods-Leute die Ostsee und alle ihre Buchten. Sogar das große Handelszentrum Haithabu (beim heutigen Haddeby) in Schleswig, womöglich friesischen Ursprungs, stand zeitweise unter schwedischer Oberhoheit.

Wenn der Oberkönig in Uppsala das ganze Rods-Aufgebot nicht brauchte, unternahmen die Schiffseigner auf eigene Faust Wikingerfahrten. Die finnländische Südküste wurde durch Wikingerburgen befestigt, die auch die Durchfahrt durch die Newa (der neue Fluß) sicherten. Bei der Wolchow-Mündung wurde die Festung Aldeiguborg (Aldeigu: Ladoga) angelegt, die Schiffe wurden dann den Strom hinauf bis in den Ilmensee gerudert, wo Nowgorod (Nygård, Holmgård) gegründet wurde. Von hier begab man sich die Lowat herauf zu den Sümpfen, wo die Schiffe über Land, über sogenannte ›drags‹ (Zugstellen), in die Quellflüsse des Dnjepr gezogen wurden unter reichlichem Aufwand von Sklaven. Längs anderen Wasserstraßen erreichte man in derselben Weise die Wolga und die Oka, wobei das Ziel die große

Handelsstadt Bolgar (südlich des späteren Kasan) oder das Kaspische Meer und die persische Küste war. Dieses Südland wurde von den Wikingern ›Särkland‹ (Hemdland) genannt, weil die Männer dort in langen Röcken gingen. Die Wikinger selbst trugen lange Hosen und eine mit einem Gurt zusammengehaltene Oberkleidung.

In Nowgorod (schwedisch später auch Nougården genannt) gründete ein Rods-Anführer fürstlichen Geschlechts, Rurik, um 860 den Warägerstaat Nowgorod, während zwei andere Wikingerführer, Askold und Dir, das slawisch bewohnte Kiew (schwedisch: Känugård), das unter petschenegischer Herrschaft stand, einnahmen und wahrscheinlich von der Bevölkerung zunächst als Befreier begrüßt wurden. Mit fester Hand organisierte Rurik, auf seine Rods-Macht gestützt, ein wachsendes slawisches Reich, dessen regierende Schicht, die Rods oder Rhos, slawisch Rus, Jahrhunderte hindurch schwedisch blieb. Eine Parallele hierzu bildet das Westgotische Reich in Spanien.

Rurik ist als geschichtlich genau nachweisbare Persönlichkeit 882 in Nowgorod gestorben, und sein Nachfolger Helge (russisch: Oleg) verlegte kurz darauf die Hauptstadt des neuen Reichs (schwedisch Gårdarike: Reich der vielen Höfe) nach Kiew. Dieses Wikingerreich machte es sich zur Aufgabe, die Wasserstraßen durch das slawische Land von der Ostsee bis zum Schwarzen Meer unter Kontrolle zu halten. Es erreichte, daß der griechische Kaiser sich verpflichtete, alle Waräger, die es wünschten, in seine Dienste zu nehmen. Binnen kurzem führte das warägische Kiew sogar Kriegszüge gegen Konstantinopel. Aus den griechisch verfaßten Verträgen geht hervor, daß die Regierungsvertreter Kiews nur aus Rods bestanden. Kaiser Konstantin Porphyrogenetos schrieb, daß es zwei Sprachen im Kiew-Staat gäbe: diejenige der herrschenden Schicht, die ›Rhoz‹ genannt wird, und diejenige der slawischen Bevölkerung. Auch die verwandtschaftlichen Beziehungen zur alten Heimat wurden gepflegt. So heiratete der letzte noch schwedisch sprechende Großfürst von Kiew, Jaroslaw, 1019 die Tochter König Olofs Skötkonung von Schweden. Bis dahin hatte die slawische Bevölkerung sich Slawen (vom russischen Wort Slowo: Wort) genannt, während die Oberschicht Rods (Russen) waren. Nun fing die ganze Bevölkerung an, sich der vornehmeren Bezeichnung ›Russen‹ zu bedienen. Der gesamte russische Hochadel wollte noch bis 1917 von Rurik abstammen, auch das Kaiserhaus Romanow. Nach der Nestorchronik fand die Gründung 862 statt, und so wurde 1862 die Tausendjahrfeier des Russischen Reichs mit großem Aufwand festlich begangen.

Frühe schwedische Staatsbildungen

Bei aller Achtung für Gauthiod und die nordischen Goten muß man doch hervorheben, daß die staatsbildende Kraft der Sveen entscheidend wurde. Den Kern machte hier Uppland aus, weswegen auch die südlich von Uppland gelegene Landschaft Södermanland (das heißt Land der südlich wohnenden Leute) und die westlich gelegene Landschaft Västmanland genannt wurden. Daß die Ostsee auch in Deutschland und in Finnland Ostsee heißt, beweist, daß der Name aus Schweden stammt. Uppland selbst als Kernland von Svealand (Svithiod) setzte sich aus den drei historischen ›Volkländern‹ (Folkland) Attundaland, Tiundaland und Fjärdhundraland zusammen, wobei die Namen besagen, daß die Länder aus acht, aus zehn und aus vier Hundaran bestanden, eine Einheit, die mit Hundert (hundra) zu tun hatte. Angegliedert war zunächst das Küsten- und Inselland Roden, woher die Rods kamen. Bereits um 500 n. Chr. waren Södermanland und Västmanland fest in Svithiod eingegliedert, dessen Zentrum das Heiligtum von Uppsala war. Im folgenden Jahrhundert dürfte der Staatenbund mit Gauthiod zustande gekommen sein, wenn auch vielleicht nicht ganz ohne Kämpfe.

Die ersten Svea-Könige, die aus der Sage heraustreten, sind vermutlich die Regenten aus dem Ynglinga-Geschlecht gewesen. Ganz zuverlässig sind die überlieferten Königsverzeichnisse jedoch keineswegs, und unzählige Sagen – etwa wie zu derselben Zeit in der Lombardei – sind an diese ersten Könige geknüpft, Sagen, auf die noch heute oft angespielt wird und deren Kenntnis zur allgemeinen Bildung gehört, die Sagen von Yngve, Domalder, Dygve, Wisbur, Agne, Adil, Anund, Ingjald usw. Der alte schwedische Königstitel war ›drott‹, obwohl er bereits im frühen Mittelalter durch ›konung‹ (verkürzt kung) ersetzt wurde. Jedoch heißt die Königin auf schwedisch immer noch ›drottning‹ und eines der schönsten Schlösser Schwedens ›Drottingholm‹; ein bevorzugter Königin-Name war Yrsa. Ein bekannter Heldenkönig war Rolf Krake, der allerdings nicht in Uppsala regierte. Die letzte Schlacht zwischen Sveen und Gauten soll bei Bråvalla geschlagen worden sein, wobei der Sveakönig Sigurd Ring den Sieg davontrug.

Zentren in Uppland waren, neben der Tempelstadt Uppsala, Vendel, Sigtuna, Birka und Helgö, die drei letzten am Mälarsee, der zu jener Zeit auch Lögaren genannt wurde. Birka, die große Handelsstadt der Wikingerzeit, auf einer Insel im Mälarsee gelegen, ist uns durch die Vita Ansgarii besonders bekannt. Ausgrabungen bestätigen zwar, daß eine frühmittelalterliche Stadt auf der gegenwärtigen Insel Björkö gelegen hat, einige Forscher bezweifeln aber, daß diese das richtige Birka war. Birka braucht keineswegs mit Björkö (Birkeninsel) zusammenzuhängen, sondern stammt wahrscheinlich vom alten Wort ›birk‹ (berek), das Gerichtssprengel bedeutet. Man glaubt, daß das Birka Ansgars vielleicht sogar auf der Hauptinsel des Åland-Archipels lag.

Fest steht auf jeden Fall, daß der fränkische Missionar Ansgar Birka zweimal besucht hat, und zwar um 830 und um 850 n. Chr. Die Svea-Könige Björn und Olof ließen ihn frei den neuen Glauben predigen, der in Birka kaum ganz unbekannt war, da die Kaufmannsgilde sich wohl aus Friesen zusammensetzte. Mit Dorestad und Hedeby bestanden besonders intime Handelsverbindungen. Rund tausend Birkagräber wurden untersucht, und man hat hier unter anderem große Mengen von Münzen aus Südeuropa und aus der arabischen Welt gefunden. Die Küstenhebung – etwa fünf Meter seit der Birka-Zeit – dürfte das Sterben der Stadt als Seehandelszentrum verursacht haben, womöglich hat auch die einsetzende Reaktion des heidnischen Uppsala gegen den neuen Glauben dazu beigetragen. Während die Gauten sich früher taufen ließen, trat erst der Svea-König Olof Skötkonung (deutsch: Steuerkönig, nicht Schloßkönig) endgültig zum Christentum über – zu Beginn des 11. Jahrhunderts.

Zu dieser Zeit bestanden schon enge Verbindungen zwischen den Königen von Schweden, Dänemark und Norwegen. Teils war man nahe verwandt, teils führte man Kriege, und teils wollten die Grenzlandschaften oft selbst den Oberherrn wechseln. Die Sprachen waren wenig differenziert, so daß alle sich gut verstanden. Der größte Schwedenkönig der Wikingerzeit war zweifelsohne Erik Segersäll (der Siegreiche). Dieser besiegte den Dänenkönig

1 Blick auf die Nordsee von den Felsenklippen
bei Hamburgs in Bohuslän, Südschweden

2 Windfahne eines Wikingerschiffes, die sich als Wetterfahne auf der Kirche von Söderala in Hälsingland, Nordschweden, bis in die Neuzeit erhalten hat

3 Felszeichnung aus der Bronzezeit (1100-1000 v. Chr.) bei Vitlycke in der Nähe von Tanum in Bohuslän, Südschweden

4 Steinsetzungen in Schiffsform aus der Wikingerzeit beim Königshügel von Badelunda in der Nähe von Västerås am Mälarsee in Västmanland, Mittelschweden
←

5 Die drei ›Königshügel‹ von Gamla-Uppsala aus dem 6. Jh. nahe dem Thingplatz, dem Heiligen Hain und dem großen heidnischen Tempel: religiöses Zentrum Schwedens in vorchristlicher Zeit. Unter den Hügeln sind drei Sveakönige begraben

6 Bildstein von Stora Hammar aus der frühen Wikingerzeit (um 700) bei Lärbro auf der Insel Gotland

7 Runenstein aus der späten Wikingerzeit (11. Jh.)
in Litslena in Uppland, Mittelschweden

8 Zwischen Steinen und Wacholdersträuchern die Holzhäuser des Dorfes Ekeby bei Uppsala in Uppland, Mittelschweden

Sven Tveskägg, ließ sich von seiner Gemahlin Sigrid Storråda (Mutter des Olof Skötkonung) scheiden und heiratete eine polnische Prinzessin. Er half Wladimir (Valdemar) dem Heiligen auf den Thron im warägischen Kiew, starb aber schon 995. Der besiegte Dänenkönig heiratete die verstoßene schwedische Ex-Königin Sigrid, eroberte unter anderem Gebiete in England im Jahre 1013 und war nun auch der Stiefvater des neuen Schwedenkönigs Olof Skötkonung, mit dem er ein Bündnis einging, um den norwegischen König Olaf Tryggvason zu stürzen. Das gelang in der berühmten Seeschlacht bei Svolder im Jahre 1000, wodurch Norwegen vorübergehend auf Schweden und Dänemark aufgeteilt wurde. Nach 1050 ebbten die Wikingerzüge ab; es folgt in Schweden der lange Thronstreit zwischen den Königsgeschlechtern der Stenkils, der Sverkers und der Eriks. Teils standen hier Heiden gegen Christen, teils wiederum Gauten gegen Sveen.

Bereits um die Mitte des 11. Jahrhunderts war die Christianisierung ganz Schwedens durchgeführt. Als ein ›Julianus Apostata‹ tritt hier kurz ein König Sven in Erscheinung, der wegen der von ihm angestrebten Neubelebung der heidnischen Opfer in Uppsala Blot-Sven genannt wurde, nach dem schwedischen Wort ›blot‹ für Opfer. Der Svea-König wurde immer noch von den drei Volkländern in Uppland bei den Steinen von Mora (Mora stenar) gekürt, wonach er seine sogenannte Eriksgata durch alle Landschaften von Svealand und Götaland unternahm, um sich huldigen zu lassen. Im Prinzip war Schweden ein Wahlkönigreich, jedoch wurden die Könige aus dem regierenden Haus genommen, wobei auch die Frauenlinie Geltung haben konnte. Kirchen und Klöster wurden schon im 11. Jahrhundert aufgeführt und haben als Feldsteinbauten den Jahrhunderten Trotz bieten können. Im Jahre 1152 wurde eine große Kirchenversammlung zu Linköping in Östergötland abgehalten, und 1164 wird das Erzbistum von Uppsala gegründet. Bis dahin hatte Schweden dem Bistum von Hamburg-Bremen angehört. Um 1156 wird Erik IX. König von Schweden, der nach seiner Ermordung im Jahre 1160 als Sankt Erik zum Schutzheiligen Schwedens werden sollte.

Wie schon erwähnt, hatten die Waräger sehr früh Burgen an der südfinnischen Küste aufgeführt, in denen sie auch überwintern konnten. Die Küstenlandschaft wurde von Schweden dünn besiedelt, während finnische Stämme vom Südosten her ins Binnenland einwanderten und die Lappen nach Norden drängten. Zu Tacitus' Zeiten und noch weit später war das ganze heutige zentrale und nördliche Rußland von finnischen Jägervölkern dünn besiedelt. Diese wurden von den aus dem Südwesten (Wolhynien, Galizien) eindringenden Slawen gegen den Norden gedrängt. Die Einwanderung einiger finnischer Stämme in das Binnenland Finnlands dürfte um 400-500 n. Chr. geschehen sein. Als Moskau von Kiew aus als östliche Grenzfestung im 12. Jahrhundert gegründet wurde, war diese Gegend von finnischen Mordwinen bewohnt. Die ›russische‹ Bevölkerung verfügte zu dieser Zeit nur über ein längliches westliches Rechteck, das bis Nowgorod und Bjeloosero reichte. So wurde sowohl Moskau wie auch 550 Jahre später St. Petersburg in von Finnen bewohnten Gegenden angelegt.

Wohl von den heidnischen Finnen bedrängt, bat die schwedische Küstenbevölkerung Finnlands die russischen Wikinger um Schutz, den diese jedoch nicht mehr gewährten. An die Stelle der alten Freundschaft Schwedens mit der schwedischen Gründung Nowgorod war im 12. Jahrhundert ein Wettbewerb getreten, der zum Teil mit dem Handel und zum Teil auch mit der Verschiedenheit der christlichen Bekenntnisse zusammenhing. Wie bekannt, hatten ja die russischen Wikinger von Byzanz den orthodoxen Glauben der griechischen Ostkirche angenommen, während Skandinavien und Polen wie ganz Mittel- und Westeuropa sich zum römischen Glauben bekannten. All dies mag König Erik IX. veranlaßt haben, im Jahre 1157 einen Kreuzzug nach dem noch weitgehend heidnischen Südwestfinnland zu unternehmen, wobei Finnland unter die schwedische Krone kam, nicht als Provinz, sondern als Landesteil. Den König begleitete Bischof Henrik (Heinrich) von Uppsala, der in Finnland zurückblieb, um dort die Kirche zu organisieren und kurz darauf ermordet wurde; ein Schicksal, das auch später den König selbst ereilte. Als Märtyrer wurde der Bischof nun als Sankt Henrik der katholische Schutzheilige des östlichen Landesteils Finnland. Zur Landesresidenz wurde der alte Marktplatz Åbo (lateinisch: Abo) erhoben, den die Finnen mit dem slawischen Wort Turku (vom russischen Torg: Handel) bezeichneten. Ein riesiges Schloß aus Feldsteinen wurde an der Mündung des Aurajoki aufgeführt.

Allmählich überschnitten sich schwedische und nowgorodische Interessen so sehr, daß es bereits 1240 zu einem ersten Waffengang kam. Um diese Zeit war die schwedische Kolonie Nowgorod bereits gänzlich slawisiert, der Staat von Kiew war zerfallen und die russischen Kleinfürstentümer von den Tataren bedroht. Der einzige russische Staat, der sich dem Tatarenjoch noch nicht gebeugt hatte, war Nowgorod, das sich dafür mit seinem westlichen Nachbarn auseinandersetzen mußte. Die erste vertragliche Grenzziehung zwischen Schweden und Nowgorod geschah 1323 in Nöteborg (später Schlüsselburg) am Ladogasee. Dabei blieb Westkarelien mit der schwedischen Festung Viborg (als Hansestadt Wiborg) schwedisch und wurde mit dem Landesteil Finnland (Finland) vereinigt. Im Jahre 1362 wurde ausdrücklich bestätigt, daß sämtliche Einwohner in Finnland innerhalb der allschwedischen Volksvertretung dieselben Rechte genossen wie die Einwohner des eigentlichen Schweden. Der Landesteil Finnland blieb bis 1809 ein Teil des schwedischen Reichs, und unzählige Kriege wurden während dieser sieben Jahrhunderte der Vereinigung zwischen Schweden und der wachsenden Macht Rußland auf finnischem Boden ausgekämpft.

Reichsverweser Birger Jarl und die Menschenrechte

Als königliche Verwalter der Gaue, wo früher Kleinkönige saßen, waren sogenannte Jarle (englisch earl) eingesetzt. An der Spitze des ganzen Reichs konnte auch ein Jarl als eine Art Kanzler oder Premier stehen, was oft notwendig war, wenn der König sich auf Kriegszügen außer Landes befand oder wenn er minderjährig war. Im letztgenannten Falle oder wenn sonst ein Interregnum entstand, wurde ein Reichsverweser gewählt, eine Institution, der sich das Großfürstentum Finnland noch in den Jahren 1917-19 bediente, ehe die neue republikanische Verfassung angenommen worden war. Einer der berühmtesten schwedischen Reichsverweser war um 1250 Birger aus dem Geschlecht der Folkunger, in den schwedischen Annalen nur Birger Jarl genannt.

Mit der Schwester des kinderlosen Königs verheiratet, erreichte er, daß sein Sohn, als dessen Vormund er das Reich weiterhin verwaltete, zum König gewählt wurde. Er befestigte auch in Mittelfinnland die schwedische Macht gegenüber Nowgorod, indem er im Jahre 1249 das große Schloß zu Tavastehus (heute finnisch: Hämeenlinna) aufführen ließ. Am bekanntesten ist er jedoch durch die Einführung einer einheitlichen Reichsgesetzgebung im Königreich Schweden geworden, wo bis jetzt die verschiedenen, aber voneinander nicht stark abweichenden Landschaftsgesetze in den einzelnen Gauen Geltung besessen hatten. Er gründete auf der Insel Stockholmen – in der Mälarmündung – die neue Hauptstadt, der er den Namen Stockholm verlieh.

Birger Jarl kodifizierte die schwedischen Menschenrechte, die nach Anerkennung durch die damals noch existierenden Landschafts-Things zum Reichsgesetz wurden. Obwohl vor mehr als 700 Jahren proklamiert, entsprechen sie inhaltlich den Menschenrechten des heutigen Europarats in Straßburg. Am wichtigsten waren die sogenannten Friedensgesetze, die die Unverletzlichkeit des Heims und der Kirchen vorschrieben, die Sicherheit auf den Straßen und bei den Things garantierten und den Frauen vollen Schutz gewährten. Man sagt, daß man sich im damaligen Schweden mit einer Sicherheit bewegen konnte, wie sie das übrige Europa erst 500 bis 600 Jahre später erreichte.

Mit dem Sohn Birger Jarls, Waldemar Birgersson, kam das streitbare Geschlecht der Folkunger auf den schwedischen Thron (1250-1363). Seine Herrschaft bringt, trotz innerer Kämpfe, eine umfassende Konsolidierung des schwedischen Reichs. Ein Reichsgesetz für die Landgemeinden und ein anderes für die Stadtgemeinden wurden eingebracht. Verträge mit der Hanse und mit Lübeck über gegenseitiges Bürgerrecht wurden abgeschlossen, und als Folge davon wuchs der deutsche Einfluß innerhalb des Handelsstandes so stark, daß viele Städte neben den schwedischen auch einen deutschen Bürgerstand besaßen. Der Bergbau, vor allem die Kupfer- und die Eisengewinnung, nahm dank der herangezogenen deutschen Fachleute einen gewaltigen Aufschwung.

In dieser Zeit des frühen Mittelalters war auch in Schweden die Kirche zu einem bedeutenden Faktor des Lebens geworden. Während der Christianisierung des Landes im 10. und 11. Jahrhundert entstanden unzählige Gotteshäuser, die meisten anfänglich aus

Holz, sogenannte Stabkirchen. Da das Land in der Wikingerzeit reich an geraubten Kunstschätzen und edlen Metallen geworden war, hatte kurz vorher ein eifriger heidnischer Tempelbau eingesetzt. Besondere Baugesellschaften führten im Auftrag die alten ›Blot-Häuser‹ auf, und diese stellten sich nun ebenso rasch auf Kirchenbauten um. Adam von Bremen gibt bereits um 1060 die Zahl der Kirchen in Schonen mit 500 an und behauptet, daß es in Västergötland sogar noch mehr gäbe. Der Bau der typischen schwedischen Feldsteinkirchen begann etwas später. Diese gehören noch heute zu den Sehenswürdigkeiten des Landes.

Aber es fehlte auch nicht an geistigen Persönlichkeiten. Die bedeutendste Gestalt unter ihnen ist die heilige Birgitta, die eine Vielzahl berühmter geistlicher Schriften des europäischen Mittelalters ins Schwedische übersetzen ließ und deren Kloster in Vadstena zweihundert Jahre der berühmteste Wallfahrtsort Skandinaviens war. Ihr Vater war Ratgeber und Richter des Königs, ihre Mutter stammte aus dem berühmten Geschlecht der Folkunger. Mit dreizehn Jahren wurde sie mit dem höchsten Richter von Östergötland, Ulf Gudmarsson zu Ulfåsa, vermählt. Sie gebar ihm acht Kinder, lebte mit ihm in Alvasta, wo sie viele visionäre Erscheinungen hatte. Im Alter von zweiunddreißig Jahren wurde sie Hofmeisterin des jungen schwedischen Königs Magnus Erikson und seiner Gemahlin Blanche, die aus Namur stammte. 1341-1343 unternahm sie mit ihrem Mann eine Pilgerfahrt nach Santiago de Compostela in Spanien. Kurz darauf wurde sie Witwe und widmete sich nun ausschließlich religiösen Problemen, erlebte Visionen und Offenbarungen und begab sich nach Avignon und Rom, wo sie sich für die Rückkehr des Papstes einsetzte. Mit über siebzig Jahren unternahm sie noch mit ihren Kindern Birger, Karl und Karin eine Pilgerfahrt nach Jerusalem und starb 1373 in Rom, wo sie ein eigenes Haus besaß. Man kann sagen, unter Anteilnahme ganz Europas wurde ihr Sarg über Polen, Danzig und Öland nach Vadstena gebracht und in der Krypta der ›Blaukirche‹ beigesetzt. Unter ihren vielen Schriften sind die ›Revelationes‹ (Offenbarungen) am bekanntesten geworden. Bereits am 7. Oktober 1391 wurde sie kanonisiert.

Sie hatte den Birgittenorden (Orden von St. Salvator) gegründet, der 1370 auch vom Papst offiziell anerkannt wurde, und bald wurden überall in Europa Birgittenklöster errichtet. Das 1346 gegründete Hauptkloster, das als geistiges Zentrum des Landes bald die größte Bibliothek Schwedens besaß, lag in Vadstena am Vättern und war ein Geschenk des schwedischen Königs; ein zweites wichtiges Kloster lag in Nådendal (Vallis Gratiae) westlich von Åbo in Finnland. Nach der Reformation wurden in Schweden alle Klöster aufgehoben, doch seit 1935 gibt es in Vadstena wieder Birgittinnen. Birgittenklöster bestehen aber auch unter anderem heute noch in Bayern, Spanien, Holland, Italien und sogar in Mexiko.

Das Besondere am Birgittenorden ist, daß Mönche und Nonnen zwar in getrennten Gebäuden leben, aber eine gemeinsame Kirche haben und einer Äbtissin unterstehen, daß sie in der Volkssprache predigen und daß sie dem einfachen Volk in allen geistigen und materiellen Fragen Beistand leisten. Bei Ausgrabungen in Nådendal (finnisch: Naantali) hat man neuerdings förmliche Säuglingsmassengräber gefunden, was ein etwas unheimliches Licht auf diese Nachfolger der heiligen Birgitta wirft.

Die positive Entwicklung in Schweden erlitt durch die gewaltige Pestepidemie um 1350 einen bedeutenden Rückschlag. Die Pest (schwedisch Digerdöden: der große Tod) soll die alten Handelsstraßen entlang aus dem damals, mit Ausnahme von Nowgorod, tatarischen Rußland nach Europa gekommen sein und dürfte im Norden etwa der Hälfte der Bevölkerung das Leben gekostet haben. Die schwedische Vorherrschaft auf der Ostsee, die noch in der Wikingerzeit unbestritten war, ging jetzt verloren: Dänen, Deutsche und ganz besonders die Hanse setzten sich an den früher von schwedischen Schiffen kontrollierten Küsten fest. Nur der Landesteil Finnland-Wiburg, als östliche Grenzfeste, blieb in schwedischer Hand.

Viele der bedeutendsten mittelalterlichen Andenken in Schweden entstammen der Folkunger-Zeit. Im Jahre 1248 besuchte der päpstliche Legat Wilhelm von Sabina Schweden, wobei eine Kirchentagung in Skänninge in Östergötland abgehalten wurde, die vor allem der Durchsetzung des Zölibats galt. Interessant war die Bestrebung der neuen Reichsgesetzgebung, die Verantwortlichkeit für eine Tat nur dem Täter allein und nicht seiner ganzen Sippe anzulasten. In heidnischer Zeit herrschte in Svithiod und Gauthiod noch weitgehend die Blutrache wie zum Teil heute noch auf Korsika. Wenn ein Verbrecher nicht gestellt werden konnte, wurde er für ›friedlos‹ erklärt: sein Eigentum wurde eingezogen, und ein jeder war berechtigt, ihn totzuschlagen. König Magnus Ladulås, zweiter Sohn von Birger Jarl und Nachfolger des kinderlosen Bruders, versuchte die Freiheit der Bauern gegen die Willkür des immer mächtiger werdenden Adels zu schützen. Die Bauern in Schweden, einschließlich Finnlands, wurden nie leibeigen. Die Sklaverei hatte Birger Jarl schon um 1250 endgültig abgeschafft.

König Magnus Ladulås erbaute zahlreiche Schlösser, gotische Kathedralen, Klöster und Burgen, unter seiner Herrschaft wurden die Bräuche des europäischen Rittertums in Schweden heimisch. Im Jahre 1276 hatte er Hedwig von Holstein geheiratet, und seine Hofhaltung war prachtvoll. Sein Sohn, Herzog Erik, heiratete die Prinzessin Ingeborg von Norwegen, und der Enkel, Magnus II. Smek, erbte sowohl die schwedische als auch die norwegische Krone, ein Ereignis, das der späteren skandinavischen Union gewissermaßen vorgriff. Der Beiname ›Ladulås‹ bedeutet wörtlich ›Scheuerverschluß‹ und bezieht sich auf das Verbot der Zwangseinquartierung bei den Bauern, die sich vornehme Leute mit ihren Gefolgen auf Reisen geleistet hatten. Der Beiname ›Smek‹ des Enkels ist im wahrsten Sinne des Wortes ein Kosename, denn er bedeutet ›Kosen‹ und bezieht sich auf einen dem König wahrscheinlich zu Unrecht zugeschriebenen leichten Lebenswandel.

König Magnus II. Smek, der Schonen, Blekinge und Halland für die schwedische Krone gewonnen und die Newa-Mündung besetzt hatte, setzte die Reichsgesetzgebung in Schweden fort und kämpfte wie sein Großvater für die Freiheit der Bauern und der Bürger gegen die angewachsene Macht des Lehnsadels und gegen seinen Führer, den mächtigen Reichstruchseß (Riksdrots) Bo Jonsson Grip. Da Schweden formal noch ein Wahlkönigreich war, wandte sich der sich in seinen Vorrechten bedroht fühlende Adel zunächst an Graf Heinrich von Holstein mit der Anfrage, ob er König von Schweden werden wolle. Klugerweise lehnte dieser ab, und nun ging der Antrag an den Schwager des Königs, Herzog Albrecht II. von Mecklenburg. Albrecht akzeptierte die Wahl für seinen jüngeren Sohn desselben Namens – den älteren wollte er nach dem Tode Waldemars IV. Atterdag zum König von Dänemark machen.

Mit einem deutschen Heer, aber vom schwedischen Hochadel gerufen und unterstützt, brach Albrecht der Jüngere von Mecklenburg in Schweden ein, wo er gegen Magnus II. Smek und dessen Söhne, später auch gegen den Dänenkönig Waldemar Atterdag kämpfen mußte. Schwedisch wird sein Name Albrekt geschrieben, und es ist anzunehmen, daß er als Sohn der schwedischen Prinzessin Eufemia aus dem Geschlecht der Folkunger auch Schwedisch sprechen konnte. Albrecht endete jedoch unglücklich. Statt seinem Bruder Heinrich gelang es der in Norwegen residierenden Tochter Waldemars, Margareta, den dänischen Thron zu erringen. Der schwedische Hochadel, mit Albrecht ebenfalls unzufrieden, bot ihr nun auch den schwedischen Thron an, vorausgesetzt, daß sie den Mecklenburger verjage. Albrecht wurde 1389 besiegt, gefangengenommen und gefoltert – nur die Hauptstadt Stockholm, wo die Majorität der Bürger zu dieser Zeit deutschsprachig war, hielt hinter der Fahne Albrechts bis 1398 durch.

Durch Vermittlung der Hanse wurde er 1395 befreit und starb 1412, im selben Jahr wie seine Gegnerin Margareta, im Kloster zu Doberan in Mecklenburg. Er war seit 1384 auch regierender Herzog von Mecklenburg, so daß man für die Zeit von 1384 bis 1389 von einer Personalunion Schweden-Mecklenburg sprechen kann.

Königin Margareta und die Union von Kalmar

Obwohl sich drei skandinavische Staatsgebilde entwickelt hatten, spielte der Gedanke an eine skandinavische Union stets eine große Rolle. Die drei königlichen Familien waren nahe verwandt, und es ist nur natürlich, daß man Heiratspläne mit Unionsplänen kombinierte. Wenn auch Norwegen als der schwächste Staat im Dreiklang oft zum Beutegegenstand der beiden andern wurde, ging doch der Gedanke an die Union im 14. Jahrhundert von hier aus. Während die Folkunger den schwedischen Thron bereits im Jahre 1371 verloren, konnte sich Håkon, der Sohn des abgesetzten Königs Magnus II. Smek, in Norwegen behaupten. Seine Witwe Margareta wurde dort erst Regentin und dann Königin.

Als Tochter des Dänenkönigs Waldemar Atterdag war sie mit dem Sohn des ehemaligen väterlichen Erzfeinds, dem letzten Folkunger, verheiratet worden. König von Dänemark sollte der Sohn

Margaretas, Olof, mithin der allerletzte Folkunger aus der männlichen Linie, werden; er starb aber schon 1387, und nun wurde Margareta auch Königin von Dänemark und bald darauf, wie schon erwähnt, Königin von Schweden.

Skandinaviens Königin Margareta war eine kraftvolle Gestalt, von Geschichtsschreibern die ›Semiramis des Nordens‹ genannt. Eine große Zahl von Abbildungen vermittelt uns noch heute den Eindruck einer Persönlichkeit, die vor nichts zurückschreckte und selbst an der Spitze ihrer siegreichen Armeen stand. 1397, noch ehe Stockholm gefallen war, wurde zu Kalmar in der Landschaft Småland die berühmte skandinavische Union vereinbart, die in der Geschichte den Namen die Kalmarische Union trägt und die erst mit Gustav Wasa 1521 endgültig aufgehoben wurde. Man einigte sich auf ein eigenes Wappen für das Unionsreich: ein Schild mit drei Kronen. Laut Vertrag sollte der gemeinsame Monarch abwechselnd in den drei Hauptstädten residieren, doch Margareta bevorzugte von Anfang an das südlichere Roskilde, beziehungsweise Kopenhagen, und dabei blieb es. Die Union wurde deswegen in Schweden bald als eine Art dänischer Vormundschaft betrachtet, gegen die man sich zur Wehr setzen mußte. Außerdem war der Unionsvertrag, laut dem die geltenden Gesetze in allen drei Reichen voll in Kraft bleiben sollten, in vielen Punkten unklar. Hinter dem Unionsgedanken standen zwei Motive: erstens fühlten sich die drei skandinavischen Völker als eine ursprünglich ethnische Einheit – zwischen den Sprachen bestanden damals nur Dialektunterschiede. Zweitens konnte man vereint besser den Deutschen begegnen. Die deutschen Ostseemächte waren damals in erster Linie die Hanse und der Deutsche Ritterorden, in zweiter Linie die Herzogtümer Mecklenburg und Pommern.

Nach Margaretas Tod 1412 kam es jedoch gleich wieder zu blutigen Auseinandersetzungen, die während der ganzen Zeit der Kalmarischen Union anhielten. Während Norwegen zur dänischen Provinz herabsank, fiel Schweden immer wieder von der Union ab, um sie zum Schluß gänzlich zu kündigen. Hierzu trug in erster Linie der Umstand bei, daß im Widerspruch zu der Vereinbarung von Kalmar landfremde Verwaltungsbeamte, Dänen und Deutsche, eingesetzt wurden.

Dänemark war zu dieser Zeit eine halbdeutsche Monarchie, teils durch die engen Beziehungen zu Schleswig-Holstein, teils durch den Einfluß deutscher Söldner. Zahlreiche Deutsche wurden in dänische Dienste genommen, und man sagt, am Hofe sei damals ebensoviel Deutsch wie Dänisch gesprochen worden. Wie eng die Beziehungen zum Süden waren, zeigt sich auch darin, daß die Königin Margareta ihren deutschen Großneffen Erich von Pommern als Thronfolger einsetzte.

Der Unionskönig Erich von Pommern und der Aufstand des Engelbrekt

Die Verwandtschaft sah wie folgt aus: Margaretas Schwester Ingeborg war mit dem Bruder des abgesetzten Königs Albrecht, Heinrich von Mecklenburg, verheiratet, der es, wie schon erwähnt, nicht fertiggebracht hatte, nach seinem Schwiegervater Waldemar Atterdag König von Dänemark zu werden und bereits 1383 starb. Die Tochter aus dieser Ehe, Maria, wurde mit dem Herzog Wratislaw VII. von Pommern vermählt, und der 1382 geborene Enkel Erich (Erik) wurde in Kalmar als der künftige Unionskönig anerkannt. Nach Margaretas Tod 1412 trat er die volle Regierung in den drei Reichen an.

Da er in Schweden Erik XIII., in Dänemark Erik IX. und in Norwegen Erik I. war, wurde er einfach Erich von Pommern (Erik av Pommern) genannt. Die Historiker wetteifern, ihn so schlecht wie nur möglich zu machen, was bestimmt auch damit zu tun hat, daß er landfremd war und das Schwedische kaum beherrschte. Doch wird er im deutschen Schleswig, das er für Dänemark zu erobern versuchte, als dänischer Unterdrücker angesehen. Gegen die Einsetzung dänischer Vögte in Schweden kam es zum Aufstand des Engelbrekt, der 1434 zur Abdankung Erichs von Pommern führte.

Engelbrekt Engelbrektsson, ein Bergsman aus dem Bergwerksdistrikt Norberg in der Landschaft Dalarna, wurde zum Symbol für den schwedischen Unabhängigkeitswillen, sein Name hat einen Klang wie der des Wilhelm Tell in der Schweiz. Unter einem ›Bergsman‹ versteht man einen privilegierten, den Hüttenbau betreibenden Gutsbesitzer, der gewöhnlich zum niedrigen Adel gezählt wurde. Engelbrekts Familie war sicherlich selbst deutschen Ursprungs, dieser aber lag schon mehrere Generationen zurück. So tritt er als Urschwede und Führer des großen Bauernaufstands gegen Erich von Pommern und den ganzen ›Unionsschwindel‹ auf. Nun darf man einen Bauernaufstand in Schweden zu dieser Zeit keineswegs mit den Bauernaufständen auf dem Kontinent vergleichen; es waren vielmehr freie Großbauern, die dem besitzenden niedrigeren Adel nahestanden, die hier revoltierten.

Zum Symbol für einen Unterdrücker, einen ›Geßler‹, wurde in Schweden der von dem Unionskönig Erich von Pommern, entgegen seiner Regentenversicherung, eingesetzte dänische Vogt Jösse Eriksson, der das Schloß zu Västerås am Mälarsee besaß. Gegen bestehendes schwedisches Recht soll dieser einige selbständige Bauern hingerichtet haben, worauf eine Delegation der Bauern unter Führung Engelbrekts den langen Weg bis Roskilde antrat, um die Absetzung und Bestrafung des Vogts zu erreichen. Erich beauftragte zwar den Königlichen Rat in Stockholm, den Fall zu untersuchen, dort aber wurde die Angelegenheit hingezogen, und die Bauern verloren die Geduld. Engelbrekt, der eine gute Ausbildung im Gebrauch der Waffen hatte, stampfte ein Heer aus Dalekarlern aus dem Boden und vertrieb im Nu die dänischen Vögte aus Dalarna und aus Västmanland, wonach sich auch das maßgebliche Uppland anschloß.

Auf Geheiß des Königs trat nun der schwedische Reichsrat in Vadstena, wo die Königin Filippa kurz vorher beerdigt worden war, zusammen, fügte sich aber nach vielem Hin und Her dem aufmarschierten Engelbrekt und kündigte schließlich in gewundener Form dem König Treu und Glauben auf, weil dieser seinen Eid gebrochen und ausländische Beamte eingesetzt habe. Engelbrekt brachte die Einberufung eines schwedischen Reichstags nach Arboga im Jahre 1435 zustande, der als Muster der schwedischen Reichstagsinstitution gilt und die vorherigen sogenannten Herrentage ersetzte. Engelbrekt selbst wurde zum Reichsverweser und Oberbefehlshaber ernannt und dem Königlichen Rat fast alle Macht genommen. Kurz darauf öffnete der deutsche Befehlshaber Hans Kröpelin Engelbrekt die Tore Stockholms. Ganz Schweden war schon befreit, als Engelbrekt von einem schwedischen Hochadligen, Måns Bengtsson Natt och Dag, meuchlerisch ermordet wurde. Unzählige volksnahe Gedichte und Legenden knüpfen sich an die Gestalt Engelbrekts. Einer seiner ehemaligen Feinde, Bischof Thomas von Strängnäs, verfaßte ein in ganz Schweden berühmtes und immer wieder zitiertes Freiheitsgedicht, das noch heute als vaterländisches Bekenntnis aller nationalen Schweden gilt.

Im Kampf gegen den dänisch-deutschen Unionskönig Erich von Pommern beriefen sich die schwedischen Aufständischen auf König Erik IX., den unter dem Namen ›Sankt-Erik‹ Schutzheiligen des Reichs. Gegen das Unionswappen und das königliche Siegel hatte Engelbrekt ein Reichssiegel mit dem jugendlichen Bild des Schutzheiligen geschaffen. St. Erik trägt hier einen Schild, auf dem die drei Kronen abgebildet sind, und wird als König der Schweden und Goten apostrophiert. Die Wenden sind hier weggelassen worden, so daß man nicht recht weiß, ob nun die drei Kronen die drei Völker oder die drei skandinavischen Reiche vertreten sollen. Hierüber wird immer noch gestritten.

1439 folgten Dänemark und Norwegen dem schwedischen Beispiel und kündigten Erich von Pommern ihren Untertaneneid. Dieser begab sich daraufhin mit einem Schatz von Reichskleinodien nach Visby und errichtete für ein Jahrzehnt auf der Insel Gotland einen Seeräuberstaat.

Die Ostsee – eine Zeitlang ein Binnenmeer für die schwedischen Wikinger – war der Gegenstand eines verzweigten Machtkampfs geworden. Die Dänen und die Hanse – früher auch Jomsburg auf der Insel Wollin – entfalteten hier eine bedeutende Seemacht. Während der zahlreichen Prätendentenkriege verwahrloste indessen die Ostsee, und Seeräuberei breitete sich aus. Den Anfang machten die sogenannten Viktualienbrüder, die König Albrecht in seinem Kampf gegen Margareta mobilisiert hatte, um von Rostock und Wismar aus das ihm treu gebliebene belagerte Stockholm mit Lebensmitteln, das heißt Viktualien, zu versehen. Unter der Bezeichnung Vitalienbrüder oder Vitalianer eroberten sie 1392 die reiche Insel Gotland und setzten ihre Schreckenszüge in allen Richtungen fort. Auch die Nordsee wurde zum Operationsgebiet, und hier wurden die Vitalianer sogar durch unzufriedene Friesen verstärkt. Die Hanse und der Deutsche Orden bekämpften sie, aber die Reste fing nun der abgesetzte Unionskönig Erich von Pommern auf.

Dieser merkwürdige Ex-Monarch soll als Seeräuberhäuptling eine prachtvolle, ja geradezu märchenhafte Hofhaltung entfaltet haben – zum großen Teil dank dem mitgenommenen schwedischen und dänischen Kronschatz. Als das wilde Leben auf Gotland begann, war seine Frau, die schon erwähnte, die gute Königin Filippa, Tochter des Königs Heinrich IV. von England, längst gestorben. Im Alter der Seeräuberei müde, scheinbar aber immer noch mit Geld und Gut reichlich versehen, zog sich König Erich nach Pommern zurück und schrieb das geschichtliche Werk ›De origine gentis Danorum‹. Er starb mit 77 Jahren 1459 in Rügenwalde.

In Schweden, das sich unterdessen Reichsverweser gewählt hatte, gab es eine Unionspartei, eine Adelspartei und eine Bauernpartei, die sich mal verbanden, mal bekämpften. Als Nachfolger Engelbrekts trat Erik Puke an die Spitze der Bauernpartei, während die Gruppe der nationalen Aristokraten von Karl Knutsson Bonde vertreten wurde. Die Unionspartei fürchtete, daß drei Könige die ewigen Kriege zwischen den nordischen Staaten wiederholen würden; damit aber kein Volk sich unterdrückt fühle, müßte ein gemeinsamer König von allen drei Königshäusern abstammen. Erich von Pommern hatte zwar diese Bedingung erfüllt, ein Urgroßvater war Waldemar IV. Atterdag und eine Urgroßmutter die Folkungerprinzessin Eufemia gewesen, seine persönlichen Eigenschaften reichten aber offenbar nicht aus, um sich auf die Dauer als Unionskönig zu behaupten. Gegen eine neue Alleinherrschaft des zu wählenden Königs waren alle sich einig, nur wollten die Unionsaristokraten den König am liebsten weit unten in Dänemark wissen, um ihre eigene Macht ausüben zu können. So kam es, daß man sich schließlich doch wieder über eine Erneuerung der Union unter dem gefälligen Kristofer von Bayern einigte, eine Union, die nur noch eine Art von Militärallianz bedeutete. Auch war der König von Anfang an völlig entmachtet und durfte keinerlei Ausländer mehr in den Staatsdienst nehmen.

Erich von Pommern hatte eine Schwester Katarina, die mit einem Wittelsbacher, mit Herzog Johann von Bayern, vermählt war. Der 1418 geborene Sohn Christoph (Kristofer) trug den Titel eines Pfalzgrafen bei Rhein und eines Herzogs in Bayern und erfüllte ebenso gut wie sein abgesetzter Onkel die blutmäßigen Bedingungen einer Thronfolge. Die Dänen holten sich ihn 1440 als König, und der schwedische Adel wählte ihn nach einem Reichstagsbeschluß 1441 ebenfalls zum König. So wurde die Union wiederhergestellt, dauerte aber für Schweden nur sieben Jahre. Der junge Christoph besaß guten Willen und betrieb eine städtefreundliche Politik. In Dänemark ist er dafür bekannt, daß er die Residenz von Roskilde nach Kopenhagen verlegte, in Schweden für die Kodifizierung der schwedischen Gesetze, die später unter dem Namen ›Das Landesgesetz des Königs Christoph‹ (Konung Kristofers Landslag) bekannt wurden. Im Gegensatz zu seinem Onkel, der in Kalmar für alle drei Reiche gekrönt worden war, wurde Christoph in jedem Land einzeln gekürt – so in Schweden bei den berühmten Mora-Steinen –, und er verpflichtete sich auch, jedes Land nur mit einheimischen Männern zu regieren. Jedoch sagt man, daß viele bayrische Familien damals ins Land kamen. In seiner Ehe mit Dorothea von Brandenburg blieb König Christoph kinderlos, und nur dreißig Jahre alt starb er plötzlich 1448.

Während der ganzen Zeit der deutschen Unionskönige in Schweden herrschte Ruhe an der schwedisch-nowgorodischen Grenze. Der Staat Kiew war längst untergegangen, und das kleine neugegründete Fürstentum Moskau bemühte sich um die tatarische Statthalterschaft in den ehemaligen Kiewer Ansiedlungsgebieten um Oka und Wolga. Zu den Unionsbedingungen gehörte die Abmachung, daß mögliche Eroberungen im Osten Schweden und im Süden Dänemark zufallen sollten. Die Oldenburger, die jetzt auf Dänemarks Thron kamen und zeitweise als Unionskönige fungierten, wurden als Dänen und nicht als Deutsche empfunden.

Der Kampf der Bonde und Sture

Nach dem Tod des jungen Königs Kristofer brach eine unruhige Zeit an, die viel Stoff für Schilderungen aus dem späteren schwedischen Mittelalter geliefert hat. Man behauptet, daß Eifersucht die am deutlichsten hervortretende Eigenschaft der Schweden sei: weil man sich auf einen einheimischen Mann nicht einigen wollte, mußte man sich Ausländer als Könige holen. Dabei gab es aus den Zeiten der Kleinkönigtümer uralte Adelsgeschlechter in Schweden, unter denen das zuletzt regierende Haus gerade das der Folkunger gewesen war. Und nur weil Christoph von Bayern noch einen Tropfen dieses alten Schwedenbluts in sich hatte, konnte er zum König gewählt werden.

Diese widerspruchsvolle Einstellung konnte Karl Knutsson Bonde jetzt ausnützen. Als Reichsmarschall und Kommandant der Grenzfestung Wiborg in Südostfinnland schiffte er sich mit achthundert gutbewaffneten Rittern nach Stockholm ein und zwang den Reichsrat, der als Interimsregierung fungierte, einen

Reichstag nach Stockholm einzuberufen. Hier wurde er mit großer Majorität als Karl VIII. zum König gewählt, er ließ sich noch im Sommer 1448 bei den Steinen von Mora küren und im Dom zu Uppsala krönen. Die Dänen holten sich Graf Christian von Oldenburg zum König. Um Norwegen entbrannte ein Kampf, der mit einem dänischen Sieg endete, weil König Karl VIII. von einheimischen Unionsverschwörern bedrängt wurde.

Bonde stammte aus schwedischem Uradel, doch gab es unzählige andere Familien, die sich ebenso vornehm oder gar noch vornehmer dünkten. Hier mögen die Namen Gren, Bjelke, Brahe, Oxenstierna, Exehuvud, Tre Rosor, Tott, Natt och Dag, Wasa, Sture, Snakenborg, Trolle und Puke aufgezählt werden. Unter der Führung des Erzbischofs Bengt Jönsson Oxenstierna gelang es den Neidern und den Unionsfreunden, einen Putsch gegen Karl VIII. durchzuführen, aus dem dieser sich nur mit knapper Not nach Danzig rettete. Der Oldenburger erschien auf Geheiß des Erzbischofs mit einer dänischen Flotte vor Stockholm und wurde im Handstreich bei den Steinen von Mora und 1457 in Uppsala zum König Kristian I. gekürt, während die Vertreter der Bauern und des national denkenden Adels abwesend blieben.

Neun Jahre war der nationale König Karl VIII. an der Macht gewesen, sechs Jahre regierte nun Kristian I. mit Hilfe schwedischer Freunde. Da es offenbar seine einzige Absicht war, das immer noch verhältnismäßig reiche Schweden auszuplündern, entzweite er sich mit dem Erzbischof, den er einkerkern ließ. Dies war zuviel, Aristokraten und Bauern vereinigten sich, eine Armee wurde mobilisiert und Kristian I. bei Haraker in der Nähe von Västerås geschlagen. Die Dalekarler spielten dabei wieder eine wichtige Rolle, und das Heer stand unter dem Befehl von Bischof Kettil Wasa und dem jungen Sten Sture, einem Neffen des geflüchteten Königs Karl.

Karl VIII. Bonde kehrte im Triumph 1464 zurück, der Erzbischof Bengt Oxenstierna wurde in Freiheit gesetzt, und nun ging ein Intrigenspiel zwischen den schwedischen Großen weiter, das jeder Beschreibung spottet. Im folgenden Jahr wurde Karl wieder gestürzt und der Erzbischof von König Kristian I., der sich nach Dänemark zurückgezogen hatte, als Regent eingesetzt. Aufruhr loderte an allen Ecken des ausgedehnten Reichs. Karl selbst war nach Finnland geflüchtet. Doch seinem Schwiegersohn Ivar Tott und dessen Bruder Erik gelang es, eine dänische Flotte und ein Landheer unter dem Erzbischof Oxenstierna zu schlagen. Nun hob man den alten König Karl VIII. zum drittenmal auf den Thron.

Die Unruhen hörten nicht auf, und als Karl, obwohl erst 61 Jahre alt, den nahenden Tod spürte, ernannte er 1470 seinen Neffen Sten Sture zum Reichsverweser und übergab ihm die festen Schlösser in Stockholm, Åbo in Finnland und Örebro. Nach dem Tod des Königs bestätigte ein neuer Reichstag zu Arboga die Stellung des Reichsverwesers, der klug genug war, den Königstitel nicht anzustreben. Neben Engelbrekt gilt Sten Sture der Ältere als der größte Freiheitsheld Schwedens. Er besaß Mut und Tatkraft und regierte Schweden von 1470 bis 1497, wo er auf Jahre dem Unionskönig Johan II. weichen mußte, um von 1501 bis zu seinem Tod 1504 wieder die Regierungsgeschäfte zu übernehmen. Die größte Schlacht des schwedischen Mittelalters lieferte er dem unermüdlichen Angreifer König Kristian I. auf Brunkeberg vor den Toren Stockholms.

Wo heute das moderne City-Zentrum der schwedischen Hauptstadt errichtet worden ist und wo man Millionen von Tonnen Sand entfernt hat, zog sich früher der Höhenzug Brunkeberg hin, dessen Namen man noch in Brunkebergs Torg (Markt Brunkeberg) wiederfindet. Hier fand die Schlacht zwischen dem dänischen Unionsheer und der schwedischen Nationalarmee im Oktober 1471 statt. Unzählige Bilder, Geschichten, Erzählungen und Gedichte erinnern an diese Schlacht, die jedem Schweden früher bis ins Detail bekannt war. Die dänische Niederlage war vollkommen: das dänische Reichsbanner ›Dannebrogen‹ fiel in schwedische Hände, nachdem die ganze Fahnenwache von fünfhundert Mann niedergemacht worden, der dänische Reichsmarschall und Oberbefehlshaber gefangengenommen und König Kristian I. selbst verletzt worden war. Die Gefallenen wurden zu Abertausenden gezählt.

Als Folge davon löste sich die schwedische Unionspartei auf. Der dänische Reichsrat, über die gewaltigen Verluste und die ständigen Kriege erschreckt, bot in Kalmar einen ›ewigen Frieden‹ an, während sich Kristian I. nach Rom begab, um den Papst für eine europäische Union gegen Schweden zu gewinnen. Der Plan ist bekannt, doch aus dem modernen Geschichtsunterricht eliminiert worden. Der Oldenburger schlug in Kürze folgende

Maßnahmen vor: der Papst sollte ganz Schweden mit dem Bann belegen. Eine Kontinentalblockade gegen Schweden sollte in Kraft treten und durch den Kaiser und den König von Polen überwacht werden. Die Moskowiter, die sich unter Iwan III. vom Tatarenjoch befreit hatten, sollten zusammen mit den Nowgorodern zum Einmarsch in Schweden veranlaßt werden, Kristians Schwiegersohn, König Jakob III. von Schottland, der als Mitgift die norwegischen Orkney-Inseln erhalten hatte, sollte mit einem Heer in Drontheim landen, um in Schweden vom Westen her einzubrechen, Mecklenburg und Pommern sollten Hilfsflotten mobilisieren und Kristian I. selbst sollte eine dänisch-holsteinische Armee ins Feld führen. Der ganze schwedische Adel sollte enteignet und des Landes verwiesen werden, sämtliche Einwohner der Landschaft Dalarna, also die Dalekarler, ausgerottet und die Bürgerschaft von Stockholm getötet werden. Doch Papst Sixtus IV. zögerte. Kristian I. starb 1481.

Sein Sohn Johan II. wurde nach Schwierigkeiten schließlich sowohl in Dänemark wie in Norwegen anerkannt und 1483 auch von der schwedischen Geistlichkeit und einem Teil des Adels. Doch die unterbliebene Königswahl in Schweden führte zu neuen Intrigen der Unionspartei. Es gelang Johan II., insgeheim die vom Tatarenjoch befreiten Moskowiter zum Einmarsch in Finnland zu bewegen, und der Reichsverweser Sten Sture mußte sich 1495 zum Kriegsschauplatz an die Ostsee begeben. Währenddessen mobilisierte König Johan II. dänische und deutsche Truppen, und auch die schwedische Unionspartei bot ihm ihre Hilfe an. Obwohl Sten Sture die Moskowiter schlug, kam er zu spät, um den Einmarsch König Johans II. in Stockholm zu verhindern. Dieser war mit einem Heer von 30000 Mann 1501 dort eingezogen. Kurz danach wurde es jedoch allgemein offenbar, daß Johan II. mit Moskau verhandelt und sich bereit erklärt hatte, Teile von Finnland abzutreten. Eine allgemeine Volkswut war die Folge.

Die Stimmung in Schweden war so feindselig, daß der König lieber wieder nach Dänemark zurückkehrte. Daraufhin erklärten Sten Sture und sein Neffe, der Reichsmarschall Svante Sture, sowie der Bischof Hemming Gadh den König für abgesetzt. Kurze Zeit danach waren alle befestigten Orte wieder in nationalschwedischer Hand, und der alte Sten Sture wurde als Reichsverweser bestätigt. Zu Weihnachten 1503 starb er in Jönköping. Hemming

Gadh hielt den Tod geheim und ließ sogar einen alten treuen Diener als Reichsverweser fungieren, bis er die Einberufung eines Reichstags schon i Januar 1504 erreichte, wo dann der Tod bekanntgegeben und Svante Sture zum Reichsverweser gewählt wurde.

Indessen dauerte der Krieg mit Dänemark an. König Johan II. ließ den ganzen schwedischen Reichsrat verurteilen und Bürgermeister und Rat in der von ihm besetzten Stadt Kalmar hinrichten. Es gelang ihm auch, den Kaiser zu überreden, eine Kontinentalblockade gegen Schweden zu verhängen. Im Jahre 1512 starb Svante Sture, und die Reichsverweserschaft wurde auf dessen Sohn Sten Sture d. J. übertragen. In Dänemark folgte Kristian II., der ›Tyrann‹, seinem Vater Johan II. auf den Thron. Er war ein Renaissancefürst ohne jede Moral und skrupellos wie Cesare Borgia. So wollte Sten Sture d. J. einer Einladung zu Friedensverhandlungen Folge leisten, wurde aber von seinen klügeren Anhängern daran gehindert. Der König gab sich beleidigt und bot an, selbst als Stures Gast zu erscheinen, wenn man ihm sechs schwedische Geiseln übersandte. Man tat das, wonach Kristian II. über die dummen Schweden lachte, die Geiseln in harte Gefangenschaft nach Dänemark brachte und natürlich nicht daran dachte, den verabredeten Besuch beim schwedischen Reichsverweser abzustatten.

Nun hatte Sten Sture d. J. den Erzbischof Gustav Trolle, den Führer der wiedererstandenen Unionspartei, absetzen lassen und war dadurch mit der Kirche in Konflikt geraten. So konnte Kristian II. erreichen, was seinem Großvater noch mißlungen war. Papst Leo X. verhängte 1519 über Sture und seine Anhänger den Bann. Gleichzeitig fiel Kristian II. mit einem gewaltigen Heer in Schweden ein. Auf dem Eis des Åsundensees bei Ulricehamn in Västergötland fand 1520 die entscheidende Schlacht statt, in der der junge Reichsverweser fiel. Seine Witwe, Kristina Gyllenstierna, verteidigte Stockholm, wurde aber zur Kapitulation unter ehrenhaften Bedingungen gezwungen, nachdem der schwedische Adel Kristian II. als König anerkannt hatte.

Kristian II. dachte aber nicht daran, die vereinbarten Kapitulationsbedingungen einzuhalten, sondern ließ alle bedeutenderen Anhänger der Sture-Partei verhaften und einen Schauprozeß in Stockholm veranstalten, bei dem der ehemalige Erzbischof Gustav

Trolle als Ankläger erschien. Vierundneunzig Häupter seiner Gegner fielen am 8. November 1520 auf dem ›Großen Markt‹ (Storgortet) in Stockholm, Hunderte von Sture-Anhängern, Aristokraten, Bischöfe, Pfarrer und Beamte, wurden als Ketzer verfolgt und hingerichtet. Die tapfere Witwe Sten Stures, Kristina Gyllenstierna, und zahlreiche andere ließ er in Gefangenschaft nach Dänemark abführen, wo die ehemaligen Geiseln bereits saßen. Den schroffen Bruch der Kapitulationsbedingungen, wonach keine Prozesse und keine Verfolgungen stattfinden sollten, erklärte der König mit dem Hinweis auf das päpstliche Interdikt, daß man Ketzern gegenüber keine Versprechungen zu halten brauche. Das Stockholmer Blutbad von 1520 überschattete alles, was in Schweden je geschehen war, sowohl als Treuebruch wie auch als Greueltat. Die Nachricht verbreitete sich wie ein Lauffeuer im ganzen Reich, und der Dänenhaß war nun größer denn je zuvor. Selbst das dänische Gefolge und das dänische Heer erschraken über einen König, der auf eigene Faust ein Jüngstes Gericht veranstaltete. Daß Kristian II. mit der Schwester Kaiser Karls V., Elisabeth, verheiratet war, war ihm offenbar zu Kopf gestiegen, außerdem war er verbittert über den unaufgeklärten Tod seiner hübschen holländischen Geliebten Dyveke. In Schweden kam es unter Gustav Wasa zu einem gewaltigen Aufruhr gegen den Tyrannen, und schon 1523 wurde Kristian II. in Dänemark zugunsten seines Onkels Friedrich (Frederik) abgesetzt. Er begab sich zu seinem kaiserlichen Schwager nach Holland, machte einen Einfall in Norwegen, wo ihm gehuldigt wurde, endete aber zuletzt als Gefangener seines eigenen Onkels in Sonderborg und Kalundborg und starb 1559 in Gefangenschaft mit 58 Jahren.

Auf dem Wege zur Großmacht

Der schwedische Nationalkönig Gustav Wasa

Mit Gustav Wasa fängt der bekanntere Teil der schwedischen Geschichte an. Bevor die neuen Gefangenen von Stockholm eintrafen, war es einem der Geiseln, dem jungen Neffen Kristina Gyllenstiernas, Gustav Eriksson Wasa, gelungen, aus der Gefangenschaft nach Lübeck zu fliehen. Obwohl man gezwungen war, mit dem Schwager des Kaisers Frieden zu halten, wußte der Rat von Lübeck ganz genau, daß Kristian II., der als König von Dänemark auch eine Art Lehnsherrlichkeit über Lübeck-Holstein ausübte, der Hansestadt feindlich gesonnen war. Ein großer nordischer Einheitsstaat, wie ihn wohl Kristian II. anstrebte, wäre für den Handel Lübecks von großem Nachteil gewesen, und man gewährte daher Gustav Wasa heimlich alle Unterstützung, gesetzt, daß ihm ein Aufruhr in Schweden gelänge.

Nachdem Lübeck seine Auslieferung an Dänemark abgelehnt hatte, segelte der junge schwedische Edelmann nach Kalmar, sprach zu den Bauernführern in Småland, Östergötland und Södermanland, mußte aber zu seinem eigenen Glück darauf verzichten, in das schon von Kristian II. belagerte Stockholm hineinzukommen. Auf Schloß Gripsholm am südlichen Mälarufer erhielt er die Schreckensnachricht vom Stockholmer Blutbad. Er begab sich nun nach Dalarna, und unzählige Geschichten werden über die Abenteuer erzählt, die er dort zu bestehen hatte, denn die Spürhunde der neuen schwedischen Interimsregierung, die Kristian II. eingesetzt hatte, jagten ihn bereits. Während der siegreiche König im Winter 1520-21 durch Svealand und Götaland zog und überall Hinrichtungen veranlaßte, organisierte Gustav Wasa schon ein Heer in Dalarna. In Jönköping erhielt Kristian II. die Nachricht von einem beginnenden Bauernaufstand im Norden, maß dieser Nachricht aber keine größere Bedeutung bei. Kristian II. fühlte sich nach seiner Krönung in Schweden so sicher, daß er die für

Schwedens Ostseeherrschaft im 16. u. 17. Jahrhundert
Schweden unter Gustav Wasa (1523 - 1560)
Schwedische Erwerbungen seit 1561
A T L A N T I K
Lappmark
Torne Älv
Torneå
Westerbotten
Ume Älv
Umeå
Österbotten
Bottnischer Meerbusen
Wasa
Murmanküste
Weißes Meer
Archangelsk
Drontheim
Stift Drontheim 1658-60
Jämtland 1645
DÄNEMARK - NORWEGEN
Ljusne Älv
Glom
Klar Älv
Dal Älv
Gefle
Kristiania
Karlstad
Bohuslän
1658
Skagerak
Wenersee
Wettersee
Norrköping
Upland
Uppsala
Stockholm
Åland-Ins.
K G R. S C H W E D E N
Finnland
Tavastehus
Wiborg
Åbo (Turku)
Helsingfors
1617
Karelien
Ladogasee
Onegasee
R U S S I S C H E S R E I C H
Finnischer Meerbusen
Noteborg
Ladoga
Stolbowa
Reval
Narwa
Estland 1561
Ingermanland 1583-95, 1617
Wolchow
Nowgorod
Ösel 1645
Dorpat
Peipussee
Livland 1621/29
Pleskau
Lowat
Riga
Wolga
Moskau
Göteborg
Halland
Jönköping
Småland
Wisby
Gotland 1645
Kalmar
Öland
Aalborg
Kattegat
Helsingborg
1658
Schonen
Blekinge
Karlskrona
Roskilde
Kopenhagen
Malmö
O S T S E E
Libau
Hzm. Kurland
Mitau
Dünaburg
Düna
Witebsk
Dnjepr
Memel 1629-35
Tauroggen
Gfsm. Litauen
Smolensk
Bornholm 1658-60
Schleswig
Rügen
Lübeck
Pillau 1629-35
Labiau 1656
Lauenburg
Königsberg
Usedom
Wollin
Vorpommern 1648
Wismar 1648
Hamburg
Hinterpommern
Danzig
Wehlau 1657
Elbing
Hzm. Preußen
Njemen
Wilna
Minsk
Altmark
Stettin
Fehrbellin 1675
Kulm
Thorn
K G R. P O L E N
Berlin
Magdeburg
Elbe
Posen
Warthe
Weichsel
Pultusk 1703
Oder
Altranstädt
Leipzig
1656
Warschau
Bug
Pripjet
Desna
Dresden
Breslau
Lublin
DEUTSCHES REICH
Eger
Klissow 1702
Hetmanschaft
Kiew
Prag
Krakau
Shitomir
Poltawa 1709
Nürnberg
Ukraine
Lemberg
Tscherkassy
Dnjepr
Uman
München
Donau
Preßburg
Wien
Inn
Salzburg
Habsburg-Ungarn
Bug
Dnjestr
Theiß
Budapest
Cherson
100 200 300 km
OSMANISCHES REICH
Krim
Drau
Pruth
Venedig
Adria
Donau
Schwarzes Meer

die Belagerung von Stockholm angeheuerten deutschen Söldnertruppen wieder entließ, was sich bald zu seinem Schaden auswirken sollte.

Schon im Januar 1521, zu einer Zeit, da Kristian II. noch im Lande war, wurde Gustav Wasa zum nationalen Befehlshaber in Dalarna gekürt, kurz darauf schlug er die Anhänger Kristians II. bei Brunbäck, Västerås und Läby. Schon im Herbst 1521 zum Reichsverweser bestimmt, wurde er auf einem in Strängnäs zusammengetretenen Reichstag zum König gewählt im Alter von nur 25 Jahren. Jetzt setzte auch die Hilfe von Lübeck ein, und im Juni 1523 öffnete das belagerte Stockholm Gustav Wasa die Tore. Die beschleunigte Königswahl war geeignet, jedem Versuch des neuen dänischen Königs Frederik zuvorzukommen, auch die Krone von Schweden zu erringen. Beim Friedensschluß in Malmö 1524 zwischen Schweden und Dänemark wurde sodann die skandinavische Union endgültig aufgehoben, denn im Widerspruch zur Absicht ihrer Begründer hatte sie nur Blutvergießen ohne Ende verursacht.

Ohne Zweifel hatten die dänisch inspirierten Maßnahmen des Papstes gegen Schweden und die Beteiligung des Erzbischofs Trolle am Stockholmer Blutbad den Boden für die Reformation bereitet. Die Reformatoren Olaus Petri und Laurentius Andreae halfen dem neuen König, eine protestantische schwedische Nationalkirche zu gründen, die bereits auf dem Reichstag zu Västerås 1527 beschlossen wurde. Gegen diese kam es jedoch vereinzelt zum Widerstand der konservativen Bauern, was die alte Freundschaft zwischen Gustav Wasa und seinen ergebensten Anhängern trübte.

Als Gegenleistung für seine Hilfe, Geld und Schiffe, hatte Lübeck sich eine Art von Handelsmonopol über Schweden gesichert, eine für König Gustav auf die Dauer unhaltbare Lage. Da man Lübeck reichlich bezahlt hatte, die Hansestadt aber unter dem demokratischen Bürgermeister Wullenweber versuchte, den ganzen Norden zu beherrschen, einigten sich Schweden und Dänemark gegen Lübeck und Holstein. Lübeck wurde geschlagen, der aristokratenfeindliche Wullenweber verlor, bedroht durch die Acht des Kaisers, sein Amt. Norwegen, das sich mit lübischer Hilfe gegen Dänemark erhoben hatte, sank nun zur dänischen Provinz herab und blieb in dieser Lage bis 1814. Gustav I. Wasa aber stellte deutsche Ratgeber in seine Dienste und heiratete Katarina von Sachsen-Lauenburg und nach ihrem Tode eine einheimische Aristokratin, Margareta Leijonhulvud. Seine dritte Frau war aus dem schwedischen Adelsgeschlecht der Stenbock.

Der bekannteste von den deutschen Ratgebern Gustav Wasas war Konrad von Peutinger, in Schweden Pyhy genannt. Er half dem König bei der Zentralisierung der Reichsverwaltung, die unbedingt nötig war, aber zu verschiedenen Bauernaufständen, besonders in Dalarna und Småland, führte. Von ihnen berichten noch heute Legenden und Volkslieder. Die bekanntesten Führer der Bauern in Dalarna waren sogenannte Daljunkaren und in Småland Nils Dacke, der sogar ausländische Unterstützung erhielt. Der schwedische Anhang des vertriebenen, im Exil lebenden Königs Kristian II. hatte in Deutschland immer noch bedeutenden Einfluß, und sein Schwager, Kaiser Karl V., wollte Gustav Wasa als König von Schweden nicht anerkennen. So wurde unter der Leitung des Kanzlers Konrad von Pyhy eine Gesandtschaft zum Hofe König Franz' I. von Frankreich geschickt, die dort mit Freuden von dem erbitterten Gegner Karls V. empfangen wurde. Man schloß einen Beistandspakt, wobei Frankreich sich verpflichtete, bis zu 25 000 Franzosen, Schweden wiederum ebensoviele Schweden im Kriegsfalle zugunsten des Bundesgenossen zu mobilisieren. Pyhy indessen hatte offenbar die spätere Stellung Schwedens als Großmacht vorweggenommen und auch seinen persönlichen Lebensstil danach eingerichtet. Überall hatte er Schulden gemacht und sich während der langen Reise jeden Luxus gegönnt. So wurde er nach seiner Rückkehr aller Ämter enthoben und landete im Gefängnis.

Doch der Feind kam nicht aus dem Süden und nicht aus dem Westen, der Frieden mit Dänemark hielt an. Nun aber begann Moskau, das Nowgorod überrannt hatte, die schwedische Ostgrenze zu beunruhigen. Die offizielle Grenze verlief, wie es die finnländische Grenze bis 1940 tat, dem kleinen Strom Systerbäck (finnisch Rajajoki) auf der Karelischen Landenge entlang, während Ingermanland eine Art Vorhut bildete. Der damalige Großfürst von Moskau, Iwan der Schreckliche, hatte sich zum Zaren krönen lassen und verlangte von Schweden, daß dieses den Großfürsten von Moskau als gleichrangig mit dem König von Schweden anerkennen sollte. Um den Frieden zu erhalten, gab der greise

König seine Zustimmung mit der Begründung, daß niemand sich in Europa um die Titulaturen im Barbarenstaat Moskau kümmere. Kurz darauf ernannte er seinen Sohn zum Großfürsten vom Landesteil Finnland. Diese Provokation führte zu russischen Angriffen. 1555-56 leitete Gustav Wasa noch selbst die Verteidigung Finnlands. War es ihm so gelungen, alle außenpolitischen Gefahren immer wieder abzuwenden, so lagen seine größten Verdienste doch auf dem Gebiet der Innenpolitik, man kann ihn als Gründer des modernen einheitlichen Schwedischen Staates ansehen.

Um die Verwaltung zu verbessern, teilte Gustav Wasa das Reich in zweihundert Vogteien und hob allmählich die selbständige Lehnsverwaltung des Hochadels auf. Überall errichtete er staatliche Mustergüter, um die Land- und Viehwirtschaft zu fördern. Sogar die Forstwirtschaft wurde Gegenstand der königlichen Fürsorge, zumal die Verschwendung an Holz die Wälder stark angegriffen hatte. Dem Bergbau galt sein besonderes Interesse, und er führte hier den Eisenhammer ein. Aus der königlichen Silbergrube in Sala gewann man rund 4000 Kilogramm Silber jährlich, und Kupfer gab es in Stora Kopparberg. Gustav Wasa war nicht nur der König, sondern auch ein Redner von Gottes Gnaden, dem es leichtfiel, seine und des Reiches Feinde zu verspotten und Anhänger zu gewinnen. Auf dem Reichstag zu Västerås 1544 gelang es ihm, die alte Wahlmonarchie Schweden in eine Erbmonarchie zu verwandeln, obwohl er mit Recht, wie wir noch sehen werden, den kommenden Machtkampf zwischen seinen vier Söhnen fürchtete.

Von seinen Töchtern erreichte die Prinzessin Cecilia Wasa, die zeitweise am Hof der Königin Elisabeth von England gelebt hatte und vorübergehend mit dem Markgrafen von Baden-Rodemachern verheiratet war, sowohl wegen ihrer Schönheit wie auch wegen ihrer Klugheit europäische Berühmtheit. Als Vorgängerin ihrer späteren Großnichte Christine trat sie zum Katholizismus über, was ihrem Andenken in Schweden schadete.

Schweden als Ostseemacht

Gustav Wasa, der erste große schwedische Nationalkönig, hatte die Grundlagen für die schwedische Machtentfaltung im folgenden Jahrhundert geschaffen, doch wie er selbst befürchtet hatte, entbrannte nach seinem Tod im Jahre 1560 ein langwieriger Machtkampf zwischen seinen Söhnen, in den auch ausländische Mächte einbezogen wurden. Zunächst bestieg der älteste Sohn, Erik XIV., in erbmonarchischer Ordnung den väterlichen Thron. Seine Mutter war die deutsche Prinzessin Katharina von Sachsen-Lauenburg gewesen. Erik ist zur tragischen Gestalt der schwedischen Königsgeschichte geworden, seine Romanze mit der schönen Karin Månsdotter, einer einfachen Frau, die er zur Königin machte, hat Jahrhunderte hindurch das schwedische Volk zu Tränen gerührt und die Phantasie von Dichtern und Literaten angeregt. Unzählige Volkslieder besingen diese Liebe, die den König am Ende um seinen Thron brachte.

Als der Vater starb, war Erik gerade unterwegs nach England, um die Hand der gleichaltrigen Königin Elisabeth zu gewinnen, hatte aber keinen Erfolg. Der Vater hatte den Halbbrüdern Herzogtümer mit ziemlich selbständiger Verwaltung verliehen. Johan hatte Finland, Karl Södermanland erhalten. Johan heiratete die Erbin der polnischen Krone, Katharina Jagellonica, der weit jüngere Bruder Karl Maria von der Pfalz und danach Christina von Holstein-Gottorp, die Mutter von Gustav II. Adolf. König Erik bewarb sich nach dem englischen Fehlschlag in unentschlossener Weise um mehrere deutsche Prinzessinnen, um sich am Ende seine hübsche junge Geliebte aus der nordschwedischen Landschaft Helsingland als Königin heimzuholen.

Mit großer Prachtentfaltung trat Erik die Regierung an. Der Zusammenbruch des deutschen Ordensstaates im Baltikum veranlaßte die Stadt Reval, bei Schweden Schutz gegen russische Angriffe zu suchen. 1561 entsetzte Erik das belagerte Reval und erklärte ganz Estland als schwedische Provinz. Die Pläne Polens, eine führende Ostseemacht zu werden, wurden damit durchkreuzt. Johan, der auf die polnische Krone hoffen konnte, wollte aus Finnland und dem Baltikum einen selbständigen Staat unter polnischer Oberherrschaft errichten.

Als dies offenbar wurde, ließ König Erik Johan und Katharina, die in der finnländischen Hauptstadt Åbo Hof führten, verhaften und für Jahre in die Festung Gripsholm am Mälarsee bringen. Dort wurde der spätere schwedische und polnische König Sigismund geboren. Großfürst Iwan IV., der sich Zar nennen ließ, ein verschmähter Freier Katharinas, bot sich bei einer Auslieferung der Schwägerin des Königs an Moskau an, für ewige Zeiten auf die Ostseeküste zu verzichten. Die schwedischen Ratsherren befanden aber, daß eine solche Auslieferung eines schwedischen Königs unwürdig sei. So setzte Iwan der Schreckliche seine Anstrengungen fort, das baltische Ostseegebiet zu gewinnen, zumal die Dänen Schweden in den Rücken fielen.

Sieben Jahre kämpfte König Erik gegen das dänische Brudervolk, das sogar Mittelschweden mit Mord und Brand überzog. Angesichts der nationalen Gefahr ließ er Bruder und Schwägerin wieder frei. Doch diese rächten sich, indem sie König Erik 1568 vom Thron stießen. Die Heirat mit der hübschen Karin Månsdotter hatte den Hochadel gegen den König aufgebracht, der ihn neun Jahre später auf der Festung Örbyhus vergiften ließ. Der König, ständig von Verrat bedroht und auf seinen unpopulären Günstling Göran Persson angewiesen, hatte die Nerven verloren und unter anderem Mitglieder der früher als Reichsverweser regierenden Familie Sture hinrichten lassen, was den Hochadel noch mehr gegen ihn aufbrachte. Er wurde vom Bruder und Nachfolger Johan III. für geistesgestört erklärt und gefangengesetzt. Zugleich wurde Königin Karin mit ihrem Gefolge nach Finnland verwiesen, wo sie 1612 starb und im Dom von Åbo beigesetzt wurde.

König Johan III. erreichte einen Frieden mit den Dänen, aber die Russen setzten ihre Angriffe auf die schwedische Ostseeprovinz Ingermanland fort. Sie wurden aber von dem in schwedische Dienste getretenen hugenottischen Feldherrn Pontus de la Gardie geschlagen, wodurch die Newamündung und sämtliche Gestade des Finnischen Meerbusens unter schwedische Kontrolle kamen.

Von seiner katholischen Gemahlin beeinflußt, versuchte König Johan III. eine Wiederannäherung an Rom und führte lange, doch ergebnislose Verhandlungen mit dem päpstlichen Legaten Possevino. Er ließ inzwischen eine neue, dem Katholizismus näherstehende Liturgie ausarbeiten, die unter dem Namen ›Rote Bulle‹ (Röda bullan) viel Verdruß hervorrief. Im Jahre 1587 wurde der Sohn Johans III., der schwedische Kronprinz Sigismund, der katholisch erzogen worden war, König in Polen.

Die Lage wurde dramatisch, als 1592 der Vater starb und Sigismund, König von Polen, sein väterliches Erbe antreten wollte und sich 1593 zur Krönung in Uppsala einfand. Kurz zuvor hatte er die Erzherzogin Anna von Österreich geheiratet und war damit im katholischen Lager fest verankert. Die Krönung fand 1594 statt, doch mußte Sigismund bestätigen, daß die lutherische Religion die einzige Staatsreligion Schwedens bleiben sollte und daß der Katholizismus in Schweden weiterhin verboten blieb. Dem Nuntius Malaspina in seinem Gefolge hatte Sigismund jedoch mitgeteilt, daß er dieses Versprechen nicht zu halten gedenke, zumal es Ketzern gegeben worden sei.

Schlimmer als dies erwies sich das geheime Versprechen Johans III. an Polen, Estland abzutreten für den Fall, daß sein Sohn polnischer König würde. In Schweden hatte man gehofft, Einfluß auf Polen zu gewinnen, Sigismund dagegen wollte Polen zur Ostseemacht emporführen. In Kurland und Livland standen schon polnische Heere, als Herzog Karl, der Onkel des Königs, der in dessen Abwesenheit die Regierung in Schweden führte, dem Volkswillen Rechnung trug – eine Ausnahme hierin machte nur ein Teil des Hochadels –, den katholischen König und die polnische Verbindung wieder loszuwerden. Als Sigismund mit einem polnisch-deutschen Heer nach Schweden zurückkehrte, wurde er von Karl bei Stångebro, nicht weit von Linköping, geschlagen. Sigismund und seine Nachkommen wurden danach für ewige Zeiten des schwedischen Throns für verlustig erklärt.

Zuerst als Regent, später als König Karl IX., führte der ehemalige Herzog von Södermanland ein hartes Regiment. Im sogenannten Blutbad von Linköping im Jahre 1600 rechnete er mit dem gegnerischen Teil des Hochadels ab. Natürlich war ein katholisches Königtum in einem rein protestantischen Land ein Widersinn, doch hatten viele König Sigismund, dem Enkel Gustav Wasas, den Treueid geleistet und waren nun in ein schweres Dilemma geraten. Die drei Erbfeinde Schwedens, Moskau, Polen und Dänemark, griffen nun wieder an. Karl IX. gelang es, Livland und Riga den Polen zu entreißen, geriet aber dabei selbst bei Kirkholm an der Düna in Lebensgefahr. Mitten in der Schlacht stürzte das getroffene Pferd unter dem König, und wäre nicht der livländische Edelmann Henrik Wrede zur Stelle gewesen, der König wäre tot oder in Gefangenschaft geraten. Auch die Dänen, die Gotland besaßen, wollten eine Ostseemacht werden und Schweden vom Kattegat verdrängen. Karl IX. erlebte das Ende der vielen Kriege nicht mehr, er starb 1611.

Sein Sohn und Nachfolger Gustav II. Adolf übernahm nun die Reichsgeschäfte. Bereits als junger Kronprinz hatte sich Gustav Adolf im Dänenkrieg ausgezeichnet und die Insel Öland für Schweden gerettet. Auf dem Totenbett soll der Vater, auf den jungen Thronfolger hinweisend, die berühmten Worte gesprochen haben: »Ille faciet!« (»Er wird es machen!«), die jeder Schwede früher kannte. Um freie Hand auf der Ostsee und im Osten zu haben, erkaufte sich Gustav Adolf 1613 einen Frieden mit Dänemark, indem er für die Räumung der von den Dänen besetzten schwedischen Kattegat-Festung Älvsborg (bei Göteborg) ein hohes Lösegeld anbot, das teilweise zu einem hohen Zinssatz in England aufgebracht wurde.

Im Großfürstentum Moskau war nach dem Tode Iwans des Schrecklichen ein Interregnum eingetreten. Das kurz zuvor unterjochte Nowgorod schloß mit dem schwedischen Feldherrn Jacob de la Gardie-Pontus, Sohn einer natürlichen Tochter Johans III., ein Bündnis, um das moskowitische Joch wieder abzuschütteln. Ein schwedisches Heer besetzte den Kreml in Moskau, und Jacob de la Gardie machte Wassilij Schuiski zum Großfürsten. Gleichzeitig aber marschierten die Polen in Rußland ein und riefen den polnischen Thronfolger Wladislaw, aus dem Hause Wasa, zum neuen Großfürsten von Moskau aus. Nowgorod selbst, ursprünglich eine schwedische Gründung und zugleich der älteste Staat auf russischem Boden, wollte den jüngeren Bruder Gustav Adolfs, den Prinzen Karl Philip, zum Großfürsten haben. Iwan der Schreckliche hatte den Nowgorodern übel mitgespielt, nun rächten sie sich. Sie sagten, die kleine Grenzkolonie Moskau sei ›tatarisiert‹ worden und sollte jetzt endlich wieder unter die Fittiche der alten Wikingergründung Nowgorod zurückkehren. Das mit Polen in Personalunion verbundene Großfürstentum Litauen mischte sich auch in den Kampf aller gegen alle auf russischem Boden ein, und Gustav Adolf sah sich genötigt, sein Hauptquartier nach Narva zu verlegen.

Als Siegeszeichen hatte Jacob de la Gardie einige riesige kupferne Kanonen den alten Seeweg von Nowgorod, den Wolchow entlang, über den Ladogasee und die Ostsee nach Stockholm senden lassen. Zwei dieser Geschütze stehen auch heute noch vor Schloß Gripsholm und tragen die Namen ›Galten‹ (Eber) und ›Suggan‹ (Sau). In dieser Lage zog Gustav Adolf selbst in Betracht, nebenbei auch noch Großfürst von Moskau und Nowgorod zu werden, dachte aber dann wohl an seinen Bruder, der nach Nowgorod abgereist, für die ihm gestellte Aufgabe aber viel zu jung war. Unterdessen faßten die Moskowiter wieder Mut und einigten sich auf den sechzehnjährigen Michael Romanow, dessen Hauptvorzug darin bestand, daß Ruriks Blut in seinen Adern floß.

Trotz all dieser Wirren reifte der Gedanke an einen Frieden heran. Er kam im Februar 1617 zu Stolbowa, einem kleinen Ort südöstlich des Ladogasees, zustande. Das Großfürstentum Moskau erhielt die Oberhoheit über Nowgorod zurück, verpflichtete sich aber »auf ewige Zeit« keinen Versuch zu machen, die Ostseeküste zu erobern. Ingermanland und der Newafluß blieben endgültig bei Schweden. Der Plan Gustav Adolfs, die Weißmeerküste einschließlich Ostkareliens zu übernehmen, stieß aber auf englischen Widerstand. Man wollte in London keinen mächtigen Staat am Weißen Meer dulden, da die Engländer dort Niederlassungen und große Handelsprivilegien besaßen. London gab unmißverständlich zu verstehen, daß es fristlos die schwedischen Anleihen kündigen würde, wenn Schweden den Versuch machen sollte, hier Fuß zu fassen.

Der Friede zu Stolbowa legte die sogenannte geschichtliche Ostgrenze für Finnland fest, die in den Kriegen 1939/40 und 1941/44 eine so große Rolle spielte, nach der Niederlage Finnlands und Deutschlands aber neu gezogen wurde. Die Newa war nun ein schwedischer Fluß geworden, und zwei Drittel der ganzen Ostseeküste waren jetzt in schwedischer Hand. Das letzte Drittel im Süden und Westen teilten sich noch die Polen, die Deutschen und die Dänen.

Gustav Adolfs polnische Kriege

Der junge Gustav Adolf hatte es erreicht, mit Dänemark und Moskau Frieden zu schließen. Übrig blieb der Vetter Sigismund in Polen, der wieder gegen Schweden rüstete, weil er glaubte, immer noch dort der gesetzliche König zu sein. Während der moskowitischen Kampagne hatte eine gewisse Waffenruhe bestanden, obwohl die Polen den größten Teil von Livland besetzt hielten. Sigismund unterhielt in Schweden eine große Zahl von

Agenten, und es hieß, er plane wieder einen Angriff. Um ihm zuvorzukommen, erschien Gustav Adolf mit 158 Schiffen und 20000 Mann im Spätsommer 1621 vor dem livländischen Riga, das sich nach einer vom König selbst geleiteten Belagerung ergab. Auch Dorpat, Dünaburg und Mitau wurden erobert, und ganz Livland, wie auch Estland ein protestantisches Land, ergab sich den Schweden. Zu den übrigen Flußmündungen kam nun noch die Düna hinzu, und die hier erhobenen Flußzölle kamen den Unternehmungen Gustav Adolfs zunutze. Reichsadmiral war zu dieser Zeit der Halbbruder Gustav Adolfs, Baron Karl Gyllenhielm, illegitimer Sohn Karls IX. und ein ausgezeichneter Seeoffizier, der zwölf Jahre lang in Ketten in einem polnischen Kerker geschmachtet hatte, als Gast seines Vetters Sigismund. Im Winter kehrte Gustav Adolf über Narwa nach Schweden zurück, traf aber folgenden Sommer wieder in Riga ein, wo der litauische Fürst Radziwill im polnischen Auftrag um Frieden ersuchte. Es kam zum Waffenstillstand, der jedoch nicht anhielt.

So landete der Schwedenkönig zum drittenmal in Riga und schlug eine polnische Armee bei Mitau in Kurland, seine Feldherren waren die Grafen Horn und Thurn. Mit einer Flotte und 14000 Mann erschien er etwas später vor Pillau, das sein Schwager, Kurfürst Georg Wilhelm von Brandenburg, als Lehen vom polnischen König besaß. Der arme Kurfürst war so zwischen zwei Stühle geraten; in der Tat aber schoß man in Pillau auf die Schweden nur zum Schein. Die freie Stadt Königsberg, die damals aus drei Gemeinden bestand, erklärte sich neutral, und Gustav Adolf zog nun gegen das unberechenbare Danzig, dessen absolute Neutralität im schwedisch-polnischen Krieg er verlangte.

Anschließend schlug er bei Mewe ein großes polnisches Heer, das von Sigismund und seinem Sohn Wladislaw befehligt wurde. Vater und Sohn retteten sich durch die Flucht. Polen war nunmehr völlig von der Ostsee abgeschnitten. Pillau behielt Gustav Adolf zunächst als Ausschiffhafen. Der Reichskanzler Axel Oxenstierna blieb als Legat für die weiten neubesetzten Küstengebiete zurück. Sämtliche Flußmündungen der polnischen und preußischen Flüsse befanden sich jetzt unter schwedischer Kontrolle. Sigismund aber schloß keinen Frieden.

Der Krieg zog sich über Jahre hin. Bei einem Scharmützel erhielt Gustav Adolf eine Kugel in den Bauch, und er traf Anordnungen für seinen baldigen Tod. Die Bauchwunde heilte jedoch wieder zu, aber bei Dirschau an der Weichsel durchbohrte eine Kugel seine rechte Schulter und blieb im Schulterblatt stecken. Sein rechter Arm blieb seitdem steif, und zwei Finger waren gelähmt.

In offener Feldschlacht wurden die Polen immer wieder geschlagen, sie änderten aber ihre Taktik und gingen zu einer Kriegführung über, die man heute Guerilla-Taktik nennen würde. In Abwesenheit des Königs führte der schwedische Feldmarschall, Graf Herman Wrangel, den Oberbefehl. Polnischerseits traten die Feldherren Koniecpolski und Potocki hervor. Im Mai 1629 verschärfte sich die Lage dadurch, daß der kaiserliche Oberbefehlshaber Wallenstein den Polen zu Hilfe kam. Doch auch die vereinigten Armeen wurden von Gustav Adolf geschlagen. Durch französische Vermittlung kam es nun im September 1629 in Altmark zu einem sechsjährigen Waffenstillstand zwischen Schweden und Polen. Schweden behielt ganz Livland einschließlich Rigas und die polnisch-preußische Küste einschließlich der Städte und Festen Pillau, Braunsberg, Tolkemit und Elbing. Außerdem verpflichtete sich Sigismund, seinen Vetter als rechtmäßigen König von Schweden durch die Anrede ›Königliche Majestät‹ anzuerkennen.

Sieg und Tod in Deutschland

Als Gustav II. Adolf sich im Jahre 1630 entschloß, in den Dreißigjährigen Krieg einzugreifen, war er keineswegs ein ›Schneekönig‹ aus dem fernen Norden, der wie ein Deus ex machina auf dem Kontinent erschien. Fünfzehn Jahre hatte er bereits auf dem Kontinent gekämpft und mit der Besetzung von Pommern seine Ostseeherrschaft abgerundet. Jetzt erschien er bei Usedom und Wollin vor Stettin mit nicht weniger als 40000 Mann aller Waffengattungen. Mit dem sogenannten Restitutionsedikt hatte Kaiser Ferdinand II. alle protestantischen Fürsten und Stände in Deutschland gegen sich aufgebracht, und Gustav Adolf konnte daher auf Bundesgenossen zählen. Der Hauptfeind des Kaisers in Wien war der Kardinal Richelieu in Paris, und das politische Ziel dieses Krieges war es, die Gründung eines starken deutschen Nationalstaates mit allen Mitteln zu verhindern.

Gegen einen solchen deutschen Nationalstaat war auch Gustav

Adolf. Seine Verhandlungen mit dem Kardinal Richelieu waren fast perfekt, als er 1630 die Landung in Pommern unternahm. Seiner Redegewandtheit, er sprach mehrere europäische Sprachen wie seine eigene, seiner hohen Bildung, seinen militärischen Erfolgen sowie seinen klugen innenpolitischen Maßnahmen war es zuzuschreiben, daß er immer wieder den schwedischen Reichstag für seine Kriegszüge und für erhöhte Bewilligungen gewinnen konnte, obgleich man annehmen mußte, daß die Reserven des dünnbevölkerten Landes allmählich ausgeschöpft waren. Während der zehnjährigen Kriege mit Polen zogen schwedische und moskowitische Landvermesser die reichlich zweitausend Kilometer lange Ostgrenze des Schwedischen Reiches, die mit Ausnahme von Ingermanland nach dem Ersten Weltkrieg die Ostgrenze Finnlands und der baltischen Staaten bildete.

Als Herzog von Holstein war der Dänenkönig deutscher Reichsfürst und schon früh in den innerdeutschen Kampf zum Schutz der Protestanten hineingezogen worden. Er wurde von dem kaiserlichen Feldherrn Tilly geschlagen und von Wallenstein derart bedrängt, daß er Zuflucht auf seiner Flotte nehmen mußte. Wegen der früheren dänischen Verwüstungen in Schweden und wegen der Erpressung des großen Lösegelds für die Festung Älvsborg war jedoch zu diesem Zeitpunkt ein schwedisch-dänisches Bündnis undenkbar, zumal König Christian von Dänemark den Oberbefehl verlangt hatte. Gustav Adolf wartete daher zunächst ab, wie sich die Dinge weiterentwickeln würden. Im kaiserlichen Lager erkannte nur Wallenstein die schwedische Gefahr. Als neuernannter Herzog von Mecklenburg wollte er zum Schutz der deutschen Ostseegebiete eine kaiserliche Ostseeflotte schaffen, ein Vorhaben, das man in Wien nicht verstand und das dort auf Ablehnung stieß. Gustav Adolf hatte die polnische Seemacht vernichtet, und mit Pommern war auch die Odermündung in seiner Hand. Schon 1628 hatte er Stralsund besetzt; nun war der König entschlossen, zugunsten der protestantischen Sache in den innerdeutschen Krieg einzugreifen. 1630 öffnete Herzog Bogislaw von Pommern ihm die Tore von Stettin.

Wegen des Wankelmuts der Kurfürsten von Brandenburg und von Sachsen konnte Magdeburg vor dem Ansturm der Truppen Tillys nicht gerettet werden, doch änderte der schwedische Sieg bei Breitenfeld 1631 die Lage. Man sprach jetzt im Lager der protestantischen Fürsten sogar davon, Gustav Adolf die Kaiserkrone anzubieten. Obwohl der Reichskanzler Axel Oxenstierna für einen schnellen Marsch direkt auf Wien war, zog Gustav Adolf es vor, zunächst nach Südwesten an den Rhein zu marschieren. In Mainz errichtete er sein Hauptquartier. Der Mainzer Erzbischof und Kurfürst war geflohen, doch zur Überraschung der schwedischen Truppen mußte man die Einnahme von Oppenheim und Mainz, wie auch den Rheinübergang selbst, in hartem Kampf spanischen Truppen abtrotzen. Nach dem Sieg wurde den spanischen Truppen freier Abzug bewilligt, denn mit der spanischen Großmacht wollte sich Gustav Adolf nicht anlegen.

Sowohl die Königin Maria Eleonora, Schwester des Kurfürsten Georg Wilhelm von Brandenburg, als auch der Reichskanzler Axel Oxenstierna trafen nun auf Wunsch des Königs in Mainz ein. In Stockholm war der Schwager des Königs, Johann Kasimir von der Pfalz, zurückgeblieben. Die Erbherzöge Johan, ein Vetter des Königs, und Karl Philip, der geliebte jüngere Bruder, waren damals schon lange tot und das Königshaus stark dezimiert. Oxenstierna mißfiel der riesige Hof, der sich in Mainz um Gustav Adolf versammelt hatte und an den Gustavsburg auf dem rechten Rheinufer an der Mündung des Mains noch lange erinnerte. Eine Vielzahl deutscher Fürsten, darunter der ›Winterkönig‹ aus Prag sowie zwölf ausländische Botschafter mit großem Gefolge, hielten sich hier auf. Die Situation erinnerte fast an diejenige Alexanders des Großen in Babylon.

Nachdem Gustav Adolf den Rhein überschritten hatte, wurde Kardinal Richelieu unruhig und wollte von seinem unheimlichen protestantischen Bundesgenossen gewisse Garantien haben. Es hieß, daß Gustav Adolf Protektor der protestantischen Teile Deutschlands werden und den Titel ›Römischer König‹ annehmen sollte. Der Sonderbotschafter und Schwager Richelieus, der Marquis de Brèze, wollte kein schwedisches Heer in dem damals noch deutschen Elsaß-Lothringen dulden, denn »dieses Land stünde der französischen Krone sehr nahe«. Richelieu wollte auch den katholischen Kurfürsten Maximilian von Bayern außer persönlicher Gefahr wissen für den Fall, daß der Schwedenkönig gegen München marschieren würde. Man bot Gustav Adolf französische Hilfstruppen an, die er jedoch ablehnte. Bei früheren Verhandlungen schon hatte man sich in Paris gezwungen gesehen, der schwedischen Majestät denselben Rang zuzuerkennen wie dem König von Frankreich. Dieses bedeutet, daß Schweden als europäische Großmacht angesehen wurde.

Im März 1632 brach Gustav Adolf gegen Bayern auf. Die protestantischen Städte Nürnberg und Augsburg huldigten ihm, und bei Oberndorf am Lech wurde der bayrische Feldherr Tilly geschlagen und tödlich verwundet. Am selben Tag wurde das Pferd unter dem Schwedenkönig von einer Kanonenkugel zerrissen, doch Gustav Adolf selbst blieb unverletzt. »Der Apfel ist noch nicht reif«, soll er geäußert haben. Bald stand er vor München, das von Herzog Maximilian verlassen worden war.

Die Gründe für die Schonung Münchens sind oft diskutiert worden, hatte man doch Rache für die Zerstörung Magdeburgs erwartet und war doch Maximilian der Schwiegersohn des Kaisers und einer der führenden Männer im Lager der katholischen Liga. München brauchte aber nur Besatzungskosten zu zahlen, und Gustav Adolf besah sich mit einem kleinen Gefolge die Paläste, Kirchen und Kunstschätze. Die von Maximilian recht ungeschickt vergrabenen Geschütze wurden wieder ausgegraben, wobei man auf bedeutende Schätze stieß. Als der König erfuhr, daß der geflohene Herzog selbst die Baupläne für die Residenz entworfen hatte, meinte er, daß er einen solchen Architekten in Stockholm gut gebrauchen könnte. »Davor wird sich der Herzog wohl hüten«, war die Antwort, und der König lachte. Der ehemalige Winterkönig, Friedrich von der Pfalz, der seine böhmische Krone durch Maximilian verloren hatte, wollte Gustav Adolf dazu überreden, München ganz zu zerstören. Der König aber, der Hugo Grotius' Schriften gelesen hatte, war gegen jede unnütze Gewalttätigkeit und fand darin bei seinem Reichskanzler volle Unterstützung.

Bald nach seiner Entlassung aus kaiserlichen Diensten hatte Wallenstein Kontakt mit Gustav Adolf aufgenommen, doch wollte dieser von dem ›Verräter‹ nichts wissen. In Nürnberg hielt er seinen fürstlichen deutschen Bundesgenossen eine Moralpredigt, er kritisierte ihre Art, die eigene Bevölkerung auszuplündern. Das höchste Vertrauen erwarb sich der Herzog Bernhard von Weimar, der später die Lage bei Lützen rettete. Der beleidigte Wallenstein, der nach Gustav Adolfs Siegen mit großen Vollmachten wieder vom Kaiser in Dienste genommen worden war, machte bei Nürnberg und der ›Alten Veste‹ dem König schwer zu schaffen, so daß er sich nach Norden zurückziehen mußte. Trotzdem wurde er in Erfurt wie ein Abgott empfangen. Hier traf er zum letzten Mal mit seiner ihm innig ergebenen Gemahlin Maria Eleonora zusammen.

Nach dem Plan des Königs sollte Wallenstein bei Lützen im Sturm vernichtet werden. Beide Heere waren durch die vorangegangenen Kämpfe stark reduziert und geschwächt. Es war eine kalte Novembernacht, und weder die Soldaten noch der König waren ausgeruht, als der Angriff begann. Die Lage der schwedischen Armee war von Anfang an keine gute und die Haltung der Bundesgenossen unsicher. So wurde Wallenstein nicht geschlagen, doch hatte er sich unter Zurücklassung von Geschützen zurückgezogen. Der König selbst hatte von seinem bevorstehenden Tod gesprochen und setzte sich wie gewöhnlich unglaublichen Gefahren aus. Es soll ihn auch am Tage der Schlacht besonders verdrossen haben, daß man ihn für unsterblich hielt. Es ist verständlich, daß später Gerüchte über Hinterhalt und Meuchelmord entstanden, wobei besonders Herzog Franz Albert von Sachsen-Lauenburg in Verdacht geriet, weil er den verletzten König im Handgemenge verlassen hatte und sein Bruder Jahre zuvor wegen schlechten Benehmens vom Hofe in Stockholm verwiesen worden war. Die Leiche des Königs, die man ausgeplündert und gräßlich verstümmelt nach der Schlacht in der Nähe eines großen Feldsteins fand, wurde nach Schweden übergeführt und in der Riddarholmkirche in Stockholm, der Grabkirche der schwedischen Könige, unter großer Anteilnahme der Bevölkerung beigesetzt.

Schweden wird Großmacht

Durch die Anerkennung der Gleichrangigkeit des schwedischen Königs mit dem französischen war Schweden bereits vor dem Tod Gustav Adolfs zur europäischen Großmacht aufgestiegen. Der englische König Karl I. spielte auf dem Kontinent nur eine geringe Rolle, und die schottischen Regimenter dienten weitgehend unter Gustav Adolf. Der plötzliche Tod des nur achtunddreißigjährigen Königs stellte die neue Großmacht vor eine schwere Probe. Doch hatte der König in weiser Voraussicht für eine gute Regentschaft gesorgt, zumal seine Tochter Christine erst fünf Jahre alt war. Das Präsidium führte der Reichskanzler, Graf Axel von Oxenstierna. Durch den Konvent zu Heilbronn 1633 wurde unter Oxenstiernas Leitung das ›Evangelische Bündnis‹ geschlossen (Corpus evangelicorum), das bereits Gustav Adolf angestrebt hatte. Obwohl Wallenstein kurz darauf in Eger ermordet wurde, gelang es Gallas, die Schweden unter Bernhard von Weimar und Gustaf Horn im gleichen Jahr bei Nördlingen zu schlagen, wonach sich das feierliche Bündnis sofort auflöste. Die protestantischen Fürsten, unter ihnen die Kurfürsten von Brandenburg und von Sachsen, schlossen danach mit dem Kaiser in Prag Frieden.

Das Hauptquartier in Mainz hatte noch Bestand, und Oxenstierna verhandelte nun unter Beihilfe von Hugo Grotius, der zum schwedischen Botschafter in Paris ernannt worden war, mit Ludwig XIII. und Kardinal Richelieu in Compiègne, wo er mit königlichen Ehren empfangen wurde. Eine französische Armee unter Turenne kämpfte dann an der Seite der Schweden, deren Oberbefehl der Reihe nach die Grafen Banér, Torstensson und Wrangel innehatten. Mit Flußzöllen und französischen Subsidien wurden auch Söldner, vor allem Schotten, angeworben, und die Kriegführung wurde jetzt immer härter, besonders in den katholischen Teilen Deutschlands. Die ungeheure Menge an Kunstschätzen, die man aus Deutschland als Kriegsbeute nach Schweden brachte, spricht für sich. Bei Wittstock und bei Chemnitz wurden die abtrünnigen Sachsen besiegt, die Kaiserlichen wiederum 1642 in der zweiten Schlach bei Breitenfeld. 1645 besetzte eine schwedische Abteilung Schloß Dürnstein in Niederösterreich, im August 1648 eine schwedische Armee unter Graf Königsmarck die Prager Kleinseite. Sie blieb dort bis zum Friedensvertrag von Münster und Osnabrück, der Schweden Vorpommern und Rügen und die Mündungen von Oder, Elbe und Weser sicherte. Als Kuriosität mag erwähnt werden, daß eine schwedische Flotte sogar auf dem Bodensee operierte und über eine eigene Admiralität in Lindau verfügte. Vom See aus wurde unter anderem eine kaiserliche Kriegskasse in Bregenz erbeutet. In der Halle des Konstanzer Inselhotels befindet sich noch heute eine Abbildung dieser Flotte, die unter der blau-gelben Fahne segelt.

Krank vor Mißgunst nahm der alternde König Christian IV. von Dänemark Kenntnis von den Erfolgen der schwedischen Waffen in Deutschland. Bei jedem Rückschlag wollte er Schweden in den Rücken fallen, konnte aber seinen Reichsrat nicht dafür gewinnen. Als er sich schließlich durchgesetzt hatte und mit seiner Flotte die schwedischen Transportschiffe anzugreifen begann, erhielt Feldmarschall Torstensson den Befehl, sich von Böhmen aus mit einem schwedischen Heer in Eilmärschen gegen Dänemark in Bewegung zu setzen und die entstandene Gefahr abzuwehren. Torstensson besetzte im Blitzkrieg Jütland, während Graf Horn in das immer noch dänische Schonen einmarschierte. So mußte Dänemark bereits 1645 die altschwedischen Landschaften Halland, Jämtland und Härjedalen sowie die Inseln Gotland und Ösel an Schweden zurückgeben. Man wundert sich, daß Gustav Adolf den Dänen diese Positionen in der Ostsee solange überlassen hatte, aber der Frieden mit Dänemark und die damit verbundene Rückendeckung waren ihm wohl wichtiger gewesen.

Im Jahre 1644 trat die junge Prinzessin Christina, das einzige Kind Gustav Adolfs und Maria Eleonoras, achtzehnjährig die Regierung der neuen Großmacht an. Sie hatte eine gute Erziehung genossen, ein sportliches, fast etwas männliches Wesen, war intelligent und redegewandt, besaß aber leider einen launischen und unberechenbaren Charakter. Mit dem weisen alten Reichskanzler Axel Oxenstierna geriet sie bald in Konflikt. Sie betrieb eine von Willkür diktierte Günstlingswirtschaft, die vor allem dem Adel zugute kam, der sich um sie scharte. Damals entstanden zahlreiche Schlösser und Paläste in Schweden, die mit den in Deutschland erbeuteten Kunstschätzen ausgeschmückt wurden. Aber auch Philosophen und Gelehrte zog Christina an ihren Hof, unter ihnen den großen Descartes, der leider ein Opfer des harten schwedischen Klimas wurde. Hugo Grotius, der ›Vater des Völkerrechts‹ und schwedischer Botschafter in Paris, stattete seiner jungen Königin einen Besuch ab, kam aber bei einem Schiffbruch auf der Rückreise ums Leben. Die geplante Heirat mit ihrem in Schweden erzogenen Vetter, dem Pfalzgrafen Karl Gustav, verwarf sie, ernannte ihn aber zum Thronfolger und verzichtete 1654 zu seinen Gunsten auf den Thron. Über die Königin Christina, die sich zum Katholizismus bekehrte und schließlich in Rom niederließ, gibt es eine umfangreiche Literatur. Sie wurde 71 Jahre alt und 1689 nach einem Leben voll phantastischer Ereignisse in der Peterskirche zu Rom beigesetzt. Trotz ihrer Untreue gegenüber der protestantischen Sache und ihrem Vaterland bezog sie ihr ganzes Leben hindurch eine hohe Apanage von Schweden.

Sie wurde überall in Europa als Souverän anerkannt, obwohl sie kein Land regierte, nur ihren eigenen Hof, über den sie sogar die Gerichtsbarkeit besaß.

Die Pfälzer Wittelsbacher

Im Jahre 1650 hatte der schwedische Reichstag den Pfalzgrafen Karl Gustav aus dem Hause Wittelsbach als Thronfolger anerkannt. Er war 1622 in Nyköping in Schweden als Sohn des Grafen Johann Kasimir von Pfalz-Zweibrücken und der Prinzessin Katharina von Schweden geboren, der älteren Halbschwester Gustavs II. Adolf. Er war in Schweden aufgewachsen und sprach wie alle Angehörigen der damaligen nordischen Königshäuser fließend Deutsch, die Sprache seines Vaters und seiner beiden Großmütter. Ehe er Thronfolger wurde, war er zur Zeit des Westfälischen Friedens bereits Generalissimus der schwedischen Armee gewesen. Im Jahre 1654 wurde er, zweiunddreißigjährig, König und heiratete im gleichen Jahr Hedwig Eleonore von Holstein-Gottorp.

Obwohl seine Regierung nur von kurzer Dauer war, kommt Karl X. Gustav (1654-60) das Verdienst zu, dem schwedischen Stammland wieder seine alten Grenzen zurückgegeben zu haben, indem er die dreihundert Jahre zuvor von den Dänen besetzten südschwedischen Landschaften Schonen, Blekinge und Halland endgültig mit Schweden wiedervereinigte. Bei seinem Thronantritt protestierte der polnische Wasa-König Johann Kasimir, der Sohn von Sigismund, und wieder brach Krieg aus. Im Bündnis mit Brandenburg nahm Karl X. Gustav sowohl Warschau wie auch Krakau ein, worauf eine polnische Konföderation ihn zum König von Polen machen wollte. Nun erklärten Moskau, Österreich und Dänemark Schweden wieder den Krieg. Daraufhin unternahm der schwedische König im Winter 1658 seinen in der Kriegsgeschichte beispiellosen Zug über die zugefrorene Ostsee und schloß unerwartet Kopenhagen ein. Der bekannte Geograph und Festungsbauer Graf Erik Dahlberg, später schwedischer Feldmarschall, hatte gegen sämtliche Stimmen des Hauptquartiers das Überqueren der Belte für möglich erklärt und durchgesetzt; sogar schwere Artillerie hatte man mitgenommen.

König Friedrich III. von Dänemark bot sofort Verhandlungen

an. Gegen den Willen seiner Generäle, die Vergiftung und Verrat fürchteten, nahm Karl x. Gustav die Einladung zu einem Festessen bei seinem eingeschlossenen Gegner an. Die Befürchtungen erwiesen sich als unbegründet, und der Friede zu Roskilde kam zustande. Außer den schon erwähnten Provinzen wurde auch Drontheim und ein breites Stück der Atlantikküste an Schweden abgetreten. Mit der Drohung, Restdänemark Schweden einzuverleiben, wenn der Dänenkönig den geschlossenen Frieden brechen würde, räumte Karl Gustav Seeland und zog nach Göteborg, wohin der Reichstag einberufen worden war. Den Krieg gegen Moskau mußten die Grenztruppen jenseits der Ostsee allein bewältigen: Graf Lewenhaupt verteidigte Ingermanland und Finnland, Graf Magnus de la Gardie schlug den moskowitischen Sturm auf Riga zurück. Unterdessen hatte Karl Gustav ein Bündnis mit Cromwell geschlossen, denn die Holländer stützten nun Dänemark, das sein Wort wieder gebrochen hatte. Als nun der nur achtunddreißigjährige König erneut gegen Dänemark aufbrechen wollte, überfiel ihn ein heftiges Fieber, und er starb unter ungeklärten Umständen. Schwedischerseits war man überzeugt, daß eine dänische Vergiftung ihn hingerafft hatte.

Doch hatte der König noch Zeit gefunden, eine Vormundschaftsregierung für seinen fünfjährigen Sohn anzuordnen, die von seiner Gemahlin Hedwig Eleonore und dem Grafen Per Brahe geleitet wurde. Die schwedischen Heere standen noch im Felde, und es gelang, mit Polen, Österreich und Brandenburg einen Status-quo-Frieden zu schließen, in dem der polnische König auf Livland und auf die schwedische Krone »für immer« verzichtete. Zwischen Schweden und Dänemark sollten Holland, Frankreich und England vermitteln. Doch Cromwell war unterdessen gestürzt worden, und schwedische und dänische Unterhändler einigten sich unmittelbar auf einen Frieden, der Dänemark Drontheim und Bornholm zurückgab. In die schwedischen Annalen ist Karl x. Gustav wegen seiner sozialen Reformen zugunsten der Bauernschaft eingegangen: der sogenannte ›Fjärdepartsräfst‹ (Viertelreduktion) entzog dem Adel unrechtmäßig erworbenen Grund und Boden und sicherte die Bauernfreiheit.

Auch mit dem Großfürstentum von Moskau einigte man sich. Ingermanland blieb schwedisch, und die Russen räumten das von ihnen besetzte livländische Dorpat. Moskau war jedoch sehr unzufrieden damit, daß im schwedisch-polnischen Vertrag zu Oliva der russische Herrscher nur Großfürst genannt wurde, obwohl er sich selbst zum Zaren ernannt hatte. Der Vertrag war lateinisch abgefaßt worden, und als man schwedischerseits erwiderte, daß es keinen lateinischen Namen für Zar gäbe, bedauerten die Russen, daß man sich einer so armseligen Sprache bedient hätte.

Mit siebzehn Jahren übernahm Karl XI. im Jahre 1672 die Regierung über das schwedische Ostseereich, dem seit dem Westfälischen Frieden auch die deutschen Gebiete Vorpommern, ein Teil Hinterpommerns, Wismar, Bremen und Verden unterstellt waren. Staatsrechtlich blieben diese Gebiete jedoch Lehen des Römischen Reichs Deutscher Nation, aus dem nur Holland und die Schweiz 1648 ausgeschieden waren. Neue Schwierigkeiten entstanden, als Kaiser Leopold I. Frankreich 1674 den Krieg erklärte und Dänemark, Spanien und Holland sich ausschlossen. Nun mußte Schweden als einziger Bundesgenosse Frankreichs kämpfen. Bei Fehrbellin geriet die in Stettin konzentrierte schwedische Kontinentalarmee in einen brandenburgischen Hinterhalt und erlitt bedeutende Verluste. König Christian V. von Dänemark brach in Schonen ein und seine norwegischen Vasallen in Bohuslän. König Karl XI. übernahm einundzwanzigjährig den Oberbefehl über die schwedische Armee und schlug die Dänen 1676 bei Lund. Der größte Teil der dänischen Armee wurde vernichtet, und die ganze Artillerie fiel in schwedische Hände. Christians weitere Versuche, eine Landung bei Landskrona und eine Guerilla-Bewegung, die sogenannten Snapphanar, in Südschweden scheiterten, ebenso alle Anstrengungen seiner norwegischen Untertanen. Der Friede zu Nimwegen 1679 zwang den Großen Kurfürsten von Brandenburg, das besetzte Pommern und Wismar wieder zu räumen. Es war somit dem jungen König gelungen, das schwedische Reich in seiner ganzen Ausdehnung zu bewahren.

Der König aber war der ewigen Kriege müde. Es folgten siebzehn Friedensjahre mit sozialen Reformen, wie zum Beispiel die sogenannte große Reduktion, die den Bauern mehr Rechte gab. Verkleidet als ›Gråkappan‹ (Graumantel) machte Karl XI. heimliche Inspektionsreisen im Reich und suchte Mißstände abzuschaffen, wo er sie vorfand. Um seine Reformen durchführen zu können, führte er allmählich eine Alleinherrschaft ein, die die Bedeutung des uralten schwedischen Reichstags stark herabsetzte.

Schwedische Schlösser und schwedische Kirchen erinnern uns noch heute an die großen Familien der Zeit, in der Schweden eine europäische Großmacht war. Die führenden Geschlechter, meistens im Range von Grafen, waren zu dieser Zeit: Banér, Bielke, Brahe, Bonde, Bielkenstierna, de la Gardie, Gyllenhielm, Gyllenstierna, Fleming, Horn, Båå, Creutz, Douglas, Kagg, Königsmarck, Lewenhaupt, Lillie, Mörner, Natt och Dag, Oxenstierna, Posse, Schlippenbach, Rosenhane, Soop, Sparre, Skytte, Stenbock, Stiernsköld, Taube, Tott, Thurn, Ribbing, Ulfsparre, Wrangel usw. Da der König auch die Agrarreform in den baltischen Provinzen durchsetzte, geriet er vielfach in Opposition zu dem eingesessenen deutschen Adel, der jedoch mit wenigen Ausnahmen loyal blieb. Um so populärer wurde die ›schwedische Zeit‹ in der Erinnerung der estnischen und lettischen Bevölkerung.

Karl XI. wußte sehr wohl, daß sein großes Ostseereich verwundbar war, und handelte nach dem Grundsatz: Si vis pacem, para bellum (Willst du den Frieden, so rüste dich für den Krieg). Er errichtete das sogenannte ›Indelningsverk‹, das man als eine gewaltige Organisation von Wehrbauern bezeichnen könnte. Der Soldat war in Friedenszeiten Bauer, konnte aber in kürzester Frist mobilisiert werden. Im Verhältnis zu seiner Größe mußte jedes Dorf und jede Stadt eine gewisse Zahl solcher Wehrbauerngüter einrichten. Dieses System bestand fast zweihundert Jahre. Im Jahre 1680 hatte Karl XI. die dänische Prinzessin Ulrika Eleonore geheiratet, die somit die Mutter des ›Heldenkönigs‹ Karl XII. wurde. Persönlich blieb Karl XI. bescheiden, wozu ein schweres Magenleiden beitrug. Seinem Leibarzt hatte der aufgeklärte König befohlen, nach seinem Tod eine Obduktion zu unternehmen, um die Ursache der Krankheit für die Nachwelt festzustellen. Heute weiß man, laut der ärztlichen Beschreibung aus dem Jahre 1697, daß es Krebs gewesen war.

Karl XII. (1697-1718) und der Zusammenbruch

Schweden leitete seine Ostseeherrschaft noch aus der Wikingerzeit ab; aber auch wirtschaftliche Gründe wurden angeführt sowie die militärische Erwägung, daß es besser sei, den Feind vom eigentlichen Kernland weit entfernt zu halten. Mit dieser Ordnung der Dinge waren aber die Nachbarn Dänemark, Polen und später Preußen nicht einverstanden, ohne jedoch zu ahnen, welche Gefahr das erstarkende Großfürstentum Moskau für sie bedeutete.

Karl XII. wurde 1697 mit fünfzehn Jahren für volljährig erklärt. Im selben Jahre machte der zehn Jahre ältere Peter der Große seine erste europäische Reise, die ihn nach Brandenburg, Holland, England und Österreich führte. Die Belagerung Wiens durch die Türken lag nur vierzehn Jahre zurück, und Peter hatte gehofft, die europäischen Mächte zu einem Generalangriff auf die Türken veranlassen zu können. Er hoffte hierdurch, die Schwarzmeerküste für Moskau zu gewinnen und vielleicht sogar die alte Kaiserstadt Konstantinopel, auf die Ansprüche bestanden, weil die Tochter des letzten byzantinischen Kaisers den Großfürsten von Moskau geheiratet hatte. Es erwies sich aber, daß die deutschen Fürsten, der König von Dänemark wie auch August der Starke von Polen viel leichter gegen Schweden als gegen die Türken aufzubringen waren, und so dürfte sich Peter für die Ostsee anstatt für das Schwarze Meer entschieden haben. Im Jahre 1700 erklärten die drei Mächte Rußland, Dänemark und Polen Schweden den Krieg.

Der achtzehnjährige König auf dem schwedischen Thron, der über eine Armee von 400000 Mann verfügte und sich bis dahin nur für Jagd, Sport, Kriegsgeschichte und Mathematik interessiert hatte, handelte rasch. Er schloß ein Seebündnis mit England und Holland, besetzte Seeland und belagerte Kopenhagen. Sein erschreckter Vetter, Friedrich IV., schloß sofort den Separatfrieden zu Travendal und bezahlte eine angemessene Entschädigung an Karls Vetter, den Herzog Friedrich von Holstein-Gottorp, den er kurz zuvor überfallen und vertrieben hatte. Außerdem schied er aus der Allianz mit Polen und Rußland aus.

Währenddessen war König August der Starke von Polen und Sachsen in Livland eingebrochen und belagerte Riga, das ihn jedoch blutig abwies. Gleichzeitig marschierte aber auch Peter. Seine um ein Vielfaches größere Armee wurde von Karl XII. bei Narwa im November 1700 bei starkem Schneetreiben vernichtend geschlagen. Trotzdem waren weder Polen noch Rußland zum Frieden bereit.

So rückte Karl im Mai 1702 in Warschau ein, schlug August bei Klissow und nahm Thorn und Krakau im Sturm. Zum dritten Mal in einem knappen Jahrhundert hatten nun schwedische Truppen Polen besetzt, Karl ließ jetzt August den Starken für abgesetzt erklären und den Woiwoden von Posen, Stanislaus Leszcynski, zum König wählen. Indessen hatte sich der zähe Peter wieder erholt und Ingermanland und Narwa besetzt, zugleich sandte er 60000 Mann August dem Starken zu Hilfe. Karl XII. nahm jetzt Lemberg im Sturm und befreite die Ostseeprovinzen von den Russen. Dann zog er gegen Sachsen, wo er August zum Frieden von Altranstädt zwang. Der für seine körperliche Stärke, seine Kunstsinnigkeit und seine erotischen Eskapaden berühmte König von Polen und Sachsen mußte seine Kronen niederlegen.

In seinem Hauptquartier bei Dresden empfing Karl XII. Abordnungen vieler europäischer Fürstenhäuser; doch noch immer war Rußland nicht besiegt. So brach er nach einiger Zeit gegen Moskau auf und stand nun vor der schicksalsschweren Entscheidung, ob er die Stadt Moskau erstürmen sollte oder aber in die getreidereiche und, wie er glaubte, ihm freundlich gesonnene Ukraine des Hetmans Mazeppa einbrechen sollte. Im Sommer 1708 hatte er Smolensk besetzt und besaß gute Chancen, Moskau noch vor Einbruch des Winters einzunehmen. Von Riga aus war Graf Lewenhaupt mit Verstärkungen, Troß, Munition und Artillerie unterwegs, um sich mit der Armee des Königs zu vereinigen, und von Süden erwartete man den Hetman Mazeppa mit 20000 Kosaken. Karl glaubte, daß die russische Opposition in Moskau, nach Peters Massenmord unter den widerspenstigen Strelitzen, zu ihm halten würde und daß Moskau ihm mit geringer Mühe zufallen werde. Im Kriegsrat siegte aber unerwartet die Ansicht des weniger zuversichtlichen Generals Rehnsköld, daß man Moskau südlich umgehen und in die Ukraine einrücken sollte.

Mazeppa erwies sich aber wider alle Erwartung als dem Zaren treu. Lewenhaupt stand dadurch vor einer unerwarteten Situation, und seine Leute wurden von Peters Truppen aufgerieben. Die Folge davon wiederum war, daß die nach Südosten vorstoßende schwedische Armee, rund 40000 Mann, bei Poltawa 1709 weder ausreichend Munition noch genügende Artillerie besaß. Bei Narwa hatte man neun Jahre zuvor mit blanken Waffen gesiegt, das war jetzt nicht mehr möglich, zumal der König selbst an einer schweren Fußverletzung litt. Die Schlacht bei Poltawa kann mit der späteren Schlacht von Stalingrad verglichen werden: die ganze schwedische Armee wurde vernichtet, der Große Nordische Krieg auf diese Weise beendet und Schwedens Stellung als Großmacht endgültig zerstört. Zwar rettete sich der schwedische König kämpfend bis in die Türkei, allein Peter arrangierte in Moskau einen Triumphzug nach römischem Vorbild, in dem die schwedischen Gefangenen, mit Ketten aneinandergebunden, die armen Grafen Piper und Lewenhaupt an der Spitze, durch die Stadt geführt wurden.

In Siegerlaune bot Peter Karl einen verhältnismäßig günstigen Frieden an: er forderte lediglich die Abtretung der baltischen Provinzen Ingermanland, Estland und Livland. Doch Karl XII. lehnte ab. Nun erhoben sich wiederum alle alten Feinde und ein neuer dazu: Brandenburg-Preußen. Peter der Große besetzte Finnland. Doch inzwischen gelang es Karl XII., in der Türkei, wo er zu Bender residierte, ein türkisch-tatarisches Bündnis gegen Rußland zu knüpfen, und eine türkische Armee von 130000 Mann brach in die Moldaugebiete ein. Peter eilte ihr in Eilmärschen entgegen, wurde aber 1711 am Pruth bei dem Städtchen Husch durch eine Kriegslist Karls in die Falle gelockt und umzingelt. Er soll später geäußert haben, daß er weit schlimmer daran gewesen war als Karl bei Poltawa, und er machte sogar sein Testament. In dieser Lage faßte seine Gemahlin Katharina der Mut der Verzweiflung. Bei Nacht und Nebel gelang es ihr, den Großwesir zu erreichen und zu sprechen: Kriegskasse, Schmuck und körperliche Betörung erkauften Peter freien Abzug. Als Karl XII. am Morgen zu Pferd erschien, um den Marsch der Russen in die türkische Gefangenschaft zu erleben, zogen diese gegen alle Erwartung mit klingendem Spiel und mit ihrer ganzen wertvollen Artillerie friedlich ab. Nur Asow, den einzigen russischen Stützpunkt am Schwarzen Meer, hatte Peter abtreten müssen, was ihm die Ostsee nur noch wichtiger machte. Als weitere Verpflichtung übernahm Peter der Große Karls XII. freies Geleit um ihm die Rückkehr nach Schweden zu ermöglichen.

Zwar erreichte Karl im ›Diwan‹ die Absetzung des verräterischen Großwesirs, sein Nachfolger aber wollte ebenso wie dieser den ungestümen beschwerlichen Gast aus dem fernen Norden loswerden. Zwar gelang es Karl XII., die Türken und die Tataren noch einmal zu mobilisieren, da Peter die Friedensbedingungen nicht erfüllte; aber nun arbeitete bereits russisches Gold in Konstantinopel. Karl hatte den Tataren und Türken schwedische Offiziere zur Verfügung gestellt, scheint aber der orientalischen Mentalität nicht gewachsen gewesen zu sein. Obwohl Schweden damals fünf Jahre lang vom türkischen Bender aus regiert wurde, weigerte sich der Reichsrat in Stockholm, als Karl eine neue Armee verlangte, die bis zur Türkei marschieren sollte.

Inzwischen wollte aber auch der Sultan selbst Karl loswerden, und es kam zu der berühmten ›Kalabalik in Bender‹, die für Generationen schwedischer Schuljungen als Meisterstück eines heldenhaften Benehmens galt. Der König und seine Garde wurden nach einem phantastischen Widerstand durch eine türkische Übermacht übermannt und in Demotica, südlich von Adrianopel, in einem schönen Schloß interniert. Auf seiner Fahrt dahin wurde er überall von der Bevölkerung als der ›nordische Löwe‹ gefeiert; der Sultan selbst entschuldigte sich wegen dieser Zwangsmaßnahme und stellte Geld und Gaben reichlich zur Verfügung. So sammelten sich am Hofe Karls XII. in Demotica trotz der eigenartigen Position des Schwedenkönigs Scharen von Besuchern und Diplomaten. Karls eigenes Gefolge bestand aus über achthundert Personen.

Auf Wunsch des Sultans brach Karl XII. im Oktober 1714 mit seinem Riesengefolge auf, um den Heimweg durch das aufgewühlte Europa einzuschlagen. Doch schon in der Walachei ging dem König die Reise zu langsam vor sich. Er verließ sein großes Gefolge und wählte vierundzwanzig tüchtige Reiter zu seiner Begleitung aus. Bald verließ er aber auch diese, zog selbst eine Hauptmannsuniform an und ritt, nur von den Adjutanten Gustav Friedrich von Rosen und Otto Friedrich Düring gefolgt, seinen berühmten Husarenritt durch Wien, Regensburg, Hanau, Kassel und Braunschweig nach dem schwedischen Stralsund, wo er am 11. November eintraf. In sechzehn Tagen hatte er 2860 Kilometer auf dem Pferderücken zurückgelegt und dabei noch in Kassel mit seinem Schwager und späteren Nachfolger Friedrich von Hessen verhandelt. Der Ritt von der Türkei bis Stralsund wurde mit dem berühmten Ritt des Tiberius von Köln nach Rom anläßlich des Todes des Germanicus verglichen.

Jetzt sammelten sich die Leute wieder um diesen merkwürdigen König, dem man seine Niederlagen gar nicht anmerkte. Der Administrator von Holstein, Herzog Christian August, und sein allmächtiger Minister Freiherr von Schlitz, genannt Baron Görtz, waren die ersten Besucher, und kurz darauf trat das Finanz- und Diplomatengenie Görtz in königlich schwedische Dienste. Die eingeleiteten Friedensverhandlungen wurden von Karl XII. gestoppt, worauf die vereinigten polnischen, preußischen, hannoveranischen und dänischen Truppen Stralsund einschlossen. In Übereinstimmung mit Hannover, das mit England in Personalunion verbunden war, erklärte England und das mit Frankreich in Feindschaft lebende Holland Schweden den Krieg. Karl verließ das bedrängte Stralsund und traf jetzt nach fünfzehn Jahren wieder in Schweden ein. Er blieb aber in Schonen, wo es ihm gelang, 16000 Mann zusammenzuziehen.

Baron Görtz, ein Schüler John Laws, zauberte als erster bewußter ›Inflationist‹ Geld aus dem Nichts, und bald hatte Karl etwa 40000 Mann in dem ausgebluteten Schweden rekrutiert. Man bedenke, daß ein Drittel des Stammlandes, nämlich Finnland und alle südlichen Ostseebesitzungen, vom Feinde besetzt waren. Um sich England-Hannover vom Hals zu schaffen und Norwegen, womöglich anstelle Finnlands, zu erwerben, brach Karl 1718 mit 23000 Mann gegen Südnorwegen auf, während Graf Armfelt mit 16000 Soldaten Drontheim über Jämtland besetzen sollte. Ein Expeditionskorps war außerdem vorgesehen, das nach Schottland übersetzen sollte, um die Ansprüche der Stuarts gegen den Herzog von Hannover durchzusetzen. Mit Peter dem Großen wurden währenddessen Friedensverhandlungen unter der Führung Görtzens auf der Insel Åland geführt. In dem besetzten schwedischen Landesteil Ingermanland hatte Peter schon längst angefangen, aus der schwedischen Kleinstadt Nyenskans (Neue Schanze) an der Newa seine neue Hauptstadt zu bauen, die er St. Petersburg nannte.

Während seines dreijährigen Aufenthalts in Südschweden besuchte Karl XII. nie mehr Stockholm. Er war fast heiterer Laune und führte eine muntere Hofhaltung in der Gesellschaft seiner Schwester Ulrike Eleonore und dem Prinzen von Hessen-Kassel in verschiedenen südschwedischen Städten. Beim Grenzübergang nach Norwegen am 30. November 1718, an der Festungsmauer von Fredriksten bei Fredrikshald (heute Halden), traf ihn die mysteriöse Kugel, von der man immer noch nicht weiß, ob sie vom Feind oder aus dem Schwedenlager abgefeuert worden war. Es war Nacht und Mondschein, und der König hatte in liegender

Stellung lange über die Brustwehr eines Laufgrabens gespäht. Da vernahm man einen Ton, als ob ein Stein einen weichen Gegenstand getroffen hätte. Der König war tot. Eine Kugel war durch seine beiden Schläfen gedrungen.

Der Leichenzug Karls XII. von Fredrikshald nach Stockholm mitten im Winter war eine pathetische Angelegenheit und diente später vielen Malern als Motiv. Alle wußten, daß es jetzt mit der schwedischen Großmacht für immer zu Ende war, und dennoch oder vielleicht gerade deshalb wurde dieser König mit den größten Ehren in der Riddarholmskyrkan zu Stockholm beigesetzt. Trotz seiner Härte und den unendlichen Strapazen, die er ihnen zugemutet hatte, liebten ihn die Soldaten, die sich selbst den Ehrennamen ›Karoliner‹ gaben und ihm den Namen ›Heldenkönig‹. Sein Schwager Friedrich von Hessen, Generalissimus der schwedischen Armee, beendigte sofort alle Operationen. Armfelts Armee ging beim Rückzug über das norwegisch-schwedische Gebirge zugrunde. Das neue Russische Reich Peters des Großen erreichte auf breiter Front die Ostsee. Als Sündenbock ließ man den Finanzminister Görtz wegen der Geldentwertung köpfen und unterbrach so unklug die Friedensverhandlungen, die dieser mit großem Geschick geführt hatte. Nach der kurzen Regierung der Schwester Ulrike Eleonore übernahm ihr Gemahl Friedrich von Hessen 1720 im Einvernehmen mit dem Reichstag als Friedrich I. die Regierung. Im Frieden zu Nystad in Finnland wurde sodann 1721 die Abtretung von Livland, Estland, Ingermanland und Finnisch-Karelien bestätigt.

Von der Aufklärung bis heute

Die ›Freiheitszeit‹ im Jahrhundert der Aufklärung

Nach dem Tode Karls XII. in den Jahren 1719 und 1720 nahm der schwedische Reichstag zwei Regierungsänderungen an, die die Macht des Königs stark einschränkten und ein fast unumschränkt regierendes Parlament schufen. Deshalb trägt diese Periode von 1720 bis 1772 in der schwedischen Geschichte die Bezeichnung ›Freiheitszeit‹. Politisch stand das schwedische Reich am Rande des Untergangs, wirtschaftlich ging es aufwärts. Dank den beiden Seemächten England und Holland, die den Öresund nicht im dänischen Alleinbesitz haben wollten, mußte Dänemark auf seine Revanche verzichten, so daß Schonen, Blekinge und Halland bei Schweden blieben. Die schwedisch-polnische Auseinandersetzung über Livland war gegenstandslos geworden, nachdem das neue Rußland diese Provinz übernommen hatte und sich bald darauf anschickte, auch das Herzogtum Kurland zu besetzen. Der Traum von der schwedischen Ostseeherrschaft war ausgeträumt, obwohl die von dänischen Truppen besetzten deutschen Provinzen Pommern und Wismar an Schweden zurückerstattet wurden. Polen selbst begnügte sich mit der Anerkennung Augusts des Starken als König von Sachsen-Polen.

Peter hatte sich zum Kaiser aller Reußen ernannt, während die Mitglieder der neuen kaiserlichen Familie nach österreichischem Vorbild die Großfürstenwürde erhielten. Binnen kurzem gab es auch eine russische Seemacht auf der Ostsee. Unter dem Kanzleipräsidenten Graf Arwid Horn führte Schweden zunächst eine vorsichtige Schaukelpolitik, die von der Partei der sogenannten ›Mützen‹ getragen wurde, später entstand eine königsfreundliche vaterländische Opposition unter Führung des Grafen Karl Gyllenborg, deren Parteibezeichnung die ›Hüte‹ war. Aus dem Jahre 1734 stammt das große schwedische Gesetzbuch, das die geltende Zusammenfassung aller schwedischen Grundgesetze und Zivilgesetze darstellte.

Seit 1731 befanden sich Schweden und Hessen in Personalunion, indem König Friedrich I. auch die Regierung in Hessen bis zu seinem Tod 1754 übernahm. Ehemals ein tüchtiger Heerführer, empfand Friedrich I. die starke Beschränkung der königlichen Macht in Schweden als unerträglich, doch schreckte er vor einem Staatsstreich zurück, da er im Grunde gegen den gesamten Adel wenig ausrichten konnte. Der eigentliche Träger der Macht im Lande war die konservative, kriegsfreudige Revanchepartei der ›Hüte‹, die seit 1738 den Sieg über die ›Mützen‹ errungen hatte und durch den Mord an dem schwedischen Konstantinopel-Kurier Malcolm Sinclair 1739 neuen Auftrieb bekam. Die Tat war auf österreichischem Gebiet durch ein russisches Überfallkommando ausgeführt worden, und man dürstete in Schweden nach Rache. Das sogenannte Sinclair-Lied wurde bald im ganzen Volk gesungen.

Nach dem Tod der Kaiserin Anna entstanden Wirren in Rußland, die man in Stockholm glaubte ausnützen zu können, indem man die Thronansprüche Elisabeths, der Tochter Peters des Großen, unterstützte und gleichzeitig einen Subsidienvertrag mit Frankreich abschloß. Ein schwedischer Aufmarsch an der neuen Südostgrenze, die der gegenwärtigen Grenze Finnlands nach dem Pariser Frieden von 1947 entspricht, sollte Elisabeth auf den Thron heben, und als Lohn dafür hoffte man auf eine günstigere Grenzregelung. In diesem falschen Glauben wurde ein jammervoller Feldzug unter den beiden Befehlshabern Lewenhaupt und Buddenbrock geführt, der mit einer Niederlage und einer erneuten Besetzung Finnlands durch die Russen endete. Elisabeth half sich beim Thronantritt selbst und lachte über die dummen Schweden. Ein weiteres Stück Finnland mußte im Frieden zu Åbo 1743 abgetreten werden, und der Friede kam überhaupt nur deswegen zustande, weil man sich zum Thronfolger, Friedrich I. von Hessen war kinderlos geblieben, einen der Zarin Elisabeth genehmen Kandidaten, Herzog Adolf Friedrich von Holstein-Gottorp, Vetter des russischen Thronfolgers, wählte. Da Adolf Friedrich einen Tropfen Wasablut hatte, er stammte mütterlicherseits in der vierten Generation von König Karl IX. ab, konnte man seine Wahl durchsetzen. Bekanntlich heiratete er die Prinzessin Lovisa Ulrike von Preußen, die Schwester Friedrichs des Großen.

Schweden geriet zunächst in die peinliche Lage, daß man russische Hilfe gegen Dänemark in Anspruch nehmen mußte. Durch die schwedischen Mißerfolge im Osten wurde der ›Erbfeind‹ im Südwesten wieder wach und rüstete zum Krieg. Dreißig russische Galeeren mit 12000 Mann Hilfstruppen trafen in Schweden ein, und die Barbaren wurden, zum unermeßlichen Ärger der schwedischen Bauern, südlich von Stockholm ins Winterquartier gelegt. Sonst immer im Bündnis mit den Russen, wenn es Kriege gegen Schweden gab, ließen die Dänen daraufhin von ihren Absichten ab, und die Russen konnten wieder abziehen.

König Friedrich I. war 1751 gestorben, und gegen die Ansicht seiner Gemahlin und einer konservativen Gruppe unter Leitung Graf Liewens verpflichtete sich der neue König Adolf Friedrich sofort im Reichsrat auf die Regierungsform von 1720. Die Kaiserin Elisabeth mußte erleben, daß ihr friedliebender schwedischer Neffe politisch ohne Macht war und auch den von den ›Hüten‹ geforderten Krieg gegen seinen preußischen Schwager nicht verhindern konnte. Durch Teilnahme am Siebenjährigen Krieg an der Seite Frankreichs hatte Schweden auf die Rückgabe einiger pommerscher Gebiete gehofft und glaubte, im sogenannten ›Pommerschen Krieg‹ die schwierige Lage Friedrichs II. ausnützen zu können, doch kam im Frieden von Hamburg nur der Status quo heraus. Das einzige Positivum dabei war, daß die schwedischen Soldaten aus Pommern die Kartoffel mit nach Hause brachten, die später fast zur Volksnahrung wurde.

Die Regierungsgeschäfte in Schweden wurden durch den Reichsrat (Senat), in welchem die Krone nur zwei Stimmen hatte, und den Geheimen Rat geführt, der König war praktisch entmachtet und mußte es dulden, daß 1756 Freunde, die versucht hatten, ihm wieder zu größerem Reichtum zu verhelfen, vom Reichsrat hingerichtet wurden. Zum Schluß wurde die königliche Unterschrift durch einen Namensstempel ersetzt. Unterstützt von Teilen des Adels, vor allem aber von seinem energischen Sohn Gustav, drohte Adolf Friedrich 1769 mit der Abdankung und unternahm einen königlichen Streik, ohne jedoch dadurch seine Position wesentlich verbessern zu können.

Die politische Moral im Lande lag damals tief unter dem Nullpunkt. Nicht nur, daß die schwedische Staatskasse Subsidien von einer Reihe von Mächten, vor allem von Frankreich, bezog, die Botschafter der europäischen Mächte kauften die Stimmen der

Reichsratsmitglieder und die im Reichstag. Gegenüber den ›Mützen‹ und ›Hüten‹ bildete sich daher eine dritte Partei, die sogenannte ›Hofpartei‹, die für eine Erweiterung der königlichen Macht eintrat, weil die Majoritätsbeschlüsse des Adels im Reichsrat, im Ausschuß und im Reichstag oft geradezu gegen das eigene Staatsinteresse verstießen. Auch die Bauern waren für den König und für eine Reform, weil der regierende Adel zu mächtig geworden war.

Dabei darf man jedoch nicht vergessen, daß die ›Freiheitszeit‹ eine enorme Entwicklung der schwedischen Kultur mit sich brachte. Literatur, Wissenschaften, Architektur und Kunst erreichten eine große Blüte: Swedenborg, Linné, Celsius, Dalin, Tessin und andere errangen internationale Anerkennung. Die schwedische Sprache erhielt jetzt literarisches Niveau, und Romane, Novellen und Zeitungen erschienen in großer Zahl. Von den Malern seien Krafft, Pilo, Johan und Lorenz Pasch, Breda und Ehrenstrahl erwähnt.

Die Gustavianische Zeit (1771-1792)

Als der Vater 1771 starb, befand sich der fünfundzwanzigjährige Kronprinz Gustav, der einen großen Teil seiner Kindheit und Jugend in dem musischen Rokoko-Paradies von Drottningholm verbracht hatte, gerade in Paris. Gleich seinem Onkel Friedrich II. von Preußen behielt er sein ganzes Leben lang eine Vorliebe für die französische Sprache, obwohl er Deutsch und Englisch fließend sprach und die klassische Bildung keineswegs versäumt hatte. Er nahm später selbst an Ausgrabungen teil, und die Antikensammlung im Stockholmer Schloß geht auf ihn zurück. Seine Erziehung war wechselreich gewesen, sein Verstand und seine Konversation brillant, seine Erscheinung gewinnend und elegant, sein Urteil und seine Handlungskraft hervorragend. Bei all dem Guten neigte er jedoch zu einer am damaligen Frankreich orientierten, leichtfertigen Lebensführung und einer Eigenwilligkeit, die ihn bald in Gegensatz zu seiner Mutter brachte. Er hätte gern bei seinem großen Oheim in Berlin die Kriegskunst erlernt, das erlaubten aber die allmächtigen Reichsstände nicht.

Bereits 1765 hatte er die etwas langweilige gleichaltrige dänische Prinzessin Sofia Magdalena aus Gründen der Staatsraison geheiratet, was als ein gutes Omen betrachtet wurde, obgleich unzählige königlich schwedisch-dänische Ehen die ewigen Kriege zwischen den beiden nordischen Völkern keineswegs verhindert haben. Obwohl er der Favorit der Hofpartei war, huldigten ihm die Reichsstände in absentia als König und sandten Graf Scheffer mit der offiziellen Mitteilung nach Paris. Den jungen König traf er in der Oper an, während Ludwig XV. bereits in Versailles zu Bett gegangen war. So wichtig war jedoch Schweden als einer der treuesten Verbündeten Frankreichs immer noch, daß der Franzosenkönig ein Extra-Lever in der Nacht unternahm und anläßlich des Thronwechsels Graf Scheffer in Audienz empfing. Über weitere Subsidien einigte man sich schnell. Kurz darauf traf ein Kurier mit dem Text der Thronantrittsversicherung ein, worin sich Gustav III. zum Aufrechterhalten der Regierungsformen von 1719 und 1720 verpflichtete. Der König unterschrieb sofort.

Der Reichstag trat bereits im Sommer 1771 zusammen, und es stellte sich heraus, daß die ›Mützen‹ in allen vier Ständen wieder die Majorität besaßen. Auf der Rückreise hatte der junge König sich Rat beim mächtigen Oheim in Potsdam, dem wohl aufgeklärtesten Absolutisten Europas, geholt, der ihn vor allem vor Katharina II. warnte. Zu diesem Zeitpunkt war aber die Außenpolitik noch nicht aktuell, sondern die Innenpolitik: die königliche Gegenrevolution in Schweden.

Ein Jahr lang bereitete Gustav III., der die schweren Demütigungen seines Vaters und seiner Mutter nicht vergessen hatte, die Revolution von oben vor und führte sie mit äußerstem Geschick und ohne Blutvergießen am 19./20. August 1772 durch. Seine Liebenswürdigkeit und seine Schauspielerkunst ließen Reichsrat und Hochadel nichts ahnen, die Bürgerschaft in Stockholm war für ihn, auch das Militär war ihm ergeben. Sein Bruder, Herzog Karl, sollte Südschweden gewinnen, Baron Sprengtporten Finnland. Wenn nötig, sollten Truppen aus der Provinz nach Stockholm gezogen werden. Am Abend des 18. August 1772 besuchte der König die Oper und gab anschließend ein großes Essen, wo er aufgeräumt und munter erschien. Nachts besichtigte er heimlich einige Garnisonen, und am frühen Morgen inspizierte er die Garde auf dem sogenannten Artilleriehof und sprach persönlich mit Offizieren und Mannschaften. Er ließ nun die Wachtparade ihren gewöhnlichen Marsch antreten und begab sich mit seinen vertrauten Offizieren ins Schloß, wohin er fast alle Offiziere und Unteroffiziere des hauptstädtischen Militärs bestellt hatte. Sowohl diese wie die auf dem weiten Schloßhof versammelten Regimenter schworen begeistert dem König den Treueid.

Im Reichsrat hatte man den Vorgang zwar bemerkt, glaubte aber, daß der König eine Parade abhielte. Als der König nicht im Rat erschien, begab sich Graf Kalling im Auftrag zum Schloß, um den König zu holen. Er witterte aber Gefahr und kehrte vorzeitig zurück. Inzwischen traf dort eine Militärabteilung ein, die den ganzen Reichsrat verhaftete. Dem mächtigen ›Secreten Ausschuß‹, der im Ritterhaus tagte, wurde das sofortige Auseinandergehen empfohlen. Einige führende Mitglieder, wie zum Beispiel der Physiker und Finanzexperte Gadolin (Ururgroßvater des Verfassers), wurden vorübergehend als ›Gäste des Königs‹ im Schloß in Gewahrsam genommen und persönlich vom König über die patriotischen Ziele seiner mit Hilfe des Militärs durchgeführten Gegenrevolution aufgeklärt. Es gelang dem Monarchen, sie alle zu gewinnen. Gadolin wurde später Bischof des Landesteils Finnland und Prokanzler der dortigen Universität.

Am selben Abend gab der König ein Festessen für die Diplomaten, wobei der französische Botschafter, Graf Vergennes, den König beglückwünschte, während die übrigen, besonders Ostermann und Goodriche, die Rußland und England vertraten, sich auffallend reserviert verhielten, eine Beobachtung, die den König zur Wachsamkeit veranlaßte. Am folgenden Tag ließ der König auch alle übrigen Instanzen den Treueid schwören, und am 21. August bestellte er die Reichsstände in den Reichssaal mit der Ankündigung, daß Nichterscheinen als Feindschaft gegen den König und das Reich ausgelegt werde. Als die vier Reichsstände versammelt waren, wurde das Gebäude von drei Garde-Bataillonen umstellt, und vor dem Saal selbst wurden hundert Grenadiere postiert. Sogar die Artillerie war in Alarmbereitschaft.

Nun erschien der König mit Krone und Szepter, von seiner Großen Wache und seinen Trabanten begleitet, und hielt vor den Reichsständen eine glänzende Rede. Er rügte die politische Mißwirtschaft im Lande scharf und verlangte die Wiederherstellung des Ansehens des uralten Königreichs Schweden. Die ganze schwedische Geschichte ließ er Revue passieren, namentlich rief er Engelbrekt, Gustav Wasa, Gustav Adolf und all die anderen

Größen der schwedischen Vergangenheit zu Kronzeugen für die notwendige Veränderung auf. Anschließend ließ er eine angeblich in der vergangenen Nacht von ihm verfaßte Regierungserklärung verlesen, in der er eine konstitutionelle Monarchie mit großen königlichen Rechten proklamierte.

Klugerweise bat er nicht um Akklamation, sondern forderte mögliche Oppositionelle auf, vorzutreten und ihre Einwände zu begründen. Niemand wagte zu widersprechen, worauf der König die neue Regierungsform für einstimmig gebilligt erklärte.

Der jüngere Adel war weitgehend mit dem König gegangen, der überhaupt auf eine große Mehrheit rechnen konnte, da die Unzufriedenheit mit den herrschenden Zuständen inzwischen allgemein geworden war. So begann die zwanzig Jahre dauernde Gustavianische Periode in Schweden, die einer eigentlich schon untergegangenen Großmacht noch einen letzten Glanz verlieh. Schwedens Ansehen in Europa wuchs noch einmal zu alter Größe, und auch im Land selbst fand eine enorme Entwicklung statt. Der alte Hochadel, dem Gustav III. den Rücken gebrochen hatte, blieb aber, allerdings mit zahlreichen Ausnahmen, oppositionell eingestellt. Aus ihm ging der spätere Mörder des Königs, Anckarström, hervor.

Der König hatte, eifrigen Ratgebern zum Trotz, keineswegs die Alleinherrschaft laut der Regierungsreform Karls XI. von 1680 wiedereingeführt. Die Bewilligungen blieben dem Reichstag vorbehalten, ebenso das Recht, einen Angriffskrieg zu erklären. Die Regierungsform von 1772 zusammen mit der sogenannten ›Vereinigungs- und Sicherheitsakte‹ von 1789 blieben übrigens in Finnland bis 1919 geltendes Staatsrecht: Fünf russische Zaren und zwei Reichsverweser – Svinhufvud und Mannerheim – regierten das Großfürstentum Finnland 110 Jahre lang auf dieser Grundlage.

Obwohl Schweden die älteste Staatsbank der Welt besaß, sie war unter Karl XI. im Jahre 1668 gegründet worden, war das Geldwesen völlig zerrüttet. Gustav III. ermöglichte hier wieder eine feste Basis, die er durch Staatsmonopole ausbaute. Seine Reformen, im Sinne eines aufgeklärten Absolutismus, waren zahllos. So schaffte er nach dem Vorbild seines Onkels die Folter ab und erreichte die neuerliche Sicherung der bereits bedrohten schwedischen Bauernfreiheit, und das zu einer Zeit, in der Katharina II. zugunsten des Adels die Leibeigenschaft in den ehemaligen schwedischen Ostseeprovinzen einführte. Als nun Katharina die Große endlich die Schwarzmeerküste für Rußland erworben hatte und in verschiedene Kriege mit der Türkei und den Tataren verwickelt wurde, hoffte König Gustav III., die schwedische Ostseeherrschaft wiederherstellen zu können.

Indessen hatte sich eine Adelsclique zum ›Anjalabündnis‹ zusammengeschlossen, dessen erklärtes Ziel es war, den Landesteil Finnland unter russische Oberhoheit zu stellen, um so die Leibeigenschaft der Landbauern durchzusetzen. Man beschuldigte den König anläßlich gewisser Grenzunruhen 1788, einen Angriffskrieg begonnen zu haben, und nur durch seine große Geistesgegenwart konnte sich Gustav III. vor einer drohenden Verhaftung retten. Dänemark, der alte Erbfeind, nutzte die Lage und griff an, und wieder stand das Gespenst des Zweifrontenkriegs den Schweden vor Augen. Der König fühlt sich von seinen eigenen Landsleuten verraten und denkt an Abdankung. Damals schrieb er: »Ich habe Schweden aus der Anarchie errettet, habe eine Flotte und ein aktives Heer geschaffen, Handel und Wirtschaft beschützt und dem Land ein geordnetes Geldwesen gegeben. Ich habe den Schweden Sinn für Kunst und Wissenschaften beizubringen versucht. Ich wollte sie schließlich in den Krieg führen, um einen Teil dessen wiederzugewinnen, was meine Vorgänger verloren haben; und dennoch bin ich von allen verlassen und verraten worden.« Aber er war wohl zu temperamentvoll, um aufzugeben. Er verließ zur See sein östliches Hauptquartier, sammelte, vornehmlich in Dalarna, eine neue Armee, hielt patriotische Reden, schlug die Dänen bei Göteborg und erzwang mit englischer Hilfe einen Waffenstillstand. Er nötigte den Reichstag, die ›Vereinigungs- und Sicherheitsakte‹ wie auch seine Kriegsmaßnahmen gutzuheißen, begab sich wieder zur Front in Finnland und ließ die Rädelsführer des adligen Aufruhrs verhaften. Gleichzeitig erfocht die schwedische Flotte unter Herzog Karl einige bedeutende Siege über die russische, so bei Öland, bei Svensksund und in Finnlands Wiborg-Bucht. Zum ersten Mal seit achtzig Jahren waren schwedische Waffen wieder siegreich, wenn auch der geplante Angriff auf St. Petersburg mißlang. Unter diesen Umständen und unter dem Eindruck der Schreckensnachrichten aus Paris, wo die Revolution tobte, schloß der König 1790 den Friedensvertrag von Värälä, der den Status quo wiederherstellte.

Gustav III. war viel auf Reisen. Er hatte Italien besucht und war zu Unterredungen mit dem Papst zusammengetroffen, was die Opposition im eigenen Land gegen ihn auszunützen versuchte. In Rom und Neapel traf er sich zu ausgedehnten Gesprächen mit Kaiser Joseph II. Sein Besuch in Paris 1784, also fünf Jahre vor der Revolution, war ein ganz besonderer Höhepunkt. Die Französische Akademie veranstaltete eine Festversammlung für diesen den Künsten aufgeschlossenen Monarchen, der hier Montesquieu persönlich kennenlernte. Ludwig XVI. und Marie Antoinette, mit der der schwedische Botschafter Graf Fersen ein Liebesverhältnis gehabt haben soll, gaben Empfänge in Versailles. Das alte schwedisch-französische Bündnis wurde erneuert, und gegen die Niederlagsrechte in Göteborg trat Frankreich die westindische Insel St. Barthélemy an Schweden ab.

Gustav III. wurde von einer großen Oppositionsgruppe die polnische Krone angetragen, außerdem sollte seine Schwester König Stanislaus heiraten, doch befand sich Polen bereits in Auflösung. Auch die Einverleibung Norwegens wurde aktuell, um die ständige dänische Kriegsgefahr abzuwenden. Freilich mußte er hier auf das unsichere Einvernehmen mit Katharina II. rechnen. Der bereits erwähnte schwedisch-russische Krieg vereitelte diesen Plan. Nach dem immerhin noch ehrenvoll beendeten Feldzug begab sich der König nach Aachen zu einer geplanten Begegnung mit dem französischen Königspaar, dessen Flucht Graf Fersen vorbereitet hatte. Bis Bondy hatte Fersen die königliche Familie persönlich begleitet, die jedoch bei Varennes erkannt und gefangen wieder nach Paris zurückgebracht wurde. Die beiden Brüder des französischen Königs und eine Unzahl französischer Emigranten sammelten sich jetzt um Gustav III., der ein großes Bündnis aller europäischen Monarchen gegen die Anhänger der Französischen Revolution zustande bringen wollte. In diesem Sinne schloß er jetzt mit Katharina der Großen einen auf acht Jahre befristeten Beistandspakt und begab sich nach Stockholm zurück, wo inzwischen die allgemeine Unzufriedenheit wegen der hohen Staatsausgaben, auch wegen der königlichen Monopole auf Alkohol und Kaffee stark angewachsen war.

Der Reichstag zu Gevle Anfang 1792 billigte mit der Mehrheit der drei nichtadligen Stände alle königlichen Maßnahmen, bewilligte auch alle erforderlichen Mittel und sprach dazu noch dem

König seinen Dank aus für dessen Fürsorge um das Reich. Der Adel dagegen blieb weiterhin in der Opposition. Eine große Verschwörergruppe unter Führung der Grafen Ribbing und Horn sowie des Generals Pechlin hatte sich schon seit geraumer Zeit mit Plänen zur Beseitigung des Königs beschäftigt. Des Königs persönlicher Feind Anckarström hatte sich bereit erklärt, den Mord auszuführen. Schon lange lauerte er auf eine günstige Gelegenheit. Diese war mit einem Maskenball in der Stockholmer Oper gekommen. Man schrieb den 17. März 1792. Wie einst Caesar hatte Gustav III. eine Warnung erhalten, um die er sich aber nicht kümmerte. Entgegen den Bitten seiner Begleitung verließ er seine Loge. Bald darauf wurde er von einer Gruppe in Dominomasken umringt, und man hörte einen dumpfen Schuß.

Der Plan der Verschwörer, die aus dem plötzlichen Tod des Königs Nutzen ziehen wollten, mißlang, weil Gustav III. erst dreizehn Tage später an seiner Verwundung starb. Trotz Blutverlusts und großer Schmerzen hatte er seine Tapferkeit und Geistesgegenwart nicht verloren. Er ordnete sofort eine Interimsregierung an unter der Führung seines Bruders Karl und einiger ihm treu ergebener Adliger wie Wachtmeister, Oxenstierna, Taube und Armfelt. Schon am folgenden Tag wurde Anckarström verhaftet, den Tag darauf Horn, Ribbing und Pechlin. Der König reagierte ungewöhnlich milde: er wollte nicht, daß das Gemüt des jungen Kronprinzen durch einen langwierigen Strafprozeß vergiftet würde. Viele der unentdeckten Verschwörer eilten ans Lager des Königs und betonten ihre Trauer und Anteilnahme.

Fast sah es so aus, als könnte der König wieder gesund werden, doch nach zehn Tagen wurde er plötzlich wieder schwächer. Der Gedanke an die Zukunft Schwedens plagte ihn, und er befürchtete, sein Bruder Karl hätte an dem Anschlag teilhaben können. Schließlich ließ er Bischof Wallquist kommen. Am 29. März 1792 starb er.

Wissenschaft, Kunst und Literatur verdanken Gustav III. einen großen Aufschwung: 1771 gründete er die Musikakademie, 1773 die Akademie der Schönen Künste, 1786 die Schwedische Akademie zur Pflege von Sprache und Dichtung. Im gleichen Jahr wurde die Stockholmer Oper eingeweiht; der König besaß dort ein Zimmer als ›Regisseur‹ und schrieb selbst Theaterstücke. Schon 1773 war im Theater des Schlosses Drottningholm Glucks ›Orpheus und Eurydike‹ uraufgeführt worden.

Die Schriftsteller dieser Zeit wie Thorild, Kellgren, Leopold, Lenngren und andere werden noch heute gelesen. Carl Mikael Bellman war der große Sänger, der seiner Zeit Unsterblichkeit verlieh. Man sagt, es habe damals in Stockholm über siebenhundert Schenken gegeben und es sei mehr Wein getrunken worden als jemals zuvor, vom Schnaps gar nicht zu sprechen. Bellman hat dieser Trinklust Niveau verliehen, er war gleichermaßen beliebt bei Hof wie beim Volk, und seine Trinklieder, die er auf einer neapolitanischen Mandoline begleitete, gehören zu den Meisterwerken der schwedischen Sprache. Noch heute feiert man in Stockholm am 26. Juli den Bellmantag. Aber auch bildende Künstler wie die Maler Roslin, Hall, Hoffmann, Masreliez, Bildhauer wie Sergel, Naturwissenschaftler wie die Chemiker Gadolin, der 1794 als erster die sogenannten ›Seltenen Erden‹ entdeckte, und Scheele; Ingenieure wie der Schiffsbauer Chapman trugen dazu bei, daß Schweden in diesen Tagen auch als Kulturland europäisches Ansehen genoß. Die schwedische Universität in Dorpat, die an die Russen verlorengegangen war, hatte in der von Greifswald eine würdige Nachfolgerin gefunden; aber auch die drei alten Universitäten Uppsala, Lund und Åbo blühten.

Die letzten Wasakönige und der Verlust Finnlands

Nach dem Tod des ›Bezauberer-Königs‹ (Tjusarkonungen) Gustav III. übernahm zunächst Herzog Karl, der Bruder des Königs, die Regentschaft. Unter seinem Minister, Baron Reuterholm, wurden jedoch die ›Gustavianer‹ systematisch ausgeschaltet. Die Hauptverschwörer bekamen milde Strafen, nur der Mörder Anckarström wurde hingerichtet. Die Gerüchte, daß Herzog Karl, der Okkultist und Freimaurer war, von der Verschwörung gewußt habe, gewannen dadurch an Boden. Die Gesundheit des Kronprinzen Gustav Adolf schien sich ständig zu verschlechtern und man fürchtete für sein Leben. Der Gustavianer Baron Armfelt fühlte sich unter diesen Umständen dazu bewogen, nun seinerseits eine Verschwörung gegen Herzog Karl und Reuterholm vorzubereiten, die jedoch entdeckt wurde. Armfelt rettete sich von Neapel aus, wo er Botschafter war, nach St. Petersburg, seine Stockholmer Komplizin, die junge Hofdame Rudenschöld, wurde verhaftet und einem peinlichen Prozeß unterworfen.

Mit achtzehn Jahren trat im Jahre 1796 der junge Kronprinz, als Gustav IV. Adolf, in seine vollen Rechte als König ein. Eigensinn und Ungeschick gestalteten jedoch seine Regierung zu einer Folge von unglücklichen Ereignissen. Die Verlobung mit der Schwester des russischen Zaren Alexander I. kam trotz persönlicher Sympathie der Kontrahenten nicht zustande, weil eine schwedische Königin nicht orthodox sein und bleiben durfte. Die beiden Monarchen wurden aber trotzdem verschwägert, indem sie beide zwei Schwestern, Prinzessinnen von Baden, heirateten. Der junge König ergriff scharf Partei gegen Napoleon und verweigerte unter anderem den Anschluß Schwedens an die Kontinentalblockade gegen England. Hierfür strafte ihn Napoleon, indem er seinen Schwager, den Zaren Alexander, 1807 in Tilsit zu einem Angriff auf Schweden zwang, der die Losreißung Finnlands zum Ziel hatte.

Ohne Kriegserklärung marschierte Alexander zu Beginn des Jahres 1808 in Finnland ein, wo der König die Verteidigung versäumt hatte, obwohl die stärkste Feste Schwedens und womöglich Europas, das neuaufgeführte Sveaborg, vor der kleinen Küstenstadt Helsingfors lag. Die schwedisch-finnischen Grenztruppen schlugen sich tapfer, die Hauptarmee unter dem Feldmarschall Klingspor trat jedoch den Rückzug an, da der König eigensinnig darauf bestand, er habe keine Kriegserklärung erhalten. Verrat war im Spiel, doch kämpften einige Regimenter tapfer gegen die vordringenden Russen und errangen sogar Siege, wobei die Namen Adlercreutz, Sandels und Döbeln Ehre erwarben, und dadurch sogar die Hoffnung bestand, die Invasion abweisen zu können, Da kapitulierte der Kommandant von Sveaborg, Admiral Cronstedt, mit der ganzen intakten Festungsarmee, großen Vorräten und modernster Artillerie. Eine Offiziersgruppe unter Führung des Kriegshelden Graf Adlercreutz zog den König in dessen Kabinett im Stockholmer Schloß am 13. März 1809 zur Verantwortung für seine skandalöse Kriegführung und erklärte ihn als verhaftet. Der König entkam zunächst durch eine Geheimtür, gelangte in den Schloßhof, aber die Große Wache, die bereits gewonnen war, nahm von ihm keinen Befehl mehr an. Nach einem peinlichen Auftritt wurde der König arretiert, und kurz danach erklärte der Reichstag Gustav IV. und seine Nachkommen für ewig der schwedischen Krone für verlustig.

Nach kurzer Internierung in den Schlössern Drottningholm und Gripsholm wurde er samt Familie ins Ausland abgeschoben. Sein gutaussehender Sohn Gustav Prinz von Wasa endete als österreichischer Feldmarschall, besaß das berühmte Haus in der Herrengasse in Wien und wurde im Stephansdom beigesetzt. Seine Tochter heiratete den König von Sachsen und seine Schwester den Großherzog von Baden. Ihre Enkelin wurde die Gemahlin des Königs Gustav v. von Schweden, und somit hat König Gustav vi. Adolf als erster Bernadotte wieder einen Tropfen Wasablut. Gustav Adolf iv. starb 1837 in St. Gallen. Er sonderte sich von seiner Familie ab, schrieb Bücher und Artikel und wollte sogar König von Griechenland werden. Vom Wiener Kongreß hatte er seine Restauration erwartet, zog sich aber beleidigt zurück, da man ihn dort nicht einmal empfing.

Kurz nach Absetzung des Königs erschien Zar Alexander i. selbst in der alten Domstadt Borgå in Finnland, wohin er die aus Finnland stammenden Mitglieder des schwedischen Reichstags, etwa ein Drittel, zusammengerufen hatte. Ehe noch Schweden im Herbst 1809 auf seinen uralten Landesteil Finnland im Frieden zu Fredrikshamn verzichtete, hatten die vier Stände des Landesteils den Zaren als Großfürsten von Finnland anerkannt, wobei dem Großfürstentum volle Autonomie und eigene Verwaltung gemäß den geltenden Gesetzen garantiert wurden. Der Zar trat nun in die Rechte des ehemaligen schwedischen Königs ein. Da der schwedische König zu dieser Zeit abgesetzt war, war auch der alte Treueid hinfällig, was den Einwohnern Finnlands ermöglichte, ohne größere Gewissensbisse dem neuen Monarchen den Treueid zu leisten.

In Schweden wurde jetzt der alternde Herzog Karl wieder Regent und kurz darauf als König Karl xiii. anerkannt. Als letzter Wasa-König hat er dem alten Namen nicht viel Ehre gemacht. Da er kinderlos war, wurde die Thronfolge zum aktuellsten Problem. Nach tausend Intrigen einigte man sich schließlich auf den französischen Marschall Bernadotte, von dem man eine Erneuerung der Organisation der schwedischen Streitkräfte erhoffte. In Stockholm war es unterdessen zu Volksaufständen gekommen, wobei der Reichsmarschall Graf Axel Fersen, derselbe, der zwanzig Jahre zuvor das französische Königspaar zu retten versucht hatte, in greulicher Weise ermordet wurde. Bereits im Juni 1809 wurde in Schweden eine neue Verfassung angenommen, die die königliche Macht wieder stark einschränkte, während die alte, wie schon erwähnt, in dem abgetrennten Finnland bis 1919 in Kraft blieb. Am 21. August 1810 wurde Bernadotte unter dem Namen Karl Johan vom Reichstag in Örebro als Kronprinz von Schweden anerkannt, als König von Schweden regierte er von 1818 bis 1844, doch übernahm er praktisch schon 1810 die Regierungsgeschäfte. Er wurde von Karl XIII. adoptiert, konnte aber den Namen Wasa nicht erhalten, da ja kein Tropfen Wasablut in seinen Adern floß. Von nun an zog sich Karl XIII. mehr und mehr von allen Staatsangelegenheiten zurück und starb siebzigjährig 1818.

Die Bernadottes und die Union mit Norwegen

Das persönliche Verhältnis zwischen Napoleon und seinem sechs Jahre älteren Marschall war niemals gut gewesen. Zwar war dieser Kriegsminister, Marschall von Frankreich und ein erfolgreicher Heerführer geworden, jedoch hatte er Bedenken gegen die Machtkonzentration Napoleons und soll im Grunde republikanisch gesonnen gewesen sein. Auch waren die beiden in der Jugend Rivalen in der Werbung um Bernadottes spätere Frau, Desirée Clary, gewesen, deren Schwester mit Napoleons Bruder Josef verheiratet war. Von Bernadotte wird erzählt, daß er an der Brust eine Tätowierung trug mit dem Text »Mort aux rois« und sich deswegen später, als er selbst König war, von keinem Arzt untersuchen lassen wollte. Trotz der latent bestehenden Differenzen hatte er von Napoleon das kleine Fürstentum Ponto Corvo erhalten, wohin ihn der Kaiser abzuschieben versuchte. Bernadotte, mit dieser Lösung nicht sehr glücklich, nahm den Ruf nach Schweden mit Freuden an; und Napoleon selbst war nicht ganz unzufrieden, auf diese Weise seinen unbequemen Marschall loszuwerden.

Obwohl breite Kreise in Schweden Revanche für den Verlust Finnlands wünschten, war Bernadotte zu sehr Realist, um nicht einzusehen, daß Rußland inzwischen so mächtig geworden war, daß ein Krieg wenig Erfolg versprach, zumal zu diesem Zeitpunkt, da ganz Europa sich gegen Frankreich zusammenzufinden begann. Es fiel ihm offenbar nicht schwer, gegen Napoleon, seinen einstigen Gönner und Herrn, zu marschieren, dessen Fall er voraussah. Außerdem war das beiderseitige Verhältnis schon zuvor sehr abgekühlt, denn beim Feldzug gegen Rußland hatte Napoleon nicht einmal den Versuch gemacht, sich um ein schwedisches Bündnis zu bemühen. So trafen sich Bernadotte und Zar Alexander 1812 in Åbo im neuen finnischen Großfürstentum. Im folgenden Jahr wurde sodann das Bündnis zwischen Bernadotte, das heißt, dem schwedischen Kronprinzen Karl Johan, wie er jetzt offiziell hieß, dem Zaren Alexander von Rußland und König Friedrich Wilhelm III. von Preußen geschlossen. Kurz darauf kam noch Österreich hinzu, mit England hatte man sich schon zuvor verständigt. Als Bedingung für seine Teilnahme hatte Karl Johan die Abtretung Norwegens an Schweden verlangt, die dann im Frieden zu Kiel 1814 vertraglich festgelegt wurde. Gleichzeitig verzichtete Schweden auf seine deutschen Provinzen bis auf Wismar, das bis 1903 an Mecklenburg verpachtet blieb.

Mit der Besitznahme Norwegens, die nicht ohne norwegischen Widerstand geschah, wurde ein alter schwedischer Wunsch erfüllt, den bereits Karl X. Gustav und Karl XII. hegten. Auch hatte man damit einen Ersatz für das verlorene Finnland gewonnen und konnte so die ewige Feindschaft mit Rußland abbauen. Gleichzeitig war der alte Feind Dänemark auf diese Weise endgültig zum Kleinstaat geworden und bedeutete nun keine Gefahr mehr für Schweden. Mit dem kurzen Feldzug in Norwegen 1814 wurde das letzte Kapitel der tausendjährigen schwedischen Kriegsgeschichte beendet. Danach kam es zu einer fast hundertsechzigjährigen Friedensperiode unter der Herrschaft des Hauses Bernadotte. Es war allerdings keine Rede mehr davon, die Norweger zu ›guten Schweden‹ zu machen, wie es Karl XII. noch vorgeschwebt hatte. Der Form nach handelte es sich um eine Personalunion, bei der der König von Schweden zugleich auch König von Norwegen war. Eine eigene Volkspräsentation wurde geschaffen (Stortinget). Es kann aber nicht geleugnet werden, daß diese mit Gewalt erzwungene Union in Norwegen als ein Zwangssystem, als Folge einer militärischen Niederlage empfunden wurde. Zu diesen damit verbundenen Schwierigkeiten kam noch der Umstand hinzu, daß die Sprache der gebildeten Norweger während der langen Zugehörigkeit zu Dänemark stark danisiert worden war und sich von der Volkssprache unterschied. Heute gibt es sogar drei Sprachen innerhalb der kleinen norwegischen Nation.

Zwischen 1818 und 1844 regierte nun Bernadotte unter dem

Namen Karl XIV. Johan. Der vertriebene Wasakönig Gustav IV. Adolf und seine Nachkommen hatten jedoch nie auf den Thron verzichtet, und Bernadotte fürchtete daher während seiner ganzen Regierung eine Restauration der ›rechtmäßigen‹ Königsfamilie. Als die Marktfrauen in Stockholm einen Aufruhr auslösten, flüchtete der fast achtzigjährige König erschrocken bis Drottningholm. Aus dem alten Revolutionär war inzwischen ein ziemlich reaktionärer Monarch geworden, der die vom Bürgertum geforderten Reformen nicht durchführte und dadurch ganz auf den Adel angewiesen war. Andererseits war die Königin Desirée, eine Kaufmannstochter aus Marseille, vom höheren Adel nicht ernst genommen worden. Sie hat ihre neue Heimat nie wirklich lieben gelernt, und diese liebte sie auch nicht. Der Sohn Oskar aber war in Schweden aufgewachsen und erzogen worden, wohin er als Zehnjähriger gekommen war. Immerhin hat Bernadotte dem Lande Norwegen hinzugewonnen, die Finanzen wieder in Ordnung gebracht und viele Straßen und Kanäle gebaut, unter anderem den Götakanal.

Von den alten Familien in Europa wie von den königlichen Kollegen nicht sonderlich respektiert, konnten die Bernadottes zunächst mit keinen hochadligen Ehen rechnen. Oskar heiratete Joséphine, die Tochter von Eugène de Bauharnais, die in nachbonapartistischer Zeit Prinzessin von Leuchtenberg geworden war und in Schweden bald großes Ansehen genoß. Die holsteinische Krise von 1848 und der Krimkrieg, wo Flottenoperationen der Großmächte vor den Toren Stockholms und um die Ålandinseln stattfanden, belasteten die kurze Regierung Oskars I. Eine Gruppe von Finnlandschweden wollte die russische Isolierung im Krimkrieg für eine Wiedervereinigung Finnlands ausnützen und gewann hierfür den populären Kronprinzen Karl. Man erreichte jedoch nur, daß die Russen die Ålandinseln nicht befestigen durften.

Bereits 1857 übernahm Kronprinz Karl für den kränkelnden Vater die Regierung, und zwei Jahre später beim Tode des Vaters wurde er König Karl XV. Er war der erste wirklich schwedische Bernadotte, großgewachsen und gutaussehend, und er gewann durch sein offenes und fröhliches Wesen alle Herzen. Romantisch veranlagt, nahm er an der Wiedergeburt gotischer und sveeischer Traditionen teil, doch erlaubte seine sanguinische Natur keine

Ausdauer, und mit seiner Privatmoral war es nicht immer zum besten bestellt.

Im Jahre 1866 wurde nun endlich die große Repräsentationsreform durchgeführt, wodurch die vier Stände verschwanden und statt dessen ein gewählter Reichstag mit zwei Kammern zustande kam. Im russischen Großfürstentum Finnland dagegen blieb die alte schwedische Verfassung bis 1906 in Kraft. Breits unter Oskar I. waren Departements anstatt der alten ›Kollegien‹ eingerichtet worden, wobei auch die Reichsräte zu Ministern oder Staatsräten wurden. Der Merkantilismus hatte bereits einem freieren Handel weichen müssen, und das Zunftwesen war 1846 abgeschafft worden. Gleiches Erbrecht für Frauen, Religionsfreiheit und ein umfassendes Volksschulwesen wurden eingeführt. Von 1853 an begann der Bau von Eisenbahnen im ausgedehnten Land, und die wirtschaftliche Entwicklung gestaltete sich fast explosiv.

Die neuen Spannungen im Verhältnis zu Rußland führten zum modernen ›Skandinavismus‹, der die alte Erbfeindschaft gegenüber Dänemark überwand. Die Tochter Karls XV. und Lovisas von Holland wurde mit dem späteren König Frederik VIII. von Dänemark vermählt. Die antipreußische und später antideutsche Einstellung Karls XV. 1864 und 1870/71 führten zu gewissen diplomatischen Verwicklungen mit dem neuen Deutschen Reich. Da Karl XV. keinen Sohn hatte, bestieg nach der ›salischen‹ Thronfolge in Schweden 1872 sein jüngerer Bruder Oskar II. den Thron.

Oskar II. ist eine klassische Gestalt in der neueren schwedischen Geschichte, und die ›Oskarianische Zeit‹ ist in vielen Hinsichten mit der gleichzeitigen ›Viktorianischen Epoche‹ in England vergleichbar. Der König hatte eine gute seemilitärische Ausbildung, war aber auch an Wissenschaft, Musik und Dichtkunst interessiert und – wie Gustav III. – selbst ein Mann der Feder. Im Jahr 1876 wurde die konstitutionelle Monarchie mit dem Premierministeramt eingeführt, und König Oskar beachtete strikt die Regeln. Mit Sophia von Nassau verheiratet, verbesserte er die Beziehungen zum Deutschen Reich und stand sich gut mit Rußland. Mit Dänemark gab es freilich Schwierigkeiten.

Innerhalb der Union hatte Norwegen zwar eine eigene Konstitution, war aber doch in einer abhängigen Stellung, da man keine Außenpolitik und nur ein reduziertes Militärwesen besaß. Der schwedische König konnte einen Vizekönig, gewöhnlich den

9 Das romanische Westportal der Heiligkreuzkirche von Dalby in Schonen. Älteste erhaltene Steinkirche Schwedens, begonnen 1061

10
Engel mit Kapitell im romanischen Dom zu Lund in Schonen, Südschweden, um 1150

11 Erzengel mit gestürztem Cherub an einem hölzernen Taufbecken in der Kirche von Alnö in Medelpad, Nordschweden, um 1150

12 Glockenturm und Kirche aus dem frühen 12. Jh. in Gamla-Uppsala in Uppland, Mittelschweden. Die Trennung von Kirche und Glockenturm ist für viele Gotteshäuser Schwedens charakteristisch

13 Kapellenkranz der ehemaligen Zisterzienserklosterkirche Varnhem in Västergötland, Mittelschweden, vom Ende des 12. Jhs., Turm aus dem 17. Jh.

14
Die Fassade des Domes zu Lund in Schonen, Südschweden, 12. Jh.

15 Figurenportal des Meisters ›Egypticus‹ der Stånga-Kirche auf der Insel Gotland aus dem 13. Jh.

16 Gewölbemalereien des Albertus Pictor in der Dorfkirche von Härkeberga in Uppland, Mittelschweden, um 1480, und Triumphkreuz, um 1300

Kronprinzen, oder sogar einen Statthalter nach Kristiania senden, und in Stockholm saß ein Ausschuß der norwegischen Regierung, der den König in norwegischen Fragen beriet. In der Tat war die Stellung Norwegens in bezug auf Stockholm ähnlich derjenigen des Großfürstentums Finnland in bezug auf St. Petersburg. Obwohl die Norweger unter Dänemark weit unselbständiger gewesen waren, schwelte die Unzufriedenheit während der ganzen Unionszeit, und eine Krise folgte der andern. Die Konservativen bekämpften nicht die Union an sich, nur sollten beide Reiche gleichgestellt sein, die Linke und einige patriotische Sondergruppen aber wollten die gänzliche Loslösung von Schweden.

Die letzten Bernadottes und der Verlust Norwegens

Der Tropfen, der das Faß zum Überlaufen brachte, war die zähe Frage, ob Norwegen ein eigenes Konsulatswesen erhalten sollte. Als der Vorschlag in vorgebrachter Form am Veto des Königs scheiterte, kündigte die norwegische Regierung Michelsen am 7. Juni 1905 die ganze Union auf. Der alte König Oskar II., der sich zum Wahlspruch ›das Wohl der Brüdervölker‹ gewählt hatte, schreckte vor einem Waffengang zurück, obwohl die militärische Überlegenheit Schwedens gar nicht in Frage gestellt werden konnte. Er ließ, vom schwedischen Reichstag gestützt, eine Volksabstimmung in Norwegen veranstalten, die dann zeigte, daß man die Union in keiner Form mehr wünschte. Man verhandelte in Karlstad, beschloß die Schleifung der alten, in der dänischen Zeit aufgeführten Grenzfestungen, und am 26. Oktober 1905 proklamierte König Oskar II. die Auflösung der 91 Jahre alten Union. Die Norweger, deren letzter Vizekönig Kronprinz Gustav, später Gustav V., gewesen war, holten sich nun den dänischen Prinzen Carl zum König und gaben ihm, anknüpfend an das mittelalterliche norwegische Königtum, den Namen Haakon VII. Dem schwedischen Königshaus war der neue norwegische König keineswegs gänzlich fremd, er war der Großneffe Oskars II.

Nach fünfunddreißig friedlichen Regierungsjahren, die eine außerordentliche geistige und materielle Entwicklung in Schweden gebracht hatten, starb König Oskar II. im Jahre 1907. Ihm folgte sein Sohn Gustav V. auf den Thron. Die Bernadottes waren jetzt eine große Familie geworden, die internationales Ansehen genoß. Wie sein Vater Oskar I. hatte auch Oskar II. vier Söhne. Obwohl Gustav V. bei seinem Regierungsantritt schon neunundvierzig Jahre alt war, hat er von allen schwedischen Königen am längsten regiert, nämlich dreiundvierzig Jahre, bis 1950. Bereits 1881 heiratete er die Prinzessin Viktoria von Baden, Urenkelin des vertriebenen Königs Gustav IV. Adolf. Dies mag ihn veranlaßt haben, seinem Sohn und Nachfolger Gustav VI. Adolf den Wasageprägten Doppelnamen zu verleihen.

Unter der langen Regierung Gustavs V. wuchs das moderne Schweden heran. Es war, seiner konstitutionellen Stellung zum Trotz, hauptsächlich sein Verdienst, daß Schweden in den beiden Weltkriegen neutral blieb, was dem schwedischen Wohlstand einen großen Aufschwung gab. Wie sein Vater war er bestrebt, die schwedische Verteidigung auf einem hohen Niveau zu halten, damit die schwedische Neutralität nicht bloß eine Formel war. Jedoch mißlang die mit friedlichen Mitteln nach dem ersten Weltkrieg versuchte Rückgliederung der schwedischsprachigen Ålandinseln, die 1809 an Rußland abgetreten und mit dem Großfürstentum Finnland vereinigt worden waren. Da die übrigen Inseln Finnlands, wie auch Teile der Süd- und der Westküste, schwedischsprachig sind, kam hier das Selbstbestimmungsrecht der Völker, wie in so vielen Fällen, nicht zur Anwendung, obwohl eine åländische Volksabstimmung sich fast einstimmig für die Wiedervereinigung aussprach. Der Völkerbund entschied sich trotzdem für Finnland, und die Inselgruppe erhielt nur innerhalb der 1919 gegründeten Republik Finnland eine weitgehende Autonomie.

Gustav V. mußte erleben, daß die Staatsmacht in Schweden an eine sozialdemokratisch bestimmte Koalition unter der Führung der Ministerpräsidenten Branting und Hansson überging, doch zunächst ohne Risiko für das Privateigentum. Die ›weiße‹ Sozialdemokratie Schwedens konzentrierte sich auf den Ausbau der staatlichen Fürsorge auf allen Gebieten und zog als Folge die Steuerschraube immer stärker an. Gleichzeitig erreichte Schweden internationales Ansehen als Industriestaat, obwohl das undurchsichtige Spiel um den Kreugerkonzern in der Zeit zwischen den Kriegen auch Kritik wachrief. Eisenerz und Holz sind heute wie früher Rohstoffe und Ausgangsprodukte der Industrie, hinzu kommt die Energie aus der vollausgenutzten Wasserkraft.

Unter der Regierung Gustavs VI. Adolf förderte ein sozialdemokratisches Kabinett unter Ministerpräsident Erlander die Entwicklung nach links, gleichzeitig aber fand ein gewaltiger Ausbau des Verkehrswesens, der Städte und der Verwaltung statt. Doch nahm in dieser Zeit auch die Kriminalität und die Unruhe der Jugend in bedrohlichem Maße zu. Das Zweikammersystem des schwedischen Reichstags wurde 1968 zugunsten eines Einkammersystems verändert, und nach den Wahlen von 1969 konnte die Sozialdemokratie nur noch im Bündnis mit der kleinen kommunistischen Partei die Regierungsgeschäfte unter dem jungen Ministerpräsidenten Palme übernehmen.

Trotz dieses Linksrutsches hatte Schweden um 1970 den höchsten Lebensstandard in Europa erreicht und wurde weitgehend als Musterland eines ›kapitalistischen‹ Sozialismus betrachtet. Die jüngste Entwicklung zeigt aber auch dunkle Punkte: die Inflation nimmt zu, und die Unruhe, nicht nur im akademischen Lager, nimmt auch zu. Die Gewerkschaften sind fast übermächtig geworden, und der gewaltig anwachsende staatliche Pensionsfonds übt einen immer stärkeren Druck auf den Kreditmarkt aus. Angriffe auf das noch immer dominierende private Unternehmertum werden häufiger, und die Staatsindustrien sehen ihre Chancen wachsen. In der Zukunft wird die Geschichte Schwedens immer weniger von den Königen geprägt werden, obwohl das Königshaus allgemein eine größere Achtung genießt, als man es eigentlich in einem Arbeiterstaat erwarten könnte. Nach dem Tode Gustaf VI. Adolf 1973 wird der junge König Karl XVI. Gustav heißen, aber keinen großen Einfluß mehr besitzen. 1974 tritt ein Zusatz zur Verfassung in Kraft, die dem Monarchen alle politischen Befugnisse entzieht und ihm nur eine Repräsentationslinie beläßt. Die Zeit der großen Könige ist auch in Schweden, wie überall in Europa, vorüber. Nur die Zeugnisse der Vergangenheit berichten noch von ihnen, und wer in diesem Lande reist, wird sie überall antreffen, in Burgen, Schlössern und Kirchen, vor allem in den Namen, die zugleich die Namen der großen Geschlechter sind.

LANDSCHAFTEN
UND STÄDTE

Stockholm und Umgebung

Stockholm wird Hauptstadt

Als Gründer Stockholms wird der Reichsverweser Birger Jarl betrachtet, und als Gründungsjahr gibt man das Jahr 1252 an. Eine Hauptstraße trägt seinen Namen, und selbstverständlich erhielt er auch ein Denkmal. Doch dürfte der Ort weit älter und somit schon längst vorhanden gewesen sein, als Birger Jarl die Inselfestung zum Regierungssitz machte. Einige Geschichtsforscher meinen, daß die ältesten Befestigungen auf der ›Baumstamm-Insel‹ bereits vom ersten christlichen König, Olof Skötkonung, um 1000 n. Ch. aufgeführt worden seien. Der Mälarsee im Zentrum der alten Svea-Macht war natürlich der Anlaß; man versuchte, die enge Einfahrt in diesen See abzusperren.

Allerdings lag die Pegelhöhe, sowohl des Mälarsees wie der Ostsee, zu jener Zeit einige Meter höher als heute. Obwohl der See durchschnittlich einige Dezimeter über dem Meer liegt, herrscht in der Einfahrt nur im Frühjahr und nach heftigen Regenfällen ein spürbarer Gegenstrom. Oft kommt es sogar zum sogenannten ›Aufstrom‹, das heißt, das Meer drängt in den See hinein, dessen enge östliche Teile dann vorübergehend Brackwasser enthalten. In alter Zeit waren diese Inseln zwischen der Seemündung und dem Meer weit kleiner als jetzt und als Folge davon die Sunde damals breiter. Nichtsdestoweniger waren die ›Stock-Inseln‹ die beste Querverbindung über den Mälarsee zwischen Uppland und Södermanland. Ähnlich entstanden bei Flußinseln Städte wie Rom, Paris oder München.

Allerdings scheinen die alten Inselbefestigungen nicht sehr wirksam gewesen zu sein, denn 1196 wurde das ehemalige schwedische Zentrum Sigtuna von einer Seeräuberflotte, angeblich estnischer Nationalität, zerstört. Diese Flotte konnte offenbar unbemerkt die Einfahrt Norrström bei Stockholm passieren, und später sogar noch engere Gewässer. Sigtuna erholte sich nie mehr von seiner Zerstörung, statt dessen fing man an, die Stock-Inseln erneut und besser zu befestigen. Nach einer Legende sollen die überlebenden Sigtuna-Bürger einen ›stock‹ (gefällter Baumstamm) in den See geschoben und beschlossen haben, ihre Stadt dort neu zu gründen, wo der Baumstamm ans Land trieb. Daß die Strömung das Holzstück bis zu der Seemündung lenkte, ist verständlich, und unwahrscheinlich ist es auch keineswegs, daß es auf der Westseite der größten Insel an Land kam, vielleicht dort, wo heute der Birger Jarlstorn steht.

Zwei Inseln lagen in der Mündung des Mälarsees, der infolgedessen durch drei Ströme sein Wasser ins Meer ergoß, vorausgesetzt, daß nicht Aufstrom war. Die nördliche, kleinere Insel Helgeandsholmen (Insel des Heiligen Geistes) lag inmitten des Norrström, während der schmälere Söderström die Hauptinsel vom südlichen Festland trennte. Die alten Befestigungen dürften sich auf Helgeandsholmen befunden haben wie auch die ältere Niederlassung. Birger Jarl baute nun die größere Insel aus, und diese wurde jetzt ›Stadtinsel‹ (Staden) genannt. Ein hoher Kiesrücken, Brunkeberg, zog sich vom Norden winkelrecht gegen den Norrström, der ihn durchbrochen hatte, so daß die Inseln eigentlich Reste dieses Rückens waren. Auf der höchsten Stelle der Stadtinsel, an ihrer Nordostecke, führte Birger Jarl eine große Burg auf, deren Hauptturm ›Kärnan‹ (der Kern) genannt wurde. Die Burg selbst wurde ›Tre Kronor‹ (Drei Kronen) getauft.

Auf Helgeandsholmen steht heute das ehemalige Reichstagsgebäude (Riksdagshuset), und auf dem Platz, wo die Burg vor siebenhundert Jahren angelegt wurde, erhebt sich das königliche Schloß, dessen Grundmauern aus der Zeit Birger Jarls stammen. Der alte Reichsverweser ließ auch die dritte Stromschnelle durch einen Turm überwachen. Die Inselstadt, deren Längsachse von Norden nach Süden lief, wurde durch eine ellipsenförmige Stadtmauer umgeben. Eine schützende vielstämmige Palisade mit vielen Seepforten wurde um die ganze Insel gezogen, wobei die Öffnungen durch Drehbäume verschlossen werden konnten. Eine besondere Wachmannschaft, die sogenannten Baumschließer (bomslutare), verrichtete diesen Sicherheitsdienst.

Zwei ›Langstraßen‹ wurden den Mauern entlang gezogen: Västerlånggatan auf der Mälarseite und Österlånggatan auf der Ostseeseite, die sich am Järntorget treffen. Die drei ›Ströme‹

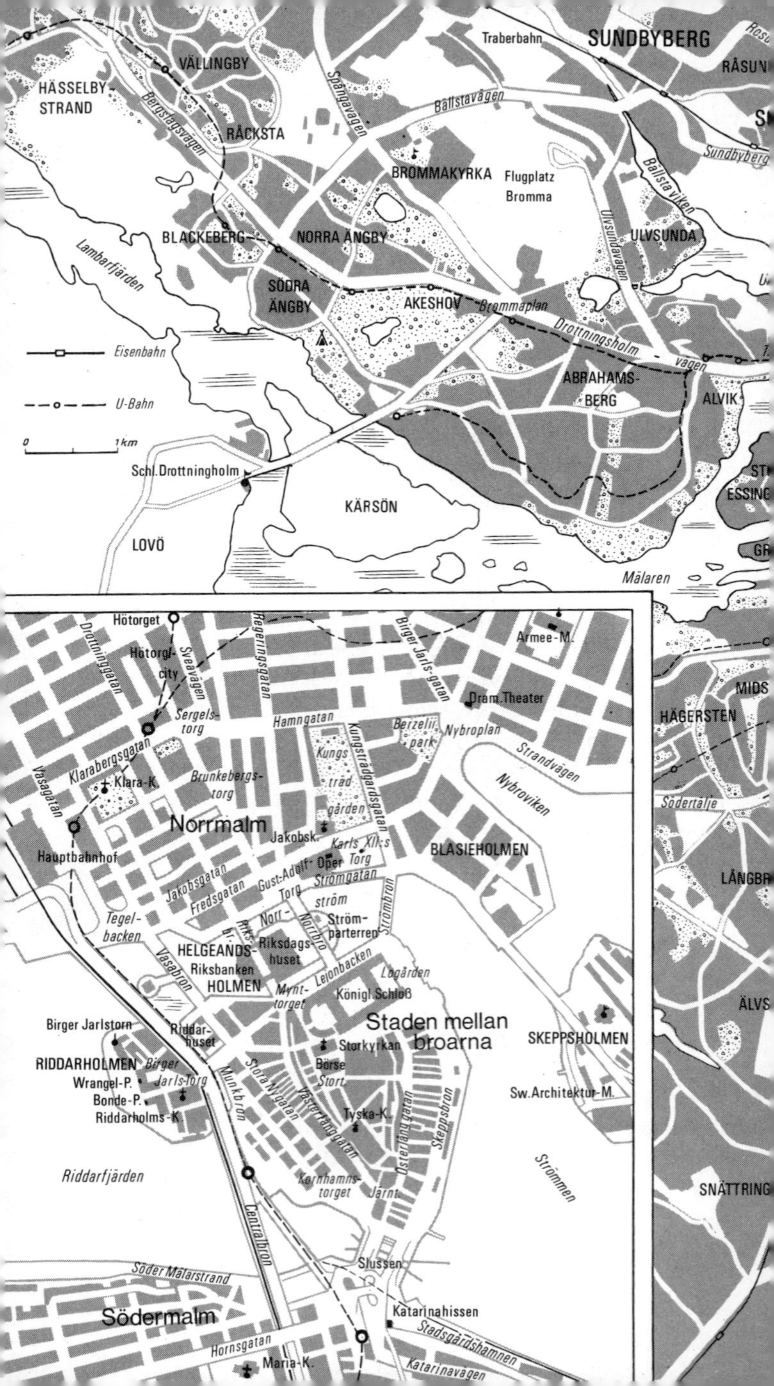

SUNDBYBERG
RÅSUN
Traberbahn
VÄLLINGBY
HÄSSELBY-
STRAND
Bergslagsvägen
Spångavägen
Bällstavägen
RÅCKSTA
Sundbyberg
Bällstaviken
BROMMAKYRKA
Flugplatz
Bromma
Ulvsundavägen
ULVSUNDA
Lambarfjärden
BLACKEBERG
NORRA ÄNGBY
SÖDRA
ÄNGBY
AKESHOV
Brommaplan
Drottningsholm
vägen
Eisenbahn
U-Bahn
0
1km
ABRAHAMS-
BERG
ALVIK
Schl.Drottningholm
KÄRSÖN
ESSING
LOVÖ
Mälaren
Hötorget
Drottninggatan
Regeringsgatan
Birger Jarls-gatan
Armee-M.
Hötorg-
city
Sveavägen
Dram.Theater
Sergels-
torg
Hamngatan
Kungsträdgårdsgatan
Berzelii
park
Nybroplan
Strandvägen
Kungs
träd
gården
Nybroviken
Klarabergsgatan
Vasagatan
Klara-K.
Brunkebergs-
torg
Norrmalm
Jakobsk.
Karls XII:s
Torg
BLASIEHOLMEN
Hauptbahnhof
Oper
Jakobsgatan
Gust.-Adolf-
Torg
Strömgatan
Fredsgatan
Norr-
ström
Strömbron
Tegel-
backen
Norrbro
Ström-
parterren
HELGEANDS-
Riksdags-
huset
Riksbanken
HOLMEN
Vasabron
Lejonbacken
Logården
Mynt-
torget
Königl.Schloß
Staden mellan
broarna
SKEPPSHOLMEN
Birger Jarlstorn
Riddar-
huset
RIDDARHOLMEN
Birger
Jarls-Torg
Wrangel-P.
Bonde-P.
Riddarholms-K.
Munkbron
Stora Nygatan
Storkyrkan
Börse
Stort.
Sw.Architektur-M.
Västerlånggatan
Tyska-K.
Österlånggatan
Skeppsbron
Riddarfjärden
Strömmen
Centralbron
Kornhamns-
torget
Järnt.
Slussen
Söder Mälarstrand
Södermalm
Katarinahissen
Stadsgårdshamnen
Hornsgatan
Maria-K.
Katarinavägen
MIDS
HÄGERSTEN
Södertälje
LÅNGBR
ÄLVS
SNÄTTRING

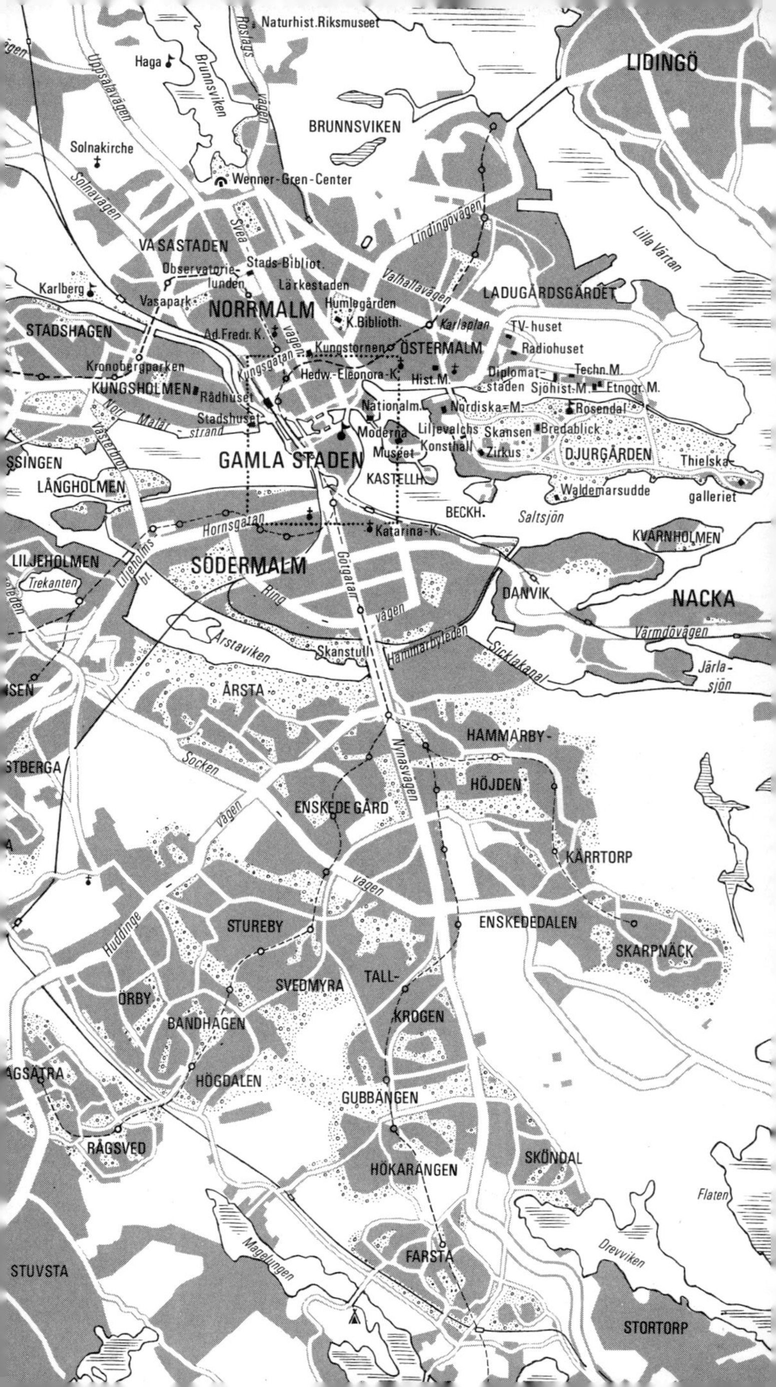
Naturhist. Riksmuseet
Roslags vägen
Haga
Brunnsviken
Uppsalavägen
LIDINGÖ
BRUNNSVIKEN
Solnakirche
Solnavägen
Wenner-Gren-Center
Svea vägen
Lidingövägen
Lilla Värtan
VASASTADEN
Observatorielunden
Stads-Bibliot.
Lärkestaden
Valhallavägen
LADUGÅRDSGÄRDET
Karlberg
Vasapark
NORRMALM
Humlegården
K. Biblioth.
Karlaplan
TV-huset
STADSHAGEN
Ad. Fredr. K.
Kungstornen
ÖSTERMALM
Radiohuset
Kronobergparken
Kungsgatan
Hedw.-Eleonora-K.
Hist. M.
Diplomat-staden
Techn. M.
Sjöhist. M.
Etnogr. M.
KUNGSHOLMEN
Rådhuset
Nationalm.
Nordiska-M.
Rosendal
Stadshuset
Norr Mälarstrand
Västerbron
Moderna Museet
Liljevalchs Konsthall
Skansen
Bredablick
Zirkus
SSINGEN
GAMLA STADEN
DJURGÅRDEN
Thielska galleriet
LÅNGHOLMEN
KASTELLH.
Waldemarsudde
BECKH.
Saltsjön
Hornsgatan
Katarina-K.
KVARNHOLMEN
LILJEHOLMEN
Liljeholms br.
Trekanten
SÖDERMALM
Götgatan
Ring vägen
DANVIK
NACKA
Värmdövägen
Årstaviken
Skanstull
Hammarbyleden
Sicklakanal
Järla-sjön
SEN
ÅRSTA
HAMMARBY-HÖJDEN
STBERGA
Socken vägen
Nynäsvägen
ENSKEDE GÅRD
KÄRRTORP
ENSKEDEDALEN
STUREBY
Huddinge vägen
SKARPNÄCK
TALL-KROGEN
SVEDMYRA
ÖRBY
BANDHAGEN
HÖGDALEN
AGSÄTRA
GUBBÄNGEN
RÅGSVED
SKÖNDAL
HÖKARÄNGEN
Flaten
Magelungen
FARSTA
Drevviken
STUVSTA
STORTORP

wurden schon früh überbrückt. Ursprünglich bestand Helgeandsholmen aus drei Inseln, der großen Stock-Holm-Insel, der kleinen Stock-Holm-Insel und Slaktarholmen (Schlachterinsel), die jedoch noch vor dem Bau der Kapelle des Heiligen Geistes durch Auffüllung vereinigt worden waren. Die alte schwedische ›Reimchronik‹ notiert mit Genugtuung, daß keine feindlichen Flotten hinfort in den Mälarsee hinein können, an dessen Ufern siebzehn Kirchspiele und sieben Handelsstädte gelegen seien. Die alten Brücken waren aus Holz und überdacht. Mit der Stadtinsel wurde bald auch die zum Mälarsee hin gelegene Kedjeholmen (Ketteninsel) vereinigt, die seitdem zweimal den Namen geändert hat. Nachdem dort ein Franziskanerkloster erbaut worden war, hieß sie Gråmunkeholmen (Graubruderinsel), später dann Riddarholmen (Ritterinsel). Als die Stadt über Inseln und Sunde hinauswuchs, wurde die alte Stadtinsel fortan ›Staden mellan broarna‹ (die Stadt zwischen den Brücken) genannt. Hiermit synonym ist die deutsche Bezeichnung Altstadt.

Unter dem Sohn Birger Jarls, König Magnus Ladulås, war Stockholm bereits eine richtige Residenz. Die Lage in der Mitte zwischen Uppland und Södermanland war auch innenpolitisch günstig – die alten Zentren lagen alle in Uppland oder dessen Ableger Västmanland. Die Altstadt zwischen den Brücken wurde bald zu eng, und so entstanden auf dem Festland nördlich und südlich davon die beiden Vorstädte Norrmalm und Södermalm. Wohl wegen des von König Magnus gegründeten St. Klara Klosters auf Norrmalm wurde dieser Vorort, der gegenüber dem königlichen Schloß lag, der vornehmere. Am allervornehmsten wurde später dessen östlicher Teil, Östermalm. Die östlich gegenüber der Stadtinsel gelegenen Meeresinseln Blasieholmen, Skeppsholmen und Kastellholmen wurden im 19. Jahrhundert durch Brücken mit Norrmalm verbunden; in älterer Zeit wurden sie auch Admiralitätsinseln genannt. Die geographische Lage prädestinierte Stockholm dazu, eine bedeutende Handelsstadt zu werden. Ganz besonders trug dazu die Ausfuhr der Erzeugnisse des Bergbaus bei. Allmählich wurden auch die etwas entlegeneren Inseln einverleibt und mit Brücken verbunden, so die Waldemarsinsel, die heute Djurgårdsstaden (Tiergartenstadt) heißt. Auf der Mälarseite wiederum lag westlich von Norrmalm die Mönchsinsel, die später Kungsholmen getauft wurde. Der aus Kies und Geröll bestehende Höhenzug Brunkeberg auf Norrmalm wurde immer mehr abgetragen; Buchten und kleinere Sunde aufgefüllt und sogar die Strandlinien verschoben. Dagegen bestand Södermalm aus Granitfelsen, die eine Höhe bis zu fünfzig Metern erreichten, und die weitgehend ihre ursprüngliche Gestalt bewahrt haben.

Der Handel, die Seefahrt und die Vorherrschaft der Hanse führten im Mittelalter zu einem starken Anwachsen der deutschsprachigen Bürgerschaft, wovon später noch die Rede sein wird. Das Mittelalter endete mit dem schon erwähnten furchtbaren Blutbad zu Stockholm, das auf dem Großen Markt (Stortorget) in der Altstadt stattfand. Die einbrechende Wasa-Zeit trug im 16. Jahrhundert stark zur Entwicklung Stockholms bei. Das älteste bewahrte Bild der Stadt, das sogenannte ›Nebensonnengemälde‹ (Vädersolstavlan) stammt aus dem Jahre 1535 und zeigt noch die mittelalterliche Stadt mit ihren Türmen, Brücken und Palisaden. Kurz darauf setzte jener Ausbau ein, der im folgenden Jahrhundert Stockholm den Charakter der Hauptstadt einer Großmacht verlieh. Für eine leichtere Durchfahrt zwischen dem Meer und dem Mälarsee baute man im Jahre 1634 im Söderström (Südstrom) eine Schleuse, deren Name ›Slussen‹ auf das zwischen der Altstadt und dem bergigen Södermalm im 20. Jahrhundert errichtete Verteilerkreuz übertragen wurde.

Die Einwohnerzahl überstieg im ausgehenden Mittelalter kaum 10000, im Jahre 1660 zählte man bereits 40000, aber nach dem großen Nordischen Krieg (1700-1721) war ein Stillstand eingetreten. Um 1750, also in der Mitte der sogenannten ›Freiheitszeit‹ war man auf 60000 gekommen, die darauffolgende Jahrhundertwende bucht 75000. Unter den Bernadottes stieg die Bevölkerungszahl steil an, und im Jahre 1900 erreichte sie die Zahl von 300000, und heute hat die Großstadt Stockholm über eine Million Einwohner.

Über die mittelalterliche Stadt erzählen die Quellen, daß die Häuser in der Altstadt zwar aus Stein gebaut, die Dächer aber mit Erde und Torf bedeckt waren. Ein holländischer Gesandter, Anthonis Goeteeris, der im Frühjahr 1616 Stockholm besuchte, berichtete, daß der Anblick der Stadt von der Seeseite aus sowohl merkwürdig wie eindrucksvoll war; denn die Dächer waren alle flach und mit grünem Rasen bedeckt, aus dem hohe weiße Schornsteine emporragten. Der Verkehr war groß, und zahlreiche Schiffe lagen an den Kais oder auf der Reede zwischen der Stadtinsel und Skeppsholmen vor Anker. Die Straßen waren aber eng und krumm und die Stadtwälle und Mauern nicht im besten Zustand. Vor dem Südtor (Söderport) standen noch Stangen mit den aufgesteckten Köpfen der von Karl IX. hingerichteten Edelleute, die es mit dem polnischen Sigismund gehalten hatten.

Nach einer Feuersbrunst 1625 ließ Gustav II. Adolf die Mauern und die mittelalterlichen Wälle schleifen, während Burg und Türme blieben. Die engen Gewässer bis Stockholm ermöglichten eine weit nach Osten vorverlegte Seeverteidigung bei den schmalen Meerengen von Vaxholm, wo die dänische Flotte schon 1612 mit Verlusten abgewiesen worden war. Nun fing eine neue Bauperiode an, die in die schwedische Großmachtzeit hineinführt. Die breite östliche Kaistraße der Altstadt (Skeppsbron) wurde jetzt angelegt und die Stadtufer im Westen und im Osten hinausgeschoben. Neben Füllerde wurden alte oder verunglückte Schiffe verwendet, so daß man fortan bei Ausgrabungen immer wieder auf Schiffsreste stieß. Ein richtiger Plan zur Stadterweiterung wurde ausgearbeitet. Die Stadt griff jetzt mehr und mehr auf Norrmalm und Södermalm über, wobei die ›schlechteren Viertel‹ im Süden, auf Södermalm, lagen. Artillerie-, Gewehr- und Pulverwerkstätten befanden sich auf der Nordseite, während die Werften sich auf der ›Schiffsinsel‹ (Skeppsholmen) befanden.

Eine Reihe von neuen öffentlichen Gebäuden und Adelspalästen verlieh der Stadt binnen zwei Jahrzehnten ein verändertes und prächtiges Aussehen. So entstand zum Beispiel das Ritterhaus (Riddarhuset) in dieser Zeit. Leider ist der prächtigste aller Paläste, ›Makalös‹ (Ohnegleichen), längst verschwunden. Er lag am Norrström auf der Norrmalm-Seite, wo sich heute der Platz Karls VII. und sein Denkmal befinden. Das Palais wurde in den dreißiger Jahren des 17. Jahrhunderts vom Feldherrn Jacob de la Gardie als eine Art Pendant zum königlichen Schloß errichtet; an der Ausgestaltung waren viele deutsche Künstler beteiligt. Im ebenfalls im 17. Jahrhundert entstandenen, später umgebauten Palast des Grafen Lennart Torstensson befindet sich heute ein Ministerium.

Das beste Bild vom Stockholm der Großmachtzeit vermittelt das berühmte Werk ›Suecia antiqua et hodierna‹, mit dessen Ausführung im Jahre 1661 der vielseitig begabte und vielbeschäftigte

Graf Erik Dahlberg durch den damaligen Regentschaftsrat beauftragt wurde. Die zahlreichen Stiche wurden von berühmten französischen und holländischen Stechern angefertigt; eine Auflage vom Jahre 1716 enthielt nicht weniger als 353 Abbildungen; Neuauflagen mit Reproduktionen sind immer wieder erschienen, die letzte wohl im Jahre 1924. Im Gegensatz zu den präzisen, wenn auch etwas dekorativen Arbeiten Dahlbergs, der ja selbst Architekt, Festungskommandant und hoher Militär war, steht das Werk Olof Rudbecks ›Atland eller Manheim‹, auch ›Atlantica‹ genannt. Dieser versucht darin zu beweisen, daß Schweden das alte Atlantis und die Schweden selbst das älteste Kulturvolk unserer Hemisphäre seien. Rudbeck war eine Art Universalgenie, er war als Mediziner, Botaniker und Ingenieur tätig gewesen und berühmt geworden, ehe er sich der Altertumsforschung zuwandte. Der nach ihm benannte ›Rudbeckianismus‹ wurde später als übertriebener und irreführender Patriotismus verpönt.

Die führenden Architekten der Großmachtzeit waren Nikodemus Tessin, sein gleichnamiger Sohn, Simon de la Vallée und dessen Sohn Jean de la Vallée. Tessin d. Ä. (1615-81) stammte aus einer deutschen Familie im damals schwedischen Stralsund und wurde 1661 Stadtarchitekt von Stockholm. Er erbaute die ehemalige Reichsbank am Järntorget (Eisenmarkt) und eine Reihe von Adelspalästen; außerhalb der Hauptstadt den Dom von Kalmar, das Rathaus von Göteborg und das schöne Schloß Drottningholm, das sein Sohn dann vollendete. Die Werke Tessins d. Ä., der Schüler von Simon de la Vallée war, sind durch einen maßvollen barocken Klassizismus gekennzeichnet.

Der Sohn, Nikodemus Tessin d. J. (1654-1728), wurde von seinem Vater ausgebildet und übertraf ihn bald an Ruhm. Er machte ausgedehnte Studienreisen nach England, Frankreich und Italien, wo er sich sieben Jahre aufhielt. Als Zeitgenosse der Könige Karl XI. und Karl XII. baute er auf den Ruinen des alten Schlosses ›Tre Kronor‹ das jetzige eindrucksvolle königliche Schloß, das an Berninis Louvre-Projekt erinnert und wahrscheinlich von diesem beeinflußt ist. Tessin d. J. wurde Oberintendant, Reichsrat, Kanzler und sogar schwedischer Graf, geriet aber in seinen alten Tagen in Konflikt mit dem aus Hessen gebürtigen König Friedrich I., da er der Holsteinischen Partei angehört hatte. Vom italienischen und französischen Barock beeinflußt, war er auf allen künstlerischen Gebieten tätig und hatte einen so großen Einfluß, daß man ihn oft als den ›Lebrun Schwedens‹ bezeichnete.

Der französische Architekt Simon de la Vallée erhielt 1637 einen Ruf nach Stockholm, wo er 1639 zum ›Königlichen Architekten‹ avancierte. Er schuf die Entwürfe für das Ritterhaus (Riddarhuset) und begann mit seinem Bau. Sein Sohn Jean (1620-96) blieb in Schweden und erhielt eine gute Ausbildung, besuchte Frankreich und Italien und wurde 1651 ebenfalls ›Königlicher Architekt‹. Er hat das Ritterhaus vollendet. Weiterhin erbaute er den Oxenstierna-Palast, das Wrangelsche und das Bondesche Palais sowie zahlreiche Landhäuser. Für Feldmarschall Wrangel baute er Skokloster um. Ein gewisser holländischer Einfluß ist bei ihm unverkennbar, er zeigt sich besonders im Bau der Katharinenkirche (1656).

Im Jahre 1634 war das Oberstatthalteramt in Stockholm gegründet worden, und sein erster Inhaber war der Reichsrat und Admiral Baron Klas Fleming, dessen Verdienst es ist, daß die Pläne Gustav II. Adolfs für ein hauptstädtisches Stockholm verwirklicht wurden. Er ließ die alten, meistens mit Holzhäusern bebauten Viertel Norrmalms beiderseits des Höhenzugs Brunkeberg abbrechen, den Südteil des Höhenzugs ebnen, Sunde und Sümpfe auffüllen und ein geradliniges Straßennetz anlegen. Seitdem verlagerte sich das Schwergewicht der Stadt mehr und mehr auf Norrmalm, das noch heute das eigentliche Zentrum der Stadt bildet. In der darauffolgenden ›Freiheitszeit‹ (1719-70) wurde der Ausbau Stockholms zur führenden nordischen Hauptstadt vollendet.

Es fehlte schon damals nicht an ausländischem Lob. So berichtet Sigismund von Vogel 1648, daß durch eine enorme Arbeit »prachtvolle und magnifique Häuser« aufgeführt worden seien und dieses nicht nur für die Fürsten und den Adel, sondern auch für »Staatsdiener und Bürger«. Viele Bauten seien »mit Kupfer bedeckt« und »reich an Ziraten«. Der französische Globetrotter Aubery de la Motraye erzählt, daß die Botschafter fremder Nationen und hervorragende Besucher gewöhnlich Kupferstiche mit Darstellungen der berühmtesten Stockholmer Palais als Geschenk erhielten. Der dänische Arzt Gerhard Stalhoff bewundert die zahlreichen Parkanlagen und Gärten, die das Stadtbild beleben. Auch soll das Obst aus diesen Gärten gleichwertig mit jedem Obst aus Deutschland und die Blumenpracht fast übermäßig gewesen sein. Der Titel

›Mälarkönigin‹ für die Hauptstadt mutet daher nicht übertrieben an. Dabei gab und gibt das überall anwesende stille oder strömende Wasser, in dem sich Sonne, Himmel, Mond und Sterne spiegeln, der Stadt ein lebendiges, fast berauschendes Gepräge.

Die deutsche Bürgerschaft in Stockholm

Es ist wenig bekannt, daß erst nach der Schlacht auf dem Brunkeberg im Jahre 1471 eine Bestimmung des Stockholmer Stadtgesetzes aufgehoben wurde, die da lautete, daß die Hälfte des Stadtrats aus deutschsprachigen Bürgern bestehen sollte. Während der Regierung des Reichsverwesers Birger Jarl im 13. Jahrhundert nahm der Ostseehandel, vornehmlich durch die Hanse, stark zu. So wie in alter Zeit die Friesen den Güteraustausch vermittelt hatten, machten es jetzt die Deutschen, die bereits eine ganze Reihe ›wendischer‹ Städte gegründet hatten. Nicht nur Stockholm, sondern alle schwedischen Seestädte nahmen deutsche Handelsvertretungen und Kaufleute auf, aus denen sich bald eine immer mehr anwachsende deutsche Bürgerschaft entwickelte, die entscheidend an der Verwaltung teilnahm. Mitten in der Altstadt lag die Deutsche oder St. Gertruds-Kirche (Tyska kyrkan), während die schwedische Bevölkerung die von Birger Jarl aufgeführte ›Großkirche‹ (Storkyrkan) St. Nikolai besuchte.

Die engen Verbindungen der Königshäuser mit den deutschen Fürstenhäusern, besonders mit Mecklenburg, Pommern, Holstein und Bayern, brachten auch deutsche Gefolgsleute ins Land. Deutsche Verwaltungsbeamte und deutsche Fachleute, besonders innerhalb des Bergbaus, wurden angestellt, und viele deutsche Adlige traten in schwedische Dienste. Gewisse Gegensätze traten früh an den Tag, und diese verschärften sich in den Tagen der Vertreibung des Königs Albrecht aus dem Hause Mecklenburg durch die Königin Margareta gegen Ende des 14. Jahrhunderts.

Die deutsche Bürgerschaft hatte seit den Tagen Birger Jarls, also seit reichlich hundert Jahren, volle Rechte in Stockholm, und zwar galten diese in erster Linie Kaufleuten aus Lübeck und Hamburg. Man hatte eigene deutsche Gilden, die auch mit der Kirche und den Klöstern in Verbindung standen, wo seit Ansgars Tagen der norddeutsche Einfluß sich geltend gemacht hatte. Als nun gegen Ende des 14. Jahrhunderts Albrecht d. J. von Mecklenburg

König von Schweden geworden war, neigten die deutschen Gilden in den schwedischen Seestädten zu einem gewissen Übermut, der ganz besonders in Stockholm an den Tag trat. Man wollte die ganze Macht in der Hauptstadt an sich reißen und stellte eine Proskriptionsliste zusammen, die 170 schwedische Kaufleute umfaßte. Der König, der mütterlicherseits schwedisches Folkungerblut in seinen Adern hatte, lehnte jedoch jede Aktion gegen die schwedische Bürgerschaft in seiner Hauptstadt ab, und alles schien zunächst im Sand zu verlaufen.

Als sich nun aber die norwegische und zugleich dänische Königin Margareta auf Bitten des schwedischen Adels anschickte, König Albrecht zu vertreiben, verschärfte sich die Lage. Es gelang Margareta, wie schon erwähnt, Albrecht 1389 zu schlagen und gefangen zu setzen, nicht aber, Stockholm einzunehmen, wo die deutsche Bürgerschaft treu zu Albrecht hielt. Die gut bewaffnete deutsche Bürgerschaft betrachtete ihre schwedischen Mitbürger als Verräter an dem nach Gesetz gewählten und gekrönten König. Als der Kampf ausbrach, hatte Albrecht seinen weiblichen Widersacher verhöhnt und gemeint, daß ein Krieg gegen einen Gegner im Frauenkleide wohl doch eine einfache Angelegenheit wäre. Margareta ließ nun den gefangenen und geflohenen König in Frauentracht einkleiden, wobei die Schleppe »fünfzehn Ellen lang« gewesen sein soll. Als dieses in den Seestädten bekannt wurde, fing die schwedische Bürgerschaft an, die deutschen Bürger höhnisch ›Kappenbrüder‹ (Hättebröder) zu nennen.

So kam es innerhalb der von Margareta belagerten Hauptstadt zu einer fürchterlichen Auseinandersetzung zwischen der deutschen und der schwedischen Bürgerschaft. Als der ganze Rat – Deutsche wie Schweden – im Stockholmer Rathaus am Großen Markt (Stortorget) versammelt war, trat der deutsche Bürgermeister Lydike Rütz in Helm und Harnisch hinein und las die alte Proskriptionsliste vor. Die deutsche Bürgerwache, tausend Mann stark unter Henning von Dolle, hatte währenddessen das Rathaus umstellt, und sämtliche schwedische Ratsherren wurden nun gefangen genommen und in derselben Nacht in fürchterlicher Weise getötet. Die Unglücklichen wurden in Ruderbooten über den ›Strom‹ auf den damaligen ›Käpplingeholmen‹ (heute Blasieholmen) gebracht und in ein hölzernes Gebäude eingesperrt, das dann angezündet wurde. Alle kamen unter großen Qualen um.

Die ›Mordtat von Käpplinge‹ geschah Ende Juni 1389. Da die Hanse zunächst die Ostsee kontrollierte und Margareta nur zu Lande mächtig war, sorgten vorwiegend Rostock und Wismar für die Verpflegung Stockholms. Hilfe kam auch von den mecklenburgischen Häfen Ribnitz und Gollwitz, und Herzog Johann, der Neffe Albrechts, traf mit Verstärkungen in der schwedischen Hauptstadt ein. Da aber Lübeck einlenken wollte, fingen die mecklenburgischen Städte an, Freibeuter anzuheuern, teils zur Unterstützung Stockholms, teils zur Plünderung an den schwedischen Küsten. Diese Initiative führte, wie bereits erwähnt, zur Entstehung der Vitalienbrüder, deren Name davon stammte, daß sie Viktualien nach Stockholm brachten. Sie wurden binnen kurzem zum Schrecken der Ostsee und sogar auch der Nordsee, und Stockholm konnte sich so zehn Jahre lang unter äußerst merkwürdigen Umständen gegen alle Angriffe Margaretas halten.

Unter dem Druck und durch die Vermittlung der Hansestädte wurde 1395 ein Vertrag zwischen der Königin Margareta und dem gefangenen und abgesetzten König Albrecht, dem Vetter ihres verstorbenen Gatten, geschlossen. Danach wurden Albrecht und sein Sohn unter folgenden Bedingungen für drei Jahre auf freien Fuß gesetzt: Albrecht sollte an Margareta 60000 Silbermark bezahlen, und wenn ihm dieses nicht gelänge, sollte er entweder ins Gefängnis zurückkehren oder Stockholm abtreten. Die Absicht war natürlich die, das sehr gut befestigte Stockholm ohne weiteren Schwertschlag zu erhalten, zumal Margareta und ihre schwedischen Ratgeber überzeugt waren, daß Albrecht das Geld nicht aufbringen könnte. Bis dahin sollte aber Stockholm nicht in der Hand Albrechts bleiben, sondern von der Hanse als Pfand verwaltet werden, für die Hauptstadt Schwedens eine sehr eigentümliche Stellung, die nur als Folge der erreichten Machtstellung der dortigen deutschen Bürgerschaft möglich war.

Sieben norddeutsche Hansestädte hielten nun Stockholm besetzt, und ihre Flotten trafen noch im Spätsommer 1395 dort ein. Die Mecklenburger räumten Schloß und Befestigungen, und ein Sonderregiment für die ›Pfandzeit‹ wurde eingerichtet, dem die Bürgerschaft – schwedisch wie deutsch – den Treueid zu leisten hatte. Das Schloß erhielt drei gleichgeschaltete Kommandanten: Herrman von der Halle für die Preußen, Johan Pleskow für die Lübecker und Greifswalder und Magnus von Alen für Stralsund.

Beachtung verdient die Meldung, daß die Mecklenburger ein Geschütz auf dem Schloßwall aufmontiert hatten, das erste Geschütz, das in der schwedischen Kriegsgeschichte vorkommt. Die Kanone wurde nun durch die Hanseaten eingelöst und blieb somit auf ihrem Platz. Die Verpflegung der eingeschlossenen Stadt mußte zur See, und zwar durch die Hanseaten oder die Vitalienbrüder, beschafft werden, sogar das Gemüse kam aus Deutschland.

Die hanseatische Verwaltung hatte es nicht leicht. Dreihundert schwedische Bürger ließ sie ausweisen, weil diese unzuverlässig erschienen. Die schwedischen Kommandanten auf den Festungen in Ostschweden erklärten aber, daß diese Maßnahme ein Verstoß gegen die Abmachung sei und daß sie dadurch berechtigt wären, mit Waffengewalt gegen Stockholm vorzugehen. Die Bürger durften daraufhin zurückkehren, doch wurde die Stadt nun von ihren Helfern, den zu Seeräubern entarteten Vitalienbrüdern, angegriffen. Mit äußerster Schwierigkeit schlug man den unvermuteten Angriff zurück, jetzt aber war die Versorgungslage hoffnungslos geworden.

Währenddessen hatte der ehemalige König, der jetzt wieder Herzog in Mecklenburg war, die 60000 Silbermark zwar aus seinen Untertanen herausgepreßt, das Geld aber sogleich wieder verschwendet. Als die drei Jahre verflossen waren, verlangten Lübeck und Stralsund die sofortige Entscheidung Herzog Albrechts. Aber auch Margareta und ihr designierter Nachfolger Erich von Pommern hatten unterdessen gerüstet. Merkwürdigerweise jedoch wurde dieser eigenartige Vertrag von 1395 pünktlich eingehalten. Da Albrecht selbstverständlich nicht in die Gefangenschaft zurück wollte, traten die Hansestädte das Pfand Stockholm an die Kalmarer Union ab, und Margareta und Erich von Pommern hielten am 29. September 1399 ihren feierlichen Einzug in die schwedische Hauptstadt. Die schwedische wie auch die deutsche Bürgerschaft der Stadt erhielten ihre Privilegien bestätigt, und da der neue König ja auch wieder ein Deutscher war, obgleich das alte schwedische Folkungerblut sowohl in seinen wie in Albrechts Adern floß, wurde mit den Missetaten der deutschen Bürgerschaft während der ›Interimszeit‹ nie abgerechnet.

Als Engelbrekt drei Jahrzehnte später den Volksaufstand gegen den Unionskönig Erich von Pommern organisierte, blieb Stockholm wiederum bis zuletzt dem ›deutschen‹ König treu, der 1435 hier von einem schwedischen Heer belagert wurde, aber kurz darauf die Krone verlor. Auch Christoph von Bayern konnte mit einer Unterstützung der deutschen Bürgerschaft in den schwedischen Seestädten rechnen. Schließlich waren auch die dänischen Unionskönige als Holsteiner und Oldenburger Deutsche. Erst nach 1471 obsiegte die schwedische Bürgerschaft in der Hauptstadt Schwedens. Die deutsche Bürgerschaft wurde allmählich ›schwedisiert‹ und integriert, doch stammen die Hunderttausende von deutschen Namen in Schweden noch aus dieser Zeit, wenn auch ihr Ursprung heute weitgehend vergessen ist. Der spätere deutsche Einfluß in Schweden war eher der Großmachtzeit und der Eroberung der baltischen und deutschen Gebiete im 17. Jahrhundert zuzuschreiben.

Altstadt und Riddarholmen

›Stadtinsel‹, ›Altstadt‹ (Gamla Staden) und ›Stadt zwischen den Brücken‹ (Staden mellan broarna) sind in Stockholm identische Begriffe. Die nordsüdliche Längsachse der Altstadt, die Entfernung zwischen Norrström und Söderström, beträgt rund 800 und die Breite rund 600 Meter. Hierzu kommt im Westen noch Riddarholmen, die ehemalige Graubruderinsel, die rund 400 mal 200 Meter mißt.

Als nördliches Vorfeld der Altstadt kann Helgeandsholmen gelten, über den die steinerne Brücke Norrbro führt. Im Westen erheben sich die einzigen Gebäude der als Park – Strömparterren – benutzten Insel, nämlich das um die Jahrhundertwende im Stil der Renaissance erbaute Reichstagshaus (Riksdagshuset) und die Reichsbank (Riksbanken), die durch die Fortsetzung der der Norrbro parallel laufenden ›Reichsbrücke‹ (Riksbron) getrennt werden. Im Südosten erhebt sich das mächtige und dabei doch wohlproportionierte Königliche Schloß (Kungliga Slottet), das Stockholm ein unvergeßliches Gepräge verleiht. Diesen gewaltigen Bau, der durch die Jahrhunderte ständig erweitert und vergrößert wurde und rund ein Fünftel der Altstadtfläche beansprucht, werden wir noch in einem eigenen Abschnitt würdigen. Die Auffahrt zum nördlichen Schloßeingang befindet sich westlich der Skeppsbron und südöstlich vom Mynttorget (Münzenmarkt), der seinen Namen von der daneben gelegenen Reichsbank hat. Die Auffahrt selbst wird Lejonbacken (Löwenhügel) genannt.

Wer die ›moderne‹ Altstadt kennenlernen will, umgeht das Schloß auf der Ostseite und erreicht die prächtige Kaistraße Skeppsbron, wo die Ostseedampfer anlegen und wo immer schon der alte ›Salzseehafen‹ von Stockholm lag. Diese breite Verkehrsader vermittelt durch eine neue östliche Brücke (Strömbron) mit Norrmalm den Durchgangsverkehr auf der Ostseite der Stadtinsel. Auf der Mälarseite leistet die Wasabrücke (Vasabron) dem westlichen Durchgangsverkehr einen ähnlichen Dienst, wodurch der innere Teil der Altstadt glücklicherweise weitgehend vom Verkehr verschont wird. Die Skeppsbron besteht aus einer harmonischen Reihe alter Giebelhäuser, die zum Meer sehen. Dazwischen stellen zahlreiche schmale Gassen die Verbindung mit der ehemaligen östlichen Randstraße der Stadtinsel, der Österlånggatan, her. Dieser Teil der Altstadtinsel, etwa 150 Meter breit und 600 Meter lang, wurde bereits vor Jahrhunderten der ›Salzsee‹ durch Aufschüttung abgerungen.

Die Skeppsbron endet bei der Schleuse am Söderström, wo der große Verkehrsknotenpunkt Slussen den Strom der Kraftwagen übernimmt. Die Giebelhäuser gehören zum größten Teil Reedereien, Maklern oder Stauerfirmen. Unter ihnen befinden sich indessen auch das alte Zollhaus und das ehemalige Reichsbankgebäude. Am Beginn läuft die Skeppsbron an der Ostfront des Schlosses entlang, wo der schöne Garten ›Logården‹ von den beiden östlichen Schloßflügeln eingerahmt wird. An dieser Stelle führen breite Treppen (Logårdstrappan) zum Wasser hinab, und hier fanden früher offizielle Empfänge von Königen und Staatsgästen statt, denn der Seeweg nach Stockholm war immer vornehmer als der Landweg. Am Beginn des Schloßbergs (Slottsbacken) befindet sich Sergels elegantes Standbild von Gustav III. und oben auf der Anhöhe, zwischen Schloß und der Storkyrka (Groß-Kirche) steht der dreißig Meter hohe Obelisk, den derselbe König 1808 als Dank für die Treue der Stockholmer Bürgerschaft während des Russenkrieges in Ostfinnland 1788-91 errichten ließ.

Am Schloßberg oben, gegenüber der Südseite des Schlosses, liegt das ehemalige Kleine Ballhaus, seit 1725 finnische Kirche. Das Große Ballhaus, auch in der ersten Hälfte des 17. Jahrhunderts aufgeführt, wurde schon 1792 abgerissen. Während der Großmachtzeit wurden diese beiden Ballhäuser gleichzeitig für Theateraufführungen benützt. Auf der Südseite des Schloßbergs befindet sich auch die Residenz des Oberstatthalters von Stockholm, und hier beginnt die oben erwähnte Österlånggatan (östliche Langstraße).

Die älteste Kirche Stockholms ist die Storkyrka oder St. Nikolaikirche. Als Erbauer wird Birger Jarl selbst erwähnt, doch dürfte die erste Kirche, eine dreischiffige Basilika, erst 1306 fertig geworden sein. Hundert Jahre später wurde die Kirche in östlicher Richtung zu doppelter Länge ausgebaut, und kurz darauf ließ der Reichsverweser Sten Sture d. Ä. die Gewölbe bis auf ihren gegenwärtigen Stand erhöhen. Während der ›Freiheitszeit‹, genauer gesagt in den Jahren 1736-42, wurde das Äußere im italienischen Barockstil umgestaltet, während das Innere seinen mittelalterlichen Charakter behalten hat. Gleichzeitig erhielt der 56 Meter hohe Turm seine hübsche Laterne. Zur reichen Innenausstattung gehört vor allem das Hauptwerk des Lübecker Holzschnitzers Bernt Notke ›St. Georg und der Drache‹ (St. Göran och draken), das anläßlich des Sieges über die Dänen bei Brunkeberg (1489) von Sten Sture d. Ä. der Kirche geschenkt wurde. St. Georg, schwedisch ›Göran‹ oder ›Örjan‹ genannt, war im katholischen Mittelalter einer der beliebtesten Heiligen in Schweden. Weitere Sehenswürdigkeiten sind der Hauptaltar aus Ebenholz und Silber, eine Hamburger Arbeit, die prachtvollen ›Königssitze‹, die Kanzel, verschiedene Epitaphien aus der Großmachtzeit und zwei berühmte Gemälde, die die Kreuzigung und das Jüngste Gericht darstellen, von dem gebürtigen Hamburger Ehrenstrahl, ›dem Vater der schwedischen Malerkunst‹, der hier auch begraben ist, ebenso Tessin und der Reformator Schwedens, Olaus Petri.

Gleich südlich der Großkirche am ›Großen Markt‹ (Stortorget) liegt die Stockholmer Börse, deren Haus 1776 vom Architekten Erik Palmstedt vollendet wurde. Eigentlich wollte man schon hundert Jahre früher ein ›ansehnliches Börsenhaus‹ am Eisenmarkt (Järntorget) im Südteil der Altstadt aufführen, aber die Angelegenheit verzögerte sich. Im Börsenhaus residiert auch die von Gustav III. gegründete Schwedische Akademie (Svenska Akademien), die die schwedische Sprache überwacht und den Nobelpreis für Literatur verteilt. An dem Platz, wo später die Börse gebaut wurde, lag ehedem das alte Rathaus, und auf dem Großen Markt davor wurden durch die Jahrhunderte alle ›vornehmen

Hinrichtungen‹ vorgenommen, die 1520 im Blutbad von Stockholm gipfelten, in dem, wie schon erwähnt, Kristian II. von Dänemark 82 vornehme Männer Schwedens öffentlich hinrichten ließ.

Geht man vom Großen Markt nach Süden die Svartmangatan entlang, so kommt man auf halbem Wege zu der protestantischen deutschen St.-Gertruds-Kirche (Tyska kyrkan), die 1638-42 errichtet und 1878 renoviert wurde. Dabei erhielt der Turm seine jetzige Höhe von fast hundert Metern. Das mit Skulpturen verzierte Portal, die Kanzel aus Ebenholz und Marmor, der Altar, die Holzschnitzereien, die Königsempore und das Glockenspiel verdienen Aufmerksamkeit und deuten auf den Reichtum hin, den die nachmittelalterliche deutsche Bürgerschaft in Stockholm besaß.

Das Innere der Altstadt bildet eine Wirrnis an kleinen Gäßchen und Plätzen, von hohen alten Häusern überschattet. Portale sind mit Zieraten und Skulpturen versehen, die vorwiegend aus der Großmachtzeit und der Freiheitszeit, das heißt aus dem 17. und 18. Jahrhundert, stammen. So hoch wie in der Altstadt von Edingburgh sind die Häuser zwar nicht, doch kommt die Sonne selten dazu, hier Licht und Wärme zu spenden. Altertümliche Restaurants locken nicht nur Touristen, sondern auch die Einheimischen, wie zum Beispiel das seit 1721 bestehende und von dem Dichter Bellman oft besuchte Kellerrestaurant ›Den gyldene Freden‹ (Goldener Friede). Die Sanierung der alten Häuser hat schwierige Probleme aufgeworfen, die gelöst werden konnte. Es hat nicht an Entwürfen gefehlt, die ganze Altstadt umzubauen – der letzte wurde in den sechziger Jahren des 19. Jahrhunderts von dem angesehenen Baumeister Rudberg eingereicht. Doch siegte bis jetzt der Sinn für historische Pietät und Tradition.

Wenn man über die Norrbro vor dem Schloß angelangt nach dem Westen geht, erreicht man bald den obenerwähnten ›Münzmarkt‹ (Mynttorget). In südlicher Richtung verzweigt sich von hier im großen Bogen die alte Hauptstraße, die Västerlånggatan, die beim Järntorget (Eisenmarkt) unweit der Schleuse (Slussen) mündet. Geradeaus an dem ›Kanzleihaus‹ vorbei führt die ›Münzstraße‹ (Myntgatan) zum Ritterhausplatz (Riddarhustorget), an dessen Nordseite sich das schöne Ritterhaus (Riddarhuset) erhebt, wo die Wappenschilder des schwedischen Adels hängen. Ein großes Plafondgemälde von Ehrenstrahl aus dem Jahre 1675 verleiht dem Rittersaal im zweiten Stock, in dem der schwedische Adel bis 1866 regelmäßig zusammenkam, ein feierliches Gepräge. Vor dem Südeingang des Hauses wurde 1774 ein Standbild von Gustav I. Wasa errichtet, auf der Nordseite erstreckt sich der schon erwähnte Logården. 1641 hatte Reichskanzler Axel Oxenstierna den französischen Architekten Simon de la Vallée mit der Errichtung des Baus beauftragt, sein Sohn Jean de la Vallée hat ihn dann unter der Mitwirkung des Holländers Vingboons bis 1675 vollendet. Die dekorative Innenausstattung wurde aber erst durch Adelcrantz 1720 fertiggestellt. Kürzlich wurde das altertümliche Haus auch innen saniert und sogar mit einer modernen Küche versehen. Die Speisezimmer und Empfangssalons sind im ersten Stock. Unter der Oberaufsicht der Ritterhausdirektion werden hier die Stammtafeln geführt und jährlich der schwedische Adelskalender, das Blaue Buch, veröffentlicht. Nur introduzierter Adel wird verzeichnet, und mirabile dictu, die Bernadottes wurden in Schweden nie introduziert.

Das östliche Nachbarhaus des Ritterhauses wurde durch denselben Architekten Jean de la Vallée für den Reichsschatzmeister Baron Gustav Bonde aufgeführt. Dieses Palais diente von 1732 bis 1915 als Rathaus, nachdem das alte Rathaus (Bondeska Palatset) am Stortorget verlassen worden war. Vom Ritterhausplatz erstreckt sich in südlicher Richtung die Stora Nygatan (Große Neustraße) schnurgerade durch die Westseite der Altstadt bis zum Kornhamnstorget, dem Kornhafenmarkt, der wiederum mit dem ›Verkehrskarussell‹ Slussen verbunden ist. Diese Straße, von Gustav Adolf als eine neue Durchfahrt befohlen und eine westliche Parallele zur Västerlånggatan, lag schon auf ausgefülltem, dem Mälarsee abgerungenen Boden. Weitere Ausfüllungen ermöglichten einen neuen, mit geraden Straßen angelegten westlichen Stadtteil innerhalb der Altstadt. Schließlich war die alte Graubruderinsel, jetzt ›Ritterinsel‹ (Riddarholmen) genannt, nur durch einen schmalen, mehrmals überbrückten Kanal von der Stadtinsel getrennt. An die Mönche erinnert heute noch die Munkbron (Mönchsbrücke) und die ehemals zum Franziskanerkloster gehörende heutige Riddarholmskirche.

Vom Ritterhausplatz führt die Ritterhausbrücke (Riddarhusbron) über Kanal und Eisenbahn zu der kleinen Insel Riddarholmen, der zweiten Herzkammer der Altstadt, die dem Mälarsee zugewandt ist, und auf der am 22. Januar 1849 der Dichter August Strindberg als Sohn eines Dampfschiffahrtsagenten geboren wurde. Von hier hat man einen hübschen Blick auf die Riddarfjärden und auf das Stadthaus. Nach Überqueren der Brücke erreicht man den zentralen Markt von Birger Jarl (Birger Jarls Torg), der gänzlich von historischen Gebäuden umgeben ist: dem Palais von Bengt Oxenstierna, dem Wrangelschen Palais, in dem heute das Oberlandesgericht (Svea hovrätt) untergebracht ist, dem Kammergericht und im Süden der Riddarholmskyrkan, der Grabstätte der schwedischen Könige. Der erste von ihnen war König Magnus Ladulås (gestorben 1290), der Sohn von Birger Jarl. Die Kirche wurde im 13. Jahrhundert als Klosterkirche der Franziskaner (Graubrüder) aus Ziegelsteinen erbaut. Hundert Jahre später fügte man Seitenschiffe hinzu. Alte gotische Malereien wurden am Gewölbe entdeckt, und an der Außenmauer kann man noch eine Abbildung von König Magnus Ladulås und dessen Gemahlin, Hedwig von Holstein, sehen. Neben König Magnus ist am Hochaltar auch König Karl VIII. Knutsson (gestorben 1470) aus dem alten Bonde-Geschlecht beigesetzt. Das Grabmonument für beide wurde von König Johan III. errichtet. Zur Zeit Gustav Wasas war die Kirche in Verfall geraten, um dann eine Auferstehung unter dem Enkel Gustav Adolf zu erleben.

1633 wurde der ›Gustavianische Grabchor‹ gebaut. Hier in der Riddarholmskirche ruhen die schwedischen Könige Gustav II. Adolf, der 1632 bei Lützen fiel, Adolf Friedrich, Gustav III., Gustav IV. Adolf und Karl XIII., alle bis auf den abgesetzten und geschiedenen Gustav IV. Adolf mit ihren Frauen. Im prachtvollen ›Karolinischen Grabchor‹ sind Karl XI., Karl XII., Friedrich I. und Ulrika Eleonora beigesetzt. Daneben wurde für das Haus Bernadotte 1860 ein Grabchor gebaut, in dem alle verstorbenen Könige des herrschenden Hauses mit ihren Gemahlinnen beigesetzt sind. In der Kirche befinden sich außerdem die Grabstätten und Kapellen vieler Familien der Großmachtzeit, der Wrangels, der Torstenssons, der Wachtmeisters und der Lewenhaupts. Der Hochaltar wurde im Barock 1678 von Peter Schultz vollendet, während N. Tessin d. J. den marmornen Sarkophag für Karl XII. entwarf. Auch die Sandsteinkonstruktion des Grabchors ist sein Werk. Die Kirche wurde während des Ersten Weltkriegs unter Leitung von

Professor M. Olsson restauriert. Eine Sehenswürdigkeit sind die in der Kirche aufgehängten Schilder verstorbener Seraphimenritter. Doch kehren wir zurück in die Altstadt, zu ihrem größten Bauwerk, dem Schloß.

Das Schloß

Wer nach Stockholm fährt, kann dem Zauber des Schloßanblicks nicht entgehen. Vor reichlich dreihundert Jahren beauftragte König Karl x. Gustav den Architekten Jean de la Vallée, die alte Burg ›Tre Kronor‹ zu modernisieren. Da aber der König wegen der vielen Kriegszüge meistens abwesend war, blieb es bei Entwurfsskizzen und kleinen Renovierungen. Unter Karl xi. ging der Auftrag an Graf Nicodemus Tessin d. J., als dessen Schöpfung das gegenwärtige Schloß betrachtet wird, obwohl der geniale Architekt zur Zeit der endgültigen Vollendung 1754 längst verstorben war. In seinem Sinne setzte Karl Hårleman, von einer Schar französischer Künstler unterstützt, das große Werk fort. König Adolf Friedrich, dem Schwager Friedrichs des Großen, war es vergönnt, als erster schwedischer Monarch in das neue Schloß einzuziehen.

Über die viertürmige Wehrhaftigkeit des alten Schlosses hatte die klassizistische Horizontalität gesiegt. Allein der Sieg hatte viel Blut und Schweiß gekostet. Tessin selbst hatte mit einer Bauperiode von sechs Jahren gerechnet, die Arbeit forderte aber mehr als ein halbes Jahrhundert. Tessin hatte bereits im Jahre 1690 den Auftrag bekommen, den riesigen Komplex des vielfach zusammengesetzten alten Schlosses allmählich nach einem einheitlichen Plan umzubauen. Seine Hände wurden jedoch durch viele Rücksichten gebunden, aber er fing erst einmal mit der nördlichen Fassade an. Im April 1697 starb der zweiundvierzigjährige König an einer Krankheit, die später als Magenkrebs erkannt wurde, und während er noch auf dem ›Lit de Parade‹ lag, brach eine heftige Feuersbrunst aus, die binnen kurzem fast das ganze alte Schloß zerstörte und die neue Fassade schwer beschädigte. Sogar der hohe zentrale Turm mit dem schwedischen Reichswappen und acht Geschützen auf dem obersten Turmkranz brach zusammen. Dreiviertel der riesigen königlichen Bibliothek und Tausende von Handschriften gingen in Flammen auf, und auch die Leiche des Königs wurde nur mit Not geborgen.

Auch die von Tessin bereits fertiggestellte neue Schloßkirche ging verloren. Viele betrachteten das Doppelereignis des Todes und des Brandes als ein Vorzeichen für den Untergang der Macht des schwedischen Reichs, und sie behielten leider recht. Die Ursachen des heftigen Brandes wurden nie klargelegt, jedoch erhielt Tessin jetzt freie Hand für einen totalen Umbau. Trotz Krieg und Pest, die 1710 während der schlimmsten Monate in der Woche schätzungsweise 1600 Menschen dahinraffte, wurde dieser auch durchgeführt. Um sein Arbeitsfeld nicht aus der Sicht zu lassen, baute sich Graf Tessin zunächst ein eigenes Palais an der Südseite des von ihm geschaffenen Slottsbacken, nämlich dasselbe Haus, das heute als Residenz des Oberstatthalters dient. Im Jahre 1713, also zu einer Zeit, in der Schweden sich in bitterster äußerer Not befand und König Karl XII. noch in der Türkei war, präsentierte Tessin seinen Vorschlag zur Neuregelung der ganzen Gegend um Norrström. Wer die damals herrschenden topographischen Verhältnisse und die damalige mangelhafte Regelung kennt, kann nur Bewunderung für das Visionäre in seinen Plänen aufbringen, die in der Hauptsache auch verwirklicht wurden.

Die Ruinen des ausgedehnten alten Schlosses konnten für die Grundlegung und den Plateaubau verwendet werden, wobei die neuen Mauern auf der Nordseite noch auf Gewölbekonstruktionen aus der Zeit Birger Jarls ruhen. Der große quadratische Schloßhof wird auf allen vier Seiten von einem horizontalen Bau mit drei Stockwerken umschlossen. Die Nordfassade, die auf Lejonbacken und Norrström führt, ist mit zwei hübschen Flügelgebäuden versehen, die je die Länge der halben Schloßfassade haben und etwa die halbe Fassadenhöhe beanspruchen. Die Südfassade besitzt einen entsprechenden Ostflügel, so daß die zwei östlichen Flügel nebst der Ostfassade des Schlosses den obenerwähnten Garten ›Logården‹ umschließen. Die Südfassade, die mithin auf die Altstadt blickt und der Slottsbacken vorgelagert ist, ist am reichsten ausgeschmückt und beherbergt in ihrer Mitte den Haupteingang zum Schloßhof. Wegen der Storkyrkan konnte hier nur ein stark verkürzter westlicher Flügelbau in Frage kommen. Statt dessen wurde der westliche Vorhof des Schlosses von einem halbrunden Propyläenbau eingefaßt.

Am sichtbarsten sind die Nord- und Ostfassaden, die sozusagen ins Weite blicken. Die Nordfassade wurde in der Tat zur Hauptfassade, weil die Hauptachse von ihrer Mitte über die Norrbro nach Gustav Adolfs torget führt, über Helgeandsholmen hinweg. Vor dem Nordeingang stehen die beiden Bronzelöwen, die der Auffahrt den Namen gegeben haben (Lejonbacken) und die bereits 1702-1704 von B. Foucquet entworfen und gegossen wurden. Hoch über dem Eingang befindet sich der Balkon, auf dem der König, weit sichtbar, ehemals Huldigungen empfing.

Während das Äußere des gewaltigen Schlosses einen einheitlichen, monumentalen Eindruck macht, wobei ein Hauch von italienischem Barock den horizontalen Klassizismus französischer Observanz vergoldet, ist die Einrichtung unterschiedlich. Am ältesten ist die Galerie Karls XI., die noch zu Lebzeiten des Königs fertiggestellt wurde, jedoch vom Brand beschädigt und dann wieder restauriert worden war. Hier herrscht der Stil von Versailles vor. Als Künstler waren die Franzosen Chauveau und J. Foucquet tätig, die später von Bouchardon, Cousin, Masreliez und Taraval abgelöst wurden. Berühmt sind die Treppenhäuser des Schlosses, die von durch Amoretten getragene Bronzelaternen Bouchardons beleuchtet werden.

Die Wohnzimmer sind meistens im schwedisch modifizierten französischen Rokoko eingerichtet. Das Meisterwerk unter diesen Räumen ist die für den damaligen Kronprinzen und späteren König Gustav III. bestimmte Etage. Auch die Schloßkirche, deren ursprüngliche Gestalt durch den Brand zerstört wurde, erhielt im Rokoko ihr heutiges Aussehen. Künstler aus der Mitte des 18. Jahrhunderts waren hier tätig. Taraval und J. Pasch haben zusammen die Plafondmalereien ausgeführt, während L'Archevêque und der junge Sergel den Altar schufen. In der Zeit des Rokoko entwickelte sich in Schweden der sogenannte ›Gustavianische Stil‹, der einige Paradezimmer des Schlosses bestimmt und auf vielen Schlössern und Herrensitzen auf dem Lande zu finden ist.

Der aus den dreißiger Jahren des 18. Jahrhunderts stammende Reichssaal des Südbaus dient auch heute noch als feierlicher Rahmen für die Thronreden des Königs. Sein Schöpfer war Baron Hårleman, der als Nachfolger Tessins in Schweden gilt und berühmte Bauten ringsum im Lande errichtete. Gewaltige Skulpturengruppen, allegorische Figuren und Putten mit Emblemen aller Art schmücken den Saal, ohne daß er dadurch überladen wirkt. Auch die anderen Säle entsprechen dem Geschmack der Barockzeit, genauer gesagt einem an französischen Vorbildern orientierten barocken Klassizismus. Etwas später entstand die Einrichtung der Etage von König Karl XIII. und der Festsaal ›Vita havet‹ (Weißes Meer), der von A. Nyström beim Thronantritt Oskars I. im Empirestil gestaltet wurde.

Die mächtigen und doch eleganten Proportionen des Schlosses erheben es zu einem Reichssymbol, ohne irgend etwas von einer Zwingburg anzudeuten. Sicherlich trägt dieses Wunderwerk Tessins dazu bei, die monarchische Tradition Schwedens aller Modernität zum Trotz am Leben zu erhalten. Es ist fast so, als ob das Schloß verlangen würde, daß ein König da wohnt. Bei der strengen Verfassungstreue der Könige aus dem Hause Bernadotte spielt das Schloß allerdings nur bei den feierlichen Zeremonien im Reichssaal eine direkte politische Rolle. Die einzige Ausnahme in moderner Zeit war der ›Bauernzug‹ (Bondetåget) am 6. Februar 1914, bei dem sich 32 000 Bauern auf dem großen Schloßhof versammelten, um dem König mitzuteilen, daß sie bereit wären, für eine bessere Reichsverteidigung einzutreten, als die damalige liberale Regierung Staaff sie vorsah. Als der König in einer Ansprache sich mit den Bauern darin einig erklärte, behauptete der Premier, Gustav V. habe die verantwortlichen Minister in verfassungswidriger Weise übergangen. Doch der König siegte, und das Kabinett Staaff mußte zurücktreten. An seine Stelle trat das konservative Kabinett Hj. Hammarskjöld; außerdem wurden Neuwahlen ausgeschrieben. Daß Schweden seine Neutralität im Ersten Weltkrieg behaupten konnte, hängt mit diesen Ereignissen zusammen. Der neue Premier Hammarskjöld war übrigens der Vater des späteren UNO-Generalsekretärs Dag Hammarskjöld.

Norrmalm und die nördlichen Stadtteile

Die steilen Granitfelsen auf Södermalm und die Lage des Schlosses am Nordostende der Altstadtinsel lenkten wohl den Ausbau der Stadt in nördliche Richtung. Wie oben angedeutet worden ist, entstanden hier eine Vorstadt und später Stadtteile beiderseits des Höhenzugs Brunkeberg. Das älteste Kulturzentrum war hier das von König Magnus Ladulås 1280 gegründete Klara-Kloster zum Andenken an die Heilige Klara von Assisi, die bereits 1255 kanonisiert worden war. Die Klarissinnen waren so etwas wie die Nonnenorganisation der Franziskaner, und das populäre Kloster auf Norrmalm hatte bis 1527 Bestand. Die Klosterkirche wurde danach abgerissen, aber auf demselben Platz steht heute die mehrmals restaurierte, in ihren Hauptteilen 1751-53 neu erbaute Klara-Kirche mit ihrem kaum hundertjährigen 104 Meter hohen Turm. Die Kirche und ihr kleiner Gottesacker sind heute eine Oase in der unruhigen Umgebung, in der 1820 Jenny Lind, die schwedische Nachtigall, zur Welt kam und ihre Kinderjahre verbrachte. Von hier hatte sie es nicht allzu weit zum königlichen Opernhaus, wo sie ihre Ausbildung erhielt und ihre Weltkarriere ihren Ausgang nahm. Im Musikhistorischen Museum, Slottsbacken 6, ist ihrem Andenken ein eigener Raum gewidmet.

Der Wasserarm, der diesen Westteil Norrmalms von Kungsholmen trennt und im Laufe der Jahrhunderte durch Aufschüttung immer schmäler geworden ist, heißt seit uralter Zeit der ›Klara See‹ (Klara sjö). Bis in die fünfziger Jahre dieses Jahrhunderts lagen die Redaktionen der großen Stockholmer Zeitungen in den ›Klaraquartieren‹, die ihnen aber dann zu eng wurden. Auf dem alten Klara-Kirchhof ruhen die bekannten Schriftsteller aus der gustavianischen Zeit: Carl Michael Bellman und Leopold und Anna Maria Lenngren. Die letzgenannte, 1755 geboren, ist die erste literarisch tätige Frau Schwedens von Format.

Östlich des Höhenzugs entstand bereits im Mittelalter ein bescheidener Vorort um die Jakobskirche. König Johan III. ließ sie zu einer dreischiffigen Hallenkirche mit Turm ausbauen. Um 1644 wurde sie mit einem Südportal versehen, ein gutes Beispiel schwedischer Steinmetzkunst aus dieser Zeit. Die entscheidende Neubebauung der beiden Hälften Norrmalms wurde in den dreißiger Jahren des 17. Jahrhunderts vorgenommen. Es heißt in damaligen Beschreibungen, daß der ›Stadtingenieur und seine Leute, Karten und Maßketten in der Hand, mit langen Spieren das neue reguläre Straßennetz abzustecken begannen‹, wobei Hunderte von Holzhäusern, Katen und Hütten, die im Wege standen, abgerissen werden mußten. Wie gewöhnlich half auch hier binnen kurzem eine Feuersbrunst, der 247 Holzhäuser zum Opfer fielen.

Auf der Westseite Norrmalms gab es seit altersher nördlich der Klaragegend einen großen ebenen Platz, wo Reiterspiele abgehalten wurden. Diese ›Rennbahn‹ war rechteckig abgesteckt, und daneben befand sich ein ebenes Feld, wo militärische Musterungen stattfanden. Später entstand hier der Heumarkt (Hötorget), der heute von dem Stockholmer Konzerthaus Ivar Tengboms mit dem Orpheusbrunnen davor beherrscht wird und im Sommer zum Sammelplatz der Jugend geworden ist. Die ganze Westseite erhielt dem Plan von Gustav Adolf zufolge ein rechtwinkliges Straßennetz, das parallel beziehungsweise rechtwinklig zur ›Rennbahn‹ ausgebaut wurde. Als Hauptstraße wurde die Stora Kungsgatan angelegt, die schnurgerade vom Klara-Berg hinab gegen Helgeandsholmen verläuft. Unter Königin Christina wurde die Straße dann in Drottninggatan (Königinstraße) umgetauft und heißt heute noch so. In der Drottninggatan 85, im sogenannten Blauen Turm, verbrachte August Strindberg die letzten Tages seines so unsteten und leidvollen Lebens. Hier zogen an seinem 63. Geburtstag Zehntausende seiner Landsleute vorbei, um ihn zu ehren. 50000 Kronen hatte man im ganzen Land gesammelt, um ihn darüber hinwegzutrösten, daß man ihm den Nobelpreis verweigert hatte. Heute ist hier ein Museum eingerichtet, das das Andenken an diesen im eigenen Lande so sehr umstrittenen Dichter bewahrt.

Das Südende des Brunkebergs, der aus Geröll und Kies bestand, wurde abgetragen, um einen freien Platz zu erhalten, der gleichzeitig die beiden Hälften Norrmalms verband. Er erhielt den Namen Gustav Adolfs torget (Markt Gustav Adolfs) und erlaubte einen idealen Blick auf das Schloß. Die von Tessin d. J. entworfene Prachtbrücke Norrbro, die das neue Schloß mit diesem Markt vereinigt, wurde allerdings erst unter Gustav III. fertiggestellt. Das Reiterstandbild von Gustav II. Adolf entstand 1796. Auf der Ostseite erhebt sich die Königliche Oper, von Adelcrantz im Jahre 1782 vollendet, jedoch huntert Jahre später von Anderberg umgebaut. In ihrem Keller befindet sich das berühmte Stockholmer Restaurant ›Opera Källaren‹. Als Pendant dazu ließ Prinzessin Sophia Albertina 1783 gegenüber das sogenannte Palais des Erbfürsten (Arvfursten Palats) aufführen, in dem sich seit 1904 das Außenministerium befindet. Nach der Prinzessin, der Schwester Gustavs III., die erst 1829 sechsundsiebzigjährig gestorben ist und dem ersten Bernadotte königliches Benehmen beibrachte, wird das Gebäude häufig auch nur ›Sophia Albertina‹ genannt.

Auf der Nordseite des Marktplatzes – also als nördlicher Abschluß der Schloßperspektive – hatte Tessin eine Domkirche geplant, die fast als eine Art Gegenstück zum Schloß gedacht war. Leider kam diese großartige Idee nach dem Tod des Architekten nie zur Ausführung. Die zentrale Lage des neuen Marktplatzes wurde durch die Anlage einer Süd-Nord-Straße auch östlich des Brunkebergs unterstrichen, die bereits dreihundert Jahre den Namen ›Regeringsgatan‹ (Regierungstraße) trägt. Ferner wurden eine Kaistraße dem Norrström entlang angelegt, die Strömgatan, und eine hiermit parallel laufende Straße, die die nördliche Seite des Marktplatzes streifte. Diese wurde im Jahre 1648 gepflastert und erhielt anläßlich des Westfälischen Friedens ihren Namen Fredsgatan (Friedensstraße). Sie stellte die Verbindung westlich mit der Drottningsgatan und östlich mit dem Kungsträdgården her. Vor der Einmündung in den Kungsträdgården liegt links die 1643 erbaute Jakobskirche, deren Turm jedoch aus dem Jahre 1735 stammt.

Kungsträdgården (Königsgarten), die zentrale Parkanlage Stockholms, hat ehrwürdige Überlieferungen. Alte Schriften erzählen von den königlichen ›Kohlbeeten‹, die hier gelegen haben, später wuchs hier auch anderes. König Erich XIV. verwandelte das Gemüseland in einen Lustgarten, wo er und Karin Månsdotter spazierengehen konnten. Königin Christina beauftragte 1650 den Gartenarchitekten Mallet, die Anlage zu modernisieren, und fünfzig Jahre später machten Tessin d. J. und Hårleman daraus eine pompöse Barockschöpfung, die uns durch die Gravüren des Holländers J. van den Aveelen in Graf Dahlberghs ›Suecia antiqua et hodierna‹ bekannt ist. Zwischen dem Lustgarten und dem Strom lag damals das berühmte Palais Makalös, das nach einem Brand 1825 gänzlich beseitigt wurde. Eine Bacchusfigur, die zur Ausstattung dieses einmaligen Palastes gehörte, findet man heute über dem Eingang des Restaurants ›Hamburger Börs‹ in der Jakobsgatan, und ein Stück eines Frieses ist in das ehemalige deutsche Legationshaus in der Hovslagaregatan eingebaut. Ein plastisches Modell des Palastes, dessen Architekt der »Inventor und Baumeister Jakob Kristler aus Straßburg« war, ist im Stockholmer Stadtmuseum zu sehen.

Anfang des 19. Jahrhunderts wurde jedoch der ganze Garten geschleift. Die große sich von Norden nach Süden erstreckende

Anlage wird im Süden von der Fredsgatan durchzogen, die sich in die Arsenalsgatan fortsetzt. Rechts zwischen Straße und Strom erhebt sich das Denkmal des ›Heldenkönigs‹ Karls XII. und links dasjenige Karls XIII. Während der erste von vier Kruken (Krügen) umgeben ist, steht dieser zwischen vier Löwen. Da ›Kruka‹ auf schwedisch gleichbedeutend mit ›Memme‹ ist – eine ähnliche Doppelbedeutung hat ja im Deutschen das Wort ›Flasche‹ –, stehen da laut Stockholmer Mutterwitz ein Löwe zwischen vier ›Kruken‹ und eine ›Kruke‹ zwischen vier Löwen. Der Rest des Kungsträdgården wird von Alleebäumen, Rasen, einigen Blumenbeeten und zufälligen Anlagen in Erwartung einer Neuregelung eingenommen. Der Platz wird im Osten durch die Kungsträdgårdsgatan begrenzt, wo stattliche Geschäfts- und Bankgebäude stehen. An ihrem südlichen Ende verlief früher ein Meeresarm nach Osten, der Blasieholmen (ehemals Käpplingsholmen) von Norrmalm trennte und Nybroviken mit dem Norrström verband.

Vom Südende der Kungsträdgårdsgatan führt eine lange Brücke ohne ästhetische Ansprüche (Strömbron) auf die Stadtinsel hinüber. Sie war ursprünglich als eine vorübergehende Verkehrsregelung gebaut worden, kann aber nicht mehr entfernt werden. Am breiten Ufer der sich nach Südosten erstreckenden Halbinsel Blasieholmen liegen die großen Gebäude der Svenska Handelsbanken, des Grand-Hotels und des Königlichen Automobilklubs. An ihrer Südspitze liegt das 1866 erbaute National-Museum, das neben einer bedeutenden Gemäldesammlung von internationalem Rang eine Kunstsammlung vielfältiger Art birgt, darin dem Bayerischen Nationalmuseum in München verwandt. Es beherbergt außerdem eine der berühmtesten Miniaturensammlungen Europas. Entsprechend den engen Bindungen Schwedens zu Frankreich von Gustav Adolf bis zu den Bernadottes, ist die französische Malerei von Poussin bis zu den Impressionisten besonders gut vertreten, aber auch von der holländischen und flämischen und der übrigen europäischen Malerei befindet sich eine Vielzahl von Meisterwerken hier, die zu sehen man nicht versäumen sollte.

Vom National-Museum aus führt die Skeppsholmbron zu der Insel Skeppsholmen, wo sich das Ostasiatische Museum und das Moderna Muséet, das Museum für moderne Kunst, befinden. Neben hervorragenden Werken der Kunst des 20. Jahrhunderts hat sich dieses Museum durch seine Sonderausstellungen internationalen Ruf erworben. Das Museum für Schwedische Architektur (Svensk Arkitekturmuséet) liegt im Süden dieser Insel.

Am Ostufer von Blasieholmen, am Nybroviken erhebt sich das 1907 erbaute ›Königliche Dramatische Theater‹ (Kungliga Dramatiska Teatern), in dem Regisseure, wie der bekannte Filmregisseur Ingmar Bergman, wirkten und noch wirken. Das Gebiet zwischen Kungsträdgården und Nybroplan wird von dem nach dem Chemiker Berzelius benannten Berzelii Park bestimmt. Wer gerne sehen möchte, wie eine vornehme Stockholmer Familie im vergangenen Jahrhundert gelebt hat, suche das Hallwylsche Palais in der Hamngatan 4 auf, das heute Museum ist. Fast gegenüber befindet sich das berühmte riesige Restaurant ›Berns Salonger‹, in dem gegen Ende des 19. Jahrhunderts die Studenten, vor allem aber August Strindberg ihr eigentliches Zuhause hatten und das zu den traditionsreichsten Lokalen Stockholms gehört. Von Nybroplan führt gegen Nordwesten die sehr lange Birger Jarlsgatan, die einer ehemaligen schmalen Wasserverbindung zwischen Brunnsviken im Norden und Nybroviken folgt und die Grenze zwischen den beiden Stadtteilen Norrmalm und Östermalm zieht. Nach Westen führt die zentrale Hamngatan vorbei an dem Riesenhaus der Nordiska Kompaniet und dem Schwedenhaus zur neuen City von Stockholm am Sergelstorget.

Die Modernisierung auf Brunkeberg wurde mit der Anlage der am Stureplan beginnenden Kungsgatan kurz vor dem Ersten Weltkrieg eingeleitet. Der Höhenzug wurde wegen dieser prachtvollen Querverbindung einfach durchgeschnitten und die Längsstraßen oben auf dem Brunkeberg über Brücken geleitet. Als Wahrzeichen wurden bei der größten Brückenkreuzung die beiden ›Königstürme‹ (Kungstornen) aufgeführt, die wegen ihrer siebzehn Stockwerke als die ersten Wolkenkratzer Stockholms galten. Dort, wo die Kungsgatan Hötorget streift, wird sie von der von Süden gegen Norden verlaufenden breiten Prachtstraße Sveavägen gekreuzt, die mit einem Komplex modernster Hochhäuser (Hötorgcity) beginnt und an ihrem Ende den Wolkenkratzer der Wennergren-Stiftung als perspektivischen Blickpunkt hat.

Im vorigen Jahrhundert kletterten die Verbindungsstraßen zwischen der Westseite und der Ostseite von Norrmalm mit Mühe über den Brunkeberger Höhenzug. Mit einem riesigen Kostenaufwand und durch Arbeiten, die schon Jahrzehnte währen, hat man fast den ganzen Höhenzug im Gebiet zwischen der Kungsgatan und der Hamngatan weggeschafft. Hier wurde die neue City mit Fußgängerzonen, Verkehrstunneln, Brücken und Untergrundbahn angelegt, ihr Zentrum ist Sergelstorget.

Im Norden Norrmalms schließt sich die sogenannte Wasastadt an, die noch über die restlichen Anhöhen des Brunkebergs verfügt. Hier liegen die Grünanlagen von Vasaparken, Tegnérlunden und Observatorielunden sowie eine Reihe von Universitätsgebäuden. Hauptstraßen sind die sich bei der 1921 von Gunnar Asplund erbauten Stadtbibliothek (Stadsbiblioteket) kreuzenden Sveavägen und Odengatan. Am Anfang des Sveavägen – noch auf der Norrmalmseite – liegt links die barocke Kreuzkirche Adolf Frederik, die 1768-74 in den letzten Regierungsjahren des gleichnamigen Königs erbaut wurde. Hier befindet sich neben anderen Skulpturen des schwedischen Bildhauers J.T. Sergel ein in Blei 1781 ausgeführtes Epitaph des französischen Philosophen Descartes, der, eingeladen von Königin Christine, 1650 in Stockholm gestorben ist, dessen Leichnam jedoch 1666 nach Paris überführt wurde. Sergel, der für Schweden von ähnlicher Bedeutung ist wie Thorwaldsen für die Dänen, starb 1814 und liegt auf dem Kirchhof der Adolf-Frederikskirche begraben.

Westlich der Stadtteile Norrmalm und Vasastaden trennen die zu schmalen Wasserstraßen gewordenen Klarasjö, Barnhusviken und Karlbergssjön die Mälarinsel Kungsholmen (Königsinsel), ehemals Munkelägret (Lager der Mönche) vom Festland. Das ausgefüllte Land auf der Festlandseite wird größtenteils von der Eisenbahn benutzt, die Stockholm hier durchquert. Viele Brücken führen zum Stadtteil Kungsholmen hinüber, und die Straßen vermitteln den weiteren Verkehr nach dem Inlandflughafen Bromma, nach den großen Mälarinseln und nach dem Schloß Drottningholm. Der Hauptbahnhof liegt zwischen den Klaraquartieren und dem Mälarsee, und nebenan führt die Stadthausbrücke in zweistöckiger Konstruktion zur großen Insel hinüber.

Das dominierende Bauwerk auf der äußersten Südostspitze der Insel ist das Stadshuset (Stadthaus), erbaut von Ragnar Östberg 1911-23, ein Bau, der die Vorteile der Lage vollendet ausnützt und Monumentalität und Leichtigkeit vereint, für jeden Besucher Stockholms sicher ein unvergeßlicher Eindruck. Der Ost- und der Südflügel blicken auf den See und werden durch einen gewaltigen,

106 Meter hohen Eckturm zusammengefaßt, der von einem reizenden offenen Helm gekrönt wird. Man blickt von hier über Riddarfjärden nach der Altstadt mit Riddarholmen und Helgeandsholmen im Osten und nach Södermalm im Süden. Das Innere entspricht dem Äußeren, das heißt, ein geistvoller Eklektizismus verbindet Reminiszenzen an Baustile der Vergangenheit auf eine sehr freie und geglückte Weise. Die riesige Blaue Halle (Blå hallen) erinnert an venezianische Schöpfungen, während der eine Treppe höher gelegene Goldene Saal (Gyllene salen) Assoziationen an Assyrisches wachruft. Für die Sitzungen des Stockholmer Stadtparlaments (Stadsfullmäktige) gibt es besondere Räume, und im Stadthauskeller kann man gemütlich speisen. An der Ostseite des Turms ruht unter einem Säulenbaldachin der Gründer Stockholms, Birger Jarl, an der Südseite steht auf einer hohen Säule der Nationalheld Engelbrekt, und in der vorgelagerten schmalen Gartenterrasse findet sich eine Plastik des bedeutendsten Dichters der Stadt, August Strindberg, und von anderen Künstlern.

Nordwestlich vom Stadthaus, das zu einem Wahrzeichen Stockholms geworden ist, begann man gleichzeitig mit dem Bau des neuen Rathauses (1911-15) im östlichen Zentrum von Kungsholmen im Burgstil der Wasazeit. Hier residieren Magistrat und Stadtgericht (rådhusrätten), und in der Nähe verfügt die Polizei über ein ganzes Viertel. Auf der Anhöhe Kungsklippan erheben sich Wohnhochhäuser, aus deren Fenstern sich hinreißende Ausblicke bieten. Viele Krankenhäuser befinden sich hier, und in der Mitte breitet sich der Kronobergspark aus. Ganz vornehm ist heute die südliche Uferstraße von Kungsholmen, Norr-Mälarstrand, wo unter anderen der bekannte schwedische Geograph und Entdecker Sven Hedin wohnte. Durch die gewaltige Westbrücke (Västerbron) ist Kungsholmen über Långholmen mit Södermalm verbunden, eine Konstruktion, die Riddarfjärden im Westen begrenzt und diesen Teil der Mälarbucht fast zu einem selbständigen Binnensee macht. Nach dem Westen zu verläßt man Kungsholmen über die hohe Tranebergsbrücke (Tranebergsbron), während andere Brücken die Inseln Lilla Essingen und Stora Essingen mit Kungsholmen und dem Süden Stockholms verbinden.

Östlich von Norrmalm schließt sich der vornehme Stadtteil Östermalm jenseits der Birger Jarlsgatan an. Seine breite südliche

Strandstraße (Strandvägen), die von Nybroplan nach dem Osten bis zum Nobelpark führt und sich bei der Djurgårdsbrücke (Tiergartenbrücke) mit dem Narvaweg kreuzt, war um die Jahrhundertwende und später die vornehmste Wohnstraße von Stockholm, wo auch die Diplomaten residierten. Ein Teil von ihnen wohnt jetzt jenseits des Nobelparks in der Diplomatenstadt, und geht man von dort noch ein Stück weiter in östlicher Richtung, so gelangt man zum Technischen und zum Ethnographischen Museum. Nördlich der Diplomatenstadt liegen die Gebäude des Schwedischen Rundfunks und Fernsehens. Geht man vom Ufer aus den Narvavägen nach Norden, so gelangt man – vorbei an der Oskarskyrkan und dem Historischen Museum – zum Karlplan, wo sich die in Erinnerung an Karl XII. erbaute Parkstraße Karlavägen mit ihr schräg kreuzt. Im Norden wird der Stadtteil durch Valhallavägen begrenzt. Im Westteil zwischen Sturegatan und Engelbrektsgatan breitet sich der größte Stadtpark Stockholms aus, nämlich Humlegården (Hopfengarten), in dem das hübsche Gebäude der königlichen Bibliothek liegt, die als Nationalbibliothek neben kostbaren Büchern über 40000 Handschriften, in der Aufstellung 1362 Meter, besitzt. Nahe davon, Sturegatan 14, liegt das vornehme Gebäude der Nobelstiftung, in der alljährlich die neuen Nobelpreisträger gewählt werden. Die Preise übergibt, wie schon erwähnt, der König am 10. Dezember im Konzerthaus in einer feierlichen Zeremonie. Nur den Friedensnobelpreis verlieh der schwedische König in Oslo bis zur Aufhebung der schwedisch-norwegischen Personalunion; dann übernahm der norwegische König diese Aufgabe. Alfred Nobel hatte 1867 das Dynamit erfunden, das nicht nur für Kriegszwecke, sondern vor allem für die Ingenieurbauten des 19. und 20. Jahrhunderts von entscheidender Bedeutung wurde, vor allem für den Tunnelbau und den Bau von Land- und Wasserstraßen. Die Durchführung von Projekten wie dem Panamakanal oder dem St. Gotthard-Tunnel wurde durch diese Erfindung überhaupt erst möglich. Nobel hatte in einer Vielzahl von Ländern seine Fabriken errichtet – »Mein Vaterland ist da, wo ich arbeite, und ich arbeite überall«, soll er einmal gesagt haben – und dabei ein riesiges Vermögen erworben. Da er einsam und ohne Erben war, wollte er, daß der Ertrag seines Lebens der ganzen Menschheit zugute kommen sollte. Sein Testament sah vor, daß die Zinsen seines gesamten hinterlassenen Vermögens »jährlich verteilt werden, um solche Arbeiten zu belohnen, die im vergangenen Jahr der Menschheit den größten Dienst erwiesen haben«. Nobel wurde am 21. Oktober 1833 in Stockholm geboren und starb am 10. Dezember 1896 in San Remo.

In diesen Stadtteil gehört auch die beim Östermalmstorg liegende Kirche Hedwig Eleonora, deren Bau schon zu Lebzeiten der alten ›Karlamoder‹ vor dreihundert Jahren angefangen, jedoch erst durch Adelcrantz um 1737 beendet wurde. Ihr gegenüber liegt das Armeemuseum, das über einen reichen Bestand an Waffen der schwedischen Geschichte von ihren Anfängen an verfügt.

Östermalmstorg ist das alte Zentrum Östermalms, wo das Volkstheater liegt. Wer die neue Untergrundbahn (Tunnelbanan), deren Zutritt bescheiden in zwei Häusern versteckt ist, von hier benutzen will, fährt mit Rolltreppen durch Felsentunnel in eine Tiefe hinein, daß man glaubt, zu einem Mahl bei Pluto eingeladen zu sein. Im allerwestlichsten Teil von Östermalm erhebt sich ein vornehmer und ganz überbauter Hügel zwischen der Engelbrekts- und der Birger Jarls-Straße, der die ›Lerchenstadt‹ (Lärkstaden) genannt wird. Nördlich von Humlegården wiederum siedelte sich die sogenannte Villenstadt an. Jenseits von Valhallavägen breitet sich Ladugårdslandet bis zum neuen Hafen an der Meeresbucht Lilla Värtan aus. Hier lag in den zwanziger Jahren Lindarängen, der Wasserflughafen Stockholms.

Die eingemeindeten östlichen Inseln

Wer die Geschichte der Stadt nicht kennt, kann heute nicht ahnen, daß das im Zusammenhang mit Norrmalm bereits erwähnte Blasieholmen mit dem Grand-Hotel und den alten Häusern um Blasieholmstorget tatsächlich einmal die im traurigen Ruf stehende Gefängnis- und Hinrichtungsinsel Käpplingsholmen war. Von der militärischen Tradition Blasieholmens zeugt noch die Benennung Arsenalsgatan, wie auch Stallgatan an die Kavallerie erinnert. Bei der Neuregelung durch den Oberstatthalter Fleming in den dreißiger Jahren des 17. Jahrhunderts wurden die Schiffswerften auf die folgende Insel, Skeppsholmen, verlegt, die eine feste Brückenverbindung mit Blasieholmen erhielt. Marineakademie und das Arsenal der Flotte, das Flottenkommando, Offizierswohnungen,

Kasernen wie auch eine eigene Kirche, Skeppsholmskyrkan, befanden sich auf der geräumigen Insel.

Doch der größte Teil dieser Gebäude ist verschwunden oder dient heute anderen Zwecken. Manche wurden, wie wir bereits sahen, Museen, das berühmte, an der Westseite festverankerte Segelschulschiff ›af Chapman‹ wurde zur Jugendherberge. Südöstlich der Schiffsinsel liegt fast mitten in der Fahrrinne Kastellholmen, das über eine Salutbatterie verfügt. Eine Brücke verbindet diese kleine Insel mit Skeppsholmen.

Die Lunge Stockholms aber ist die hübsche und geräumige Insel Djurgården (Tiergarten). Wie schon erwähnt, erreicht man sie von der Nordseite über eine kurze Brücke, die Ladugårdslandsviken von Djuregårdsbrunnsviken (Tiergarten-Brunnenbucht) trennt. Die letztgenannte Bucht ist durch eine schmale Wasserstraße mit dem Salzseeteil Lilla Värtan verbunden. Die Schiffseinfahrt nach Stockholm streift das hübsche Südufer des Djuregårdslandet mit dessen grünen Anhöhen und dichten Eichenhainen, ein schönes Vorspiel, ehe sich die Ansicht Stockholms dramatisch präsentiert.

In alter Zeit hieß die große Insel Valmundsö oder Waldermarsö. Um 1600 wurde sie ein Teil des königlichen Jagdreviers, in gustavianischer Zeit war sie das gegebene Ziel der Landpartien der Stockholmer Bürger, die arkadische Umgebung der Lieder von Bellman. Schon früh entstand auf der Südwestseite – der Ostseite der Inseln Skeppsholmen und Kastellholmen gegenüber – die sogenannte ›Tiergartenstadt‹ (Djurgårdsstaden). Hier waren bedeutende Schiffswerften angelegt worden. Vorgelagert und mit einer weiteren Brücke verbunden, schon fast wieder in der Mitte der Fahrrinne, liegt die Werftinsel Beckholmen.

Ihr schräg gegenüber im Osten schimmern zwei Paläste aus dem Grün der Südseite hervor: Oakhill im Norden und Waldemarsudde im Süden. Im ersteren haben Prinz Karl, Bruder Gustavs V. und Vater der Königin Astrid von Belgien, und Prinz Wilhelm, Bruder Gustavs VI. Adolf und Vater des Grafen Lennart Bernadotte auf der Mainau, residiert; im letzteren der Künstlerprinz Eugen, jüngster Bruder Gustavs V. Im Norden ließ der erste Bernadotte, Karl XIV. Johan, das Lustschloß Rosendal aufführen. Das Zentrum jedoch bildet Skansen (die Schanze), der Vergnügungspark der Stockholmer, zugleich aber auch ein Denkmal schwedischer Vergangenheit. Von A. Hazelius 1891 gegründet, ist Skansen ein Muster für alle ethnologischen und ethnographischen Freilichtmuseen Europas geworden. Eine Freilichtbühne, Restaurants und ein Tierpark füllen das geräumige, auf einer breiten grünen Anhöhe gelegene Gelände aus, das sich bei allen Stockholmern größter Beliebtheit erfreut.

Wenn man, von Östermalm kommend, über die Brücke vom Norden her die Insel betritt, erhebt sich rechts das riesige Nordische Museum (Nordiska muséet), das 1893-1906 nach den Entwürfen des Architekten Clason im Schloßstil des 16. Jahrhunderts erbaut wurde und, wie schon sein Name sagt, Zeugnisse der skandinavischen Kultur ausstellt. Neben einer Sammlung von Volkstrachten und Waffen in der hier ebenfalls untergebrachten Königlichen Rüstkammer (Kungliga Livrustkammaren). Ergänzt werden die Sammlungen durch das schon erwähnte Freilichtmuseum Skansen. Beide zusammen vermitteln ein wahres Bild vergangener Zeiten und vergangener Lebensart in Schweden, vor allem der reichen und vielgestaltigen Bauernkultur des Landes. Skansen enthält außerdem noch einen großen Tierpark mit großenteils einheimischen Tieren. Der weite Platz vor dem Museum wird Lejonslätten (Löwenebene) genannt. Hier finden wir die Standbilder von Karl x. Gustav und Karl xv. Unzählige weitere Statuen zieren den Riesenpark, darunter die von Wennerberg, Fröding, Bellman und Jenny Lind. Erwähnung verdienen vielleicht auch Carl Milles Bågskytten (Bogenschütze) und Börjesons Fången viking (Gefangener Wikinger). Geht man von Lejonslätten in südlicher Richtung weiter, so folgen linker Hand die Zufahrt nach Skansen, das Tiergartentheater (Djurgårdsteatern), das Biologische Museum, das einen vollständigen Überblick über die nordische Tierwelt gibt, das sogenannte Byströmsche Palais und das Zirkusgebäude. Die große Parkstraße erstreckt sich kilometerweit an der Südseite der Insel, streift die Tiergartenstadt bei Liljevalchs Kunsthalle, vermittelt den Verkehr mit dem Stockholmer Vergnügungspark Gröna Lund (Grüner Hain), aber auch mit dem berühmten Restaurant Hasselbacken.

Es erheben sich heute auf der Insel viele vornehme Privatvillen, und bei Biskopsudden liegt der Yachthafen. Unter den palastähnlichen Villen befindet sich die Thielska Galeriet, eine bekannte Kunstsammlung, aber auch das große Gebäude der Taubstummenschule, das den eigenartigen Namen ›Manilla‹ trägt. Mit dem alten Aussichtsturm Bredablick konkurrieren der Turm von Gröna Lund und der Fernsehturm Kaknäs mit einem Panorama-Restaurant. Kleine, aber bekannte Gasthäuser sind Blockhusudden, Källhagen und das jenseits der Wasserrinne gelegene Djurgårdsbrunns Värdshus.

Die größte Sehenswürdigkeit auf Djurgården ist heutzutage jedoch das geborgene Riesenschiff ›Vasa‹, das mehr als drei Jahrhunderte unter Wasser lag und im Jahre 1956 von Anders Fransén, einem Marineforscher, gefunden wurde. Ehe man es mit Hilfe von Pontonschiffen 1961 zur Wasseroberfläche hob, waren umfassende Konservierungsarbeiten in der Tiefe nötig. Jetzt liegt das Schiff, von einer Holzkonstruktion umgeben, unweit der alten ›Galeerenwerft‹ an der Westseite von Djurgården, und die Schaulustigen drängen sich in langen Schlangen. Das Schiff besitzt die beachtliche Länge von 48 Metern, es war mit sechsundvierzig vierundzwanzigpfündigen Bronzegeschützen ausgerüstet, für die Navigation waren hundertdreiunddreißig Bootsleute nötig, und die Besatzung bestand aus dreihundert Marinesoldaten. Aus den Protokollen geht hervor, daß die Wasa als Admiralitätsschiff gebaut worden war, eine Tatsache, die die phantastischen Holzschnitzereien bestätigen.

Das Schiff wurde auf einer der alten Marinewerften auf Blasieholmen als Prachtbau fertiggestellt und sank auf seiner kurzen festlichen Jungfernfahrt quer über die Ladugårdslandsbucht nach Djurgården am Sonntag, dem 10. August 1628 um fünf Uhr nachmittags vor den Augen des Königs Gustav Adolf und unter der Anteilnahme der gesamten Bevölkerung Stockholms nahe Beckholmen. Über die Ursachen des Unglücks wurden lange Untersuchungen angestellt. Da Hunderte von großen seetüchtigen Schiffen auf den königlichen Werften gebaut worden waren, war das Mißgeschick um so unerklärlicher, zumal es sich in den engen Gewässern noch gar nicht um eine echte Bewährungsfahrt handelte. Ein Mißverhältnis zwischen der Anordnung der Geschütze und der Segelmasse soll das unerwartete Kentern verursacht haben. Wie viele Leute an Bord waren, hat man nicht feststellen können, mit Sicherheit war nicht die ganze Mannschaft an Bord. Es waren indessen bedeutende Proviantvorräte in Holzfässern geladen worden. Die Einrichtung für Mannschaften und

Offiziere war recht spartanisch. Das Achterschiff war reich mit Holzschnitzereien versehen, die Geschützpforten waren Löwenmasken, die ganze antike Mythologie, Herkules an der Spitze, war aufgeboten worden.

Södermalm – die Stockholmer Südseite

Nähert man sich von der See her Stockholm, so erblickt man zur linken Hand die Anhöhen der ›Südstadt‹ Södermalm, die ursprünglich zum Festland gehörte. Sie ist heute durch das direkt am Söderström liegende Verkehrskarussell Slussen mit der Altstadt verbunden; früher war hier eine Holzbrücke. Seit altersher gab es eine Ochsenkarrenstraße von Söderström in südwestlicher Richtung über den Bergrücken, die bei Hornstull die Einfahrt in die Mälarbucht Årsta erreichte. Bereits im Mittelalter existierte bei Hornstull eine Floßbrücke, und im Winter fuhr man über das Eis. Diese alte Landstraße ist inzwischen zu der zweieinhalb Kilometer langen Hornsgatan geworden, die sich über Liljeholmsbron in Söderäljevägen weiter nach Südwesten fortsetzt.

Schon früh war man bemüht, eine Straße direkt in südliche Richtung zu führen, die östlich der Årstabucht verlaufen sollte und dadurch keinen zweiten Sund überqueren mußte. Denn Hammarby, die Schleuse bei Skanstull, die heute Årstaviken mit Hammarby Sjö verbindet, wurde erst in späterer Zeit angelegt. Ursprünglich war Södermalm an dieser Stelle mit dem Festland verbunden, obwohl die Halbinsel in ältester Zeit Åsö (Insel des Höhenzugs) genannt worden war. Die angestrebte Südstraße wurde aber durch einen Binnensee, Fatburen, behindert; man fing an, diesen See trockenzulegen, und von 1652 an konnte die neue Straße, die den Namen Götgatan (Gotenstraße) erhalten hatte, ihren Weg fortsetzen. Bei Skanstull, genau zwei Kilometer südlich des Söderström, erreichte sie früher die Stadtgrenze.

Heute ist Södermalm aber doch eine richtige Insel, denn seit 1927 funktioniert die neue künstliche Schiffahrtsstraße Hammarbyleden, die über den Danvikskanal die Årstabucht mit der Salzsee verbindet. Zwischen Södermalm, Nacka und Hammarby liegt der hübsche Hammarbysee, dessen Pegelhöhe durch die Kanalverbindung um fünf Meter gesenkt wurde, ein Eingriff, der die Umgebung stark veränderte. Bei Danvik wurde der östliche

Ausläufer der Södermalmhöhen durchsprengt, die Schleuse zur Regelung des wechselnden Wasserstands aber nach Skanstull verlegt. Verschiedene Hochbrücken überqueren die neue Wasserstraße, die heute den ganzen Schiffsverkehr an Stockholm vorbei zwischen der Ostsee und dem Mälarsee vermittelt.

Außer den beiden erwähnten Straßen, Hornsgatan und Götgatan, die das Höhengelände durchqueren, führten früher nur Steigen vom Söderström empor. Hier bauten sich kleine Leute ihre Katen und Hütten, und Södermalm geriet früh in den Verruf, eine schlechte Gegend zu sein, der der Galgen an Skanstull durchaus ziemte. Übrigens kam man keineswegs mit einem Galgen aus, ein zweiter erhob sich weit sichtbar auf der Berghöhe westlich Danviksklippan.

Die ›große Regelung‹ setzte um 1640 auch auf Södermalm ein, wo freilich nur die beiden erwähnten Straßen und der am Söderström gelegene kleine untere Markt städtisch bebaut wurden. Dabei waren im Gegensatz zur Altstadt alle Häuser hier, bis auf einige wenige Paläste und Bürgerhäuser und ein Rathaus, aus Holz. Von der Altstadt aus bestimmte früher die große Marienkirche unweit von Södermalmstorget das Erscheinungsbild der Südstadt. Hier stand schon um 1300 eine Holzkapelle, hundert Jahre später eine kleinere Kirche, bis König Johan III. 1576 mit einer größeren begann, die 1634 eingeweiht wurde. Das Innere wurde von Tessin d. Ä. gestaltet. Bemerkenswerter noch ist die östlichere, höher gelegene Katarina-Kirche, die ihren Namen nach der Mutter Karls X. Gustav trägt. Architekt war Jean de la Vallée, und die Einweihung erfolgte 1671. Der von einer hohen Kuppel gekrönte Zentralbau ist der erste dieser Art in Stockholm und wird als ein Meisterwerk des berühmten Architekten angesehen.

Södermalm ist eng mit der Katarinen-Gemeinde verbunden, deren Zentrum eigentlich Mosebacken (Markt auf dem Hügel des Moses) ist. Hier standen früher die Windmühlen fast Seite an Seite, und hier wollte der Pfalzgraf und spätere König Karl X. Gustav einen Palast bauen, von dem aus er seine ganze Hauptstadt hätte überblicken können. Seine kurze Regierungszeit verhinderte jedoch die Verwirklichung dieses Plans. Unter seinem Sohn und Nachfolger, Karl XI., im letzten Drittel des 17. Jahrhunderts, erreicht der damals in ganz Europa grassierende Hexen-Aberglaube auch Schweden. Luther war daran nicht ganz ohne Schuld, denn in seiner Postille heißt es, daß die Teufel uns umfliegen wie Dohlen und Krähen. Ein deutscher Theologe hatte sogar die Zahl der kleinen Teufel (schwedisch: smådjävlarna) auf reichlich drei Trillionen geschätzt.

Die Verfolgung von Hexen und Zauberern hatte Papst Innozenz VIII. durch seine Bulle ›Summis desiderantes affectibus‹ im Jahre 1484 eingeleitet. Zum Inquisitor von Deutschland hatte er Jacob Sprenger ernannt, der seinen Hexenhammer (Malleus maleficarum) 1489 in Köln drucken ließ. Diese dreiteilige Schrift regelte das gerichtliche Verfahren in allen Fragen der Zauberei in allen katholischen Ländern deutscher Zunge. Doch in den protestantischen Ländern war es nicht viel besser, auch hier nahm die Hexenfurcht groteske Züge an. Anstatt hier Abhilfe zu bringen, gestaltete die Reformation die Lage nur noch verworrener. So erreichte die Hexenpest Schweden in den sechziger Jahren des 17. Jahrhunderts. Der Teufel traf zuerst in der alten Bauernlandschaft Dalarna ein, und begab sich dann über die Stadt Gävle nach Stockholm, wo er in der Katarina-Gemeinde auf Södermalm Quartier nahm.

In den Hütten auf Södermalm wohnten Handwerker, Händler und Seeleute immer eng zusammen, und es gab viel Streit. Höker und Schneider waren die zungenfertigsten, und die Bäcker die reichsten. Unter den geschickteren Handwerkern waren viele Deutsche und unter dem einfachen Volk viele finnisch Sprechende, beide Gruppen wurden wegen ihrem schlechten Schwedisch stets mit Mißtrauen beobachtet, und so richtete sich zuerst der Verdacht gegen sie. Die ersten Hexen waren daher deutscher Abstammung, dann kamen Finninnen und Schwedinnen. Zuerst befaßte sich das Stadtgericht mit den wilden und wahnsinnigen Beschuldigungen, in denen die Hexenritte nach Blåkulla (Blocksberg) die Hauptrolle spielten, dann mußte das Hofgericht (Oberlandesgericht) selbst das Material prüfen. Zeugen sind oft Kinder und Dienstmädchen, deren Phantasie leicht erregbar ist und die nach privater Rache dürsten; die überlieferten Berichte sind völlig grotesk. Anfänglich sträubte sich das Hofgericht, die Dinge ernst zu nehmen; dann aber siegte der Aberglaube, und neun von den ›Katarina-Hexen‹ wurden zum Feuertod verurteilt.

Da man vermeintliche Beweise hatte, daß die Hexen unschuldige Kinder mit auf den Blocksberg brachten, wurden besondere

Wachttürme auf den umgebenden Felsen und Hügeln errichtet, die den Kindern Schutz spenden und die Hexenritte entdecken sollten. Der Aberglaube drang auf breiter Front auch in den Adel ein, und aus den Verordnungen Karls XI. geht hervor, daß dieser sich selbst mit den Problemen auseinandersetzen mußte. Es war freilich peinlich, daß sich das Hofgericht mit solchen Angelegenheiten befassen sollte, und der König ließ deshalb zwei außerordentliche sogenannte Kommissorialgerichte einsetzen, eins in Stockholm und eins in Uppsala. Die Ankläger wurden immer frecher, zungenfertige Frauenzimmer beschuldigten nicht nur die Frau eines Hauptmanns Remmer, sondern sogar die Gräfinnen de la Gardie, die das Palais in der Götgatan bewohnten.

Das neue Gericht hatte eine vernünftige Zusammensetzung: unter den Laien finden wir den berühmten Vorgänger Linnés, den Botaniker Olof Bromelius, nach dem Linné später die Pflanzenfamilie ›Bromeliaceae‹ benannte, den Arzt Urban Hjärne und den den gotländischen Schriftsteller Chronander. Vorsitzer war der Edelmann W. J. Coyet, der später Kanzler von Schwedisch-Pommern und Präsident des Wismarschen Tribunals wurde. Die Anschuldigungen wirken verworren, die Anklägerinnen hysterisch und die Kinder präpariert. Zwar bestätigte man noch zwei vom Stadtgericht gefällte Todesurteile, durch die die letzten Hexen der Katarina-Gemeinde am 5. August 1676 öffentlich verbrannt wurden, doch die neuen Fälle wurden von jetzt an einer genaueren Prüfung unterzogen. Nun wurden die angeblichen Fakten als Trugbilder entlarvt, die Widersprüche häuften sich, die Anschuldigungen wurden als böswillig, irrsinnig und oft sogar als erpreßt erkannt; Ankläger und Zeugen fingen an, sich zu widersprechen und zu Kreuze zu kriechen. Am 11. September 1676 wurden alle weiteren Angeklagten freigesprochen, dafür aber die falschen Kläger öffentlich ausgepeitscht und drei von den schlimmsten, die den Tod Unschuldiger verursacht hatten, ›in normaler Weise‹ hingerichtet. Damit hörte das ›Hexenunwesen von St. Katarina‹ auf.

Damals war Södermalm auch die Zuflucht der Dirnen, und die Freudenhäuser lagen dicht nebeneinander in den schmalen Berggassen. Die heutige Brännkyrkagata hieß damals symbolisch Besvärsgatan, das heißt die ›beschwerliche Straße‹. Die sanitären Verhältnisse waren hier noch bis in die Mitte des 19. Jahrhunderts äußerst mangelhaft. In älterer Zeit mußte man sich vor Spülwassergüssen hüten, später rollten die ›Abfalltonnen‹ aus eigener Kraft hinunter zur Schleuse, wo sie auf Pramen weggebracht wurden.

In den sechziger Jahren des 19. Jahrhunderts kam eine Neuregelung auch für Södermalm. Die Eisenbahn Malmö-Stockholm wurde gebaut, und der Stockholmer Bahnhof nach Södermalm verlegt – heute ›Södra Stationen‹ (Südbahnhof) genannt –, dorthin, wo früher der flache See Fatburen den Himmel gespiegelt hatte. Um weiterzukommen, mußte man sich durch die Bergkette hindurch sprengen, und dieser gewaltige Tunnelbau dauerte weitere zehn Jahre. Ans Sprengen gewöhnt, fing man an, dem Berg Straßen auch auf der Nordseite abzugewinnen. So kam die große ›Katarinastraße‹ (Katarinavägen) zustande, aber auch die Kaistraßen und die ganze Hafenkonstruktion bei Stadsgården, wo heute die Bahn nach Saltsjöbaden abfährt. Die große Sehenswürdigkeit wurde aber der 36 Meter hohe Katarina-Fahrstuhl (Katarinahissen) mit seinem Restaurant, von dessen Plattform alle Generationen nach 1864 ganz Stockholm überblickt haben, und der noch heute eine große Anziehungskraft auf alle Fremden ausübt.

Eine der schlimmsten Gegenden Södermalms war früher der ›Weiße Berg‹ (Vita Berget) im Südosten. Hier wurde in großartiger Lage um die Jahrhundertwende die Sofiakirche zu Ehren der Königin Sophia, Gemahlin Oskars II. und geborene Prinzessin von Nassau, gebaut. Südöstlich davon erstreckt sich die am höchsten gelegene Parkanlage Stockholms, und nicht weit davon entfernt erhebt sich heute eine Gruppe moderner Wolkenkratzer. Über Saltsjön nach Djurgården hinüber blickt die alte Bastion Fåfängan (Eitelkeit). Von den Bergen Södermalms soll man die ›Blaue Stunde‹ (Blå timmen) genießen, das heißt jenes eigenartige bläulich schimmernde Licht, das Stockholm verklärt, wenn die Sonne untergeht.

Am Mälarende von Södermalm liegen die beiden durch Brükken verbundenen Inseln Reimersholmen und Långholmen, die letztgenannte mit unangenehmen Assoziationen verknüpft, da sich hier das zentrale Strafgefängnis und eine Anstalt für Geisteskranke befinden. Die große Brücke Västerbron verbindet über Långholmen hinweg die westlichste Gemeinde Södermalms, Högalid, mit Kungsholmen. Der idyllische schmale Pålssund, der

Södermalm von Långholmen trennt und an dessen Ufern sich auf beiden Seiten Parkanlagen hinziehen, läßt die Gefängnisgebäude auf der Nordseite der langgestreckten Insel nicht sichtbar werden. Zwei Kilometer lang zieht sich am Mälarsee die Kaistraße Söder Mälarstrand als Pendant des Norr Mälarstrand jenseits des Riddarfjärden hin.

Die Einfahrt nach Södermalm über den Söderström und Slussen hat sich nach dem Bau der sogenannten Schleusenmaschinerie (Slussmaskinen) vollkommen geändert. Schon vor der Jahrhundertwende war über dem Söderström zwischen den beiden Brükken ›Karl Johans Torget‹ als eine Art von Plattform gebaut worden, mit dem Reiterstandbild Karls XIV. Johan, des ersten Bernadotte, in der Mitte. Auf beiden Seiten wurden nun die Verkehrsadern ausgebaut, die sich über Södermalms Marktplatz in zwei Ebenen wie Autobahnen kreuzen und den Verkehr auf die großen Söderstraßen, in erster Linie Hornsgatan und Katarinavägen, verteilen. Zahlreiche Tunnel und Durchgänge verwirren sowohl den ungewohnten Fahrer als auch den betäubten Fußgänger, denn der Verkehr mit dem Hafen und dem Bahnhof Stadsgården wie mit dem Fahrstuhl Katarinahissen verläuft ebenfalls durch Slussmaskinen – ein Verkehrskarussell raffiniertester Art. Hier liegen auch die Zufahrten zu den großen, in den Felsen eingesprengten Parkgaragen, die in ihren unterweltlichen Dimensionen so eindrucksvoll sind, daß sie zu den Sehenswürdigkeiten des modernen Stockholm gezählt werden können.

Kultur und Kunst, Museen und Theater

Das moderne Schweden, das den höchsten Lebensstandard in Europa unter einer sozialdemokratischen Regierung, aber auch auf der Grundlage privater Unternehmungen entwickelt hat, verlor keineswegs den Sinn für die Tradition. Die neue Zeit hat freilich das Interesse für das Materielle stark entwickelt und vielleicht dadurch auch die Kräfte hervorgelockt, die den hohen Lebensstandard ermöglichten. So scheint das Interesse für das Moderne heute in Schweden oft überproportioniert zu sein, in den jüngeren Generationen kann man sogar eine bewußte Ablehnung alles geschichtlich Gewordenen antreffen. Doch war das Interesse an Kultur immer schon das Anliegen einer Minderzahl, und so ist es auch in unserer Zeit geblieben. Früher kamen wohl breite Kreise nie dazu, sich mit den Kulturgütern zu befassen, heute wollen es viele nicht, weil das Materielle sie zu sehr in Anspruch nimmt, oder weil man die Vergangenheit als Belastung empfindet und eine Art von ›Antikultur‹ als Gegendemonstration dazu entwickeln will.

Man befindet sich in Stockholm heute mitten in einer Schlacht zwischen Alt und Neu, es ist aber eine Schlacht, bei der die Partner nur manövrieren. Die Schweden sind ein Volk, das sich, wie wir sahen, in den vergangenen Jahrhunderten politisch und militärisch überanstrengt hat. Sein Versuch, eine eingebildete historische Mission, die Ostseeherrschaft zu erlangen und zu behaupten, mißlang. Die Opfer dafür waren ungeheuer, jedoch letztlich vergebens; und nun wendet man sich nützlicheren Dingen zu. Obwohl die Schweden es kaum zugeben wollen, besteht hier eine gewisse Ähnlichkeit mit der deutschen Geschichte, in der eine ›Reichsidee‹ an zu spät eingesehenen Realitäten ebenfalls scheiterte.

Man kann also getrost die rund fünfzig Museen und die ebenso zahlreichen Kirchen besuchen, deren Eigenart wir zum Teil schon bei unserem Rundgang durch die einzelnen Stadtteile kennengelernt haben. Hinzu kommen ungefähr dreißig Kunstgalerien und etwa ein Dutzend größere Theater, die Königliche Oper nicht zu vergessen. Das Ballett war immer gut, und auch der Musikfreund kommt auf seine Kosten, ganz besonders der, der Sinn für Volksmusik hat.

Wir wollen nun auf den folgenden Seiten einen Gesamtüberblick über die zahlreichen Museen zu gewinnen versuchen. Unter den klassischen Museen in Stockholm muß wohl zuerst das Nordische Museum auf Djurgåden genannt werden, das einen hervorragenden Einblick in die skandinavische Kultur gewährt. Von besonderem Interesse darin ist die schon erwähnte Livsrustkammaren, die unter anderem alle erhaltenen Rüstungen und die Gewänder aller schwedischen Könige seit 1500 aufbewahrt. Die Sammlung dort an Trachten, Rüstungen und Gewändern aus dem Jahrhundert des Dreißigjährigen Krieges dürfte in Europa kein Gegenstück finden.

Wer sich noch ausführlicher für die Kriegsgeschichte Schwedens interessiert, besuche das Armeemuseum in der Riddargatan auf Östermalm. Man betritt hier das alte Zeughaus, die ehemalige Arkelei, und wird auf dem Hof und im Museum von über zweihundert Geschützen, Kanonen und Mörsern begrüßt. Das Museum bewahrt Geschütze aus dem letzten Jahrhundert des Mittelalters auf und Fahnen von etwa dem Jahre 1600 an. Auch moderne Waffen sind vorhanden. Wer in noch weiter zurückliegende Jahrhunderte eindringen will, suche das Historische Museum am Narvavägen auf, wo auch das Königliche Münzkabinett mit großen Sammlungen residiert. Das Stadtmuseum in der Götgatan auf Södermalm zeigt Funde, die man im Stadtgebiet von Stockholm gemacht hat, vor allem aus der Wikingerzeit, aber natürlich auch Zeugnisse der späteren Stadtgeschichte. Das Museum ist im sogenannten südlichen Rathaus untergebracht, das in den siebziger Jahren des 17. Jahrhunderts erbaut wurde. Das im Text über Djurgården beschriebene Schiff ›Vasa‹ stellt ein eigenes Museum dar, in dem man ganz besonders die phantastische Ornamentik der Kriegsschiffe aus dem 17. Jahrhundert studieren kann.

Die übrigen Museen Stockholms weisen über Schweden hinaus und sind von großem allgemeinem Interesse. Zu ihnen gehört das Naturhistorische Reichsmuseum, das im Vorort Freskati nördlich von Norrmalm, in der sogenannten Vetenskapsstaden (Wissenschaftsstadt), liegt. Seine Entstehung geht auf das Jahr 1739 zurück und hängt mit der Königlich Schwedischen Wissenschaftsakademie zusammen, deren Naturalienkabinett den Grundstock der heutigen Sammlungen bildet. Im Jahre 1841 wurde das Museum in fünf Abteilungen aufgeteilt. Das gegenwärtige Gebäude des Naturhistorika Riksmuseum, das man kaum in einem Tag durchwandern kann, wurde vom Architekten Anderberg erst 1907-15 errichtet. Unter anderem findet man hier die größte Walfischsammlung der Welt und die Funde, die Nordenskiölds Wega-Expedition bei der Umseglung Nordasiens 1878-79 gemacht hat, das heißt der Auffindung der Nordost-Passage. Die Mineralogische Abteilung weist eine vollständige Sammlung schwedischer und nordischer Minerale auf, unter diesen auch Gadolinit und das Element Gadolinium, das einzige Element, das vor unserer Zeit nach einem Familiennamen benannt worden ist. Der Entdecker hieß Johan Gadolin (1760-1852), der Urgroßvater des Verfassers, der gegen Ende des 18. Jahrhunderts Präsident der Wissenschaftsakademie war.

In der Botanischen Abteilung nimmt selbstverständlich das Werk des weltbekannten schwedischen Botanikers Karl von Linné (1707-78) den ersten Platz ein. Als junger Mann veröffentlichte Linné schon 1735 sein bahnbrechendes Werk ›Systema naturae‹, dem dann ›Genera plantarum‹, ›Flora Lapponica‹ und ›Classes plantarum‹ folgten. Linné war auch der erste Präsident der 1739 gegründeten Wissenschaftsakademie. Seine Forschungen erstreckten sich über die gesamte damals bekannte Welt, und er wurde auch der Vater der systematischen botanischen Gärten in ganz Europa. Unweit des Museums, am Ostufer von Brunnsviken, liegt der Bergianska Trädgården, der Botanische Garten, der durch die Initiative des Linnéschülers Bergius entstand und ein sehenswertes Victoria-Regia-Haus besitzt. Der Naturwissenschaft dient auch das schon erwähnte Biologische Museum auf Djurgården.

Im Gegensatz zu den erwähnten Museen ist das Nationalmuseum auf Blasieholmen, wie wir schon sahen, ein reines Kunstmuseum. Das Gebäude, das 1850-66 im italienischen Renaissancestil errichtet wurde, enthält Monumentalgemälde von Carl Larsson, der gern Motive der Landschaft Dalarna wählte, aber auch von anderen schwedischen Malern seit 1650. Unter den ältesten sind Ehrenstrahl und Krafft d. Ä. zu nennen. Spätere Maler sind Krafft d. J., Pasch d. J. sowie andere ›Wahlschweden‹ wie Roslin und Pilo, der das große Werk ›Die Krönung Gustavs III.‹ geschaffen hat. Als Porträtmaler in der zweiten Hälfte des 18. Jahrhunderts machte sich der gebürtige Holländer Breda einen Namen; von den schwedischen Malern des 19. Jahrhunderts seien hier Höckert, Blommér, Malmström, Troili und Lundström genannt. Die französische Schule von Barbizon übte nach 1870 einen romantisierenden Einfluß auch auf die schwedischen Maler aus, wie die Bilder von Wahlberg, Norstedt und Hill zeigen, während Forsberg und Cederström eher akademisch geprägt sind. Hagborg und Salmson werden als Vorgänger Larssons angesehen, Anders Zorn, dessen Radierungen ganz besonders geschätzt sind, gehört zu den bekanntesten Malern des Landes. Ernst Josephson malte das berühmte Bild Strömkarlen (der Nix) 1884. Unter den Impressionisten nimmt der Bruder Gustavs V., Prinz Eugen, eine beachtliche Stellung ein. Nach 1900 häufen sich die Namen, jedoch sind diese Maler mehr und mehr umstritten: Sager-Nelson, Arosenius,

Törneman, Grünewald, Jolin, Leander, Sköld und schließlich Dardel, Palm, Bertel-Norström. Als Zeichner machte sich Albert Engström einen gewissen Namen.

Die europäische Gemäldegalerie, die mehrere geräumige Säle umfaßt, ist die größte Sammlung ihrer Art in Schweden. Auf ihre Bedeutung haben wir bereits hingewiesen. Niederländische Kunst aus dem 17. und französische aus dem 18. Jahrhundert – Rembrandt, Boucher, Chardin – sind sehr gut vertreten. Die Graphische Sammlung des Nationalmuseums ist besonders sehenswert.

Die Kunst der Gegenwart und des 20. Jahrhunderts findet sich, wie schon erwähnt, im Moderna Muséet auf Skeppsholmen; skandinavische und europäische Kunst findet man ferner auf Djurgården in der Thielschen Galerie und in Prinz Eugens Waldemarsudde und natürlich im Königlichen Schloß. Liljewalchs Kunsthalle auf Djurgården bringt wechselnde Kunstausstellungen.

Auch die Freunde der Plastik kommen in Stockholm auf ihre Kosten. Die Skulpturensammlung des Nationalmuseums verfügt über einen ganz besonderen Schatz: die von König Gustav III. auf seiner italienischen Reise eingekauften antiken Statuen. Auch Teile der kaiserlichen Kunstsammlung in Prag, die als Kriegsbeute mitgenommen wurden, befinden sich hier. Der berühmteste schwedische Bildhauer der älteren Zeit ist der von uns schon mehrfach erwähnte gebürtige Deutsche Sergel, nach dem der zentrale Marktplatz in der neuen Stockholmer City benannt worden ist. Um die letzte Jahrhundertwende, also ein reichliches Jahrhundert später, ist es Carl Milles, dessen Skulpturen in ganz Stockholm anzutreffen sind, wie zum Beispiel der Orpheusbrunnen vor dem Konzerthaus Ivar Tengboms, vor allem aber auf den Terrassen von Milleshof (Millesgården) auf der Insel Lidingö.

Als eigentlichen Gründer des Nationalmuseums könnte man Gustav I. Wasa ansehen, denn er fing als erster mit einer königlichen Kunstsammlung an. Die Beute des Dreißigjährigen Krieges vermehrte die Zahl der Kunstwerke. Den nächsten Großerwerb machten König Adolf Friedrich und Königin Lovisa Ulrika, die Schwester Friedrichs des Großen, indem sie die Pariser Sammlungen des Grafen Tessin d. J. kauften. Ihr kunstsinniger Sohn, Gustav III., holte eine Menge Kunstwerke aus Italien nach Stockholm, und nach seinem Plan, aber erst nach seiner Ermordung, wurde das Museum formal im Jahre 1794 als eigene Verwaltungseinheit ins Leben gerufen. Zum ersten Leiter wurde der Anhänger Gustavs III. und Kunstkenner Fredenheim ernannt, der aus telalterlichen Dramen verlorengegangen. Erst im 18. Jahrhundert Mennander geheißen hatte. Er hatte, zusammen mit Sergel, den König auf dessen italienischer Reise begleitet und an den beginnenden Ausgrabungen im Forum Romanum teilgenommen.

Was das schwedische Theater betrifft, sind leider sämtliche mittelalterlichen Dramen verlorengegangen. Erst im 18. Jahrhundert wurden schwedische Stücke im Ballhaus gespielt; am Hof waren zuvor immer nur ausländische Theatertruppen engagiert worden. Sowohl die Königliche Oper als auch das Königliche Dramatische Theater wurden von Gustav III. ins Leben gerufen, der ja, wie schon erwähnt, selbst Stücke verfaßte. Auf den Mälar-Schlössern Drottningholm westlich von Stockholm und Gripsholm bei Mariefred wurden gleichzeitig kleinere Bühnen errichtet. Die erste schwedische Schauspielerin von europäischem Ruf war Emilie Högquist, die aber schon 1846 mit 34 Jahren starb. Die Stücke Shakespeares beherrschten die Bühne, aber auch die Schweden Schwartz, Dahlquist und Almlöf fanden Anerkennung. Um 1875 wurde das Neue Theater gegründet, und jetzt wurden die großen europäischen Dramatiker der Jahrhundertwende gespielt, fast könnte man sagen, mit Ausnahme von August Strindberg, der, von der herrschenden Schicht angefeindet, 1907-10 im Imtimen Theater seine eigene Bühne besaß, aber erst 1937 in seiner Heimatstadt durch die Inszenierungen Olof Molanders allgemein anerkannt wurde. Nach dem Zweiten Weltkrieg gab es in vielen Ländern eine Strindberg-Renaissance, an der dann auch Stockholm teilnahm. Von den schwedischen Dramatikern seien hier Hjalmar Bergman, Tor Hedberg und Hjalmar Söderberg erwähnt, unter den Schauspielern Anders de Wahl, Lars Hansson, Gösta Ekman, Harriet Bosse (die letzte Frau von Strindberg) und Tora Teje. Zwischen den beiden Weltkriegen und danach wurde das Repertoire der schwedischen Theater sehr international, doch herrschten eindeutig die englisch schreibenden Dramatiker vor, vor allem Eugene O'Neill, dessen Stücke zum Teil hier ihre Uraufführung erlebten. Als Schauspieler können Inga Tidblad, Georg Rydeberg, Jarl Kulle, Thommy Berggren, Lena Nyman, Gunnel Lindblom, Allan Edwall, Yvonne Lombard, Gun Arvidsson und Claes Thelander genannt werden, als Regisseure Bergman und Alf Sjöberg.

Die 1773 von König Gustav III. ins Leben gerufene Stockholmer Oper (Kungliga operhahuset) hat Weltrang. Hier sang einst Jenny Lind, die ›schwedische Nachtigall‹, und Christina Nilsson, die die Met in New York miteröffnen half und damit einen, schon regelmäßig zu nennenden, Austausch dieser beiden Häuser einleitete. Auch das der Oper angeschlossene Ballett erreichte in unserer Zeit unter Birgit Cullberg internationalen Ruf.

Die malerische Umgebung von Stockholm

Die Umgebung Stockholms ist von einer ungewöhnlichen Schönheit, doch kommt diese nur im Frühjahr und im Sommer zur vollen Geltung. Die ›klassische‹ Einfahrt mit einem Ostseeschiff bleibt immer noch die interessanteste Art und Weise, sich der Stadt zu nähern; die Windungen des Fahrwassers eröffnen immer neue Panoramen, bis sich plötzlich Stockholm wie ein aus dem Wasser aufgetauchtes Vineta offenbart. Auch von der Luft sieht diese eigenartige Mischung von Wasser und Land, Felsen und Grün, Brücken, Häuserreihen und Schiffen, Türmen und Straßenzügen phantastisch aus, nur liegt der Flughafen für den Auslandsverkehr, Arlanda, in einer langweiligen Gegend im Nordwesten. Die vierzig Kilometer lange Fahrstrecke in die Stadt bietet daher nur wenig Sehenswertes. Dagegen vermittelt die Eisenbahn von Süden her ein weit schöneres Panorama, indem sie erst den Höhenzug Södermalms durchquert und dann über eine lange Mälarseebrücke den Zentralbahnhof in Norrmalm erreicht. Wer mit dem Auto kommt, wird leider von dem brausenden Verkehr so stark in Anspruch genommen werden, daß höchstens die Beifahrer etwas sehen können. Über Hornstull oder Skanstull im Süden erreicht er die Stadt sozusagen von hinten, durchfährt die langweiligeren modernen Teile Södermalms und befindet sich dann plötzlich in Slussen, ohne für den Blick über die Altstadt und den inneren Teil der Salzsee die notwendige Muße aufbringen zu können. Um Stockholm wirklich wahrzunehmen, muß man nämlich etwas Zeit haben.

Von Stockholm aus erreicht man die Umgebung sowohl zu Wasser als auch zu Lande. Obwohl der Wasserweg mehr zu bieten hat, ist man in seinem Wagen unabhängiger. Sonst gibt es Eisenbahnen und Autobusse zur Genüge, sogar die Untergrundbahn

(Tunnelbanan) führt weit hinaus aufs Land. Die elektrischen Straßenbahnen wurden – außer auf Lidingö – im Zusammenhang mit der Einführung des Rechtsverkehrs entfernt. Das in Kopenhagen immer noch häufige Radeln ist in Stockholm kaum mehr möglich. Dagegen ist das Wandern immer noch angenehm sowohl in der Stadt wie auch außerhalb.

Stockholm hat zwei ›Seiten‹: die Ostseite mit der gewaltigen Schärenwelt von Roslagen und die Westseite mit dem Mälarsee und dessen zahlreichen Inseln und Sunden. Zwar gibt es noch einen Norden und einen Süden, Richtungen, die aber nicht die Bedeutung der beiden oben erwähnten haben. Als erste verstanden die Könige die hübsche Umgebung auszunützen, indem sie in allen Richtungen Schlösser erbauen ließen. Dann setzten Bischöfe und Hochadel diese Tätigkeit fort, während die Stockholmer Bürgerschaft zur Erholung Djurgården aufsuchte. Bereits im vorigen Jahrhundert entstanden Sommerhäuser und Villen, jetzt haben sie die ganze Inselwelt in beiden Richtungen erobert. Da jedoch Garten- und Parkanlagen oft hiermit verbunden sind und die frohe blaugelbe schwedische Fahne überall weht, hat das Landschaftsbild dadurch eher gewonnen als verloren.

Die nächstliegenden Schlösser, die sich heute am Stadtrand befinden, sind Karlberg, Haga, Ulriksdal und Rosendal. Die drei erstgenannten liegen gleich nördlich von Stockholms Vasastadt in Solna, das jetzt eine selbständige Stadt innerhalb Groß-Stockholms geworden ist. Die Parkanlagen um die Schlösser sind bewahrt worden, so daß man sich leicht in die alte Zeit hineinträumen kann. Beiderseits gibt es Wasser: im Osten Brunnsviken, der mit der Salzsee zusammenhängt, und im Westen Karlbergssjön, der einen Teil der Wasserstraße ausmacht, die den Mälarstadtteil Kungsholmen vom Festland trennt. Schloß Karlberg wurde von Karl XI. vor dreihundert Jahren erbaut, seitdem aber die schwedische Kriegshochschule im Jahre 1792 hierher verlegt wurde, war das Schloß nicht mehr Residenz. Haga wurde als Lustschloß von Gustav III. erbaut, doch weit bescheidener, als ursprünglich beabsichtigt worden war. Berühmt ist hier der ›Pavillon des Königs‹ mit seiner eleganten Einrichtung im spätgustavianischen Stil. Des öfteren werden vornehme Staatsgäste noch heute im Schloß Haga untergebracht. Die königliche Familie residierte früher lange Zeiten hindurch hier, und die schwedischen Prinzessinnen waren lange unter der Bezeichnung die Haga-Prinzessinnen bekannt. Die Gegend von Haga wurde von dem gustavianischen Dichter Bellman, der hier oft bei seinem König eingeladen war, besonders besungen.

Etwas nördlicher, an der schmalen Salzseebucht Edsviken, erhebt sich das geräumige Schloß Ulriksdal, das die Königin Eleonora, die ›Mutter der Karls‹, 1669 vom Grafen Jacob de la Gardie erwarb. Das Schloß war von Tessin d. Ä. entworfen worden und erhielt Park- und Gartenanlagen im Stile der Spätrenaissance und kurz darauf des Barocks: Wasserkünste, Grotten und Skulpturen gehörten dazu, und bekannte Architekten und Künstler des 17. Jahrhunderts wurden hier beschäftigt. Auch Gustav III. residierte öfters in Ulriksdal; es ist aber in unserer Zeit eher durch die lebenslustige Hofhaltung des dritten Bernadottes, Karls XV., bekannt. Als Kronprinz bewohnte König Gustav VI. Adolf mit seiner englischen Gemahlin das Schloß.

Wer schon diese drei Solna-Schlösser besucht, sollte nicht versäumen, die alte Gemeindekirche zu besichtigen. Sie ist nämlich eine der drei uralten Rundkirchen Upplands, die bereits um 1150 herum erbaut wurden; die beiden andern – Bromma und Munsö – befinden sich ebenfalls in den Randgebieten Stockholms. Diese Kirchen wurden gleichzeitig als Wehrkirchen für Verteidigungszwecke erbaut, doch haben spätere Anbauten diesen Charakter etwas verwischt. Das Innere der Solna-Kirche stammt aus dem Barock, und auf dem Kirchhof kann man die Gräber berühmter Schweden finden: Erzbischof Wallin, Graf Snoilsky, der weltbekannte Chemiker Jöns Jacob Berzelius und der unstete, aber außerordentlich vielseitige Schriftsteller Almquist.

Das am spätesten erbaute Schloß ist das ganz im Empire-Stil gehaltene Rosendal am nördlichen Djurgården, unweit der Djurgårdsbrunns-Bucht, das für den ersten Bernadotte, also Karl XIV. Johan, 1823-26 gebaut wurde und das heute Museum ist.

Das berühmteste Schloß in der näheren Umgebung Stockholms ist Drottningholm auf der Mälarinsel Lovö. Bauherr war auch hier Königin Hedwig Eleonora, die eine Zeitgenossin Ludwigs XIV. war. Sie war schon Witwe, als sie 1681 die Arbeiten dazu in Angriff nehmen ließ, und als Architekten waren daran sowohl Vater wie Sohn Tessin beteiligt. Schloß, Terrassen und Gärten wurden im Geschmack der Zeit, das heißt im Stil des Barock, erbaut. Später hat Lovisa Ulrika Veränderungen im Rokokostil vorgenommen. Der Bau mit seinen Flügeln ist sehr geräumig, und das Treppenhaus überaus eindrucksvoll. Zur überreichen Innenausstattung gehören Stuckarbeiten, Gobelins, Goldlederwandbekleidungen, Portraits, barocke Möbel, Rokokomöbel, Kunstwerke jeder Art und eine Sammlung wertvoller Bücher. Besonders schön ist der Blick von der Terrasse über den Barockgarten.

Das zauberhafte Schloßtheater wurde 1760 erbaut und wird immer noch in der ursprünglichen, nur etwas renovierten Ausstattung benützt, vor allem während der Stockholmer Festspiele im Juni. Ihm schließt sich ein interessantes Theatermuseum an, wo man alte Modelle, Dekorationsskizzen und Kostüme besichtigen kann.

Ein Spaziergang durch den schönen Park führt den Besucher geradewegs nach China. Gustav III. ließ, vielleicht angeregt durch die Bauten Friedrichs d. Gr., den Architekten Adelcrantz hier ein elegantes Rokoko-Schlößchen im chinesischen Stil erbauen. Sogar ein chinesisches Puppentheater, chinesisches Meublement und kostbares chinesisches Porzellan wurden angeschafft. Im Speisesaal hatte sich der König einen hübschen Scherz für seine Gäste ausgedacht: der Tisch verschwand in den Untergrund, wenn er auf einen Knopf drückte, und kam dann wieder vollgedeckt herauf; die Maschinerie von 1770 ist noch vorhanden. Etwas von diesem Schlößchen entfernt lag das Handwerkerdorf Kanton, wo die Seide für die chinesischen Möbel und die Wandbekleidung nach chinesischem Vorbild gewoben wurden. Wie diese Chinoiserie, so entsprang auch der gleichzeitig errichtete Gotische Turm (Götiska tornet) im Park nebenan einer Modelaune des europäischen Rokoko.

Wie schon erwähnt, liegt Stockholm im Grenzgebiet der beiden alten Landschaften Uppland und Södermanland. Mit den soeben beschriebenen Schlössern habe ich bereits der noch folgenden Schilderung Upplands vorgegriffen. In der Tat wird sich das entstehende Ballungsgebiet Stockholm den südlichen Teil Upplands und den nördlichen Teil Södermanlands einverleiben, doch ohne diesen Landschaften ihren Charakter zu nehmen. Zur allernächsten Umgebung Stockholms gehören noch die Trabantenstädte Djursholm, Lidingö und Saltsjöbaden, die übrigen Vororte werden nachfolgend behandelt.

Djursholm liegt – dem Namen zum Trotz – auf einer uppländischen Halbinsel gleich nordöstlich von Solna und der Bucht Edsviken. Es wurde schon in den neunziger Jahren des 19. Jahrhunderts als Vorort der Vornehmen ausgebaut. Es erhielt eine Eisenbahnverbindung mit Pendelverkehr, die den Familien erlaubte, auf dem Lande zu wohnen und in der Stadt am Tage tätig zu sein. Man wohnte geräumig in prächtigen Landhäusern mit Gärten und Stallungen. Dann wurde diese Bahn als erste in Schweden elektrifiziert, und der Verkehr funktionierte noch besser. Der schwedische Schriftsteller Viktor Rydberg starb hier im Jahre 1895. Der berühmte Mathematiker Mittag-Leffler lebte hier, und hier hat auch heute noch die von ihm gegründete Stiftung ihren Sitz. Gärten, Alleen und Parkanlagen breiteten sich zwischen den großen Villen aus, und man blieb auch im Sommer hier, da der Badestrand von Stora Värtan die Ortschaft im Osten begrenzte.

Djursholm erreicht man heute auch auf der breiten Autobahn über zwei Brücken, Ålkistan und Stocksund, die sich über die Mündungen der Buchten Brunnsviken und Edsviken spannen. Heute ist Djursholm eine Stadt innerhalb Groß-Stockholms, im 16. Jahrhundert lag hier das Schloß der freiherrlichen Familie Banér. Der im Dreißigjährigen Krieg so siegreiche schwedische Feldmarschall Johan Banér wurde hier im Jahre 1596 geboren; das Schloß ist heute Gemeindehaus und war bis 1912 eine höhere Schule. Die berühmte Zeichnerin und Verfasserin von Kinderbüchern und Märchen, Elsa Beskow, lebte in Djursholm, dessen uralte Eichenhaine heute jedoch nicht mehr wie früher gedeihen. Auch der um die zwanziger Jahre unseres Jahrhunderts international bekannte Nationalökonom Gustav Cassel hatte sich in Djursholm niedergelassen, wo er zwar in Ruhe, aber doch in hohem Maße vergebens an die wirtschaftliche Vernunft seiner Mitwelt appellierte.

Der zweite historische Vorort Stockholms ist die große nordöstliche Insel Lidingö, heute eine Stadt mit rund 35 000 Einwohnern. Über die dreiviertel Kilometer breite Meerenge bei Lilla Värtan verkehrte seit altersher eine Fähre, die nach der Jahrhundertwende durch eine Pontonbrücke ersetzt wurde. Nach dem Ersten Weltkrieg wurde eine neun Meter breite, feste Brücke über den Sund geführt, die auch von der elektrischen Bahn benutzt wurde; jetzt gibt es in großer Höhe eine gewaltige Autobahnbrücke, die das jenseitige Ufer auf halber Höhe trifft. Auf voller Höhe liegt das Prachtrestaurant Foresta mit wunderschönem Ausblick, und nicht weit davon liegen die weltbekannten AGA-Werke des Erfinders Gustav Dalén.

Für die Freunde der Kunst unterhält Lidingö, wie schon erwähnt, die große Milles-Villa als Museum. Hier kann man viele der Werke des 1875 in Lagga geborenen und 1955 in Stockholm gestorbenen schwedischen Bildhauers Carl Milles sehen, der internationalen Ruhm erntete, und dessen Kunst vielen schwedischen Städten zugute gekommen ist. Er hielt sich 1897-1904 in Paris auf, wo ihn vor allem Rodin beeinflußte, dann ging er zwei Jahre nach München, wo er die Theorien Hildebrands studierte. Obwohl vom Impressionismus geprägt, entwickelte er einen eigenen Stil, der Klassizität mit Eleganz und Dynamik vereint.

Die große Insel, die von der schmalen Kyrkviken (Kirchenbucht) fast in zwei Hälften geteilt wird, verfügt noch über weite Flächen freier Natur und lange Küstenstrecken. Sogar Binnenseen gibt es hier, und der nördliche Teil weicht nicht viel von dem Zustand ab, der dort herrschte, als er das Jagdgelände der Familie Banér vor vierhundert Jahren war. Bei Ekholmsnäs am Kyrkviken gibt es heute noch einen Eichenhain, der die Begierde Odins (Wotans) erwecken könnte. Viele der alten Höfe sind noch erhalten. An der Ostspitze – erreichbar mit der elektrischen Bahn – lie-Segelklub und Restaurant Gåshaga.

Während Lidingö heutzutage weitgehend von ›kleineren Leuten‹ bewohnt wird, hat Saltsjöbaden, südöstlich von Stockholm, immer noch den Charakter einer vornehmen Wohngegend. Infolge des Höhenzugs von Södermalm entstanden die südlichen Vororte Stockholms erst später, und so ist Saltsjöbaden eine Gründung des Bankiers K.A.Wallenberg aus dem Jahre 1891. Aus dem Bergmassiv Södermalms wurde bei Stadsgården ein Bahnhof herausgesprengt und dann durch einen langen Tunnel eine schon früh elektrifizierte Eisenbahn nach Saltsjöbaden (Salzseebad) geführt. Die hübsche Schärennatur und das gute Ostseewasser waren für den Ausbau dieses Vororts entscheidend, und er entwickelte sich dann etwa parallel zu Djursholm. Das zentrale Badhotel genoß lange ein großes Ansehen, der Segelsport fand hier ein Zentrum, und sogar das Stockholmer Observatorium wurde hierher verlegt. Das einzige geschichtliche Denkmal an diesem neuen Ort ist das Monument zur Erinnerung an die Vertreibung der Russen, die im Schicksalsjahr 1719 hier an Land gingen, um Stockholm anzugreifen.

Sehenswert ist die Offenbarungskirche (Uppenbarelsekyrkan) mit ihren Bronzeportalen von Carl Milles und den Fresken von Hjortzberg, die von Wallenberg gestiftet und vom Architekten Boberg im Jahre 1913 erbaut wurde. Wegen der umgebenden Höhen ist Saltsjöbaden mit seinen drei großen Hotels heute auch ein Zentrum für den Wintersport. Auf der kurzen Fahrt nach Saltsjöbaden durchquert man die mit Södermalm im Osten zusammengewachsene Stadt Nacka in sehr hübscher Lage zwischen Meer und Binnenseen. Hier trennt ein langer und schmaler Sund, Skurusundet, die einzige leicht zu sperrende Einfahrt nach Stockholm aus dem Süden, die große östliche Insel Värmdö, vom Festland Uppland. Der hübsche Hof Svindersvik in Nacka gehört zum Nordischen Museum, und auf dem Landaufenthalt Stora Nyckelviken verbrachte die berühmte Sängerin Jenny Lind viele glückliche Sommer.

Die moderne Großstadt und ihr Ballungsgebiet

Wie früher angedeutet, gibt es in Schweden eine neue Provinzeinteilung, die sich mit den alten Landschaften nicht deckt. Im alten Reich, das sich aus Svealand, Götaland, Norrland und Finnland zusammensetzte, bedeutete ›Provinz‹ erobertes Gebiet, und somit gab es Provinzen damals nur im Baltikum und in Norddeutschland. Zum Unterschied von den Landschaften werden die Provinzen ›Län‹ genannt, und an der Spitze eines solchen Läns steht ein Landeshauptmann. Schon längst wurde aus den angrenzenden Teilen von Uppland und Södermanland eine eigene Provinz Stockholm gebildet, in deren Mitte als selbständiges Verwaltungsgebiet die Hauptstadt mit ihrem Oberstatthalter thront. Das neue Ballungsgebiet der Großstadt, die ›Stockholmer Region‹, verlangt eine Neuregelung zwischen Stadt und Provinz, zumal das Ballungsgebiet 42 frühere Landgemeinden einbeziehen wird.

Es gibt in Stockholm eine sogenannte ›Generalplanbereitung‹, deren Expertenausschuß mit den weiteren Vorschlägen 1967 fertig wurde. Hier fiel die Entscheidung zugunsten der neuen City-Bildung im mittleren Norrmalm, hier wurde die Idee geboren, den

Wagen- und Fußgängerverkehr auf verschiedene Ebenen aufzuteilen, wobei Geschäfte, Restaurants und Aufenthaltsräume teils überhöht, teils in den Untergrund verlegt werden. Auf der tiefsten Ebene laufen diie Untergrundbahnen (Tunnelbanan) sowie ein labyrinthisches System von unterirdischen Fußgängerpassagen, Rolltreppen und Fahrstühlen, die auch mit dem Hauptbahnhof verbunden sind. Wie das U-Zeichen in Deutschland, so steht in Schweden ein T für die Untergrundbahn.

Die neue City, die auch auf die komplizierten topographischen Verhältnisse Stockholms Rücksicht nehmen muß, ist aber nur ein Teilproblem innerhalb der großen Regionalplanung, die das ganze künftige Ballungsgebiet umfaßt. Zu ihm gehören die erwähnten älteren Vororte, die gewissermaßen als Vorgänger betrachtet werden können, sowie eine große Anzahl neuer ›Satellitenstädte‹. Einige von diesen haben bereits das etwas verächtliche Attribut ›Schlafstädte‹ erhalten, und die neue Planung will nun für eine gewisse Eigenständigkeit dieser ›Schlafstädte‹ sorgen. Sie werden mit Kulturzentren, Parkanlagen, Einkaufsmöglichkeiten, Schulen, Kunstwerken und sogar Arbeitsstätten versehen, um eine Art von Wohlbefinden herbeizuführen, für das es das spezifisch schwedische Wort ›Trivsel‹ gibt. Hier werden interessante Experimente gemacht, besonders auch in der Kinderfürsorge, die in der ganzen Welt mit Aufmerksamkeit verfolgt werden. Groß-Stockholm (Stor-Stockholm), in das alle jetzt bestehenden Orte rings um die alte Stadt einbezogen sind, zählt heute 1,2 Millionen Menschen, wird aber laut Berechnungen um das Jahr 2000 die doppelte Zahl beherbergen.

Die gegenwärtige Stadt, also die früher beschriebenen Stadtteile, wird nunmehr als Stadtkern aufgefaßt, den man nach Vollendung der neuen City nicht mehr wesentlich verändern will. Die hier wohnhafte Bevölkerung wird zahlenmäßig zugunsten der Trabantenstädte abnehmen, ein Prozeß, der schon eingeleitet wurde. Südlich Södermalms – also jenseits der Hammarbyfahrstraße – sind schon viele Vororte eng mit der alten Stadt zusammengewachsen wie Enskede, Brännkyrka, Älvsjö, Vantör, Hägersten, Hammarby, Skarpnäk und die Musterstadt Farsta. Weiter östlich wurde bereits Nacka erwähnt, und im Norden müssen neben Solna und Djursholm, Sundbyberg, Sollentuna, Täby und die zweite Musterstadt Vällingby westlich von Solna genannt werden.

Vällingby gilt in vieler Hinsicht, und nicht nur in Schweden, als die Musterstadt der Trabantenstädte. Der Ort wurde 1951 auf reinem Bauernland einige Kilometer nordwestlich des Binnenflughafens Bromma angelegt, und die A/B Svenska Bostäder (Schwedische Heimstätten AG) erhielt den Auftrag, den Vorort zu planen und zu bauen. Leitender Architekt war Sven Markelius mit einem Stab zahlreicher Mitarbeiter. Im folgenden Jahr ziehen sechs Familien dorthin, im Jahre 1954 sind es 4700. Ein Zentrum mit zwei Warenhäusern und vierzig Spezialgeschäften wird eingerichtet, und in mäßiger Entfernung werden einige Industriegebiete ins Leben gerufen. Zwei Jahre später sind weitere dreißig Geschäfte und Service-Einrichtungen, einige Restaurants, ein Jugendhaus, eine städtische Bibliothek, ein Bürgerhaus, Banken, Apotheken, Post, Polizei, ein Kino, eine Kirche und ein Krankenhaus hinzugekommen; die U-Bahnverbindung ist da, und 1960 zählt man 24000 Einwohner in 7400 Wohnungen, die somit durchschnittlich drei Personen je Wohnung umfassen. Drei Jahre später beträgt die Bevölkerung 84000 Menschen, die ein gesamtes Jahreseinkommen von 700 Millionen Schwedenkronen aufweisen. Jetzt folgen ein Hotel, ein Parkhaus und ein erweitertes Zentrum. Die neue Stadt gibt nun 13000 Menschen Arbeit und wurde damit zu einer selbständigen Einheit.

Die Geschichte Vällingbys wiederholt sich rings um Stockholm und gibt ein typisches Bild der Art ab, in welcher das moderne Schweden baut. Infolge der wechselreichen Landschaft können die Satellitenstädte recht verschieden aussehen, obwohl dieselben Einrichtungen dort wiederzufinden sind. So liegt Vällingby unweit einer Mälarbucht – Hässelby Strand –, während zum Beispiel Farsta im Süden zwischen zwei selbständigen Binnenseen gegründet wurde. Ein Trabantenwunder ist das Farsta-Zentrum, wo das dominierende Stockholmer Warenhaus ›Nordiska Kompaniet‹ (NK) und der Billig-Waren-Konzern ›Tempo‹ sehr sichtbar vertreten sind. Man will auch architektonische Effekte erzielen, teils durch eine moderne Linienführung, teils durch die Verwendung verschiedenartiger und oft sehr teurer Baumaterialien. Farb- und Beleuchtungswirkungen spielen dabei eine große Rolle.

Die Satellitenstädte werden auch in Gruppen geplant, die außer der Verbindung mit dem Stadtkern Stockholm eine Art von innerem Zusammenhang aufweisen. Eine interessante Gründung dieser Art ist das neue Skärholm südwestlich von Södermalm am Mälarsee. In gewisser Entfernung befinden sich ringsum fünf weitere Trabantenstädte: Hägersten, Brännkyrka, Huddinge, Salem und Botkyrka, und die gesamte Bevölkerung dieser Gruppe soll bis zum Jahre 1975 auf 250000 Personen anwachsen. Die Satellitenstädte sind durch U-Bahn und Autobahn mit Stockholm verbunden, besitzen aber gegenüber dem gefährlichen Verkehr einen gewissen Igelcharakter: Marktplatz und inneres Straßennetz werden nur für Fußgänger gebaut, während die Kraftwagen Brükken oder Tunnels benützen. Große Parkhäuser werden gebaut für vorübergehend eintreffende Autos, während die Häuser von der Außenseite oder unterirdisch erreichbar sind.

Der regionale Generalplan Stockholms zählt vier Sektoren: Nordost, Nordwest, Südwest und Südost. Daß die Querrichtungen als Namensträger stehen, erklärt sich aus der Tatsache, daß das Wasser den Westen und den Osten beherrscht. Eine Maximum-Region erstreckt sich von Nynäshamn und Södertälje im Süden bis über Norrtälje, Östhammar und Öregrund im Norden, schließt die Küste und ganz Roslagen ein, während das aktuelle Groß-Stockholm bescheidener bleibt. Doch wurden für die ganze maximale Region interessante Untersuchungen durchgeführt, die mit einem geologischen Spezialstudium anfangen.

Aus den geologischen Karten ersieht man, daß die Stadt und die nächste Umgebung auf Felsen und dazwischen liegenden engen Talböden aus Lehm ruht. Der Felsen besteht meistens aus Urgestein, das heißt aus Granit und Gneis, aber auch aus späterem Eruptivgestein. Darüber hat nun das Eis Moränenkies verbreitet, der an der uppländischen Seite dominiert. Jedoch ziehen sich Geröllablagerungen als parallele nord-südgehende Höhenzüge durch die Landschaft. Während die östliche Inselwelt, Roslagen, in der Regel auf Urgestein ruht, besteht der Boden der Mälarinseln aus Lehm, hier und da von Geröllhöhenzügen eingerahmt. Die Bodenbeschaffenheit erklärt die reichere Vegetation auf der Mälarseite, wo es auch viel Sand gibt. Kalkstein ist in der Stockholmer Gegend selten, während die beiden nördlichen Gebiete Torf aufweisen.

Der Generalplan zeigt, wo die Landwirtschaft erhalten bleiben soll, wo Industrien angelegt, wo Erholungsgebiete gegründet und wo Naturschutzgebiete eingerichtet werden sollen. Auch die Besitzverhältnisse wurden klargelegt, wobei es sich zeigte, daß sich etwa die Hälfte des Grund und Bodens in der Hand der Stadt Stockholm, des Staates, der Gemeinden und einiger großer Industrien befindet. Für die Erholung auf dem Wasser wird durch Anlage von vielen kleinen Häfen und Stützpunkten gesorgt, und auch den Wanderern sollen neue Möglichkeiten eröffnet werden. Sonderregelungen für den Flugsport und für den Hubschrauberverkehr sind vorgesehen. Wie schon erwähnt, wurde der Großflugplatz Arlanda vorsorglich weit außerhalb der Stadt, das heißt 40 Kilometer nördlich von ihr, angelegt, damit zentrale Fluglärmprobleme nicht entstehen können.

Mit der Planung wurde ein gewaltiger Stab von Mitarbeitern beauftragt, die weitgehend selbständige und nicht kommunal angestellte Personen sind. Mit der Ausführung beschäftigen sich auch überwiegend Privatfirmen, während Staat und Gemeinden für den Verkehr, das Sanitätswesen und dergleichen Sorge tragen.

Uppland

Das alte Herzland Schwedens

Wer zuerst die weiten Ebenen Upplands kennenlernt, wundert sich, daß die schwedische Staatsbildung ausgerechnet hier ihren Ursprung gefunden hat. Wenngleich niedrige Höhenzüge hie und da die Landschaft in Richtung Nord-Süd durchqueren und bescheidene Hügel und Felsen etwa dreißig bis fünfzig Meter in die Höhe streben, haben wir es mit einem Tiefland zu tun, dessen Anhöhen und Höhenzüge noch bei Beginn unserer Zeitrechnung meistens Inseln waren. In Roslagen, der Küsten- und Inselwelt Upplands, kann man heute noch sehen, wie Uppland zur Zeit Christi aussah. Der Name ›Uppland‹ (Aufland) leitet sich von der Küstenhebung ab, die zu gewissen Zeiten einen Meter pro Jahrhundert betrug. Bis 1200 n.Chr. war der Mälarsee noch eine Meeresbucht, die früher durch zahlreiche breite Wasserstraßen quer durch Uppland mit der Ostsee verbunden war.

Die Archäologen haben längst nachgewiesen, daß die Besiedlung schrittweise mit dem Rückzug des Meeres nach Osten erfolgte. Wo sich jetzt flache Seen, Sümpfe und träge Flüßchen befinden, ermöglichten früher Meerengen und Sunde einen lebhaften Bootsverkehr. Die Hälfte aller Runensteine Schwedens steht in Uppland, und die hundertfünfzig mittelalterlichen Steinkirchen, die die Landschaft zieren, liegen alle an ehemaligen Wasserstraßen.

Die Landschaft Uppland umfaßt rund 13 000 Quadratkilometer und grenzt im Osten an die Ostsee, im Süden an den Mälarsee, im Nordwesten an den großen Dalfluß (Dalälven), dessen Mündung zu Uppland gezählt wird, und nur im Westen besteht eine kurze Landgrenze mit Västmanland. Auf der Landkarte erscheint Uppland als eine Art Sechseck. Wie oben erwähnt, frißt sich vom Süden her Stockholm in die Landschaft hinein, ohne jedoch dem zentralen Teil Upplands den Charakter nehmen zu können. So gehört der Südostteil Upplands heute zur Provinz Stockholm.

Wie oben angedeutet, fing die schwedische, anfänglich sveeische Staatsbildung mit den drei uppländischen ›Volkländern‹ Attundaland, Tiundaland und Fjärdhundraland oder Fjädrundaland an. Die Namen sind Ableitungen der Zahlwörter achthundert, zehnhundert und vierhundert und geben wahrscheinlich Aufschluß über die Zahl der innerhalb jeder Gruppe zusammengeschlossenen Gehöfte. Hierzu kam noch Roden, das die Küste und die Schären umfaßte und als ›Skeppslag‹ (Organisation zur See) bezeichnet wurde. Dieser Organisation oblag die Verteidigung und der Angriff, und sie wurde später die Basis der Ostsee-Wikinger. Kurz nach der Zeitwende waren die ›Volkländer‹ aus dem Meer aufgetaucht und noch von guten Wasserstraßen durchzogen. Wie diese vermutlich ausgesehen haben, kann man heute noch an der Strecke Stockholm-Sigtuna-Skokloster-Flottsund sehen.

Für das Uppland von heute ist die alte Einteilung nicht mehr sehr brauchbar, man unterscheidet daher fünf Regionen: die mittlere Zentralregion um Uppsala, die nördliche Erz- und Holzgegend um Dannemora und den Dalfluß, die östliche Küsten- und Schärenlandschaft, die unter dem Namen Roslagen bekannt ist (früher Roden), das südwestliche Mälargebiet und der Südosten, wo die Verstädterung zugunsten Stockholms vor sich geht. Trotz Stockholm ist Uppsala das Zentrum von Uppland geblieben, die übrigen Städte, die noch selbständigen Charakter zeigen, sind Sigtuna, Norrtälje, Enköping, Östhammar, Öregrund und Vaxholm.

Drei kleinere Flüsse durchfließen neben dem Dalfluß das junge Tiefland. Von ihnen ist Fyris-ån (Fyris Flüßchen) der berühmteste, weil er durch Uppsala fließt, wo er in der Nähe der Universität einen kleinen Wasserfall bildet. In älterer Zeit wurde er auch Sala-ån genannt, woher der Name Uppsala stammt. Der Fluß, der Bootsfahrten bis Uppsala unterhalb des Falls ermöglicht, ist heute 72 Kilometer lang und verfügt über ein Stromgebiet von 2000 Quadratkilometern. Er erreicht den Mälarsee bei Ekoln etwas nördlich von Skokloster und fließt somit gegen Süden. Aus dem See Tämnaren kommend, fließen gegen Norden in die Bottnische Meeresbucht die Flüsse Tämnarån und Olandsån, während der Norrtäljeån die Richtung gegen Osten einschlägt und in die Ostsee mündet. Keiner von ihnen hat es sonderlich eilig, und man

Der Hafen von Lysekil in Bohuslän, Südschweden
Fischerdorf auf der Insel Smögen in Bohuslän, Südschweden

kann sie manchmal von toten Wasserrinnen oder langgestreckten flachen Seen kaum unterscheiden.

Der Lehmboden Upplands, den das zurückweichende Eis auf dem Urfelsen zurückließ, ist fruchtbarer, und es gedeiht hier mehr, als man auf dieser nördlichen Breite von 60° erwarten könnte. Viehzucht und Ackerbau haben sich hier früh entwickelt. Außerdem gab es hier immer Laubwald, in dem Eiche und Esche als heilige Bäume wuchsen und der Ahorn für die herbstliche Farbenpracht sorgte. Für den Schiffsbau war genügend Holz vorhanden. Seit 600 v. Chr. schmiedete man hier Eisen. Wolle wurde gesponnen, und, neben der Rinderzucht, züchtete man bereits Rennpferde, die zu den heidnischen Festspielen gehörten, unter anderem für die sogenannten ›Hengsthetzen‹. Ein Rauschgetränk wurde aus Gagelsträuchern und Myrtenheide bereitet, im vornehmeren Alt-Uppsala trank man Honigmet, und später wurde Hopfen angebaut. Die Gerste war die älteste Getreideart und wurde auch schon früh für das Brauen von Bier verwendet. Erst im 17. Jahrhundert brannte man Branntwein aus Roggen.

Für Archäologen ist ganz Uppland eine Fundgrube. Die zahlreichen Überreste des Bronzezeitalters (1500-600 v. Chr.) wie alle neolitischen Funde sind im Osten Upplands und auf einigen Höhenzügen zu finden, da das Tiefland ja damals noch unter Wasser war. Die Gegend um Enköping – Böglösa, Hemsta, Rickeby, Gärsta – ist besonders ergiebig: Hier findet man die größte zusammenhängende Fläche mit Felszeichnungen Upplands, auf der sich dreihundert verschiedene Figuren drängen. Bilder von Schiffen, Rädern und Tieren mischen sich mit Darstellungen von Menschen und menschenähnlichen Wesen.

Es ist den Archäologen gelungen, eine ältere Religion als den Odin-Thor-Kult zu entdecken, und man neigt zu der Ansicht, daß die Entwicklung in Uppland seit der Bronzezeit kontinuierlich gewesen ist, zumal ganz schwedisch klingende Ortsnamen noch an den älteren Kult erinnern. An der Seite des Fruchtbarkeitsgottes Ullr stand die Göttin Ärn oder Härn. Unweit der Felsenzeichnungen bei Hemsta liegen die Ortschaften Ulleråker und Härnevi, die mit den Götternamen zu tun haben. Die Silbe ›vi‹ bedeutet eine heilige Stätte, an der man Opfer darbrachte. Die

Sommerabend bei Torekov im nördlichen Schonen
mit Blick auf die Insel Hallands Vaderö, Südschweden

Überlieferung spricht von einer Einwanderung der Anbeter Odins und Thors, die womöglich nur eine kleine herrschende Schicht bildeten. Jedoch ist die Königswahl eine uralte Einrichtung, die kaum in einem eroberten oder unterdrückten Land in der überlieferten Form möglich gewesen wäre. Die vielen Fruchtbarkeitsriten, auf die die Felszeichnungen anspielen, sind noch nicht völlig geklärt, sie scheinen aber vorwiegend mit Riten der Mannbarkeit und Geschlechtsreife verbunden gewesen zu sein.

Während die Siedlungen des Bronzezeitalters mindestens dreißig Meter über dem gegenwärtigen Meeresniveau liegen, finden wir diejenigen der Eisenzeit bei etwa zehn Meter Meereshöhe. Große Grabfelder können bei Läby, Knivsta, Tensta, Lunda usw. besichtigt werden. Nördlich von Läby erreicht man den höchsten Punkt des sogenannten Uppsala-Höhenzugs (Stentorget) (steinerner Markt), der viel Kopfzerbrechen verursacht hat. Auf 75 Meter Meereshöhe, dem höchsten Punkt Upplands, wird der Höhenzug, der sich sonst aus Geröll zusammensetzt, von einem flachen Dach aus Gneis und Granit gekrönt. Im Volksmund heißt es, daß hier eine große Stadt mit gepflasterten Straßen gelegen hat. Die Wissenschaftler haben indessen festgestellt, daß es sich um eine vereinzelte Insel im Meere der ältesten Steinzeit handelt, die von den Wellen glattgespült worden ist. Sank das Meeresniveau um die Insel, wurden konzentrische steinerne Flächen verschiedener Höhe freigelegt, während Sand und Schutt tiefer lagerten. Die Insel tauchte vor etwa 7000 Jahren aus dem Littorinameer empor.

Wo immer man auch in Uppland gräbt, findet man Überreste alter Kultur. Nach den Perioden der Grabfelder, der Steinsetzungen in Schiffsform und der Steinkisten kommen die Bautasteine und dann erst die Runensteine, mit denen Uppland übersät ist. Man zählt weit über tausend, und sie geben Aufschluß über die Vendelzeit, die Uppsala- und Birkaperiode wie auch über die Wikingerfahrten bis in die beginnende christliche Zeit hinein. Die Grabfelder in Vendel, wo das erste Zentrum des sveeischen Reichs entstand, soll niemand versäumen zu besuchen, zumal Läby, Stentorget und der See Tämnaren ganz in der Nähe liegen. Die Reste alter Burgen, die der Verteidigung gedient haben, findet man öfters auf den Bergspitzen, so Gåseholm am Mälarsee unweit Hässelby. Die Meereshöhe beträgt nur 56 Meter, die Gipfel der Höhenzüge sowie die vereinzelt stehenden Felsen wurden für Feuerzeichen benutzt. Erst sehr viel später hält die Schloßkultur ihren Einzug in Uppland. Mittelalterliche Residenzen der Könige und des Adels gab es schon früh, doch erst im 17. Jahrhundert entstehen hier auch elegante große Schlösser wie zum Beispiel Skokloster.

Uppland war aber nicht nur das Landeszentrum, sondern auch das Grenzland gegen den Norden. Die ganze Landschaft schiebt sich wie eine breite Halbinsel gegen den Osten vor und trennt durch das Ålands Meer (Ålands hav) den Bottnischen Meeresbusen von der Ostsee. Während die Nordostküste ernst und karg wirkt, erscheint die Mälargegend lieblich und freundlich, Roslagen wiederum frisch und vom Seewind geprägt. Die Botaniker – und Linnés Hammarby liegt ja in der Mitte Upplands – rechnen mit einer Klimagrenze quer durch die Landschaft: rund hundertfünfzig Pflanzengattungen finden hier ihre Nordgrenze. Eigenartig ist das reiche Vorkommen von Misteln an der Mälarseite. Die Vogelarten Upplands sind Legion. An größeren Tieren sind Elche, Hirsche und Rehe zu nennen, die letzten Bären dürfte Karl XII. zur Strecke gebracht haben.

Das traditionsträchtige Uppsala

Mitten in Uppland auf der großen Ebene, jedoch am Rande eines Höhenzugs und durch den Fyris-Fluß geteilt, liegt Uppsala, das ehemalige Zentrum Schwedens. Man kann behaupten, daß die Rolle als Zentrum gewissermaßen symbolischer Art war, indem man die Überlieferung aus der heidnischen Zeit vor 1000 n. Chr. übernommen hatte. Denn Uppsala blieb immer eine Kleinstadt, die erst in sehr später Zeit die Hunderttausend-Einwohnergrenze überschritt. Alt-Uppsala (Gamla Uppsala) mit den drei berühmten Grabhügeln liegt vier Kilometer nördlich der Domkirche und ist jetzt eingemeindet. Hier soll der riesige goldgeschmückte Zentraltempel des Odinkults gestanden haben, und hier wurde um 1100 n. Chr. die alte Kirche gebaut, die 1164 erzbischöflich wurde. Man vermutet, daß sich eine Residenz für die Zentralverwaltung der königlichen Domänen (Uppsala Öd) und für Repräsentationszwecke in der unmittelbaren Nähe Alt-Uppsalas befunden hat, ohne daß man heute den Platz mit Sicherheit ausfindig machen kann. Über den Ritus und das Zeremoniell des Odinkults weiß man wenig, daß aber bei den heidnischen Feierlichkeiten viel Met getrunken wurde, ist anzunehmen. Im Wirtshaus ›Odinsborg‹, in der Nähe des alten heiligen Hains, kann man heute noch Wikingermet aus Hörnern schlürfen.

In der Gründungszeit Alt-Uppsalas bedeckte Wasser die weite Uppsala-Ebene. Allmählich wurde die See immer flacher, das emporgetauchte Gebiet wurde Wiesenland, und schließlich stieg eine Schwelle einige Kilometer südlich des Tempelsitzes zutage. Nur noch ein Strom, Sala-ån, war zurückgeblieben, und bei der Schwelle bildete sich ein Wasserfall, der allmählich die Bootsfahrten unbequem gestaltete. Also baute man hier, östlich des Flusses, an der Mündung des Wasserfalls, einen Hafenplatz mit dem Namen Aros, ein altschwedisches Wort, das Flußmündung bedeutet. Es entstand ein Flecken, wo sich Handelsleute ansiedelten und Schifffahrt betrieben wurde. Um die Mitte des 12. Jahrhunderts folgten Kirche und königliche Verwaltung, und nun wurde auch das westliche Ufer einbezogen. Hier baute man sowohl die neue Domkirche wie das königliche Schloß. Das neue Uppsala war jetzt da und blieb, obwohl das Wasser sich immer mehr zurückzog, dem nunmehrigen Fyris-Fluß jedoch eine ruhige Passage gewährend.

Die Gründung von Aros geschah zu der Zeit, in der die große Meeresbucht Mälaren dadurch zum Binnensee wurde, daß sich auch bei Stockholm eine Landschwelle bildete. Die alten Zentren auf den Mälarinseln, Helgö und Birka, verloren dadurch an Bedeutung, Sigtuna aber hatte durch Angriffe von Seeräubern stark gelitten. Dazu kamen die ausgezeichneten Landverbindungen, die an den Höhenzügen entlang führten und über die Uppsala-Aros verfügte. So entstand hier ein Wintermarkt auf der gefrorenen Fläche überschwemmter Wiesen, der den Namen ›Distingen‹ trug und gewöhnlich von Ende Februar bis Anfang März abgehalten wurde. Dieser Name ist heidnischen Ursprungs und entstammt einem uralten Opferfest für die ›Disen‹, weibliche Fruchtbarkeits- und Todesgottheiten, das in Alt-Uppsala um diese Jahreszeit gefeiert worden war. In modernisierter Form findet auch heute noch in Uppsala alljährlich der Wintermarkt Distingen statt.

Um 1280 dürfte man mit dem Bau der Domkirche am Westufer des Fyris angefangen haben. Ein französischer Steinmetzmeister, Etienne de Bonneuil, soll die Arbeiten jahrelang geleitet haben, sie wurden jedoch öfters unterbrochen, und erst 1435 konnte die Einweihung stattfinden. Die Länge der Kirche und die Höhe der beiden Türme haben dieselben Maße: 118,7 Meter. Den Stil kann man als ein Gemisch von französischer Hochgotik und baltischer Backsteingotik bezeichnen. Zur Zeit Gustavs II. Adolf wurden die Turmspitzen barock umgestaltet. Im Jahre 1702, als Karl XII. mit der Armee in Polen und in Sachsen stand, brannte ganz Uppsala ab, und die Kirchenglocken schmolzen durch die Hitze. Die Restauration wurde dem berühmten Architekten Baron Hårleman anvertraut, der 1735 damit fertig wurde, genau dreihundert Jahre nach der Einweihung. Die geschmolzenen Glocken wurden umgegossen und eine neue Glocke ›Thornan‹ hinzugefügt. Diese trug ihren Namen von der preußischen Stadt Thorn, wo die königliche Leibgarde sie im Jahre 1703 erbeutet hatte. Die nächste Restauration fand 1893 im Anschluß an das Dreihundertjahrjubiläum des ›Uppsala Kirchentages‹ statt, doch machte diese viel böses Blut. Eine dritte Restaurierung steht heute zur Diskussion.

Immerhin ist noch sehr viel vom Alten erhalten. So stammt das Nordportal mit dem Bild St. Olofs aus dem 13. Jahrhundert, und auch im Querschiff kann man die Arbeiten der französischen Steinmetze aus dieser Zeit bewundern. Das Südportal ist dem St. Laurentius geweiht und mit Steinskulpturen geschmückt. Das Westportal aus dem 15. Jahrhundert stammt aus der Spätgotik. Von der Vorhalle unter den Türmen betritt man den Kirchenraum, dessen Länge 107 Meter beträgt und dessen lange Säulenreihen einen tiefen Eindruck machen. In der Vierung, wo das Querschiff das dreischiffige Hauptschiff kreuzt, befindet man sich unter dem sogenannten Krönungsgewölbe, wo die schwedischen Könige von 1440 bis 1719 ihren Eid geschworen haben, und hinter dem Hauptaltar befindet sich das aus dem letzten Drittel des 16. Jahrhunderts stammende vergoldete Reliquiar Eriks des Heiligen. Der Hauptaltar selbst ist gotisch, die Kanzel stammt aus der Zeit des Barock. Unter den zahlreichen Grabchören, die der schwedische Hochadel hier errichtete, verdienen diejenigen der Familien Wasa, Sture und Jagellonica Erwähnung. Im ersten sind König Gustav Wasa nebst seinen beiden späteren Frauen beigesetzt, im zweiten die durch Erich XIV. ermordeten Mitglieder der Familie Sture und im dritten König Johan III. und seine polnische Königin, Katarina Jagellonica. Im sogenannten Finsta-Chor haben die Eltern der heiligen Birgitta und die erste Frau Gustav Wasas, Katarina von Sachsen-Lauenburg, ihre letzte Ruhe gefunden. Im Dom zu Uppsala sind auch der große schwedische Mystiker Emanuel Swedenborg und der berühmte Botaniker Karl von Linné beigesetzt. Am Hochaltar ruhen Laurentius Petri, der erste lutherische Erzbischof von Schweden, Bruder des Reformators Olaus Petri, und Nathan Söderblom, der Erzbischof zu Beginn des 20. Jahrhunderts war.

Die Universität Uppsala, die älteste Hochschule des Nordens, wurde im Jahre 1477 am Tage der Heiligen Birgitta eingeweiht. Sie erlebte zahlreiche Veränderungen, ehe sie unter Gustav Adolf eine dauerhafte Organisation und eigene Gerichtsbarkeit erhielt. Auch wurde ihr damals die ehemalige Residenz der katholischen Erzbischöfe, von da an Gustaviana genannt, zur Verfügung gestellt. Für ihren Unterhalt sorgten 339 Gehöfte und 4 Mühlen, die ihr gehören, weswegen die Universität von Uppsala auch heute noch als Großgrundbesitzer gelten kann. Im Gustavianum sind heute unter anderem die kulturhistorischen Sammlungen der Universität, das Museum der nordischen Altertümer und das Victoriamuseum für Ägyptische Kunst untergebracht. Namen wie Linné, Bergman, Celsius und Klingenstierna machten die Universität schon im 18. Jahrhundert berühmt. Das gegenwärtige Zentralgebäude der ständig wachsenden Alma mater wurde 1887 errichtet, zahlreiche Institute für spezielle Zwecke sind über die ganze Stadt verteilt, in der die zehntausend Studenten mit ihren weißen Samtmützen bei akademischen Feierlichkeiten dominieren.

Die Domkirche liegt am beginnenden Höhenzug und somit etwas höher als die beiden alten Marktplätze unten am Strom, die ›Fyris torget‹ und ›St. Eriks torget‹ heißen. Auf der Westseite des Doms, jenseits des alten Gustavianums, erhebt sich das neue Universitätsgebäude. Vom alten Heidentum ist noch etwas zu spüren, wenn man durch den ›Hain des Wotan‹ (Odinslund) aufsteigend, die höher gelegene Universitätsbibliothek, die prachtvolle ›Carolina rediviva‹ erreicht. Hier werden unter zahlreichen anderen Schätzen das Originalmanuskript der ›Edda‹ (Codex Uppsalensis) von Snorri Sturluson und der weltberühmte ›Codex argenteus‹ des Gotenbischofs Wulfila aufbewahrt. Die Bibliothek verfügt über einen besonderen Ausstellungssaal, wo auch Laien die Kostbarkeiten bewundern können. Wer sonst die spezielle Geschichte Uppsalas studieren will, begebe sich in das Upplandmuseum, das im alten steinernen Mühlenhaus am Fyris-Wasserfall bei der Dombrücke eingerichtet worden ist.

Wo die Universität jetzt steht, lag in alter Zeit der Königshof ›Uppsala gård‹, der von Gustav Wasa befestigt worden war. Es gab hier einen Kanonenturm, der den symbolischen Namen ›Styrbiskop‹ (Bischofslenker) trug und dessen Geschütze für alle Fälle auch auf die gegenüberliegende erzbischöfliche Residenz gerichtet werden konnten, denn die Reformation ging ja teilweise mit Brandschatzung von Kirchen und Klöstern vor sich. In diesem alten und recht bescheidenen Schloß feierte Erich XIV. seine Krönung, und hier residierte auch Herzog Karl, der spätere Karl IX., zur Zeit des ›Uppsala Kirchentags‹ 1593, wo der Protestantismus gegenüber dem katholischen König Sigismund Stellung bezog.

Mit dem Bau des neuen Schlosses auf dem Kamm des Höhenzugs hatte Gustav Wasa zwar begonnen, ihn aber keineswegs zu Ende geführt. Nach dem Sturz Erichs richtete sein Bruder, König Johan III., eine königliche Wohnung, eine Schloßkapelle und seinen Reichssaal im immer noch unfertigen Bau ein. Sein Neffe, Gustav II. Adolf, ließ den Architekten Caspar van Planten um 1620 das rosarote Schloß mit den runden Endtürmen vollenden. Bei einer Feuersbrunst 1702 stark beschädigt, wurde das Schloß zu Uppsala erst viel später, jedoch nach den Zeichnungen Hårlemans, restauriert. Berühmt ist vor allem der Reichssaal, wo viele Krönungsfeierlichkeiten stattgefunden haben, und wo Königin Christine im Jahre 1654 die Krone niederlegte. Der Rundblick über die Uppsala-Ebene im Westen und im Norden, den bewaldeten Höhenzug im Osten und bis zur Mälarbucht im Süden kann – cum grano salis – mit der Aussicht der Attaliden vom Kamme Pergamons verglichen werden.

Der große Botanische Garten westlich des Schlosses wurde um 1660 von Olof Rudbeck als Schloßgarten angelegt, während Carl von Linné seinen Garten später östlich des Fyris schuf. Ebenso alt wie der Dom ist die Dreifaltigkeitskirche (Trefaldighedskyrkan) am Odinslund. Ein klassisches Gäßchen ist St. Eriks gränd mit der alten Pumpe. An diesem Platz wurde König Erich IX., der Heilige (St. Erik), der Finnland mit dem Reich vereinigte, im Jahre 1160 ermordet, und hier entsprang eine klare Quelle, die immer noch der Pumpe Wasser liefert. Seit 1947 ist auch die hübsche mittelalterliche Kirche Vaksala Uppsala eingemeindet worden. Aufmerksamkeit verdienen auch die Gebäude der verschiedenen Studentenverbindungen, die nach Landschaften geordnet

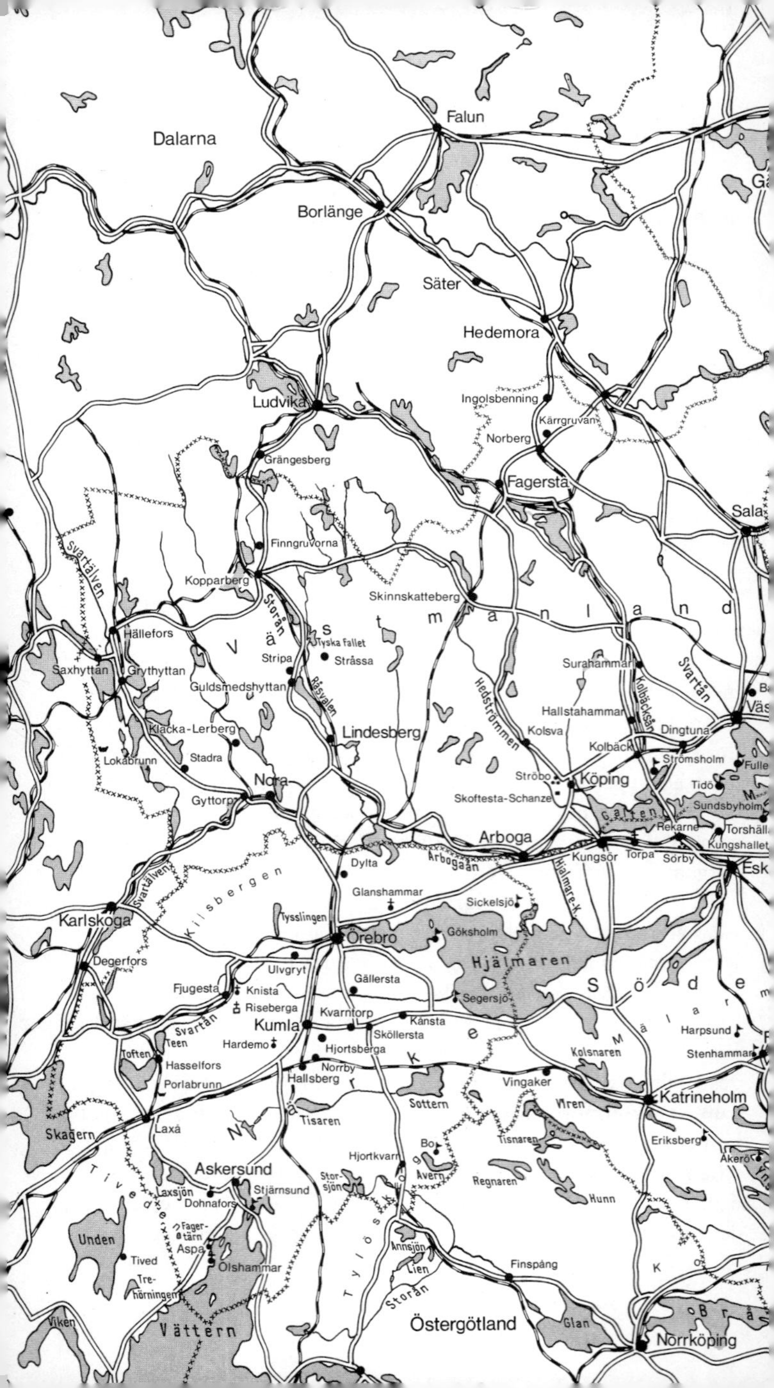

Dalarna
Falun
Borlänge
Säter
Hedemora
Ludvika
Ingolsbenning
Kärrgruvan
Norberg
Grängesberg
Fagersta
Sala
Finngruvorna
Kopparberg
Skinnskatteberg
Västmanland
Svartälven
Storån
Hällefors
Tyska fallet
Stråssa
Stripa
Saxhyttan
Grythyttan
Guldsmedshyttan
Råsvalen
Surahammar
Svartån
Hedströmmen
Kolbäcksån
Hallstahammar
Dingtuna
Väs
Klacka-Lerberg
Lindesberg
Kolsva
Kolbäck
Strömsholm
Fulle
Lokabrunn
Stadra
Nora
Ströbo
Köping
Tidö
Skoftesta-Schanze
Galten
Sundsbyholm
Gyttorp
Rekarne
Torshälla
Arboga
Kungsör
Torpa
Sörby
Kungshallet
Esk
Dylta
Arbogaån
Hjälmare-K.
Svartälven
Kilsbergen
Glanshammar
Sickelsjö
Karlskoga
Tysslingen
Örebro
Göksholm
Degerfors
Ulvgryt
Hjälmaren
Gällersta
Fjugesta
Knista
Segersjö
Södermanland
Riseberga
Kvarntorp
Kumla
Känsta
Harpsund
Svartån
Teen
Hardemo
Sköllersta
Toften
Hjortsberga
Mälaren
Kolsnaren
Stenhammar
Hasselfors
Norrby
Närke
Porlabrunn
Hallsberg
Vingåker
Sottern
Viren
Katrineholm
Laxå
Tisaren
Skagern
Tisnaren
Eriksberg
Bo
Åkerö
Hjortkvarn
Askersund
Avern
Regnaren
Laxsjön
Stor-sjön
Stjärnsund
Dohnafors
Hunn
Fagertärn
Tiveden
Unden
Aspa
Tylöskog
Annsjön
Tived
Olshammar
Lien
Finspång
Tre-hörningen
Storån
Viken
Östergötland
Glan
Vättern
Norrköping
Bråviken

Skutskär
Älvkarleby
Älvkarleö
Dalälven
Österlövsta
Lövstabruk
Tolfta
Tämnarån
Söderfors
Tierp
Forsmark
Gräsö
Öregrund
Valö
Östhammar
Signilskär
Dannemora
Örbyhus
Österbybruck
Gimo
Harg
Singö
Vendelsjön
Tämnaren
Vendel
Dannemorasjön
Skäfthammar
Grisslehamn
75
Stentorget
Olandsån
Läby
Viksta
Sätuna
Tensta
Salsta
Väddö
Björklinge
Fyrisån
d
n
Älmsta
Gamla Grisslehamn
U
p
p
l
a
Rasbo
Knutby
Simpnäs
Gamla-Uppsala
Edsbro
Björkö
Arholma
Uppsala
Funbo
Almunge
Erken
Altuna
Flottsund
Rånäs
Ekebyholm
Malsta
Estuna
Norrtäljeviken
Västeraker
Rimbo
Finsta
Lommar
Norrtälje
Nysätra
Gryta
Vik
Kapellskär
Härnevi
Salnecke
Sjö
Skokloster
Knivsta
Skepptuna
Adamsberg
Rö
Nartuna
Härkeberga
Kvarnbg.
Holm
Arnö
Penningby
Furusund
Litslena
Hjälsta-bucht
Arlanda
Lunda
Kårsta
Riala
Yxlan
Blidö
Finstaholm
Frösunda
köping
Ekolsund
Markim
Orkesta
Sigtuna
Norrsunda
Rickeby
Håtuna
Lindholmen
Roslagskulla
Fånö
Skånela
Vada
Böglösa
Håtunalandet
Rosersbg.
Torsaker
Osseby-Garn
Trögden
Hammarby
Vallentuna
Östana
Ekolsundviken
Veckholm
St. Väsby
Ångarn
Österaker
Ljusterö
Kungs-Husby
Ekholmen
Fresta
Täby
Åkersberga
Staket
Rotebro
Rydboholm
Trälhavet
Utöhus
Grönsö
Almarestäket
Sollentuna
Möja
Aspö
Bogesund
Vaxholm
Tosteron
Ekenäs
Överselö
Svartsjö-landet
Danderyd
Oskar-Fredriksborg
Storö
Tofta
Munsö
Selaön
Adelsö
Hässelby
Tynnelsö
Segeröfj.
Mälsaker
Alsnöhus
Svartsjö
STOCKHOLM
Gustavsb.
Prästfj.
Drottningholm
Ormingel
Värmdölandet
Strängnäs
Menhammar
Birka
Lovö
Nacka
Runmarö
Sandhamn
Stavsund
Tyreh
Saltsjöbaden
Kaggeholm
Ekebyhov
Åker
Ekerö
Ingarö
Mariefred
Lillö
Botkyrka
Gripsholm
Salem
Södertälje
Brevik
Nämdö
Handen
Tyresta
Hanveden
Södertörn
Dalarö
Jordbro
Sandemar
Österhaninge
Årsta
Ornö
Häringe
Hammersta
Muskö
Ösmo
Södertälje Kanal
Båven
Tullgarn
Utö
Östermalma
Ålö
Aspa
Runnviken
Nynäshamn
Trosa
Nåttarö
Uppsala kulle
Näs
Torö
Tista
Landsort
Nyköping
Stjärnholm
Oxelösund
Landschaftsgrenze
Eisenbahn
Straße
Schloß, Ruine
Kirche
Grabfeld
Runen
Aussichtspunkt
0
10
20
30 km

sind. Unter geschichtlichen Gebäuden wären noch das Dekanhaus, das Skytteanum, das Domtreppenhaus, das Erzbischöfliche Palais, das Linnémuseum und das Biologische Museum zu nennen. Die zahlreichen Gärten, Parkanlagen und Alleen sind wegen ihrer Ulmen und prachtvollen Kastanienbäume hoch geschätzt. Das moderne Uppsala, das zugleich eine Industriestadt ist, hat großzügige Sportanlagen gebaut. Turnen war unter den Studenten bereits in ältester Zeit beliebt.

Zahlreiche Brücken führen heute über den verhältnismäßig kleinen Fluß, an dem verschiedene ›Promenaden‹ angelegt wurden. Bekannte akademische Wirtshäuser sind Gillet, Flustret und Flottsund, alte Stadtteile Svartbäcken, Kungsängen, Islandet, Fjärdigen und Lathagen. Zwischen den Stadtteilen Rickomberga und Kungsgärdet ist die neue Studentenstadt für 4000 Studenten gebaut worden. Die Stadt erweitert sich heute in allen Richtungen und ist die fünftgrößte in Schweden. Die Reichsstraße 13 verbindet Uppsala mit Stockholm, doch gehen von Uppsala noch sieben weitere Straßen aus. Am interessantesten ist vielleicht die Straße nach Osten, die die alte Domstadt mit Norrtälje verbindet. Sie folgt der Uferlinie einer alten Wasserstraße, die in der Wikingerzeit Alt-Uppsala mit dem Meer verband. Das erste Kirchspiel auf diesem Weg mit seiner hübschen mittelalterlichen Kirche trägt eigentümlicherweise den Namen ›Danmark‹ (Dänemark), ohne daß man eine Erklärung für diese uralte Benennung hat. Dann folgen die berühmten Steine von Mora (Mora stenar), wo die schwedischen Königswahlen bereits im 5. nachchristlichen Jahrhundert stattgefunden haben. Der Haupt- und Krönungsstein ist aber leider verschwunden und sein Schicksal unbekannt. In der Nähe befindet sich ›Linnés Hammarby‹, der berühmte Gutshof, wo Linné die Sommer verbrachte und botanische Experimente durchführte. Der ganze Hof und das hübsche Haus sind heute Museum.

Das alte Sigtuna und die Mälarseite

Die halbe Nordküste des Mälarsees gehört Uppland, das hier ein lieblicheres Gesicht als sonst zeigt. Der See schiebt drei lange Buchten tief ins Land hinein, die zwei breite Halbinseln umschlingen, welche vor einigen hundert Jahren noch Inseln waren. Die östlichste Bucht erreichte früher Uppsala und endet heute bei

Flottsund. An der Mitte dieser Bucht liegt die alte Stadt Sigtuna, um die letzte Jahrtausendwende die große Rivalin Uppsalas. In der Tat scheint Sigtuna eine christliche Gründung zu sein, in der die Kirchen St. Olof, St. Lars und St. Per den neuen Glauben verkündeten, während man noch in Alt-Uppsala den heidnischen Göttern opferte. Als Gründer Sigtunas um das Jahr 1000 gilt König Olof Skötkonung.

Sigtuna soll die älteste Stadt Svealands sein, wenn man Birka und Helgö auf den entsprechenden uppländischen Mälarinseln nur als Marktplätze betrachtet. Alt-Uppsala war ja nie eine Stadt, sondern ein heiliger Hain mit dem Haupttempel und einem Königshof. Sigtuna dagegen hatte einige gepflasterte Straßen, und hier wurden auch die ersten schwedischen Münzen um die Jahrtausendwende geprägt. Sie trugen die Inschrift: ›Situne Dei‹ (Gottes Sigtuna). Zu jener Zeit lag die Stadt auf einer recht großen Insel und verfügte über Wasserstraßen auch in östlicher Richtung. Jetzt ist aus der Insel eine Halbinsel geworden, die im Norden über niedrige Wiesen mit dem Festland zusammenhängt. Die Hauptstraße des heutigen Städtchens, die ›Stora gatan‹ (Große Straße) krümmt sich genauso wie vor tausend Jahren, nur daß ihr mittelalterliches Niveau drei Meter tiefer lag. Am ›Großen Markt‹ hat man wie in Troja neun Häuser übereinander ausgegraben.

Daß das idyllische Städtchen eine große Rolle im mittelalterlichen Schweden gespielt hatte, wußte man, doch hatten die Forscher den Ort ignoriert, bis der junge Dr. Olof Palme, Onkel des späteren schwedischen Premiers, kurz vor dem Ersten Weltkrieg Ausgrabungen unternahm, die zu bedeutsamen Entdeckungen führten. Dr. Palme, der sich 1918 als Freiwilliger im Kampfe Finnlands gegen die Kommunisten beteiligte, fiel bei Tammerfors und wurde bei der Ruine St. Olof in Sigtuna beigesetzt. Heute ist Sigtuna eine archäologische und geschichtliche Sehenswürdigkeit von Rang, auf der halben Strecke zwischen Stockholm und Uppsala, unweit des Flughafens Arlanda. Zahlreiche Runensteine sind in und um Sigtuna gefunden und interessante Kirchenmalereien freigelegt worden.

Im Jahre 1060 wurde Sigtuna Bischofssitz und Zentrum der christlichen Mission in Schweden. Die drei obenerwähnten Kirchen waren gleichzeitig als Festungen gebaut, weil man mit dem Heidentum in Uppsala auf gespanntem Fuß stand. Erst 1130 konnte der Bischofssitz nach Alt-Uppsala verlegt werden, wonach Sigtuna als Verwaltungszentrum zu verkümmern anfing. Dann kam der schon erwähnte große Seeräuberangriff 1187, der die Stadt zunächst entvölkerte. Das kurz darauf gegründete Dominikanerkloster half ihr wieder, zu Kräften zu kommen, allein die Reformation machte dann allem ein Ende. Bis 1915 währte der Dornröschenschlaf. Die Dampfschiffe Stockholm-Uppsala fuhren das Städtchen nur dann und wann an, und zu Lande konnte man es nur mit der Post erreichen.

Jetzt ist alles verändert. Die Stadt hat 3500 Einwohner und steht unter Denkmalschutz. Bis fünf Meter tief ist die Kulturschicht, die als ›schwarze Erde‹ bezeichnet wird. Die restlichen, nicht unbedeutenden Kirchenruinen sind freigelegt, und man hat hier unter anderem die ersten schwedischen Gewölbekonstruktionen gefunden. Ein Altertumsmuseum sammelt die Funde. Im Stadtpark sind verschiedene Runensteine aufgestellt, Grabfelder aus der ersten christlichen Zeit sind entdeckt worden, und man hat den Platz der friesischen Kaufmannsgilde feststellen können. Auch die ›Holmgård-Fahrer‹ hatten eine Gilde, und dafür, daß der Verkehr mit Holmgård (Nowgorod), Känuborg (Kiew) und Miklagård (Konstantinopel) lebhaft war, bürgt schon der Umstand, daß die Tochter Olof Skötkonungs mit dem Großfürsten Jaroslaw von Kiew verheiratet war.

Viele Institutionen sind nach Sigtuna verlegt worden, und die große Sigtuna-Stiftung unterhält verschiedene Lehranstalten, unter anderem ein Knabeninternat im Stile Salems, in dem der schwedische König, Karl XVI. Gustav, seine Ausbildung erhalten hat. Die Verbindungen mit Stockholm sind ausgezeichnet, der Autobus braucht eine Dreiviertelstunde. Die Wasserstraße der schmalen Bucht ist an vielen Stellen überbrückt, und auf der großen Halbinsel gegenüber – Håtunalandet –, die noch vor zweihundert Jahren eine Insel war, erhebt sich das berühmteste Schloß aus der Zeit, in der Schweden europäische Großmacht war: Skokloster. Bei der Einfahrt in die Bucht, ein ganz schmaler überbrückter Sund mit einer ziemlichen Strömung, lag die alte Erzbischofsburg Almarestäket, die eine große Rolle in den Unionskriegen spielte und öfters belagert und eingenommen wurde. Die enge Stelle selbst wird ›Stäket‹ genannt, was auf eine alte Wasserpalisade (stake: Staken) hindeutet. Über die große Vorstadt Sundbyberg mit dem Flugplatz Bromma und der Reiterbahn Solvalla greifen die Polypenarme Stockholms schon nach Stäket.

Zwischen Håtunalandet und die zweite große uppländische Mälarhalbinsel Trödgen schiebt sich die spitze Hjälstabucht weit gegen den Norden. Nur einige Kilometer grüne Wiesen trennen den innersten schilfreichen Teil der Bucht von den Gewässern südlich Uppsalas und legen somit die alte Wasserstraße still. Dadurch entwickelt sich in dieser Gegend ein reiches Vogelleben, das man vom Aussichtspunkt auf dem Kvarnberg gut beobachten kann, wenn man den Vorschriften des Hegegebiets Folge leistet. Die Autostraße und die Eisenbahn überschreiten die Bucht beiderseits des historischen Schlosses Ekolsund und erreichen in Enköping die westlichste Stadt Upplands, die auch früher am Mälarsee lag. Jetzt fließt ein kurzer Fluß, Enköpingån, nach Enköping, der fünf Kilometer südlicher in die dritte große Mälarbucht, Svinnegarnsviken, mündet.

Wie oben schon kurz erwähnt, ist die Gegend um Enköping besonders reich an Altertümern. Die Stadtrechte bestehen seit dem Jahr 1164, doch lag hier früher einer der bedeutendsten Häfen Upplands, wo ein Wintermarkt im Stile Distingens seit altersher abgehalten wurde. In christlicher Zeit erhielt dieser Jahrmarkt den Namen ›Tjugondagsmarknad‹ (Zwanzigtagsmarkt), weil er zwanzig Tage nach Weihnachten – also lange vor Distingen – anfing. Als Hauptort in Fjärhundraland besitzt Enköping uralte Kirchen, unter denen die hochgelegene ›Vårfrukyrka‹ (Kirche unserer lieben Frau) an erster Stelle zu nennen ist. Das Kloster verschwand mit der Reformation; gleichzeitig war der Hafen zu seicht für den Schiffsverkehr geworden.

Als Garten- und Gemüsestadt fristete Enköping lange Zeit ein bescheidenes Leben, bis es in unseren Tagen eine Industriestadt mit 15 000 Einwohnern wurde. Der Erfinder des Schraubenschlüssels, J. P. Johansson, leitete im vorigen Jahrhundert diese Entwicklung ein. Der Stadtfluß wurde aufgebaggert, ein neuer Hafen angelegt, und der Schiffsverkehr mit Enköping ist wieder im Gange. Von hier aus oder von Stockholm kann man die berühmten uppländischen Mälarinseln besuchen, unter denen Lovö mit dem Schloß Drottningholm, Ekerö, Svartsjöland, Adelsö, Björkö (Birka) und Lillön (Helgö) zu nennen sind. Die vier erstgenannten erreicht man auch mit dem Auto, da seit langer Zeit schon Brükken geschlagen wurden; Adelsö wiederum über eine kurze Fährstrecke von Ekerö. Birka und Helgö dagegen, die alten Kulturstätten, kann man trotz der jahrhundertelangen Küstenhebung auch heute noch nur mit dem Boot aufsuchen.

Mit Birka und Helgö werden weder die Archäologen noch die Geschichtsforscher fertig. Neue Ausgrabungen, besonders auf Helgö (Lillön), haben die Bedeutung dieser Insel noch stärker erkennen lassen. Ob die beiden Inselorte schwedische Regierungszentren oder nur Marktplätze gewesen sind, ist unsicher. Sicher ist, daß der friesische Einfluß vorherrschend war und daß der Apostel Ansgar im 9. Jahrhundert zweimal Birka besucht hat. Die Inseln, die auch heute noch relativ klein sind, waren ja damals noch kleiner. Nur die höheren Teile konnten bewohnt gewesen sein, und hier hat man auch die archäologischen Schichten ›schwarzer Erde‹ angetroffen. Zu der Birka-Zeit waren alle uppländischen Zentren mit Schiffen erreichbar, weswegen der Inselcharakter dieser Ortschaften nicht so sehr ins Gewicht fiel. Auch auf Adelsö hat man nördlich der hübschen frühmittelalterlichen Kirche drei königliche Grabhügel mit viel Grabschmuck gefunden. Ruinen heidnischer Burgen und zahlreiche Runensteine befinden sich in der Nachbarschaft. Einem späteren Zeitalter gehören die Reste des Schlosses Alsnöhus an, das einmal Sitz der königlichen Familie der Folkunger war.

So wie die Geschichte Schwedens sich auf diese Gegenden konzentriert, hat sich auch die Naturschönheit der Mälarlandschaft hier verdichtet. Eine Sommerfahrt auf einem weißen Mälarschiff sollte niemand versäumen. Nirgends tritt die Lieblichkeit der schwedischen Natur so sehr an den Tag wie hier, nirgends verschmelzen das Gold der Sonne, das Blau des Wassers und das Grün der Ufer zu einer größeren Farbharmonie als hier.

Dannemora und das uppländische Erzland

Die frühe Machtstellung Upplands hängt mit den Erzvorkommen im nördlichen Teil der Landschaft zusammen, in der der uralte Bergwerksdistrikt Dannemora liegt. Als Erzbischof Jacob Ulfsson im Jahre 1481 den Dannemoraberg übernimmt, interessiert er sich aber weniger für das Eisenerz als für den silberhaltigen Bleiglanz. König Gustav Wasa griff 1545 auf das ausgezeichnete

Eisenerz zurück, und hundert Jahre später machte der Niederländer Louis de Geer das Dannemoraeisen weltberühmt. Zahlreiche fachkundige Wallonen wanderten damals nach Schweden aus, und diese modernisierten den schwedischen Bergbau vollkommen. Zwar gewann man das Erz immer noch in altertümlicher Weise durch Erhitzen des Felsens, doch war Holz genügend vorhanden. Erst ab 1720 fand das Pulver für Bergsprengungen Verwendung. Louis de Geer machte indessen schon in den Jahren nach 1640 Lövsta, Gimo und Österby in Norduppland zu weltbekannten Eisenhütten. Hundert Jahre später, als man das Pulver verwendete, gab es über zwanzig ›Dannemorahütten‹, und Schweden brachte ein Drittel der damaligen Weltproduktion an Eisen hervor. Über Öregrund und Norrtälje wurde das schwedische Stangeneisen exportiert, und einer der größten Abnehmer war die englische Eisenindustrie in Sheffield. Der alte Hüttenbetrieb war mit einer ausgedehnten Landwirtschaft verbunden, denn es mußten sowohl die Arbeiter wie auch die Pferde mit den Erträgen der eigenen Scholle unterhalten werden.

Die drei großen Eisenhütten lagen im uppländischen Binnenland, nicht sehr weit von den obenerwähnten Küstenstädten. Nach alten Berichten benötigte man 11 500 Pferdefuhren, um 500 Tonnen Stangeneisen nach den Hafenstädten zu befördern, wo Schiffe den Weitertransport übernahmen. In Norrtälje lagen aber auch die Waffenschmieden, durch die die schwedischen Armeen versorgt wurden, doch kam es auch zu Rückschlägen. 1709 wurde bei Poltawa das ganze Regiment Uppland vernichtet, und ein Dezennium später zerstörten an Land gegangene russische Truppen viele Eisenhütten und Bergwerksanlagen.

Die Eisenhütten erholten sich jedoch schnell wieder, und im vorigen Jahrhundert waren wieder dreizehn Dannemorahütten in Betrieb. Ein schwieriges Problem bildete das Lenzpumpen der Gruben, zumal einige Binnenseen ganz nahe lagen. Im Jahre 1726 wurde eine merkwürdige ›Feuer- und Luftmaschine‹ von einem Mechaniker, M. Triewald, konstruiert, und diesem soll es gelungen sein, für kurze Zeit die Grubenschächte trockenzulegen; die Erfindung ging aber wieder verloren. Zur Verbesserung des Bergbaus trug der schwedische Erfinder Polhem um 1700 viel bei, unter anderem konstruierte er für die Kraftgewinnung aus Wasserfällen ein effektiveres oberschlächtiges Wasserrad. 1806 führte man die ersten Dampfmaschinen ein. Seit der Fertigstellung des großen staatlichen Kraftwerks in Älvkarleby am unteren Dalfluß im Jahre 1913 verfügt man über genügend elektrischen Strom. Anfang des Jahres 1870 übernahm die Eisenbahn die schweren Transporte, und in unserem Jahrhundert kamen die Lastkraftwagen hinzu. Heute gewinnt man das Erz hier in einer Tiefe von 350 Metern unter Tag.

Bei Österby kann eine alte Wallonenschmiede als Museum besichtigt werden. Der Eisenhammer war in kontinuierlichem Betrieb, und die Schmiede arbeiteten in drei Schichten. Sie schliefen zwischen den Schichten in kleinen, recht gut schallisolierten Räumen nebenan. Die Erzgegend beginnt ungefähr 30 bis 40 Kilometer nördlich von Uppsala. Die alten Erzorte und Kirchdörfer sind heute zu ansehnlichen Ortschaften geworden, und als Hauptort in Norduppland betrachtet man jetzt Tierp. Kurz darauf erreicht man Älvkarleby, dessen prachtvolle Wasserfälle nunmehr der Wirtschaft dienen. Nach alter Überlieferung konnte man ehedem das wilde Getöse der Fälle noch in einer Entfernung von dreißig Kilometern hören. Über die Brücke König Karls XIII. geht der Landverkehr mit Norrland vor sich. Unweit stromaufwärts liegt das alte Söderfors Hüttenwerk, das für die schwedische Flotte arbeitete.

Roslagen und die Schären

Unter Roslagen versteht man heute die uppländische Ostküste und die Schärenwelt vor und nordöstlich von Stockholm. Die eindrucksvollsten und großartigsten Schilderungen der Schärenwelt und ihrer Bewohner gab August Strindberg in seinen Romanen »Am offenen Meer« und »Die Leute von Hemsö«. Die geschichtliche Herleitung des Namens von den alten Rods (Ruderer), denen die Verteidigung zur See anvertraut war, wurde bereits früher erwähnt, ebenso daß dieses Land auch ›Roden‹ hieß. Seit geraumer Zeit aber werden die Einwohner Roslagens ›rospiggar‹ genannt, eine Benennung, in der ein Hauch von Herabwürdigung liegt. Der Ausdruck ist eine Verdrehung des Wortes ›rosbyggare‹, das einen Bauern oder Einwohner von Roslagen bezeichnet. Weil nun aber ›pigg‹ ›munter‹, ›lustig‹ oder sogar ›sich aufspielen‹ bedeutet, dichtet man heute den ›rospiggar‹ ungerechterweise eine etwas lächerliche Aufgespieltheit an, die sie gar nicht besitzen. Ihr

Dialekt nähert sich dem Åländischen und dem Finnlandschwedischen, denn von hier geht die Inselbrücke zu dem schwedischsprechenden Teil Finnlands aus. Die heutige Wassergrenze zwischen Schweden und Finnland (Åland) verläuft nur dreißig Kilometer östlich von Väddö. Als typische Roslagsstädte gelten Öregrund, Östhammar, Norrtälje und Vaxholm. Die großen Nordinseln sind Gräsö und Väddö, wo der Roslage-Spezialist Albert Engström wirkte; sodann die Inselwelt vor Stockholm als südlicher Endpunkt und das Seesportzentrum Sandham, wo die Segelregatten abgehalten werden.

Unausrottbar war bei den alten ›rospiggar‹ die Auffassung, daß die Erde stetig auf Kosten des Meeres wachse. Die Küstenbesiedlung und ganz besonders die Hafenplätze mußten, infolge der schon erwähnten Küstenhebung, immer wieder nachrücken. So entstand auch die Stadt Öregrund im Jahre 1491 als neue Hafenstadt für Östhammar. Öregrund rühmt sich, die einzige Stadt an der langen schwedischen Ostküste zu sein, wo man im Sommer die Sonne im Meer untergehen sehen könne. Am vorspringenden Nordoststrand Upplands gelegen, hat die Stadt tatsächlich einen freien Blick auf ein nordwestliches Meer. Auf der Ostseite ist die Sicht durch die langgestreckte Küsteninsel Gräsö begrenzt, die man über eine kurze Fährstrecke erreicht. Sowohl die Dänen als auch die Russen haben Öregrund verbrannt, gleichwohl ist das Städtchen immer wieder aus der Asche emporgestiegen. Heute ist es ein beliebter Badeort, und die fünzig Kilometer lange Insel Gräsö wegen ihrer Naturschönheiten stark besucht. Besonders sehenswert sind auf Gräsö die Eibenbestände. Östlich der Insel befindet sich das sogenannte Ålands Meer, die Durchfahrtsstraße zwischen der Ostsee und dem großen Bottnischen Meeresbusen. In vorgeschobener Position gab es hier seit altersher Leuchttürme für die Seefahrt. Südöstlich der langen Insel schließt sich eine hübsche Schärenwelt bis Singö an.

Die Mutterstadt Öregrunds, Östhammar, liegt nicht weit entfernt, an einer inneren, immer enger werdenden schmalen Meeresbucht, die früher eine Meerenge war. Das Städtchen ist sehr alt, man weiß, daß im Jahre 1368 seine Stadtprivilegien erneuert wurden. Der Name deutet auf Eisenschmiede hin. Vor kurzem wurde eine Reihe von Kirchspielen Östhammar eingemeindet, so daß die Stadt an Umfang eine der größten Schwedens ist (777 Quadratkilometer), obwohl die Einwohnerzahl nur 8000 beträgt. Östhammar wird als Handelszentrum für das nördliche Roslagen angesehen. Nachdem der Ableger Öregrund die Schiffahrt übernommen hatte, blieben für Östhammar zunächst nur Handel und Ostseefischerei übrig. Jetzt ist der Ort eine beliebte Sommerfrische, die hübsche Umgebungen sowohl zu Lande wie zur See aufweist. Interessant ist der eingemeindete ehemalige Hüttenort Harg, dessen uralter Name ›Opferplatz‹ bedeutet. Naturschutzgebiete, Volksparks, Campingplätze, Museen und historische Fundstätten gibt es in dieser Gegend viele. Die Zahl der Binnenseen als Reste alter Wasserstraßen ist groß, und der Waldbestand ist gut gepflegt. Gute Badegelegenheiten sind überall vorhanden.

Zwischen Östhammar und Norrtälje zieht sich der ganzen uppländischen Nordostküste entlang die langgestreckte Insel Väddö, die im Norden mit Singö und im Süden mit Björkö vereinigt ist. Bereits zur Zeit Gustav Wasas war die Wasserstraße auf der Innenseite so seicht, daß man sie aufbaggern wollte, und heute wäre Väddö keine Insel mehr, hätte man nicht den Väddö-Kanal an der flachsten, das heißt an der für Schiffe unpassierbar gewordenen Stelle gegraben. Durch diesen sieben Kilometer langen Kanal hat man eine Wasserstraße von hundert Kilometern gewonnen. Bei Elmsta führt die Straßenbrücke über den Kanal, und man erreicht die Straße, die der Nordsüdachse Väddös entlang auch hundert Kilometer mißt. Von Elmsta quer über die schmale Insel am Ålandsmeer liegt das historische Alt-Grisslehamn (Gamla Grisslehamn), das bis 1755 den Post- und zeitweise auch den Personenverkehr zwischen dem schwedischen Hauptland und dem Landesteil Finnland (Finland) vermittelte.

Das zunehmende Flachwerden des Hafens veranlaßte die Gründung Neu-Grisslehamns (heute lediglich Grisslehamn genannt) ein gutes Stück nördlicher. Nunmehr ging die Finnlandpost diesen Weg, und damit sie auch bei Schiffbruch gerettet werden könnte, wurde sie immer in wasserdichten Holzfäßchen verpackt. War das Meer gänzlich zugefroren, was etwa alle zwei Jahre der Fall ist, dann waren die vierzig Kilometer zwischen Grisslehamn und Signildskär bei Åland leicht zu überwinden. Seit dem Ersten Weltkrieg wird mit Eisbrecherhilfe der tägliche Dampferverkehr zwischen Schweden, Åland und Finnland das ganze Jahr hindurch aufrechterhalten. Außerdem verkehren zahlreiche Autofähren zwischen Norrtälje und den südwestfinnländischen Küstenorten. Der Ruhm Grisslehamns hat in unseren Tagen jedoch nichts mehr mit dem Postverkehr zu tun, sondern ist auf den Tausendkünstler Albert Engström zurückzuführen, der sein Atelier hier hatte und in Grisslehamn seine berühmten Rospiggs-Typen zeichnete. Südlich Väddös, über eine hübsche Meerenge hinweg, liegt die Insel Arholma, die als Urquelle der Roslagspoesie gilt.

Eine große Inselgruppe südlich Arholmas blockiert fast die Einfahrt in die lange und schmale Bucht, die in alter Zeit die östliche Wasserstraße bis Uppsala ausmachte. Jetzt hört das Salzwasser schon bei Norrtälje auf, und dann folgt eine Reihe hübscher und ganz schmaler Binnenseen, die miteinander verbunden sind. Der östlichste heißt Lommaren, und die frühere kurze Meerenge, an der das ›nördliche Tälje‹ lag, ist jetzt ein Fluß, in dem man erst im Mittelalter eine Strömung entdeckte. So wurde Lommaren und die damals noch hundert Kilometer lange Bucht zu einer Perlenschnur von Binnenseen. Die zahlreichen Binnenseen Upplands sind in derselben Weise wie der große Mälarsee selbst entstanden. Geologische Formationen und Spalten haben den Prozeß erleichtert.

Norrtälje kann als die Hauptstadt des mittleren Roslagen bezeichnet werden und war schon in alter Zeit der große Ausfuhrhafen für das Eisen Upplands. Waffenschmieden gab es hier, und die von Gustav Adolf angelegte Gewehrfabrik gewann, infolge der vielen Kriege, eine wachsende Bedeutung. Als billige Wasserkraft benutzte man die ›neuen‹ Stromschnellen im Stadtfluß. Von den Russen 1719 total zerstört, zeigt das heutige Norrtälje, außer den Steinkirchen in der Stadt und ihrer Umgebung, nur Häuser aus dem 18. Jahrhundert. Das restaurierte Gebäude der alten Gewehrfabrik enthält ein interessantes Roslagsmuseum. Sonst ist die Stadt, die etwa 10000 Einwohner zählt, der große Vermittler des Autofährenverkehrs mit Finnland und wird als Standort einer wachsenden Metallindustrie ausgebaut. Moderne Außenhäfen Norrtäljes sind Gräddö und Kapellskär.

Die östliche Ausbuchtung Upplands nimmt hier ein Ende, und es folgt im Süden die Einbuchtung der Ostsee in Richtung Stockholm. Diese gewaltige Bucht ist von Tausenden von Inseln ausgefüllt, die die verwirrende Schärenwelt vom mittleren und südlichen Roslagen ausmacht. Unter den großen Inseln sind zunächst Yxlan, Blidö und Ljusterö zu nennen, die gute Straßen besitzen und die man alle über kurze Fährstrecken vom Küstenweg Stockholm-Norrtälje erreichen kann. Hier – zwischen der Roslagsküste und diesen Inseln – verläuft die große Fahrstraße von Stockholm nach Finnland und in die Bottnische Meeresbucht. Die Zollstation, wo auch die Fähre die Fahrrinne durchquert, heißt Furusund und ist nebst den weit vorgelagerten Leuchttürmen Söderarm und Tjärven allen Seefahrern bekannt. Ein zweites Fahrwasser führt von Trälhavet südlich Ljusterö nach dem Südosten und vermittelt die Seeverbindung Stockholms mit der Ostsee und dem Süden. Alle beide vereinigen sich jedoch vor Vaxholm, das zusammen mit Oskar-Fredriksborg die ganze Einfahrt nach Stockholm kontrolliert.

Vor und südlich von Vaxholm liegt der riesige Inselkomplex Värmdö, der durch eine feste Brücke über Skurusund – eine schmale Fahrrinne nur für kleine Boote – mit dem Stockholmer Stadtteil Södermalm vereinigt ist. Ein weit verzweigtes Straßennetz knüpft alle Teile dieser zusammengewachsenen Inselgruppe immer enger an die Großstadt. An der äußeren Seite von Värmdö nähert man sich dem offenen Meer, obwohl noch eine Reihe östlicherer Inseln Schutz bietet. Zu diesen gehören Möja, Storö, Runmarö und das Segelzentrum Sandhamn. Diese ganze Schärenwelt ist in unseren Tagen von Zehntausenden von Sommerhäusern, Freizeitplätzen, Kinderkolonien, Heimen usw. übersät, so daß man nur noch auf den größeren Inseln merkt, daß es auch eine eingesessene Bevölkerung von ›Rospiggar‹ gibt. Millionen Schweden sind der Auffassung, daß der schwedische Sommer nur auf den Inseln von Roslagen begangen werden kann.

Die einzige Inselstadt ist Vaxholm, und sie bewacht, wie bereits erwähnt wurde, die enge Einfahrt nach Stockholm. Heute verbinden feste Brücken auch das idyllische Vaxholm mit der Roslagsstraße Stockholm-Norrtälje. Trotzdem hat die Stadt ihr Gesicht recht gut bewahrt und vermittelt immer noch den Eindruck einer alten Schärenhauptstadt. In der Tat gehören dreiundvierzig Inseln zu der Stadt Vaxholm, doch eine konzentrierte städtische Ansiedlung besteht nur auf der ›Vax-Insel‹. Die beiden Meerengen Kodjupet (Kuhtiefe) und Oxdjupet (Ochsentiefe) werden durch die Rondö (Rinderinsel) geschieden, doch hat nur ein Mißverständnis diese viehwirtschaftliche Terminologie verursacht. ›Kodjupet‹ hieß früher ›Koggentiefe‹, das bedeutet, daß die hanseatischen Koggen sie passieren konnten, während die Silbe ›Rind‹ in der schwedischen Sprache nichts mit dem Rindvieh zu tun hat.

Bereits Gustav Wasa fing mit der Befestigung von Vaxholm an, und im Jahre 1878 wurde die zweite Festung Oskar-Fredriksborg gebaut. Kurz darauf besuchte der preußische Generalfeldmarschall von Moltke Stockholm. Es wird behauptet, daß dieser ernste Mann nur zweimal in seinem Leben gelacht habe, und zwar das erste Mal, als seine Schwiegermutter starb, und das zweite Mal, als man behauptete, Vaxholm sei eine Festung. Dem sei heute wie ihm wolle, auf jeden Fall hatte das Militär auf Vaxholm ein lustiges und ideales Leben, nachdem das Städtchen zum Mittelpunkt des sommerlichen Stockholmer Schärenlebens geworden war und den ganzen Sommer getanzt wurde. Das eigenartige nordische Sommerleben begann mit dem Dampferverkehr und kann heute sein Hundertjahrjubiläum feiern. In der langen Geschichte Roslagens und Upplands ist diese Zeitspanne zwar nur kurz, sie hat indessen große äußere Veränderungen mit sich gebracht.

Runensteine, Kirchen und Schlösser

Uppland ist ein Paradies der Altertumsforscher. Womöglich interessieren die zahlreichen Fundstätten aus der Steinzeit, der Bronzezeit und der beginnenden Eisenzeit in erster Linie die Archäologen. Aktueller wird Schweden und besonders Uppland in der Wikingerzeit, aus der Burgenreste, Grabhügel, Bootsfunde und Runensteine stammen. Wer durch Uppland fährt, müßte ein Verzeichnis der berühmtesten aller zwölfhundert bekannteren Runensteine mit sich führen. Manchmal stehen diese an ihrem ursprünglichen Ort, manchmal sind sie später in der Nähe von Kirchen und Schlössern aufgestellt worden. Die große Rolle, die das griechische Kaiserreich, das Kaspische Meer, Kiew und Nowgorod damals spielten, wird in den Inschriften deutlich.

Die Runensteine berichten meistens über die Wikinger, die im Osten oder Südosten gefallen sind, sie wurden von deren nächsten Verwandten zum Andenken errichtet, wobei die Texte kurze, aber geschichtlich sehr wertvolle Mitteilungen enthalten. Die Steine stammen aus der Übergangszeit zwischen Heidentum und Christentum, hauptsächlich jedoch aus dem 7.-10. Jahrhundert. Der

Gefallene, der nicht heimgekehrt war, wird kurz gerühmt und – an den christlichen Runensteinen – seine Seele Gott, der Mutter Gottes oder Jesus empfohlen. Ganz besonders reich an Runensteinen ist die nördlichste Vorstadt Stockholms, Täby, wo auch eine der interessantesten mittelalterlichen Kirchen Upplands steht. Die Funde betragen annähernd zweitausend Stück, und viele Runensteine rühmen einen Wikingerfürsten namens Jarlabanke, der vor tausend Jahren ›ganz Täby‹ besaß. In der Kirchenmauer befindet sich ein Teil von einem Runenstein, auf dem man lesen kann, daß der betreffende Wikinger in ›Langbardaland‹ gefallen sei. In der Kirche befinden sich schöne spätmittelalterliche Wandmalereien des berühmten ›Albertus Pictor‹, der reichlich zwanzig von den hundertfünfzig mittelalterlichen Kirchen Upplands ausgemalt hat.

Noch reicher an Runensteinen als Täby ist der etwas nördlicher gelegene Stockholmer Vorort Vallentuna, wo nicht weniger als siebzig solcher Steine gefunden wurden, darunter die hervorragenden Bällsta-Runensteine. Die Texte kennen öfters sowohl das Metrum wie den Reim. Die Steine wurden mit Vorliebe an den zahlreichen Furten und Brücken errichtet, wo man damit rechnen konnte, daß sie die Aufmerksamkeit der Vorüberkommenden erregten. Es ist in Uppland nicht schwierig festzustellen, ob man einer alten Wasserstraße oder dem Höhenzug entlang einem Landweg folgt. Wo diese Wege sich kreuzten, waren die Gedenksteine gut angebracht. In Vallentuna ist noch ein langgestreckter, zwar seichter, aber doch hübscher Binnensee vorhanden, an dessen Westseite sich ein Wikingerzentrum, Arkels Tingstad, befand. Typische Wikingernamen sind Ulf, Ulfkel, Arnkel, Gye, Dan, Knut, Sven und Ulfrik, der ›Danagäld‹, der Wikingersteuer, in England eingetrieben hatte.

Zwei ehemalige Wasserstraßen führen von Vallentuna nach dem Nordwesten, und auf kleineren Anhöhen in diesen flachen Tälern befinden sich zahlreiche alte Steinkirchen aus dem 12. Jahrhundert wie auch Burgruinen und Schlösser. Hier liegt das alte Freigut Lindholmen, das der mütterlichen Großmutter Gustav Wasas, Sigrid Banér, gehörte, und wo der spätere König 1497, während seine Eltern sich dort zu Besuch aufhielten, geboren wurde. Dem Vater Gustavs, Erik Wasa, gehörte das Schloß Rydboholm, das unweit der Vaxholmstraße an der Meeresbucht

›Stora Värtan‹ liegt. Hier steht noch der ›Wasaturm‹, genau so wie er sich dort in den Knabenjahren Gustav Wasas befand. Südlich Rydboholms, an derselben Straße, liegt das alte Brahe-Schloß Bogesund an einer Landenge, die früher Meerenge war. Hier befinden sich heute ein Forstinstitut und ein großes Hegegebiet.

Nördlich und nordöstlich von Vallentuna müssen die historischen Kirchen Angarn, Vada, Markim, Orkesta, Lunda, Frösunda, Skeppstuna, Kårsta und Rö erwähnt werden. In der Vada-Kirche gibt es ein bescheidenes Grabmonument der Geliebten Gustavs II. Adolf, Margareta Slotz, die ihm den späteren Grafen von Wasaborg gebar und kurz darauf mit dem Besitzer des Freiguts Benhamra, dem ehemaligen Holländer Jacob Trebo, verheiratet wurde. Vada kommt von dem schwedischen Wort für Furt (vad), und man kann sich die topographische Gestalt dieser Gegend im Mittelalter gut vorstellen. Das Alter der ehemaligen Furt wird von drei riesigen Grabhügeln bestätigt, die ›Die Seehügel‹ (sjökullarna) genannt werden, obwohl längst kein See mehr vorhanden ist. Unweit Orkestas finden wir eine der größten Runenzeichnungen Upplands, vier Meter lang, und von dem Wikinger Visäte eingemeißelt. Als die um 1100 erbauten Kirchen Frösunda und Kårsta errichtet wurden, war die Südnord-Wasserstraße noch voll befahren, die bei Vada durchquert wurde. Bei Lunda, unweit des Flughafens Arlanda, liegt bei Grindstugan eines der größten Totenfelder Upplands aus der frühen Wikingerzeit in der Nähe einer alten Opferquelle.

Man glaubte, daß der Thingplatz Attundalands hier gelegen hatte, der den Namen Folklandstingstad trug und noch um 1350 als großer Markt sowohl mit Uppsala wie mit Stockholm konkurrierte, aber kurz darauf gänzlich verschwand. Da die Gebäude aus Holz waren, sind wenig Spuren vorhanden, die Grabfelder zeugen aber von einer ehemaligen großen Bevölkerungsdichte. Schuld am Zusammenbruch trug die Küstenhebung, die die bequemeren Wassertransporte lahmlegte. Ein stattlicher Runenstein erinnert an den Häuptling Åsmund Karesson, der in Wierland (Ost-Estland) um das Jahr 1000 gefallen war. Skepptuna (Schöffhof) mit der Turmkirche trägt diesen Namen heute fast zum Hohn, liegt aber unweit der ehemaligen Vereinigung der alten zentralen Wasserstraße Uppsala–Norrtälje und der Querstraße über Närtuna und Vada bis Åkersberga am Trälhavet (Sklavenmeer) gegenüber

Vaxholm. Eine östlichere Wasserstraße führte an den Kirchen Österåker und Össebygran vorbei bis Rö, wo sich Kirchenmalereien aus der Zeit des Nationalhelden Engelbrekt befinden.

Diese hier genannten Namen werden jedoch nur einem Bruchteil der Runensteine und der Kirchen Upplands gerecht und beziehen sich auf die Gegend unmittelbar nördlich Stockholms. Wer ganz Uppland kennenlernen will, braucht Monate, doch seine Sehenswürdigkeiten findet man selten von selbst; man muß von ihnen Kenntnis haben und sie aufsuchen. So macht zum Beispiel die ungefähr vierzig Kilometer lange fast ›wasserlose‹ Einfahrt vom Flughafen Arlanda nach Stockholm auf den Uneingeweihten einen etwas langweiligen Eindruck, und doch durchfährt man dabei eine uralte Kulturgegend. Bereits nach einigen Kilometers liegen die Norrsunda Kirche aus dem Anfang des 12. Jahrhunderts mit ihrem interessanten Ostturm dicht rechts und der Grabhügel des Königs Nordian aus dem 6. Jahrhundert dicht links des Wegs. Sodann folgt rechts das Schloß Rosersberg, das den Übergangsstil zwischen ›Gustavianisch‹ und ›Empire‹ vermittelt, während man links über den See Fysingen die romanische Kirche Skånela und das Schloß Skånelaholm aus der Großmachtzeit erblickt. Am See liegen ferner das Schloß Torsåker (Acker Thors) und am Südende die alte Hammarby-Kirche mit einem späteren, berühmten Barockaltar. Rechts des Wegs erhebt sich das Schloß Stora Väsby in gustavianischem Stil, und links entdeckt man die Fresta-Kirche, aus deren Mauern fünfzehn wertvolle Runensteine geborgen werden konnten.

Leider wird die Gegend mehr und mehr von Hochhausbauten überragt, und die Industrieanlagen in Rotebro lassen uns beinahe vergessen, daß dieser Ort jahrhundertelang der Aufmarschplatz für das Leibregiment zu Pferd war. Die Straße verläuft in nur einigen Kilometern Entfernung von der östlichsten Nordbucht des Mälarsees, und eine kurze Straße verbindet Rotebro mit Stäket und der Mälarbrücke. Sollentuna und Danderyd sind fast gänzlich von Stockholm geschluckt worden, und doch sind hier Grabhügel und Totenfelder aus der Wikingerzeit wie auch zahlreiche Runensteine freigelegt worden. Als weitere, besonders sehenswerte Kirchen in Uppland können folgende hinzugefügt werden: Riala, Roslagskulla, Rimbo, Edebo, Skäfthammar, Valö und Lövsta, alle in der Küstengegend. Funo, Rasbo, Björklinge, Vendel und

Tolfta in der Mitte und Litslena, Gryta, Härnevi, Härkeberga, Nysätra und Weckholm im Südwesten. Verschiedene Kirchen auf den obenerwähnten Roslagsinseln sind auch von Interesse, wenngleich die Mälarkirchen interessanter sind.

Der schwedische Hochadel war vor allem in Uppland ansässig, davon zeugen hunderte von Schlössern und Residenzen. Diese entstammen verschiedenen Jahrhunderten, doch die prächtigsten sind natürlich aus der Großmachtzeit. Primus inter pares ist hier Skokloster, das an der engen Wasserstraße zwischen Sigtuna und Uppsala (Flottsund) gelegen ist. Das Schloß war ehedem ein Zisterzienser-Nonnenkloster, wurde aber von Feldmarschall Wrangel, der es von Gustav Adolf als Geschenk erhielt, nach dem Dreißigjährigen Krieg zu einer prachtvollen Residenz ausgebaut. Die Architekten des Umbaus waren Jean de la Vallée und Nicodemus Tessin d. Ä. Das viereckige große Schloß umschließt einen geräumigen Hof und ist mit vier Ecktürmen versehen. Im zweiten Stock befinden sich die großen Empfangszimmer. Die Einrichtung ist prachtvoll, und viele der erbeuteten Kunstschätze aus Prag wurden hierhergebracht, darunter der sogenannte Prunkschild von Kaiser Karl v. und das Schwert des Hussitenführers Ziska. Die Schloßkirche verdankt dem damaligen preußischen Kloster Oliva bei Danzig Altar, Kanzel, Orgel und Taufbecken. Nach Wrangels Tod trat der Schwiegersohn, Graf Nils Brahe, als Erbe ein, und seine direkten Nachkommen besaßen Skokloster bis 1931, als der letzte Graf Brahe starb. Dieser hatte zwar ›natürliche‹ Söhne, die die Besitzergreifung des Neffen Graf Brahes, des Barons Essen, anfochten, doch hatten sie keinen Erfolg. Das Schloß gehört jetzt dem Sohn Rutger von Essen, ist aber zu bestimmten Stunden als Museum zugänglich. In der Kirche wird ein Runenstein aufbewahrt, dessen eine Seite aus der Vendelzeit stammt.

Skokloster liegt auf der großen Mälarinsel Håtunalandet, die ihren Namen nach dem alten Königshof Håtuna trägt, wo der Bruderzwist zwischen den drei Söhnen des Königs Magnus Ladulås im Jahre 1306 anfing. Nach einem Gastmahl nahmen die Herzöge Erik und Waldemar betrügerisch ihren Bruder König Birger gefangen und zwangen ihn zu einer Reichsteilung. Der Schlußakt spielte sich 1317 auf dem Schloß zu Nyköping ab, wo die beiden Herzöge von ihrem Bruder Birger umgebracht wurden. Heute wird die alte Königsburg Håtunaholm genannt.

Westlich von Skokloster liegen unter anderem die Schlösser Sjöö, Wik, Salnecke, Finstaholm, Ekolsund, Fånö, Ekholmen, Grönsö und Utöhus. Der Reichsmarschall Graf Stenbock baute Sjöö zur gleichen Zeit aus, in der Wrangel Skokloster erweiterte. Das Schloß Wik war ursprünglich ein mittelalterliches Turmschloß mit elf Stockwerken, die später mit Erkern versehen wurden. Salnecke, das im Mittelalter der Familie Oxenstierna gehörte, wird als ein Beispiel ›vortessinischer‹ Architektur bezeichnet, da das neue Herrenhaus bereits um 1640 fertiggestellt wurde. Ekolsund bei der Hjälstabucht besteht aus zwei hübschen Flügelgebäuden, deren Querverbindung nie errichtet worden ist. Die Könige Fredrik I. und Gustav III. zogen sich öfters in diese arkadische Umgebung zurück, wo es erlaubt war, statt der beschwerlichen Hoftracht eine einfache Kleidung anzulegen, die man in Stockholm mit dem Namen ›Ekolsundstracht‹ bezeichnete. Die Familien Oxenstierna, Trott und Wasa haben auf Schloß Ekolsund residiert.

Fånö ist ein uraltes Adelsnest, das ehemals der Familie Trolle gehörte, später aber zu den Oxenstiernas kam. Am meisten ist es dadurch bekannt, daß der Reichskanzler Axel Oxenstierna im Jahre 1583 hier geboren wurde. Das heutige Schloß ist nur hundert Jahre alt. Die hochadligen Familien Horn, Rålamb und Tamm haben nacheinander hier das Zepter geführt, obwohl der Name einen jeden hätte abschrecken müssen. ›Fån‹ bedeutet nämlich auf schwedisch ›Idiot‹, so daß die Residenz ganz schlicht ›Idioteninsel‹ hieß, doch hat man inzwischen nachgewiesen, daß Fånö im Mittelalter ›Insel des Teufels‹ hieß, was immer noch für besser gehalten wird. Bekannt ist die Umgebung deswegen, weil sie einen der nördlichsten Buchenwälder Schwedens besitzt.

Fährt man von Fånö über die Mälarhalbinsel Trögden nach Süden, dann passiert man bei Weckholm das alte Schloß Ekholmen, das seit dem Mittelalter den Geschlechtern Sparre, Bielke, Tott, Trolle, de la Gardie und Lohe-Burensköld gehörte. Eine Sammlung von Kostbarkeiten aus diesem Schloß, den sogenannten Loh-Schatz, birgt heute das Stadtmuseum in Stockholm. Weiter über Kungs-Husby erreicht man über eine kurze Fährstrecke Insel und Schloß Grönsö, vom Erzieher Gustav Adolfs, dem späteren Generalgouverneur im schwedisch regierten Baltikum, Johan Skytte, erbaut. Noch eine Fähre bringt den Wagen auf die nahe

Insel Arnö, wo das festungsähnliche Schloß Utöhus sich mittelalterlich präsentiert. Sogar der Haupteingang befindet sich hier im zweiten Stock und war früher, wenn die Treppe hochgezogen war, ohne Leitern nicht zu erreichen.

Auf den uppländischen Mälarinseln sind die Schlösser Alsnöhus, Ekebyhov, Asknäs, Kaggeholm, Svartsjö, Stavsund, Menhammar und Tofta hervorzuheben. Ein jedes hat seine Geschichte, die weit in das Mittelalter hineinreicht. Bei den Seeräuberangriffen um 1200, ehe die Befestigungen bei Stockholm gebaut wurden, waren alle diese kleinen Residenzen stark in Mitleidenschaft gezogen worden. Im Jahre 1206 wurde sogar Jon Jarl, der Reichsverweser des Sveareichs, von den Seeräubern auf Asknäs erschlagen. Alte Totenfelder, Grabhügel und befestigte mittelalterliche Kirchen rufen den Eindruck einer kampfreichen Geschichte hervor, dem die milde und verschwenderische Natur zu widersprechen scheint. Die tausendjährige Eiche bei Ekebyhov wirkt fast wie eine tröstende Vermittlerin zwischen dem Gestern und dem Heute.

In Roslagen sind die Schlösser weit spärlicher. Hier mögen Östenå, Penningby, Finsta, Malsta, Adamsberg, Ekebyholm und Rånäs im Küstenland Erwähnung finden. Das vornehmste ist Penningby, das um 1500 gebaut wurde und die Reichsverweser Sten Sture und Svante Sture als Herren gekannt hat. Es wurde sogar mit einem ›Kanonenturm‹ versehen und hatte zu jener Zeit einen Seehafen, der seitdem einen Rückzug von fast zehn Kilometern angetreten hat. In Finsta wurde die Heilige Birgitta im Jahre 1303 geboren, und in ihrer Gebetgrotte (Bönegrottan) unweit des Herrenhauses weihte der päpstliche Nuntius 1959 ein Kreuz mit der Inschrift ›Amor meus crucifixus‹. Finsta ist heute ein Wallfahrtsort schwedischer Katholiken.

Etwas nördlich von Uppsala im Tal von Fyris liegt das große Barockschloß Salsta, das der Feldmarschall Graf Niels Bielke nach Zeichnungen von Tessin d. Ä. um 1670 erbauen ließ. Fast alle nördlicheren Residenzen in Uppland waren Herrenhäuser der Hüttenbesitzer (brukspatroner), die aber oft zum Adel gehörten. Die stattlichsten davon sind Gimo, Österbybruk, Örbyhus, Forsmark und Lövstabruk. Viele von diesen ›Hüttenschlössern‹ sind vom Architekten J.E. Rehn um die Mitte des 18. Jahrhunderts entworfen und erbaut worden. Damit man sich die Bauten zweimal anschauen konnte, gehörte zu der Anlage fast immer auch ein ›Spiegelteich‹.

Am Beginn des Jahres 1400 kaufte der Großvater Gustav Wasas das feste Schloß Örbyhus von seiner Tante Agnete Bielke, und hier wurde der unglückliche Sohn des ersten Wasa-Königs, Erik XIV., als Gefangener seines Bruders Johan III. im Jahre 1577 heimtückisch vergiftet. In der Nähe liegt das alte frühgeschichtliche Kulturzentrum Vendel, von dem die ›Vendelzeit‹ (7.-8. Jahrhundert n. Chr.), die der zweiten und dritten Periode des sogenannten Tierornamentikstils entspricht, ihren Namen hat. Ein Teil der dort gemachten Funde befindet sich heute im National-Historischen Museum in Stockholm.

Älkvarle, Älkvarleby und Söderfors an der Strecke, wo der breite Dalfluß (Dalälven) kurz vor seiner Mündung die Grenze Upplands berührt, wirken bereits eher norrländisch als uppländisch, obwohl die Pflanzenwelt noch freundlich wirkt. Seit der Industrialisierung ist der Lachsfang, der für diese Gegend früher große Bedeutung hatte, zurückgegangen. Östlich der Flußmündung streckt sich wie eine Kompaßnadel die nördlichste Spitze Upplands in den Bottnischen Meeresbusen hinaus, von Sanddorn-Sträuchern (Hippophae rhamnoides) umrandet, deren rostrote Blüten und gelbe Beeren fast die Dornen vergessen lassen. Es ist dies der größte Bestand an Sanddorn in Nordeuropa. Die spitze Halbinsel selbst spielt bei der Messung der Küstenhebung eine gewisse Rolle.

Zwischen dem Bezirk der Hüttenresidenzen und den Schlössern des alten Hochadels erhebt sich unweit Salstas das Schloß zu Sätuna, wo die Tochter des Feldmarschalls Graf Gustav Horn im 17. Jahrhundert ihre Lebenserinnerungen schrieb. Die fesselnde und sehr persönlich gehaltene Selbstbiographie der literarischen Dame, die 1673 als Witwe starb, vermittelt lebendige Eindrücke vom Leben der uppländischen Aristokratie vor dreihundert Jahren. Sehr viel hat sich seitdem verändert, aber wer sich für Geschichte interessiert, wird gerade in Uppland auf seine Kosten kommen.

Die übrigen Mälarlandschaften

Das liebliche Sörmland

Obwohl Sörmland selbst ein altes Kulturland ist, zeugt der Name von der Vormacht Upplands: er lautet eigentlich Södermanland, eine Form, die in feierlichen Texten noch gebraucht wird und ›Land der Südmänner‹ bedeutet, das heißt von Menschen, die südlich von Uppland lebten. Sörmland kann so gesehen gewissermaßen als ein südlicherer, freundlicherer Ableger von Uppland betrachtet werden. Die beiden Landschaften sind durch den Mälarsee und durch die Salzsee getrennt, teilen sich aber in Stockholm am Söderström, wo die alte Inselbrücke zur heutigen Altstadt hinüberführte. Ins geschichtliche Blickfeld rückte es durch den Vater von Gustav II. Adolf, Herzog Karl von Södermanland, den späteren König Karl IX.

Sörmland umfaßt knapp 9000 Quadratkilometer und ist nächst Schonen die am dichtesten bevölkerte Landschaft Schwedens. Vor der langen Südostküste baut sich die Schärenwelt südlich von Stockholm auf, von Saltsjöbaden bis Bråviken, während das Gestade des langgestreckten Mälarsees die Nordgrenze bildet. Im Westen macht der große Hjälmarsee eine weite Einbuchtung in die Landschaft und sendet den Eskilstuna-Strom in den Mälarsee. Zur Zeit des Sveaflusses, als die Ostsee noch ein Binnenmeer war, floß das Wasser in umgekehrter Richtung. Durch den Södertälje-Kanal, der seit 1819 einen alten südlichen Mälarausfluß neu belebt hat, wird der große Ostzipfel Sörmlands, Södertörn, zu einem Inseldreieck, das seine Südspitze über Nynäshamn weit in die Ostsee hinausstreckt und in Richtung Gotland zeigt. Vorgelagert ist der Leuchtturm Landsort, den alle Seefahrer kennen.

In einer in Strängnäs im Jahre 1677 gedruckten Beschreibung Södermanlands heißt es: »Södermanland stellt eine der anmutigsten Gegenden des ganzen Schwedenreichs dar, denn es besitzt reichlich Wald, Obstbäume, Tiere, Vögel und Fische und ist fruchtbar an Pflanzen, Saaten und Getreide, woran die Menschen ihre Freude und ihren Lebensunterhalt haben.« Der große Botaniker Linné findet die Landschaft ›mehr habitabel‹ als andere Gegenden Schwedens, und der Romantiker Törneros bezeugt vor 150 Jahren, daß Sörmland den Eindruck von etwas ›außerordentlich Friedlichem, Aufrichtigem, Noblem, aber gleichzeitig Mildem und Stolzem‹ macht.

Sörmland ist ein Tiefland beiderseits des in ost-westlicher Richtung hinziehenden Landrückens ›Mälarmården‹, der die Wasserscheide zwischen dem Hjälmarsee und dem Mälarsee ist. Südlich des Landrückens befindet sich in der Mitte der Landschaft eine große Seenplatte, die unter anderem die hübschen Seen Båven und Yngaren trägt. Damit die Proportionen nicht vergessen werden, muß man daran erinnern, daß der Hjälmarsee so groß ist wie der Bodensee und daß der Mälarsee reichlich die doppelte Größe hat. Die größeren Seen auf der Seenplatte umfassen jeweils rund 60 Quadratkilometer. Der Strom in Nyköping (Nyköpingsån) entwässert die Seenplatte, deren Meereshöhe nur rund 20 Meter beträgt. Gegen Götaland, hier also Östergötland, ist Sörmland durch den großen Wald Kolmården abgeschirmt. Die kurzen Landgrenzen im Westen beiderseits des Hjälmarsees trennen ohne topographische Gegensätze Sörmland von Närke.

Verwerfungsspalten und Vertiefungen im kleinen Maßstab verleihen der grünen Landschaft, deren Lehmboden so fruchtbar ist, das lebhaft-anmutige Gepräge, von dem oben die Rede war. Größere Tiefen füllen die Seen aus, in den Tälern rieseln Bäche und kleinere Ströme, denn die Fallhöhen sind unbedeutend. Das Dreieck Södertörn ist unzugänglicher, Berge und Wälder sind hier wilder, das Nadelholz tritt ganz hervor, und ein Höhenzug, Hanveden, durchzieht die ehemalige Halbinsel. Auch die Küste Sörmlands und besonders Södertörns ist wilder, als man erwartet hätte; die Schärenwelt vielfältig. Unter den größeren Inseln, auf den meisten stehen Sommerhäuser, sind die fünf Kircheninseln, vor allem Nämdö, Ornö, Muskö, Utö und Torö zu nennen. Den großen Verkehr mit dem Mälarsee vermittelt heute der Södertälje Kanal, der nach dem Ersten Weltkrieg auch größeren Schiffen zugänglich gemacht wurde.

An Altertümern ist Sörmland fast ebenso reich wie Uppland. Das schwedische Reichsantiquariatamt bucht über hunderttausend ›Altertümer‹, meistens Steingräber und Grabhügel Rund vierhundert Runeninschriften, meistens um die Jahrtausendwende, sind in Sörmland gefunden worden, wobei das Mälargestade, die Gegend um Nyköping und Södertörn besonders hervortreten. Etwa zwanzig Kilometer nördlich von Nyköping erhebt sich unweit der Autobahn der sogenannte Uppsahügel (Uppsakullen) am See Runviken, dessen Kuppe zweiunddreißig Meter über die Pegelhöhe des Sees reicht. Ein Wikingerkönig soll hier beigesetzt sein, und aus Runeninschriften geht hervor, daß der gewaltige Hügel mit Hilfe der Helme seiner Gefolgsleute aufgeschüttet wurde, eine besondere Art der Ehrenbezeugung.

Unter den Steinzeitaltertümern in Sörmland befinden sich jedoch keine Steinkammern und keine Felszeichnungen. Das Bronzezeitalter ist verhältnismäßig reich vertreten. Da das Land ebenso wie Uppland damals noch weitgehend unter Wasser lag, kommen nur die höher gelegenen Teile als Fundstätten in Frage. Eigentümlich ist auch hier die große Zahl sogenannter Altburgen (Fornborgar), steinerne, bewohnte Befestigungsanlagen aus der Eisenzeit. In Sörmland kennt man rund zweihundertfünfzig solche Burganlagen, und sie werden hauptsächlich in die Zeit der Völkerwanderung datiert. In der Mitte Sörmlands, bei Aspalöt, war der alte Thingplatz gelegen, und hier zog auch der Schwedenkönig auf seiner berühmten Eriksgata, der Huldigungsfahrt durch die einzelnen Landschaften, vorbei, nachdem er bei den Mora Steinen gewählt worden war. Alte Runeninschriften benutzen bereits um das Jahr 1000 die Staatsbezeichnungen Svithiod und Danmark (Dänemark).

Wie oben angedeutet, kam Södermanland zur vollen Geltung erst unter dem berühmten Herzog Karl. Die spätere Großmachtzeit brachte die Landschaft zu voller Blüte, indem der reich gewordene schwedische Adel hier unzählige Schlösser und Landsitze aufführte. In der Tat stehen Schlösser und Rittergüter hier in fast ebenso dichter Folge wie im südlichen Schonen, und dabei genoß man den Vorteil der unmittelbaren Nähe Stockholms. Der letzte Herzog von Södermanland war der jüngere Bruder des Schwedenkönigs Gustav IV. Adolf, Prinz Wilhelm, der am liebsten auf seinem Schloß Stenhammar, bei Flen fast in der Mitte Sörmlands gelegen, residierte. Sein Sohn Graf Lennart Bernadotte bewohnt das Schloß auf der Insel Mainau im Bodensee.

Während Uppland als eigentliches Zentrum nur Uppsala kannte – Sigtuna blühte ja nur eine kurze Zeit –, verfügt Sörmland über eine ganze Reihe fast gleichberechtigter geschichtlicher Orte. Die älteste Stadt Sörmlands, Eskilstuna, ist heute die größte und gleichzeitig die modernste. Tuna war ein uraltes Zentrum an dem Ausflußstrom des Hjälmarsees in den Mälarsee, und hierher kam im 11. Jahrhundert der englische Mönch Eskil, der von dem Julian Apostata Schwedens, König Blot-Sven, erschlagen wurde und darauf zum Schutzheiligen Södermanlands avancierte. Außerdem wurde der alte Ort Tuna nach ihm in Eskilstuna benannt. Neue Kenntnisse über diese Zeit brachte 1912 die Auffindung des steinernen Eskilstuna-Sarges.

Die Stadt blühte aber erst richtig auf unter Herzog Karl um 1600, und 1656 ließ sein Tochterkind, der Kriegerkönig Karl x. Gustav, den berühmten Livländer Reinholm Rademacher hier eine Eisenindustrie aufbauen und eine Gewehrfabrik errichten. Kraft gewann man aus dem Strom, und Eskilstuna wuchs zu einer Industriestadt heran, in der der Stahl die Hauptrolle spielt. An die alten Schmieden erinnern heute noch ein Museum und die zentrale Rademacherstraße. Innerhalb der gegenwärtigen Grenzen der Stadt sind nicht weniger als zwölf Altburgen gefunden worden. Man hat eine alte Hüttenresidenz, Tunafors, einen alten typisch sörmländischen Bauernhof und einen Gasthof zeitgetreu wieder eingerichtet. Die mächtige Klosterkirche ist aber ein später Bau, während in Fors noch der bescheidene Dom des hl. Eskil steht.

An der Strommündung und somit am Mälarsee nur einige Kilometer nördlich von Eskilstuna liegt die Kleinstadt Torshälla, früher Torsharg, die, wie schon der Name besagt, ein heidnisches Kultzentrum gewesen ist und ehedem eine gewisse Rolle gespielt hat. Durch die Kanalisierung des Stroms bis Eskilstuna ist diese Stadt ohne Vermittlung Torshällas nunmehr dem Seeverkehr zugänglich gemacht worden. Heute verläuft die Kanalverbindung mit dem Hjälmarsee weit westlicher.

Torshälla gewann in der gustavianischen Zeit (1772-92) einen gewissen Ruf, weil der Dichter Carl Mikael Bellmann einige seiner Meisterwerke im Gedichtzyklus ›Fredmans epistlar‹ hier geschrieben haben soll. Die alte Kirche der Stadt zählt bereits achthundert Jahre, und hier sind noch spätgotische Bilder erhalten, die niemals übertüncht worden sind. Heute kann man alle Mälar- und Hjälmarstädte mit Dampfern von Stockholm aus erreichen, wenn man von Eisenbahn und Autostraßen genug hat. Bellman mußte die lange Strecke (etwa 130 Kilometer) segeln oder sich rudern lassen, wenn er nicht die Postkutsche benutzte.

Die vornehmste Stadt Sörmlands ist Strängnäs am Südgestade des Mälarsees etwa auf halber Strecke zwischen Eskilstuna-Torshälla und Stockholm. Der um 1200 begonnene Dom von Strängnäs gilt als die am besten erhaltene gotische Backsteinkirche in den Mälarlandschaften. Die erste Weihe fand 1291 statt, jedoch ist die Kirche später erweitert worden, so daß sie am Ende des Mittelalters fünfschiffig war. Der große Turm wurde 1444 fertig. Unter den mittelalterlichen Bischöfen trat Kort Rogge besonders hervor; seine Stadtburg, Roggeborgen, beherrscht noch den Hafen. Zeitweise war Strängnäs das vornehmste Bistum Schwedens, und im Jahre 1523 wurde Gustav Wasa in Strängnäs zum König gekürt. Im Dom befinden sich der marmorne Sarkophag des Reichsverwesers Sten Sture d. Ä. und die prachtvollen Grabchöre König Karls IX., des ehemaligen Herzogs von Södermanland, und des Grafen Karl Gyllenhielm. Der letztgenannte war ein natürlicher Sohn König Karls IX. und daher ein Halbbruder von Gustav II. Adolf. Das Dommuseum bewahrt Gegenstände der kirchlichen Kunst Sörmlands auf.

Am Eingang des Grabchors von Karl Gyllenhielm hängen die Ketten, die er während einer zwölfjährigen Kriegsgefangenschaft in Polen tragen mußte. Auch der Freund Engelbrekts, Bischof Thomas, der das berühmte mittelalterliche schwedische Freiheitslied gedichtet hat, ist im Dom beigesetzt; die hohe Kanzel ließ Bischof Sigge Sparre um 1490 aus Brüssel holen. Im Hause des Domkapitels nebenan unterrichtete Olaus Petri, der später als Meister Olof der lutherische Reformator Schwedens wurde. Wie so viele schwedische Pfarrernamen war auch der seinige latinisiert; er trug vorher den einfachen und urschwedischen Namen Olof Petterson. In Strängnäs verteidigte der Domprobst Henricus Gadolinus zur Zeit der Gegenreformation Sigismunds den ›reinen Glauben‹, wurde aber dafür von dem papistischen König ins Gefängnis geworfen, durch Herzog Karl aber wieder befreit und mit dem Ehrentitel ›Defensor fidei‹ ausgezeichnet.

Um den stattlichen Dom reihen sich noch Gruppen alter schöner Gebäude, unter ihnen zwei ehemalige Bischofsresidenzen. Strängnäs ist heute noch eine Stadt der Lehranstalten und der Archive. Das Gelände um die Stadt ist grün und hügelig; auf einer Anhöhe neben dem Westhafen erhebt sich eine mächtige Windmühle, die allerdings keine praktische Funktion mehr hat. Jedoch ist die ganze Maschinerie in bester Ordnung und kann von Interessierten in Augenschein genommen werden. In der hübschen Mälargegend zerstreut befinden sich ringsum stimmungsvolle alte Steinkirchen und schöne Herrenhäuser aus einer vergangenen Zeit. Die Gegenwart hat Strängnäs mit den besten Verkehrsverbindungen ausgestattet; eine Straßenverbindung quer über den Mälarsee und dessen zahlreiche mittlere Inseln verknüpft Strängnäs auch mit dem Nordufer und der västmanländischen Hauptstadt Västerås. Zu einer Reise von oder nach Stockholm kann man Eisenbahn, Straße, Dampfer oder sogar Hubschrauber benutzen.

Im Osten von Strängnäs, in Richtung Stockholm, erreicht man die kleine Mälarstadt Mariefred, deren Name auf ein vom Reichsverweser Sten Sture d. Ä. gegründetes Kloster zurückgeht. Ihre Sehenswürdigkeit ist das nebenan gelegene Schloß Gripsholm, das wir im folgenden Kapitel noch eingehender behandeln werden. Weiter ostwärts, an der Südwestgrenze des Ballungsgebiets Stockholm, liegt am belebten Ostsee-Mälarkanal die wachsende Stadt Södertälje, deren idyllische Lage die starke Industrialisierung kaum beeinträchtigt. Die Stadt, die in alter Zeit Taelghia (Tälje) hieß, vermittelte schon um die Jahrtausendwende einen bedeutenden Verkehr zwischen der damaligen Meeresbucht Mälaren und der Ostsee. Allein, der Sund wurde immer seichter und verwandelte sich allmählich in eine Landenge, die vor hundertfünfzig Jahren wieder durchbrochen wurde. Im gegenwärtigen modernen Kanal regelt eine Schleuse den unbedeutenden Unterschied zwischen der Wasserhöhe des Mälarsees und der Salzsee.

Die hübsche Kirche Sta. Ragnhild mit ihrem berühmten Silberschatz aus der Großmachtzeit, das alte Rathaus und die schönen Aussichtspunkte – die verschiedenen Bademöglichkeiten im Süßwasser wie im Salzwasser nicht zu vergessen – machen jeden Aufenthalt in Södertälje lohnend. Im Einvernehmen mit dem fast ebenso alten Norrtälje in Uppland versah man die ursprünglich identischen Namen (Tälje) mit den Himmelsrichtungsbezeichnungen Süd und Nord. Ostwärts des Kanals breitet sich das Dreieck Södertörn aus, dessen Südspitze die Hafen- und Badestadt Nynäshamn ziert. Schon ehe die Erotik ein wichtiger Faktor in der schwedischen Filmindustrie wurde, gab es im Badepark zu Nynäshamn eine ›Liebeskiefer‹. Der Hauptverkehr mit der gotländischen Hauptstadt Visby wird über Nynäshamn vermittelt. In den Küstengewässern nördlich Nynäshamn zog Gustav Adolf die Flotte zusammen, die seine Truppen 1630 nach Pommern brachte.

An der Ostspitze Södertörns befindet sich der Badeort Dalarö, den man von Stockholm aus leicht erreichen kann. Hier steht noch eine hölzerne Kirche, die dreieinhalb Jahrhunderte alt ist. Gewissenhafte Besucher bewundern das Taufbecken, das aus dem Holz von einem vor Dalarö im Jahre 1675 gesunkenen Admiralsschiff geschnitzt wurde. Reste alter Schanzen, die einst die Zufahrt nach Stockholm bewachten, findet man hier. Die ganze Küste zwischen Dalarö und Saltsjöbaden ist mit Sommerhäusern besät wie auch die Inseln. Im Norden Södertörns liegt die ausgedehnte Stadt Nacka – zwischen Salzsee und Binnenseen –, die inzwischen schon zu einem Teil Stockholms wurde.

Fast fünfzig Kilometer in süd-nördlicher Richtung erstreckt sich die immer schmäler werdende Ostseebucht, die Södertälje erreicht und Södertörn vom westlichen Sörmland trennt. Westlich der Buchtmündung liegt eine der allerkleinsten Städte Schwedens, Trosa, deren Kirche achthundert Jahre alt ist. Trosa wird in der älteren Literatur oft als ein Symbol für kleinstädtisches Leben verwendet – zumal sich der Name auf Prosa reimt. Auch die Leute aus Södertälje wurden ehedem, wie in Deutschland die Leute von Schilda, als nicht ganz gescheit angesehen.

An der Mündung des Nyköpingstroms im südlichen Sörmland liegt die alte Residenzstadt Nyköping, wo noch immer der Landeshauptmann für die Provinz (Län) Södermanland seinen Sitz hat. Die Europastraße nach Stockholm passiert Nyköping, dessen mittelalterliche Bauten an dem gewundenen Strom der Stadt einen malerischen Eindruck verleihen. Neben dem Rathaus, den Kirchen und der Residenz ist die Burgruine Nyköpinghus das Schönste.

Auch in Nyköping hat die Industrie längst festen Fuß gefaßt, in Oxelösund, der südlichsten und jüngsten Stadt Sörmlands, herrscht sie unbestritten. Die Eisenindustrie errichtete hier den größten Hochofen ganz Schwedens, und der Hafen vermittelt einen Erz- und Eisenumschlag von beträchtlicher Höhe. Eine direkte Erzbahn verbindet auch Grängesberg in der Landschaft Dalarna mit Oxelösund. Ein Symbol der neuen Zeit ist auch die auf dem siebzig Meter hohen Stadtberg erbaute ultramoderne Kirche. Der Ort war früher ein Fischerdorf, und er verfügt immer noch über eine wunderbare Umgebung.

Vom sörmländischen Binnenland seien nur die beiden Industriestädte Katrineholm und Flen erwähnt. Unweit von Katrineholm liegt der größte Marmorbruch Schwedens. Für den Naturschutz ist in dieser Gegend viel getan worden, auch archäologisch ist sie interessant.

Sörmländische Altertümer, Kirchen und Herrensitze

Den sörmländischen Reichtum an Altertümern haben wir schon erwähnt, den Grabhügel zu Uppsa und den Thingplatz zu Aspalöt. In der Nähe von Katrineholm befindet sich eine berühmte Schiffssetzung, die ›Grab der Riesin Glysa‹ genannt wird. In der Nähe von Vingåker, wo schon immer eine Bauernkultur blühte und die Folklore noch heute lebendig ist, haben die Archäologen festgestellt, daß hier Gerste und Weizen bei einem weit günstigeren Klima schon vor 5000 Jahren angebaut wurden. Bei Fiholm, zwischen Torshälla und Strängnäs, befindet sich eine berühmte Runeninschrift (Sigurdsristningen), die in den Felsen geritzt wurde und von einem Brückenbau über einen ehemaligen Sund (Rumpsundet) berichtet. In der älteren Wikingerzeit waren Brückenbauten ganz besonders wichtige Unternehmungen. Neben dem Text sieht man eine Darstellung vom Kampf Sigurds mit dem Drachen Fafner. Diese illustrierten Runeninschriften dürfen jedoch nicht mit Felszeichnungen verwechselt werden, die aus dem Bronzezeitalter oder der älteren Eiszeit stammen und Menschen, Tiere, Waffen, Werkzeuge, magische Zeichen usw. darstellen.

Besonders reich an Altertümern ist die Mälarinsel Sela (Selaön) nordöstlich von Strängnäs. Bei Överselö gibt es eine Schiffssetzung, die ›Richterstuhl von Åsa‹ (Åsa domaresäte) genannt wird. Bei Tunaberg an dem südlichsten Punkt Sörmlands, wo die langgestreckte Ostseebucht Bråviken tief ins Land dringt, hat man einen großen Wikingerhafen entdeckt. Das Dorf Tyresta auf Södertörn bei Handen, nicht weit südlich von Stockholm, soll seit der Wikingerzeit ohne Unterbrechung bewohnt sein. Bedeutende Grabfelder begleiten den Gang der Jahrhunderte. Unter den zahlreichen Ruinen von Altburgen verdient Bogsten bei Tumbo an der westlichsten Mälarbucht Erwähnung. Der größte Runenstein Sörmlands steht an der Hauptstraße etwas östlich von Eskilstuna bei Kungshållet, wo auch eisenzeitliche Grabfelder vorhanden sind. Der Runentext lautet in Übersetzung wie folgt: »Alrik, Sigrids Sohn, errichtete den Stein zum Andenken an seinen Vater Spjut, der im Westen war und Burgen dort besetzt hielt. Alle Künste der Befestigung kannte er.«

In dieser Gegend erhebt sich eine der ältesten Kirchen Sörmlands: Jäders romanische Feldsteinkirche vom Anfang des zwölften Jahrhunderts. Der Reichskanzler Axel Oxenstierna ließ sie durch die Architekten Vallée und Tessin umbauen, nachdem die Familie Oxenstierna sie zur Grabkirche erkoren hatte. Ein flämischer Altar aus dem Jahre 1514 und eine geschnitzte deutsche Kanzel aus dem Jahre 1654 zieren das Innere der Kirche, in deren Hochchor sich vier Epitaphe aus Marmor und Alabaster befinden. An den Wänden hängen nicht weniger als 53 adlige Wappen. Auf der halben Strecke zwischen Stockholm und Södertälje – also im südwestlichen Teil des hauptstädtischen Ballungsgebiets – liegt Botkyrka, ein Feldsteinbau, der im Jahre 1176 vom ersten Erzbischof Schwedens, Stefan, eingeweiht wurde und dessen Turm noch aus jener Zeit stammt. Die erste Holzkirche soll bereits 1128 hier gestanden haben. Der Name bedeutet eigentlich Bußkirche, wird aber in Zusammenhang mit dem Apostel Södertörns, Bitvid, gebracht. Der Kampf zwischen Heidentum und Christentum tobte in Schweden von Ansgars Zeiten um 850 bis fast 1100, obwohl die beiden Religionen zeitweise auch friedlich nebeneinander bestanden. Gleichwohl gab es viele unbekannte Märtyrer.

Die alten Feldsteinkirchen dienten öfters gleichzeitig der Verteidigung und waren daher mit Schießscharten ausgerüstet. Obwohl man zur Zeit ihrer Errichtung nur mit Pfeil und Bogen schoß, widerstanden die alten Mauern später Gewehren und sogar Geschützen. Bei der Kirche Salem – zwischen Botkyrka und Södertälje – kann man die Scharten gut sehen. Die Kirchhofsmauer umschloß Kirche und Friedhof und war öfters nur über sogenannte Steigluken (stiglukor) passierbar, also nur Fußgängern zugänglich. Bei der Torpa Kirche unweit Bogstens kann man erkennen, daß diese Steigluken den einzigen Zugang gewährten. Lediglich in Sörmland haben sich rund fünfzig alte Feldsteinkirchen aus der ersten christlichen Zeit erhalten – die städtischen Kirchen nicht mitgezählt. Die schönen Wandmalereien von Albertus Pictor und Peter dem Maler (Peter Målare) im Inneren dieser Kirchen stammen aus dem späten Mittelalter.

Die beiden festen Reichsschlösser Södermanlands waren Gripsholm und Nyköpingshus. Gripsholm, das märchenhafte Mälarschloß bei Mariefred, wurde zwar vom Reichsdrost Bo Jonsson Grip um 1380 erbaut, ist jedoch mit dem Königshaus Wasa eng verknüpft. Von den Erben Grips wurde das Schloß bereits durch die Unionskönigin Margareta für die Krone Schwedens erworben, den großen Ausbau führten Gustav Wasa und sein Sohn Karl IX., ehedem Herzog Karl von Södermanland, aus. Die Witwe Karls X. Gustav und Großmutter Karls XII., die sogenannte Karlamodern, die achtzig Jahre alt wurde, verfügte über Gripsholm als Witwenresidenz. Der unglückliche König Erik XIV. saß einige Zeit hier gefangen. Gustav III. ließ das Schloß, das bis dahin einen gewissen Festungscharakter bewahrt hatte, im Sinne des Rokoko modernisieren und dort selbstverständlich auch einen Theatersalon und einen Kavaliersflügel einrichten. Sein im Jahre 1809 abgesetzter Sohn, Gustav IV. Adolf, saß einige Monate hier in Haft, bis man über sein Schicksal befand. Dem deutschen Leser ist Gripsholm sicherlich durch die Erzählung Kurt Tucholskys bekannt. Sein Grab befindet sich auf dem Friedhof von Mariefred.

Das Schloß in Rosarot, das man über eine Zugbrücke erreicht, ist der Inbegriff schwedischer Romantik. Am sechseckigen inneren Burghof erheben sich vier runde Türme, nämlich der Gripturm, der Wasaturm, der Theaterturm und der Gefängnisturm, in dem auch der spätere König Johan II. und seine polnische Gemahlin Katarina Jagellonica als Reichsverräter eingesperrt saßen, ehe der regierende Bruder Erik XIV. zu seinem eigenen Unglück in einem Anfall von Milde und Familiensinn sie plötzlich freigab. Der spätere katholische König von Schweden und Polen, Sigismund, wurde während der Gefangenschaft der fürstlichen Eltern im Gefängnisturm von Gripsholm geboren. Das gewaltige Schloß, das in seinen verschiedenen Teilen die Stile der Renaissance, des Barock, des gustavianischen Rokoko und des Neuklassizismus präsentiert, verfügt heute als Museum über eine der größten Porträtsammlungen Europas. Den Eingang bewachen seit bald vierhundert Jahren die beiden zur Zeit Johans III. von den Moskowitern eroberten Geschütze Galten (Eber) und Suggan (Sau).

Das Schloß Nyköpinghus bei Nyköping stammt aus dem 13. Jahrhundert und ist mit der königlichen Familie der Folkunger eng verbunden. Hier fand das unheimliche Gastmahl 1317 statt, bei dem König Birger seine als Ehrengäste eingeladenen Brüder, die Herzöge Erik und Waldemar, abführen und in den Turm werfen ließ, wo sie dann ganz von selbst vor Hunger starben. Allerdings war diesem Ereignis, wie schon erwähnt, elf Jahre früher das sogenannte Håtunaspiel vorausgegangen. Karl IX. ließ das düstere Schloß in einen Renaissance-Palast verwandeln. Dieser wurde indessen durch einen Feuerbrand 1665 stark beschädigt und von den Russen bei ihrem Streifzug 1719 fast gänzlich zerstört. Eine Restauration hat nur einen Teil des Schlosses wiederhergestellt, in dem ein Museum eingerichtet wurde. Die stimmungsvolle Ruine in hübscher Umgebung wird aber als effektvolle Kulisse bei historischen Schauspielen und Festspielen im Sommer benützt.

Die Zahl der sörmländischen Herrensitze ist Legion; hier können daher nur einige Residenzen und historisch wichtige Gebäude Erwähnung finden. So residierte der letzte Herzog von Södermanland, Prinz Wilhelm, gern auf dem Schloß Stenhammar bei Flen, im Zentrum seines Herzogtums. Das schöne Schloß, zwischen den Seen Gårdsjön und Waldemaren gelegen, gehörte in der Großmachtzeit der Familie Rosenhane. Von der Eisenbahn aus, die Stockholm über Katrineholm mit Gotenburg verbindet, ist das Schloß voll sichtbar. Prinz Wilhelm, der eine poetische Ader besaß, hat selbst viel über das naturschöne Sörmland geschrieben. Unweit von Flen liegt das Schloß Harpsund, das der schwedische Geldmagnat C.A. Wicander dem schwedischen Staat als Repräsentationsresidenz für den Premier testamentarisch übereignete. Der bekannte sozialdemokratische schwedische Premier Erlander nutzte zwanzig Jahre lang diese Gabe.

Das Schloß Tullgarn bei Trosa ist seit altersher ein königliches Lustschloß; König Gustav V. verbrachte viele Sommer hier. In alter Zeit war es im Besitz der Familien Bonde und de la Gardie. Das Schloß Ostermalma, nicht weit von Aspalöt und früher in den Händen der Familie Drakenhielm, gehört heute der staatlichen schwedischen Domänenverwaltung und das Schloß Tynnelsö bei Strängnäs, ehemalige bischöfliche Residenz, der Akademie für schöne Literatur. Als typische Sörmlands-Schlösser bezeichnete Prinz Wilhelm selbst die Mälarschlösser Sundbyholm nahe Torshälla und Mälsåker auf der Sela-Insel, wie auch Eriksberg südöstlich von Katrineholm. Von Sundbyholm gibt es ein berühmtes Gemälde ›Das alte Schloß‹ des schwedischen Künstlerprinzen Eugen, dem Bruder Gustavs v. Die Stilarten der Herrensitze sind Barock, ›Karolinisch‹ oder ›Gustavianisch‹. Architekten waren im allgemeinen die beiden Tessins, Vallée, Hårleman und Cronstedt. An die hundert sörmländische Schlösser waren noch um 1900 im Besitz des schwedischen Hochadels. Seit der Aufhebung der Fideikomisse hat sich jedoch alles rapid verändert.

Es gab auch einige Hüttenwerke in der Park- und Ackerbaulandschaft Sörmland; so bei Tunaborg im Süden, wo der bewaldete Höhenzug Kolmården Svealand von Götaland trennt. So ist das Schloß Nävekvarn, in dessen Park der Mörder König Gustavs III. Anckarström begraben liegt, eine Hüttenresidenz, die noch von einer alten, allmählich modernisierten Metallindustrie lebt. Auf der großen Ostseeinsel Utö wurde bis 1879 Eisenerz gewonnen. Bei Åker, nicht weit von Mariefred, verarbeitet eine letzte sörmländische Hütte noch eigenes Erz. Åker darf nicht mit dem Herrensitz Åkerö verwechselt werden, der auf einer Insel im See Yngaren liegt und von Obstgärten umgeben ist. Von hier stammt der berühmte Åkerö-Apfel, dessen ›Stammbaum‹ noch am Leben ist. Eine sörmländische Spezialität waren die Kachelöfen, mit denen im harten Klima die gewaltigen Schloßgebäude geheizt wurden. Berühmt waren vor allem die Marieberg-Kachelöfen; am besten erhalten kann man sie im Schloß Turehov am Mälarsee bewundern.

Västmanland – das Land im Westen

Die umgebenden geographischen Namen belegen die Stellung Upplands als ursprünglichen Mittelpunkt der Reichsbildung. Im Osten haben wir die Ostsee, die weder für die Deutschen noch für die Balten eine ›Ostsee‹ war, im Süden Södermanland, im Norden Norrland und im Westen Västmanland, was wörtlich ›das Land der westlichen Männer‹ bedeutet. Während das Südgestade Västmanlands am Mälarsee eine uralte Kulturgegend ist und der Norden wegen seines Erzreichtums zu Bergslagen gezählt wurde, besaßen die westlichen Teile immer ein wenig vom Charakter des Wilden Westens – bis zum heutigen Tage.

Die Landschaft, die rund 9000 Quadratkilometer umfaßt, ist reich an Seen, Flüssen, Wäldern und Anhöhen, die von hübschen Tälern durchschnitten werden. Die Berge erreichen Höhen bis zu 470 Metern und sind Ausläufer bedeutenderer Gebirge im Norden und im Westen. Die Lebhaftigkeit und die Naturschönheit der Landschaft gehen auf die ehemalige geologische Unruhe zurück, als die schmelzenden Granite bei der sogenannten Svionischen Faltung die alten Leptite weitgehend zu Erzen umwandelten. Nicht nur Eisen, Kupfer und Silber entstanden so, sondern auch Blei, Zink, Molybdän und Wolfram. Man kann den Verwerfungslinien folgen und den weit späteren Ursprung der vom Eis geformten Höhenzüge ahnen. Die Seen sind zahlreich und tief, und das Wasser ist kalt und klar, der Fischbestand jedoch unbedeutend. Bunte Seerosen und viele Arten von Lobelia zieren die Strandgewässer, und die Landschaft ist für eine Sommeridylle wie geschaffen.

Västmanland kann als ein pflanzengeographisches Übergangsgebiet bezeichnet werden. Die Eiche kommt nur noch im Tiefland vor, doch bringt der oft kalkreiche Boden eine lebhaftere Vegetation hervor, als die wilde Landschaft zunächst vermuten läßt. So sind zum Beispiel die Orchideenarten zahlreich vertreten. Auch die Tierwelt ist vielfältig: Elch, Fuchs, Hase, Marder, Mink, Reh und Eichhorn und jetzt auch wieder der Biber sind überall anzutreffen; die Raubvögel sind Habicht, Falke, Weihe und Bussard, auch gibt es eine Unmenge Singvögel. Bär, Luchs und Wolf aber sind längst verschwunden. Im Jahre 1693 verzeichnete König Karl XI. in seinem Tagebuch, daß sein Sohn, der spätere König Karl XII., mit elf Jahren in Västmanland seinen ersten Bären glücklich erlegt habe.

Der Bergwerksdistrikt Västmanlands setzt sich in denjenigen der Landschaft Dalarna im Norden fort. Sein größter Teil lag oberhalb der Grenze, die man in Schweden ›die höchste Küstenlinie‹

nennt und die 150 Meter über der Pegelhöhe der Ostsee verläuft. In diesen kargen Gegenden wurden in den älteren Jahrhunderten aus dem Ostteil des Reiches Finnen angesiedelt, weil diese an ein härteres Klima gewöhnt waren, und Spuren dieser Kolonisation sind hier, wie in Värmland, zahlreich vorhanden. Eigentümlicherweise waren es die Deutschen, die das Innere Västmanlands zur Blüte brachten, weil deutsche Unternehmer und deutsche Fachleute im Einvernehmen mit der schwedischen Regierung im Mittelalter die Erzgewinnung entwickelten. Viele Hüttenbesitzer (Bergsmän) waren deutschen Ursprungs und selbst Engelbrekt Engelbrektsson, der Freiheitsheld in den ersten Unionskriegen um 1430, entstammte einer ursprünglich deutschen Familie.

Größere eigene geschichtliche Traditionen besitzt Västmanland nicht, da es stets Uppland als eine Art von ›Abschubland‹ diente. Jedoch sind rund vierzig Ruinen von Altburgen vorhanden, und diese stammen – wie in Uppland und Sörmland – aus der Zeit, wo die tieferen Täler und Ebenen noch unter Wasser standen. Während des Bronzezeitalters herrschte in ganz Schweden und somit auch in Västmanland ein weit besseres Klima (1500 bis 500 v. Chr.) als heute, und man hat interessante Funde gemacht, die sogar Handelsverbindungen mit Etrurien belegen. Später entwickelte sich am Mälargestade und in den südlicheren Teilen der Landschaft der Ackerbau, während in den inneren und nördlichen Teilen die Eisengewinnung den Vorrang gewann. Das Bauerndorf in der Mälargegend umfaßte gewöhnlich acht Gehöfte; eine Flurbereinigung wurde um 1200 nach dem sogenannten ›Sonnenschlagsystem‹ durchgeführt. Dieses System sollte eine gewisse Gerechtigkeit bezüglich der Verteilung des im Norden so wichtigen Sonneneinfalls herbeiführen; denn davon hing weitgehend der Ernteertrag ab. Weideland und Wald dagegen waren Gemeindeeigentum. Erst unter Gustav III. begann die sogenannte ›Große Flurbereinigung‹.

Altertümer gibt es nur an der Mälarküste Västmanlands. Gleich nachdem man von Enköping aus über die Landschaftsgrenze Uppland-Västermanland gekommen ist, liegt rechter Hand der Fundort Badelunda mit einem riesigen Grabhügel – Anundshögen – aus der Zeit der Völkerwanderung; der Durchmesser beträgt 50 Meter. Eisenzeitliche Grabfelder und zahlreiche Runensteine gehören zu diesem Gebiet. Weiter westlich an einer alten Uferlinie liegen die Ruinen der Altburgen Sorby und Skoftesta-Schanze sowie der Ströbo Grabhügel, an dem die Svea-Könige auf der Eriksgata Huldigungen entgegennahmen.

Kulturzentren im südlichen Västmanland

Die Hauptstadt Västmanlands ist das alte Västerås am Mälarsee, das heute zu einem Zentrum der schwedischen Elektroindustrie (ASEA) ausgebaut wurde und über 100000 Einwohner zählt. Die Stadt liegt an der Mündung des Svartå (Schwarzen Stroms) in den Mälarsee, und schon früh vermittelte sie die Eisentransporte des Hinterlandes. Der mittelalterliche Name war Västra Aros (Westhafen), und schon um 1100 residierte hier ein Bischof. Kurz darauf wurde eine Münze errichtet; das Silber dazu kam aus Sala, das Kupfer aus Norberg. Zeitweise spielte das Dominikanerkloster eine maßgebliche Rolle im Geschick der Stadt, später übernahmen die Herren des von den Wasas erweiterten Schlosses die Führung. Gustav Wasa hielt hier 1527 einen bekannten Reichstag ab, und 1544 wurde Schweden hier als Erbmonarchie zugunsten der königlichen Familie Wasa bestätigt. Im Schloß saß der unglückliche Erik XIV. einige Zeit gefangen, und der ›Kriegerkönig‹, der Wittelsbacher Karl X. Gustav, Pfalzgraf des römischen Reiches deutscher Nation, wurde hier geboren. Seine Mutter, Prinzessin Katarina von Schweden, war die Schwester Gustav Adolfs. In einem Teil des Schlosses ist heute ein Museum västmanländischer Altertümer untergebracht.

In Västerås wirkte der Vater des genialen Naturwissenschaftlers Olof Rudbeck, Johannes Rudbeckius (1623-46), als Bischof, er war – wie so viele bedeutende Familien Västmanlands – deutscher Herkunft. Er errichtete das erste Gymnasium Schwedens und legte die Stiftsbibliothek an, die heute mit der Landesbibliothek vereinigt ist. Ihm hat Carl Milles ein bronzenes Denkmal errichtet.

Der prachtvolle Dom zu Västerås wurde Anfang des 13. Jahrhunderts als dreischiffige Basilika aus Backstein aufgeführt. Gegen Ende des Mittelalters wurde der schwere viereckige Mittelturm gebaut, die schlanke, hohe Turmspitze aber wurde erst 1691 von Tessin d. J. aufgesetzt. Gleichzeitig mit der Turmerhöhung auf über hundert Meter wurde auch eine Erweiterung der Kirche vorgenommen, so daß sie jetzt fünf Schiffe besitzt. Die prachtvolle Grabkapelle für den im Jahre 1577 vergifteten König Erik XIV. ließ Gustav III. errichten. König Johan III. hatte seinem beseitigten Bruder nur einen bescheidenen Eichensarg gegönnt. Weitere Grabchöre ehren die Toten der Familien Sture und Brahe, während ein schöner Stein das Grab von Johannes Rudbeckius zeigt. Zahlreiche Epitaphe und prachtvolle geschnitzte Altarschreine schmücken das Innere der Kirche, die vor der Reformation eine Marienkirche war. In den alten Stadtteilen um den Dom bietet Västerås noch viele malerische Winkel; Gärten und Parkanlagen machen die Luft frisch und rein, und die hübsche Lage an einer breiten Bucht des Mälarsees trägt viel zu einem freundlichen und lichten Stadtbild bei.

An Verehrungswürdigkeit wetteifert Arboga, der Geburtsort des schwedischen Reichstags, stark mit Västerås. Das Städtchen liegt an einem von Westen kommenden gleichnamigen Zufluß des Mälarsees und ist – obwohl fünfzehn Kilometer von der Mündung gelegen – seit altersher der Schiffahrt zugänglich. Durch eine Kanalverbindung zwischen dem großen Hjälmarsee und dem Arbogafluß (Arboga ån) wird seine Stellung als Seestadt noch unterstrichen, und so nimmt es nicht wunder, daß die erste Dampferlinie Schwedens mit dem Raddampfer ›Yngve Frej‹ im Jahre 1821 in Arboga eröffnet wurde. Trotzdem ist die Stadt klein geblieben, wenn auch die Industrialisierung bereits im Gange ist. Sie beschränkt sich aber hauptsächlich auf die Randgebiete der Stadt, die dadurch ihr vornehmes Gepräge bewahren konnte.

Arboga kann auf eine reiche geschichtliche Vergangenheit zurückblicken. Hier wurde bereits zur Zeit Olof Skötkonungs – also kurz nach der Jahrtausendwende – eine Kirche erbaut. Sieben schwedische Kirchentage wurden im Mittelalter in Arboga abgehalten, und unfern der Grenze Götalands war die Stadt ein geeigneter Ort auch für Herren- und Bauerntagungen, aus welchen 1435 der schwedische Reichstag hervorging. Hier wurde damals der Freiheitskämpfer Engelbrekt zum ›Reichshauptmann‹ gewählt, und so ist es ganz natürlich, wenn sein Denkmal vor der alten Klosterkirche, der jetzigen Heiligen Dreifaltigkeitskirche, steht. Der Schöpfer ist der nach 1900 tätige schwedische Bildhauer Carl Eldh. Arboga wird sogar in alten Urkunden ›die vornehmste Stadt Schwedens‹ genannt, und die Historiker zählen nicht weniger als dreißig Reichstage im mittelalterlichen Arboga, das ein wichtiger Ort der Eriksgata der Schwedenkönige war. Als die Karoliner im strengen Winter 1718/19 ihrem gefallenen Heldenkönig Karl XII. das Trauergeleit von der Festung Fredrikssten an der norwegischen Grenze bis Stockholm gaben, machte die Totenbahre einen feierlichen Aufenthalt in Arboga.

Im Jahre 1471 wurde Sten Sture d. Ä. in Arboga zum Reichsverweser gewählt, und im Arbogaer Sture-Park erinnert ein Obelisk an dieses Ereignis. Zu dieser Zeit wurde der hl. Franziskus hier besonders geehrt, und Wandmalereien, die sein Leben schildern, sind in der schon erwähnten Heliga Trefaldighets Kyrka noch zu sehen. Auch die St. Nicolai Kyrka führt in die älteste christliche Zeit Schwedens zurück. Im Rathaus zu Arboga wird eine Annalensammlung aufbewahrt, die unter dem Namen ›Arboga tänkebok‹ bekannt ist und viel zur geschichtlichen Erforschung der Stadtgeschichte beigetragen hat.

Das dritte Mälarzentrum Västmanlands ist die alte Stadt Köping am Köpingå (Köpingfluß) nahe der Mündung. Der heutigen Stadt merkt man allerdings ihr respektgebietendes Alter nicht an: Metall- und Zementindustrien bestimmen den Eindruck. Der Name, der eigentlich nur ›Flecken‹ bedeutet, soll damit zusammenhängen, daß dem Ort erst 1474 von Sten Sture d. Ä. die Stadtrechte bewilligt waren, obwohl man sich darum Jahrhunderte bemüht hatte.

Köping bleibt aber unsterblich in den Annalen der Chemie; denn hier wirkte der Apotheker Karl Wilhelm Scheele, der 1742 im damals schwedischen Stralsund geboren war, unter schwierigen Verhältnissen seine Apothekerprüfung absolvierte und endlich eine Apotheke in Köping eröffnen konnte, wo er im Alter von 43 Jahren starb. Über ihn liest man im Konversationslexikon: »Mit beschränkten Mitteln und einfachen Apparaten in dem Laboratorium seiner Apotheke arbeitend, entdeckte er das Sauerstoffgas, Wein-, Zitronen-, Oxalsäure, Gerbsäure, Harnsäure, Milchsäure etc., das Glycerin, Molybdän- und Wolframsäure, Arsensäure und Arsenwasserstoff, Kieselfluorwasserstoffsäure, das Mangan, das Chlor, den Baryt, die Zusammensetzung des Flußspats, analysierte das Berliner Blau und zerlegte die atmosphärische Luft, das Ammoniak und den Schwefelwasserstoff.« Trotzdem blieb Scheele in der damals sehr brennenden Verbrennungsdiskussion ›Phlogistonist‹, eine Lehre, die bis auf Heraklit zurückgeht, der annahm, daß das Feuer als eine abstrakte, selbständig wirkende Kraft alle Bewegung und Veränderung und damit alles Leben verursacht. Diese Lehre wurde jedoch gegen Ende des 18. Jahrhunderts auf dem Kontinent von Lavoisier und in Schweden von Johan Gadolin für den Bereich der Chemie als unzutreffend abgelehnt, da man die Rolle des Sauerstoffs bei der Verbrennung entdeckt und nachgewiesen hatte.

Adelsschlösser gibt es auch im südlichen Västmanland nur wenige. In der Südostecke, auf der Mälarinsel Ängsö, erhebt sich das gleichnamige Schloß, das um 1840 erbaut und in der Großmachtzeit erweitert wurde. Es gehörte der gräflichen Familie Piper, deren bekanntester Vertreter Minister bei Karl XII. war und 1716 in russischer Gefangenschaft starb. Prachtvoller ist Tidö auf der Mälarhalbinsel südlich von Västerås, ein Schloß, das der Reichskanzler Graf Axel Oxenstierna während des Dreißigjährigen Kriegs im Barockstil aufführen ließ. Etwas westlicher in einem schönen Park bei der Mündung des Kolbäckflusses befindet sich das karolinische Schloß Strömsborg. Fullerö, zwischen Västerås und Tidö, wurde um 1656 für den Reichskanzler Graf Erik Oxenstierna als eine Art von Kopie des Ritterhauses zu Stockholm gebaut. Das Schloß geriet später in den Besitz der gräflichen Familie Cronstedt, die es über alle Schwierigkeiten der modernen Zeit bis heute hat retten können.

Die Bergwerksdistrikte Västmanlands

Zu den Bergwerksdistrikten (Bergslagen) gehören der Norden und der Westen Västmanlands, und diese hängen mit den entsprechenden Gebieten in Dalarna, Värmland und Närke zusammen. Wenn man von Uppsala in westlicher Richtung fährt, erreicht man jenseits der Grenze Upplands gleich die Silberstadt Sala, deren Grube in alter Zeit »die Schatzkammer Schwedens« genannt wurde. Der Kalkboden bringt eine üppige Pflanzenwelt hervor, und zwischen den Seerosenteichen und Birkenhainen lebt die Idylle. Hier erklärte der junge Gustav Adolf der schönen Gräfin Ebba Brahe seine Liebe, allein die Ehe kam aus dynastischen Gründen nicht zustande.

Noch weiter westwärts liegt das 150 Quadratkilometer große

Stadtgebiet von Fagersta am Oberlauf des Kolbäckflusses, der in der Stadtmitte einen hübschen Binnensee bildet. Hier fing der Hüttenbetrieb schon um 1300 an, und von 1611 an arbeiteten die Eisenhammer, von Wasserkraft getrieben. Die Eisenindustrie beherrscht die stetig wachsende Ortschaft völlig, die rund 20000 Einwohner zählt und die nördliche Hauptstadt Västmanlands ist. Um die Entwicklung des Hüttenkonzerns machte sich im vorigen Jahrhundert die schwedische Familie von Stockenström sehr verdient; im Jahre 1907 wurde die Hüttengruppe von dem Senator Possehl aus Lübeck übernommen, was zu einer schweren Krise nach dem Ersten Weltkrieg führte. Nach der Sanierung wurde im Jahre 1926 der heutige große schwedische Konzern gebildet. Der Name Fagersta bedeutet wörtlich ›hübsche Stelle‹, soll sich aber vom altschwedischen Wort für Hütte ›faderstadher‹ herleiten.

Nördlich von Fagersta gegen Norberg ist die hügelige Gegend bedeckt mit Wäldern, dort wo früher die Kohlenmeiler rauchten und Erzfundstätten lagen, die dann verlassen wurden. Nur vereinzelt waren diese so lukrativ, daß sich eine Modernisierung lohnte. Hier liegt die Kärrgruva (Sumpfgrube), die der Hüttenbesitzerfamilie Engelbrekt gehörte, und in Ingolsbenning nebenan behauptet eine zähe Tradition, daß der Freiheitsheld dort geboren sein soll.

Es sind fast sechshundert Jahre her, aber die Kirche zu Norberg, wo Engelbrekt wohl um 1390 getauft wurde, hat sich nur wenig verändert. Selbstverständlich gibt es auch einen Engelbrektpark und ein Engelbrektmonument. Am interessantesten aber ist doch wohl das alte Polhemsrad, das die Wasserkraft zum Lenzpumpen der Gruben übertrug und nach dem 1661 geborenen großen schwedischen Erfinder Polhem benannt wurde. Eigenartig ist der Mossgruvepark, wo man sich auf nachgiebigen grünbewachsenen Verbindungswegen zwischen wassergefüllten Grubenlöchern bewegt.

Västmanland wird von zahlreichen Nord-Südtälern durchzogen, in seiner geographischen Mitte sucht sich der Hedström (Heidenstrom) den Weg zum Mälarsee. Hier liegt ein Hüttenort mit dem wunderbaren Namen Skinnskatteberg, der sich auf einen Berg bezieht, wo man einst Felle als Steuern empfing. Unzählige Hütten, im Besitz altberühmter Familien, befinden sich in den Flußtälern, man glaubt fast eine Unterabteilung der schwedischen

Adelsmatrikel zu lesen: Gyllenborg, Heijkenskjöld, Hising, Brahe, de la Gardie, Graf Hermansson, Tersmeden, Cedercreutz, Stenbock, Silfverschiöld, Üxküll, Lagercrantz usw.

Bei Stråssa, einer der größten Eisenerzfundstätten Schwedens, gibt es einen Tyska fallet, das heißt einen ›deutschen Wasserfall‹, unweit des schön gelegenen Sees Råsvalen. Am See liegt der Hüttenort Guldsmedshyttan in der Nähe der großen Grubenfelder von Stripa. Obwohl der Name auf Gold hinweist, hat man doch hier nur Silber gefunden, und heute beschränkt man sich auf das reiche Eisenerz. Nördlicher im Tal des Storån liegt der Flecken Kopparberg, wo man heute aber nicht mehr Kupfer, sondern Zink und Blei gewinnt. Hier fährt auch die Eisenbahn wie fast in allen Tälern, die Västmanland mit den Bergwerksdistrikten in der nördlicheren Landschaft Dalarna verbinden. Diese Gegend wurde unter Herzog Karl um 1590 mit Finnen besiedelt, woran heute noch der Ortsname Finngruvorna (Finnengruben) erinnert. Die Gegend ist ungastlich, und die Nachkommen der meisten Siedler wanderten später nach Amerika aus.

An den Lindesseen südlich des Råsvalen liegt das Städtchen Lindesberg, das als Hüttenort sechshundertjährige Traditionen besitzt. Während einer Hochkonjunktur im 18. Jahrhundert war die Stadt wegen ihrer zahlreichen Kneipen reichsbekannt. Heute setzen sich gerne Pensionäre im naturschönen Lindesberg zur Ruhe, und die wiederaufblühende Industrie sorgt für die Stadtfinanzen.

Eine Parallele zu Lindesberg macht die südwestlich liegende Hüttenstadt Nora aus, die sogar »die Perle des Bergwerksdistrikts« genannt worden ist. Der Name stammt aus dem altschwedischen Wort ›Nor‹, das Sund oder schmale Stelle bedeutet. Seen und Flüsse gibt es hier wie in ganz Västmanland genügend und in jeder Größe. In Lindesberg, wie in Nora, entwickelte sich früh eine vornehme Bürgerschaft, die den Großhandel mit Metall und Metallwaren betrieb. So lief durch Nora eine der ersten Eisenbahnlinien Schwedens schon im Jahre 1856. Kanäle und Eisenbahnen gaben der uralten Erzgewinnung neuen Auftrieb, da sie die Fracht erleichterten und verbilligten. In Nora erinnert man sich gern, daß der berühmte Strängnäs-Bischof Thomas, der Freund Engelbrekts und der Dichter des ›Freiheitslieds‹, in seiner Jugend – etwa um 1400 – hier Pfarrer gewesen war. Bei Klacka-Lerberg nordwestlich von Nora bricht man magnetisches Eisenerz, das ›Schwarzerz‹ genannt wird und sogar einen Besuch von König Gustav III. im Jahre 1768 veranlaßte. Der unerschrockene Monarch kletterte tief hinunter in die Grubenschächte, und noch heute heißt nach ihm eine Grube der ›Königsstollen‹.

Die Nordwestecke Västmanlands ist eine hübsche und wasserreiche Wildnis, die mit Kopparberg durch eine Eisenbahn verbunden ist, die die Hüttenorte Gyttorp, Grythyttan, Saxhyttan und den Flecken Hällefors berührt. Die Gewässer fließen hier nicht mehr in den Mälarsee, sondern schon in den westlicher gelegenen Vänern. Bei Gyttorp werden Pulver, Dynamit und Zündschnüre hergestellt, alles notwendige Dinge für den Bergbau. Der ›Schwarze Fluß‹ (Svartälven) durchfließt den äußersten Westen Västmanlands und bildet zugleich eine Perlenschnur hübscher Binnenseen, die Namen wie Grecken, Malen, Halvarsnoret, Torrvarpen und Söderälgen tragen. Als Vertreterin der vielen alten Hüttenresidenzen kann das weiße Herrenhaus zu Stadra betrachtet werden. Bei Grythyttan, Saxhyttan und Hällefors brach man in alter Zeit Silbererz, später und heute noch Eisenerz. Hierzu kommen große Fundstätten an Schiefer, die in modernen Industrieanlagen verwertet werden. Auch die Holzveredelung ist in allen Formen in den Bergwerksdistrikten Västmanlands stark entwikkelt, zumal man das Holz heute nicht mehr in gleichem Umfang für die Metallgewinnung benötigt.

Zahlreiche Heimatmuseen, alte Hüttenwerke, Wohnhäuser, Residenzen und Einrichtungen werden pietätvoll gepflegt und geben den Interessierten Auskunft über Gebräuche, Technik und Lebensart vergangener Geschlechter in den alten Bergwerksdistrikten Västmanlands, die für die ehemalige militärische Stärke und für die spätere industrielle Entwicklung Schwedens eine so große Rolle gespielt haben. Zur Erholung nach allen Strapazen bietet der äußerste Westzipfel Västmanlands uns noch einen Badeort an, Loka brunn, wo man sich durch kieselreiche Lehmbäder und eisenträchtiges Badewasser stärkt. König Adolf Fredrik und sein Sohn Gustav III. besuchten im 18. Jahrhundert mehrmals Loka, das besonders geeignet sein soll, Abhilfe gegen Kopfschmerzen zu gewähren.

Obwohl auf der breiten Landenge zwischen dem Hjälmarsee und dem Vättersee gelegen, zählt Närke doch zu den Mälarlandschaften. Der Grund ist wohl, daß diese den großen Hjälmarsee fast umschließen und daß die Gewässer in den Mälarsee abfließen. Als Grenzland zwischen Götaland und Svealand umstritten, entschloß sich Närke – vielleicht ursprünglich nicht ganz freiwillig – für das letztere, dem es auch geologisch näher steht. Der Name, der früher Nerike geschrieben wurde, klingt stattlich und könnte wie ›Svea Rike‹ auf eine Verbindung mit dem Wort ›Reich‹ hinweisen. Es wurde jedoch schon dargelegt, daß der Name als eine Kombination des verschwundenen Sees När mit einer alten Ortschaft Rek (Rekarne) zu erklären ist. Mit rund 4500 Quadratkilometern ist Närke die kleinste der sechs Svealandschaften.

Der geologische Aufbau Närkes ist sonderbar. Die große Mitte der Landschaft besteht aus einer durch Verwerfung vor 500 Millionen Jahren gesunkenen Tieflandebene, die im nordöstlichen Teil von dem flachen See Hjälmaren bedeckt ist. Die Meereshöhe beträgt nur rund 30 Meter, und der Hjälmarsee wurde durch eine Wasserregelung in den Jahren 1877/87 um 1,8 Meter gesenkt, wodurch 187 Quadratkilometer Land gewonnen und weitere Überschwemmungen in der Folgezeit vermieden wurden. Der See, dessen größte Tiefe nur 18 Meter mißt, besitzt heute die Proportionen des Bodensees und ist damit immer noch der viertgrößte Binnensee Schwedens. Die ganze Närke-Ebene in Richtung Nordost-Südwest lag in alter Zeit unter jenen Wassern, die die ehemalige Ostsee mit der Nordsee verbanden. Als die Vorgängerin der heutigen Ostsee zum Binnenmeer wurde, floß der Sveaälv mitten durch Närke, so daß man bei Degerfors an der Grenze Värmlands noch immer die gewaltigen Überreste des ehemaligen Svea-Wasserfalls besichtigen kann.

Die Ebene ist im Nordwesten durch den Gebirgsrücken Kilsbergen von Värmland, im Südosten durch Tylöskog von Östergötland und im Süden durch Tiveden von Västergötland getrennt. Im Nordosten wie im Südwesten ist sie offen. Kein Wasser kann aus Närke in den Vättersee fließen, es sei denn durch Pumpwerke, denn der letztgenannte liegt weit höher als die Närk-Ebene und wird durch einen Plateaurand von dieser geschieden. Die Scholle

Närkes birgt viele Schätze. Die Lehmkruste ist sehr fruchtbar, Kalkstein, Sandstein und Alaunschiefer liefern einer wachsenden Industrie willkommene Rohstoffe. Aus dem Schiefer wird Öl hergestellt, und neuerdings sind bedeutende Uranvorkommen hier gefunden worden. Der Reichtum an fossilen Ablagerungen liefert die Beweise dafür, daß Närke schon lange Zeit vor den Vereisungen Meeresboden war.

Im Vergleich zu der lebhaften und abwechslungsreichen Natur Västmanlands wirkt die Närke-Ebene etwas langweilig, obwohl die Pflanzenwelt hier gut gedeiht. Die vier übrigen großen Binnenseen Sottern, Tisaren, Toften und Laxsjön haben gleich dem Hjälmaren ein etwas lehmfarbiges Wasser und laden nicht sehr zum Baden ein. Dafür ist der Nordzipfel vom Vättern, der neugierig in Närke hineinragt, ohne den schützenden Naturwall zu durchbrechen, kristallklar. Närke ist eine so ausgeprägte Binnenlandschaft, daß man sich immer wieder wundert, plötzlich die Weite der Seen Hjälmaren und Vättern wahrnehmen zu können.

Als uralte Kulturgegend weist Närke viele Altertümer auf. Den größten ›Richterring‹ Närkes hat man südlich des Hjälmaren bei Segersjö entdeckt, wo der kleine Lännäs-Höhenzug vom Schmelzwasser des Eises geformt wurde. Der Ring besteht aus zwölf Steinen, hierzu noch ein Stein in der Mitte. Hjortsberga, etwas südlicher, wird als der größte Fundplatz betrachtet: der Richterring aus neun Steinen geht auf die Völkerwanderungszeit zurück, Grabfeld und Grabhügel sind vorhanden, und eine eigenartig geformte Anhöhe wird Lekebakken (Spielberg) genannt. Hier sollen noch um 1900 Spiele stattgefunden haben, die auf heidnische Riten zurückgehen, wie so viele Fastnachtsbräuche in Deutschland. Bei Kånsta im Kirchspiel Sköllersta erheben sich zwei Königshügel aus der jüngeren Eisenzeit. Bei Hardemo gibt es einen Thorhügel und einen Königshügel, beide aus der Zeit der Völkerwanderung. Bei Gällersta schließlich wurde ein Freilichtmuseum, ein ›Heimathof für Altertümer‹, errichtet.

Unter den Kirchen von Närke nimmt Glanshammar nördlich des Hjälmaren den ersten Platz ein. Die Kirche wurde als romanischer Bau um 1100 begonnen und im Mittelalter zu einer großen Hallenkirche ausgebaut. Das Wort ›hammar‹ bedeutet im Altschwedischen ›Berg‹, und die Vorsilbe hängt mit dem Glanz des hier angetroffenen Silbererzes zusammen. Alte Holzschnitte und verschiedene Alabasterstatuen zieren das Innere der Kirche. In der ebenso alten Kirche zu Knista gibt es ein Bild von Adam und eines von Methusalem. Für beide ist das Alter angegeben: «Adam 930 Jahre« – »Methusalem etwas älter oder 967 Jahre«. Ein heidnisches Zentrum war Norrby bei Hallsberg, wo noch fünfzig Bautasteine und vier Richterringe vorhanden sind. Gegen das kultisch hier so starke Heidentum wurde in Riseberga ein Zisterzienser Kloster gegründet, dessen Ruinen später die Bausteine für eine lutherische Kirche abgegeben haben.

Als man den Wasserspiegel des Hjälmarsees im vorigen Jahrhundert abgesenkt hatte, wurde die Insel Göksholm zu einer Halbinsel. Hier spielte sich das Engelbrektdrama ab, an das heute noch ein Gedächtnisstein erinnert. Der Reichshauptmann Engelbrekt wurde hier meuchlings von dem Reichsrat Natt och Dag, Besitzer des Schlosses Göksholm und Unionsfreund, ermordet.

Auf dem flachen Lande gibt es in Närke nur wenige Schlösser. In Olshammar südlich von Askersund verbrachte der schwedische Dichter Verner von Heidenstam seine Kindheit; der Besitz gehörte im Mittelalter unter anderen den Eltern der hl. Birgitte. Am hübschen Nordende des Vättersees liegt das um 1800 erbaute klassizistische Schloß Stjersund, das einige Zeit der königlichen Familie Bernadotte gehörte. Der musikalisch begabte Prinz Gustav, Herzog von Uppland und Bruder der Könige Karl XV. und Oskar II., soll hier seine Lieder komponiert haben.

Auch in Närke gibt es einige Hütten wie Donafors und Aspa in Tived, Degerfors, Hasselfors, Laxå usw., jedoch spielt die übrige, nicht auf Eisen basierende Industrie eine größere Rolle. Interessant ist die alte Schwefelhütte Dylta, in der ihr Gründer, König Johan III., im Cholerajahr 1576 Schutz suchte, da man an die schützende Wirkung der Schwefeldämpfe glaubte. Vielleicht aber gab diese höllische Ausdünstung ihm den Gedanken ein, schon im folgenden Jahr seinen Bruder Erik zu vergiften. Die Residenz der alten Industriebarone waren aber nicht Schlösser im eigentlichen Sinne, sondern Herrensitze von großem Geschmack und hoher Kultur, und so sind sie weitgehend erhalten worden. Ein ›Altertum‹ von besonderem Interesse ist eine Linde im Park des Herrensitzes Boo; sie mißt acht Meter im Umkreis und soll angeblich noch aus der Wikingerzeit stammen. Der See Fagertärn in Tived ist bedeckt mit roten Seerosen.

Die Hauptstadt von Närke ist das alte Örebro an der Mündung des Svartån in der westlichsten Bucht des Hjälmaren. Namen wie Svartån oder Svartälven beziehen sich auf die dunkle (svart: schwarz) Farbwirkung des Wassers, während Å (bestimmte Form Ån) einen kleineren, Älv (bestimmte Form Älven) einen größeren Fluß bezeichnen. Das schwedische Wort Älv und der deutsche Name ›Elbe‹ dürften sprachverwandt sein.

Für schwedische Verhältnisse ist Örebro fast eine Großstadt, die Bevölkerung zählt rund 100000 Einwohner. Uppsala, Västerås und Örebro konkurrieren um den fünften Platz unter den schwedischen Städten, mal ist die eine, mal die andere dieser Städte voran. Wenn das phantastische, auf einer Insel im Strom liegende Schloß nicht wäre, würde man der modernen, konzentrisch ausgebauten Industriestadt ihr hohes Alter nicht glauben. Hier verlief ein eiszeitlicher Höhenzug in Nordsüdrichtung, der an dieser Stelle eine Furt über den Fluß ermöglichte. Der alte Name Eyrasund deutet auf eine See-Enge zwischen dem Hjälmaren und dem westlich von Örebro liegenden See Tysslingen hin; aus dem ehemaligen Sund wurde der Unterlauf des Svartån. Die bestehende Furt wurde bereits im 12. Jahrhundert überbrückt. Auf der Insel neben der Brücke errichtete der Reichsverweser Birger Jarl 1254 eine Burg, die 1435 von Engelbrekt erobert wird, da die Dänen sie besetzt halten; 1522 machte Gustav Wasa dasselbe. Sein Sohn Herzog Karl, der spätere König Karl IX., baute sie dann zu einem großen Wasaschloß aus. Viele Jahrhunderte war Örebro ein Zentrum für den Eisenhandel; der erste Kanal zwischen dem Hjälmarsee und dem Mälarsee wurde aus diesem Grunde schon 1629/39 gegraben.

Im Jahre 1624 errichtete die Regierung in Örebro eine große Gewehrfabrik, deren Arbeiter wie Soldaten ausgehoben wurden; Widerspenstige wurden für die Kanalarbeit verwendet. Die eisenverarbeitende Industrie erstarkte, eine Spezialität wurde die Fabrikation von Nägeln. Später wurde Örebro führend in der Buchdruckerei. Die Reformatoren Laurentius und Olaus Petri waren Söhne des kunsterfahrenen Schmieds Pettersson in Örebro. In der Nikolaikirche soll Engelbrekt beigesetzt sein, doch kann der Platz nicht angegeben werden; dafür befindet sich sein Standbild auf dem Großen Markt. Unfern Engelbrekts, der bekanntlich keinen Herrscher in Schweden ertrug, der nicht schwedischer Abkunft war, steht das Denkmal des Franzosen Jean Baptiste Bernadotte, der nie schwedisch lernte, jedoch als Karl XIV. Johan König in Schweden wurde. Es wurde errichtet, weil in Örebro 1810 derjenige Reichstag zusammentrat, der den französischen Marschall zum schwedischen Kronprinzen machte.

Als Handelsstadt besaß Örebro immer eine zentrale Stellung, und die sogenannte ›Hindersmesse‹ wird Ende Januar abgehalten. Jedoch hat heutzutage die Lederindustrie die Eisenverarbeitung überflügelt; wer etwas in Schweden auf sich hält, trägt Schuhe aus Örebro. Der schwedische Schriftsteller Hjalmar Bergman wurde 1883 in Örebro geboren. Seine Bücher behandeln vor allem Motive aus den Bergwerksdistrikten; sein bekanntes Theaterstück ›Makurells in Wadköping‹ läßt das kleinstädtische Leben in den ›großen‹ Mälarstädten zur Zielscheibe seines Spottes werden. Ganz Schweden kennt seine viel ältere weibliche Kollegin Cajsa Warg, die 1703 ebenfalls hier geboren wurde und jenes berühmte Kochbuch geschrieben hat, auf das alle schwedischen Gerichte zurückgreifen. Daß Örebro nicht schon am Anfang seiner Entwicklung völlig zerstört wurde, verdankt man den Karmelitern, die den Riesen Rise daran hinderten, zwei gewaltige Steinblöcke auf Stadt und Kirche zu werfen. Die beiden Steine, erratische Blöcke aus der Eiszeit, sind heute noch bei Ulvgryt, westlich von Örebro, zu sehen.

Die zweitgrößte Stadt Närkes ist Kumla, die in alten Texten noch Cumblum heißt. Die Stadt liegt etwas südlich von Örebro und war früher ein großes Zentrum, bis es um 1350 von Örebro überflügelt wurde. Von da an schrumpfte der Ort, wenn auch Kirche und Pfarre weiterhin vornehm blieben. Als Unterlieferant für Gewehrteile und Schuhe kam man dann später wieder hoch. Die große Gestalt Kumlas ist der schwedische Bischof und Dichter Frans Michael Franzén, der von 1812-24 hier Pfarrer war. Eine Grotte mit einer Gedächtnistafel soll der Ort sein, wo Franzén seine besten Gedichte geschrieben hat. Da die Stadt inmitten der Ebene ganz im Trockenen liegt, grub man sich während der wirtschaftlichen Depression von 1930 im Kiesgrund des kleinen Höhenzugs einen Badesee, der voll von klarem Wasser ist.

Die Haupteisenbahn Stockholm–Göteborg, ebenso wie die

Reichsstraße Nr. 6 führen durch die beiden Flecken Hallsberg und Laxå, die typische ›Eisenbahn-Emporkömmlinge‹ sind, obwohl Laxå alte Hüttenüberlieferungen und ein sehenswertes Heimatmuseum besitzt. Zwischen beiden Ortschaften, südlich des Sees Toften, quillt der Gesundbrunnen Porla aus dem Geröll eines Höhenzugs. Die Quellen wurden schon 1725 entdeckt, allein erst durch den berühmten schwedischen Chemiker Berzelius 1806 analysiert und als sehr gesundheitsfördernd empfohlen. Im vorigen Jahrhundert gab es hier ein elegantes Badeleben, doch später kam der Kurort wieder aus der Mode. Das Wasser von Porla ist eisenhaltig und stark radioaktiv und gilt immer noch als das beste Tafelwasser in Schweden.

Wie oben erwähnt, enthält der reiche Boden von Närke auch große Schieferlager. Kvarntorp östlich von Kumla ist heute ein Zentrum für die Nutzbarmachung dieses Rohmaterials, dessen Brennwert von der Konzentration des algenfetten Kerogens abhängt. Aus dem Alaunschiefer gewinnt man Benzin, Öle, Gas, Schwefel, Ammoniak, Kalk usw. Seit 1953 gewinnt man sogar Uran aus dem Schiefer, 200 Gramm je Tonne. Man veranschlagt das Schiefervorkommen in Närke auf 500 Millionen Tonnen und baut davon jährlich 3 Millionen Tonnen ab, so daß der Vorrat noch rund 150 Jahre reichen wird.

Im Süden von Närke steigt das Gelände an. Wenn man die Ebene verläßt, erreicht man das Seenplateau, das den großen Vättersee trägt. Der Zipfel, der von ihm nach Närke hineinragt, wird von den bewaldeten Höhenzügen Tiveden und Tylöskog umgeben, und hier an der äußersten Nordspitze des 136 Kilometer langen Sees liegt die südlichste Närkestadt Askersund, die gar nicht in die sonstige Närkelandschaft hineinpaßt. Die Stadtrechte wurden 1643 bewilligt, die Umgebungen sind reizvoll, das Wasser klar, und durch den Göta-Kanal ist die Stadt jedem Seeverkehr zugänglich.

Die Randgaue Svealands: Dalarna und Värmland

Das romantische ›Dalekarlien‹

Seit altersher gilt Dalarna, die nördlichste Landschaft von Svealand, als Symbol für schwedisches Wesen und schwedische Freiheitsliebe. Geriet das Vaterland in Not, traten immer die Dalekarlier zur Rettung an. Auf schwedisch heißen die Männer in Dalarna ›Dalmasar‹ und die Frauen ›Dalkullor‹, und sie tragen immer noch ihre farbigen, leuchtenden Volkstrachten, singen ihre Volkslieder und entlocken ihren Fiedeln die muntersten Tanzmelodien. Die nationale schwedische Kunst wird weitgehend von den Dalamotiven geprägt: Carl Larssons lichte Aquarelle und Anders Zorns entzückende Radierungen sind ohne die sonnenbestrahlte Landschaft Dalarna nicht denkbar. Der große Dichter war Erik Axel Karlfeldt, der den Frohsinn, die Frömmigkeit, den Fleiß und die Wanderlust der Bevölkerung ›der Täler‹ in einer wunderbaren Weise geschildert hat. Sogar die Kirchenkunst ist hier von einer fruchtbaren, farbigen und hellen Naivität geprägt, die den düsteren Seiten des Christentums fremd gegenübersteht.

Dalarna umfaßt nicht weniger als 31 000 Quadratkilometer und erstreckt sich in Richtung Nordwest von Uppland und Västmanland bis zur norwegischen Grenze. Diese Landschaft ist fast identisch mit dem Flußgebiet des großen Dalälv, dessen beide Arme, Österdalälven und Västerdalälven, in Djurås im südwestlichen Teil des Landesteils zusammenfließen. Als Zentrum bezeichnet man gern den großen Siljansee, der vom Österdalälven gebildet wird und etwas kleiner ist als der Bodensee. Hier liegen die klassischen Orte dieser Landschaft, hier ist das Wasser blau wie nirgends sonst, hier wirken die Silhouetten der umgebenden Berge wie Radierungen, und hier wetteifert die Sommersonne mit der von Griechenland. Wer den Tälern entlang gegen Nordwesten wandert, begegnet schäumenden Wasserfällen und erreicht hinter Särna und Idre das Hochgebirge mit dem Nationalpark Töfsingsdalen. Von hier führen die Bergpässe über den Bergrücken Kölen nach Norwegen – passierbar sind sie aber nur im Sommer.

Die Geschichte der Landschaft Dalarna verliert sich in der Dämmerung der Vorzeit. Die Besiedlung drang von Uppland nordwestwärts, aber auch von Norwegen südostwärts. In der Eisenzeit und später wurde hier Sumpferz bearbeitet, und in den alten Sagen heißt das Land Järnbäraland, das heißt »das Land, das Eisen trägt«. Erze kamen auch im nördlichen Uppland und in Västmanland vor, die Fundstätten konnten sich aber nicht mit denjenigen Dalarnas messen. Der Bergbau – wobei Eisen und Kupfer zunächst am wichtigsten waren – dürfte schon in der Wikingerzeit entwickelt worden sein; von einer förmlichen Organisation des Bergbaus haben wir seit etwa 1200 n. Chr. Kenntnis. Früh zerfiel die Bevölkerung in Bergleute und Bauern, obwohl auch die Bergleute manchmal große Flächen Ackerland besaßen. Der nördlichen Lage zum Trotz besaß der Ackerbau in der südöstlichen Hälfte des Gaus, wo die Täler breit und fruchtbar waren, gute Voraussetzungen. Das Holz der reichen Waldgebiete wurde für die Erzgewinnung benutzt: Vermittler waren die zahlreichen Kohlenmeiler, deren Rauch über den Hügeln lagerte.

Für die Geologen ist Dalarna ein Paradies, und die merkwürdigen Bodenschätze haben ohne Zweifel dazu beigetragen, einen Schimmer von Romantik über die schöne Gegend zu werfen. Der Felsengrund besteht aus Gneis, Granit, Glimmerschiefer und Leptiten, wobei die letzteren meistens auch Erze enthalten. Kupfer und Eisen waren die klassischen Metalle, die hier gewonnen wurden; Blei, Silber und Zink kamen bald hinzu. In unserer Zeit wurde der Schwefelkies wichtig. Nördlich des Siljansees dehnt sich das größte Porphyrgebiet Schwedens aus, und im Nordwesten trifft man den roten Dalarna-Sandstein an, der hübsche Tafelberge gebildet hat. Silur- und Devonformationen treten hier an den Tag, während die Täler mit Moränenkies, Sand und Lehm überzogen sind. Die vom Schmelzeis gebildeten Höhenzüge beleben die breiteren Täler, in denen hübsche Binnenseen liegen. Heute gehören Dalarna und besonders der im Süden gelegene Siljansee zu den beliebtesten Touristengebieten von Schweden, während der nördliche Teil dieses Landes dem Skisport huldigt. Die Grenzen der Verwaltungsprovinz ›Kopparbergs Län‹ fallen fast gänzlich mit denjenigen der alten ›landskap‹ zusammen.

Die große Straße nach Dalarna führt von Enköping über die ›Silberstadt‹ Sala an der Grenze Upplands und Västmanlands nach Borlänge und dem Siljansee. Zahlreiche Straßen und Eisenbahnen verbinden Dalarna mit dem ganzen nördlichen Västmanland, im Südwesten mit Värmland, im Osten mit Gästrikland. Wie aus der geographischen Lage des alten Erzlands hervorgeht, handelt es sich um ein typisches Binnenland, während die Mälarlandschaften immer über direkte Seeverbindungen verfügten. In alter Zeit gingen die Erz- und Metalltransporte vorwiegend quer durch Västmanland – den dortigen Flußtälern entlang – zum Mälarsee. An eine Schiffbarmachung des großen ungebärdigen Dalstroms, der bei der Mündung noch einen prachtvollen Wasserfall bildet, konnte man in alter Zeit jedoch nicht denken; er diente lediglich als Floßwasser für die immer weiter anwachsenden Holztransporte. Heute treibt der Daläly zwanzig Kraftwerke und bildet die Mittellinie einer modernen Industrielandschaft. Auch der Südostteil Dalarnas war früher einmal Meeresboden und das Flußtal eine breite Förde; dann lagerte jahrtausendelang kilometerdickes Eis über dem Land.

Die Städte Dalarnas liegen alle im Südosten, der sich aus den vier großen Bergwerksdistrikten zusammensetzt: dem Kupferbergdistrikt, dem Niederen Distrikt, dem Oberen Distrikt und dem Westlichen Distrikt. Zum letzteren gehörten in alter Zeit auch der nördliche Bergwerksdistrikt von Västmanland. Im nördlichen Teil des Oberen Bergwerksdistrikts – jedoch südlich des Dalälv – liegt die Tuna-Ebene (Tunaslätten), eins der ertragreichsten landwirtschaftlichen Gebiete Schwedens, das früher für die Getreide- und Futterversorgung Dalarnas sehr wichtig war. Hier trat in alter Zeit auch das ›Dalathing‹ zusammen, und hier haben sich viele schwedische Könige in Notlagen um Hilfe an die versammelten ›Dalekarlier‹ gewandt.

Residenzstadt Falun und der ›Große Kupferberg‹

Als Hauptort der ganzen Bergwerksdistrikte (Bergslagen) von Dalarna gilt seit altersher die Residenzstadt Falun, die zwischen den beiden Seen Varpan und Tisken liegt und vom Faluå durchströmt wird. Tisken wiederum steht über den großen See Runn in Verbindung mit dem Dalälv, der die Metalltransporte bis Avesta an der Grenze Västmanlands vermittelte. So ist auch der bedeutende Hafen in Falun erklärlich, zumal der große Dalstrom nunmehr schiffbar gemacht wurde. Früher, als dies noch nicht der Fall war, gingen die Metalltransporte, wie schon erwähnt, über Västmanland an den Mälarsee. Vor hundert Jahren baute man die ersten Eisenbahnen, um das kostbare Gut zu verfrachten, heute kommen noch die ausgebauten Autostraßen hinzu.

Wer östlich der Seen in Falun eintrifft, erblickt zunächst gar nicht das Wunder der Stadt, den großen Kupferberg, von dem heute nur noch ein riesiges Loch übrigblieb. Die eigentliche Grubenstadt liegt ein Stück weiter westlich, und die Erzausbeute fing hier vor reichlich 900 Jahren an, eine Zeitbestimmung, die man an Hand alter Schlackenvorkommnisse hat treffen können. Die Dokumente gehen allerdings nur bis 1288 zurück, wo schon Grubenanteile erworben und verkauft wurden, jedoch dürften die Wikinger bereits das in der Nähe befindliche Sumpferz gekannt und sich nutzbar gemacht haben. Ein Märchen erzählt, daß ein Ziegenbock mit rotgefärbten Hörnern vom sumpfigen Weideland zurückgekehrt sei, und dieses Ereignis führte zur Entdeckung der Sumpferze, die bis ins vorige Jahrhundert verhüttet wurden.

Eine rechtliche Regelung des Bergbaus fand schon 1347 statt, und so kann sich Falun rühmen, die älteste Industriestadt Schwedens zu sein, obwohl die Stadtprivilegien erst 1641 erteilt wurden. Die 1284 gegründete Grubengesellschaft Stora Kopparberg ist wohl die älteste ihrer Art, und um 1300 gab es schon ein ausgebildetes Grubenrecht, dessen höchstes Gericht unter dem Vorsitz eines Hohen Kronbeamten in Falun zusammentrat. Die Kupferproduktion war in der Tat im ausgehenden Mittelalter gewaltig; noch im Jahre 1650 kamen zwei Drittel der Weltproduktion an Rohkupfer – 3067 Tonnen – aus den Gruben von Falun. Im Katastrophenjahr – am 24. April und am 24. Juni 1687 – stürzten die drei großen Schlünde Blankstöten (Blankstoß), Bondstöten (Bauernstoß) und Skeppsstöten (Schiffstoß) ein und bildeten, nach weiteren Einstürzen 1833 und 1876, den gewaltigen gemeinsamen Schlund Stora Stöten (Großer Stoß), der mit dem Ginnungagap der Asalehre verglichen wurde. Er mißt rund 100 Meter in der Tiefe, 220 Meter in der Breite und 380 Meter in der Länge und hat einen Rauminhalt, der dem Fünffachen des königlichen Schlosses zu Stockholm entspricht.

Obwohl die alten Grubengänge von Wasser, Schlacke und Steinmassen verstopft wurden, erholte sich der Betrieb binnen kurzem und wurde um 1700 von dem schon erwähnten berühmten schwedischen Ingenieur Polhem modernisiert. Die auf verschiedenen Höhen gelegenen Seen mußten die Wasserkraft liefern, die man sowohl für das Lenzpumpen als auch für die Förderanlagen brauchte. Die Übertragungsriemen wurden aus Ochsenhaut gemacht, weil diese gegenüber dem Vitriol besonders widerstandsfähig war, und die Polhemsräder nutzten die Wasserkraft für die damaligen Verhältnisse maximal aus. Es roch in Falun seit Jahrhunderten stark nach Schwefel, doch erst in spätester Zeit, als die Kupfervorräte sich erschöpften, ist man dazu übergegangen, die gewaltigen Vorkommnisse an Schwefelkies auszunützen. Mit dem Silber von Sala und dem Kupfer von Falun baute sich Schweden für Jahrhunderte eine harte, klingende Währung auf, die auch dazu diente, die schwedische Armee im Dreißigjährigen Krieg zu finanzieren. Es gab in Falun auch Gold und Silber, jedoch überwog das Kupfer alles andere. Ein wunderbares Bergbaumuseum (Bergslagsmuseet) zeigt dem Besucher alles Wissenwerte über den Grubenbetrieb seit ältester Zeit.

Im Jahre 1719 fand man in einer großen Tiefe die durch Einwirkung des Kupfervitriols völlig unversehrte Leiche eines jungen Bergmannes, den ein altes Mütterchen als ihren verschollenen Verlobten identifizierte. Dieses Ergebnis regte E.T.A. Hoffmann zu seiner Erzählung ›Das Bergwerk von Falun‹ und Heinrich Heine zu seiner Ballade an.

Es leuchtet ein, daß der Bergmann und Nationalheld Engelbrekt Engelbrektsson auch Teilhaber am Großen Kupferberg war und daß er ein Standbild in Falun bekam. Die große schwedische Schriftstellerin Selma Lagerlöf, die um die letzte Jahrhundertwende wirkte, lebte lange in Falun, wo sie 1908 – im Jahr, ehe sie den Nobelpreis für Literatur erhielt – ihren 50. Geburtstag feierte. Der Maler Carl Larsson stammte aus Falun, ebenso wie der Stockholmer Revuekönig in den zwanziger Jahren unseres Jahrhunderts Ernst Rolf. Die Gruben, die heute hauptsächlich den Schwefelkies verarbeiten, gehören dem großen schwedischen Industriekonzern Stora Kopparbergs Bergslags Aktiebolag, der Kupferwerke, Eisenhütten, Kraftwerke, Wälder und Domänen besitzt, und dessen Hauptverwaltung ihren Sitz in Falun hat.

An der Entwicklung des Bergbaus waren seit dem Mittelalter bereits deutsche Fachleute führend beteiligt, und deswegen trifft man hier viele deutsche Namen an. Wie schon erwähnt, stammte Engelbrekt aus einer deutschen Familie, die aber schon lange in Schweden ansässig gewesen war. In Trotzgatan finden wir noch den Namen des großen Bergmanns und Kaufmanns Trotzig, der die staatliche Kanonengießerei betrieb, und bei dem die Königin Christina und König Karl XI. zu Gast gewesen sind. Westlich des Flusses – weit ab von jeder Überschwemmungsgefahr – liegt die Marienkirche, eine gotische Hallenkirche aus dem 14. Jahrhundert, die im 17. Jahrhundert zwar ausgebaut und verändert, später aber wieder im Sinne des Mittelalters restauriert wurde. Aus dem 17. Jahrhundert stammen die Kristinakirche (1642-55, Turm 19. Jahrhundert) und aus dem 18. Jahrhundert das Rathaus (1764). Als Pendant zum Bergbaumuseum gibt es hier auch ein interessantes Dalmuseum mit Handwerkserzeugnissen, Geweben, Volkstrachten und Malereien.

Wer Farbenpracht liebt, sollte Falun von der Westseite her besuchen, denn der Anblick der Stadt jenseits des gewaltigen Grubenschlunds ist einzigartig. Den Hintergrund bilden die bläulich schimmernden Berge, gegen die man die mit Grünspan bezogenen Kirchtürme der Stadt scharf unterscheiden kann. Die Seiten des Schlunds glühen rot-rostbraun, und dann baut sich die Stadt mit ihren farbigen Bergmannshäusern auf. Dieser alte Stadtteil, der vor 1761 nach einem großen Brand neu angelegt wurde und von den Bergwerksleuten verschiedenen Standes bewohnt war, trägt den Namen Elsborg, und die Bergleute nennen die Grube familiär ›Altes Großmütterchen‹. Hier gibt es noch eine Bergshauptmansgata, die allerdings die Dalazunge Böhuppsmansgata ausspricht – sie hat aber nichtsdestoweniger die deutsche Tradition bewahrt. Die moderne Stadt verfügt über Parkanlagen, Badeufer und ›Freilichtgebiete‹, wie alles dieses so schön nur in Schweden möglich ist.

Die Dalastädte im Südosten

Wie schon erwähnt, umfaßt Bergslagen den südöstlichen Teil des Landes, und hier befinden sich auch die sechs Dalastädte. Benützt man von Stockholm aus die Hauptstraße über Enköping und Sala, so bildet Avesta das Tor nach Dalarna. Die Stadt zählt heute rund

12000 Einwohner und ist ein Zentrum für die Herstellung schwedischen Qualitätsstahls. Zweihundert Jahre lang – von 1644 an – wurden alle schwedischen Kupfermünzen in Avesta geprägt, obwohl das Kupfer von Falun kam. Bei Avesta führt eine große Brücke über den Dalälv, dessen Stromschnellen hier gezähmt wurden. Unweit von diesem imposanten Industrieort befindet sich der Tierpark Stubbsveden, der wohl die größten Herden europäischer Wisente aufweist. Unten am Fluß ist die alte Fährstelle von Brunnbäck, wo die Dalekarlier die Dänen schlugen.

Die nächste Stadt an der Hauptstraße dem Fluß entlang nach Nordwesten ist Hedemora, der Mittelpunkt des östlichen Bergwerksdistrikts mit Stadtrechten aus dem Jahre 1446. Die Stadt liegt an einem der längsten eiszeitlichen Höhenzüge in Schweden zwischen den Seen Hovran und Brunnsjön. Die mit spätgotischen Wandmalereien versehene Kirche aus dem 13. Jahrhundert bezeugt, daß die Stadt bereits ein ehrwürdiges Alter besaß, als 1521 Gustav Wasa sein Hauptquartier im Befreiungskampf gegen die Dänen hierher verlegte. Vorübergehend ließ der spätere König hier für die Bedürfnisse seiner Dala-Armee eine Münze einrichten, die zwar nur drei Jahre existierte, aber dem Münzpark den Namen gab. Obwohl heute Hedemora eine moderne Industriestadt ist, besitzt es noch viele stilvolle alte Gebäude und eine interessante Holzarchitektur. Der Hedemora Gammelgård (Althof) am See Hönsan zeigt, wie man früher lebte, und im Park finden wir ein Denkmal der Familie Trotzig. Vom Aussichtsberg Nibbleberget (284 Meter hoch) kann man die schöne Gegend überblicken, die die Industrialisierung keineswegs in ihrer Eigenart zerstört hat.

Von Hedemora bis Säter ist es nur ein Katzensprung, und selbstverständlich hat auch Säter eine eigene Münze gehabt, deren Gründer Gustav Adolf für seine immer größer werdenden Armeen noch mehr Geld brauchte als zuvor sein Großvater Gustav Wasa. Der wachsenden Industrie zum Trotz ist das Städtchen Säter ein Idyll geblieben. Schon der Name besagt, daß die Viehwirtschaft hier älter ist als der Bergbau, denn ›Säter‹ bedeutet Sennhütte. Die Stadt stammt aus dem Mittelalter, und man hat vieles bewahren können. Besondere Traditionen besitzen die Töpferei und die Herstellung von Kachelöfen, aber auch Polhemsräder für eine Kraftgewinnung aus dem Ljusterå wurden hier bereits um 1700 installiert. Im Jahre 1619 erhielt der Lübecker Govert Silentz

Privilegien für eine Anlage zur Metallveredelung in Säter, und eine ganze deutsche Kolonie begleitete ihn. Die Schmiedekunst blühte, und die besten Harnische für die schwedischen Streiter im Dreißigjährigen Krieg wurden in Säter hergestellt. Ein sehenswertes Heimatmuseum gibt über diese Dinge Auskunft. Das Schönste aber ist die Umgebung. Das tiefeingeschnittene Tal, das sich der Ljusterå hier mitten in der Ebene gegraben hat, ist eine Art von geologischem und botanischem Naturwunder. Vegetationsreiche romantische Täler dieser Art gibt es hier unzählige; neben dem Säterdal das Frostbrunnstal und der Solvarboravin, die alle als Paradiese für Bäume, Blumen und Vögel gelten.

Etwa fünfzig Kilometer südwestlich von Säter am Väsman-See liegt die Stadt Ludvika, mit über 25 000 Einwohnern der Hauptort des westlichen Bergwerksdistrikts. Hütten und Schmieden wurden hier von Gustav Wasa errichtet; heute befindet sich der größte Teil der Industrie in den Händen des schwedischen Konzerns ASEA. Ein mit einem alten Hof (Gammelgården) und einem Heimatmuseum verbundenes Grubenmuseum zeigt die Entwicklung des Bergbaus seit 400 Jahren und läßt uns außerdem mit der Lebensart der vergangenen Generationen vertraut werden. Weitere historische Zeugnisse sind das Tinghus und eine Holzkirche aus dem 18. Jahrhundert. Die Wasserscheide zwischen dem Dalälv und dem västmanländischen Kolbäckå geht nördlich an Ludvika vorbei, so daß der westliche Bergwerksdistrikt eine direkte Wasserverbindung mit dem Mälarsee besaß, die durch den vor 200 Jahren angelegten Strömholmskanal ausgebaut wurde. Die Zahl der Grubenfelder und der Hütten im westlichen Bergdistrikt, wo auch Silber gewonnen wurde, ist groß; doch hat die moderne Zeit viele davon brachliegen lassen und die Erzgewinnung konzentriert. So gab es in Smedjebacken, an der Wasserstraße südöstlich von Ludvika, früher 32 Hüttenwerke, heute trifft man hier nur noch Walzwerke und Maschinenfabriken an.

Der bekannteste Hüttenort in dieser Gegend ist Grängesberg, südlich von Ludvika an der Straße nach Örebro und dicht an der västmanländischen Nordgrenze. Die dort gefundenen Lager werden schon seit vierhundert Jahren bearbeitet, und bald erkannte man, daß es sich um die größte zusammenhängende Lagerstätte Schwedens handelte. Nur machte der große Phosphorgehalt (1%) das Eisen kaltbrüchig. Seit aber das sogenannte Thomasverfahren um 1878 erfunden worden war, konnte reines Eisen bester Qualität hergestellt werden; außerdem gewann man das Düngemittel Thomasphosphat. Im Jahre 1896 schlossen sich viele Unternehmungen zum großen Grängesberg-Konzern zusammen, der durch seine Investitionen in Liberia unter dem Namen Lamco international bekannt ist. An dem Kampf um die Hüttenwerke in Katanga soll auch die Grängesberg AG beteiligt gewesen sein. Ein weiterer bekannter Hüttenkonzern ist Domnarvet, dessen riesige Anlagen der Stadt Borlänge eingemeindet wurden.

Borlänge, das etwa siebzig Kilometer nördlich von Ludvik am Dalälv gelegen ist, zählt heute rund 30000 Einwohner und ist – trotz seines ›Doms‹ Stora Tuna – die jüngste, gegenwärtig die größte Stadt Dalarnas. Über vier Felsenschwellen wälzt sich hier der große Dalfluß durch die Tuna-Stromschnellen, deren Gesamtabfall vierzig Meter beträgt. Obwohl der Bergbau hier uralt ist, konnte man erst in letzter Zeit die gewaltigen Wassermassen in den Dienst der Industrie stellen. In alter Zeit diente das strömende Wasser dazu, die Felsenfeste Borganäs uneinnehmbar zu machen. Trotzdem wurde sie im Jahre 1434 von Engelbrekts Freischaren erstürmt, nachdem der dänische Vogt Johan Vale die Flucht ergriffen hatte.

Eine eigenartige Entwicklung nahm die von Karl Erik Forsslund und anderen Privatleuten 1906 gegründete Lehranstalt Brunnsvik nahe Ludvika am Väsman-See; anfänglich wollte man hier nur die Kulturtraditionen Dalarnas pflegen, später aber entstand daraus ein Zentrum für Gesellschaftsforschung, das in Verbindung mit dem schwedischen Gewerkschaftsbund die Linksentwicklung in Schweden entscheidend beeinflußte.

Österdalälven und der Siljansee

Von Falun und von Borlänge führen zwei parallele Straßen nach dem Siljansee, dem Zentrum Dalarnas, das vom Österdalälv durchflossen wird. Bei Djurås, rund zwanzig Kilometer nordwestlich von Borlänge, vereinigen sich die beiden Ströme Österdalälven und Västerdalälven, die zusammen den Dalälv bilden. Die alte Gemeinde um Djurås, Gagnef, wird als der Torweg zu den ›oberen Tälern‹ betrachtet, die man erst erreichen kann, nachdem man die Bergwerksdistrikte hinter sich hat. Hier waren früher die hervorragendsten Spitzenklöpplerinnen des ganzen Gaus tätig, woran ›Gagnefs minnestuga‹ (Andenkenstube Gagnefs) erinnert. Die Kirche, deren älteste Mauern aus dem 13. Jahrhundert stammen, besitzt einen Altarschrein aus der Zeit um 1500.

Die beiden Flüsse, die zusammen den Dalälv bilden, sind gleichrangig, obwohl der Österdalälv – wie der Rhein durch den Bodensee – durch den ganzen Siljansee fließt. In nördlicher Richtung an Ål und an Insjön vorbei – wo immer noch Erz abgebaut wird – erreicht man an einer der allerschönsten Touristenstraßen Schwedens entlangfahrend Leksand, das an der südlichsten Bucht des Siljansees liegt und von vielen als das eigentliche Herz Dalarnas angesehen wird. Teils stellt Leksand eine große Landgemeinde mit zahlreichen Dörfern dar, teils bezieht sich der Name auf den Zentralort, der früher Noret genannt wurde. Hier breitet sich eine uralte Kulturgegend aus, deren Entwicklung bis in die Steinzeit zurückverfolgt werden kann. Das Christentum gewann im 12. Jahrhundert festen Fuß – die ersten Kirchen waren Holzbauten –, jedoch wich das Heidentum nur langsam zurück. Es scheint, daß der Fruchtbarkeitsgott Ullr, der älter als Odin (Wotan) ist, bis zuletzt hier Anbeter besaß. Auch Thor (Donar) und Freyr, der den Menschen besonders freundlich gesonnen ist und das Götterschiff Skidbladnir lenkt, waren Gegenstand des Kults.

Der große See legt nahe, die Kirche auf eine Landspitze zu bauen, damit sie vom Land und vom Wasser leicht erreichbar sei. Auch die übrigen Kirchen der Gegend wurden am Seegestade angelegt, und bereits im Mittelalter war Leksand wegen seiner großen Flotten an riesigen Kirchenbooten berühmt, die jedes Jahr im Juli ein Wettrudern veranstalten. Bis weit ins vorige Jahrhundert hinein wurden diese geräumigen Ruderboote benutzt, obwohl der Raddampfer ›Prins August‹ bereits im Jahre 1839 den Verkehr auf dem Siljansee aufgenommen hatte. Am Ende des 13. Jahrhunderts wurde die erste steinerne Kirche aufgeführt, und um 1400 wurde die Zentralkirche in Leksand mächtig erweitert und erhielt eine Spitze, die über den ganzen See sichtbar sein sollte. Indessen forderte der Turm immer wieder den Blitz heraus, so daß 1709 ein Umbau fällig wurde. Sie wurde nun nochmals erweitert und erhielt eine Zwiebelkuppel.

Über diese und weitere Zwiebelkuppeln in der Gegend streiten sich die Gelehrten. Einige behaupten, daß die vielen russischen

Kriegsgefangenen aus dem sogenannten Großen Nordischen Krieg (1700-1721) für die Kirchenbauten eingesetzt wurden und daß ihr Einfluß die Zwiebelkuppeln hervorgebracht hätte, andere meinen, daß die Zwiebelkuppel, ebenso wie auch in Bayern, zum Stil des ländlichen Barock gehört. Auf jeden Fall verbreiteten sich diese Kuppeln bald über ganz Dalarna und Süd-Norrland, und sogar in Uppsala befindet sich über dem Gustavianum eine solche Kuppel. Die 1709 erweiterte Kirche zu Leksand ist eine lichte Säulenhalle mit vier Emporen, von denen drei für Männer, Frauen und Soldaten, die letzte für den Kirchenchor reserviert waren. Zu den Schätzen der Kirche gehören unter anderem ein Triumphkreuz aus dem 14. Jahrhundert und eine Madonna von della Robbia.

Uralte Bräuche haben sich am Siljansee erhalten, die die an sich stark individualistische Bevölkerung doch zu einem geschlossenen Volk formten, vielleicht ähnlich wie im bayerischen Oberland. Zahlreiche Museen geben darüber Auskunft. Leksand ist besonders wegen seiner Gewebe berühmt. Über die Volkstrachten heißt es in einem alten Trachtenbuch: »Die Volkstrachten von Leksand sind moderner als diejenigen von Mora und Orsa. Bereits um 1700 waren die Festtrachten der Frauen in Schwarz, Rot und Weiß gehalten, wozu noch ein buntes wollenes Tuch getragen wurde. Junge Mädchen tragen eine rosa Haube, die älteren eine weiße. Das Halstuch ist rosa oder weiß, der Rock schwarz, das Mieder rot und die Schürze weiß und rosa gestreift, jedoch für verschiedene Altersklassen unterschiedlich gemustert. In Leksand sind die Strümpfe weiß, in Rättvik aber rot.« Es gibt einen vollständigen Trachtenalmanach, der genau vorschreibt, was bei den verschiedenen Gelegenheiten getragen werden soll. Eine ›Dalkulla‹ aus Leksand brauchte wenigstens acht verschiedene Schürzen; die gestreifte zum Alltag, eine rote zum Stephanitag, eine blaue zu Ostern, eine grüne zu Christi Himmelfahrt, eine brandgelbe an Trauertagen usw. Bei Feiertagen soll ein seidenes Mieder angelegt werden. Die Kirchentracht der Männer bestand aus gelben Lederhosen und langer schwarzer Jacke mit Stickereien an den Schultern.

Wunderbare Aussichtsberge erheben sich beiderseits der Straße, wenn man an der Ostseite des Siljansees von Leksand nach Rättvik weiterfährt. Zu erwähnen sind vor allem Tällberg mit dem musealen Althof Holen, Plintsberg (365 Meter), Åsleden, Knytberget (460 Meter) und Lerdalshöjden. An den Vulkanismus erinnert die berühmte Springkälla (Springquelle) am Draggå, wo ein warmer Wasserstrahl mitten im Walde vier Meter in die Höhe schießt und im Winter phantastische Eisformationen veranlaßt. Die Straßenentfernung Leksand–Rättvik beträgt nur zwanzig Kilometer, die Besichtigung der Naturschönheiten und Sehenswürdigkeiten dort könnten aber Tage in Anspruch nehmen.

Auch das waldumgebene Rättvik, heute ein international bekannter Wintersportort und eine hübsche Sommerfrische, ist teils eine Großgemeinde, teils ein Flecken mit uralter Tradition. Unterwegs kommt man an einem großen Opferstein aus der Zeit des Heidentums vorbei, und nahe der Kirche von Rättvik seht ein Denkmal (Wasastein) an jenem Platz, wo Gustav Wasa als Flüchtling seine zündende Rede zu Weihnachten 1520 an die Leute vom Siljantal hielt. Die im Innern reich ausgemalte Kirche erinnert an die von Leksand, besitzt aber außerdem eine Kirchenglocke, die um 1500 umgegossen wurde. Auf dem Kirchhof findet man das Grab eines Priesters, der, während er die Messe las, erschlagen wurde. Die Gegend ist wegen ihrer phantastischen Flora – unter anderem gibt es hier fünfzehn verschiedene Arten von Orchideen – bekannt, die sie dem Kalkboden verdankt. Ferner sollen die Spielleute von Rättvik die geschicktesten in ganz Dalarna sein. Sie tragen blaue Strümpfe und einen langen blauen Rock zu den gelben Lederhosen.

Zahlreiche Museen und ›Althöfe‹ (Gammelgårde) und große Sammlungen von ›Dalakunst‹ gibt es hier. Am berühmtesten ist die weit über Schweden hinaus bekannte Bauernmalerei geworden, die sowohl Bauernstuben wie Kirchenwände schmückt und die meistens biblische Motive erzählend wiedergibt, ergänzt durch übergroße stilisierte Blumen.

Zwischen der Nordostküste des Siljansees und der norrländischen Grenze gibt es eine ungefähr hundert Kilometer breite Landschaft voll wunderschöner Binnenseen, Berge, Wälder, Täler und Ströme. In den nördlichen Teilen aller schwedischen Berglandschaften siedelten sich schon früh ›Waldfinnen‹ an, die mit dem harten Klima und dem weniger ergiebigen Boden besser zurechtkamen. Auch im nördlichen Dalarna gibt es eine ›Finnengegend‹, die weitgehend eine einfache Lebensart bewahrt hat und in einem gewissen Kontrast zu dem an Bodenschätzen reichen und landwirtschaftlich ergiebigen Zentralgebiet blieb, auch wenn man hier heute schwedisch spricht. Ein Dichter, der die ›Finnenwälder‹ besonders in sein Herz geschlossen hat, ist Dan Andersson.

Die Touristenroute geht von Rättvik dem nordöstlichen Gestade des Siljansees entlang nach Mora. Hier trifft auch die westliche Siljansstraße ein, die von Leksand über Siljansnäs und Gesunda nach Mora führt. Der alte Flecken Mora, der nichts zu tun hat mit den so oft erwähnten Mora Stenar, liegt auf der Landenge zwischen dem Siljansee, dessen Nordspitze Morastrand heißt, und dem großen Orsasee, der in Verbindung mit dem Siljansee steht. Das Andenken an den großen Maler Anders Zorn (1860-1920), dessen Mutter eine Dalkulla war und hier gelebt hat und gestorben ist, beherrscht weitgehend Mora, das selbstverständlich auch eine schöne Kirche und ein Wasadenkmal (Klocksgropsbackan, 1903 von Zorn) besitzt. Der Umbau der Kirche, die um 1250 errichtet wurde und um 1470 ihre bemalten Gewölbe erhielt, wurden von dem großen N. Tessin d. Ä. um 1673 durchgeführt; die dreischiffige Hallenkirche mit dem danebenstehenden Glockenturm von Tessin zählt heute zu den stattlichsten Landkirchen Schwedens. Die Holzarchitektur von Mora ist berühmt und auch das älteste Wohnhaus Schwedens, das um 1150 gebaut sein soll, befindet sich hier. Die beste Jahreszeit ist Juni und Juli, im März endet jedes Jahr der berühmte ›Wasalauf‹, zu dem sich die Skifahrer des Landes in Sälen versammeln. Bedingt durch die nördlichere Lage trägt man hier in den kühlen Jahreszeiten Vadmal, ein grobes, zu Hause gewobenes wollenes Zeug, etwa dem Fries oder Loden entsprechend.

Wer bis Mora gekommen ist, sollte einen Abstecher nach Orsa machen. Bis hierher drang in alter Zeit das Meer, und hier baute das Inlandeis ein Deltaland, das in der Landschaft noch heute erkennbar ist. Orsa an der Nordspitze des gleichnamigen Sees ist ein Erholungszentrum wie Leksand, Rättvik und Mora. Die Bevölkerung ist kunstsinnig wie in Oberammergau, und so gedeiht hier die Holzschnitzerei, und auch die Häuser und Sennhütten – die Sennerei spielt hier neben dem Holzhandel eine wichtige Rolle – legen davon Zeugnis ab. Es besitzt eine schöne alte Kirche aus dem 14. Jahrhundert, und die Bibliothek verfügt über eine einzigartige Sammlung von alten und interessanten Photographien.

Den Orsafluß aufwärts erreicht man Skattungbyn, ein Dorf, das hundert Meter über dem Flußeinschnitt gelegen ist. Der nördliche Nebenfluß, Ämån, braust zwischen dreißig Meter hohen roten Sandsteinwänden durch den Helvetesfallet (Höllenfall) in den Cañon des Storstupet. Es ist, als ob die Natur beweisen möchte, daß die Industrialisierung sie keineswegs besiegt hat. Und doch, seit altersher wird hier der Porphyr zur Herstellung von Schleifsteinen gebrochen, Eisenbahnen und Straßen führen durch die Flußtäler, die Wasserkraft wird ausgenützt, Tunnels gehen durch die Berge, es gibt Stauseen, und sogar Flugplätze sind jetzt vorhanden. Die Wälder wurden längst in eine geplante Holzwirtschaft eingeordnet.

In Skattungsbyn wächst eine Birke, deren Blätter im Winter nicht abfallen, und in Orsa eine andere, deren Blätter geteilt sind, fast wie bei der Eberesche. Bereits als junger Mann machte Linné in diesen Gegenden seine botanischen Entdeckungen. Aber auch die Philologen kommen hier auf ihre Kosten. Die Volkssprache im nördlichen Teil Dalarnas steht dem Altnordischen und damit auch dem Deutschen nahe: so existieren hier noch die vier Fälle Nominativ, Genitiv, Dativ und Akkusativ, während das Schwedische seit langem die beiden letzteren Fälle aufgegeben hat. Präpositionen, die den Dativ steuern, sind in den Dialekten zahlreich, und längst ausgestorbene Verbformen werden noch mit Vorliebe gebraucht. Bereits um 1600 wollte ein gelehrter Pfarrer die schwedische Bibelübersetzung auch in die Dalasprache übertragen, doch blieb es beim Vorsatz, und so gibt es keine Dalabibel, so wie es keine bayrische oder Schwyzer Bibel gibt.

Von besonderem Interesse ist die einzige Insel im Siljansee, Sollerön, die 30 Quadratkilometer umfaßt und schon vor 6000 Jahren bewohnt war. Sie ist die größte Fundstätte für Altertümer in Dalarna. Man entdeckte hier neolithische Waffen und Werkzeuge, frühe Eisengegenstände, Schlacke aus Sumpferz und unzählige Grabhügel. Obwohl die Insel, die das beste Klima in Dalarna aufweist, dichtbevölkert war, gehörte sie Jahrhunderte lang der Gemeinde Mora an und besaß selbst nur einige Kapellen. Man brauchte also Boote für die sonntäglichen Kirchenfahrten, und dieser Umstand brachte den Schiffsbau zur Blüte. Man baute riesige Kirchboote, förmliche Wikingerschiffe, die teilweise bis zu achtzig Personen transportieren und allen Stürmen des großen Sees

Widerstand leisten konnten. Erst 1775 schenkte König Gustav III. der Insel eine eigene Kirche. Heute verbindet eine Brücke Sollerön mit der Westküste des Siljansees bei Gesunda.

Stromaufwärts von Mora gelangt man nach Älvdalen, dem größten Kirchspiel Dalarnas. Hier ist der ganze Berggrund Porphyr, der phantastische Farben annehmen kann: hellrosa, dunkelrot, grün, dunkelbraun usw. Die Täler sind Spalten, die urzeitliche Erdbeben verursacht haben, und hellrote Granite und weiße Quarze pressen sich öfters hervor. Hinzu kommen Sandstein und Kalk, jedoch schwächen die nördliche Lage und die Höhenlage bereits die Vegetation: Kiefer und Tanne dominieren den langsam wachsenden Wald. Das Pophyrwerk in Älvdalen wurde schon 1770 angelegt, und viele Denkmäler in Stockholm haben ihr Material von hier erhalten. Sonst ist die Gegend wegen ihrer alten Bauernkultur und des kunstreichen Holzbaus bekannt.

Västerdalälven und das Hochgebirge

Die durchschnittliche Entfernung zwischen den ›Bruderströmen‹ Österdalälven und Västerdalälven beträgt rund hundert Kilometer, wenn man davon absieht, daß die Quellflüsse sich im nordwestlichen Teil Dalarnas fast berühren. In das ›Westtal‹ gelangt man entweder von Borlänge über Djurås oder von Ludvika über die Wasserscheide nach dem Nordwesten auf der Straße nach Dala-Järna und Vansbro.

Die ersten Ortschaften von Bedeutung sind Floda und Nås. Eigenartigerweise – denn die Dalekarlier liebten ja keine ›Herren‹ – hatte König Karl IX. aus der Großgemeinde Floda ein Herzogtum für seinen Sohn, den Kronprinzen Gustav Adolf, gemacht. Floda, das besonders wegen seiner guten Wolle und seiner Webereien bekannt war, nennt Linné »Dalarnas Lustgård« (Lustgarten von Dalarna). Hier sei alles licht und hell, schrieb er, und nicht nur die Männer, sondern auch die Frauen verstünden es, ihre Musikinstrumente mit Geschick zu spielen. Wie in Leksand die ›Himmelsspiele‹, so werden in Nås jährlich die Ingmarsspiele aufgeführt, die die Christianisierung Dalarnas behandeln. In ihrem Roman ›Jerusalem‹ hat sich Selma Lagerlöf darauf bezogen.

Der Västerdaläv durchfließt in vielen Windungen die Ebene von Järna, die in der Wikingerzeit eine Rolle spielte. Bei Skålö hat man zahlreiche arabische, deutsche, dänische und englische Silbermünzen gefunden. Über den Industrieort Vansbro erreicht man Äppelbo, ein altes Zentrum der Sennwirtschaft. Der Hauptort in Västerdalen ist Malung, das sich mit Leksand, Rättvik und Mora messen kann. Ein Dorf in der Nähe trägt seit altersher den Namen Grönland, und hier führte in alter Zeit eine Floßbrücke über den Strom, die aber vom Spätherbst bis zum Frühjahr eingezogen war. Die einzige alte Ostweststraßenverbindung mit Värmland kreuzt bei Malung die Talstraße und ist eine der wenigen Verbindungen mit Norwegen.

Die Kirche zu Malung wurde bereits 1250 aufgeführt, und der große Erwerbszweig war die Haut- und Fellbearbeitung. Pelze aus Malung waren berühmt; auf den Ackerbau war kein sicherer Verlaß, weil das Hochwasser im Frühjahr die schmalen Ackerstreifen überschwemmte. So war die Sennerei zuverlässiger, denn Weideland gab es in den höheren Lagen, besonders östlich des Flusses, genügend. Die Farben der Frauentrachten waren hier vorwiegend blau und rot.

Das Flußtal steigt nun mächtig an, und über Lima und Transtrand erreicht man das am 910 Meter hohen Hemfjäll gelegene Sälen, ein Wintersportort von Rang. Hier beginnt der in Mora beginnende runde 90 Kilometer lange Vasaloppet (Wasalauf), denn hier erreichten die Gesandten der Dalekarlier den flüchtenden Gustav Wasa und teilten ihm mit, daß man sich doch für den Aufruhr gegen König Kristian II. entschlossen und Gustav zum Anführer gewählt habe; worauf Gustav Wasa in einer Rekordzeit nach Mora zurücklief.

Talabwärts stürzte bei Hormundsvalla ein 90 Meter hoher Wasserfall aus dem großen Hormundsee (450 Meter) in den Västerdalälv. Ein Kraftwerk hat jetzt den Wasserfall in den Dienst des Menschen gestellt, auch der See wurde reguliert. Hier oben stieß man auf die Zeugnisse einer alten Kultur, die in der Wikingerzeit blühte, und in der man Eisengeräte aus Sumpferz hergestellt hat. Bei Fulunäs bilden die beiden Quellflüsse Görälven und Fuluälven den Västerdalälv, und am Fuluälv entlang erreicht die Straße über eine Wasserscheide den Wintersportort Särna, wo sie sich mit der Straße im Österälvdal vereinigt.

Bis 1644 gehörten Särna und das nördlichere Idre noch zu Norwegen. Die Bevölkerung, die sprachlich eher mit Dalarna zusam-

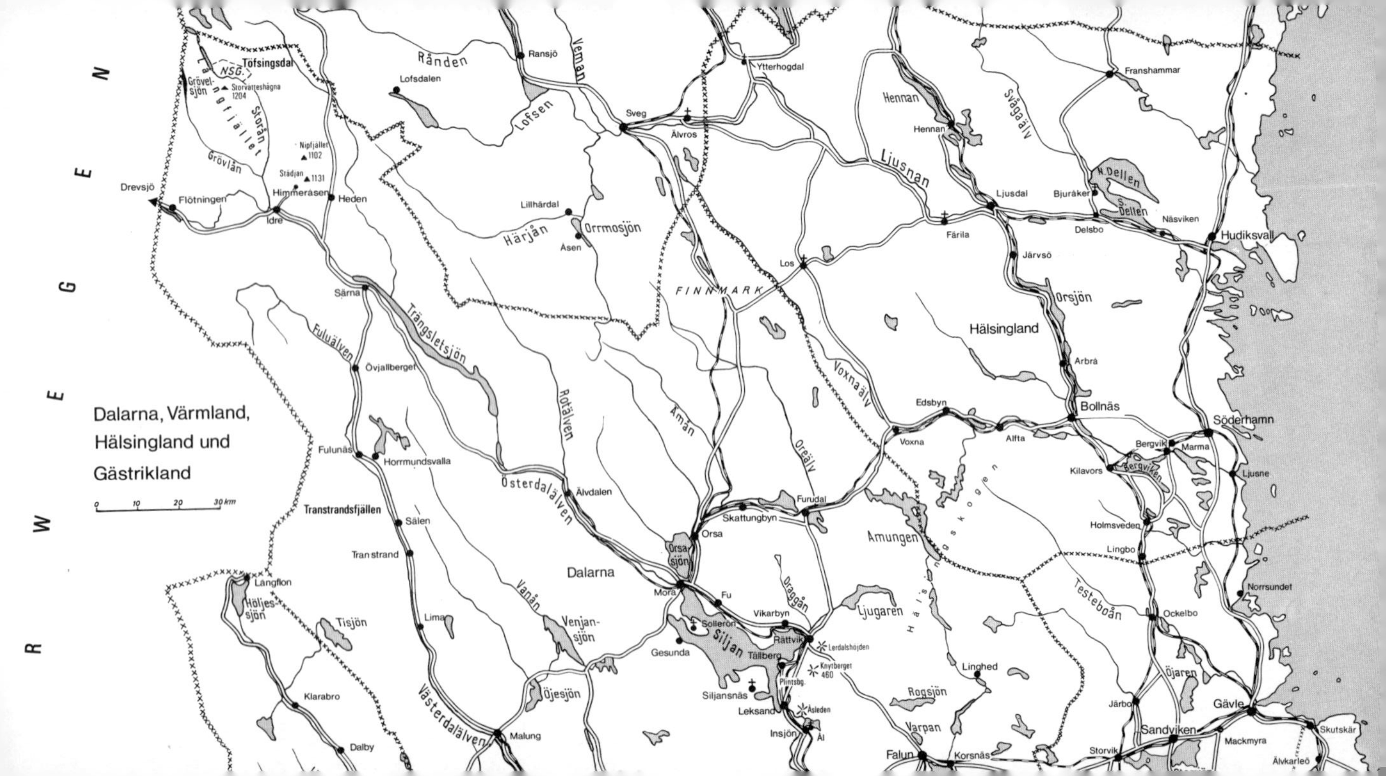
Dalarna, Värmland,
Hälsingland und
Gästrikland
0 10 20 30 km
N
E
G
E
W
R
Töfsingsdal
NSG.
Grövel-
sjön
Storvätteshågna
1204
Långfjället
Storån
Grövlån
Nipfjället
1102
Städjan
1131
Himmeråsen
Heden
Drevsjö
Flötningen
Idre
Rånden
Lofsdalen
Ransjö
Veman
Lofsen
Sveg
Älvros
Ytterhogdal
Lillhärdal
Härjån
Orrmosjön
Åsen
Los
FINNMARK
Särna
Trängsletsjön
Fuluälven
Övjallberget
Fulunäs
Horrmundsvalla
Transtrandsfjällen
Sälen
Tran strand
Lima
Långflon
Höljes-
sjön
Tisjön
Klarabro
Dalby
Rotälven
Österdalälven
Älvdalen
Åmån
Oreälv
Voxnaälv
Dalarna
Vanån
Venjan-
sjön
Öjesjön
Västerdalälven
Malung
Orsa
Orsa-
sjön
Skattungbyn
Furudal
Mora
Fu
Vikarbyn
Sollerön
Siljan
Rättvik
Tällberg
Gesunda
Siljansnäs
Leksand
Plintsbg.
Insjön
Ål
Lerdalshöjden
Knytberget
460
Åsleden
Dragån
Ljugaren
Amungen
Hälsingskogen
Linghed
Rogsjön
Varpan
Falun
Korsnäs
Hennan
Ljusnan
Svågaälv
Franshammar
N. Dellen
S. Dellen
Bjuråker
Delsbo
Näsviken
Hudiksvall
Ljusdal
Färila
Järvsö
Orsjön
Hälsingland
Arbrå
Bollnäs
Edsbyn
Alfta
Voxna
Söderhamn
Bergvik
Marma
Bergviken
Kilavors
Ljusne
Holmsveden
Lingbo
Testeboån
Norrsundet
Ockelbo
Öjaren
Järbo
Gävle
Sandviken
Mackmyra
Storvik
Skutskär
Älvkarleö

N
Landschaftsgrenze
Eisenbahn
Straße
Schloß, Ruine
Kirche
Grabfeld
Runen
Aussichtspunkt
n.Oslo
Charlottenberg
Eda
Åmotfors
Jössefors
Arvika
Ållgå
Glafsfjorden
Glava
Hillringsberg
St. Gla
Sölje
Fjöle
Värmeln
Töcksfors
Holmedal
Årjäng
Finntorp
Foxen
V. Silen
Stora Le
Laxsjön
Animmen
Åmål
Säffle
Billerud
Nysäter
Borgvik
Grums
Grums fj.
Värmlandsnäs
Ekenäs
Lurö
VÄNERN
Vägsjöfors
Röjdan
Rottnan
Torsby
Tiomilaskog
Klarälven
Fastnäs
Uvanå
Hagälv
Gustavsfors
Ov. Fryken
Gräsmark
Sunne
Rottneros
Värmland
Mårbacka
Mellan-Fryken
Visten
Ransäter
Munkfors
Nedr. Fryken
Kil
Edsvalla
Nors älven
Karlstad
Forshaga
Alster
Gunnerud
Skattkärr
Skoghall
Hammarö
Molkom
Geijersholm
Hagfors
Uddeholm
Motjärnshyttan
Rämmen
Lesjöfors
Sågen
Tyfors
Fredriksberg
Filipstad
Yngen
Nyrkroppa
Storfors
Svartälven
Kristinehamn
Karlskoga
Björneborg
Degerfors
Rudskoga
S. Råda
Skagern
Göta K.
Unden
Laxsjön
Fager-ötärn
Askersund
Toften
Svartån
Teen
Sunnansjö
Brunnsvik
Ludvika
Grängesberg
Smedjebacken
Tunaslätten
BERGSLAGEN
Storån
Tyska Fallet
Råsvalen
Lindesberg
Nora
Hedströmmen
Arboga
Arbogaån
Hjälmare-K.
Tysslingen
Örebro
Hjälmaren
Kumla
Tisaren
Stor-sjön
Ånnsjön
Lien
Sottern
Avern
Regnaren
Tisnaren
Viren
Hunn
Kolsnaren
Katrineholm
Säter
Hedemora
Nibbleberget 284
Avesta
Horndal
Näs
Österfärnebo
Tämnaren
Fagersta
Sala
Örsundån
Sagån
Svartån
Kolbäcksån
Köping
Västerås
Enköping
Mälaren
Galten
Eskilstuna
Strängnäs
Prästfj.
Kvarnbg.
Flen
Båven
Yngaren
Runnviken
Uppsala kulle
Nyköping

menhing, obwohl das Mittelnorwegische ebenso gut verstanden wurde (die Täler hatten fast alle ihre eigenen Dialekte), war unzufrieden, daß sie keinen eigenen Pfarrer hatte und daß der Seelsorger aus dem norwegischen Elverum nur selten den Weg über den Berg fand. Auf Veranlassung des Landeshauptmanns von Dalarna erschien am 18. März 1644 der Kaplan aus der Großgemeinde Älvdalen, Daniel Buscovius, mit zweihundert bewaffneten Skiläufern in Särna und erklärte, daß die Dörfer Särna, Heden und Idre, die die Quellflüsse der beiden Dalströme umschlossen, nunmehr schwedisches Territorium und Dalarna einverleibt seien. Man gab ihnen eine Kirche und einen eigenen Pfarrer in Särna, und damit war die Angelegenheit geregelt. Formal wurde die Grenzverschiebung jedoch erst hundert Jahre später von Dänemark anerkannt. In dem Glauben, daß Särna und die Umgebung zu der Landschaft Härjedalen gehört hätten, das 1645 an Schweden abgetreten wurde, hatte man diese Dörfer im Friedensvertrag nicht erwähnt.

Wir befinden uns hier im Hochgebirge zwischen 800 und 1200 Meter über dem Meer. Durch seine nördliche Lage bedingt, beginnt hier die Baumgrenze viel früher als in Mitteleuropa. Seen und strömendes Wasser beleben hier die großzügige Berglandschaft, deren Moore früher auch den Rentieren reichliche Nahrung boten. Die Lappen sind indessen in nördlichere Gegenden abgewandert. Große Teile des Gebiets stehen heute unter Naturschutz, so der Töfsingdalens Nationalpark, in dessen Tälern uralte Tannen wachsen, während andere Gegenden durch Kiefern und niedrige Gebirgsbirken oder durch Heideland geprägt sind.

Für die Touristen sind hier Autostraßen und Wanderpfade angelegt worden. Über Himmeråsen gelangt man zum Parkplatz (1000 Meter) für die Besteigung des Nip-Gebirges. Auf den Gipfel von Städjan (1130 Meter) gelangt man nach einem Fußmarsch von nur zwei Stunden. Der Grenzsee Grövelsjön (816 Meter) mit seinem kristallklaren Wasser wird vom Långfjället (1200 Meter) überschattet. Mutige können den Storvätteshågna, den höchsten Berg von Dalarna, besteigen, der gerade noch über die 2000-Meter-Grenze aufragt. Bei Drevsjö – fünfzig Kilometer westlich von Idre – verläuft die norwegische Grenze, und gleich hinter ihr leuchten die Gewässer des fast hundert Kilometer langen norwegischen Gebirgssees Femund. Obwohl Fremdenverkehr und Wintersport heute dieses Hochgebirge beherrschen, versucht auch die

Industrie hier festen Fuß zu fassen. Schon längst fand man unter Schiefer und Quarzit auch Bleiglanz, Zinkblende, Kupfer und Schwefelkies; bei Vassbo unweit von Idre beutet seit 1960 die Boliden A/B eine reiche Bleigrube aus.

Värmland und Klarälven

Offiziell ist Värmland heute der westlichste der sechs Svealand-Gaue, doch in alter Zeit gehörte Värmland mal zu Götaland, mal zu Norwegen. Es gibt auch Leute, die Värmland als ›selbständigen Staat‹ betrachten, cum grano salis genommen. Die lange Regierungszeit und den souveränen Eigensinn des ehemaligen schwedischen Ministerpräsidenten Tage Erlander schreibt man auch dem Umstand zu, daß er aus Värmland stammte. Die immer wieder erhobenen Ansprüche Svealands gehen auf den sagenhaften König Olof Trätälja in der frühen Wikingerzeit zurück, der das waldreiche Land von Svealand aus besiedeln ließ; tatsächlich scheint aber die Besiedlung vom Süden und Südosten zu kommen.

Dem sei nun wie ihm wolle, die Värmländer besaßen früh auf der Insel Tingvalla vor der Mündung des Klarälv im Vänersee ein eigenes Thing, wenn auch das alte Gaugesetz Värmlands verlorengegangen ist. Das Land trägt seinen Namen von dem See Värmeln nordwestlich des Vänersees. Als der Sveakönig nach der Vereinigung von Svealand und Götaland im frühen Mittelalter seine Eriksgata durch die Gaue ritt, fiel es ihm nicht ein, sich bis Värmland zu bemühen. Die Värmländer mußten ihre Boten nach Skara in Västergötland senden, wo der König ihre Huldigung empfing. Zur Zeit Gustav Wasas war Värmland fest in den schwedischen Reichskörper eingebaut, doch die Buchführung des Königs verzeichnet um 1540 nur 560 värmländische Höfe.

Värmland war ein Land von Wald, Seen, Flüssen und Bergen. Die Landwirtschaft fing erst unter Herzog Karl, dem späteren König Karl IX., zu blühen an, und um 1600 verzeichnet man bereits um tausend Höfe. Den nördlichen Teil Värmlands besiedelte Karl mit Finnen aus dem östlichen Landesteil des großen Reichs, und diese rodeten die Wälder, um Gerste und Rüben anzubauen. Als man später Erze fand, wurde das Holz der Wälder für den Bergbau gebraucht und das Schwenden verboten. Värmland wurde von da an bis in das vorige Jahrhundert zum Land der Bergwerksbesitzer, die sich in den Tälern schöne Herrenhäuser bauten. Um die Jahrhundertwende gewann die Forstwirtschaft und die Holzveredelung wieder den Vorrang, jedoch blieb eine bedeutende Metallindustrie erhalten.

Värmland sieht auf der Landkarte wie ein umgekehrter Backenzahn aus, dessen Krone den nördlichen Teil des Vänersees umschließt, während sich die Wurzelspitze zwischen Dalarna und Norwegen gegen den Norden schiebt. Durch die Wurzel bis zur Krone schlängelt sich der Klarälv, der aus Norwegen kommt und dort Tryssil heißt. Der Vänersee – mehr als zehnmal so groß wie der Bodensee – kann als eine Anschwellung des Klarälvs angesehen werden; bei Vänersborg fließt das Wasser unter dem Namen Götaälven weiter zum Meer.

Die Wasserscheide zwischen dem Klarälv und dem Västerdalälv bildet im wesentlichen die Grenze zwischen Dalarna und Värmland im Nordosten, während Västmanland und Närke die östlichen Nachbarn sind. Im Südosten grenzt ein Zipfel von Värmland bei dem See Skagern noch an Västergötland, während die ganze Westgrenze zugleich die Landesgrenze zu Norwegen bildet. Im Süden, westlich des Wänersees, liegt Dalsland, das zu Götaland gehört.

Värmland besitzt in seiner breiten südlichen Hälfte mehrere Paralleltäler zum Klarälvstal, wie Fryksdalen, Värmeln, Glafsfjorden u.a., außerdem eine fast 200 Kilometer lange Küste am Vänern und die große Halbinsel Värmlandsnäs mit vorgelagerten Schären. Mit der an der Klarälvmündung liegenden eleganten Hauptstadt Karlstad wetteifern sechs weitere Städte und verschiedene Industrieorte. Die Värmländer waren immer ein unternehmerisches Volk, das es zu was bringen wollte in der Welt, und das erklärt auch die große Emigration nach Amerika. Man rechnet, daß rund 80000 Värmländer vor der Jahrhundertwende ihr Glück im Wilden Westen suchten; noch heute gibt es einen sehr großen värmländischen Heimatverein in Chicago, der den Namen ›Värmland Nation of Chicago‹ trägt. Inzwischen ist die Emigration zum Stillstand gekommen und Värmland selbst ein reicher Landesteil geworden.

Als Kulturprovinz ist Värmland einzigartig. Die Dichterin Selma Lagerlöf, der große klassische Dichter Schwedens Esaias Tegnér sowie Nils Ferlin, der Lyriker Gustaf Fröding und der universalbegabte Philosoph, Dichter und Komponist Erik Gustav Geijer sind unzertrennbar mit diesem Land verbunden, das dadurch den Ruf erhalten hat, das klassische Land der schwedischen Dichtkunst zu sein. In diesem Sinne sind Plätze wie Mårbacka, Rämmen, Ransäter und Alster fast heilig. Jedoch war Värmland gleichzeitig das Land der Erfinder: der große John Ericsson, der die Schiffsschraube verbessert und mit seinem Panzerschiff ›Monitor‹ im März 1862 wesentlich zum Sieg der Nordstaaten im amerikanischen Bürgerkrieg beitrug, stammte aus Värmland. Auf seinem värmländischen Gut Björkborn residierte der Dynamitkönig Alfred Nobel, und die weltbekannten Bofors-Geschütze kommen aus Värmland; aber auch das heute überall bekannte Wasa-Knäckebrot.

Auf rund 300 Meter Meereshöhe tritt der Klarälv bei Långflon in Värmland ein und durchfließt das Land in einem Tal von 240 Kilometer Länge bis zur Mündung am Vänersee, der nur noch 44 Meter über dem Meer liegt. Eine gute Straße folgt dem tief eingeschnittenen Flußbett, dessen Serpentinenlauf zwischen Dalby und Fastnäs eine faszinierende Sehenswürdigkeit darstellt. Der Fluß leistet anscheinend eine Sisyphusarbeit, indem er immer wieder alte Landengen zwischen den Flußwindungen zerstört und neue schafft. Infolge des Hochwassers im Frühjahr kommt die schmale Talsenke für die Landwirtschaft gar nicht in Frage, so daß die Besiedlung im allgemeinen auf dem ›Heideboden‹ fünfzig Meter höher liegt. Zahlreiche Kraftwerke nützen die Energie des Stroms aus. Durch die Jahrtausende entstand bei der Vänermündung ein immer wachsendes Deltaland, dessen Zentrum heute die große Insel Hammarö vor Karlstad ist.

Eine westliche Parallele zum Klarälvtal macht das Frykstal aus, das in hundert Kilometer Länge von den beiden großen Fryksseen ausgefüllt ist. Hier befindet sich um das Zentrum Sunne die Gegend der alten Hüttenromatik Värmlands, und auf den Schlössern und Herrenhäusern rund um die Seen spielt sich die Handlung in dem berühmten Roman von Selma Lagerlöf ›Gösta Berlings saga‹ ab. Die großen Bergwerksdistrikte Värmlands liegen aber im Osten des Klarälv, wo sich auch fünf der sieben Städte des Landes befinden.

Wie der Hochrhein zum Bodensee verhält sich der Klarälv zum Vänersee. Das Deltaland an der Klarälvsmündung befindet sich in stetiger Veränderung. Aus Inseln werden Halbinseln, aus Vänerbuchten Binnenseen, und tote Flußläufe werden zu Gartenland. Der Lehm aus der Eiszeit ist fruchtbar und trägt besonders gern Kartoffeln. Wo Karlstad liegt, tauchte die Insel Tingvalla vor zwei Jahrtausenden aus den Fluten, und südlicher bildete sich die große Insel Hammarön. Hier steht einer der drei Runensteine Värmlands, und hier schritt man um 1150 zum ersten Kirchenbau. Grabfelder und ein Richterring aus der Völkerwanderungszeit bezeugen die vorchristliche Kultur. Noch in der Bronzezeit stand die Insel unter Wasser. Jetzt umfaßt sie 51 Quadratkilometer, bildet einen eigenen Flecken, der bald mit Karlstad zusammenwächst, und verfügt über das Industrie- und Hafenzentrum Skoghall, das dank dem Götakanal sogar von Ozeandampfern angelaufen werden kann. Etwas nördlich von Karlstad vereinigt sich der Norsälv aus den Fryksseen mit dem Klarälv.

Zwischen Flußarmen, Buchten und Binnenseen breitet sich Karlstad vornehmlich auf der alten Tingvalla-Insel aus. Auf dem Lagberg (Berg des Gesetzes) Tingvallas trat das värmländische Thing zusammen, eine Kirche wurde in Tingvalla erst 1347 gebaut. Als Marktplatz gelangte Tingvalla dank der zentralen Lage und dem Schiffsverkehr bald zu Bedeutung, jedoch blieb die bodenständige Einwohnerschaft gering. Als aber Värmland Herzog Karl von Södermanland unterstellt wurde, ging es rasch aufwärts. Der Herzog beschloß, aus Tingvalla den Hauptort Värmlands und einen führenden Hafen für den Vänern zu machen und taufte im Jahre 1584 die alte Ortschaft auf den Namen Karlstad. Gleichzeitig wurden dem Ort die Stadtrechte gewährt. Jedoch brannte die ganze Holzstadt im Jahre 1865 nieder, wonach eine neue mit steinernen Häusern und breiten Straßen entstand. Eine alte Überlieferung über die beiden höchsten Amtspersonen der Stadt an dem warmen Julitag, an dem der Brand zur Kirchenzeit ausbrach, berichtete: »Der Landeshauptmann weinte und bat Gott um Hilfe, der Bischof fluchte und löschte.«

Man sprach in alter Zeit viel von der Sonne Karlstads, und tatsächlich zeigt die Stadt mit 17° die höchste durchschnittliche Julitemperatur in Schweden. Von den alten Gebäuden existieren heute nur noch der Dom, der Bischofspalast, das Gymnasium und einige Holzhäuser, die zeigen, wie man früher lebte. Rund 60 Prozent der Bevölkerung lebt von der Industrie, die durch weltberühmte Maschinenfabriken bestimmt ist. Verschiedene Abteilungen des schwedischen Verteidigungsministeriums liegen auch hier, und Karlstad war früher wegen der Eleganz der Offiziere der dort gelegenen Garnison bekannt. Für Badeufer und Grüngebiete ist gut gesorgt, hervorzuheben ist der Naturpark Marieberg. Von Bjurbäcksgatan – eine Strandpromenade, an der die Häuser der Reichen stehen und die deswegen die ›Goldküste‹ genannt wird – führt die zweihundertjährige Tingvalla- oder Ostbrücke (Östra bron) über die Alster, während sich die Westbrücke über den zweiten Flußarm spannt. Am Residenzmarkt wacht Karl IX. in Bronze darüber, daß alles seine Richtigkeit hat.

Auch Karl XII. hielt sich in Karlstad auf, und man kann den Platz des abgebrannten Zeughauses noch sehen, wo die Vorräte für den Feldzug gegen Norwegen lagen. Gustav III. weilte 1788 in Karlstad, und 1905 wurde hier das friedliche Ausscheiden Norwegens aus der Zwangsunion mit Schweden beschlossen.

Im Herrenhaus zu Alster wurde der große schwedische Dichter Gustaf Fröding 1860 geboren. Berühmte Herrenhäuser in der Gegend sind das Löwenhielmsche Apertin und die Hüttenresidenz Gunnerud. Das berühmteste unter den vielen Herrenhäusern des langen Frykstals dürfte Rottneros sein, das zuletzt im Besitz des nationalgesinnten Schweden Svante Påhlson war, der den großen Park im Jahre 1953 »dem schwedischen Volke« öffnete. Rottneros soll das Vorbild für Selma Lagerlöfs Ekeby gewesen sein; ihr eigenes Gut, Mårbacka, lag nahe dem Ostufer des Mellafryken.

Zwanzig Kilometer westlich von Karlstad liegt am Vänersee der Flecken Grums, ein Zentrum der Holzveredelung und Papierindustrie. Nördlich von Grums erreicht man den Värmelsee, der durch den kurzen Borgvikälv – früher ›Värman‹ genannt – sein Wasser in den Vänern ergießt. Hier erschien schon 980 n. Chr. der heilige Thorger, der Apostel Värmlands, der von den Heiden totgeschlagen wurde. Viele Altertümer, auch Goldmünzen, sind hier gefunden worden, trotzdem scheint der 77 Quadratmeter große See nach dem Taufakt in den Zeiten Olof Trätäljas fast vergessen worden zu sein. Dabei ist die Landschaft, die sich um eine große

Verwerfungsspalte gruppiert, hübsch und angenehm. In Kroksérud bei Landsränningen hat der originelle Großhändler G. Rudberg das einzige Knopfmuseum Schwedens gestiftet, das über 110000 Knöpfe besitzt. Eine besondere Kostbarkeit stellt ein schwedisch-norwegisches Unionswappen dar, das aus 3000 Uniformknöpfen zusammengestellt wurde.

In der Umgebung von Karlstad und um die Nordküste des Vänern gibt es eine große Zahl schöner Kirchen, die aber nicht von der Patina des Alters wie in den älteren Gauen Schwedens geprägt sind. Zahlreiche Heimatmuseen (Hembygdsgårdar) beleuchten Geschichte, Kunsthandwerk, Trachten, Sitten und Gewohnheiten der Bevölkerung von ältester Zeit an. Die belebte Landschaft bietet immer neue Aussichten, und Binnenseen und Aussichtsberge sind zahlreich. Wo der Blick über den Vänersee schweift – und das ist nicht selten –, glaubt man, das offene Meer zu erblicken.

Die übrigen Zentren von Värmland

Neben Karlstad-Skoghall verfügt Värmland über die Hafenstädte Kristinehamn im Osten und Säffle im Westen. Wie zu vermuten war, steht die Königin Christina für die Taufe der erstgenannten, die im Jahre 1642 ihre Stadtrechte bekam. Die alte Ortschaft hieß Järsberg, und in der Nähe lag der Herrensitz Bro, der schon um 1362 erwähnt wird und später der gräflichen Familie Bielke gehörte. Die alte Kulturgegend hieß Varnum, und hier steht der älteste Runenstein Schwedens, der etwa um 550 errichtet worden ist und von den Herulern erzählt, die aus Götaland ausgezogen waren. Als Verschiffungshafen für Värmlandsberg – die Bergwerksdistrikte im südöstlichen Värmland – gewann Kristinehamn Bedeutung, und außerdem wurde hier im Frühjahr der Fastingsmarkt abgehalten, der als eine Art von ›Eisenreichstag‹ bezeichnet worden ist. Die Hüttenherren und die Besitzer von Hochöfen und Metallwerken kamen hier zusammen, um Preise und Handelsgebräuche, Frachten und Marktanteile zu erörtern, und mancher hatte ein Haus in der Stadt, das er nur in diesen Tagen benützte.

In Kristinehamn hielten Karl XII. und seine Schwester, die spätere Königin Ulrika Eleonora, während drei Monaten im Jahre 1718 Hof, als die Vorbereitungen für den Angriff auf Norwegen getroffen wurden. Als Gustav III. zur dänischen Front reiste, ver-

17 Stockholm vom Mälarsee aus zur Zeit Gustav Wasas, 1535.
Hinter der Großkirche der Turm des alten Schlosses mit den drei Kronen, links die Anfänge von Norrmalm, rechts die Steilfelsen von Södermalm. Älteste Ansicht der Stadt, Storkyrkan, Stockholm

18 Gustav I. Wasa (1496-1560)
Begründer des neuzeitlichen
protestantischen Schweden

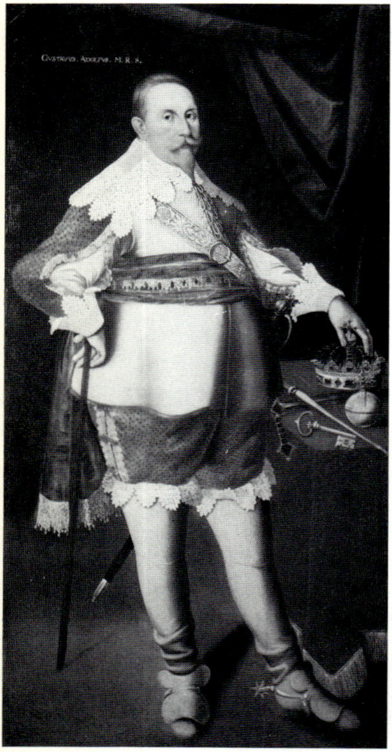

19 Gustav II. Adolf (1594-1632)
Führer der europäischen
Protestanten im Dreißigjährigen Krieg

20
Kristina (1626-89)
Tochter Gustavs II. Adolf,
1644-54 Königin von Schweden,
nach Abdankung 1655
Übertritt zum Katholizismus

21 Schloß Gripsholm bei Mariefred am Mälarsee in Södermanland, Mittelschweden, 1537 von Gustav Wasa erbaut, im 19. Jh. renoviert. Enthält über 2000 Bildnisse schwedischer Persönlichkeiten

22 Schloß Kalmar am Kalmar Sund in Småland, Südschweden. Im 12. Jh. erbaut, bis in das 16. Jh. ständig verändert und erweitert

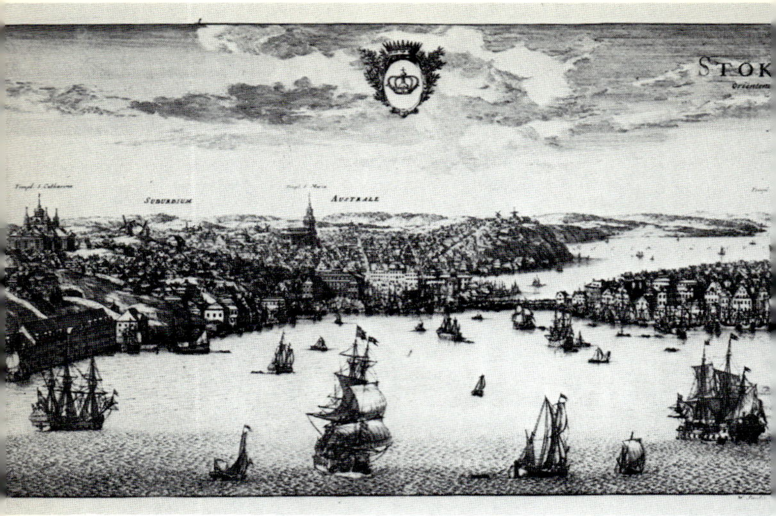

23 Stockholm von der Ostsee aus, um 1690. Ganz links die Katharinenkirche auf Södermalm, rechts auf der Altstadtinsel das Schloß, das 1697 vollständig niederbrannte

Ansichten aus dem Stichwerk von Graf Erik Dahlberg ›Suecia antiqua et hodierna‹, Stockholm 1693

24
Das von Gustav Adolf gegründete Göteborg zu Ende des 17. Jhs.

25 Glockenturm und Kirche von Söderhamn in Hälsingland am Bottnischen Meerbusen, Nordschweden. Erbaut 1685-93 von N. Tessin d. Jüngeren

27 Karl XII. (1682-1718)
Gemälde von David v. Krafft nach J.D. Swartz, 1700,
Schloß Gripsholm bei Mariefred am Mälarsee

26
Schloß Skokloster am Skofjärd des Mälarsees, Västmanland.
Ursprünglich ein Zisterzienserkloster (1244), das Gustav Adolf
Feldmarschall Wrangel schenkte, der es 1654-68 umbauen ließ

28 Storkyrkan mit Auffahrt und Haupteingang zum Schloß
von Stockholm, das N. Tessin 1690-1754 erbaute.
Vor der mehrfach umgebauten Krönungskirche St. Nikolai,
in der sich Bernt Notkes ›St. Georg mit dem Drachen‹ befindet,
der Obelisk Gustavs III. und sein Denkmal von Tobias v. Sergel

29
Blick auf die Kuppel der von Jean de la Vallée
1656 erbauten Katharinenkirche in der Altstadt
von Södermalm in Stockholm

30 Königin Lovisa Ulrika (1720-82), Schwester Friedrichs d. Gr. und Mutter Gustavs III.

31 Der große Botaniker und Naturforscher Carl v. Linné (1707-78)

32 Emanuel Swedenborg (1688-1772), Naturwissenschaftler und Theosoph

33 Die Krönung Gustavs III. (1746-92), der bei einem Maskenball ermordet wurde, was Verdi und Auber Stoff zu Opern lieferte

34 C. M. Bellman (1740-95), Volkssänger und Hofpoet Gustavs III.

35 Johann Tobias v. Sergel (1740-1814), Bildhauer und Begleiter Gustavs III.

36 Blick von Norrmalm auf das Königliche Schloß von Stockholm. Gemälde von Johan Sevenborn, 1776

37 Das Ritterhaus zu Stockholm, vollendet 1674 von Jean Vallée, mit dem Standbild Oxenstiernas, von Börjesson, 1890

38 Schloß Drottningholm, erbaut Ende des 17. Jhs. von N. Tessin. Lieblingsaufenthalt Königin Lovisa Ulrikas, die es im Geschmack des Rokoko umbaute

39 Ansicht Stockholms von der Seeseite.
Lithographie von C. J. Billmark, 1860

→

Jean Baptiste Bernadotte (1763-1844), Marschall Napoleons I., 40
wurde 1818 unter dem Namen Carl Gustav XIV. Johan König von Schweden und Begründer der heutigen Dynastie. Das Gemälde von François Gérard im Königlichen Schloß in Stockholm zeigt ihn als Kronprinzen im Jahre 1811

weilte er einige Zeit hier, auch der erste Bernadotte, Karl XIV. Johan, der von hier aus einen Eroberungskrieg gegen Norwegen führte, das sich dem Kieler Frieden von 1814 nicht fügen wollte.

Kristinehamn ist heute eine Industrie- und Hafenstadt. Tonangebend ist die Maschinenindustrie, die vor allem Motoren und Wasserturbinen herstellt. Der erste Dampfer zeigte sich hier bereits im Jahre 1823, und im Jahre 1858 die ersten Dampflokomotiven.

Nur zwanzig Kilometer östlich von Kristinehamn liegt die ausgedehnte Industriestadt Karlskoga, die ebenfalls ihren Namen nach dem Herzog Karl trägt, jedoch erst im Jahre 1940 ihre Stadtrechte erhielt. Hier entstand die 1646 gegründete Hütte Bofors, die die Wasserkraft des Timälv ausnützte und in neuerer Zeit ein Weltkonzern wurde. Von Qualitätsstahl bis zum Kopfschmerzpulver, Kanonen und Sprengstoffe nicht zu vergessen, stellt dieser Konzern fast alles her. Die ›grüne Stadt‹ erstreckt sich am Nordufer des hübschen Sees Möckeln, an dessen Südspitze der Hüttenflekken Degerfors beim Ausfluß des Letälv gelegen ist. In den sechziger Jahren des 17. Jahrhunderts wurde am neun Meter hohen Wasserfall des Letälv die erste Hütte durch den Schlesier Camitz gegründet, dessen Familie das wachsende Unternehmen über zweihundert Jahre besaß. Gleich westlich des Flusses befinden sich im Gelände die gewaltigen Spuren der seit Jahrtausenden ausgetrokkneten Svea-Wasserfälle, die um das Dreifache die Niagara-Fälle übertroffen haben sollen. Anlaß war der Durchbruch der Ostsee-Vorgängerin durch den Großen Belt. Der Letälv bildet kurz vor der Mündung in Vänern den 130 Quadratkilometer großen See Skagern, der zwischen Värmland, Närke und Västergötland geteilt ist. Auf einer nördlichen Halbinsel dieses hübschen und fischreichen Sees halten die Kirchen Råda und Rudskoga seit altersher Wache; hier finden wir das älteste Marienbild von Värmland aus dem 12. Jahrhundert.

Hauptorte im Binnenland des Värmlandes sind Filipstad und Hagfors. Filipstad, nach dem jüngeren Bruder von Gustav Adolf benannt, feierte 1961 sein dreihundertfünfzigjähriges Jubiläum. Es kam aber zur Zeit Karls XI. zu solchen Streitigkeiten zwischen den Bürgern und den Bergwerksleuten, daß der König 1694 die Stadtrechte wieder aufhob und den widerspenstigen Bürgern befahl, nach Kristinehamn zu ziehen. Der Ort wurde zum Flecken degradiert, und erst 1836 wurden die Stadtrechte durch Karl XIV. Johan zurückgegeben. In den sechziger Jahren des 19. Jahrhunderts setzte eine sprunghafte Entwicklung ein durch den Bau von Kanälen, Eisenbahnen und Dampferlinien. Auf den zahlreichen Binnenseen, die durch den Filipstad-Kanal verbunden sind, kann man im Sommer wunderbare Bootsfahrten in einer wilden und schönen Landschaft machen, im Winter bietet der Ort gute Möglichkeiten zum Skifahren. Die Stadt selbst liegt zwischen den Seen Lersjön und Daglösen, die durch den Skilleräly verbunden sind. Alle Arten von Industrie – also nicht nur die Metallindustrie – sind in Filipstad vertreten, das sich auch zu einem bedeutenden Handelszentrum entwickelt hat. Hübsche Anlagen zieren die Stadt, in denen das Mausoleum des Erfinders John Ericsson liegt. Innerhalb des Stadtgebiets befindet sich die Storbro-Hütte, die 1591 gegründet wurde und von einer Stiftung als Museum verwaltet wird. Von Storhöjden kann man auf einer Meereshöhe von 330 Metern die schöne Umgebung bewundern.

Sowohl Hagfors als auch Filipstad zählen rund 10000 Einwohner. Obwohl in einer alten Bergwerksgegend, ist Hagfors eine moderne Stadt mit viel Grünland. Die Stadt wird völlig von dem gewaltigen Uddeholms-Konzern beherrscht, der Qualitätsstahl in großen Mengen herstellt. Die alten Hütten und Hochöfen, wie Stjärnsfors, Geijersholm, Gustavsfors, Uvanå und Motjärn wurden wegen der Konzentration nach Hagfors verlegt, zumal dem Hagälv genügend Energie abgerungen werden konnte. Das um die Mitte des 19. Jahrhunderts entwickelte Bessemer-Verfahren wurde schon früh in Värmland eingeführt, und eine organisierte Qualitätskontrolle brachte dem schwedischen Eisen und dem schwedischen Stahl bald einen guten internationalen Ruf. Die Kehrseite: Die alten Eisenhammer verschwanden und mit ihnen ein großes Stück Romantik, doch viele der alten Herrenhäuser der Hüttenbesitzer wurden in Museen umgewandelt.

An Hagfors zieht der Höhenzug Värmullsåsen vorbei, und hier erhebt sich auf 427 Metern Meereshöhe ein berühmter Aussichtsturm, der Ausblicke über große Teile vom mittleren Värmland gewährt. Es versteht sich, daß ein gutes Skigelände hier im Winter vorhanden ist. Wie überall in Värmland sind die Binnenseen zahlreich und die Fallhöhen der verbindenden Wasserläufe bedeutend. Etwas südwestlich von Hagfors, unweit der Vereinigung des Hagälv mit dem Klarälv, hat sich die Industrieortschaft Uddeholm rund um das gleichnamige Herrenhaus gebildet, das dem Konzern den Namen gegeben hat. Hier befindet sich auch die Zentralverwaltung des Konzerns, der über 15 000 Personen beschäftigt und nicht nur in Värmland ein großes Netz von Metallindustrien kontrolliert. Man baute sich ja auch im vorigen Jahrhundert eine eigene Eisenbahn und disponiert über einen eigenen Großhafen in Skoghall bei Karlstad.

Was nun das westliche Värmland betrifft, so wurde bereits Säffle als Hafenstadt genannt, während Arvika das Binnenland beherrscht. Als Städte sind beide Ortschaften jung, als Kurorte jedoch alt. Bei Säffle mündet der Byälv, der das Wassersystem des Glasfjorden in den Vänern entläßt. Der Tiefhafen liegt am Vänersee und der Byälv wurde kanalisiert. Man plant, durch Kanalisierung die Ozeandampfer, die bis jetzt in Spässhult anlegten, bis Arvika, siebzig Kilometer ins Land hinein, fahren lassen zu können. Säffle besteht aus den beiden Ortschaften By und Tvete, wo sich der Grabhügel von Olof Trätälje im Sifhälla-Park erhebt. Die lange Halbinsel Värmlandsnäs, die hier den Vänersee in zwei Hälften teilt, in Grossvänern und Dalbosjön, ist die größte Ebene und die älteste Kulturgegend Värmlands. Die neolithischen Funde sind bis zu 6000 Jahre alt, es gibt Altertümer aus der Bronzezeit und den berühmten Richterring aus dem älteren Eisenzeitalter ›Hargene somarsäte‹. Der Name Värmlandsnäs (statt Värmlandsudde) erinnert daran, daß hier tatsächlich eine Landbrücke nach Västergötland geführt hat, eine Theorie, die von den zahlreichen vorgelagerten Inseln und der gegenüberliegenden Landspitze Kållandsö bestätigt wird. Schon im Mittelalter gab es auf Värmlandsnäs reichlich zwanzig Herrensitze, für die die Landwirtschaft und nicht der Hüttenbetrieb maßgebend waren.

Säffle ist eine moderne Industriestadt und wird von dem großen Holzveredlungskonzern Billerud beherrscht, der rund 10 000 Menschen beschäftigt; selbstverständlich ist aber auch die Eisenindustrie hier vertreten. Ungefähr 80 Prozent der industriellen Produktion werden exportiert, vor allem Sulphit, Sulphat, Papier und Kunstseide. Diese jüngste Stadt Värmlands, die Stadtrechte wurden erst 1951 erteilt, besitzt viele ultramoderne Verwaltungsgebäude, doch sind einige Kirchen und Herrensitze in der Umgebung noch von geschichtlicher Patina geprägt. So gehörten Sund um 1360 der Familie Bonde und Krokstad dem Feldmarschall Graf Torstensson. Das Gut ging später in den Besitz der aus Deutschland stammenden Familie Geijer über, die sowohl in der Wirtschaft wie auch in der Literatur Värmlands eine führende Rolle gespielt hat.

Arvika wurde in den Anfangsjahren dieses Jahrhunderts Stadt, der Ort aber war seit 1200 das Zentrum innerhalb des Gerichtsbezirks Jösse härad. Die Stadt liegt an der Bucht Kyrkviken des großen Binnensees Glafsfjorden und vermittelte früh den Verkehr mit Norwegen und liegt heute an der Bahnstrecke Stockholm-Oslo. Das größte Industrieunternehmen der Stadt ist die Arvika-Thermaenius A/B, die speziell landwirtschaftliche Maschinen herstellt. Das Kunsthandwerk wie auch die Musik besitzen hier Tradition; so ist Arvika durch seine Violinen und die Musikschule Ingesund berühmt. Ein bekannter Bildhauer aus Arvika, der um die Jahrhundertwende wirkte, war Christian Eriksson, dessen Werk unter anderen auch das Denkmal Karls IX. in Karlstad ist. Wer Arvika besucht, sollte nicht versäumen, sich das hübsch gelegene Altertumsmuseum anzusehen.

Über Arvika ging der alte Pilgerpfad nach Norwegen und Nidaros (Drontheim). Später siedelte Herzog Karl in den wilden Grenzgegenden Finnen an, weswegen man in den Ortsnamen öfters die Vorsilbe ›Finn‹ antrifft. Schiefer und Kupfererz wurden westlich von Arvika gewonnen, und eine Reihe von Eisenhütten gab es auch in diesen recht hochgelegenen Gegenden: Älgå, Hillringsberg, Sölje und Glasfors. Bei Krokebol gibt es eine heilige Quelle, wo der Apostel Thorger die Heiden getauft haben soll. Der Ruf ihrer Heiligkeit erhielt sich auch noch in protestantischen Zeiten, so daß Karl XII. bei seinem Aufbruch gegen Norwegen 1718 das Wasser probierte. Ein Gedenkstein erinnert an beide Ereignisse.

Der südwestliche Teil von Värmland wird die Nordmark genannt, woraus hervorgeht, daß die Namensgebung von dem südlich gelegenen Dalsland ausging. Hauptort in dieser Wildnis ist der Flecken Årjäng. Was der Schwager und spätere Nachfolger Karls XII. auf dem schwedischen Thron, Landgraf Friedrich von Hessen, dachte, als er 1716 nach Holmedal bei Årjäng bestellt wurde, um von dieser weglosen Wildnis aus einen Angriff auf Norwegen zu machen, wissen wir nicht. Weitere aufblühende Industrieorte Värmlands sind Jössefors und Åmotfors, und über Eda

Schanze führt die Straße nach dem Grenzort Charlottenberg, wo einst die Stromschnellen des Morastfors eine Hüttenanlage trieben und die Morast Schanze lag. Die große Eisenbahnlinie Stockholm-Oslo passiert Charlottenberg, wo die Paß- und Zollkontrolle stattfindet. Der Name des wachsenden Industrieorts geht auf Charlotte Berg zurück, die Gattin des ›Värmlandkönigs‹ Lars Daniel Larsson, der 1830, seiner privaten Bank und seiner elf Hütten zum Trotz, einen noch nie dagewesenen Bankrott erlebte.

Man sollte Värmland nicht verlassen, ohne die Schärenwelt vor Värmlandsnäs kennengelernt zu haben. Im Fischerdorf Ekenäs an der Südspitze der Halbinsel gibt es Motorboote, die man für die Fahrt zwischen den Hunderten von Inseln bis nach dem mitten im Vänern befindlichen Lurön benutzen kann. Hier hatten die Zisterzienser bereits um 1140 ein Kloster gegründet. Lurön erinnert an Runö in der Rigaer Bucht, das bis 1940 auch eine schwedisch sprechende Bevölkerung besaß, oder an Walamo im Ladogasee, die uralte Klosterinsel, die Finnland 1944 an die Sowjetunion abtreten mußte. Lurön hat nicht nur einen Leuchtturm und eine meteorologische Station, sondern sogar Platz für Landwirtschaft, Vieh und Wald. Wenn das Eis weder trägt, noch den Bootsverkehr zuläßt, kann die kleine Einwohnerschaft der Insel für Wochen völlig isoliert sein. Die Herbst- und Frühjahrsstürme des großen Sees können haushohe Wellen gegen die Felsenufer schleudern; allein an einem warmen Sommertag fühlt man sich hier in einer fast paradiesisch anmutenden Stille. Diese Stille mag wohl die Mönche im fernen Mittelalter dazu bewogen haben, sich hier niederzulassen.

Västergötland – Land zwischen Vänern und Vättern

Als Uppland sich noch unter dem Meeresspiegel befand, blühte eine hohe neolithische Kultur in Västergötland, das sowohl geologisch gesehen wie auch urgeschichtlich die interessanteste Landschaft Schwedens darstellt. Wie Uppland und Sörmland die alten Kernstücke von Svealand sind, so setzte sich das alte Götaland (Gotenland) aus einem westlichen und einem östlichen Gau zusammen. An sich dürfte die ›götische‹ Kultur älter sein als die ›sveeische‹. In den Jahrhunderten der Christianisierung regierten abwechselnd ein götisches und ein sveeisches Königsgeschlecht in Schweden, allein der Gegensatz wurde bald überwunden. Als im vorigen Jahrhundert die nationale Romantik erwachte, wurde sogar das nationale Schwedentum mit Vorliebe ›götisch‹ genannt.

Der alte Gau Västergötland umfaßt 17600 Quadratkilometer und füllt mit seiner nordöstlichen Hälfte die breite Landenge zwischen dem Vänersee und dem Vättersee aus, während die südwestliche Hälfte gerade noch das Kattegat erreicht. Im äußersten Nordosten, wo die Landenge am schmalsten ist, grenzt der Gau an Närke und Värmland, im Süden an Småland und Halland. Die Südostküste des Vänersees macht die Nordwestgrenze Västergötlands aus, und die drauffolgende Westgrenze zieht der große Fluß Göta-älv, der eigentlich die Fortsetzung des Klarälvs ist. Bei der Mündung des Göta-älvs liegt Göteborg (Gotenburg), die zweitgrößte Stadt Schwedens. Der kurzen Meeresküste zum Trotz war Västergötland immer ein Binnenland, und die verhältnismäßig moderne Stadt Göteborg, Schwedens westliches Tor, ist kein geschichtliches Kulturzentrum Västergötlands gewesen.

Die Landschaft Västergötlands wird auf der Landenge vom Tafelland und der Hochebene (Västergötaslätten) bestimmt. Die Tafelberge sind eine eigenartige Erscheinung, und die bekanntesten sind Billingen, Mösseberget, Varvsberget, Gerumsberget, Plantageberget und Kinnekulle am Vänersee. Dieser terrassenförmig aufsteigende berühmte Aussichtsberg, der mit Äckern, Wiesen und Bäumen bedeckt ist, erreicht eine Meereshöhe von 306 Metern und ist am Gipfel von einer vulkanischen Diabasschicht bedeckt, während der Kegel im Inneren eine kambrisch-silurische Zusammensetzung aufzeigt. Am tiefsten lagert der Urberg, zumeist aus Gneis bestehend; dann folgen Sandstein und Alaunschiefer, beide mit Fossilien durchsetzt, darauf der sogenannte Ortocerkalk, dessen Fossilien aus kleinen versteinerten Tintenfischen bestehen. Dieser Kalkstein ist rot oder grau und wird in Schweden weitgehend für Stufen, Treppenhallen und im Garten verwendet. Gewisse Schieferarten in diesem Tafelland sind von Polypmaneten aufgebaut worden, Verwandte der Korallen. Der Kinnekulle, der auch einige Grotten enthält, soll ideale Möglichkeiten bieten, die Anatomie der Erdkruste zu studieren. Seit einigen Jahren weiß man auch, daß die Tafelberge reich an Uran sind. Die Landenge, die gleichsam gegen Westen geneigt ist, da der Vättersee mit einem Wasserspiegel von 88 Metern Meereshöhe doppelt so hoch liegt wie der Vänersee, bildet eine mächtige Wasserscheide zwischen den beiden großen Binnenseen. Die Hochebene Västergötlands steigt bis auf 200 Meter an, die Seen wiederum füllen mächtige Verwerfungsspalten aus. Wo das Kalkgebirge an den Tag tritt, entwickelt sich eine reiche Pflanzenwelt, und die Hochebene, die mit dem südschwedischen Hochland zusammenhängt, trägt im allgemeinen gute Ernten. Sowohl Nadelwald als auch Laubwald sind reichlich vorhanden, und seit altersher war die Viehwirtschaft ein bedeutender Erwerbszweig. Heute ist Västergötland weitgehend industrialisiert, wobei besonders die Textilindustrie eine führende Rolle spielt. Die gewaltigen Wasserfälle des Göta-älv bei Trollhättan liefern die Energie, und durch den von der Ostsee nach dem Vättern führenden Göta-Kanal ist Västergötland mit beiden Meeren verbunden.

Die ältesten Spuren menschlicher Siedlung in Schweden befinden sich in Västergötland, und zwar aus der Zeit, wo der Vänersee noch eine große Meeresbucht war – rund 7000 v. Chr. Kurz darauf schnürte sich die letzte verbindende Meerenge zusammen und wurde zum Göta-älv. Die Wasserfälle bei Trollhättan entstanden, und in dieser Gegend, besonders auf der Stallbacka-Insel, hat man Spuren menschlicher Siedlungen gefunden, die siebentausend Jahre

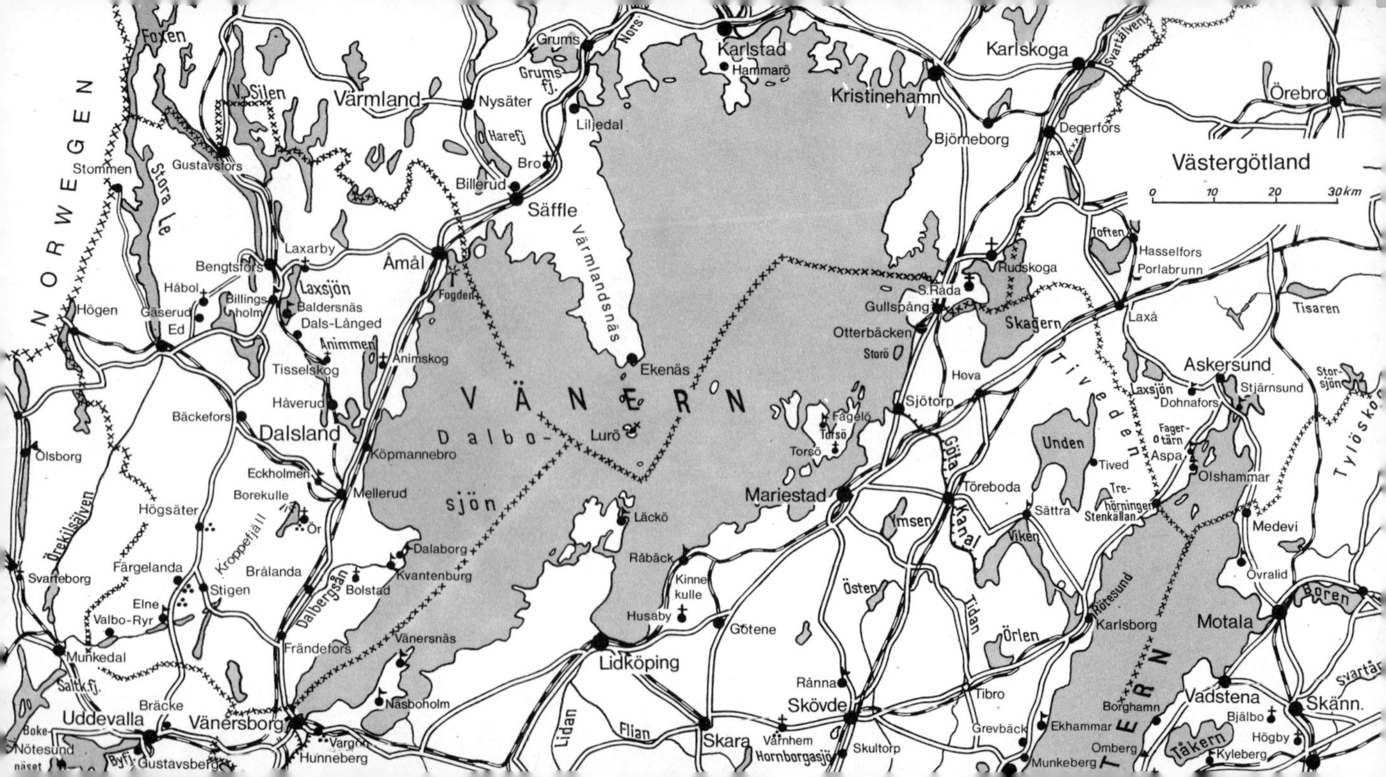

NORWEGEN
Värmland
Västergötland
Dalsland
VÄNERN
Dalbo-sjön
0 10 20 30 km
Karlstad
Hammarö
Kristinehamn
Karlskoga
Örebro
Degerfors
Björneborg
Grums
Grums fj.
Nors
Nysäter
Harefj
Liljedal
Bro
Billerud
Säffle
Värmlandsnäs
Ekenäs
Åmål
Fogden
Laxarby
Bengtsfors
Laxsjön
Håbol
Billingsholm
Baldersnäs
Dals-Långed
Gäserud
Ed
Högen
Stommen
Foxen
V. Silen
Gustavsfors
Stora Le
Animmen
Animskog
Tisselskog
Håverud
Bäckefors
Köpmannebro
Eckholmen
Mellerud
Borekulle
Högsäter
Kroppefjäll
Ör
Olsborg
Örekilsälven
Svarteborg
Färgelanda
Brålanda
Stigen
Elne
Valbo-Ryr
Munkedal
Saltk.fj.
Bräcke
Uddevalla
Vänersborg
Boke-
Nötesund
näset
Byfj.
Gustavsberg
Vargön
Hunneberg
Dalaborg
Kvantenburg
Bolstad
Dalbergsån
Frändefors
Vänersnäs
Näsboholm
Lurö
Läckö
Råbäck
Kinnekulle
Husaby
Götene
Lidköping
Lidan
Flian
Skara
Värnhem
Hornborgasjö
Skövde
Rånna
Skultorp
Östen
Tidan
Tibro
Örlen
Grevbäck
Ekhammar
Munkeberg
Omberg
Borghamn
Tåkern
Vadstena
Bjälbo
Högby
Kyleberg
Skänn.
Motala
Boren
Svartån
Karlsborg
Rötesund
Mariestad
Torsö
Fågelö
Storö
Otterbäcken
Gullspång
S. Råda
Rudskoga
Skagern
Sjötorp
Hova
Göta Kanal
Töreboda
Ymsen
Viken
Sättra
Unden
Tived
Tiveden
Tre-höringen
Stenkällan
Fagertärn
Aspa
Olshammar
Medevi
Övralid
Laxsjön
Dohnafors
Askersund
Stjärnsund
Stor-sjön
Tylösko
Laxå
Tisaren
Hasselfors
Porlabrunn
Toften
Svartälven

Kattegatt
Göteborg
Borås
Jönköping
Falköping
Ulricehamn
Alingsås
Kungälv
Mölndal
Kungsbacka
Varberg
Värnamo
Nässjö
Eksjö
Tranås
Gränna
Huskvarna
Vetlanda
Sävsjö
Svanesund
Lilla Edet
Göta
Lödöse
Stenungsund
Sundsby
Mjörn
St.Höga
Jörlanda
Hakefjord
Götaälv
Kode
Älvängen
Alafors
Bohus
Surte
Agnesberg
Hisingen
Torslanda
Ramberget
86
Älvsborg
Långedrag
Vinga
Frölunda
Styrsö
Askim
Jonsered
Partille
Sävedalen
Gunneby
Lerum
Floda
Nääs
Mjörn
Anten
Anten
Vårgårda
Herrljunga
Mörlanda
Floby
Ålleberg
Vartofta
Madängsholm
Brandstorp
Fristad
Sandared
Viskafors
Seglora
Kinna
Skene
Viskan
Svenljunga
Ätran
Lindome
Anneberg
Särö
Hanhals
Hunehals
Onsala
Fyrås bräcka
Tjolöholm
Gottskär
Ölmanäs
Röstorp
Åsa
Frillesås
H
a
Asklooster
Torpa
Kärra
Grimeton
Rolfstorp
Getterön
Lunnaberg
Torstorp
Svartrå
Gunnarp
Fegen
Tranemo
Limmared
Åsunden
Stråken
Gislaved
Anderstorp
Smålandstenar
Röksberg
Taberg
343
Taberg
Norrahammar
Mullsjö
Habo
Bankeryd
Hökensjö
Visingsö
Kumlaby
Vissingsborg
Näs
Västena
Gyllne Uttern
Östanå
Lyckås
Uppgränna
Stava
Sommen
Sommen
Boxholm
Hestra
Asby
Olstorp
Lägern
Aneby
Forserum
Vaggeryd
Hok
Skillingaryd
Tomtabacken
378
Bodafors
Vallsjö
Hultabodaö
Norra Ljunga
Eksjöhovgård
Nydala
Lammhult
Solgen
Örken
Bor
Trollaborg

alt sind. Das Mischgestein des Diabas lieferte ein gutes Material für die wichtigsten steinzeitlichen Geräte.

Um 2500 v. Chr. lebt eine seßhafte Bevölkerung in Västergötland, die Ackerbau und Viehwirtschaft treibt und ihren Toten Steinkammergräber baut. Die zahlreichen großen Grabhügel über den Ganggräbern stammen aus derselben Zeit wie die Pyramiden Ägyptens. Nur in der Gegend um Falköping hat man 230 Steinkistengräber entdeckt; aus dem Bronzezeitalter stammen unzählige Steinhaufengräber. Außerdem findet man in Västergötland Opfersteine, die mit uralten Sonnen- und Fruchtbarkeitskulten zusammenhängen, und viele Felszeichnungen. In das ältere Eisenzeitalter gehören die vielen Brandgräber, die Generationen benutzten. Im allgemeinen deuten die Funde auf eine Kontinuität, die jeder Theorie von einer Einwanderung oder einer Landnahme fremder Stämme widerspricht. Die Beziehungen zum europäischen Festland sind in römischer Zeit schon ausgebaut, und der Reichtum an Gold und Goldschmuck ist auffallend. Die Völkerwanderungs- und die Wikingerzeiten sind fast schon geschichtlich, jedoch stammt die älteste Runeninschrift an dem sogenannten Sparlösa-Stein aus der Zeit um 700 n. Chr. Das Christentum hatte Västergötland längst erreicht, während man in Uppsala noch Thor und Odin opferte. Der erste christliche Schwedenkönig Olof Skötkonung ließ sich um das Jahr 1000 in Husaby in Västergötland taufen. Als das älteste Gesetzeswerk in Schweden dürfte auch das alte Gaugesetz (Landskapslag) Västergötlands gelten.

Das dicht bevölkerte Västergötland mit seinen alten und modernen Städten, seinen Kirchen, seinen Museen, seiner modernen Industrie und seinen phantastischen Sehenswürdigkeiten, sowohl landschaftlich als auch kulturell, erinnert in vieler Hinsicht mehr an Westeuropa als die übrigen schwedischen Gaue, Schonen ausgenommen. Nur für die beiden Binnenmeere Vänern und Vättern gibt es auf dem Kontinent keine vergleichbaren Beispiele.

Kulturzentren auf der Landenge

Das alte Kulturzentrum Västergötlands ist die Domstadt Skara, die im Binnenland, etwa zwanzig Kilometer südöstlich von Lidköping an der Vänerküste, liegt. Hier faßte das Christentum bereits vor 1000 n. Chr. Fuß, und man kann vermuten, daß die erste

Kirche mit Absicht in einer gewissen Küstenentfernung aufgeführt wurde, zumal die nördlichen Gestade des Vänersees noch heidnisch waren. Der erste, im Jahre 1150 geweihte Dom in Skara, ein Sandsteinbau, war romanisch, ersetzte aber bereits eine noch ältere Kirche. Nach Lund ist der Dom zu Skara der zweitälteste in Schweden, er wurde jedoch so oft verändert, daß man die alte Bauform kaum mehr wahrnehmen kann. Im Mittelalter wurde er im gotischen Stil umgebaut und erweitert. In den sechziger Jahren des 18. Jahrhunderts durch den Architekten Cronstedt im italienischen Barockstil verändert; im 19. Jahrhundert von Zetterwall im Geschmack der Hochgotik restauriert; 1947 durch Feuer schwer beschädigt, erfolgte 1949 eine erneute Restauration. Im Innern befindet sich das von einem holländischen Künstler gestaltete Grabmal Erik Soops, dem Retter Gustav Adolfs in der Schlacht bei Stuhn, 1629.

In den katholischen Jahrhunderten bildete Skara das kirchliche Zentrum Götalands, verkümmerte aber nach der Reformation und ist seitdem eine Kleinstadt geblieben, die nur noch als Schulstadt einen gewissen Ruf erreichte. Verschiedene Kirchen, Klöster, Hospitale und eine Kathedralschule verliehen der alten Stadt einst großes Ansehen, und viele der katholischen Bischöfe waren mächtige Leute, einige sogar Heilige. Von der alten Feste der Folkunger, Gälavist, sind nur noch Erdwälle übrig, und das Schloß Skaraborg wurde schon 1612 von den Dänen zerstört. Zahlreiche berühmte Schweden haben in den vergangenen Jahrhunderten die Domschule zu Skara besucht, und durch den Chronik-Brunnen am großen Markt (Stortorget) werden sie in der Gestalt des Studentendichters Wennerberg geehrt. In Skara befinden sich auch das große Museum Västergötlands, ein ›Altdorf‹ mit Holzhäusern und verschiedene angeschlossene geschichtliche Gebäude. Nur ein winziger Bach, Drysan, durchfließt die Stadt und bildet zwei hübsche Teiche im Victoriapark.

Das zweite Zentrum auf der Landenge ist Skövde, das auch im Mittelalter eine gewisse Rolle spielte; es besaß eine eigene Heilige, die hl. Helena (schwedisch Elin), deren Quelle immer noch sprudelt und deren Heiligtum früher viele Pilgerscharen anzog. Sonst ist hier das Wasser knapp, weswegen man im Stadtpark (Boulogner Wald) einen künstlichen Badesee gegraben hat. Erhalten aus der Zeit vor dem großen Stadtbrand von 1795 ist die St. Elinskirche und das Stadthaus. Am Fuße des Tafelberges Billingen gelegen, bietet Skövde eine schöne Umgebung; von besonderem Interesse ist der Kratersee Simsjö, der sich der breiten Diabaskrone des Berges einen Platz abgerungen hat und als Badewasser dem Boulognersee bei weitem vorgezogen wird. Währenddessen fressen sich die Maschinen der Zement A/B Gullhögen immer tiefer in den Kalkgrund des Berges ein, ein interessantes Schauspiel, das noch lange ohne größeren Schaden fortgesetzt werden kann. Im Museum Skövdes ist viel zu sehen, unter anderem ein Abguß eines in der Gegend gefundenen Goldschatzes aus der Völkerwanderungszeit, der sieben Kilo wiegt.

Etwas südlich der Linie Skara-Skövde breitet sich der berühmte Hornborga-See (Hornborgasjön) aus, wo sich im Frühjahr Schwärme von Kranichen versammeln. Nördlicher liegt der an den Neusiedlersee erinnernde flache Vogelsee Östen, wo es nach dem Eisgang im Frühling von nistenden Vögeln wimmelt. Besonders gut kann man hier Singschwäne und Sumpfvögel beobachten. Eine Sehenswürdigkeit ist der Versuchshof Rånna am Billingen, wo über zweihundert Arten von Kirschbäumen gezüchtet werden. Die Vadsbo-Ebene, die sich westlich von Skövde ausbreitet, birgt eine Vielzahl von Grabfeldern, Grabhügeln, Runensteinen und Steinkisten sowie zahlreiche alte Kirchen. Ganz im Nordosten Västergötlands, wo die Landenge am schmalsten ist, liegt das große Waldgebirge Tiveden, das Svealand von Götaland trennt und den letzten Schutzwall gegen die unzähligen dänischen Raubzüge in früheren Jahrhunderten bildete. Südwestlich dieses Walls wird die Landenge von den beiden Seen Skagern und Unden fast unterbrochen; jedoch verläuft die Vänern-Vätter-Strecke des Göta-Kanals etwas südlicher und mündet in den Binnensee Viken, der mit dem Vättersee verbunden ist. Von Vänern bis Vättern erhöht sich das Niveau des Kanals Stufe um Stufe um 45 Meter.

Das dritte Zentrum auf dem flachen mittleren Teil der Landenge ist Falköping, das mit zweihundert Metern Meereshöhe eine der am höchsten gelegenen Städte Schwedens ist. Die Stadt, obgleich zwischen den Tafelbergen Mösseberg und Ålleberg gelegen, ist ebenso wasserarm wie die beiden Nachbarn und muß wie diese ihr Trinkwasser aus dem entfernten, aber kristallklaren Vättersee herleiten. Die Kirche St. Olof stammt aus dem zwölften Jahrhundert, und die Stadt zählt innerhalb ihrer Grenzen sechzig bedeutende

Altertümer, darunter eine Ganggrab namens Kyrkerör und einen Opferstein aus der Bronzezeit, den man Ballersten nennt, weil er ins Schaukeln gebracht werden kann und dann einen dumpfen Laut von sich gibt. Am besten kann man sich im Museum der Stadt, das auch einen Goldschatz vom Ålleberg enthält, über die Lage der verschiedenen Altertümer orientieren. An der Ahlströmerstraße erhebt sich Kung Björns hög (Grabhügel des Königs Björn), eins der größten Ganggräber Schwedens. Wie auf Billingen bei Skövde, so gibt es auch auf dem Mösseberg bei Falköping einige kleine Badeseen. Oberhalb des Sanatoriums Mösseberg genießt man auf einer Höhe von 338 Metern eine großartige Aussicht über die Hochebene und die Tafelberge.

Zwischen Falköping und dem Randberg Hökensås am Vättersee liegt am Fluß Tidan, der in den Vänersee mündet, die Industriestadt Tidaholm, die sich aus einer alten Hüttenanlage entwickelt hat und heute Maschinen, Kücheneinrichtungen, Plastik und Zündhölzer herstellt. An der 80 Kilometer langen Küste des Vättersees, östlich von den Randgebirgen Tiveden und Hökåsen, drängt sich eine hübsche, fast terrassierte Uferlandschaft, die keine Ähnlichkeit mit dem sonstigen Västergötland aufzeigt, aber schöne alte Herrensitze besitzt. Unter diesen verdient das alte Klostergut Almnäs Erwähnung, das später in den Besitz der baltisch-schwedischen gräflichen Familie Stackelberg geriet. In der mittelalterlichen Kirche Fågelås gibt es eine Grabkapelle für diese Familie. Der schwedische Hochadel war in dieser hübschen Gegend reichlich vertreten: wir finden die Namen Natt och Dag, Sparre, Bielke, Posse, Hård, Essen usw.

Die einzige Stadt an dieser schönen Küste, die ihr Gesicht der aufgehenden Sonne zuwendet, ist Hjo, das in alter Zeit den Querverkehr über den Vättern vermittelte. Ursprünglich ein Fischerdorf, wurde Hjo mit seinem drei Kilometer langen Sandstrand später Bade- und Hauptort der schönen Küstenstrecke, die hier Guldkroken (Goldhaken) genannt wird. Aus irgendeinem Grunde ist das hübsche Städtchen, dem nunmehr auch die alte Kirche zu Grevbäck einverleibt wurde, zu einem Symbol für schwedisches Kleinstadtleben geworden. In nächster Nähe liegen die Aristokratensitze Munkeberg und Ekhammar. Bei Ekhammar kann man die größte Buche Schwedens besichtigen.

Südlich von Hjo sind Brandstorp mit seiner alten Holzkirche,

Habo und das Fischereizentrum Hökensås zu nennen. Hier können Interessierte Genehmigungen für Fischfang, wie auch Landkarten und Anweisungen dazu, erhalten. Die Fischereizentrale in Hökensås kontrolliert neben dem Binnenmeer Vätten noch zweiundsechzig verschiedene Binnenseen; die Fische, die man hier angelt oder mit Netzen fängt, sind Lachsforellen, Regenbogenlachse, Hechte, Barsche und Saiblinge. Die Straßenverbindungen sind gut, und Boote können gemietet werden. Nördlich von Hjo, wo der See Viken und damit der Göta-Kanal den Vättern erreicht, liegen Ort und Festung Karlsborg, eine späte Anlage aus dem Jahre 1820, die nach dem ersten Bernadotte, Karl XIV. Johan, benannt wurde. Von dort bietet sich nach dem bereits in Närke gelegenen Askersund im Norden auch der Umweg über Tived an dem großen Binnensee Unden an, eine wunderhübsche Strecke, die an dem Naturreservat Stenkällan vorbeiführt.

Die Küstenorte an Vänersee und Göta-älv

Die Vänerküste Västergötlands mißt 200 Kilometer, und ihre städtischen Zentren sind Mariestad, Lidköping und Vänersborg. Bei Mariestad mündet der merkwürdige Fluß Tidan, der, ohne den Vättern zu berühren, westlich des Ufergebirges und parallel zum See gegen den Norden fließt, um dann kehrtzumachen und die Landenge zum Vänern hin zu durchqueren. Mariestad, Residenzstadt der Landeshauptmannschaft (Län) Skaraborg, ist eine Badestadt mit feinstem Sandstrand, die ihren Namen der ersten Gemahlin Karls IX., Maria von Pfalz-Wittelsbach, verdankt und eine Domkirche aus der Zeit um 1600 besitzt. Mariestad nördlich vorgelagert ist eine große Inselgruppe, deren Zentrum Torsö ist. Die Besiedlung hier ist uralt: Altertümer aus der Bronzezeit und eisenzeitliche Grabfelder, Schiffssetzungen, Richterringe und Grabhügel trifft man vielenorts an. Die Kirche von Torsö stammt aus dem Mittelalter, und auf Fågelö gibt es eine alte Kapelle, die als Opferkirche für die Seefahrer diente. Geologisch interessant sind die zahlreichen Riesentöpfe auf Kätteberg, die das Eis als Andenken zurückgelassen hat. Eine Fähre vermittelt den Kraftwagenverkehr zwischen dem Festland und Torsö, das auch schöne alte Adelssitze hat.

Nördlich von Mariestad liegt Sjötorp, wo die Mittellandstrecke des Göta-Kanals ihren schleusenreichen bergigen Weg nach dem Vättern antritt. An der Straße, die auf der schmalen Landenge zwischen Skagern und Vänern über Gullspång Kristinehamn in Värmland erreicht, liegt der noch västgötische Export- und Importhafen Otterbäcken, der sich zu einem Industrieort von Rang entwickelt hat. Von hier kann man im Motorboot die Insel Storö erreichen.

Lidköping liegt an der innersten Kinne-Bucht, wo der Fluß Lidan mündet. Zwischen Lidköping und Mariestad erhebt sich das schon erwähnte, geologisch hochinteressante Bergmassiv Kinnekulle, dessen grüne Abhänge voll Naturwunder sind, während der breite Gipfel wunderbare Aussichten bietet. Am besten steigt man von Råbäck auf. Hier öffnet sich die Kalksteingrotte Mörkeklev, und hier hat das Eis eine natürliche Treppe ausgemeißelt. Südlich davon, bei Husaby, steht die älteste Kirche Västergötlands, in der König Olof Skötkonung sich um das Jahr 1000 taufen ließ. Hier befindet sich auch das Grab des Königspaars Olof und Estrid mit Grabdenkmälern in romanischem Stil. Die Familien Posse, Trolle, Krumme, Ehrenborg und Klingspor besaßen schöne Herrensitze in dieser Gegend, indessen überstrahlte das Schloß Läckö auf der Insel Kållandsö an der Westseite der Kinne-Bucht alles andere. Der Weg dorthin führt über Lidköping.

Läckö war ursprünglich eine Burg, die die Seefahrt auf dem Vänersee kontrollieren sollte und sich lange in der Hand der Bischöfe von Skara befand. Der innere Burghof trägt noch ein ganz mittelalterliches Gepräge. In der Küche führt ein Geheimgang unvermuteterweise vom riesigen Herd in ein geheimes Gefängnis; daneben befindet sich ein siebenundzwanzig Meter tiefer Brunnen. Das Schloß kam später in den Besitz der Reichsverweserfamilie Sture, wurde aber 1615 von Gustav Adolf der Familie de la Gardie als Grafschaft verliehen. Durch Umbau erhielt das Schloß daraufhin über 250 Zimmer, auch wurde es mit Kriegsbeute aus Deutschland versehen; so gab es unter anderem einen ›österreichischen Saal‹, einen ›Friedenssaal‹ mit Malereien, die sich auf den Westfälischen Frieden bezogen. Die Kunstwerke in Läckö begeisterten schwedische Künstler, und es entstand dadurch ein ›Stil‹, dessen Spuren in Kirchen und Schlössern in ganz Westschweden zu finden sind.

Lidköping selbst ist heute eine moderne Industriestadt, obgleich die Stadtprivilegien auf das Jahr 1446 zurückgehen. Die Stadt war bis zur Reduktion unter Karl XI. Hauptstadt der Grafschaft Läckö und erhielt damals ein Jagdschloß von Läckö als Rathaus. Leider brannten die oberen Stockwerke dieses interessanten Gebäudes 1960 ab; inzwischen sind sie aber wiederhergestellt und eine wirkliche Sehenswürdigkeit. Von den Mitgliedern der Familie de la Gardie genießt Graf Magnus in Lidköping das größte Ansehen, doch steht dieses eigentlich Eva de la Gardie zu, denn sie erfand um 1760 die Methode, Branntwein aus Kartoffeln herzustellen; sie wurde deswegen als erste Frau zum Mitglied der schwedischen Akademie der Wissenschaften gewählt.

Am südlichsten Zipfel des Vänern, wo sich der Ausfluß des mächtigen Götä-älv befindet, breitet sich die Stadt Vänersborg aus, die nunmehr an die Schwesterstadt Trollhättan grenzt. Zusammen wohnen in den beiden Städten rund 70000 Menschen. Zwar sind die zweiunddreißig Meter hohen Wasserfälle bei Trollhättan längst bezwungen, trotzdem ist die Landschaft phantastisch und die Ozeandampfer, die die fünf Schleusenstufen erklettern, eine seltene und daher sehenswerte Sache. Polhem plante bereits im 18. Jahrhundert die Kanalverbindung; die ersten Schleusen wurden am 14. August 1800 eingeweiht. Seitdem sind sie mächtig erweitert worden, und Vänersborg und Trollhättan haben sich zu wichtigen Industriestädten entwickelt. Infolge seiner Bevölkerungsdichte ist Västergötland auf zwei Landeshauptmannschaften (Län) aufgeteilt, so daß auch Vänersborg eine Residenzstadt ist, und zwar für Älvsborgs Län. Vänersborg lag früher etwas westlicher und hieß im Mittelalter Brätte. Der Ort vermittelte die Umladung von Seefrachtgütern, denn in alter Zeit waren die Wasserfälle unpassierbar. Auch Vänersborg wurde in der jüngeren schwedischen Dichtkunst zum Prototyp kleinbürgerlichen Glücks: der Dichter Birger Sjöberg fand hier seine Inspiration für die bekannten ›Fridas Lieder‹ (Fridas visor).

In den dreißiger Jahren wurde eine Wasserregulierung des ganzen Vänersees durchgeführt, die größte Unternehmung dieser Art in Europa. Die Variationsamplitude des Wasserspiegels von diesem See liegt bei 1,7 Metern; die gespeicherte Energie wird auf 187 Millionen Kilowattstunden geschätzt. Unterhalb der Wasserfälle zu Trollhättan lag im früheren Mittelalter die Handelsstadt Lödöse, die als eine Vorgängerin Göteborgs angesehen werden kann und den Umschlag mit dem 50000 Quadratkilometer umfassenden Abflußgebiet des Vänersees vermittelte. Die Länge des Göta-älvs mißt nur 90 Kilometer, der Fluß ist aber bis zu der untersten Schleuse bei Trollhättan segelbar, da das ganze Restgefälle nur zwölf Meter beträgt. Infolge der Lehmschichten ist die Einsturzgefahr am Fluß besonders groß, und trotz aller Schutzmaßnahmen finden immer wieder Erdrutsche statt.

Die wichtigsten västgötischen Ortschaften stromabwärts von Trollhättan sind Lilla Edet, Älvängen, Bohus und Surte, heute alle Industrieorte, die bereits dem Ballungsgebiet Göteborgs zugezählt werden können. Zwischen Lilla Edet und Älvängen gibt es immer noch die Ortschaft Lödöse, die den Namen der alten Hafenstadt trägt, deren Reste noch sichtbar sind. Die Stadt, die eine noch ältere Vorgängerin hatte, lag damals auf einer Insel und war zwischen 1100 und 1473 der einzige Westhafen Schwedens. Der Göta-älv teilt sich bei Bohus und umschlingt mit zwei gewaltigen Armen die Insel Hisingen, die jedoch bereits zu Bohuslän gehört. Die alte Grenze zwischen Schweden und Norwegen folgte lange Zeit dem Lauf des Göta-älvs, und Bohuslän gehörte zeitweise zu Norwegen. Im alten Lödöse wurde 1442 Kristoffer von Bayern zum schwedischen König gewählt, und hier feierten 1312 die Herzöge Erik und Waldemar, die später von ihrem Bruder, König Birger, umgebracht wurden, eine Doppelhochzeit, bei der Erik die Prinzessin Ingeborg von Norwegen heiratete.

Südliche Zentren im Binnenlande

Die große Straße vom småländischen Jönköping an der Südspitze des Vättersees bis Göteborg durchquert die beiden Städte Ulricehamn und Borås. Ulricehamn, wunderbar in einer waldreichen Gegend an der Nordspitze des langen Sees Åsunden gelegen, der vom Fluß Ätran durchflossen wird, hieß früher Bogesund und ist ein beliebter Kurort sowohl für Winter- wie auch für Sommeraufenthalte. Die Stadt klettert an einem Höhenzug empor, der 310 Meter Meereshöhe erreicht und sich 140 Meter über dem Wasserspiegel des Sees erhebt. Dort liegt neben dem Golfplatz auch das Kurhotel Bad Ulricehamn. Zu Ehren der Schwester von Karl XII., der Königin Eleonora, ließ sich das alte Bogesund 1741 auf den neuen Namen Ulricehamn taufen – böse Zungen behaupten, um

Vorteile zu gewinnen. Die Stadt lebt nicht nur von ihren Kurgästen, sondern auch von der Industrie, wobei die Konfektion die Führung übernommen hat. Die barocke Stadtkirche stammt in einzelnen Teilen noch aus dem Mittelalter und besitzt Deckengemälde von Anders Falck aus den achtziger Jahren des 17. Jahrhunderts.

Zur führenden Industriestadt Västergötlands – wenn man von Göteborg absieht – hat sich jedoch Borås entwickelt. Die Stadt, von Gustav Adolf um 1622 gegründet, ist heute das Zentrum des größten Textilindustriebezirks in Schweden. Trotzdem ist die Stadt hell und freundlich und verfügt über reichliche Grüngebiete. Durch die Stadt ringelt sich der Fluß Viskan, dessen bescheidene Wasserkraft standortanweisend für die Industrie war. Borås liegt in der Mitte einer alten Gruppe von sieben Rechtsbezirken (Sjuhäradsbygden) und leitet seine Existenz bis in neolithische Zeiten zurück. Damals sollen die Bewohner einen harten Kampf gegen die Auerochsen geführt haben, zusehends mit Erfolg, und der Sieger gedenken die Reliefs an dem hübschen Brunnen vor dem Rathaus am Großen Markt; später hat man Gustav Adolf und den sonst etwas vernachlässigten ersten Bernadotte, Karl XIV. Johan, verehrt. Mitten in der Stadt liegt der anmutige kleine Ramnasee, und in dem dazugehörigen Park befindet sich das kulturhistorische Freilichtmuseum. Die Caroli-Kirche trägt ihren Namen nach Karl XI. und wurde 1670 fertiggestellt.

Südlich von Borås im Viskatal liegen viele hübsche Ortschaften, die ihre Entstehung der Wasserkraft des Flusses verdanken, so Viskafors, Kinna und Skene. Der südlichste Teil von Västergötland zwischen Småland und Halland bietet eine abwechselnde, hügelige und fast wilde Landschaft zwischen den vielen kleinen Ortschaften dar, die alle ihre alten Kirchen besitzen und meistens an idyllischen Binnenseen gelegen sind. Hanf und Flachs wurden hier früher angebaut, und die erste Glashütte Schwedens lag südöstlich von Borås bei Limmared. Wo der Fluß Viska aus dem Hügelland tritt, kann man auf achtundachtzig Meter Meereshöhe noch sein altes Deltaland bei Seglora erkennen. Bis hierher reichte das Meer vor etwa 9000 Jahren, und die langgestreckte Form der Binnenseen erklärt sich aus dem Umstand, daß sie einst Fjorde gewesen sind.

Als letztes Binnenlandzentrum Västergötlands sei Alingsås erwähnt, das am großen Mjörnsee nordöstlich Göteborgs gelegen ist und von der Eisenbahnverbindung Stockholm–Göteborg durchquert wird. Der Fluß Säve verbindet den Mjörn-See mit dem Göta-älv. Die Stadt entstand im Jahre 1619, als Ersatz für das neue Lödöse, denn die Dänen hielten laut dem Frieden zu Knäred von 1613 an die schwedische Westküste einschließlich der Festung Älvsborg besetzt, bis es Gustav Adolf gelang, das vereinbarte Lösegeld aufzubringen. In Alingsås wurde 1685 der bekannte Jonas Alström (geadelt Alströmer) geboren, der in der Freiheitszeit (1718-1772) kräftig für die Industrialisierung Schwedens eintrat und 1724 in Alingsås ein bekanntes ›Manufakturwerk‹ anlegte. Im Jahre 1746 war der ›Blumenkönig‹ Linné Alströmers Gast in Alingsås und beschreibt in seiner ›Reise in Västergötland‹ enthusiastisch die aufblühende Stadt. Im Schloßpark zu Nolhaga bei Alingsås kann der Botaniker eine Gruppe Lärchen bewundern, die im Jahre 1789 von Claes Alströmer gepflanzt wurde.

In der wasserreichen und hügeligen Gegend zwischen Alingsås und Göteborg, die durch den Säveå durchflossen wird, versteckt sich eine große Zahl kleinerer Industrieortschaften: Floda, Lerum, Jonsered. An den zahlreichen Schlössern verdienen Nääs bei Floda und Fräfsnäs beim See Anten nördlich von Alingsås besondere Erwähnung. Das erstere war früher im Besitz der Familien Ulfsparre, Göthenstierna, Utfall und Natt och Dag, das letztgenannte gehörte ursprünglich dem Schwiegervater der hl. Birgitta, Gudmar Hjorthufvud, später aber der Familie Leijonhufvud, die das in ›Suecia Antiqua‹ abgebildete Schloß aufführen ließ. In der Mitte zwischen Borås und Göteborg befindet sich das Wintersportzentrum Hindås.

Östergötland – Land zwischen Vättersee und Ostsee

Östergötland trägt den Kosenamen ›Östergyllen‹, der eigentlich ›goldener Osten‹ bedeutet. Während die Kultur von Uppland aus nach dem Westen vordrang, wanderte sie von Västergötland ostwärts. Östergötland erreichte jedoch sehr früh eine so zentrale Stellung, daß ein Schwede aus Östergötland auf seine Landsmannschaft hin befragt, automatisch zu antworten pflegt: »Gott sei Dank, Östgöte.« Seit dem Bronzezeitalter – also etwa seit 1500 v. Chr. – scheint die Entwicklung kontinuierlich und vom selben Volk getragen gewesen zu sein. Neolithische Funde sind zahlreich, und bei Alvastra am Vättersee sind Spuren von Pfahlbauten gefunden worden. Man spricht von einem ›Sumpfvolk‹, das um den flachen See Tåkern gewohnt habe. Mit dem Römischen Reich waren die Kontakte eng, und schon mit Mykene und Kreta sollen Verbindungen bestanden haben. Daß die Östgötar noch lange Verbindungen zu den früh ausgewanderten Goten hielten, ist belegt. Hiervon ist auch der Runenstein von Rök unweit Alvastras ein Zeugnis.

Tatsächlich kann der Rök-Stein als der berühmteste Runenstein Schwedens gelten. Er besteht aus einer 3,3 Meter hohen Granitscheibe, worin Texte in sieben verschiedenen Runenalphabeten eingeritzt worden sind. Der Stein dürfte zwischen 700 und 800 n. Chr. errichtet worden sein und muß wegen seiner Stattlichkeit schon damals großes Aufsehen erregt haben. Der Text handelt u. a. von Tjodrik (Theoderich d. Gr.) und den ›Reidsgoten‹ (Ostgoten) und hat den Archäologen viele Mühe bereitet. Man weiß aber, daß eine vereinfachte Form der älteren Runenreihe, die sogenannten Raukrunen, bereits um 400 n. Chr. in Östergötland bekannt war und daß man Gesetzesbestimmungen und Überlieferungen auch auf Holztäfelchen einritzte. Bei Mitteilungen und Botschaften wurden Rollhölzer verwendet.

Ruinen alter Verteidigungsburgen an der Ostseeküste deuten auf Seeräuberangriffe hin, die in der Zeit der Völkerwanderung stattfanden. Später beteiligten sich die Östgötar lebhaft an den Wikingerzügen; sogar Samarkand war ihnen vertraut, von Bagdad und Byzanz gar nicht zu reden.

Die Vereinigung Svithiods und Gautthiods will die Sage durch die Schlacht bei Bråvalla unweit von Norrköping in Östergötland entschieden wissen: zwar gab es Kämpfe im frühen Mittelalter zwischen Sveen und Gauten, jedoch hatte das Zusammengehen den Charakter einer Union. Im mittelalterlichen schwedischen Reich herrschten bekanntlich auch götische Königsgeschlechter, und sogar die berühmten Folkunger stammten aus Östergötland.

Auf einer verhältnismäßig kleinen Fläche – rund 11000 Quadratkilometer – enthält Östergötland eine mannigfaltige Landschaft, die von einer freigebigen Natur gesegnet ist. Im Nordosten trennt die hübsche Waldlandschaft Kolmården – im Mittelalter eine wilde und gefährliche Gegend – Östergötland von Sörmland, und im Süden erhebt sich das seenreiche südschwedische Hügelland, das in Småland übergeht. In der Mitte breitet sich die reiche, von vielen Gewässern gezierte östgötische Ebene aus, in der die große Binnenseen Boren, Roxen und Glan liegen. Die Wasser des Stroms von Motala, dem der Ostteil des Göta-Kanals in großen Linien folgt, kommen aus dem Vättersee, und er verfügt über ein Gefälle von 88 Metern. Wie Västergötland liegt auch Östergötland auf einer Landenge, deren Westgrenze die Vätterküste und deren Ostgrenze die Ostseeküste bildet. Die West-Ost-Wasserverbindung durch den Göta-Kanal wird durch den ergänzenden Kinda-Kanal über ein Perlenband von Binnenseen weit nach dem Süden ausgedehnt, und in der südwestlichen Ecke des Gaus findet noch der seesternähnliche, weitläufige Binnensee Sommen Platz.

Ohne Zweifel bleibt der Vättern eine der größten See-Sehenswürdigkeiten Europas: Über viermal so groß wie der Bodensee, ist er 130 Kilometer lang, bei einer Breite von reichlich 30 Kilometern; die Meereshöhe beträgt 88 Meter, die größte Tiefe 128 Meter. Das Wasser schimmert blaugrün, ist kristallklar und die Wellen erzeugen keinen Schaum, können aber riesengroß und sehr gefährlich sein. Der See kann als eine einzige Riesenquelle angesehen werden, sein ganzes Stromgebiet beträgt aber nur das Dreifache seiner eigenen Größe, und er ›atmet‹ acht Mal innerhalb

24 Stunden, indem der Wasserspiegel alle drei Stunden steigt und fällt. Dann und wann steigen eigenartige Gasblasen an die Oberfläche und erzeugen dann einen Knall, den man Wasserschuß nennt. Der See friert keineswegs alle Winter zu, und die Eisfläche ist besonders gefährlich, weil sie im Nu durch Wasserschüsse oder Atembewegungen aufgerissen werden kann. Der Name des Sees Vättern bedeutet einfach nur Wasser; das altschwedische Wort für Wasser war Vätur. Das Wasser ist kalt, jedoch fischreich; ganz besonders gedeihen hier der meterlange Silberlachs und die Rotforelle.

Wie der Kinnekulle am Vänersee ist der Omberg an der östgötischen Küste das zentrale Bergmassiv am Vättern. Der Berg, zehn Kilometer lang und drei Kilometer breit, erhebt sich bis zu 265 Meter Meereshöhe und stürzt auf der Westseite steil bis zum Seeboden ab, der etwa vierzig Meter unter der Meereshöhe liegt. Geologisch ist er ein Horst, also ein Rest eines Urbergs, der zu allen Seiten ringsum längst eingestürzt ist. Als die Eisdecke vor 9000 Jahren langsam schmolz, ragten Omberg wie Kinnekulle als sogenannte Nunatakks aus dem Eise empor. An der Steilküste Ombergs gibt es sogar eine ›Blaue Grotte‹, die aber Rödgavel heißt und in die man bei ruhigem Wetter hineinrudern und an einem Kieselstrand anlegen kann. Quellenadern beleben die Grottenwände und den Strand und unterhalten im Zwielicht eine Pflanzenwelt, die zu einer mystischen Stimmung beiträgt. Hinter den Pflanzen soll eine geheime Pforte ins Innere des Berges führen, und viele Märchen knüpfen sich daran. Gegen den Osten und die Ebene fällt der Berg in Terrassen herab.

Kulturzentren an der Vätterküste

Die Küstenstraße von Askersund in Närke über Medevi, Motala, Vadstena, Alvastra und Ödeshög nach Gränna und Jönköping in Småland wird mit Recht als die schönste Touristenstraße Schwedens bezeichnet und könnte mit der Corniche zwischen Nizza und Mentone verglichen werden.

Im alten Badeort Medevi erreicht man, den großen Tylö-Wald im Rücken, östergötisches Gebiet und kann sich außerdem ausruhen. Denn Medevi – im Mittelalter ein Herrensitz von Rang – ist der älteste Heilbrunnen Schwedens, den man aufsuchte, um dort Trinkkuren zu machen, von dem berühmten Arzt Urban Hjärne vor dreihundert Jahren als ›martialischer Sauerbrunnen‹ bezeichnet. Die Quellen, die ockerroten Schlamm an ihren Rändern absetzen, wurden schon in heidnischer Zeit als heilig angesehen, sie brachten Kranken immer wieder Genesung. König Karl XI. eröffnete das gesellschaftliche Badeleben, das sich durch Jahrhunderte erhielt. Keine geringere als die berühmte Gräfin Aurora von Königsmarck, die bekanntlich zuerst die Geliebte Georgs I. von Hannover, des späteren Königs von England und dann Augusts des Starken, Kurfürst von Sachsen und König von Polen, war und 1696 die Mutter des späteren Marschalls Moritz von Sachsen wurde, schrieb zwanzigjährig, im Jahre 1682, eine Schilderung des vielseitigen Vergnügungslebens im Kurort Medevi. Weshalb der rote Schlamm des ›Rotbrunnens‹ tatsächlich heilend wirkte, erfuhr man erst in unserem Jahrhundert, als man seine Radioaktivität feststellte.

An Övralid vorbei – dem schön gelegenen Alterssitz des bekannten schwedischen Dichters Verner von Heidenstam – erreicht man in südlicher Richtung Motala, wo der dritte und letzte Abschnitt des Göta-Kanals beginnt. Hier erhebt sich das Mausoleum des Kanalbauers, Graf Bogislaus Platen, der 1768 auf dem damals noch schwedischen Rügen geboren wurde und im Jahre 1829, kurz vor der Vollendung der Östergötland-Strecke des Kanals, gestorben ist. Wie ein Löwe kämpfte Platen um die Geldbewilligung für den sogenannten ›Reichsgraben‹; die Modernisierung hat aber diese Strecke noch nicht erreicht, so daß die Ozeandampfer von Göteborg aus nur bis in den Vänersee gelangen können. Der Ort an dem nicht schiffbaren Motala-Ström war in heidnischer Zeit ein Opferplatz; später richteten sich die Bischöfe von Linköping hier einen Herrensitz ein. Die Entwicklung zur modernen Industriestadt verdankt Motala weitgehend dem Kanal. Der zentrale Rundfunk Schwedens hat hier Anlagen.

Der alte Kurort am östgötischen Vätterufer ist Vadstena, während das uralte Skänninge etwas landeinwärts liegt. Zwischen beiden erhob sich Bjälbo, der Stammsitz der einst so mächtigen königlichen Familie der Folkunger; nur ein vor 1200 erbauter achtstöckiger Turm aus Kalkstein, der sowohl als Kirchen- wie als Burgturm benutzt wurde, ist davon noch übriggeblieben. Man weiß aber, daß die Mutter des Reichsverwesers Birger Jarl, die

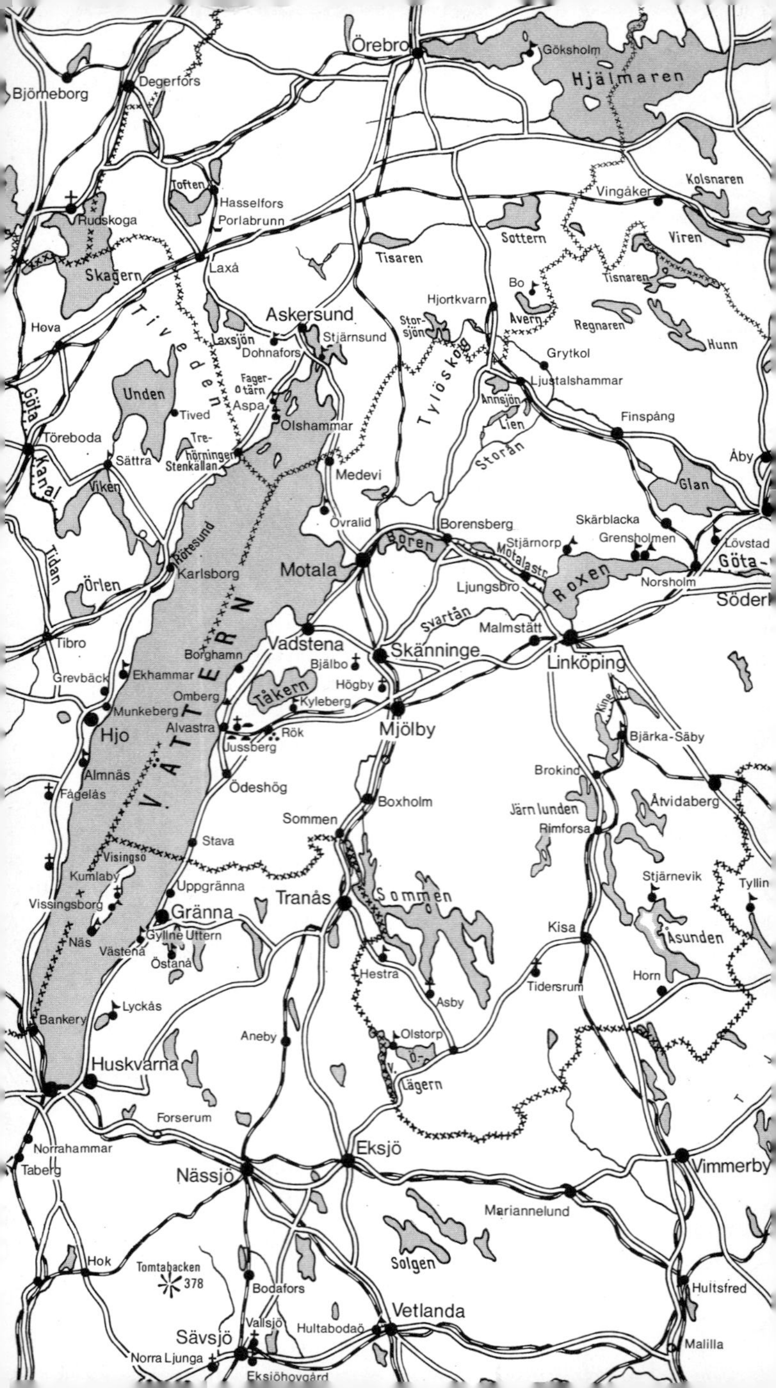
Örebro
Göksholm
Hjälmaren
Björneborg
Degerfors
Toften
Hasselfors
Porlabrunn
Vingåker
Kolsnaren
Rudskoga
Laxå
Sottern
Viren
Tisaren
Skagern
Tiveden
Bo
Tisnaren
Hjortkvarn
Avern
Regnaren
Askersund
Stor-sjön
Hova
Laxsjön
Stjärnsund
Dohnafors
Hunn
Grytkol
Tylöskog
Ljustalshammar
Unden
Fager-tärn
Aspa
Annsjön
Lien
Tived
Olshammar
Finspång
Göta
Kanal
Töreboda
Tre-hörningen
Stenkällan
Sättra
Medevi
Storån
Åby
Viken
Glan
Övralid
Borensberg
Skärblacka
Boren
Stjärnorp
Grensholmen
Lövstad
Motalaström
Rötesund
Karlsborg
Motala
Göta-
Tidan
Örlen
Roxen
Norsholm
Ljungsbro
Söderk
Svartån
Malmstätt
Vadstena
Tibro
Borghamn
Skänninge
Linköping
Bjälbo
VÄTTERN
Grevbäck
Ekhammar
Högby
Omberg
Tåkern
Kyleberg
Munkeberg
Alvastra
Mjölby
Hjo
Rök
Jussberg
Kinda K.
Bjärka-Säby
Almnäs
Brokind
Fågelås
Ödeshög
Boxholm
Åtvidaberg
Järnlunden
Sommen
Rimforsa
Stava
Visingsö
Kumlaby
Stjärnevik
Tyllin
Uppgränna
Vissingsborg
Tranås
Sommen
Gränna
Kisa
Åsunden
Gyllene Uttern
Näs
Västena
Östanå
Hestra
Tidersrum
Horn
Asby
Lyckås
Bankery
Olstorp
Aneby
Ö.-
V.
Lägern
Huskvarna
Forserum
Norrahammar
Eksjö
Vimmerby
Taberg
Nässjö
Mariannelund
Hok
Tomtabacken
378
Solgen
Bodafors
Hultsfred
Vetlanda
Vallsjö
Hultabodaö
Sävsjö
Norra Ljunga
Malilla
Eksjöhovgård

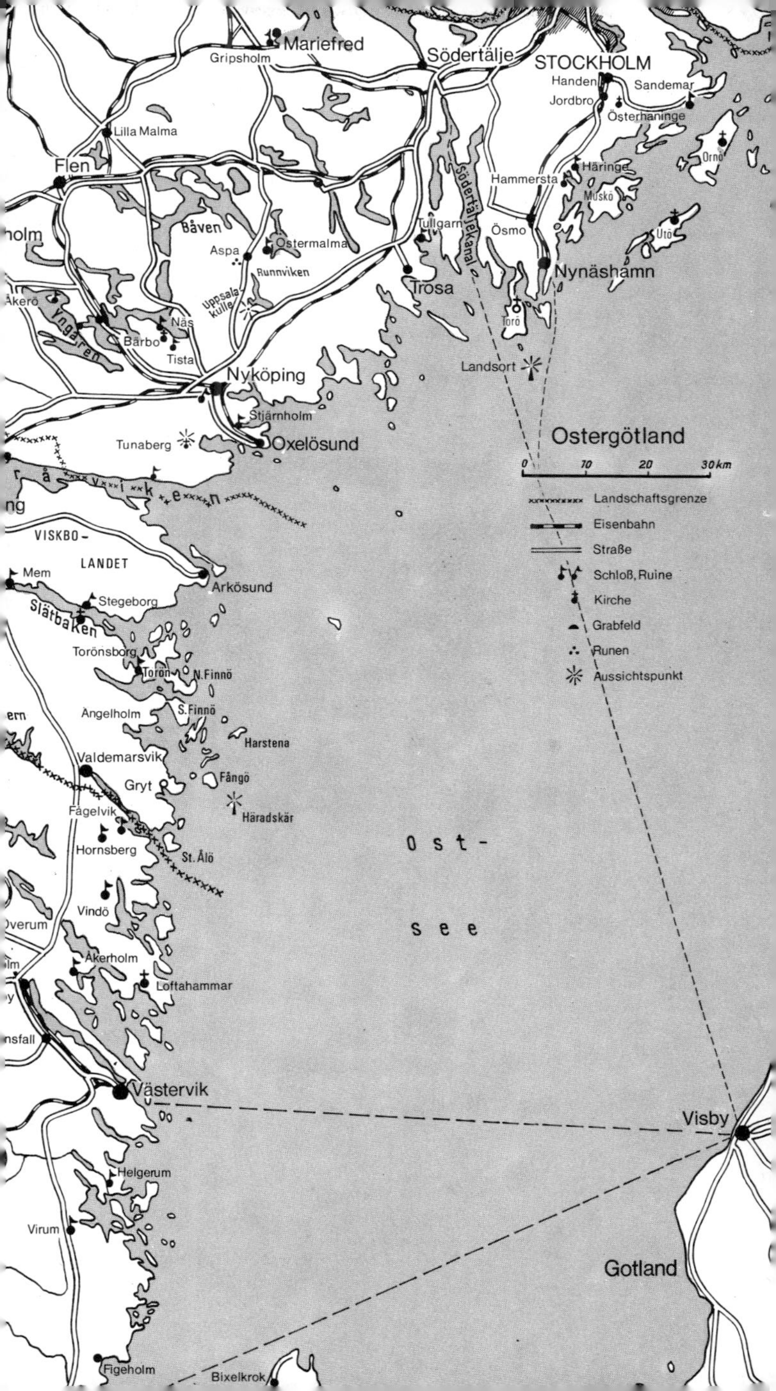

Mariefred
Gripsholm
Södertälje
STOCKHOLM
Handen
Sandemar
Jordbro
Österhaninge
Lilla Malma
Flen
Ornö
Häringe
Hammersta
Muskö
Södertäljekanal
Båven
Tullgarn
Ösmo
Utö
Aspa
Östermalma
Runnviken
Nynäshamn
Trosa
Uppsala-kulle
Åkerö
Yngaren
Näs
Bärbo
Tista
Torö
Landsort
Nyköping
Stjärnholm
Tunaberg
Oxelösund
Östergötland
0
10
20
30 km
Bråviken
Landschaftsgrenze
Eisenbahn
VISKBO-
LANDET
Straße
Mem
Arkösund
Schloß, Ruine
Stegeborg
Kirche
Slätbaken
Grabfeld
Torönsborg
Runen
Torön
N. Finnö
Aussichtspunkt
Angelholm
S. Finnö
Harstena
Valdemarsvik
Gryt
Fångö
Häradskär
Fågelvik
Hornsberg
St. Ålö
Ost-
see
Vindö
Överum
Åkerholm
Loftahammar
Västervik
Visby
Helgerum
Virum
Gotland
Figeholm
Bixelkrok

mächtige Ingrid Ylva, Großtochter des Königs Sverker d. Ä., bei unruhigen Zeiten oft in diesem Turm wohnte. Ein Gedenkstein an Birger Jarl ist in der Nähe des Turms errichtet, und hier befinden sich auch zwei stattliche Runensteine, die beweisen, daß schon vor den Folkungern bessere Leute hier wohnhaft waren. Bjälbo wurde, wie schon erwähnt, 1346 durch den Urenkel Birger Jarls, König Magnus Smek und dessen Frau, Blanche von Namur, an das Kloster der hl. Birgitta in Vadstena verschenkt. Einige schwedische Kinderlieder gehen auf diese Königin Blanka zurück, deren Sohn zwar die schwedische Krone verlor, den norwegischen Königsthron aber unter dem Namen Håkan (Haakon) VI. erwerben konnte. Er heiratete die später so berühmte Unionskönigin Margareta, starb selbst aber früh. Die Schwester von König Magnus Smek, die in Bjälbo aufgewachsene Prinzessin Eufemia von Schweden, heiratete den Herzog Albrecht von Mecklenburg und wurde die Mutter vom Unionskönig Albrecht.

Vadstena, im zwölften Jahrhundert ein alter Königshof, der den Namen Vats-sten (Steinhaus am Wasser) trug, wurde durch die hl. Birgitta am Ende des 14. Jahrhunderts zum geistigen Mittelpunkt Schwedens. Das reiche Kloster, das sie stiftete, ließ auch den Ort aufblühen, der 1400 die Stadtrechte erhielt. Als König Gustav Wasa nach 1521 die Klöster beseitigte, mußte er Vadstena noch eine Ausnahme gewähren, erst 1595 wurde das Kloster aufgehoben; jedoch baute er sicherheitshalber ein großes Renaissance-Schloß in Vadstena, die Vätterborg, auf dem er 1552 seine dritte Gemahlin, die Gräfin Katarina Stenbock, heiratete. Im selben Schloß feierte er die Hochzeit seiner Tochter, der Prinzessin Katarina, mit dem Grafen von Ost-Friesland; hierbei versuchte der Bruder des Bräutigams die Prinzessin Cecilia Wasa zu verführen. Da der Kronprinz Erik, der spätere König Erik XIV., das Paar entdeckte, kam es zu einem Skandal. Heute ist Vadstena eine idyllische Kleinstadt mit einem hübschen Rathaus aus dem 16. Jahrhundert, einem alten Provinztheater (Gamla teatern) und einer Tradition in der Spitzenklöppelei.

In der schönen gotischen Blå Kyrka, das heißt der Blauen Kirche, – so genannt wegen des bläulichen Kalksteins – liegt die hl. Birgitta sowie ihre Tochter Katarina, die erste Äbtissin des Klosters, begraben. Die dreischiffige Kirche birgt viele Kunstschätze, neben einem eindrucksvollen Triumphkreuz eine Statue der sitzenden hl. Birgitta von einem Lübecker Meister, einen Flügelaltar von 1459, ein Marienbild und mehrere Grabmäler schwedischer Adelsgeschlechter, u. a. das Grabmal der Königin Filippa, der Tochter Heinrichs IV. von England und Gemahlin des Unionskönigs Erik XIII. (von Pommern). Das Schönste ist wohl der kostbare silberbeschlagene dunkle Reliquienschrein mit den Gebeinen der hl. Birgitta.

Die Straße weiter nach Alvastra geht an Jussberg vorbei, wo ein Riesengrabfeld – Bronzezeitalter bis Wikingerzeit – liegt, das rund 2500 Jahre hindurch benutzt worden war. Alvastra selbst, an den Hängen des Omberg gelegen, war der Stammsitz der Sverkerschen Königsfamilie, die im Jahre 1143 das Zisterzienserkloster zu Alvastra durch Mönche von Clairvaux gründen ließ, das dann zum Mutterkloster für Varnhem in Västergötland, Nydala in Småland und Viby in Sigtuna, Uppland, wurde. Die Zisterziensermönche, denen sich der Mann der hl. Birgitta kurz vor seinem Tod anschloß, hatten sich große Verdienste um Gartenkultur, Obstanbau, Fischerei und Handwerk erworben. Bei der Reformation waren 438 Höfe im Besitz des Klosters – Vadstena verfügte über 800 –, die Gustav Wasa alle einzog. Das Kloster, dessen Ruinen man heute noch sehen kann, wurde damals niedergerissen.

Die Kleinstadt Skänninge landeinwärts war im 10. Jahrhundert ein bedeutender Ort und ist eine der ältesten Städte Schwedens. König Magnus Ladulås baute hier ein steinernes Haus für ›Reichsfeierlichkeiten‹ und eine Münze, wo die sogenannten Skenningebrakteate aus dünnem Silberblech gestanzt wurden. Im Jahre 1282 wurde ein Dominikanerkloster hier gegründet, und zwar unter Mitwirkung der angesehenen Frau Ingrid Elofsdotter, die – in vorbirgittinischer Zeit – eine Schülerin des berühmten gotländischen Mönches Petrus de Dacia war, der persönlich die Gründung in Skänninge vornahm. St. Ingrids Kloster hatte Bestand, bis Gustav Wasa es aufhob; kurz vorher, im Jahre 1507, wurden die Gebeine der niemals kanonisierten hl. Ingrid feierlich in einen Heiligenschrein gelegt. Petrus de Dacia war ein Schüler von Thomas von Aquin; in der Nähe von Köln traf er mit Christine von Stommeln (1242-1311) zusammen, die später eine bekannte deutsche Heilige wurde und mit der er eine Korrespondenz führte, die teilweise erhalten ist. Petrus starb 1289 als Prior des Dominikanerklosters zu Visby auf Gotland.

Unter den Sammlungen in Skänninge befindet sich auch das sogenannte Altschwedische Legendarium, eine Zusammenstellung der ersten geschriebenen Bücher in schwedischer Sprache – Werke der Dominikanermönche, deren Kloster am anderen Ende der Stadt lag. Es heißt, daß die erste protestantische Pfarrerfamilie in Schweden, nachdem das Eheverbot durch die Reformation aufgehoben worden war, ein Mönch und eine Nonne aus Skänninge waren.

Linköping, Norrköping und Söderköping

Das schwedische Wort ›Köping‹ bedeutet Marktflecken, das heißt eine Ortschaft, die noch nicht die Stadtwürde erlangt hat. Wörtlich bedeutet es ›Kaufplatz‹, und die altschwedische Form lautete ›Kaupinga‹. So hieß der uralte Markt zu Linköping ehedem ›Lionga kaupinga‹. Der Ort soll rund 3000 Jahre kontinuierlich bewohnt sein, und bereits vor der letzten Jahrtausendwende soll das Christentum Linköping erreicht haben. Im Jahre 1152, als der erste Kirchentag unter Vorsitz eines päpstlichen Legaten zu Linköping abgehalten wurde, blieb es noch unentschieden, ob der zu ernennende schwedische Erzbischof seinen Sitz nach Linköping oder Uppsala verlegen würde. Daß Uppsala im Jahre 1164 obsiegte, ist nur dem Umstand zuzuschreiben, daß dieser Ort das heidnische Zentrum gewesen war, und daß man keinen zweiten Blot-Sven erleben wollte.

Linköping, am Strom Stångeå kurz vor dessen Mündung in den See Roxen gelegen, ist die Residenz und das unbestrittene kulturelle Zentrum Östergötlands. Die Stadtrechte gehen – dem Köping-Namen zum Trotz – auf das frühe Mittelalter zurück; hier wurden Johan I., der letzte König aus der götischen Sverkerschen Familie, und der erste Folkunger, Waldemar, in der ersten Hälfte des 13. Jahrhunderts gekrönt, hier wurde bei Stångebro der katholische König Sigismund von seinem Oheim Karl IX. im Jahre 1598 geschlagen, und hier rollten zwei Jahre später beim ›Blutbad zu Linköping‹ hochadlige Köpfe der Familien Sparre, Bielke, Banér und Falk, die es mit dem katholischen König gehalten hatten. Das alte Bischofsschloß zu Linköping hatte Gustav Wasa schon 1527 übernommen und in ein Renaissanceschloß verwandelt.

Der Dom zu Linköping gilt als die einzige Kathedrale Schwedens, die den mittelalterlichen Stil noch voll bewahrt hat, wenn auch der über hundert Meter hohe Turm aus dem Ende des 19. Jahrhunderts stammt und damals einige Teile restauriert wurden. Bereits 1120 residierte ein Bischof in Linköping, die älteren Kirchen der Stadt gehen bis auf die Jahrtausendwende zurück, mit dem Dom dürfte man um 1200 angefangen haben. Man sagt von ihm, daß er allmählich von einer romanischen Basilika in eine gotische Hallenkirche verwandelt wurde; der Hochchor wurde im 15. Jahrhundert in spätgotischem Stil durch Meister Gerlach aus Köln erbaut. Die Muster der Rosettenfenster sind alle verschieden, auch die zahlreichen Säulenpaare; ein Meisterwerk der Steinmetzkunst ist das Südportal aus dem 13. Jahrhundert. In der Kirche befindet sich unter anderem das Grabmal des Herzogs Johan III. von Östergötland, der auch das Altargemälde des Holländers Heemskerck erworben hatte und dessen Thronverzicht 1604 den Regierungsantritt Karls IX. und Gustavs II. Adolf ermöglichte. Auch der hingerichtete Graf Ture Bielke und seine Gemahlin Margareta Sture haben hier ihre letzte Ruhestätte im Dom gefunden. An den Dom schließt sich der Bischofshof aus dem 18. Jahrhundert und die reiche Stadtbibliothek an. Im Kungträgård liegt das restaurierte mittelalterliche Schloß.

Der Umstand, daß ein Franziskanerkloster schon zu Magnus Ladulås' Zeiten – also um 1280 – in Linköping gegründet wurde, spricht für den Reichtum der Stadt – denn die Bettelmönche konnten ihr Auskommen in armen Ortschaften nicht finden. Die älteste Kirche – St. Lars – wurde 1802 im Empirestil restauriert, der Turm von 1100 jedoch belassen. In der Krypta findet man einige der steinernen Särge aus der ersten christlichen Zeit um 1000, viele mit alten Runeninschriften. Rund dreißig Runensteine – die meistens bereits christlich – wurden in Linköping gefunden. Im Museum von Östergötland mit seinen ehtnographischen Sammlungen und seiner Bildergalerie, die unter anderem auch Gemälde von Cranach enthält, und in der Stadt Linköping selbst, gewinnt man einen vollständigen Überblick über die vergangene Zeit. Ein Freilichtmuseum, Gamla Linköping (Alt-Linköping), ergänzt die Möglichkeiten, sich in die alte Kultur Östergötlands zu versetzen. Von besonderem Interesse ist die Holzarchitektur, vor allem die Konstruktion der Dachgeschosse, schwedisch ›loft‹.

Obgleich Linköping heute eine Einwohnerzahl von über 100000 zählt und die Industrie auch hier festen Fuß gefaßt hat, bleibt die Stadt mit ihren großen Parkanlagen eine Idylle. Umstritten ist Carl Milles' Kunstwerk ›Der Brunnen der Folkunger‹, wo man den legendären heidnischen Stammvater dieser östergötischen Königsfamilie, Folke Filbyter, zu Pferd auf der Suche nach seinem entführten Enkel sieht: ›Kidnapping‹ im 9. Jahrhundert. Wie Uppsala in der Mitte von Uppland, liegt Linköping im geographischen Zentrum Östergötlands und ist außerdem ein Knotenpunkt der Autostraßen, der Eisenbahnen und eines gemütlichen Seeverkehrs, der sich des Göta-Kanals, des Kinda-Kanals, des hübschen Binnensees Roxen und unzähliger sonstiger Wasserstraßen bedient. Unweit der Stadt in westlicher Richtung befindet sich das militärische Flugzentrum Malmslätt. An der großen Straße weiter westlich erreicht man die Mühlenstadt Mjölby, wo der berühmte Högby-Runenstein steht. In dieser uralten Gegend mit eisenzeitlichen Grabfeldern wurde auch eine große Zahl von Steinkisten-Gräbern gefunden. Heute ist Mjölby eine Industriestadt, in der neben der mechanischen Industrie die Holzbearbeitung (Intarsia) bestimmend ist.

Die größte Stadt Östergötlands und die viertgrößte Stadt Schwedens ist mit über 100000 Einwohnern Norrköping. Wer die große Straße von Stockholm durch Sörmland und an Södertälje und Nyköping vorbei benutzt, überschreitet im Waldgebirge Kolmården die Grenze Östergötlands. Hell leuchtet die innerste Bucht von Bråviken, der berühmte Marmorbruket (Marmorbruch) mit seinem grünen Urkalkstein bleibt links, und über den Vorort Åby erreicht man die moderne Großstadt Norrköping, ein Zentrum der Metall-, der Textil- und der Papierindustrie und einer der größten Ostseehäfen Schwedens. Hier befinden sich die letzten Stromschnellen des Motala-Flusses, der kurz darauf in Bråviken mündet und die Industrien ursprünglich angelockt hat. Unter den zahlreichen Industriekonzernen, die in Norrköping tätig sind, sei nur die älteste, Holmens bruk erwähnt.

Gleichzeitig ist Norrköping aber auch eine der ältesten Siedlungen Schwedens. Die Felszeichnungen aus der Bronzezeit innerhalb des Stadtgebiets sind Legion. Man erblickt hier Bilder von Sonnenrädern, Fußzapfen, Äxten, Schiffen und Pflügen. Die Meerenge zwischen der Ostsee und dem gegenwärtigen Binnensee Glan wurde erst in der Eisenzeit allmählich zum unteren Lauf des Motalaströms, und die Wikinger nutzten bereits die Wasserkraft für den Mühlenbetrieb aus, während die Ortsnamen Gryt und Drag an diejenigen Stellen erinnern, wo man die Schiffe über Land um die Stromschnellen zog. Später legten die Klöster und die Adelsgüter Mühlen an, und Gustav Wasa übernahm sodann die der Kirche. Der oben erwähnte Herzog Johan von Östergötland – der Sohn König Johans III. mit der Gräfin Gunilla Bielke – gründete Waffenschmieden in Norrköping, und sein Vetter, Gustav II. Adolf erweiterte die Anlagen. Der französische Diplomat Charles Orgier gibt 1634 einen Bericht über Norrköping ab, in dem er begeistert erzählt, wie man die Kraft der Stromschnellen für die Herstellung von Waffen, Werkzeugen, Holzwaren, Messingdraht und Papier nutzte. Der Holländer Louis de Geer wirkte hier, während er gleichzeitig in Finspång Kanonenfabriken errichtete. Hundert Jahre vor Alingsås war Norrköping schon eine Industriestadt, die jedem Ausländer Bewunderung abrang.

Zwei Wasaschlösser wurden hier erbaut, Norrköpingshus und Johannisborg. Von den Kirchen wäre St. Olai zu nennen, die 1767 an die Stelle der mittelalterlichen Kirche trat. Norrköping hatte ehemals eine deutsche Gemeinde, die ihre Kirche 1673 einweihte; sie wurde 1890 restauriert, trägt aber immer noch ihren alten Namen Hedvigs Kyrka, nach Hedvig Eleonora, der Gemahlin Karls X. Gustav. Auch gibt es hier einen deutschen Markt (tyska torget). Sehr wichtig war in alter Zeit die Brücke über den Strom, über die der ganze Verkehr mit Sörmland und Stockholm ging; später wurden mehrere Brücken gebaut, und heute sind deren sieben, unter denen die vier im Zentrum Bergsbron, Gamlebro, Spången und Oscar-Fredriksbro heißen. Ein Park ist Karl XIV. Johan gewidmet, und ›Oscar Fredrik‹ war das Pseudonym für König Oskar II., der sich ab und zu literarisch betätigte.

Anläßlich des Reichstags in Norrköping im Jahre 1800 wurde der letzte Wasakönig, Gustav IV. Adolf, in der St. Olai-Kirche gekrönt. Damals hatte man allerdings nicht geahnt, daß er der letzte Wasakönig sein würde und auch nicht, daß dieser Reichstag der letzte war, bei dem noch Finnland als schwedischer Landesteil vertreten war. Im Jahre 1808 begann der russisch-schwedische Krieg, durch den Finnland von Schweden abgetrennt wurde. Damals drohte Norrköping wieder das Schicksal von 1719, wo es von russischen Truppen niedergebrannt worden war, doch erging es der Stadt diesmal besser.

Gegenüber Linköping ist Norrköping eine Stadt der reichen, aber nicht ganz vornehmen Leute, und es ist für eine schwedische Dame durchaus nicht schmeichelhaft, wenn man ihr eine ›Norrköppingnase‹ nachsagt. Vor 200 Jahren wurde in Norrköping ein Sauerbrunnen bei Himmelstalund entdeckt, der jedoch nur zu einem kurzlebigen Badeleben führte. Nichtsdestoweniger sind Carl Eldhs ›Venus‹ und Carl Milles' ›Louis de Geer‹ als Standbilder über jeden Provinzialismus erhaben; die Stadt besitzt ein schönes Historisches Museum und eine reichdotierte Stadtbibliothek.

Die Hafenstadt Söderköping an der Ostseebucht Slätbaken ist eine Kleinstadt geblieben, obwohl sie noch älter als Norrköping ist und in früheren Jahrhunderten der zentrale Ostseehafen Östergötlands war. Die Archäologen haben festgestellt, daß die Verbindung zwischen Götaland und den nach dem Schwarzen Meer ausgewanderten Goten vor 2000 Jahren über Söderköping ging. Förmliche Stadtrechte können erst 1253 belegt werden, man weiß aber, daß die Stadt schon damals alt war und als wohlhabend galt, da ein Franziskanerkloster bereits 1235 dort gegründet worden war. Als Gustav Wasa – mit Hilfe Lübecks – Stockholm 1521-23 belagerte, war Söderköping sein Hauptstützpunkt, und hier landeten auch die Schiffe aus Lübeck. Der Reichstag, der 1595 im Konflikt zwischen Herzog Karl und seinem Neffen König Sigismund entscheiden sollte, trat in Söderköping zusammen. Der Hafen wurde indessen als Folge der Landhebung immer seichter, und nach 1800 schien die übermächtige Konkurrenz der Nachbarstadt Norrköping die Schwesterstadt ganz zu unterdrücken.

Eine erste Hilfe war hier die Auffindung der St. Ragnhilds-Quelle, die immer noch sprudelt und zu Kuren einlädt. Sodann gelang es, die Ostseemündung des Ostabschnitts des Göta-Kanals nach Söderköping zu verlegen und im Jahre 1832 die Einweihung der neuen Verkehrsader zu feiern. Trotz dieser Erfolge aber ist Söderköping heute eher ein Vorort von Norrköping, und es hat auch im Südosten einen Konkurrenten in Valdemarsvik erhalten, dessen Tiefhafen weit näher an der offenen Ostsee liegt. Schiffsbau, Maschinenfabriken und Möbelindustrie wie auch ein gesundes Handwerk sorgen jedoch für einen guten Lebensstandard in der idyllischen Kanalstadt, deren mittelalterliche Kirchen schöne Werke der sogenannten Backsteingotik darstellen.

In Östergötland soll es über 600 Adelssitze geben, von denen viele noch im Besitz der alten Familien sind. Von ihnen können wir natürlich nur wenige erwähnen. An der Spitze stand das alte Stegeborg, das schon vom König Birger um 1300 angelegt worden war und die Einfahrt nach Söderköping kontrollierte. Im erweiterten Wasaschloß wurde der spätere König Johan III. 1543 geboren, und hier residierte auch bisweilen sein in Schweden erzogener zweiter Sohn, Herzog Johan von Östergötland. Bei Stegeborg, wo die Halbschwester Sigismunds, Prinzessin Anna, ihren umstrittenen Bruder 1598 empfing, schiffte der katholische König sein polnisches Heer aus, das kurz darauf bei Stångebro geschlagen wurde. Zur Zeit der Ausschiffung befand sich der Reichsverweser, Herzog Karl, auf dem angrenzenden Schloß Mem, und es kam zu einem Scharmützel, das den Vater Gustavs II. Adolf zum anfänglichen Rückzug zwang. Der auch literarisch tätige König Gustav III. hat um 1780 ein Schauspiel geschrieben, dessen Handlung auf Stegeborg spielt.

In Finspång – heute ein Marktflecken mit rund 20000 Einwohnern – wurden bereits 1580 Kanonen gegossen. Der aus Amsterdam stammende Louis de Geer übernahm die Gießerei 1641, und sein Sohn baute im holländischen Barock das Schloß, das 1670 fertig wurde, aber seine beiden Flügel erst 1742 erhielt. Aurora Königsmarck hielt sich gern hier auf, und im Schloßpark steht immer noch ›Aurorens Eiche‹, unter deren Zweigen sie Schutz vor einem Gewitter gesucht haben soll. Künstler wie Sergel und Hörberg waren bei der Ausschmückung des Schlosses und der Schloßkapelle im 18. Jahrhundert tätig. Der vollständige Name der in Schweden introduzierten Familie de Geer lautet: de Geer till Finspång.

An der Hauptstraße Norrköping–Linköping liegt das prachtvolle Lövstad, vom Feldmarschall Axel Lillie in den achtziger Jahren des 17. Jahrhunderts aufgeführt. Über die Familie de la Gardie kam das Schloß durch Erbschaft an die Grafen Piper. Zur Zeit Gustavs III. besaß Eva Sophia Piper, geborene Fersen, das Schloß. Ihr Bruder war der bekannte schwedische Botschafter am Hofe Ludwigs XVI., Graf Axel Fersen, der die in letzter Stunde mißlungene Flucht des französischen Königspaars organisiert hatte und außerdem in Verdacht geblieben ist, der natürliche Vater des Dauphins gewesen zu sein. Er wurde bei einem Aufstand in Stockholm 1810 erschlagen. Der Anlaß war seine Treue zum Hause Wasa.

Am Motala-Ström, unweit Lövstads, stehen die Ruinen der Schlösser Munkeboda und Norsholm, die aus dem frühen Mittelalter stammen. Die späteren Schlösser sind von 1680 und 1875. Der berühmte Bischof Hans Brask residierte um 1500 auf Norsholm und hegte schon damals den Plan einer Kanalisierung des Motala; er ließ sogar den Anfang machen, wobei die Reste an den Graben Karls des Großen erinnern. Brask balancierte sprichwörtlich so geschickt zwischen der dänischen und der schwedischen Partei, daß ein Brask-Versprechen im Schwedischen immer noch ein ›Gelöbnis mit Rückzugsmöglichkeiten‹ bedeutet.

Am Nordwestufer des Sees Roxen führte der Feldmarschall Graf Robert Douglas, der als Schotte in schwedische Dienste getreten war, nach dem Dreißigjährigen Krieg das prachtvolle Schloß Stjärnorp auf, das aber 1789 durch Brand teilweise zerstört wurde. Viele Generationen später schrieb eine Baronin Adelswärd, geborene Douglas, einen Roman ›Die Gräfinnen auf Stjärnorp‹. Die Familie Adelswärd ließ 1916-21 das Schloß Adelsnäs unweit des Marktfleckens Åtvidaberg errichten. Der schöne Besitz, einschließlich eines herrlichen Parks, trägt offiziell noch den Titel: ›Die Baronie Adelsvärd‹.

Das neue Schloß Bjärka-Säby an dem Seesystem des Kinda-Kanals südlich von Linköping ist 1795 gebaut worden. Ruinen der alten Burg, die vom mächtigen Reichsdrost Bo Jonsson Grip zur Zeit König Albrekts um 1370 aufgeführt worden war, sind auf Bosholmen zu sehen. Spätere Besitzer waren die Geschlechter Natt och Dag, Saltza, Cederhielm, Sparre und Braunerhielm, bis das Schloß 1872 in den Besitz des Konsuls Oscar Ekman überging. Um 1800 besaß Bjärka-Säby eine eigene Glashütte, wo sogar geschliffene Trinkgläser hergestellt wurden. Am See Roxen liegt auch das Schloß Grensholm, dessen Parkanlagen ein dendrologisches Paradies darstellen. Das Schloß, vom Reichsrat Magnus Gren in der Unionszeit ursprünglich angelegt, ist schon lange im Besitz der Familie Mannerheim, deren bekanntestes Mitglied, Baron Carl Gustav Mannerheim, Marschall von Finnland war.

Göteborg, Bohuslän und Dalsland

Die Entstehung Göteborgs

Die Halbmillionenstadt Göteborg ist längst die zweitgrößte Stadt Schwedens und dazu des Reichs größte Hafenstadt. Ihre Entstehungsgeschichte ist indessen kompliziert und voller Schwierigkeiten gewesen, die man heute gar nicht mehr ahnen kann. Das alte schwedische Reich war der Ostsee zugewandt, während die Dänen und die Norweger das Westmeer beherrschten. Seit altersher erreichte jedoch Västergötland mit einem Zipfel das Kattegat am südlichen Mündungsarm des Göta-älv, der lange Zeit die Grenze gegen Norwegen bildete. Die ersten Westmeerhäfen Götalands aber lagen, wie schon erwähnt, weit oben am Fluß: Lilla Edet, Gamla Lödöse und Nya Lödöse. Auf der norwegischen Seite des Flusses (heute Bohuslän) lagen alte Städte wie Kungahälla und Kungälv. Beiderseits wurden Festungen gebaut: Gullberg, Älvsborg und Göta auf der schwedischen, Bohus auf der damals norwegischen Seite.

Gustav Wasa verstärkte die alten Befestigungen bei der Göta-älv-Mündung, und Karl IX. machte auf der Nordseite der Mündung eine Neugründung, die als erste den Namen Göteborg trug, während die Festung auf der Südseite Älvsborg hieß. Im neuen schwedisch-dänischen Krieg wurde diese Neugründung wie auch Nya Lödöse zerstört. Der junge Gustav II. Adolf sah sich 1613 zu dem ungünstigen Frieden in Knäred gezwungen, der den Dänen Älvsborg und die sieben westlichsten Rechtsbezirke Västergötlands auf sechs Jahre als Pfand für die Zahlung von einer Million Reichstaler überließ. Nachdem die letzte Rate des Lösegeldes 1619 entrichtet war und die Dänen das Gebiet geräumt hatten, schritt Gustav Adolf zur Gründung einer neuen Stadt Göteborg beiderseits der Flußmündung. Diese Stadt wurde stark befestigt und niemals eingenommen.

Im Jahre 1621 wurden der neuen Stadt umfassende Privilegien bewilligt, und der König zog Holländer in so großen Scharen heran, daß Holländisch für lange Zeit offiziell Zweitsprache war. Auch Deutsche, Schotten und Engländer wurden angesiedelt. Als erfahrene Geschäftsleute wurden spanisch-holländische Juden eingeladen, sich in Göteborg anzusiedeln, damit man einen eigenen Handel gegenüber den Dänen entwickeln könnte. Da große Teile der neuen Stadt auf Marschland ruhten, erhielten die Holländer den Auftrag, im niederländischen Stil eine Kanalstadt anzulegen, die auch heute noch das Zentrum Göteborgs bildet. Die Stadt blühte sehr schnell auf, binnen zwei Generationen waren die ausländischen Einwanderer gute Schweden geworden, und als dann Halland 1645 und Bohuslän 1658 mit Schweden vereinigt worden waren, wurde Göteborg zur Hauptstadt der Westküste.

Der Transithandel wuchs mächtig an, das große Hinterland, das früher mehr nach Osten orientiert war, wurde Anlaß zu einer steigenden Ausfuhr: gegen Ende 1700 sollen 8% der ganzen Roheisenproduktion der Welt über Göteborg ausgeschifft worden sein! Im Jahre 1731 war die Ostindische Kompanie eingerichtet worden, und die schwedischen Kolonieunternehmungen in der Neuen Welt wurden über Göteborg geleitet. Bereits 1637 startete das erste Schiff von Göteborg nach ›Nya Sverige‹ (Neu-Schweden) in Delaware, von 1732 ab gab es Seeverkehr mit China. Für die schwedische Flotte wurde auch ein Kriegshafen bei Göteborg angelegt, und so konnte die schwedische Westküste im Nordischen Krieg von 1700-21 widerstehen. In der Umgebung von Göteborg und in und um Trollhättan wurden neue Industrien gegründet, und bald nahm auch der Schiffsbau großen Aufschwung.

Wie schon erwähnt, teilt sich der Göta-älv bei Bohus in zwei Mündungsarme, die die große Küsteninsel Hisingen umschließen, auf deren Südseite sich bedeutende industrielle Stadtteile ausbreiten. Auch der Flughafen Torlanda befindet sich auf Hisingen, das zum nördlichen Gau Bohuslän gehört. Wie Stockholm zwischen Uppland und Sörmland, so liegt Göteborg zwischen Västergötland und Bohuslän. Die Schärenwelt vor den beiden Mündungen des Göta-älv ist weitverzweigt, doch gibt es genügend tiefes Fahrwasser bis in den Hafen von Göteborg. Die Einfahrt vom Kattegat wird vom Leuchtturm Vinga avisiert. Das Klima ist mild und feucht und der Hafen in der Regel eisfrei.

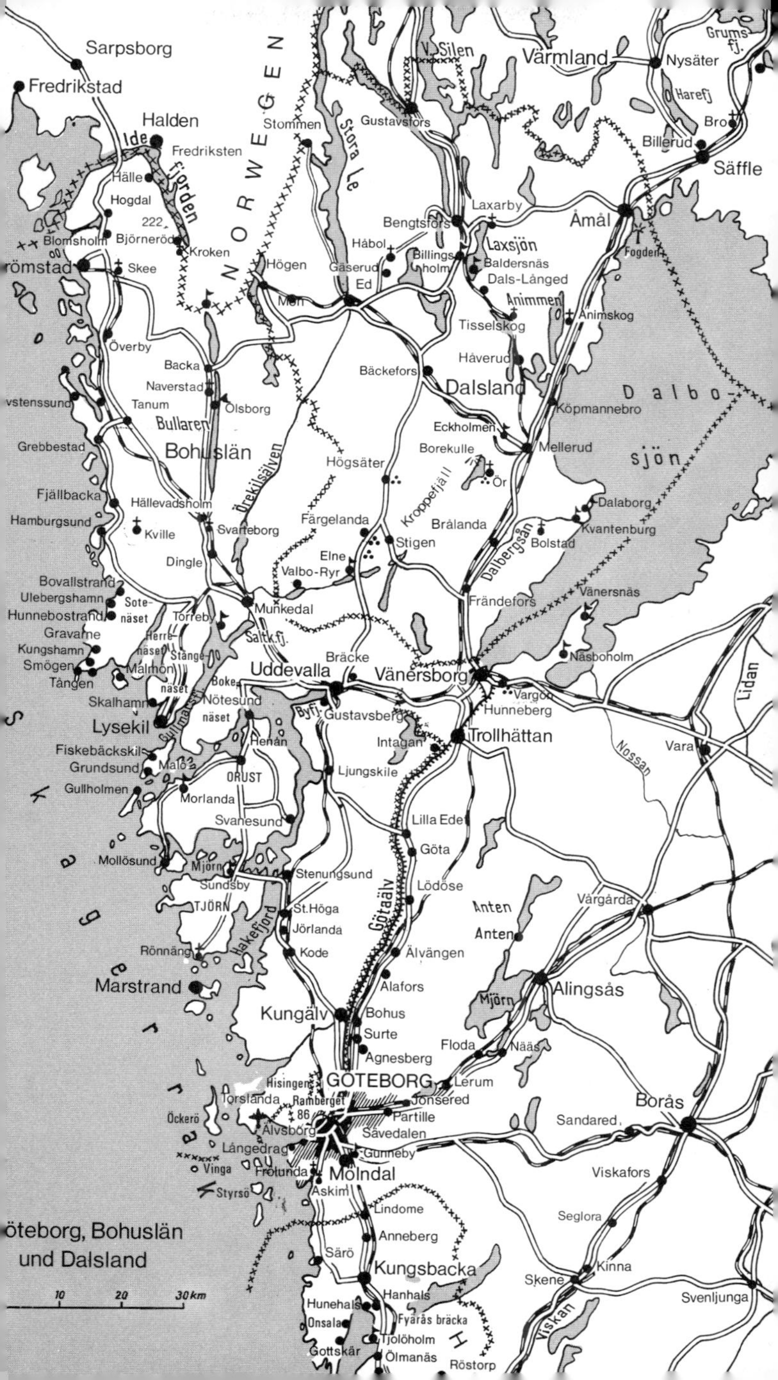

Sarpsborg
Fredrikstad
Halden
Idefjorden
Fredriksten
Hälle
Hogdal
222
Blomsholm
Björneröd
Kroken
römstad
Skee
NORWEGEN
Stommen
Stora Le
Gustavsfors
V. Silen
Värmland
Nysäter
Grums fj.
Harefj
Bro
Billerud
Säffle
Laxarby
Åmål
Fogden
Bengtsfors
Håbol
Billingsholm
Laxsjön
Baldersnäs
Dals-Långed
Högen
Gäserud
Ed
Mon
Animmen
Animskog
Tisselskog
Håverud
Överby
Backa
Naverstad
Olsborg
Tanum
vstenssund
Bäckefors
Dalsland
Köpmannebro
Dalbo-sjön
Eckholmen
Mellerud
Borekulle
Grebbestad
Bullaren
Bohuslän
Högsäter
Kroppefjäll
Ör
Örekilsälven
Fjällbacka
Hällevadsholm
Dalaborg
Hamburgsund
Kville
Svarteborg
Färgelanda
Brålanda
Kvantenburg
Stigen
Dalbergsån
Bolstad
Elne
Dingle
Valbo-Ryr
Bovallstrand
Ulebergshamn
Sotenäset
Hunnebostrand
Munkedal
Frändefors
Vänersnäs
Torreby
Saltk.fj.
Gravarne
Herrenäset
Kungshamn
Stänge
Smögen
Malmön
Tången
Näsboholm
Uddevalla
Bräcke
Vänersborg
Vargön
Lidan
Boke
Skalhamn
Nötesund
näset
Hunneberg
Byfj.
Gustavsberg
Lysekil
Gullmarsfj.
Trollhättan
Henån
Intagan
Nossan
Vara
Fiskebäckskil
Malö
Grundsund
ORUST
Ljungskile
Gullholmen
Morlanda
Skagerrak
Svanesund
Lilla Edet
Göta
Mollösund
Mjörn
Stenungsund
Sundsby
Lödöse
TJÖRN
Anten
Vårgårda
St.Höga
Hakefjord
Jörlanda
Götaälv
Rönnäng
Kode
Älvängen
Marstrand
Alafors
Alingsås
Kungälv
Bohus
Surte
Floda
Nääs
Agnesberg
Hisingen
GÖTEBORG
Lerum
Torslanda
Ramberget
86
Jonsered
Borås
Öckerö
Partille
Sandared
Älvsborg
Sävedalen
Långedrag
Gunneby
Vinga
Frölunda
Mölndal
Viskafors
Styrsö
Askim
Lindome
Seglora
öteborg, Bohuslän
und Dalsland
Anneberg
Särö
Kungsbacka
Kinna
Skene
10
20
30 km
Hanhals
Svenljunga
Hunehals
Onsala
Fyrås bräcka
Viskan
Tjolöholm
Gottskär
Ölmanäs
Röstorp

Der Stadtgründer Gustav II. Adolf wurde hier natürlich besonders geehrt, der alte Hauptmarkt trägt seinen Namen und besitzt ein Denkmal von ihm. Bereits 1665 wurde Göteborg zum Bischofssitz, und während der napoleonischen Kriege erlebte die Stadt einen gewaltigen Aufschwung im Handel mit England, denn König Gustav IV. Adolf verweigerte dem Korsen die Teilnahme an der kontinentalen Handelsblockade, eine Weigerung, die ihm später den Thron kostete. Bereits 1778 wurde eine königliche Wissenschafts- und Literaturakademie gegründet, und als technische Lehranstalt ist Chalmers Technische Hochschule führend in Schweden. 1891 kam es zur Gründung der Universität, und heute gibt es zahlreiche Bibliotheken, Kunstschulen und Museen, Theater und Konzertsäle.

Die Innenstadt und ihre Erweiterung

Das Zentrum der wachsenden Stadt ist immer noch die Altstadt Gustav Adolfs, die aus den beiden Teilen Nordstaden und Inom Vallgraven besteht. Ihre nordwestliche Frontseite verläuft am Göta-älv, und vom Festland wurde sie vom Halbkreis des sternförmig verlaufenden Wallgrabens getrennt. Der Halbkreis wurde in der Mitte vom Großen Hafenkanal durchquert. Parallel zum Wallgraben, heute ein friedlicher, mehrmals überbrückter Kanal, zieht sich auf der Außenseite eine schöne, zwei Kilometer lange Parkanlage hin, die von den Verbindungsstraßen zwischen Altstadt und den äußeren Stadtteilen in Sektoren geteilt wird. Ohne dem Hafen den Rücken zu kehren, wendet die Altstadt somit heutzutage auch ihren früheren Außenbezirken ein freundliches Gesicht zu.

Charakteristisch für die Stadt ist die Abwechslung zwischen Marschland und gebirgigen Anhöhen, die früher oft befestigt waren. Unter diesen können die alten Schanzen Carolus Rex, Skansen Lejonet und Skansen Kronan genannt werden, die man immer wieder aus verschiedenen Perspektiven erblickt. An den größeren Felsen klettert die moderne Stadt in allen Richtungen hoch, am höchsten Ramberget auf Hisingen mit 86 Metern Meereshöhe. Einen wirklich überwältigenden Blick über den Riesenhafen von Göteborg, die Stadt im Hintergrunde, erhält man von der neuen Älvsborgsbrücke über den Göta-älv, die die Ufer von der alten

Anlage Älvsborg mit denen der Gründung Karls IX. auf Hisingen verbindet. Die Hängebrücke mißt fast einen halben Kilometer und besitzt eine lichte Höhe von 45 Metern. Nördlich der zentralen Stadtteile vereinigt ein moderner Tunnel (Tingstadstunneln) die beiden Flußseiten; in der Mitte, oberhalb des Hafens, dient noch eine ältere Brücke dem Verkehr.

Die neueren Stadtteile, die um den Halbkreis der Altstadt liegen, sind vom Westen nach dem Osten gezählt: Masthugget, Haga, Vasastaden, Lorensberg, Heden, Ullevi und Stampen. Einen äußeren Kreis bilden Majorna, Olivedal, Kommendantsängen, Annedal, Landala und Gårda. Die nächsten Stadtteile nördlich beziehungsweise westlich des Flusses sind Sannegården, Lindholmen und Lundbyvassen. So folgen immer neuere Vororte, dann die Trabantenstädte. Zu den zentralen Teilen der Stadt werden heute die Altstadt und der erste Halbkreis gezählt, und die zentrale Straße der Altstadt ist Östra Hamngatan (östliche Hafenstraße), die sich als Kungsportsavenyn (Königstoravenue) bis zum modernen Zentrum in Lorensberg, Götaplatsen, fortsetzt.

Der Mittelpunkt der Stadt ist Gustav Adolfs torget mit dem von N. Tessin d. Ä. 1670 erbauten und in den dreißiger Jahren des 20. Jahrhunderts von G. Asplund erweiterten Rathaus, der Börse und dem Denkmal des großen Königs. Gleich hinter dem Rathaus steht die Kristinekyrka, die Deutsche Kirche, die ursprünglich in der Mitte des 17. Jahrhunderts errichtet, hundert Jahre später aber nach einem Brand völlig neu erbaut wurde. Das älteste Profangebäude der Stadt ist das Kronhuset unweit des sogenannten Packhausplatzes, das, 1643-53 aufgeführt, als Zeughaus verwendet wurde. Der Dom, der den Namen Gustavi Domkyrka trägt, wurde zwar im Jahre 1633 eingeweiht, seitdem aber im neuklassischen Stil völlig verändert. Das interessanteste Gebäude ist das große Haus der Ostindischen Kompanie, 1750-62 von den Architekten C. Hårleman und B. W. Carlberg aufgeführt, das heute der Stadt und dem Land als Historisches Museum dient. Andere Hauptplätze der Stadt sind Skeppsbron, wo die Passagierdampfer anlegen, Drottningtorget mit dem Hauptbahnhof, Brunnsparken, Kungsportsplatsen und Kungstorget.

Am Hafen südlich des Großen Kanals erhebt sich die Residenz des Landeshauptmanns für Göteborg und Bohuslän, ein schönes Haus, das in den Jahren 1648-50 für den Feldmarschall Graf Lennart Torstensson gebaut wurde, der nach dem Dreißigjährigen Krieg zum Generalgouverneur über Västergötland, Dalsland, Värmland und Halland ernannt worden war. Die Reichsgrenze zwischen Schweden und Norwegen verlief damals noch am Götaälv und somit durch die heutigen nördlichen Vorstädte von Göteborg. In diesem Haus starb 1660 unerwartet König Karl x. Gustav, dem Schweden die Wiedervereinigung der dreihundert Jahre früher an Dänemark verlorenen südlichen Gaue Halland, Schonen und Blekinge wie auch den Gewinn Bohusläns und einiger norrländischer Gebiete verdankt.

Daran erinnern die Wappen von Graf Torstensson und seiner Gemahlin, Beata de la Gardie, sowie eine Gedächtnistafel für Karl x. Gustav über dem Portal. Durch einen Anbau wurde 1855 freilich der Stil des Hauses etwas verändert.

Die große Querstraße zu der Kungsportsaveny ist Wasagatan, die von der Haga-Kirche durch die Vasastadt bis Heden führt, an der Universität mit dem Vasapark und dem Röhsska Kunstgewerbemuseum vorbei. Die Kungsportsaveny selbst endet am Götaplats in Lorensberg, dem modernen Zentrum. Hier liegt das Anfang der zwanziger Jahre erbaute Kunstmuseum mit schönen Bildern alter und moderner Meister von Rembrandt bis Picasso; das Stadttheater, die Stadtbibliothek und das Konzerthaus. Der Platz wird durch drei Werke von Carl Milles verschönert, dem Poseidon-Brunnen (1931), den ›Tänzerinnen‹ und den ›Flügeln‹. Wo die Kungsportsaveny die Parkanlagen am Kanal Vallgraven durchzieht, liegt Stora Theatern (Das große Theater) und an der Ecke Vasagatan die alte Malerschule Valand, wo unter anderem Carl Larsson tätig war.

Der letzte oder nordöstliche Teil der zentralen Parkanlage am Wallgraben wird bestimmt durch den sogenannten ›Gartenverein‹ (Trädgårdsforeningen), der ein gutes Restaurant und viele Pavillons in schöner Umgebung eingerichtet hat. Eine Sehenswürdigkeit am anderen Ende der Parkanlage ist Järntorget (Eisenmarkt), der historische Platz, wo das Eisen abgewogen und klassifiziert wurde. Von hier führt die breite Linnégata zu der riesigen Parkanlage Slottsskogen (Schloßwald) im Süden der Stadt, wo das Naturgeschichtliche Museum und der Botanische Garten liegen.

In älterer Zeit und noch bis 1900 bestanden die Wohnhäuser in Göteborg weitgehend aus Holz, waren dabei aber oft drei Stockwerke hoch, da das Marschland die Belastung steinerner Häuser ohne kostspielige Unterbauten nicht ertrug; jedoch mußte für dreistöckige und höhere Holzhäuser die Erlaubnis der Landeshauptmannschaft eingeholt werden, weswegen diese Bauten ›Landeshauptmannshäuser‹ genannt wurden. Heute sind nur noch wenige dieser Häuser vorhanden.

Dank dem großen Werk des Festungsbauers Graf Erik Dahlberg ›Suecia antiqua et moderna‹ wissen wir, wie die schwedischen Städte im 17. Jahrhundert ausgesehen haben. Das landwirtschaftliche Gepräge älterer Städte wurde durch die Befestigungsanlagen zurückgedrängt. Neue Städte wie gerade Göteborg wurden detailliert geplant. Eine Gesetzgebung zur Städteplanung kam jedoch erst 1874 zustande. Die Industrialisierung und der wachsende Verkehr haben in moderner Zeit ein neuartiges und umfassendes Planungswesen erforderlich gemacht, wie wir schon bei Stockholm sahen. In letzter Zeit hat Göteborg auf diesem Feld fast die Führung übernommen.

Man muß hier zwei Seiten der Planung unterscheiden: teils gilt es, alte Stadtteile zu sanieren oder umzubauen, teils neue anzulegen, wobei die Trabantenstädte in den Vordergrund treten. Wo historisch und architektonisch wertvolle Gebäude vorhanden sind, wird die Sanierung aktuell, wo nicht, der Umbau. Man kann wie in Stockholms City ganz Neues bauen, oder aber wie in der Altstadt Göteborgs einen älteren Stil bewahren, wenngleich alles modern eingerichtet wird. Bei der neuen City von Stockholm auf dem Brunkeberg brauchte man auf ältere Gebäude und älteren Stil keine Rücksicht zu nehmen, weil die neue City eben nicht in der Altstadt lag, und es sich meistens um die Entfernung von Mietshäusern aus der zweiten Hälfte des vorigen Jahrhunderts handelte.

In Göteborg wurde der ganze Ostteil der Nordstaden – neun Häuserblöcke zwischen Östra Hamngatan und dem Zentralbahnhof – abgerissen und modern und einheitlich wieder aufgebaut. Das Rechteck dieser ersten Sektion des neugeplanten Altstadtgebiets beträgt 300x200 Meter, die Häuser sind nur vier bis fünf Stockwerke hoch. In der Mitte kreuzen sich zwei mit Glas überdeckte, nur für Fußgänger benutzbare Geschäftsstraßen, das heißt ›Galerien‹, und am Kreuzungspunkt wird so ein überdeckter Treffpunkt entstehen. Die west-östliche Fußgängerstraße wird, durch einen Tunnel verlängert, zum Zentralbahnhof führen. Die Versorgung der Häuserblocks, die vorwiegend Hotels, Restaurants, Geschäfte und Büroräume enthalten werden, geschieht unterirdisch, während die Dächer als Parkplätze für 2400 Personenkraftwagen vorgesehen sind. Dabei werden sich Fußgänger, Autos und Lastwagen nie auf derselben Ebene kreuzen.

Dabei ist berücksichtigt, daß Göteborg ein mildes und feuchtes Meeresklima besitzt, das von demjenigen der meisten übrigen schwedischen Städte stark abweicht; Göteborg verfügt über den längsten Sommer in Schweden, und der Schnee liegt hier im Durchschnitt nur fünfzig Tage. Allerdings regnet es im Herbst und im Frühjahr hier mehr als in den anderen Teilen des Landes.

Viele Vororte und Trabantenstädte sind auch in Göteborg schon entstanden, und die neuen werden keineswegs alle im gleichen Stil angelegt, vielmehr versucht man, verschiedene Typen zu schaffen. Ein Sonderproblem Göteborgs ist die Einwirkung der starken und feuchten Meereswinde auf die seewärts angelegten Vororte, während das Marschland mit den modernen Baumethoden tragfähiger gemacht werden konnte. Jedoch werden die Felsen und die Berge mehr und mehr in die Bauzonen einbezogen, vor allem werden hier eine Art von Wohntürmen, sogenannte ›Punkthäuser‹ errichtet, die eine weite Aussicht garantieren.

Trabantenstädte und Umgebung Göteborgs

Einen weiteren Außenring, der aber bereits mit der Stadt zusammengewachsen ist, machen auf der Südseite Klippan (Älvsborg), Kungsladugården, Slottsskogen, Änggården, Krokslätt, Johanneberg, Jakobsdal, Guldheden, Örgryte und Lunden, auf der Nordseite Lundby und Torslanda aus.

In Torslanda befinden sich die Volvo-Werke, Teil jenes großen skandinavischen Industriekonzerns, der durch seine stabilen Autos weltberühmt geworden ist. Man sagt, daß man auf dem Dach eines Volvo-Personenwagens einen Elefanten transportieren kann, ohne Schaden zu erleiden. Der nach jahrhundertealten und immer wieder verbesserten Rezepten hausgemachte Schwedenstahl bringe dies zustande. Wer es nicht glaubt, lasse sich im Werk, das man jederzeit besichtigen kann, überzeugen.

Auf einer Anhöhe in Kungsladugården hat man in Sanharna, einer einstigen Insel, den ältesten neolithischen Siedlungsplatz

Schwedens gefunden. Dort hausten vor 9000 Jahren die ersten Bewohner ›Göteborgs‹. Auf der ehemaligen Insel Lindholmen an der Nordseite des Flusses liegen die Ruinen einer Burg, auf der Magnus Smek, der letzte Folkunger auf Schwedens Thron, um die Mitte des 14. Jahrhunderts öfters residierte, bevor er Schonen, Blekinge und Halland an Waldemar Atterdag von Dänemark verlor.

Bei Stigbergstorget in Majorna nordöstlich von Klippan befindet sich das Ozeanographische Institut und das große Seefahrtsmuseum von Göteborg, wo alle Schiffstypen seit der Wikingerzeit besichtigt werden können. Vor dem Naturgeschichtlichen Museum in Slottsskogen lagert ein 35 000 Kilo schwerer Gneisblock (Ögongnjes), der von windgepeitschtem Sand geschliffen worden ist und dessen Alter auf eine unterglaciäre Periode vor 50000 Jahren zurückgeht. Man glaubt, daß die Gegend um Göteborg damals eine arktische Tundra sibirischer Art gewesen ist.

In Änggården befindet sich jenseits des Botanischen Gartens der große Komplex der Sahlgrenschen Krankenhäuser, und ehe die Anhöhen bei Örgryte erreicht werden, muß man den kleinen Mölndal-Strom passieren, der dem Kanalsystem der Altstadt Wasser spendet. Hier liegt auch Ullevi, das modernste Stadion Schwedens mit Plätzen für 52 000 Zuschauer. Von der Anhöhe rechts des Mölndalstroms blickt die Örgryte Kirche, die aus dem 13. Jahrhundert stammende älteste Kirche von Göteborg, herab.

Die Straße führt hier weiter auf den aussichtsreichen Överåsberg und dann nach dem herrlichen Göteborger Naturreservat Delsjö. Etwas östlicher, an der Straße nach Stockholm, liegt der Industrieort Partille mit einem Schloß aus dem letzten Drittel des 18. Jahrhunderts, das heute Gemeindehaus ist.

Südlich von Göteborg liegt die supermoderne Trabantenstadt Frölunda, etwas östlicher die große Trabantenstadt Mölndal (Mühlental), die über 50000 Einwohner zählt, jedoch einen selbständigen alten Kern besitzt. Der Strom bildet hier viele übereinandergelagerte Wasserfälle, die bereits um das Jahr 1300 Mühlen trieben. Kurz nach der Gründung Göteborgs wurde der ganze Mühlenkomplex der neuen Seestadt einverleibt, die noch bis vor hundert Jahren alles Mehl, das die Stadt verbrauchte, in den dreißig dortigen Mühlen mahlen ließ. Um 1738 wurde eine Papiermühle hier gegründet, und in unserem Jahrhundert ist ein wachsender Industrieort entstanden, der formal eine selbständige Stadt ist. Oberhalb der Wasserfälle besitzt Mölndal ein wundervolles Erholungsgebiet um die Seen Stensjön und Råda. Die schönsten Eichenhaine Schwedens kann man hier finden, und die Krone der Sehenswürdigkeiten ist das elegante Schlößlein Gunneby, das aus dem Mittelalter stammt, jedoch von dem Göteborgsmagnaten John Hall um 1796 im neuklassischen Stil umgebaut wurde und nunmehr der Stadt gehört. Hier gibt es einen Englischen Park und einen Hügel Apollos, und im großen Hegegebiet streifen Elche und Rehe umher.

Während die naturschöne Binnenlandseite von Göteborg, die allmählich bis zur Hochebene von Västergötland hinaufklettert, vielleicht die ruhigeren Gemüter anlockt, zieht die Seeseite die echten Gotenburger an. Der schärenreiche Zipfel Västergötlands, der gerade der Flußmündung des Göta-älv vorgelagert ist, wurde in den alten Jahrhunderten, in denen Halland zu Dänemark und Bohuslän zu Norwegen gehörten, nur ›die schwedischen Schären‹ genannt. Die Einfahrt in das verwickelte Fahrwasser wird vom Leuchtturm Vinga fyr bewacht. Wer mit dem Flugzeug aus dem Westen oder dem Süden den Flughafen Torslanda auf der Rieseninsel Hisingen erreicht, hat kurz vor der Landung einen wunderbaren Blick über die Schärenwelt, wobei die Inseln Öckerö und Styrsö mit ihren alten Kirchen hervortreten. Wer den Meeresblick von Göteborg aus haben will, kann ihn entweder von der neuen Göta-älv-Brücke genießen oder sich nach dem Villenvorort Långedrag mit bekanntem Klubrestaurant begeben. Auf einem Felsen erhebt sich aus dem Wasser die Festung Nya Älvsborg, die im Jahre 1719, als Schweden schon dem Untergang geweiht erschien, einem dänischen Seeangriff unter dem Admiral Tordenskjold standhielt. Jetzt ist die alte Festung eine Touristenattraktion mit einem Museum. Es ist sogar modern, sich in der hübschen Kapelle der ehemaligen Festung trauen zu lassen.

Das eigentliche Herz der Stadt aber ist der Hafen und das Mündungsgebiet des Göta-älv. Am eindrucksvollsten erlebt jener Besucher die Stadt, der sich ihr von der Seeseite nähert. Rechts sieht er Långedrag, Älvsborg, Klippan, den interessanten Fischerhafen und die Stigbergs- und Masthuggs-Kaie, links die großen Werften, die Götawerke, Eriksberg und den Freihafen. In Masthugget und in Majorna wohnten die Seeleute und die Hafenarbeiter, und bei

Stigbergskajen breitet sich die Parkanlage der Alten Werft aus, wo der Schiffsreeder Dan Broström und der berühmte Schiffsingenieur F. H. af Chapman durch Büsten und die im ersten Weltkrieg verunglückten Seeleute durch einen Gedächtnisturm geehrt wurden. Ein Fahrstuhl bringt die Besucher auf eine Aussichtsplattform, von der aus man einen herrlichen Blick über die großen Hafenanlagen hat. Die Länge der Kaianlagen von Göteborg beträgt rund 15 Kilometer, und rund ein Drittel der schwedischen Einfuhr und ein Viertel der Ausfuhr werden hier umgeschlagen.

An der Küste, etwas südlich der Stadtgrenze, liegt der Bade- und Villenort Askim, der nebenbei bemerkt eine der schönsten Felszeichnungen der ganzen Gegend besitzt und davon noch südlicher das Seebad Särö, das aber schon in Halland liegt.

Das felsige Bohuslän

Ähnlich wie Ozeanschiffe die Elbe aufwärts fahren, so erlebt man in Göteborg das Wunder, daß viele Riesenschiffe auf dem Fluß und dem Göta-Kanal ihre Reise ins Binnenland fortsetzen, um bei Trollhättan in den Vänersee gehoben zu werden. Zwischen Fluß und Küste, die fast parallel laufen, dehnt sich gegen Norden Bohuslän aus, das heute administrativ mit Göteborg vereinigt ist. Das Land, ein felsiger Küstenstrich mit tiefen Förden und unzähligen vorgelagerten Felseninseln, erreicht mit einem schmalen Kopf im Norden die norwegische Grenze, während die östlichen Nachbarn erst Västergötland und dann Dalsland sind. Die Landschaft ist für Schweden ganz einzigartig und trägt schon norwegisches Gepräge. Die kurze Südgrenze durchquert in Zacken die Insel Hisingen, der nördliche, beziehungsweise westliche Mündungsarm des Göta-älv gehört schon ganz zu Bohuslän.

Bohuslän mißt in der Länge rund 170 Kilometer, während es in der Breite – die Großinseln Orust und Tjörn eingerechnet – selten 30 Kilometer überschreitet. Die Fläche wird mit 4500 Quadratkilometern angegeben. Wegen der vielen Förden hat nur ein langgestrecktes Binnenseepaar – die Bullar-Seen – im Nordteil Platz, beide Reste eines ehemaligen Fjords. Das Land ist heutzutage im westlichen Teil fast unbewaldet und besteht aus felsigen Anhöhen und Talböden, die mit Lehmschichten bedeckt und sehr fruchtbar sind. Deswegen gab es hier, dem felsigen Anblick zum Trotz, eine uralte Bauernkultur neben Seefahrt und Fischfang. Besonders ergiebig war der Fang an Hering, Dorsch und Heilbutt, aber auch Hummer und Austern – von Krabben und Garnelen gar nicht zu reden – kommen reichlich vor.

Seit der ältesten neolithischen Zeit sind die höher gelegenen Teile von Bohuslän, dabei überschreitet die maximale Höhe nicht 224 Meter, dicht bevölkert gewesen, und an Altertümern ist hier wahrlich kein Mangel. Die Steinkammergräber und die Steinkisten sind zahlreich und Hunderte von Felszeichnungen aus der Bronzezeit sind gefunden worden. Die meisten größeren Anhöhen sind von kolossalen Steingrabhügeln aus der Bronzezeit und der älteren Eisenzeit gekrönt.

Als das ›größte Wunder Bohusläns‹ bezeichnete Carl von Linné die Schalenkiesbänke (skalgrusbänkar), die man hier als Höhenzüge bis auf eine Meereshöhe von 160 Metern antrifft. Die größten liegen bei Bräcke gleich östlich von Uddevalla. Diese ›Schalenkiesberge‹ bestehen aus Schnecken- und Muschelschalen aus spätglazialen oder postglazialen Anhäufungen, die zugleich die damalige Meereshöhe anzeigen. In seinem Reisebericht aus dem Jahre 1747 wundert sich Linné über die Existenz einer so unerhörten Zahl von Lebewesen, von der hier Zeugnis abgelegt wird. Zur Zeit der Entstehung dieser Bänke wurde die ehemalige Meeresbucht Vänern langsam zum Binnensee abgeschnürt, und die alten Meerengen bei Uddevalla und Munkedal verwandelten sich in Ströme, die wiederum allmählich versiegten, um schließlich nur den Göta-älv übrigzulassen.

Als Folge der vorgelagerten großen Inseln und der vielen Fjorde besitzt Bohuslän eine äußere und eine innere Küste. Der Tourist, der die äußeren Küsten entlang fährt oder nur die Badeorte besucht, lernt das Binnenland gar nicht kennen. So weicht der Ostteil der südlichen Hälfte des Landes, schlicht ›Inland‹ genannt, von der wilderen Natur der äußeren Meeresgegend und auch vom kälteren Nordteil ab. Dieses ›Inland‹ erstreckt sich von dem nördlichen Mündungsarm des Göta-älvs (Nordre älv) bis zu der schmalen Taille des Landes unmittelbar nördlich von Uddevalla. Ihre Ostgrenze ist der Göta-älv bis unterhalb von Trollhättan, wo sie landeinwärts abbiegt. Kurz vorher liegt am Fluß der Ort Intagan, wo am 7. Oktober 1648 einer der größten Erdrutsche den Göta-älv traf. Erdmassen von der Länge und Breite etlicher hundert Meter schoben sich in den Fluß, dessen Wasserspiegel oberhalb dieser Abdämmung um zwölf Meter stieg und Häuser und Schiffe mit sich riß. Der letzte Erdrutsch traf den Göta-älv bei Surte südlich von Kungälv am 29. September 1950 und war nicht viel kleiner, doch konnten die Schäden schneller behoben werden.

Die Küste des Inlands ist die sechzig Kilometer lange Meerenge von Marstrand bis Uddevalla, die die großen Küsteninseln Tjörn und Orust vom Festland trennt und in der die Fahrstraße nach Uddevalla verläuft. Dieser Fjord ist selten mehr als fünf Kilometer breit und wirkt wie ein hübscher, langgestreckter Binnensee, wenn auch die Fluten kristallklar und das Wasser stark salzig ist. Während die äußere Meeresküste den für die Ostseeküste so typischen Nadelwald vermissen läßt, kommt dieser im Inland vor. Außerdem wachsen in den Tälern hier Buche, Eiche, Esche und Birke, Linden, Ulmen, Pappeln und Roßkastanien. In alter Zeit wurde in ganz Bohuslän der Nadelwald zur Gewinnung von Ackerland abgeschwendet, wovon das Heideland Zeugnis ablegt.

Eine Welt für sich sind die beiden miteinander verbundenen Großinseln Tjörn und Orust, die letztere ist nach Gotland und Öland die drittgrößte Insel Schwedens. Bei Svanesund und bei Nötesund vermitteln Autofähren über die schmalsten Stellen der Fahrrinne den Verkehr. Um nach Tjörn zu gelangen, kann man auch bei Stenungsund die neue 600 Meter lange Rohrbogenbrücke benützen. Die Landschaft der beiden Inseln, die von Altertümern jeder Art übersät sind, ist sehr abwechselnd: Steile Bergabhänge, Ravinen, fruchtbare Täler und sogar Binnenseen lösen einander ab. Ein Dutzend Kirchen im Binnenland der Inseln und ebenso viele pittoreske Fischerdörfer an der äußeren Küste bieten viel Sehenswertes. Von besonderem Interesse ist das ehemalige Freigut Morlanda, dessen hölzernes Herrenhaus aus dem Jahre 1675 das älteste seiner Art in Schweden sein soll. Ursprünglich norwegisch, kam es später in die Hände der gräflichen Familie Mörner, die offiziell ›Mörner af Morlanda‹ heißt. Ein zweites Adelsgut war Sundby auf der Insel Mjörn, die sich zwischen Orust und Tjörn so fest hineinschiebt, daß hier Brücken geschlagen werden konnten. Sundby gehörte der Familie Hvitfeldt, wurde aber bereits 1664 von Margareta Hvitfeldt dem Königlichen Gymnasium in Göteborg geschenkt. Sonst war der Grund und Boden in dieser Gegend fast ausschließlich Bauernland.

Der mittlere Teil von Bohuslän ist in fast schottischer Weise von langgestreckten Fjorden – Byfjorden, Gullmarsfjorden, Brofjorden, Åbyfjorden und Bottnafjorden – durchschnitten. Die dazwischenliegenden ehemaligen Inseln und jetzigen Halbinseln werden ›näs‹ (Landengen) genannt: Bokenäset, Stångenäset, Herrenäset und Sotenäset. Die tiefste Förde – Saltkällefjorden – bohrt sich bis vier Kilometer von der östlichen Gaugrenze ins Land hinein. Gullmarsfjorden, dessen innerster Teil Saltkällefjorden ist, beherbergt wegen seiner Eigenart das Zentrum der schwedischen Meeresforschung; der innere Teil ist bis 120 Meter tief, während die Schwelle bei der Mündung nur 35 Meter mißt; der Salzgehalt erreicht 3,5 Prozent, und die Temperatur des Tiefwassers kann fast bis Null Grad absinken. Dementsprechend entwickelt sich hier ein hochinteressantes Tierleben.

Im Norden schiebt Bohuslän entlang der Küste einen Keil nach Norwegen vor, der fast ganz vom Ide-Fjord umflossen ist. Die dem Skagerrak zugewandte Meeresseite Bohusläns wird Norrviken genannt, während das östliche Binnenland nach den langen Bullarseen einfach Bullaren heißt. Diese Seen münden im Norden in den innersten südlichsten Teil des krummen Ide-Fjords, und der Fluß, der hier ein Stück über norwegisches Gebiet führt, bildet einige schöne Wasserfälle. Dieser nördliche Teil liegt auf einer Meereshöhe zwischen 100 und 200 Metern und besitzt fast norrländischen Charakter. Dabei trifft man in dieser majestätisch wilden Natur öfter auf alte Schloß- und Burgruinen aus der Zeit der zahlreichen Grenzkämpfe wie zum Beispiel auf die Ruinen von Olsborg auf der Landenge zwischen den beiden Bullarseen. Hier überfiel Weihnachten 1504 eine durch weiße Hemden getarnte dänische Truppe die bereits durch Weihnachtsbier berauschte schwedische Besatzung und tötete sie. Diese Heldentat wurde dann unter dem Titel ›Die Weihnachtsfeier zu Olsborg‹ bekannt.

Als zunächst selbständiger Gau hieß Bohuslän in der Wikingerzeit Ranrike, wurde aber später von Dänemark, Norwegen und Schweden als Grenzland umkämpft. Gustav Wasa besetzte das Land 1523-32, wobei er sich auf die Festen Olsborg, Karlsborg und Hornborg stützte. Endgültig schwedisch wurde Bohuslän erst 1658.

Holzdrift auf dem Dalälv bei der Brücke in Leksand in Dalarna, Mittelschweden

Die älteste Stadt von Bohuslän – wenn nicht die älteste in ganz Schweden – ist das kleine Kungälv, zwanzig Kilometer nördlich von Göteborg, wo der Göta-älv sich auf die beiden Mündungsarme rund um die Insel Hisingen verzweigt. Im Jahre 1959 feierte man dort das tausendjährige Jubiläum der Stadt, die im Mittelalter Kunghälla hieß und zeitweise eine der bedeutendsten Städte Norwegens war. Im Jahre 1308 wurde zum Schutz der nördlichen Flußmündung die Festung Bohus aufgeführt, die später dem ganzen Land den Namen gab. Die Ruinen dieser Festung, die 1658 von Schweden übernommen wurde, sind heute noch mächtig und die attraktivste Sehenswürdigkeit der Stadt, die – einer allmählichen Industrialisierung zum Trotz – eine idyllische Kleinstadt und ein beliebtes Ausflugsziel der Göteborger geblieben ist.

Als die Perle des Bohusläner Sommerlebens gilt der Inselbadeort Marstrand, den man auch mit dem Wagen über zwei kürzere Fährstrecken erreichen kann. Die Marstrandinseln liegen rund vierzig Kilometer nördlich von Göteborg und gleich südlich der großen Insel Tjörn. Auch dieses idyllische Städtchen stammt aus dem Hochmittelalter und ist mindestens vierhundert Jahre älter als die Großstadt Göteborg. Die Festung Karlsten wurde kurz nach der endgültigen Einverleibung mit Schweden angelegt, die Stadt, die früher vom Heringsfang und dem Handel gelebt hatte, wurde erst nach 1820 zum Badeort. Oskar II. verlieh ihr ersten Ruhm und Glanz und hob das Staatsgefängnis in der Festung auf. Bis dahin hatte der Name Marstrand eher einen etwas düsteren Klang, und die hier internierten politischen Gefangenen wurden im Volksmund nur die ›Kronjuwelen‹ genannt. Zur Zeit Gustavs III. wurde in Marstrand die erste Synagoge Schwedens gebaut. Der erste schwedische Leuchtturm mit Drehlicht wurde bereits 1781 in Marstrand errichtet, denn die mit zahlreichen blinden Klippen versehenen Fahrwasser rund um Marstrand boten für die Schiffahrt große Gefahren.

Seit schwedischer Zeit ist Uddevalla der Hauptort von Bohuslän, eine Aufgabe, die die aus dem 15. Jahrhundert stammende

Abend am Langasee in Lappland,
Blick über Nordingrå in Angermanland, Nordschweden

Stadt mit Ehren erfüllt. Ehe der Göta-Kanal zustande kam, war Uddevalla der nächste Meereshafen für das ganze Vänergebiet, und Stadt und Hafen verloren nach dem Kanalbau natürlich stark an Bedeutung. Doch hat sich die Stadt inzwischen als Industrie- und Hafenstadt wieder erholt, und ihre Bevölkerungszahl pendelt heute um 40000. Das neue tiefe Fahrwasser führt durch die lange Meerenge nördlich der Insel Orust, seitdem man 1942 die Rinne bei der engen Stelle – Malö Ströme – durch Sprengarbeiten vertiefte. Die Strömung war ehedem hier so stark, daß man Mühlen treiben konnte. Nach einem großen Brand im Jahre 1738 erhielt die Stadt vorübergehend das Einfuhrmonopol für ausländischen Branntwein. Seitdem bedeutet ein ›Uddevaller‹ in Schweden eine Tasse Kaffee mit Schnaps gemischt, also eine Art ›Irish coffee‹.

Auch Uddevalla half sich, wie Söderköping, zeitweilig vorwärts mit einem ›Gesundbrunnen‹, der bei Gustavsberg südwestlich der Stadt entsprang und ein beliebter Aufenthalt Karls XIII. war. Der Ort soll seinen Namen nach dem Sohn des letzten Wasakönigs, Kronprinz Gustav, tragen, der den Thron seines 1809 abgesetzten Vaters nie besteigen durfte, für die Bernadottes aber bei den Thronwechseln 1844 und 1859 eine stetige Bedrohung war. Es mag hier angemerkt werden, daß man mit einem gewissen Unrecht Gustav IV. Adolf als den letzten Wasakönig bezeichnet, da ihm sein Onkel Karl XIII., der jüngere Bruder Gustavs III., noch von 1809-18 auf den Thron folgte und erst dann offiziell von dem ersten Bernadotte abgelöst wurde.

Uddevalla wird vom Bäve-ån durchflossen, der oberhalb der Stadt viele Stromschnellen bildet. Gleich östlich der Stadt erheben sich die schon erwähnten eigenartigen ›Schalenberge‹ bei Bräcke und Kuröd, die jetzt unter Naturschutz gestellt sind. Früher wurde der Schalenkies weitgehend zum Kalkbrennen und für den Wegebau abgebaut. Die Stadt selbst hat keine interessanten Gebäude, jedoch schöne Aussichtspunkte über den Byfjord. Es gibt hier ein gutes Museum und ein Haus, wo Karl XII. residiert hat.

An der Spitze der Halbinsel Stångenäs liegt das zweitberühmteste Seebad Bohusläns, das Städtchen Lysekil, das früher ein bekanntes Fischerdorf war. Zum Badeort wurde es nach 1847, und wer die felsige Schärenwelt von Bohuslän kennenlernen will, hat in Lysekil einen günstigen Ausgangspunkt. Von hier aus kann man mit einem Segel- oder Motorboot die zahlreichen malerischen Fischerdörfer auf den Inseln und an der Küste besuchen, die so charakteristisch für Bohuslän sind. Sonst lebt die Stadt von der Fischkonservenindustrie und vom Steinexport. Der Granit aus Bohuslän ist berühmt, als ›weiche Steine‹ werden Kalkstein und Topfstein bezeichnet. Die hochgelegene aus Granit erbaute Kirche von Lysekil beherrscht die ganze Gegend.

Aus dem Fischerdorf und Badeort Fiskebäckskil gegenüber Lysekil stammt der Landschaftsmaler von Bohuslän Carl Wilhelmson, der um 1900 lebte. Weitere pittoreske Fischerdörfer am offenen Meer sind südlich von Lysekil Grundsund und nördlich davon Skalhamn, Malmön, Gravarne, Tången, Smögen, Hunnebostrand, Bovallstrand und Fjällbacka. Nahe letzterem Ort liegt die kleine unbewohnte Insel Stensholm mit dem Grab des deutschen Dichters Kinau, der unter dem Namen Gorch Fock bekannt wurde. Die Ortschaften sind alle uralt, und die höher gelegenen Teile zeigen alle Spuren eisen- und bronzezeitlicher Besiedlung. Das Meer geht hier im Herbst und Winter unsanft mit den Menschen um, doch Frühjahr und Sommer scheinen alles wieder gutzumachen.

Die nordöstlichste Stadt von Bohuslän am Skagerrak ist Strömstad, Hauptort des Landesteils Norrviken. Das alte Fischerdorf wurde nach der Vereinigung Bohusläns mit Schweden 1660 Stadt und sollte das norwegisch gebliebene Halden am nördlichen Ufer des Ide-Fjords ersetzen. Die Stadt hat während des Feldzugs von Karl XII. gegen Norwegen sehr gelitten, obwohl die Norweger und Dänen 1717 hier geschlagen wurden. Von 1781 an trug ein entdeckter Trinkbrunnen, Lejonkällan (Löwenquelle), zum Wiederaufbau bei, und später verliehen die Bernadotte-Könige Oskar I. und Karl XV. dem Badeort neuen Glanz. Die Schärenwelt vor Strömstad ist prachtvoll, und zu ihrer Romantik tragen eine reiche Pflanzenwelt und zahlreiche Grotten lebhaft bei. Besonders berühmt sind die Strömstad vorgelagerten Kosterinseln, die gleichzeitig das westlichste Hoheitsgebiet Schwedens vertreten.

Östlich von Strömstad an der innersten Bucht des Ide-Fjords liegt Björneröd, dessen ›Aussichtsberg‹ Björnerödpiggen mit 222 Metern Meereshöhe den höchsten Gipfel im felsigen Bohuslän darstellt und einen gewaltigen Rundblick gewährt. Die Steinindustrien von Björneröd und Kroken benutzen das tiefe Fahrwasser des Fjords für ihre schweren Transporte, die 40 Kilometer zurücklegen müssen, ehe sie das offene Meer erreichen. Sie berühren dabei Hälle fast gegenüber der norwegischen Festung Fredrikssten, wo am 30. November 1718 eine tödliche Kugel dem abenteuerlichen Heldenleben von Karl XII. ein Ende machte. Wenig bekannt ist, daß der König bei Nacht und Nebel nach Wikingerart Kriegsschiffe von Strömstad über Land in den Ide-Fjord brachte, um die norwegische Festung von Süden aus mit schwerer Artillerie angreifen zu können. Die technische Leitung dieses grandiosen Unternehmens hatte der bei Karl XII. in hoher Gunst stehende Sohn des Bischofs von Västergotland, der große Naturwissenschaftler und spätere ›Geisterseher‹ Emanuel Swedenborg, der 1688 in Stockholm geboren wurde und 1772 in London starb. Für Swedenborg war der überraschende Tod seines von ihm so heißgeliebten Königs ein harter Schlag, der ihn bald danach veranlaßte, Schweden zu verlassen und die ihm zustehende Anerkennung im Ausland zu suchen, wo sie ihm auch in hohem Maße zuteil wurde, zunächst als Spezialist für Bergbau, dann durch seine naturwissenschaftlichen Werke, insbesondere auf dem Gebiet der angewandten Mathematik. Von 1740 hat dann Swedenborg sich immer mehr theologischen Problemen zugewandt, 1747 gab er alle seine Ämter auf, um sich ganz seiner Neuen Kirche zu widmen, die bald Anhänger im ganzen Ostseeraum und in England und Amerika fand. 1766 fühlte sich Immanuel Kant in Königsberg veranlaßt im Namen der Vernunft gegen die »Träume eines Geistersehers« zu opponieren.

Nahe der schmalen Mündung des langen und krummen Fjords vereinigt heute eine große Straßenbrücke die jahrhundertelang so feindlichen Nachbarn Schweden und Norwegen.

Das wenig bekannte Dalsland

Westlich vom Vänersee und nordöstlich von Bohuslän liegt der naturschöne kleine Gau Dalsland oder Dal, der nur 4100 Quadratkilometer umfaßt. Er grenzt im Norden an Värmland, die Westgrenze fällt im Norden mit der Reichsgrenze Schweden-Norwegen zusammen, und im Südosten, dicht bei der Stadt Vänersborg, berührt Dalsland auf ganz kurzer Strecke Västergötland. Elf Prozent des Landes, den Vänerteil nicht mitgerechnet, bestehen aus Binnenseen. Die große Vänerbucht südlich von Värmlandsnäset wird

Dalbosjön genannt, weil die Einwohner von Dalsland ›dalbor‹ heißen. Während die Vänerseite Dalslands von der Dalboebene ausgefüllt wird, bestehen die westlichen und nördlichen Teile aus einer Berg-, Seen- und Waldlandschaft von seltener Schönheit. Die große Seenplatte, die sich auf verschiedenen Ebenen bis nach Värmland und Norwegen erstreckt, entläßt ihre Wasser durch den zentralen Upperuds-älv in den Vänersee. Eine vor hundert Jahren phantastische Leistung war der Bau des bei Köpmannebro am Vänern beginnenden Dalslands-Kanals mit seinen siebenundzwanzig Schleusen, der alle großen Binnenseen mit dem Vänersee verbindet und eine Länge von rund 250 Kilometern besitzt. Bei Håverud, unweit des Aussichtsberges Buterudsklacken, überquert der Kanal auf einem Aquädukt einen tiefen Ravin. Der Kanalverkehr diente im vorigen Jahrhundert den zahlreichen Eisenhütten, die nach 1900 von Holzveredelungsindustrien abgelöst wurden. Von den langgestreckten Seen verdienen besonders Stora Le, Lelången, die Sil-Seen, Laxsjön und Ånimmen Erwähnung, die man alle durch die heute etwas altmodische Kanalverbindung mit Dampfern, Motorbooten oder Kanus erreichen kann. Der Höhenunterschied zwischen dem Wasserspiegel des Vänersees und demjenigen des am höchsten gelegenen Binnensees im Kanalsystem beträgt rund 60 Meter.

In der Entstehungsgeschichte Schwedens spielte Dalsland eine untergeordnete Rolle – es war immer Grenzland –, jedoch finden sich hier wie in Bohuslän zahllose Funde aus vorgeschichtlicher Zeit, vor allem Steinkistengräber und Werkzeuge aus der Steinzeit. Man hat bei Hunneberg Steinäxte in so großer Zahl gefunden, daß die Archäologen von einer ›neolithischen Axtindustrie‹ sprechen. Auch die Bronzezeit ist gut vertreten, und viele Berggipfel sind mit Steinhaufen aus dieser Zeit gekrönt. Eine interessante Konzentration von Felszeichnungen findet sich bei Tisselskog. Auch Grabfelder aus der Eisenzeit trifft man auf den Kiesbergen an, und unter den späteren Grabhügeln ist der Kårebyhög in Bolstad, wo ein Gaukönig Kåre beerdigt sein soll, am bekanntesten. Bei der Mündung des Dalberg-ås in den Vänersee hat man Felszeichnungen entdeckt, die Elche und Schiffe darstellen.

Obwohl bereits nach der Jahrtausendwende eine Missionstätigkeit in Dalsland vermutet werden kann, dürfte das Christentum erst um 1200 festen Fuß gewonnen haben. Die zweiundvierzig

Kirchspiele Dalslands verfügen über ebensoviele Kirchen, die alle mittelalterliche Taufbecken aus Sandstein oder Topfstein besitzen. Auch mittelalterliche Kirchenglocken gibt es hier noch, die der Beschlagnahme Gustav Wasas entgangen sind. Berühmt ist die ›Kleine Glocke‹ der Kirche zu Ör, die aus der ersten Zeit der Christianisierung stammen soll.

Herrensitze sind spärlich, erwähnt sei die Burg Borekulle am Örsee und das mittelalterliche Schloß Dalaborg, auf dem Margareta zur Unionskönigin gewählt wurde, das aber bereits 1434 als dänische Vogtresidenz von Engelbrekt zerstört worden ist. Angemerkt seien auch die Hüttenresidenzen Bäckefors, Billingsholm und Baldersnäs. Auf Billingsholm residierte einige Zeit Graf Arvid Posse, der mit einer Nichte Napoleons verheiratet war. Heute erhebt sich im Schloßpark ein großes Freilichttheater mit Bühne, Orchestergraben und fünfhundert überdeckten Zuschauersitzen.

Auf Gäserud bei Håbol wuchsen in den achtziger Jahren des 18. Jahrhunderts jene sieben Brüder auf, deren wilde Taten im Volksmund noch lange und ausführlich in Erinnerung blieben. Sie wurden Håbolingarna genannt und sollen durch ihre Körperstärke die ganze Gegend tyrannisiert haben. Der unbändigste unter ihnen, Jan i Grimmerud, endete seine Tage als Sträfling auf der Werft der schwedischen Kriegsmarine zu Karlskrona. In Ed auf der hohen Landenge zwischen dem siebzig Kilometer langen See Stora Le und dem hübschen Badesee Lilla Le ist ein Museum in demselben Haus, in dem Karl XII. während seines letzten Feldzugs lange wohnte. Unweit des Orts öffnet sich der quellenreiche und naturschöne Ravin Trolldalen (Koboldstal), und in der Gegend kann man überall die Spuren der letzten Eiszeit verfolgen.

Die einzige Stadt von Dalsland ist das am Vänersee gelegene Åmål, fast eine Schwesterstadt des südvärmländischen Säffle. Die Stadtrechte wurden 1646 bewilligt, der Ort ist aber viele hundert Jahre älter. Die neue Stadt sollte dem Handel Dalslands dienen, der früher zum großen Teil über Norwegen ging. Erst nach dem Bau des Göta-Kanals aber konnte Åmål Fredrikshald, das heutige Halden, wirklich ersetzen. Zunächst blühte in Dalsland das Handwerk, wobei Gold- und Silberschmiedearbeiten eine bevorzugte Stellung hatten; dann setzte in diesem Jahrhundert eine bedeutende Industrialisierung ein. Bereits im vorigen Jahrhundert wurden die Eisenbahnen ausgebaut, und später verlegten die schwedischen Staatsbahnen ihre Hauptwerkstätten nach Åmål. Maschinenfabriken, elektrische Industrie, Schiffswerften und Kunststofffabriken traten hinzu. Der Dampferverkehr begann 1847, 1852 wurde der Leuchtturm Fogden, der den Weg durch die vorgelagerte Schärenwelt weist, errichtet. Eine Kirche aus dem Jahre 1669 und einige Patrizierhäuser um den Platz Plantaget sind die einzigen älteren Gebäude Åmåls, das reich an Alleen und Grüngebieten ist und auch über gute Badegelegenheiten am Vänern verfügt. Außer Åmål sind namentlich noch Mellerud und Bengtsfors südlich des Lelängsees zu nennen neben wachsenden Industrieorten wie zum Beispiel Dals-Långed am Südende des Laxsjö und vielen hübschen Kirchdörfern.

Småland und die Insel Öland

Die kleinen Länder

Zunächst glaubt man, der Name Småland enthalte einen Widerspruch, denn ›små‹ ist die schwedische Pluralform für ›klein‹, und trotzdem ist Småland mit 32 000 Quadratkilometer Fläche halb so groß wie Bayern und außerdem der größte Gau in Götaland. Småland ist jedoch ein Sammelname und bezeichnet eine ganze Gruppe ›kleiner Länder‹. Die drei ›Urkantone‹ Smålands waren Värend, Finnveden und Njudung, hinzu kam Möre, die alte Küstengegend um Kalmar. Im Norden zählten bald auch Vedbo, Gränna, Visingsö und Tjust zu Småland. Obwohl Småland viele schöne und wohlhabende Randbezirke besitzt, verbindet man doch in erster Linie die verhältnismäßig arme südschwedische Hochebene mit dem Gaunamen. Deswegen werden auch die Smålänningar als ›kleine Leute‹ angesehen, und deswegen heißt es in einem schwedischen Sprichwort, daß »wir vor Gott alle nur Smålänningar sind«.

Die zentralen Teile Smålands umschließen die südschwedische Hochebene mit uralter geologischer Herkunft und einer mittleren Höhe von 150-200 Metern über dem Meer. Während das Hochland im Norden unruhiger und faltenreicher ist, ist es sonst fast flach und waldbedeckt und trägt eine weite Seenplatte. Der Südostteil des Vättersees mit der Märcheninsel Visingsö gehört noch zu Småland, weist aber einen ganz anderen Charakter auf. Die große Erdspalte, die der Vättersee ausfüllt, wird im Süden vom Taberg-Massiv geschlossen, das eine Meereshöhe von 343 Metern erreicht und aus Hyperit besteht, einem Mineral, das sowohl härter ist als Granit wie Gneis. Trotzdem wurde es seit Urzeiten hier bearbeitet; heute nennt man das daraus gewonnene Produkt in der Fachsprache Titano-Magnetit-Olivinit. Südöstlich vom Taberg erhebt sich der höchste Berg Smålands, Tomtabacken (Koboldshügel), der 378 Meter erreicht.

Die Seenplatte bietet keine Kleinigkeiten an: der See Bolmen mißt 185 Quadratkilometer, der See Åsnen 160 Quadratkilometer, während Vidöstern, Flåren, Rusken, Rymmen, Örsken, Möckeln und Helgasjön etwas kleiner sind. Im Ganzen trägt die Seenplatte dreißig bedeutende Seen, die früher weitgehend zusammenhingen. Heute wird das westliche Småland von den Flüssen Bissan und Lagan, das mittlere vom Mörrumså und das westliche vom Emå durchzogen. Die beiden ersteren fließen ins Kattegat, die beiden letzteren in die Ostsee. Småland besitzt eine 250 Kilometer lange Ostseeküste, die teilweise durch die vorgelagerte Insel Öland geschützt ist, denn der Kalmarsund, der Öland von Småland trennt, ist 137 Kilometer lang. Die Ostseeküste von Småland, an der drei bedeutende Städte liegen, weicht, wie die Vätterküste, vom kargen Binnenland stark ab.

Die Entwicklung von Småland wurde weitgehend dadurch geprägt, daß die südliche Grenze dreihundert Jahre lang – bis 1658 – gleichzeitig die schwedische Reichsgrenze gegen Dänemark war. Viele kulturelle Einflüsse drängten aus dem Süden nach Småland vor und trugen zu jener Eigenständigkeit bei, die die Småländer charakterisiert und sie öfters in Opposition zum Gesamtreich brachte. Wie in den Nachbargauen, so finden sich auch in Småland viele Funde aus der Stein- und Bronzezeit. Auch hier herrschte vor rund 4000 Jahren eine goldene Zeit, in der das Klima fast tropisch war. Auf Steinkisten, Steinhaufen und Grabhügel stößt man fast überall, wenn auch Värend darin hervortritt. Sumpferz gab es reichlich, so daß die Eisenzeit hier früh begann. Bei Ingelstad unweit von Växjö befindet sich ein Grabfeld von imponierender Größe: um den Inglingehügel, der sechs Meter hoch ist und einen Durchmesser von 36 Metern hat, scharen sich hundert weitere Grabhügel, zahlreiche Steinkisten, mehrere Steinhaufen und zwei Schiffssetzungen. Ein verzierter runder Stein krönt den Haupthügel, und er soll, der Überlieferung nach, ein Königssitz gewesen sein. Hier war der erste Thingplatz von Värend, wo man sich versammelte, wenn etwas zu entscheiden war, und hier wurden in heidnischer Zeit große Opferfeste abgehalten. Noch als der aufrührerische Smålandführer Nils Dacke zum Widerstand gegen Gustav Wasa aufrief, hieß er die Smålänningar nach Inglingehög kommen.

Die alten Durchzugsstraßen durch Småland folgten im westlichen Landesteil den Flußläufen von Lagan und Nissan. Hier findet man bei Smålandsstenar, dem ehemaligen Zentrum Finnvedens im Flußtal vom Nissan, fünf Richterringe aus heidnischer Zeit. Zu den ältesten Runensteinen zählt der Forshedastein, der vom alten ›Volkland‹ Finnheden (später Finnveden) berichtet. Der Apostel von Småland war St. Sigfrid, derselbe, der um das Jahr 1000 den Schwedenkönig Olof Skötkonung in Husaby, Östergötland, getauft hat und der aus der unter dänischer Oberhoheit stehenden Stadt Lund kam. Die Einflüsse aus dem damals noch dänischen Schonen waren stark; bereits Mitte 1100 fing man an, in Rydaholm zwischen Värnamo und Växjö einen großen Dom nach dem Vorbild der gleichzeitig aufgeführten Kathedrale zu Lund zu bauen, der – obzwar später umgebaut – die beiden charakteristischen Türme und den lombardischen Baustil erkennen läßt. Eine große Rolle spielte das am Nordende des Sees Rusken 1140 gegründete Zisterzienserkloster Nydala, dessen Name eine Übersetzung von ›Clairvaux‹ ins Schwedische ist. Das Kloster hing mit den gleichzeitigen Zisterzienserneugründungen in Alvastra und auf Lurö im Vänersee zusammen.

Um 1200 wurde eine ganze Reihe Steinkirchen im Volkland Möre – also in der Kalmargegend – errichtet, die gleichzeitig als Befestigungen gegen Seeräuber dienten. Hossmo, Halltorp und Kläckeberga können hervorgehoben werden wie auch die eigenartigen Rundkirchen in Hagby und Voxtorp. An der Ostseeküste und an den großen Verkehrslinien im Binnenland wurden um dieselbe Zeit Befestigungen und Burgen gebaut; so Piksborg am See Bolmen, Trollaborg am Furen, Bergkvara und Kronoberg am Helga-See, Hultabodaö bei Vetlanda und Näs auf der Vätterseeinsel Visingsö. Die großen mittelalterlichen Aristokratenfamilien Bielke, Bonde, Trolle, Oxenstierna und Natt och Dag stammen aus dem småländischen Küstenland, obgleich sie später auch in Uppland und Sörmland ansäßig wurden. Die führenden Adelsfamilien Sture, Stenbock, Brahe, Gyllenstierna, Stålhammar, Königsmarck und Stackelberg hatten früh Besitze in Småland, und es gab einen gewissen Gegensatz zwischen den aristokratischen Landesteilen und den Bauern auf der Hochebene. So war der Aufrührer Nils Dacke, der sogar ausländische Botschafter unterhielt, ein typischer Bauernführer, der aber auf Unterstützung von Dänemark rechnen konnte. Die Dänen waren überhaupt interessiert, den Unabhängigkeitswillen von Småland aufrechtzuerhalten, um ein neutrales Gebiet zwischen den dänisch gewordenen südschwedischen Gauen und dem Rest von Schweden zu schaffen. Nach der Wiedervereinigung der Südprovinzen Schonen, Halland und Blekinge mit Schweden 1658 unterhielten die Dänen lange in diesen Gebieten und in Småland eine Widerstandsbewegung, deren Mitglieder snapphanar (Schnapphähne) genannt wurden.

Nach dem berühmten schwedischen Dichter und Bischof von Växjö Esaias Tegnér veranlaßten der spätere Friede, die Kartoffeln und das Impfen in Småland eine Volksvermehrung ohnegleichen; tatsächlich kamen die großen Massen schwedischer Auswanderer im 19. Jahrhundert aus Bohuslän, Dalsland und Småland. Doch wurde auch hier das Eisenbahnnetz ausgebaut und die Industrialisierung eingeleitet, vor allem in der Holz-, Glas- und Metallverarbeitung. Heute durchziehen gute Autostraßen das Land, dessen Hafenstädte, mit Kalmar als Zentrum, einen immer wachsenden Seeverkehr vermitteln.

Am Vättersee

Die Straße an der Ostküste des Vättersees wird nicht ohne Grund als die schönste Straße Schwedens bezeichnet. Bei Ödeshög in der westlichsten Ecke von Östergötland vereinigt sich die von Stockholm kommende Straße mit der von Askersund ausgehenden Küstenstraße, die dann über Gränna nach Jönköping weiterführt. Hier ritten einst auch die Schwedenkönige ihre Eriksgata, und bei Uppgränna huldigten ihnen die Smålänningar. Die Grenze zwischen Östergötland und Småland wird von der bewaldeten Anhöhe Hålaweden gezogen, die zwischen den Seen Vättern und Sommen verläuft und schöne Aussichtspunkte gewährt.

Als nördlichste Stadt Smålands liegt an der Westseite des Sees Sommen die moderne Industriestadt Tranås, in der Pelzwaren verarbeitet und Möbel hergestellt werden. Die Stadt ist als Gartenstadt angelegt, und auf dem See Sommen können Ausflüge mit Taxibooten gemacht werden.

Gränna am Vättern ist zwar der Einwohnerzahl nach weit kleiner als Tranås, jedoch ein Ort mit Vergangenheit und eines der größten Touristenzentren von Schweden. Die Lage am untersten Abhang des Grännagebirges gegenüber der Märcheninsel Visingsö ist unvergleichlich; oberhalb der Stadt erhebt sich die dekorative Ruine des Schlosses Brahehus. Es ist, als ob das harte Klima Schwedens für Gränna und für Visingsö Ausnahmen gewährt hätte: hier gelangen Pfirsiche, Aprikosen, Walnüsse und Maulbeeren im Freien zur Reife, und die Birnen von Gränna sind berühmt.

Gränna hat eine vornehme Vergangenheit, es war für einige Jahrzehnte um die Mitte des 17. Jahrhunderts die Hauptstadt der eigenartigen Grafschaft Brahe. Per Brahe d. Ä. war 1569 Graf von Visingsborg geworden, und zur Grafschaft gehörten die Vätterinsel Visingsö und ein Teil der Ostküste Vätterns mit Gränna. Die kleine Insel Visingsö, die man von Gränna aus mit dem Schiff in einer Dreiviertelstunde erreicht und auf der in der ersten Augustwoche Festspiele abgehalten werden, kann auf eine bemerkenswerte Vergangenheit zurückblicken. Sie war schon in der Steinzeit bewohnt, Wikingerfürsten haben hier residiert, und im frühen Mittelalter suchten die schwedischen Könige oft Zuflucht in der festen Burg Näs an der Südspitze der Insel. Fünf schwedische Könige sind hier gestorben, als letzter der Sohn von Birger Jarl, König Magnus Ladulås, im Jahre 1290. Später, als sich der Schwerpunkt des Reichs nach Osten verschob, verlor Visingsö an Bedeutung, und die hohen Vätterwellen brachten das verlassene Schloß Näs zum Einsturz. Per Brahe d. J. baute sich dann im 17. Jahrhundert hier das prächtige Schloß Visingsborg und eine noch heute sehenswerte Kirche, die unter anderem in der Sakristei die Brautkrone der Ebba Brahe bewahrt, die Gustav Adolf so sehr geliebt hat. Es gibt aber außer dieser Brahe-Kirche noch die aus dem 12. Jahrhundert stammende Kirche von Kumlaby mit schönen Wandmalereien aus dem 15. Jahrhundert.

Etwas südlich von Gränna, dem Mittelpunkt der Insel gegenüber, erhebt sich das Schloß Västanå, früher ein Brahescher Besitz, seit 1785 aber in den Händen der adligen Familie Gyllensvaan. Der Gründer dieses Fideikommisses hatte als Einziger in Schweden erreicht, daß beim Aussterben des Mannesstamms die weibliche Erbfolge unter der Bedingung gilt, daß der Inhaber des Schlosses alleine den Namen Gyllensvaan führt. So heißt der jetzige Inhaber des Schlosses, ein Freiherr von Otter, Gyllensvaan, während seine Familie den Namen Otter trägt. Eine alte Ruine mit wunderbarem Blick auf den Vättersee und Visingsö hat der letzte Majoratsherr zu einem Prachthotel ausgebaut, dem er den Namen Gyllene Uttern (Goldene Otter) gab.

Hinter dem Grännagebirge breitet sich auf großer Höhe der wilde See Ören aus, wo der Märchenmaler John Bauer seine Motive fand. Spiegelnde, dunkle Gewässer, finstere Waldtiefen, moosbedeckte Steinblöcke, lichte Birken und verzerrte Baumstämme lieferten hier das Illustrationsmaterial für seine einst so populären Märchen. John Bauer selbst kam fast stilgerecht 1918 bei einem Schiffbruch auf dem stürmischen Vättersee um. Von den ›Koboldseen‹, die hundert Meter höher als der Vättersee liegen, stürzt ein Wildbach zu Tal, der durch die starke Fallhöhe viel Kraft liefert. Hier waren im Mittelalter sogar königliche Mühlen errichtet worden, und in den vierziger Jahren des 17. Jahrhunderts ließ Per Brahe d. J. die erste Papiermühle Smålands hier errichten. Seine hübsche Grafschaft verfügte über eine Hofkanzlei und ein eigenes Gerichtswesen, die beide viel Papier benötigten.

Der Hauptort am Vättersee ist das am Südende liegende småländische Jönköpping. Die von Stockholm kommende Autostraße gabelt sich hier nach Göteborg im Westen und Hälsingborg im Süden, wo die Fähre nach Helsingör geht, und lag ehemals an der Eriksgata der schwedischen Könige. Die Stadt liegt außerordentlich schön auf einer schmalen Landenge zwischen dem Vättersee und den zwei kleinen Binnenseen Munksjö und Rocksjö, und das hügelige Stadtgebiet verfügt über herrliche Aussichtspunkte. Unten, am langen Vätterkai, gewinnt man einen fast großstädtischen Eindruck. Industrie hat die Einwohnerzahl anwachsen lassen; 1845 gründete Lundström hier seine bekannten Zündholzfabriken (Jönköpings Säkerhetständstickor), die die Stadt weltbekannt machten, wovon noch heute ein Streichholzmuseum Zeugnis ablegt.

Jönköping wurde bereits 1284 Stadt, und das älteste Gebäude ist ein durch König Johan III. aufgeführtes Hospital, in dem man ein dem 1828 hier geborenen Dichter und Kulturphilosophen Viktor Rydberg gewidmetes Museum einrichtete. Jönköping wurde mehrmals durch Brände zerstört, es gibt daher nur noch wenige alte Gebäude; aus dem 17. Jahrhundert das Göta Hovrätt (Gerichtsgebäude), das alte Rathaus und jetzige Heimatmuseum und die Kristine Kyrka, sowie die teilweise noch aus dem 15. Jahrhundert stammende Kirche von Bäckaby. In dem im Westen gelegenen Stadtpark befindet sich ein Freilichtmuseum, ein gutes Restaurant und das beste Vogelmuseum von Schweden.

Mit Jönköping zusammengewachsen ist nunmehr die etwas östlicher liegende Industriestadt Huskvarna, wo ein größerer Fluß seit altersher zahlreiche Mühlen trieb. Um diese zu schützen, wurde im Mittelalter die Feste Rumlaborg aufgeführt, deren Ruinen man noch sehen kann. Metallindustrien, Konfektion und Möbelherstellung ernähren die Bevölkerung. Die Umgebung ist hübsch, und die Fallhöhe der zusammenhängenden Stromschnellen des Huskvarna-å beträgt 115 Meter. Wie Jönköping wegen der Zündhölzer, so war Huskvarna früher wegen seiner Nähmaschinen bekannt.

Das Binnenland

Das eigentliche Småland aber ist das weite Binnenland. Im Norden liegen auf dem Wege von Jönköping zur Ostsee die Städte Nässjö, Eksjö, Mariannelund und Vimmerby. Mit 330 Metern Meereshöhe ist Nässjö die am höchsten gelegene Stadt von ganz Götland und ein südschwedisches Wintersportzentrum. Drei kleine Binnenseen gehören zum Stadtbild, das durch moderne Industrie bestimmt ist. In der Vorzeit scheint hier ein bedeutendes heidnisches Zentrum gewesen zu sein, das Grabfeld Fagertofta mit Richterringen und Steinhaufen ist nach Ansicht der Archäologen von 1500 v. Chr. bis 1000 n. Chr. ununterbrochen benützt worden. Dabei entdeckte man eine Opferquelle, die etwas düstere Erinnerungen weckt. Torsa stenar (Steine von Torsa) geht auf die Wikingerzeit zurück.

Eksjö, eine Handels- und Garnisonstadt, stammt aus dem 15. Jahrhundert, hat aber unter Dänenplünderungen zu leiden gehabt, denen auch die alte Kirche zum Opfer fiel. Alte Erwerbszweige waren hier die Silberschmiedekunst und die Zinngießerei. In Verbindung mit dem Walpurgisfest werden in Eksjö seit altersher Reiterspiele abgehalten. Unter den alten Höfen, die erhalten werden, tritt der Forsell'sche Hof mit bedeckten Rundgängen (svalgång) in der Bauweise des Spätmittelalters hervor.

Vimmerby, heute eine Kleinstadt mit etwas Industrie, wird bereits 1364 als Markt und kurz darauf als Stadt erwähnt. Der Ort war ein Zentrum des Handels mit Rindern und der Gerbereien. Im frühen Mittelalter wurden die Rinder vorwiegend als große Zahlungseinheiten (pecunia) verwendet, und ganze Rinderherden wurden oft von einem Gau zum andern getrieben, z.B. wenn es galt, einen Hof oder Land zu kaufen. Als Bewertungsplatz bewährte sich immer Vimmerby. Ein eisenzeitliches Grabfeld verleiht dem Städtchen das Gepräge anerkannten Alters.

Als die mittleren Städte auf der Hochebene verdienen Värnamo, Sävsjö und Vetlanda Erwähnung. Värnamo am Fluß Lagan, der sich südlich der Stadt zum langgestreckten See Vidöstern erweitert, wird schon 1296 als Markt erwähnt, und war früher eine bekannte Thingstätte. Der Schuljugend Schwedens ist Värnamo durch ein Gedicht ›Värnamo marknad‹ (Der Markt von Värnamo) bekannt, wo ein junges Paar nach dem Zusammenbruch des schwedischen Staatshaushalts beim Tode Karls XII. erfährt, daß das Geld, das es für die Gründung seines eigenen Haushalts jahrelang gespart hatte, nichts mehr wert ist. So steht der Name Värnamo als ein Symbol für die Tragödie der Geldentwertung, die inzwischen in modernen Staaten für viele Menschen eine so schicksalhafte Rolle gespielt hat.

Sävsjö, südlich von Nässjö an der Bahnlinie zwischen Malmö und Stockholm, ist eine moderne Stadtschöpfung aus dem Jahre 1947, die in einer alten Kulturgegend liegt und einige uralte Kirchdörfer umfaßt. So stammen die Kirchen von Vallsjö und von Norra Ljunga aus dem frühen Mittelalter, während das Schloß Eksjöhovgård der Reichsverweserfamilie Sture im 15. Jahrhundert gehörte. Zeugnisse der Steinzeit und einige Runensteine zeugen auch hier von der Vergangenheit.

In der hübschen Villenstadt Vetlanda, östlich von Sävsjö, fing man schon um 1050 an, eine romanische Steinkirche zu erbauen, deren Mauern in der später mehrmals umgebauten Kirche noch zu sehen sind. Auch ein alter Runenstein wurde bei der Gründung in die Kirchenwand eingemauert, und ein Taufbecken des berühmten Meisters Bestiarius (um 1100) wurde eigens für diese Kirche geschaffen.

Die südlichen Städte der Hochebene sind Ljungby an der Straße Jönköping–Hälsingborg, und Växjö und Nybro zwischen Ljungby und Kalmar. Ljungby mit guten Sportmöglichkeiten im Sommer und im Winter geht als Stadt bis ins 11. Jahrhundert zurück und war schon sechshundert Jahre zuvor eine bekannte Thingstätte. Der Grabhügel Kungshögen, das Grabfeld von Kån-

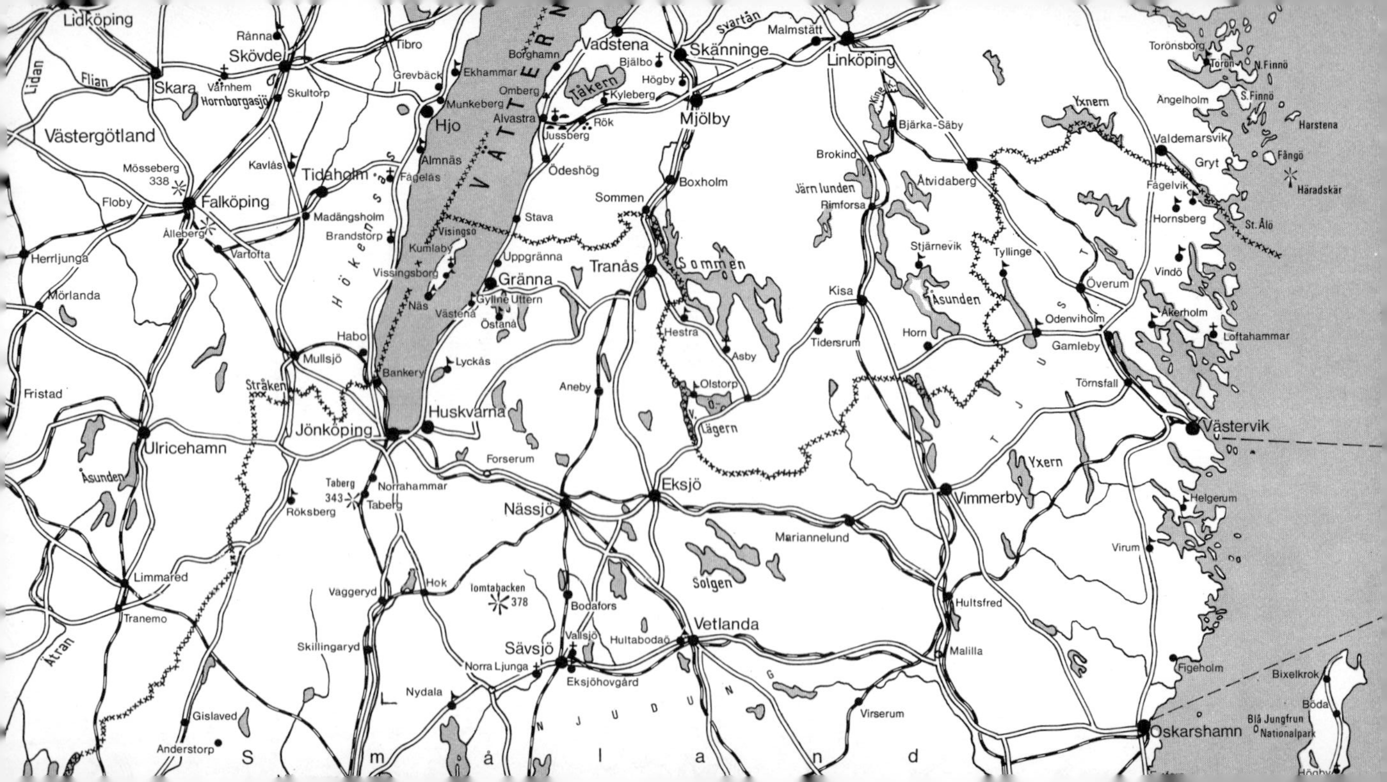

Lidköping
Rånna
Skövde
Tibro
Grevbäck
Ekhammar
Borghamn
Vadstena
Skänninge
Svartån
Malmstätt
Linköping
Torönsborg
Torön
N. Finnö
S. Finnö
Ängelholm
Harstena
Lidan
Flian
Skara
Värnhem
Hornborgasjö
Skultorp
Munkeberg
Omberg
Tåkern
Bjälbo
Högby
Kyleberg
Mjölby
Kine
Bjärka-Säby
Yxnern
Valdemarsvik
Gryt
Fångö
Häradskär
Västergötland
Hjo
Alvastra
Jussberg
Rök
Mösseberg
338
Kavlås
Tidaholm
Almnäs
Fågelås
Ödeshög
Boxholm
Brokind
Åtvidaberg
Fågelvik
Hornsberg
St. Ålö
Floby
Falköping
Madängsholm
Ålleberg
Vartofta
Brandstorp
Visingsö
Kumlaby
Stava
Sommen
Järn lunden
Rimforsa
Stjärnevik
Tyllinge
Vindö
Herrljunga
Vissingsborg
Uppgränna
Gränna
Tranås
Mörlanda
Näs
Västena
Gyllne Uttern
Östanå
Hestra
Åsunden
Kisa
Överum
Odenviholm
Åkerholm
Loftahammar
Gamleby
Tidersrum
Horn
Asby
Habo
Mullsjö
Bankery
Lyckås
Fristad
Stråken
Aneby
Olstorp
Lägern
Törnsfall
Västervik
Jönköping
Huskvarna
Ulricehamn
Forserum
Yxern
Taberg
343
Norrahammar
Eksjö
Nässjö
Vimmerby
Helgerum
Röksberg
Mariannelund
Virum
Limmared
Hok
Vaggeryd
Iomtabacken
378
Bodafors
Solgen
Hultsfred
Tranemo
Vetlanda
Ätran
Skillingaryd
Sävsjö
Vallsjö
Hultabodaö
Malilla
Norra Ljunga
Eksjöhovgård
Figeholm
Bixelkrok
Nydala
Virserum
Böda
Gislaved
Blå Jungfrun
Nationalpark
Oskarshamn
Anderstorp
Höken s
V Ä T T E R N
S o m m e n
T J U S T
N J U D U N G
S m å l a n d

Småland, Öland, Blekinge
0 10 20 30 km
Liljenäs
Vidöstern
Toftaholm
Moheda
Helga-sjön
Lenhovda
Mönsterås
Alsterån
Föra
Alböke
Löt
Borgholm
Egby
Solliden
Köping
Bredsätra
Långöre
Kapelluddèn
Högsrum
Gärdslösa
Ismantorp
Algutsrum
Runsten
Gråborg
Kalmar
N.Möckleby
Färjestaden
Torslunda
Öland
Vickleby
Resmo
Bårby
Rösslösa
Kastlösa
Mörbylånga
Hossmo
Hagby
Voxtorp
Halltorp
Värnanäs
Söderåkra
Bergkvara
Degerhamn
Ventlinge
Grönhögen
Ottenby
Karl X.-Mauer
Kyrkhamnskap.
Länge Jan
Kristianopel
Brömsebro
Ramdala
Torhamn
Langören
Ungskär
Utlängan
Inlängan
Sturkö
Senoren
Tjurkö
Aspö
Hasslö
Karlskrona
Lyckeby
Rödeby
Fridlevstad
Skärva
Hjortsberga
Listerby
Trömtö
Göholm
Karön
Edestad
Johannishus
Ronneby
Ekenäs
Karlsnäsgården
Ronnebyån
Blekinge
Eriksberg
Asarum
Karlshamn
Mörrum
Elleholm
Mörrumsån
Kyrkhult
Olofström
Ivösjön
Ysane
Sölvesborg
Listerlandet
Hanö
Sjöborg
Arup
Bromölla
Bäckaskog
Karsholm
Trolle-Ljungby
Rinkaby
Hammarsjön
Åhus
Råbelöv
Lillöhus
Kristianstad
Asum
Ugerup
Vä
Lyngsjö
Vittskövle
Ovesholm
Tollarp
Maltesholm
Vätteryd
Frostavallen
(Tier- u. Natur schutzpark)
Höör
Bosjökloster
Ringsjön
Marieholm
Svalöv
Röstånga
Ljungbyhed
(Skåne)
Schonen
Klippan
Perstorp
Tyringe
Finja
Hässleholm
Nävlingeåsen
Vinslöv
Knislinge
Broby
Glimåkra
Helgeå
Hästveda
Bjärnum
Osby
Lönsboda
Almundsryd
Tingsryd
Vissefjärda
Emmaboda
Möre
Älmhult
Delary
Möckeln
Åsnen
Ingelstad
Lessebo
Hovmantorp
Nybro
Kläckeberga
Orrefors
Växjö
Värend
Bergkvara
Bergnäs
Kronoberg
Älvesta
Rydaholm
Flåren
Össlöv
Replösa
Kånna
Vislanda
Ljungby
Bolmen
Finnveden
Hyltebruk
Torup
Simlångs-dalen
Traryd
Knäred
Markaryd
Ysby
Karsefors
Vallen
Vaxtorp
Högalteknall 226
Vittsjö
Åsljunga
Örkelljunga
Bälinge
Ostsee
Kalmarsund

na und die Schiffssetzung bei Öslöv verweisen auf die alte Besiedlung dieser Gegend. Aus der Gegend von Ljungby stammt die große schwedische Sängerin Kristina Nilsson (1843-1921), die spätere Gräfin de Casa Miranda. Sie verdiente ihr erstes Geld als Liedersängerin auf dem Marktplatz von Ljungby, wo sie zufällig durch den Amtsrichter entdeckt worden sein soll. Selbstverständlich hat die Stadt ihr ein Denkmal errichtet. Die ›Väter‹ von Ljungby sind die Wikinger Astrad und Götrad, Vater und Sohn, deren Großtaten ein Runenstein bei Replösa verewigt hat.

Die Hauptstadt Binnen-Smålands bleibt indessen Växjö, wo der Dichter, Historiker und Philosoph Esaias Tegnér von 1824 bis 1846 als Bischof wirkte. Wie Jönköping war auch Växjö Residenzstadt, und die Landeshauptmannschaft (Län) heißt nach der alten Schloßruine am Helga-See Kronoberg. Der Name soll ursprünglich Vägsjö gewesen sein und darauf hindeuten, daß fünf Wege sich an dem Helga-See kreuzten, ein Umstand, der Växjö zur natürlichen Hauptstadt von Värend machte. »Zu Ehren Gottes und St. Sigfrids«, stellte König Magnus Smek 1348 dem alten Marktort die Stadtprivilegien aus. Bereits 1172 war Växjö Bischofssitz geworden, und außerdem gründeten die Franziskaner hier ein Kloster. Der um 1300 erbaute alte schöne Dom wurde in den fünfziger Jahren vollständig restauriert. In ihm soll St. Sigfrid beerdigt worden sein, der Platz wird heute mit einem kreuzgekrönten S angegeben. Die Heiligenattribute des småländischen Apostels sind etwas makaber: drei blutige Köpfe in einem Faß: Es sind die Köpfe der von den Heiden ermordeten Neffen des Apostels. Wer Växjö besucht, sollte nicht versäumen, das bereits 1794 gegründete große Smålands Museum zu besuchen, dessen Glasabteilung besonders sehenswert ist.

Als eigentliche Glasmetropole von Småland ist die zwischen Växjö und Kalmar gelegene moderne Stadt Nybro bekannt. Innerhalb des Stadtgebiets gibt es nicht weniger als elf Glashütten. Die berühmteste Glashütte Schwedens ist jedoch das etwas nordwestlich von Nybro gelegene Orrefors, das 1726 zunächst als Eisenhütte angelegt wurde. Die geschliffenen und gravierten Kristallgläser von Orrefors sind in ganz Europa bekannt und werden wie die venezianischen und böhmischen Gläser gehandelt. Als Spezialität werden hier sogenannte Gral- und Arielgläser hergestellt, die Luft- und Farbblasen in der Glasmasse enthalten. Bekannte Glaskünstler Anfang dieses Jahrhunderts waren hier Simon Gate und Edward Hald, später Ingeborg Lundin und Nils Landberg.

Die småländische Ostseeküste

Drei Städte zieren die Ostküste von Småland, Västervik, Oskarshamn und Kalmar. Die Vorgängerin von Västervik, Gamleby, am innersten Teil der Bucht, wird schon 1275 erwähnt, wurde aber wegen der Landhebung 1433 weiter hinaus gegenüber der Burg Stegeholm verlegt. Västervik besitzt eine hübsche Altstadt mit Holzhäusern, eine mittelalterliche Kirche der hl. Gertrud mit Wandmalereien aus dem 17. Jahrhundert und einem Altar aus der Barockzeit von Precht, und ein Heimatmuseum (Tjustbyden Museum). Beim Aufstand des Bauernführers Nils Dacke zur Zeit Gustav Wasas diente Västervik den Aufrührern als Hafenstadt. Nach dem Sieg des Königs wurde hier eine Werft der schwedischen Krone angelegt. Diese wurde später von einer sogenannten ›Kompanie‹ übernommen und entwickelte sich zu einer der größten in Schweden, worunter die reichen Eichenbestände des ›Volklandes‹ Tjust sehr zu leiden hatten. Auch als Exporthafen der 1654 gegründeten Eisenhütte Överum spielte Västervik eine wachsende Rolle. Die Gegend ist reich an Schlössern und Gütern ehemals bekannter Aristokratenfamilien. Das Schloß Fågelvik gehörte Karl Knutsson Bonde, der dreimal König von Schweden war und im Jahre 1470 starb.

Oskarshamn hieß ehemals Döderhultsvik, erhielt aber 1856 die Stadtrechte und änderte seinen Namen zu Ehren des zweiten Bernadotte, Oskar I., zu Oskarshamn. Auch hier sind die Werften bestimmend gewesen, obwohl sich inzwischen eine Menge Industrien angesiedelt haben. Das Stadtgelände ist sehr hügelig, und von der Terrasse vor dem Rathaus hat man einen herrlichen Blick auf den weiten Kalmar Sund und die Trauminsel Blå Jungfrun (Blaue Jungfrau). Die runde Insel, heute Nationalpark, erhebt sich 87 Meter über dem Meer und besteht aus rötlichem Granit und Sandstein. Sie besitzt zahlreiche interessante Grotten, steile Abstürze und eine dekorative Baum- und Pflanzenwelt. In der Grotte ›Kyrkan‹ (Kirche) feierte der originelle schwedische Dichter Werner von Heidenstam 1896 seine Hochzeit.

Zum Stadtgebiet von Oskarshamn gehört das Herrenhaus

Fredriksborg, das im gustavianischen Stil vor rund zweihundert Jahren erbaut wurde. Am interessantesten in Oskarshamn ist das Döderhultarmuseum, dessen Künstlername Döderhultaren lautete, mit den phantastischen Holzskulpturen des Künstlers Axel Petersson (1868-1925). Etwas südlich von Oskarhamn mündet der Fluß Emån, und hier bei der letzten Stromschnelle liegen das alte Adelsgut Em und die Papiermühle Emsfors. Der kleinere, etwas südlicher fließende Strom Alster bildet die geschichtliche Grenze zwischen den Volkländern Tjust und Möre, dessen Hauptstadt Kalmar war. Zwischen den Mündungen von Emån und Alster-ån liegt der alte Flecken Mönsterås.

Kalmar wird bereits im 12. Jahrhundert als Stadt erwähnt und genoß im folgenden Jahrhundert als schwedische Hafenstadt denselben Rang wie Visby, Söderköping und das neugegründete Stockholm. Wegen der Kalmarer Union von 1397 ist die Stadt in ganz Skandinavien bekannt. Das aus dem 12. Jahrhundert stammende Schloß, das von den ersten Wasa-Königen im Stil der Renaissance umgebaut wurde, gilt als das prachtvollste seiner Art in Schweden. Immer wieder von den Dänen belagert, gestürmt und besetzt, hat sich die starke Burg doch wundervoll erhalten. Der alten Stadt zu ihren Füßen ging es schlechter; sie wurde nach einem Brand 1647 auf die Insel Kvarnholmen (Mühleninsel) jenseits der Schloßbucht verlegt. Um weitere Brände und Totalzerstörungen zu verhüten, wurde befohlen, steinerne Häuser zu bauen, wofür sich der sogenannte Ölandstein, ein Sandstein von der großen gegenüberliegenden Insel, anbot.

Kalmar liegt an der engsten Stelle der langen Meerenge zwischen dem Festland und der Insel Öland. Die Entfernung beträgt hier fünf Kilometer, die 1970 durch eine über sechs Kilometer lange moderne Brücke überwunden wurden. Das Klima von Kalmar ist von einer für Schweden ungewöhnlichen Milde, Walnuß- und Maulbeerbäume, Pfirsiche, Steineichen, Efeu und sogar Rebstöcke gedeihen hier. Kvarnholmen gilt als die ›karolinischste‹ Altstadt Schwedens, viele Häuser und Straßen stammen aus der Zeit Karls XII.; besonders berühmt sind die Häuserreihen der Kaggensgata, die ihren Namen nach Graf Lars Kagg, dem Feldmarschall Gustav Adolfs trägt. Am Stortorget (Großer Markt) befinden sich der von N. Tessin d. Ä. 1660 entworfene und im Jahre 1682 eingeweihte Dom, ein Zentralbau im Stil des italienischen Barock, und das hübsche Rathaus vom Ende des 17. Jahrhunderts, das nach einem Brand im 18. Jahrhundert neu errichtet wurde. Gegenüber liegt das Stadthaus aus dem ersten Drittel des 19. Jahrhunderts im klassizistischen Stil.

Das gewaltige Schloß liegt auf einer eigenen Insel dicht vor dem heutigen Stadtpark. Den Zutritt gewinnt man in romantischer Weise über eine Fallbrücke und durch alte Außenwerke, sodann folgen zwei Torgewölbe. Auf dem Schloßhof erhebt sich ein Brunnenhaus im Stil der Renaissance. Wie das Schloß mit seinen mächtigen Türmen zu verschiedenen Zeiten ausgesehen hat, geht aus Modellen im Grünen Saal hervor. Im Hauptstockwerk sind die Festsäle König Erik XIV. und Johan III. wiederhergestellt: der Goldene Saal, der Rautensaal, der Graue Saal, König Eriks Gemach, das Alte Königsgemach usw. Die hübsche Schloßkirche (1592) wird häufig für Hochzeiten benutzt, und das Historische Kalmar-Museum hat seinen Platz im Schloß erhalten. Von Interesse sind hier unter anderem die Silber- und Goldschätze aus der Völkerwanderungszeit, die sich in Schweden und ganz besonders in Götaland häuften.

Parkanlagen und Gärten sind in Kalmar ausgedehnt und musterhaft. Einige Teile der Stadtmauern, das schöne Stadttor ›Der Kavalier‹, St. Eriks Schanze und der mit einer Gedächtnissäule markierte Platz, wo die mittelalterliche Kirche stand, erinnern an vergangene Zeiten. In dieser verschwundenen Kirche ließ die Unionskönigin Margareta einst 1397 ihren Großneffen Erich von Pommern, als Erik XIII., zum nordischen Unionskönig krönen. Etwas südlicher erstreckt sich die Landzunge Stensö in die südliche Ostsee; hier ging der flüchtige Gustav Wasa – von Lübeck gekommen – am 31. Mai 1520 an Land und begann das Befreiungswerk gegen die übermütigen Dänen. Der Gedenkstein, der hieran erinnert, ist von dem späteren König Ludwig XVIII. von Frankreich errichtet worden; auf Grund der seit Richelieu und Gustav Adolf bestehenden engen Freundschaft Schwedens zu Frankreich und dessen Königen hielten sich nach der Revolution die vertriebenen Bourbonen lange in Kalmar auf. Gustav Wasa ging damals von dem unionsfreundlichen Kalmar nach Mora in Dalarna, weil ihm die Smålänningar zu unzuverlässig erschienen.

Kalmar war immer eine Hafenstadt; die Wasakönige unterhielten hier Schiffswerften für die Marine, und in alter Zeit wurde hier

Eisen exportiert. Die Tuchfabrikation hat in Kalmar Tradition, und die allgemeine Industrialisierung in Schweden hat auch Kalmar längst einbezogen. Die Umgebung bietet reichlich Badegelegenheiten, das Sommerleben ist rege, vor allem dient Kalmar auch als Ausgangspunkt für Ausflüge nach der benachbarten Insel Öland, die eine eigene Welt darstellt.

Die Insel Öland

Die langgestreckte Insel Öland, die heute, zusammen mit Südost-Småland, zur Landeshauptmannschaft (Län) Kalmar gehört, ist mit ihren rund 1350 Quadratkilometern der kleinste der historischen Gaue Schwedens. Die Insel ist ein Kalkplateau mit einer ungefähren Länge von 135 Kilometern, einer wechselnden Breite von drei bis fünfzehn Kilometern und, in ihrem Westteil, von rund fünfzig Metern Höhe. Schon der große Naturforscher Carl von Linné stellte fest, daß Öland »ganz anders als alle sonstigen Landesteile Schwedens ist«. Ein altes schwedisches Sprichwort besagt, daß wer das Ausland sehen will, nur nach Öland zu fahren braucht. Strindberg nannte Öland »das am meisten französische aller schwedischen Länder«. Der Dichter Erik Axel Karlfeldt nahm die Motive für seine Sammlung ›Flora und Bellona‹ von Öland, und fast alle größeren schwedischen Schriftsteller sind nach Öland gepilgert. Die eigentümliche Farbigkeit des wechselnden Lichts über der weiten Hochfläche des Alvar, der endlose Himmel, der Insel und Meer überwölbt, lockte stets zahlreiche Landschaftsmaler an. Für Geologen, Geographen, Zoologen und Botaniker wurde Öland früh zu einem Paradies; denn diese eigenartige Insel unterscheidet sich in der Tat stark vom Festland.

Ganz anders als in Småland liegt das Urgebirge hier mindestens 200 Meter unterhalb der Bodenfläche, darüber liegen die späteren, vorwiegend kambrischen Erdlager: Sandstein, Kalkstein und Schiefer. Die Insel ist flach, jedoch verlaufen den beiden langen Küsten entlang einige Kilometer landeinwärts zwei alte Strandwälle aus der Ancylus-Zeit, in der die Ostsee noch ein Binnenmeer war. Diese Abrasionsformationen sind im Norden von quergehenden Ablagerungen der Eiszeit unterbrochen, im Süden schließen sie eine eigenartige Heidelandschaft ein, die man Alvar nennt. Zwischen Strandwall und Meer breitet sich ein schmaler fruchtbarer Küstenstreifen aus, der landwirtschaftlich genutzt wird. Der Wald beschränkt sich vorwiegend auf den nördlichen Teil (Kronopark) der Insel, wo Hornsjön, der einzige Binnensee, liegt. Das Stora Alvar im Süden umfaßt ungefähr ein Drittel der Inselfläche und besteht aus einer Mischung von Steppe, Heide und Karst. Der Boden besteht hier aus Ortocerkalk, enthält aber Spalten, in denen sich Schmelz- und Regenwasser sammeln. Teile der Erdoberfläche sind völlig kahl und vegetationslos, anderwärts trifft man eine Pflanzenwelt an, die sich aus sibirischen, alpinen und südeuropäischen Steppengewächsen zusammensetzt. An den Rändern des Heidelands gibt es Verwitterungsböden und Moränenkies, die zum Teil Laubwald und Weideland tragen, das der Viehwirtschaft, unter anderem auch der Pferdezucht, dient. Das Alvar blüht von Mai bis Juni in einer farbigen Blumenpracht ohnegleichen. An den Spalten des Kalkgrunds, die es dränieren, gedeiht eine üppige Buschvegetation: Schlehdorn, Hagedorn, Mehlbeeren, Faulbaum, Heckenrosen und wilde Apfelbäume. Bunte Heuschrecken aller Art gibt es in großer Zahl, und die feuchten Senken werden von zahllosen Vogelarten bevölkert. Im September ruhen sich hier regelmäßig die großen Schwärme der Kraniche aus, ehe sie ihre Reise in den Süden fortsetzen.

Öland hat ein mildes Klima und wenig Niederschläge; doch das Ostseewasser wird erst im Juli so warm, daß man baden kann. Über zweihundert Jahre war ganz Öland königliches Jagdgebiet; 1569 ließ Johan III., der Borgholm zu einem der größten Schlösser Schwedens ausbaute, die Insel als solches proklamieren, und erst 1801 wurde diese Verordnung wieder aufgehoben. Bei hohen Strafen war es den Einwohnern verboten, Wild zu fangen oder zu erlegen. Wenn die Saat reif wurde, erschreckten daher berittene Bauernwachen Hirsche und Rehe mit Geschrei und Lärm, mit Klappern und Kienfackeln, um sie von den Feldern abzuhalten; aber die Wildschweine ließen sich dadurch nicht abschrecken. Linné erzählt um 1740, daß diese wie Pflüge durch die Saaten streiften. Trotzdem mahlte die Bevölkerung offenbar viel Getreide, denn um 1780 zählte man rund tausend Windmühlen auf Öland, von denen noch heute eine große Zahl erhalten ist, die als pittoreske Akzente in der Landschaft stehen.

In den siebziger Jahren des 18. Jahrhunderts, nach dem ›Pommerschen Kriege‹ kamen die Kartoffeln nach Öland; Gerste und

Roggen waren hier seit altersher heimisch. Heute ist der Zwiebelanbau führend, hinzu kommen Ölfrüchte, Samenanbau, Zuckerrüben und Futterpflanzen. Neben der Landwirtschaft ist die Fischerei (Dorsch, Ostseehering, Scholle und Steinbutt) der Haupterwerb der Bevölkerung.

Burgen, Kirchen und Kulturzentren auf Öland

Öland besitzt eine vieltausendjährige Vergangenheit: Steinkisten, Steinhaufen und Grabhügel aus der Bronzezeit trifft man vielenorts an, auch Richterringe und Schiffssetzungen. Beim Beginn der Völkerwanderung scheint die Insel über einen gewissen Reichtum verfügt zu haben, der viele Angreifer anlockte. Aus dieser Zeit stammen die zahlreichen Altburgen, deren Ruinen über die Insel verstreut sind, und unter denen Ismantorp und Gråborg die größten waren. Eigentliche Städte besaß das alte Öland nicht, jedoch scheinen Großdörfer vorhanden gewesen zu sein. Die Ringmauer der Altburg Gråborg mißt 611 Meter, und innerhalb der Mauer von Ismantorp, die neun Tore hatte, hat man 88 Hausfundamente gefunden. Als die am schönsten gelegene unter den größeren Altburgen wird Bårby gepriesen, die auf dem westlichen Strandwall (Västra landborgen) im südlichen Inselteil gelegen ist; unweit von Bårby bei Rösslösa markiert ein Steinhaufen aus der Bronzezeit den höchsten Punkt der Insel, der 58 Meter Meereshöhe mißt. Aus der Wikingerzeit und den Zügen nach Miklagård (Konstantinopel) und der Küste des Kaspischen Meeres stammen die reichen Funde an arabischen Münzen; das ›Forgallaschiff‹ bei Byxelkrok und ›Die Arche Noah‹ bei Karum sind Schiffssetzungen aus dieser Zeit, die von der Größe der damaligen Unternehmungen zeugen. Rund hundert erhaltene Runensteine geben Bescheid über Namen und Familienverhältnisse der Ostlandfahrer.

Um das Jahr 1000 wurde wohl die erste Steinkirche in Runsten an der Ostküste erbaut, doch waren damals möglicherweise noch ältere hölzerne Kirchen vorhanden. Der Name hängt indessen nicht mit Runenstein (schwedisch: runsten) zusammen, sondern stammt von dem altschwedischen Wort Roni (Erguß), was auf eine Quelle weist. Für die im Sommer wasserarme Insel waren die Quellen kostbar, sie mußten geschützt werden und wurden so oft zu Heiligtümern gemacht. Die alte einfache Satteldachkirche von

Runsten wurde 1832 umgebaut und renoviert, birgt aber alte wertvolle Kunstschätze. Nach 1100, als Öland zum eigenen Stift geworden war, entstehen mehrere Steinkirchen. Zentrum war damals Köping (Kaupinga) unweit von Borgholm. 1177 wurde die Insel der Diözese von Linköping einverleibt, und der Einfluß Östergötlands wird bestimmend. Die alten steinernen Satteldachkirchen wurden jetzt durch Türme und Obergeschosse zu Festungen ausgebaut, denn die Seeräubergefahr war groß und bestand immer. Unter den 35 Kirchen Ölands sind die folgenden von besonderem Interesse: Runsten, Löping, Gärdslösa, Resmo, Kastlösa und Vickleby; gut sichtbar sind die Festungstürme in Högby, Persnäs, Föra, Löt, Bredsätra, Högsrum, Mörbylånga, Källa und Ventlinge. Im 12. Jahrhundert waren die Steinmeister Hegwald und Byzantios, im 13. Jahrhundert Calcarius auf Öland tätig. Die Taufbecken zu Algutsrum, Egby und Alböke stammen aus ihrer Hand. Der gotländische Einfluß ist am Südportal der Gärdlösa Kirche und den Turmscharten bei Långlöt deutlich erkennbar.

Obwohl viele Fähren zwischen dem Festland und Öland verkehrten, ging die Hauptverbindung immer über Kalmar und Färjestaden (Fährenstadt). Hier lag ein altes Freigut, das dem Urgroßvater von Gustav Wasa, dem Ritter Kristiern Nilsson Wasa, gehörte. Auch heute noch ist Färjestaden ein wichtiger Ort im Zentrum der langen Insel, die man von hier aus über Torslunda nach Norra Möckleby durch einen neugepflanzten Waldbezirk durchqueren kann. Die Hauptstraßen sind die nord-südlich parallel laufenden Längswege auf den beiden Strandwällen.

Von Färjestaden der westlichen Straße entlang in Richtung Norden erreicht man nach dreißig Kilometern die Inselhauptstadt Borgholm mit der prachtvollen Burgruine, die durch den schönen Park Borgahage mit der königlichen Sommerresidenz Solliden verbunden ist. Sie gehört heute dem König Karl XVI. Gustav und wurde ursprünglich für seine Urgroßmutter, die Königin Viktoria, geborene Prinzessin von Baden, gebaut. Die Stadt ist klein und hübsch, die Ruinen der Burg gewähren einen wunderbaren Blick über die Meerenge auf die gegenüberliegende småländische Ostküste. Auf diesem idealen Platz dürfte bereits eine Altburg vorhanden gewesen sein. Im 12. Jahrhundert ließ der schwedische König hier einen Festungsturm aufführen, und kurz darauf wurde eine feste Burg erbaut. König Magnus I. Ladulås hat hier zeitweise residiert, und sein jüngerer Sohn erhielt die Burg als Erbe. In den siebziger Jahren des 16. Jahrhunderts wurde die Burg von König Johan III. und seinem Baumeister Pahr im Stil der Renaissance umgebaut und vergrößert. 1651-54 residierte hier der Kronprinz Karl Gustav von Pfalz-Zweibrücken in Erwartung des nie erfolgten Ja-Worts seiner Cousine, der Königin Christine. Er soll in dieser Zeit unbeschreibliche Mengen von Bier zwischen seinen Jagdzügen getrunken haben. Borgholm wurde in dieser Zeit als uneinnehmbar angesehen, und in der Tat belagerte sie der Reichsverweser Sten Sture d. Ä. in den Unionskriegen vergebens; Befehlshaber auf dem Schloß war damals sein eigener dänisch gesonnener Schwager Ivar Axelsson Tott, der aber zum Schluß die Flucht ergriff, so daß Sten Sture ohne Schwertschlag seinen Einzug halten konnte. 1676, als die Dänen die Rückeroberung der wiedervereinigten Landesteile Schonen, Blekinge und Halland versuchten, verteidigte sie der schwedische Admiral, Graf Hans Wachtmeister, mit Erfolg.

Die Fassaden des Schlosses wurden später durch Graf N. Tessin d. Ä. verändert, das große Hauptportal wurde gänzlich barockisiert. Zu Beginn des 19. Jahrhunderts, im Jahre 1806, wurde das ganze mächtige Schloß das Opfer eines Brandes. Der Grundriß zeigt heute einen geschlossenen rechteckigen Burghof in Proportionen, die nur mit dem gewaltigen Burghof des Schlosses von Stockholm vergleichbar sind. Der Westflügel, in dem die Königsgemächer von Johan III. lagen, ist verhältnismäßig gut erhalten; unter dem Nordturm befindet sich der tiefe ›bodenlose‹ Jungfernbrunnen. Im Mittelgeschoß befand sich der Reichssaal und der Audienzsaal, die runde Küche aus der älteren Wasazeit ist noch gut erkennbar.

Einige Kilometer östlich liegt der alte Hauptort Köping an der Innenseite einer westlichen Bucht, und an der Ostseite ragt die Halbinsel Kapelludden in die offene Ostsee. Hier befand sich im Mittelalter der bedeutende Flecken Sikehamn oder Sikavarp, dessen Privilegien 1580 aus Konkurrenzgründen auf Veranlassung der Bürger in Kalmar eingezogen wurden, wonach der Ort binnen kurzem spurlos verschwand. Die Ruinen einer Kapelle und ein steinernes Kreuz findet man noch in der Nähe. Diese Kapelle zu Långöre soll der irischen Heiligen, Brigida geweiht gewesen sein. Erstaunlicherweise wurde der Sarg der hl. Birgitta, die in

Rom gestorben war, am 28. Mai 1374 hier in Sikavarp an Land gebracht, bevor man ihn nach Söderköping und weiter nach Vadstena brachte.

Ein wichtiger Industrieort von Öland ist Degerhamn im Süden, wo die Ölands Cement A/B ihre Anlagen hat, noch südlicher liegt Grönhögen, wo die Ölands Ytong A/B arbeitet. Steinbrüche gab es hier seit Urzeiten, und aus dem Schiefer gewann man Alaun. Die Südspitze der Insel wurde durch den späteren König Karl x. Gustav mit einer fünf Kilometer langen Mauer abgetrennt, die als Hindernis für die Hirsche gedacht war, jedoch schlecht funktionierte, weil die Hirsche weit höher als berechnet springen konnten. Hier liegt der alte Königshof Ottenby, den Gustav Wasa zu einem Mustergut machte. Unter anderem versuchte man hier durch Kreuzung mit ausländischen Rassen das schwedische Schaf zu verbessern; selbstverständlich gab es auch ein Gestüt. Heute ist Ottenby Hain ein schön bewaldetes Naturreservat, wo sich rund hundert Damhirsche herumtreiben. Ein Vogelmuseum ergänzt das Reservat, das den Touristen zugänglich ist. An der äußersten Südspitze befindet sich der ›Långe Jan‹, mit 42 Metern noch heute der höchste Leuchtturm in Schweden, obwohl bereits 1784/85 erbaut. Das Baumaterial dazu nahm man von der verlassenen Kapelle des ausgestorbenen Fischerhafens Kyrkohamn (Kirchenhafen). An der Nordspitze von Öland heißt einen in weit bescheidenerer Art der Leuchtturm ›Långa Erik‹ willkommen.

Die Wunderinsel Gotland und die Rosenstadt Visby

Gotland – die größte Ostseeinsel

Für die Schweden ist Gotland ihre ›Mittelmeerinsel‹. Die Entfernung von der småländischen Ostküste beträgt rund 90 Kilometer, und die Ostsee ist hier bis zu 200 Meter tief. Die Inselfläche umfaßt rund 3000 Quadratkilometer, die Länge ca. 120 Kilometer, die größte Breite 53 Kilometer. Im Norden schließt sich die durch eine schmale Meerenge getrennte Insel Fårö mit ihren 110 Quadratkilometern an. Dicht an der Westküste ragen die eigenartigen kleinen Felseninseln Stora Karlsö und Lilla Karlsö aus den Tiefen, und ein gutes Stück nördlich von Fårö erhebt sich die merkwürdige Flugsandinsel Gotska Sandön. Sie ist nur 36 Quadratkilometer groß, ein botanisches Unikum und seit 1963 Nationalpark.

Wie Öland, so unterscheidet sich auch Gotland stark von den übrigen schwedischen Landschaften. Die Erdlager gehören dem Silursystem an, dessen gotländische Erscheinungsform auch ›Gotlandium‹ genannt wird. Kalk- und Mergelsteine dominieren, wenn es auch im Süden Sandstein gibt. Am phantastischsten ist die lange Nordwestküste, denn hier haben die Wellen eine skulpturale Tätigkeit entfaltet, die die merkwürdigsten Felsenformationen zustande brachte. Schwedisch werden diese Küstenfelsen ›klinter‹ und ›raukar‹ genannt. Im Inneren der Insel treffen wir hier und da auf ein Tafelland, das sich in Stenkumla und Lojstahed rund 80 Meter über dem Meer erhebt. Die berühmteste Erhebung ist jedoch Torsburgen, ein Kalkplateau, das sich bis zu 70 Meter Meereshöhe unmittelbar aus dem Walde emporrichtet und eine riesige Altburg, vermutlich aus der Völkerwanderungszeit, getragen hat.

Das Kalkgebirge ist reich an Fossilien, und aus diesen schließen die Geologen, daß sich die Bergarten Gotlands in einem tropisch warmen Meere gebildet haben. An den Ufern kann man alle Arten von Petrifakten antreffen, die die Wellen ans Land spülen: versteinerte Algen, Korallen, Triboliten, Armfüßler, winzige Tintenfische, Muscheln und Schnecken. Besonders hübsch sind die versteinerten Seelilien, und sogar eine Art von Skorpionen scheint auf Gotland in den Urzeiten heimisch gewesen zu sein. Seit der Silurzeit sollen 400 Millionen Jahre vergangen sein; die losen Erdlager stammen aus der Quartärzeit, und die letzte Eiszeit formte auch Gotland bis etwa 10000 v. Chr. In der darauffolgenden Zeit ist die Insel den Launen der unruhigen Ostsee ausgesetzt: im sogenannten Baltischen Eissee ist sie gänzlich verschwunden, ihr folgt das Yoldia-Meer, und danach setzt eine Landhebung ein, die auch Gotland wieder über die Fluten erhebt. Die damals bestehende Verbindung mit der Nordsee wird nun aber wieder unterbrochen, die Ostsee wird zum Ancylus-See mit süßem Wasser, das der gewaltige Sveafluß quer durch ganz Schweden in die Nordsee entläßt. Später bricht dann das Land im Süden von Schweden ein, die dänischen Meerengen entstehen, und die Ostsee ist nun das Litorina-Meer. Zu dieser Zeit, rund 3000 Jahre v. Chr., herrscht ein mildes Klima auf Gotland, das längst von Menschen bewohnt wird; erst jetzt entsteht langsam die Ostsee in ihrer heutigen Form. Die ›geschichtliche Zeit‹ beginnt mit einer zunehmenden Klimaverschlechterung, die den Aufbruch in wärmere, südlichere Länder verlockend machte.

Immerhin hat Gotland noch das günstigste Klima von Schweden, die Zahl der Sonnentage ist höher als überall anders, und die Rosen blühen hier im Freien bis Weihnachten. Die Pflanzenwelt ist wegen des Kalkbodens reich, ganz besonders gut gedeihen alle Arten von Orchideen, die unter Naturschutz stehen. Der Wald bedeckt 44 Prozent der Insel und 75 Prozent davon sind Kiefern. Zwar nimmt auch hier der Fichtenbestand zu, doch weit langsamer als in anderen Teilen Schwedens. Unter den Nadelbäumen gedeiht auch die Eibe, während der gewöhnliche Laubwald aus Birken und Eichen besteht. Hinzu kommen Eschen, Ulmen, Mehlbeerbäume und Ebereschen. Die durchgeführte Entwässerung der zahlreichen Moore hat Probleme mit dem Grundwasserstand ergeben; Binnenseen sind selten.

Die Tierwelt Gotlands ist verhältnismäßig arm. An den Stränden gibt es noch Robben, Elche kommen jedoch nicht mehr vor, während Rehe wieder eingesetzt wurden und gedeihen; sonst gibt es nur kleine Tiere, Hasen, Füchse, Eichhörnchen und Igel. Die

Vogelwelt ist reicher, die Fasane haben sich stark verbreitet, der Schwarzspecht und der Eichelhäher sind charakteristisch für die gotländischen Wälder. Der Fischfang ist immer noch bedeutend, er gilt vor allem dem Ostseehering (strömming), Dorsch, Scholle und Lachs. Die Landwirtschaft gelangte in älterer Zeit hier nie zur Blüte. Heute baut man Getreide, Zuckerrüben und Gartenfrüchte an, neuerdings auch mit Erfolg Hanf, der auf Gotland weiterverarbeitet wird. Die Schafzucht hat hier alte Tradition, wie auch die Gestüte: Auf Gotland gab es eine eigene Pferderasse, die Gotland-Ponies, die sogar wild vorkam. Die Milchwirtschaft dagegen ist gering, die Hühnerzucht stark rationalisiert. Der Holz- und Teerexport war früher bedeutend, die Steinindustrie – Marmor, Kalk, Sandstein, Zement – spielt eine Rolle.

Die große Vergangenheit Gotlands

Die Insel Gotland besitzt eine faszinierende Geschichte, die zahlreiche Denkmäler hinterließ. Die Theorie, daß die Insel die Urheimat der Goten gewesen sei, hält sich dort zäh und wird noch heute dort diskutiert. Für die ältere Geschichte sind zwei Quellen vorhanden, erstens die zahlreichen archäologischen Funde und zweitens die Gutasaga, die wohl im 13. Jahrhundert niedergeschrieben wurde, jedoch weit älter ist und als eine Art von Kompendium dem alten Gaugesetz (Gutalagen) beigefügt war. Belege von der neolithischen Zeit stammen aus dem 5. Jahrhundert v. Chr., förmliche Werkstätten für Steinäxte hat man hier gefunden, während Flint eingeführt werden mußte. Während die neolithischen Steinkisten selten sind, hat man 375 Grabstätten aus der Bronzezeit registriert, die auf eine enge Verbindung mit dem europäischen Festland hindeuten. Einige dieser Steinhaufen sind von monumentaler Größe. Diameter und Höhe der Uggarde-râir in Rone betragen vierzig und siebeneinhalb Meter. Noch wirkungsvoller sind die 325 Schiffssetzungen, die beweisen, daß die Seefahrt hier von Anfang an eine maßgebende Rolle spielte.

Die Bronzezeit (2000-400 v. Chr.) geht langsam in die Eisenzeit über und erreicht, um die Zeit von Christi Geburt, ihre Blüte. Es gab zwar auch etwas Sumpferz auf Gotland, man scheint aber früh Erz von Småland importiert zu haben, benutzte allerdings zur Verarbeitung eigene Schmelzöfen. Bis etwa 400 n. Chr. scheint Got-

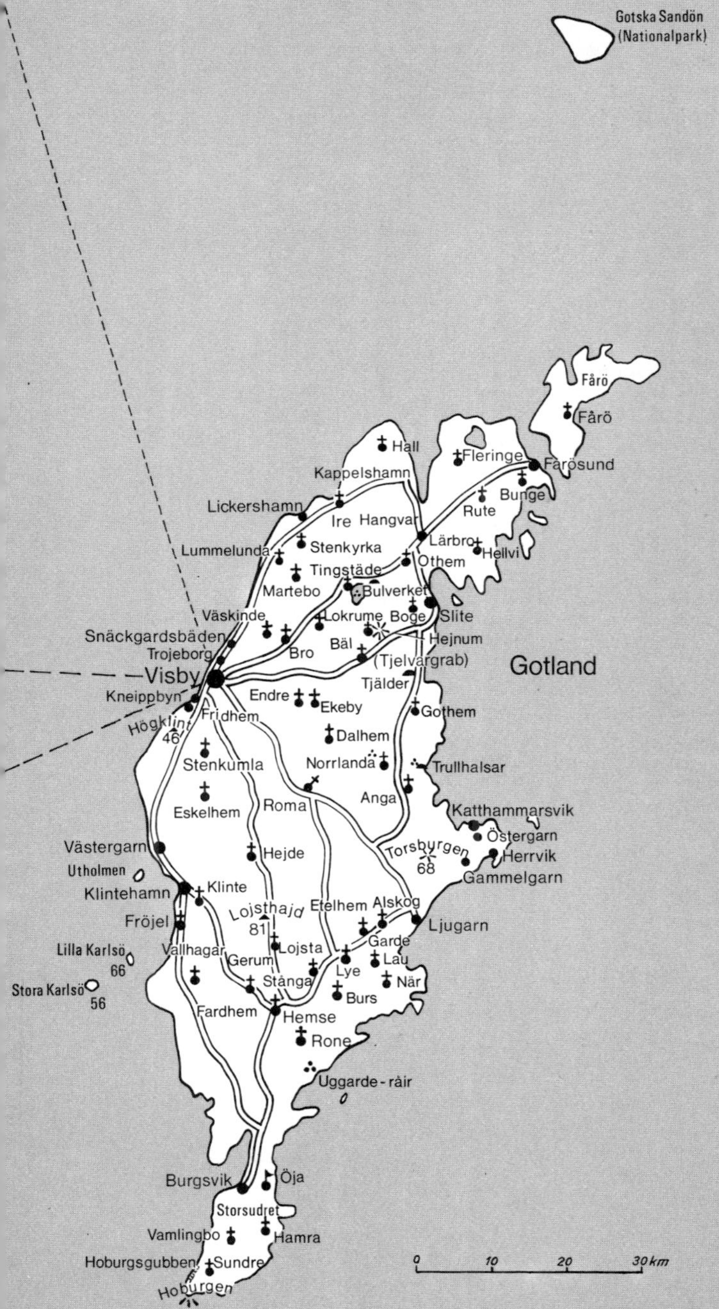
Gotska Sandön
(Nationalpark)
Fårö
Fårö
Hall
Fleringe
Fårösund
Kappelshamn
Bunge
Rute
Lickershamn
Ire
Hangvar
Lärbro
Hellvi
Stenkyrka
Lummelunda
Othem
Tingstäde
Martebo
Bulverket
Slite
Väskinde
Lokrume
Boge
Hejnum
Snäckgardsbäden
Trojeborg
Bro
Bäl
(Tjelvargrab)
Gotland
Visby
Tjälder
Kneippbyn
Endre
Ekeby
Gothem
Högklint
46
Fridhem
Dalhem
Stenkumla
Norrlanda
Trullhalsar
Eskelhem
Roma
Anga
Katthammarsvik
Östergarn
Västergarn
Hejde
Torsburgen
68
Herrvik
Gammelgarn
Utholmen
Klintehamn
Klinte
Lojsthajd
81
Etelhem
Alskog
Fröjel
Ljugarn
Garde
Lilla Karlsö
66
Vallhagar
Lojsta
Lau
Gerum
Lye
När
Stora Karlsö
56
Stånga
Burs
Fardhem
Hemse
Rone
Uggarde-ràir
Burgsvik
Öja
Storsudret
Vamlingbo
Hamra
Hoburgsgubben
Sundre
Hoburgen
0
10
20
30 km

land ein nordisches Handelszentrum für die römische Welt gewesen zu sein, man spricht daher von einer ›Römischen Eisenzeit‹. 70 Prozent aller in ganz Skandinavien gefundenen römischen Silbermünzen wurden auf Gotland gefunden. Die Verbindung mit den Goten im Weichselland und später an den Gestaden des Schwarzen Meeres waren eng und familiär. Aus dieser Zeitspanne stammen rund 1400 Hausfundamente, die zeigen, wie die reicheren Gotländer damals gewohnt haben. Bei Vallhagar in Fröjel, an der Westküste unweit von Klintehamn, hat man ein ganzes Dorf von verhältnismäßig großen Häusern gefunden. Aus den Fundamenten kann man schließen, daß es sich um Häuser mit niedrigen Wänden und hohen Dächern handelte.

Die Gutasaga berichtet von einer großen Auswanderung, die stattgefunden habe, weil die Insel zu dicht bevölkert gewesen sei. Ob diese in der mitteleuropäischen Völkerwanderung eine Rolle spielte und welche, bleibt offen. Eigenartig ist, daß die Bezeichnung Goten in der schwedischen Sprache drei Formen kennt: got, gut und göte. Die erste Form bezeichnet die kontinentalen Goten Europas, die zweite den Gotländer der Insel Gotland, der gutnisch spricht, und die dritte den Gotländer aus Väster- und Östergötland. Norwegisch bedeutet ›gut‹ heute noch einen jungen Mann, und es gibt die schon erwähnte Theorie, daß die Jüngeren auswanderten und deswegen Goten genannt wurden. Wie dem auch immer ist, es scheint um 400 n. Chr. eine vorübergehende Kulturdämmerung, ein gewisser Verfall, auf Gotland eingetreten zu sein.

Man hat rund 60 Altburgen auf Gotland gefunden, darunter Torsburgen bei Gammelgarn an der Ostseite der Insel. Die Gräber aus der ›römischen Zeit‹ sind Legion. Die Toten ruhen meistens in Steinkisten aus Kalkstein, es wurden ihnen große Mengen von römischen Geräten beigelegt, die Waffen stammen jedoch immer aus eigener gotländischer Herstellung. In den Frauengräbern fand man viel römischen Schmuck und römische Goldmünzen (Solidi), insgesamt rund 300, das heißt ebensoviel wie im ganzen übrigen Skandinavien. Eine gotländische Eigenart sind die hervorragend gearbeiteten Bildsteine, deren Vorbilder vermutlich spätantike römische Monumente waren. Die mythischen Bilder, Darstellungen aus Götter- und Heldensagen, sind als flaches Relief sauber ausgemeißelt, der Grund eingefärbt, so daß eine Sgraffitto- oder Scherenschnittwirkung entsteht.

Die Gutasaga behauptet, daß Gotland sich freiwillig bereits zur Vendelzeit unter sveeischen Schutz gestellt habe, jedoch tritt Gotland in der Wikingerzeit ganz selbständig auf. Über 10000 ausländische Silbermünzen, vor allem arabische, geben uns ein Bild von der Beweglichkeit des Inselvolks im frühesten Mittelalter. Der Beginn der Christianisierung erfolgte vermutlich um 1000 n.Chr., doch Genaueres ist darüber nicht bekannt. Der von Olof Skötkonung verschmähte Freier, Olaf Haraldsson von Norwegen, soll 1209 auf die Bitte einer dort schon befindlichen christlichen Partei bei seiner Rückkehr vom warägischen Kiew Gotland bekehrt haben. Eine damals bestehende Abhängigkeit von Schweden geht aus der Tatsache hervor, daß Gotland der östergötischen Diözese Linköping unterstellt wurde.

Zunächst blieb der Gau Gotland jedoch eine oligarchische Republik, an deren Spitze das Guta-Thing stand. Außerdem gab es örtliche Things, die von einem Thingrichter geleitet wurden. Die schwedische Oberhoheit beschränkte sich auf Steuerabgaben und eingeräumte Handelsvorteile. Im übrigen schloß die Republik, deren offizieller Name ›Die gotländische Küste‹ war, mit ausländischen Mächten eigene Handels- und Schiffahrtsverträge.

Visby begann wie die übrigen gotländischen Häfen, überflügelte diese aber um 1150, weil hier ein Freihafen für ausländische Kaufleute eröffnet wurde. Dieser sollte zwar zur Größe Visbys beitragen, aber der schwedischen Insel zum Verhängnis werden. Die Stadt wurde nämlich nicht zur Hauptstadt der bestehenden Republik Gotland, sondern entwickelte sich zu einer von dieser unabhängigen Stadtrepublik, zumal die Majorität der Bürgerschaft bald aus zugewanderten Deutschen, hauptsächlich Kaufleuten der Hansa, bestand. Im 12. und 13. Jahrhundert erreichte Visby den Höhepunkt seiner Macht. Die große Wehrmauer der Stadt wurde damals nicht gegen den äußeren Feind, sondern gegen die ›Insel-Republik‹ gebaut. 1288 kam es zum Bürgerkrieg zwischen der Stadt und der Inselrepublik, bei der Visby siegte. König Magnus Ladulås nützte den Krieg auf Gotland aus, um die Insel fester an Schweden zu binden, was dieser jedoch in der Folge großes Unheil brachte. 1361 schlug der dänische König Valdemar Atterdag das Bauernheer der gotländischen Republik und zerstörte auch die Handelsstadt Visby. Das einst so reiche Gotland wurde danach ein Spielball fremder Mächte und der Seeräuber.

1394 eroberten die Vitalienbrüder die ganze Insel, doch wurde diese 1398 vom Deutschen Orden wieder befreit. 1411 verkaufte der Orden die Insel an die Unionskönigin Margareta. Ihr Nachfolger, König Erik XIII. (von Pommern), ließ Visborgs Schloß bei Visby aufführen und zog sich, wie schon erwähnt, als Seeräuber hierher zurück, nachdem er in allen drei Unionsreichen abgesetzt worden war. Nach Erik kamen wieder die Dänen, und ihr letzter Vertreter, Sören Norby, etablierte erneut einen Seeräuberstaat, den auch Gustav Wasa nicht bezwingen konnte. Dieses gelang zwar Lübeck 1525, aber schon 1570 wurde Gotland förmlich an Dänemark abgetreten. 1645 kam die Insel jedoch endgültig zu Schweden zurück, auch wenn 1676/79 die Dänen und 1808 die Russen sie vorübergehend besetzten.

Visby, Stadt der Rosen und Ruinen

Heute gilt Visby als die romantische Hauptstadt von Gotland, und die Tragödien der Vergangenheit sind weitgehend vergessen. An der gewaltigen Stadtmauer und an den zahlreichen mittelalterlichen Ruinen klettern die Rosen, die auch den Botanischen Garten beherrschen. Rund einhundertfünfzig mittelalterliche Häuser oder Teile davon sind übriggeblieben, und die alte Stadtmauer zieht noch ihren Dreikilometerbogen um die Stadt. Die Strandgata, die gar nicht mehr am Strand verläuft, schenkt uns immer noch die Vision der einstigen mittelalterlichen Größe. Fornsal, das große Museum Gotlands, nützt die Räumlichkeiten alter mittelalterlicher Packhäuser, deren hohe Kellergeschosse oft noch gut erhalten sind. Daneben über dem Bremer Gäßchen (Bremergränd) erhebt sich das Liljehornsche Haus, das im Jahre 1234 als eins der größten Gebäude Nordeuropas eingeweiht wurde. Hier lag auch früher der älteste Marktplatz Visbys, der wie in Bremen von einem Roland bewacht wurde.

Die Entstehung von Visby wird auf die Jahre um 800 n. Chr. zurückgeführt, denn ein direkter Zusammenhang mit einer angetroffenen neolithischen Siedlung wurde nicht nachgewiesen. Das Wort ›Vi‹ bedeutet im Altschwedischen einen heiligen Platz oder eine Opferstelle, und zu diesen gehörten auch Quellen. Da die erste Kirche um 1000 an einer heiligen Quelle gebaut worden war, glaubt man, daß die Ruine von St. Per diese Kirche war. Acht weitere Kirchenruinen zeugen vom frühmittelalterlichen Wohlstand der Stadt. Die heute restaurierte Domkirche wurde als Marienkirche der Deutschen bereits im 12. Jahrhundert erbaut, später erweitert. Um 1200 n. Chr. dürfte Visby sich der Oberhoheit des Guta-Things entzogen haben, und kurz darauf wurde es die Hauptstadt des Bundes der ›Gotlandfahrenden Deutschen‹, der sich aus dreißig Seestädten zusammensetzte. Archiv und Kasse des Bundes wurden in Visby aufbewahrt, und man könnte die damalige Stellung der Stadt mit derjenigen Athens innerhalb des attischen Seebunds vergleichen. Über die Seerepublik Oleron in der Biscayabucht war das alte rhodische Seerecht, das bekanntlich schon Rom anerkannt hatte, nach Visby gedrungen, wo es, mit schwedischen Rechtsprinzipien gemischt, zum Visbyer Seerecht wurde, das für die ganze Hansa Geltung gewann.

Die alten Handelshäuser der Republik Gotland waren über die Häfen der ganzen Insel verteilt, nun monopolisierte das halb ausländische Visby den ganzen Gotlandhandel, der sich auf Schweden, Nowgorod und das Baltikum bezog. Außerdem trat die große Stadt maßregelnd gegen die Landbevölkerung auf. Die Tragödie des Bürgerkriegs wurde schon erwähnt. Als nun die Hansa den obenerwähnten Bund ersetzte und Lübeck die Führung ergriff, blieb Visby zwar noch weiterhin eine bedeutende Hansastadt, die führende Position war indessen verloren.

Der Doppelfeldzug des Dänenkönigs Waldemar Atterdag traf Visby hart. ›Die Brandschätzung von Visby‹ ist ein beliebtes Thema, wenn Dänenplünderungen wiedergegeben werden. Die bildliche Darstellung erinnert meist sowohl an den Untergang Karthagos wie an das Blutbad der Türken auf Chios. Die schwedische Königsmacht, der Visby seinen größten Palast, Kalvskinnshuset, verdankt, wurde danach auf Jahrhunderte von Visby und ganz Gotland verdrängt. Der Palast soll von König Birger, dem Sohn von Magnus Ladulås, um 1300 gebaut worden sein. Der Name verweist auf die Sage von der Gründung Karthagos durch die Königin Dido. Der König hatte von der Stadt Visby ein so großes Grundstück verlangt, wie er mit einem Kalbsfell umschließen konnte. Das Fell wurde nun so fein zerschnitten, daß ein Gebäude von 20 x 40 Meter Platz fand. Hierzu ist allerdings anzumerken, daß die mittelalterlichen Maßbänder in Visby aus Kalbsleder waren.

Wo sich etwas nördlich der beiden gegenwärtigen Hafenbecken

das Park- und Teichgebiet Almedalen ausbreitet, befand sich der alte Hafen, der wie eine von zwei Inseln geschützte kleine Meeresbucht ausgesehen haben mag. Über die eingemeindeten Inselchen führt längst der Strandweg hinweg, aber am Nordende des Ulmentals ragt noch der alte Pulverturm empor, der den Hafen schützen sollte. In der Nähe erhebt sich der Jungfernturm, dessen Name zwei Erklärungen besitzt: die erste lautet, daß eine Jungfrau, die Visby an Waldemar Atterdag verraten haben soll, hier lebendig eingemauert worden ist, die zweite sehr prosaisch, daß die Branntweinmaße, die ›Jungfern‹ genannt wurden, hier aufbewahrt waren. Wo die Südstrecke der Stadtmauer die See erreicht, findet man die Ruinen von Visborg, einer Burg, die die Seeräuberperiode der alten Kulturinsel einleitete. Sie wurde von den dänischen Statthaltern als Residenz benutzt und von den Dänen zerstört, als sie 1676 bis 1679 eine Rache-Expedition gegen die längst an Schweden zurückgegebene Insel unternahmen. 1892 schuf der Großherzog von Luxemburg den Titel ›Graf von Wisborg‹ als Sammelname für die männlichen Mitglieder des Hauses Bernadotte, die als Folge vorschriftswidriger Ehen ihre königliche Würde verlieren.

Im Mittelalter soll Visby sechzehn Kirchen gezählt haben. Recht gut erhalten ist die Ruine der ehemaligen Dominikanerkirche St. Nicolai, die um 1250 als dreischiffige Hallenkirche gebaut wurde. Zu jener Zeit war Petrus de Dacia, der ein Sohn Gotlands war, Prior des Klosters, und zu seiner Ehre werden jeden Sommer in Visby ›Ruinenfestspiele‹ aufgeführt, die Zuschauer aus vielen Teilen Europas anlocken. Die beiden lateinischen Hauptwerke des Petrus de Dacia, die sein Verhältnis zu der hl. Christine von Stommeln im neuplatonischen Geiste beschreiben, werden als Handschriften in Jülich aufbewahrt. Er starb, wie schon erwähnt, 1289, möglicherweise im Zusammenhang mit dem unseligen gotländischen Bürgerkrieg. Die sieben Jahre jüngere Christine überlebte ihn um 23 Jahre.

Die romantischste Kirchenruine ist St. Katarina. Sie gehörte den Franziskanern, wurde um 1230 als dreischiffige Hallenkirche erbaut und besaß einen schönen Hochchor. Die Kirche liegt am Großen Markt (Stora torget), und neben ihr erhob sich ehemals das Rathaus. An der St.-Hans-Straße stehen nebeneinander die Ruinen der Kirchen Drotten und St. Lars, die erstere der Dreifaltigkeit geweiht. St. Lars wurde in den dreißiger Jahren des 13. Jahrhunderts als Zentralkirche in Form eines griechischen Kreuzes aufgeführt, was auf den Einfluß der durch Byzanz griechisch-orthodox gewordenen Warägerstaaten Nowgorod und Kiew zurückgehen dürfte. Gleich südlich vom St.-Hans-Platz stößt man auf die Ruinen der Kathedrale St. Hans und der Kirche St. Per. Von der letzteren vermutet man, wie schon erwähnt, daß es sich um die erste Kirche Gotlands handelt; Ausgrabungen haben Teile noch älterer Kirchen am selben Platz zutage gebracht. Von der um 1200 erbauten Kirche St. Olov sind nur Reste des Turms erhalten. Zu erwähnen sind noch die Ruinen der ehemals romanischen Kirche des Heiligen Geistes (Helgeandkyrka) und diejenigen St. Görans (St. Georg) und St. Clemens, während St. Michael fast spurlos verschwunden ist.

Die größte Sehenswürdigkeit ist die gut erhaltene Stadtmauer, die nach dem gotländischen Bürgerkrieg 1288 mit Erlaubnis des schwedischen Königs verstärkt und weiter ausgebaut wurde. Unter den 44 Türmen befanden sich fünf Tortürme, die als Festungen eingerichtet waren und auch geheizt werden konnten. Türme und Tore trugen Namen, und es war sogar ein Kaisertor vorhanden, ohne daß je ein Kaiser Gotland besucht hätte. Vor der langen Landseite der Mauer breitet sich ein System von Gräben und Ödland aus, das einem Feinde keine Deckung gewähren sollte. Geschützte Arkadengänge ermöglichten eine Verbindung zwischen den Türmen.

Nach der Wiedervereinigung mit Schweden 1645 setzte nach den drei ›wilden‹ Jahrhunderten wieder eine langsam sprießende neue Blüte ein, die keine Gegnerschaft mehr zwischen Stadt und Land auf Gotland kannte. Zu dieser Zeit hatte auch die ehemalige deutsche Bürgerschaft längst die schwedische Sprache angenommen, die auch zur Zeit der Seeräuber- und der Dänenherrschaft die Umgangssprache geblieben war. Jedoch ist der gotländische Akzent etwas altmodisch geblieben und gleicht demjenigen der Finnlandschweden. Aus dieser Zeit stammt unter anderem das sehenswerte Burmeistersche Haus (1661). Im 19. Jahrhundert ging es dann wieder rasch aufwärts sowohl mit Visby als auch mit Gotland, und die berühmten Snäckgärdsbäder im Norden der Stadt haben Visby zu einem Ostseebadeort von hohem Rang gemacht.

Gotland besitzt heute fast hundert Kirchen, die aber keineswegs einheitliche Bauwerke darstellen, sondern immer wieder neu gebaut oder verändert wurden. Man glaubt, daß es im Mittelalter rund 320 Kirchen gab, wobei neuere ältere ersetzten. Die ältesten waren hölzerne Stabkirchen, die jedoch schon um 1100 n. Chr. den Steinkirchen Platz machten. Der Sandstein von Südgotland lieferte dafür ein ausgezeichnetes Baumaterial. Die Glanzzeit war das 12. und 13. Jahrhundert. Die romanischen Kirchen, die mit Rundbogenfriesen und Figuren geschmückt waren, wurden von dem gleichzeitig in Lund in Schonen gebauten Dom beeinflußt, hier erhielten viele gotländische Steinmetzen ihre Ausbildung. Besonders berühmt sind die gotländischen Taufbecken aus dem 12. Jahrhundert. Auch Holzschnitzereien, Madonnenbilder und Kruzifixe zeugen von großer Kunstfertigkeit – am berühmtesten ist die sogenannte ›Viklaumadonna‹.

Mit großer Pracht wurde 1225 die Marienkirche zu Visby geweiht, als Kirche der mächtigen deutschen Bürgerschaft. Anfänglich eine Basilika mit Querschiff, wurde sie einige Jahrzehnte später in eine Hallenkirche umgewandelt. Um 1350, noch vor der Brandschatzung durch Atterdag, wurde die Svertingsche Kapelle in reinem gotischen Stil an der Südfassade errichtet, vielleicht als Rehabilitierung des von der politischen Gegenpartei hingerichteten Bürgermeisters Sverting. Die unruhige Zeit führte sodann dazu, daß man oberhalb des Mittelschiffs Packhausräume einrichtete und an dem Ostgiebel einen Aufzug anbrachte, dessen Reste man noch sehen kann. Heute bildet diese Kirche den Dom zu Visby und macht mit ihrem mächtigen Westturm und ihren beiden zierlicheren Osttürmen einen starken Eindruck. Unter den Kostbarkeiten sind ein Taufbecken aus rotem Gotlandmarmor und eine Holzskulptur des auferstandenen Christus, beide aus dem 13. Jahrhundert, hervorzuheben. Das prachtvolle ›Brautportal‹ der Kirche führt man auf einen rheinischen Meister desselben Zeitraums zurück, während die aus Lübeck stammende Kanzel in Nußbaum und Ebenholz von 1684 in die Großmachtzeit Schwedens gehört.

Die geschlossene kubische Form der alten Steinkirchen soll von den Zisterziensern beeinflußt worden sein, die bereits im Jahre

1164, als Ableger von Alvastra in Östergötland, zu Roma in der Mitte Gotlands ein Kloster gründeten. Der Umbau der älteren Kirchen soll damit zusammenhängen, daß die Zisterzienser reine Fassaden ohne Ausschmückung verlangten. Es gibt eine eigene gotländische Frühgotik, die besonders in den kühnen, reichgeschmückten Portalen Ausdruck findet. Die stilisierten Pflanzenornamente, die man hier antrifft, gehen auf orientalische Muster zurück und leiten sich sicher von den alten Fahrten nach dem Morgenland her.

Ein gotländischer Künstler von Gottes Gnaden war Lafrans Botvidarson am Anfang des 13. Jahrhunderts. Die Kirchen Bunge, Hellvi, Hejnums, Bro, Klinte und Lau weisen zahlreiche von seinen Arbeiten auf. Auch die Wandmalerei hat damals geblüht, wie man in Bunge, Stenkyrka, Eskelhem und Vamlingbo sehen kann. Ehe Visby seine Vormachtstellung auf der Insel erreichte, war der Wohlstand ziemlich gleichmäßig verteilt, und deswegen sind die schönsten mittelalterlichen Kirchen über ganz Gotland verstreut. Es scheint, daß auf Gotland – wie in Irland – die Volksdichte in alter Zeit viel größer gewesen ist; stattliche Kirchen bewachen heute die zusammengeschrumpften Dörfer oder gar ödes Land. Obwohl Visby 1361 nicht untergegangen ist, dürften sich doch die großen und reichen Landgemeinden Gotlands von der Verheerung durch Valdemar Atterdag nie mehr ganz erholt haben, und ein großer Teil der Bevölkerung dürfte damals zugrunde gegangen sein.

Ein anonymer gotländischer Künstler ›Egypticus‹, mit einer Schaffensfreude ohnegleichen, war in der ersten Hälfte des 14. Jahrhunderts tätig, und zwar sowohl als Architekt und Bildhauer wie auch als Holzschnitzer und Maler. Der mächtige Turm der wunderbaren Kirche von Öja auf Südgotland ist sein Werk, auch der Hochchor der Kirche von Lye. In den vierziger Jahren schuf er die Apsis und die riesigen Reliefs der Kirche in Stånga. Eine der stattlichsten Landkirchen Gotlands befindet sich in Gothem an der Ostküste; auch hier hat Egypticus die bestehende Kirche mit einem Turm versehen; im Innern befinden sich prachtvolle Wandgemälde. Ein späterer Maler ist der anonyme ›Passionsmeister‹, sonst hört das Kunstschaffen außerhalb von Visby mit einem Schlag nach 1361 auf.

Eine gotländische Spezialität war die Glasmalerei. Die schönsten Fenster sind in den Kirchen von Ekeby, Endre, Dalhem, Sjonhem und Alskog zu sehen, aber auch in den Kirchen von Gerum und Lye. In der spätgotischen Kirche zu Rone sind Glasfenster aus der Zeit um 1250. Die bekanntesten Künstler der zahlreichen wunderbar gearbeiteten Taufbecken, die bis 1100 n. Chr. zurückgehen, sind Hegwald, Sigraf und der anonyme ›Byzantios‹.

Die Motive der Wandmalereien und der Portalreliefs zeigen den engen Zusammenhang Gotlands mit der Kultur des europäischen Hochmittelalters. So besitzt die mächtige romanische Kirche zu Fardhem ein Portal mit einem Relief aus dem Anfang des 12. Jahrhunderts, das die ›Luftfahrt Alexanders des Großen‹ zeigt; das Luftschiff wird von zwei Greifen gezogen; ein anderes, hier eigenartiges Motiv ist die ›Seelenwägung des Kaisers Heinrich‹ in Vamlingbo im Süden.

Sonstige interessante Plätze

Wie aus dem vorausgegangenen ersichtlich, sind die Sehenswürdigkeiten von Gotland keineswegs auf Visby konzentriert, sondern über die ganze Insel verteilt. Die drei großen Tore Visbys Norderport, Österport und Söderport weisen auf die drei Hauptrichtungen hin, die man von Visby aus einschlagen kann. Durch Norderport erreicht man zunächst den Galgenplatz, dessen drei Steinsäulen immer noch aufrecht stehen. Insofern den Delinquenten die Augen nicht verbunden waren, hatten sie einen herrlichen letzten Blick auf Stadt, Land und Meer. Die letzte Hinrichtung soll 1840 erfolgt sein. In der Nähe führt eine Treppe in die sogenannte ›Räuberhöhle‹, und auf der Landseite unterhalb des Hügels kann man ein vorgeschichtliches Labyrinth betreten, das seit alters her Trojeborg heißt. Sodann folgt der bekannte Badeort Snäckgärdet und weiter die hübsche nordwestliche ›Klintküste‹ bis zur großen Bucht Kappelhamnsviken im Norden der Insel.

An der Küstenstraße, fünfzehn Kilometer nördlich von Visby, liegt die ehemalige Eisenhütte Lummelunda, die vor dreihundert Jahren ihre Blütezeit erlebte und immer noch ein schönes Herrenhaus und einen etwas verwilderten Park aufweisen kann. Das Erz wurde von der sörmländischen Insel Utö vor Nynäshamn bezogen. Im Kalkgebirge befindet sich die größte Grotte Schwedens, die von dem kleinen Fluß Lummelunda ausgehöhlt worden ist.

Da der Eintritt sehr schwierig war, bohrte man 1959 einen 60 Meter langen Tunnel, durch den man bequem den Riesensaal des ›Bergkönigs‹ erreicht, um die unterirdischen Tropfsteinformationen und Wasserspiele bewundern zu können. Unmassen von Fossilien sind hier gefunden worden, und die Wände sollen an vielen Stellen aus 400 Millionen Jahre alten Silurkalkbildungen bestehen; nach dem Austritt aus dem Höhlensystem bildet der Fluß mehrere Wasserfälle.

Bei der Weiterfahrt passiert man viele Altburgen und erreicht Lickershamn und Ire, wo der Strom aus dem Binnensee Tingstädeträsk mündet. Sodann folgen Hall und Kappelshamn, wo immer noch Kalk gewonnen wird. Jenseits der großen Bucht liegt das Kirchspiel Fleringe, das eine uralte Bauernkultur beherbergt und ganz besonders wegen seiner Musiktraditionen bekannt ist. Die Gotländer sind nämlich sehr musikalisch, und nicht nur zahlreiche schwedische Volkslieder, sondern viele Kompositionen von Volkstänzen, Walzern und Polkas stammen aus Gotland. Ganz im Norden breitet sich der Bästeträsk als größter Binnensee der Insel aus; nur eine schmale Landenge trennt den 7 Quadratkilometer großen, kugelrunden See vom Meer, jedoch glaubt man infolge der bewaldeten Umgebung in einer binnenländischen Wildnis zu sein.

Von Visby aus kann man den Norden der Insel auch auf küstenferneren Straßen erreichen. Über Väskinde, Bro und Lokrume – berühmte Kirchen und alte Grabfelder auf beiden Seiten – erreicht man die archäologisch ungemein interessante Gegend um den Tingstädeträsk, in dessen Mitte eine Palisadensiedlung, Bulverket, aus der Eisenzeit liegt. Die Tingstädter Kirche ist eine der stattlichsten der Insel, und in der Nähe befindet sich der Hof, wo der große schwedische Ingenieur Kristoffer Polhammar, geadelt Polhem, 1661 geboren wurde. Weiter nördlich passiert man Othem und Lärbro, in dessen Kirche der Besitzer vom Herrenhof Taksten den Pfarrer vor dem Hochaltar erschlug, weil dieser den Gottesdienst angefangen hatte, ehe der verspätete Gutsherr zur Stelle war. Das nördlichste Kirchspiel, das an den Fårösund grenzt, heißt Bunge. Die Malereien in der berühmten Kirche, das Jüngste Gericht, das Martyrium der thebanischen Legion, die Apostel vor dem Hintergrund des himmlischen Jerusalem, führt man auf die kurze Zeit der Herrschaft des Deutschen Ordens auf der Insel um

1400 zurück. Die Kirche selbst wurde um 1260 von Lafrans Botvidarson vollendet. Das kulturgeschichtliche Museum zu Bunge gehört zu den größten Sehenswürdigkeiten von Gotland.

Wer durch den Österport Visby verläßt, läßt das Schlachtfeld von 1361 rechts liegen. Hier erhebt sich das sogenannte ›Valdemarskreuz‹ über den Massengräbern der getöteten Gotländer. Die Schlacht fand im Hochsommer, am 27. Juli 1361, statt und die Bestattung in flachen Massengräbern scheint in größter Eile unternommen worden zu sein, denn man fürchtete die Pest. Weiter östlich sind zahlreiche interessante Kirchen und Altertümer über das ganze Zentrum der Insel ausgestreut, und über die lagunenhafte Boge Bucht erreicht man den Flecken Slite an der Ostküste, der über den einzigen Hafen von Gotland verfügt, den auch Ozeanschiffe anlaufen können. Ehe Visby sich nach allen Mißgeschicken wieder erhob, plante man sogar die Stadtrechte auf Slite zu übertragen. Heute ist Slite auch ein bekannter Ostseebadeort.

Zwischen Anga und Norrlanda an der Ostküste befindet sich das größte eisenzeitliche Grabfeld Gotlands, Trullhalsar, während bei Tjälde die größte Schiffssetzung der Bronzezeit unter dem Namen das ›Grab von Tjelvar‹ zu sehen ist. Am eindrucksvollsten ist jedoch die riesige Altburg Torsburgen bei Gammelgarn, die ein rundes Hochplateau von 1,2 Kilometer Durchmesser mit einer Ringmauer umschließt und vielen Tausenden zum Aufenthalt dienen konnte. Eigenartige Seitenhöhlen an den steilen Bergwänden sind hier vorhanden, und ein Sumpf von reichlich zwei Hektar Umfang wird früher ein Binnensee gewesen sein.

Auch das südliche Gotland bietet interessante Reiseziele an. Ein paar Kilometer südlich von Visby wurde um die Jahrhundertwende nach deutschen Vorbildern die Ostseekuranstalt Kneippbyn gegründet. An Fridhem vorbei, wo die Prinzessin Eugenie, Schwester der Könige Karl XV. und Oskar II., ihre Sommer verbrachte, erreicht man den Aussichtsberg Högklint, von dessen Kalksteingipfel ein wunderbares Panorama über Visby und die Klintküste genossen werden kann. Sodann kann man die berüchtigte Höhle des Räubers Lilja besichtigen, die als Lagerstätte für das Diebsgut der Seeräuber gedient haben soll. Eine ehemals unerreichbare Felsenterrasse trägt heute noch den bezeichnenden Namen Getsvältan, weil am Berge weidende Ziegen hier öfters herunterfielen und vor Hunger starben.

Ein Hauptort an der Westküste südlich von Visby ist Klintehamn, wohin die Straße etwas landeinwärts führt. Eine andere Hauptstraße führt nach Roma im Binnenland, wo die berühmte Klosterruine, eine interessante Kirche und eine spätere königliche Residenz in karolinischem Stil liegen. Im Dreieck Visby-Roma-Klintehamn befindet sich ein reichliches Dutzend hochmittelalterlicher Kirchen, während ein zweites Dutzend gleich östlich von Roma ausgestreut ist. Zwei weitere Dutzend finden wir auf dem immer schmäler werdenden Südteil der Insel, deren Spitze durch die große Westbucht Burgsviken fast abgeschnitten wird. Hier thront die bereits erwähnte großartige Öja Kirche aus dem Anfang des 13. Jahrhunderts. Nicht nur ›Egypticus‹, sondern auch der berühmte mittelalterliche Goldschmied St. Eligius und der anonyme Öjameister waren hier tätig. Eine Nachbildung der Öjamadonna steht wieder in der Kirche, während das Original im großen Museum zu Visby zu sehen ist. Um 1480 arbeitete hier als Maler der Passionsmeister und um 1640 als Bildhauer und Maler Peter Cran, der die Restauration der Kirche durchführte.

Burgsvik selbst ist seit dem Mittelalter ein Ausfuhrhafen für die gotländische Steinindustrie. Als Rohmaterialien für den Export kennen wir Marmor und Sandstein, als Fertigerzeugnisse Schleifsteine und Taufbecken. Im 17. Jahrhundert waren deutsche und holländische Steinmetzen und Bildhauer hier tätig: Grabsteine, Kachelöfen und Altargeräte bereicherten die Produktion. Heute ist Burgsvik wieder ein bedeutender Hafen und ein bekannter Badeort, wie auch der Ausgangspunkt für die touristische Erforschung der Südspitze von Gotland, die Storsudret genannt wird. Außer Öja gehören noch drei alte Kirchen zu diesem Gebiet: Vamlingbo, Hamra und Sundre. Wie auf Öland stößt man hier stellenweise auf die kahle Kalkheide, die man Alvar nennt; diese findet sich auch weiter nördlich bei Lojsta und Hejde. Übrigens sprechen die Gutar (Gotländer) das schwedische Wort ›hed‹ für Heide wie ›heid‹ aus, wie sie auch sonst die im modernen Schwedisch längst ausgestorbenen Diphthonge bewahrt haben.

Kein Gotlandreisender sollte es unterlassen, den Hoburgsgubben an der Südspitze der Insel zu besuchen. Es ist ein phantastischer von Wetter und Wellen ausgemeißelter Kalkfelsen (Rauk), der wie ein mächtiger Riese mit schmollenden Lippen aussieht.

Das Kalkgebirge ist voll Höhlen und Grotten, in der Volkssage die Wohnräume der Riesen. Auf dem Felsen steht ein Leuchtturm, der vor den unheimlichen Gefahren der Felsenküste warnt. Die äußerste Landspitze hier wird das ›Reibeisen‹ genannt, und das vorgelagerte Riff heißt schlicht die ›Schlächterbank‹. Merkwürdigerweise sind die beiden südlichsten Kirchen besonders reich an byzantinischen Einflüssen.

Die Südostküste von Gotland ist reichlich mit Buchten versehen. Ein zentraler Badeort mit wunderbarem Sand ist Ljugarn. Auf dem Friedhof von Östergarn gibt es ein deutsches Kriegergrab, wo die Gefallenen des hier im Kampf gegen eine russische Übermacht 1915 untergegangenen Minenkreuzers Albatros bestattet worden sind. Alte Hafenplätze, die wieder an Bedeutung gewinnen, sind Herrvik und Katthammarsvik. Im Hinterland von Ljugarn liegen die obenerwähnten interessanten Kirchen Alskog, Garde, Etelhem, Lau, Lye und Stånga. Von drei kleinen Binnenseen umringt liegt hier die sehenswerte Altburg Stånga slott. Bei Lojsta befindet sich eines der besten von den vielen ›gutischen‹ Heimatmuseen.

Zu Gotland gehören auch einige interessante Inseln, unter denen eine, das nördliche Fårö (Schafinsel), als nur zufällig vom Hauptland abgeschnitten erscheint. Von Fårösund führt eine Motorfähre über die zwei Kilometer breite Wasserstraße zu der eigenartigen 110 Quadratkilometer großen Insel, die tiefliegend und wie aus Flugsand gebildet erscheint. Hier gibt es viele fischreiche Binnenseen. Fårö mit seinem Riesensandufer Sudersand ist erst am Anfang seiner touristischen Entwicklung. Diese wird aber dadurch behindert, daß das Militär über einen bedeutenden Teil der Insel verfügt. Die zwanzig Dörfer Fårös, die zusammen mit der entfernt im Norden liegenden Gotska Sandö (Gutische Sandinsel) eine Kirchengemeinde ausmachen, beherbergen eine urnordische Bevölkerung, die noch in der Neuzeit Strandräuberei ausübte und abends bei Sturm den lieben Gott ersuchte, ihre Ufer doch mit Wrackgut zu segnen. Dem Inselnamen nach war indes die Schafzucht (Schaf: får) Haupterwerbszweig. Eine Überlieferung will wissen, daß die beim Beginn des Mittelalters zur Auswanderung verlosten Gutar sich auf Fårö sammelten und die Altburg auf dem Vardaberg und die sogenannte Ringburg zum Widerstand gegen ihre Vertreibung benutzten. Sie wurden aber von den Zurückbleibenden besiegt und gewaltsam nach der Insel Dagö an der estnischen Küste gebracht.

Vor der Westküste von Gotland südwestlich von Klintehamn tauchen die beiden eigenartigen Tafelinseln Lilla und Stora Karlsö mit Höhen von 66 bzw. 56 Metern aus den Fluten. Die Flächen umfassen 139 bzw. 235 Hektar. Beide Inseln sind Hegegebiete und genießen Naturschutz. Besuche werden nur unter Begleitung sachkundiger Führer erlaubt und sind hochinteressant. Auf zwanzig Meter Meereshöhe kann man den Litorinawall und auf dreißig Meter das Ancylus-Ufer deutlich wahrnehmen. Auf Lilla Karlsö gibt es tiefe Spalten und zahlreiche Höhlen; Steinkisten und sogar einen mittelalterlichen Friedhof hat man hier entdeckt. Relikte von einem bedeutenden Laubwaldbestand sind auf den Terrassen und den Strandebenen vorhanden, und hier entwickelt sich auch auf der Westseite eine mannigfache Pflanzenwelt. Eine Vielzahl von Vögeln beherrscht die Inselszenerie, sogar der Pilgerfalke ist hier zu Hause.

Stora Karlsö scheint ein großes neolithisches Zentrum gewesen zu sein, und die Besiedlung setzte sich in der Bronze- und Eisenzeit fort. Später war hier ein Fischerdorf, wie auch Wohngelegenheiten für die Arbeiter in den großen Marmorbrüchen. Phantastische Höhlen und Grotten erwecken den Eindruck von Unheimlichkeit. Während man auf Lilla Karlsö Stufen benutzt, kann man auf der größeren Schwesterinsel das breite obere Plateau nur über einen schmalen Paß erreichen. Kühne Kalksteinformationen stehen in stummer Parade, und Spalten und Höhlen tragen öfters Vorhänge von Efeu. Die uralten Namen der verschiedenen Naturwunder, in denen auch Kraftworte eingebettet sind, interessieren sowohl den Geologen wie den Historiker, es würde aber zu weit führen, sie aufzuzählen. Auch hier beherrschen die Vögel die Szene. Der Västerberg, wo Abertausende von Vögeln nisten, ist der größte Vogelberg Schwedens.

Das ehemalige Königreich Schonen (Skåne)

Unter den drei lange Zeit zu Dänemark gehörenden ›wiedervereinigten Provinzen‹ Schonen (Skåne), Blekinge und Halland ist die erstere die wichtigste. Sie ist das südlichste und am dichtesten besiedelte Land Schwedens. Das ›Viereck‹ Schonen umfaßt 11 300 Quadratkilometer und stellt eine breite Halbinsel dar, deren Küsten im Osten und Süden von der Ostsee, im Westen vom Öresund und vom Kattegat bespült werden. Im Norden stützen sich Halland, Småland und Blekinge auf Schonen, das auf der Landkarte wie der Grundstein Schwedens aussieht. Dieser Gau, dessen Bevölkerung im übrigen Schweden als besonders sinnlich und materialistisch galt, wurde im Norden oft verächtlich das ›Kellergeschoß‹ oder das ›Küchendepartement‹ Schwedens genannt. Die letzte Bezeichnung enthält einen Kern von Wahrheit insofern, als Schonen, das in mancher Hinsicht schon mehr zu Mitteleuropa gehört, tatsächlich die Kornkammer Schwedens ist.

Der Name ›Skåne‹ lautete auf lateinischen Landkarten ›Scania‹, und der Zusammenhang mit dem Wort ›Skandinavien‹ ist offenbar. Eine von Nordwest bis nach Südost verlaufende Diagonale teilt Schonen in ein südwestliches Flachland und ein nordöstliches Hügelland, das allerdings im Osten eine geschlossene Küstenebene beiderseits des Unterlaufs von Helgeån besitzt. Der Naturforscher Linné, der ganz Schweden beschrieben hat und 1749 seine ›schonische Reise‹ machte, sagt von Schonen u. a.: »Also kann ein Land mit einem so trefflichen Klima nicht anders als herrlich bezeichnet werden; ja, es gleicht so sehr Deutschland und Dänemark, daß es scheint, als ob das Meer mit Gewalt Schonen von den südlichen Ländern abgeschnitten und mit Schweden vereinigt hätte.« Linné hatte damit mehr recht, als er wußte: Wie schon erwähnt, gab es früher eine Landbrücke über Fünen, Seeland und Schonen, die erst zur Ancylus-Zeit eingestürzt ist, wonach die Ostsee wieder zum offenen Meer wurde und die dänischen

Meerengen entstanden. Bekanntlich ist der Öresund außerordentlich flach und erlaubt nur sechs Meter tiefgehenden Schiffen die Durchfahrt.

Die obenerwähnte Diagonale wird von zwei Höhenzügen gebildet, die Söderåsen und Linderödsåsen heißen und Höhen bis um 200 Meter erreichen. Auch das südwestliche Flachland besitzt einen parallelen Höhenzug, den für seine Naturschönheit bekannten Romeleås mit dem Aussichtsgipfel Romeleklint (174 Meter) bei Veberöd. Im Norden zieht der Höhenzug Hallandsåsen als Ausläufer des samländischen Hochlands die Nordgrenze Schonens, und südöstlicher erhebt sich südlich von Hässleholm noch der Nävlingeås. Die Höhenzüge sind Urberghorste, die meistens aus Eisengneis bestehen und die nicht einmal das Landeis zerbrechen konnte. Zur Zeit, als die Alpen und das mitteldeutsche Gebirge entstanden, gab es in Schonen Vulkane, woran noch rund fünfzig kleinere Basaltfelsen ungefähr in der Mitte des Landes erinnern. Zwischen den Höhenzügen und den wenigen Tafelbergen wogen die breiten Ebenen, die aus mächtigen Erdlagern bestehen und bis zu fünfzig Metern Dicke über dem Felsengrund aus Urgestein liegen. Es sind die Moränenmassen, die in dieser Weise eine Gebirgslandschaft fast zum Flachland gemacht haben; später hat die Erosion dann hübsche Täler und Ravinen um die Höhenzüge geschaffen. Eine reiche Pflanzenwelt hüllt die Erde in einen grünen Mantel, in der in verschiedenen Tiefen Kohle, Schiefer und wahrscheinlich auch Öl ruhen.

Der Nordosten Schonens besitzt schöne Binnenseen, unter ihnen den 54 Quadratkilometer umfassenden Ivösee mit einer großen Insel, auf der sich die bedeutendste Kaolinfundstätte Schwedens befindet. Bekannt ist diese Gegend wegen ihrer riesigen Buchenwälder. Etwas nördlicher, an der Grenze zu Blekinge, liegt der See Immeln. Von Småland kommt der Fluß Helgeå, der das nordöstliche Schonen in Richtung Kristianstadt durchläuft und eine Serie hübscher Binnenseen bildet. In der Mitte des Gaus liegt gerade an der Grenze zwischen Hügelland und Flachland der vierzig Quadratkilometer große Ringsee (Ringsjön), der durch den Rönne-Strom entwässert wird und als Inbegriff eines schonischen Sees gilt. Auch die Seen Krankesjö und Våmbsjö nordöstlich des Romele-Höhenzugs sowie der ›Kratersee‹ Odensjö bei Röstånga verdienen Erwähnung.

Wie zu erwarten, war Schonen bereits sehr früh besiedelt. Schonen streitet sich mit Västergötland um die ältesten Fundplätze menschlicher Tätigkeit. Schon in der Ancyluszeit – ehe die Landbrücke mit Dänemark zerriß – war Schonen bewohnt. Der älteste Fundplatz unweit von Malmö wird auf 9000 v. Chr. datiert. Um 2500 v. Chr. zählt man den Anfang der jüngeren neolithischen Periode, und die Funde zeigen, daß es damals bereits Landwirtschaft und Viehwirtschaft gab. Geräte und Waffen wurden aus Flint gemacht, und die Herstellung war gut organisiert. Unweit von Malmö hat man förmlich Werkstätten ausgegraben, die zeigen, daß Flintgegenstände auch für die Nachbarländer als Tauschgut angefertigt wurden; demgegenüber scheinen Kupferäxte importiert worden zu sein. Man glaubt, daß es schon in der Steinzeit zu einer reichen Herrenschicht gekommen sei, die die Fabrikation von Flintgegenständen leitete, Austausch und Schiffahrt organisierte und die Dolmen und Ganggräber für die Toten errichten ließ. Auch Schmucksachen wurden gehandelt, und man verstand Tongefäße zu brennen.

Von 1500 v. Chr. ab rechnet man hier mit dem Bronzezeitalter, das zunächst keineswegs die Flintgeräte verdrängte. Rasiermesser, Tätowiernadeln und Pinzetten sprechen zugunsten fast minoischer Verhältnisse, zumal die Produktion von Schmucksachen zunimmt und starken Modewechsel aufweist. Unter archäologischen Funden müssen die Dolmen bei Skegrie nordwestlich von Trelleborg, die Ganggräber bei Gillhög nordwestlich von Lund auf der Straße nach Landskrona, die Flintgruben bei Kvarnby, die Grabhügel bei Steglarp, die Steinkiste in Kivik nördlich von Simrishamn, die Schiffssetzung bei Kåseberga an der östlichen Südspitze, westlich von Hammaren, und die Steine bei Hällestad südöstlich von Lund genannt werden. Um etwa 500 v. Chr., als es in ganz Schweden zu einer Klimaverschlechterung kommt, scheint diese Kultur untergegangen zu sein. Kurz darauf fängt das Eisenzeitalter an, und es ist möglich, daß um diese Zeit eine germanische Einwanderung erfolgte. Sicher scheint zu sein, daß keine Ortsnamen in Schonen, wie in Schweden überhaupt, älter als die Eisenzeit sind, aus der auch die ältesten römischen Importe stammen. Die fünfzig Runensteine Schonens gehören bereits in die Zeit der Völkerwanderung und der Wikinger.

Wie die übrigen schwedischen Länder hatte auch Schonen seine eigene Gesetzsammlung, Skånelagen, und scheint lange eine poli-

←

41 Sommertag auf den Schären vor den Küsten Stockholms

Sommerhaus bei Åre in Jämtland, Nordschweden 43

42 Ferienhaus in Östergötland. In Schweden gibt es nahezu hunderttausend Seen, der größte mehr als viermal so groß wie der Bodensee

44 Dorfkirche mit Glockenturm in Jämtland, Nordschweden

Bergarbeitersiedlung Forsmark im Erzgebiet von Uppland 46

45 Der Herrenhof Rottneros in Värmland, der als ›Ekeby‹ durch Selma Lagerlöfs ›Gösta Berlings Saga‹ bekannt wurde

47 Fischerhäuser in Hudiksvall in Norrland

48
Der Lilla Luleälv in Lappland

Renscheidung in Lappland 49 →

tische Einheit gewesen zu sein. Die geographischen Verhältnisse machten, daß man in eine enge Verbindung zu Seeland trat, vermutlich vor allem, um sich gegen die Jütländer zu wehren. Als König in Jütland saß um 900 der Wikingerfürst Olof von Hedeby in der Nähe des heutigen Schleswig. Ein dänisches Reich entstand aber erst gegen das Jahr 1000 im Zusammenhang mit der Christianisierung, die über das vom Dänenkönig Sven Tveskägg eroberte England erfolgte. Durch diese Verbindung wurde der Engländer Gotebald zum Apostel von Schonen, und zur Bischofsresidenz wurde bereits Anfang des 11. Jahrhunderts die Stadt Lund. 1147 wählte sich Schonen jedoch einen eigenen König, Sven Grathe, der mit dem König Knut von Jütland Krieg führte. Zu dieser Zeit war die große dänische Machtentfaltung, die sich bis über England erstreckt hatte, längst zusammengebrochen. Um 1157 gelang es jedoch Waldemar dem Großen, die ehemaligen dänischen Provinzen, mit Ausnahme von England, wieder zu sammeln und den Schonenkönig zu schlagen. Doch erhob sich Schonen wieder unter Führung von Eskie, dem Erzbischof von Lund. Es wurde abermals besiegt, aber der Kampf zwischen dem Erzbischof in Lund und dem Dänenkönig in Roskilde ging weiter. 1332 bot der Erzbischof Karl Galen dem schwedischen König Magnus Smek die Krone Schonens an; 1343 erkannte Dänemark die Oberhoheit Schwedens über Schonen an. Als aber dann der schwedische König in Schwierigkeiten geriet, fiel der Dänenkönig Waldemar Atterdag 1360 in Schweden ein und eroberte Schonen, das von da an bis 1658 zu Dänemark gehörte.

Die in der Großmachtzeit von Schweden wiedereroberten Provinzen widerstanden weiteren dänischen Versuchen, sie zurückzugewinnen. Solche fanden 1673-76 und 1709-10 statt, als Schweden unter Karl XI. und Karl XII. in Bedrängnis geraten war. Nach seiner Rückkehr aus der Türkei hielt Karl XII. hof in Lund, während sein vertriebener Schützling, der polnische König Stanislaus Leszczynski, vorübergehend seine Residenz nach der schonischen Stadt Kristianstad verlegt hatte. Die Schoner wurden nun wieder zu guten Schweden und blieben es bis heute.

Die Schoner (skåningarna), die keineswegs bescheiden veranlagt sind, wissen genau, welche Bedeutung sie innerhalb des schwedischen Reichs haben. Da Schonen noch im 14. Jahrhundert über eine eigene Königskrone verfügte, wird das schwedische Reich in Lund und Malmö heute noch spaßhaft das »Königreich Schonen einschließlich Schwedens« genannt. In älterer Zeit trat der zahlreiche und vermögende schonische Adel in den Dienst des Reichs, und in neuerer Zeit sind führende Positionen der Politik und Wirtschaft überproportional von Schonern besetzt. Der echte Schoner kann aber nie seine dänisch gefärbte Aussprache überwinden, und da dieses auch auf die ehemalige Oberschicht zutraf, galt in Schweden die Auffassung, daß »ein richtiger Baron schnarren müßte«. Die schonischen Barone sind nämlich ebenso zahlreich wie ehedem die baltischen.

Es herrschte aber keineswegs nur der gutgeführte Großgrundbesitz in Schonen, sondern auch eine erfolgreiche Bauernwirtschaft, zumal eine Zerlegung der Dörfer und eine bestehende Schlagverteilung zu Anfang des 19. Jahrhunderts durchgeführt worden waren. Heute verfügt Schonen nur über zweieinhalb Prozent der Fläche Schwedens, jedoch über 15 Prozent des Ackerlands. Schonen, mit 12 Prozent der Bevölkerung von Schweden, produziert 85 Prozent der Zuckerrübenernte, 40 Prozent der Futterpflanzen, 35 Prozent des Roggens, 30 Prozent der Gerste und 30 Prozent des Weizens. Rund die Hälfte der Ernte an Küchengewächsen auf freiem Land stammt aus Schonen, wie auch ein Viertel der Buttererzeugung. Innerhalb der schwedischen Pflanzenveredelung ist Schonen führend: Man braucht nur an die Versuchsgüter in Svalöv östlich von Landskrona, in Weibullsholm und Hilleshög zu denken. Neuerdings sind die Ölpflanzen von großer Bedeutung geworden.

Die sogenannte Südwestebene von Schonen besteht zu 75 Prozent, die sogenannte Kristianstadsebene im Osten zu rund 60 Prozent aus Ackerland. Die Viehwirtschaft hatte Ausmaße angenommen, die Beschränkungen nötig machten; ein Drittel der schwedischen Schweinezucht befindet sich in Schonen und ein Fünftel der Hühnerzucht. Einen mitteleuropäischen Eindruck machen die vielen Gänse, während die vielen Fasane bereits nordisch wirken. Früher hatte die Pfeerdezucht einen Rekordumfang, doch die schonischen Ebenen haben die Mechanisierung der Landwirtschaft stark erleichtert, so daß heute der Traktor dominiert.

Neben der Nahrungsmittelerzeugung gibt es in Schonen Tonwaren-, Prozellan- und Zementfabriken und unzählige Ziegeleien sowie eine Industrie, die sich auf die schonische Steinkohle stützt. Die Seefahrt ermöglichte seit Urzeiten einen lebhaften internationalen Handelskontakt, und deswegen hat sich die Industrialisierung auch durch importierte Rohstoffe gelohnt. Malmö ist heute die dritte Industriestadt Schwedens, und neben der Nahrungsmittelindustrie gibt es eine bedeutende Metall-, Leder- und Gummiindustrie. Im Mittelalter, ja sogar im Altertum, war der Heringsfang ein wichtiger Erwerbszweig, und er spielt auch heute noch eine gewisse Rolle; so ist Simrishamn im Südosten der größte Fischerhafen der schwedischen Ostseeküste.

Unter den Industriestädten Schonens verdient Höganäs an der Westseite der bergigen Halbinsel Kullen nördlich von Hälsingborg Erwähnung. Das erste Kohlenbergwerk wurde hier bereits 1792 etabliert, aber erst als man den Kohlenabbau mit der Gewinnung von brandfestem Ton kombinierte, war die Rentabilität gegeben. Die Kohlenflöze im nordwestlichen Schonen stammen aus verkohlten Sumpfwäldern, die ein südländisches Klima in der frühen mesozoischen Zeit hervorgebracht hatte; man hat feststellen können, daß bis zu zweihundert Arten von Bäumen vorhanden gewesen sind. Weitere Kohlenflöze befinden sich in Billesholm und Bjuv östlich von Hälsingborg. In Bjuv hat der größte Lebensmittelindustriekonzern Schwedens, Findus International S.A., Anlagen von der Größe amerikanischer Ausmaße; u.a. werden hier täglich mehr als 15 000 Masthühner geschlachtet, eingefroren und verpackt.

Das alte Kulturzentrum Lund

Die Großstadt Malmö hat der Nachbarstadt Lund nie die Ehre abringen können, das alte Kulturzentrum Schonens zu sein. Als die älteste Stadt Schonens wird Lund bereits um 1200 genannt, als der Dänenkönig Knut der Große dort eine Münze anlegte. 1016 wurde die Stadt Bischofssitz, und 1103 wurde der Bischof Erzbischof für den ganzen Norden. Obwohl Schweden im Jahre 1164 einen eigenen Erzbischof mit dem Sitz in Uppsala erhalten hatte, blieb der Erzbischof in Lund Primas für die ganze nordische Kirche. Sein Rang war fast derjenige eines nordischen Papstes, und er betrachtete sich häufig als über den Königen thronend. Die Stellung des halbautonomen Schonens könnte, cum grano salis, mit derjenigen des Kirchenstaats verglichen werden, zumal der Dom von Lund für die nordischen Länder ein Symbol war wie die Sophienkirche in Konstantinopel oder die Peterskirche in Rom.

Die mittelalterliche Anlage prägt heute noch das Zentrum der Stadt, das sich um den Dom ausbreitet. Der alte Marktplatz südlich des Doms ist immer noch das Geschäftszentrum, und hier erhebt sich auch das Rathaus. Der große Park zwischen Dom, Museum und Universität wird heute Lundagård genannt, eine Bezeichnung, die ursprünglich dem ›Königshaus‹ in der Mitte zukam, das später Universitätsbibliothek wurde. Die Straßen tragen Namen nach ehemaligen Klöstern und Kirchen, die längst verschwunden sind. Die Universität, Regia Academia Carolina, wurde erst im Jahre 1668, also nach der Wiedervereinigung mit Schweden, gegründet. Hier wirkte 1668-77 der ehemalige Heidelberger Jurist Samuel von Pufendorf, der 1672 im Geist von Hugo Grotius sein berühmtes Werk ›De jure naturae et gentium‹ veröffentlichte. Später wurde er schwedischer Reichshistoriograph; 1688 schrieb er in brandenburgischen Diensten die Geschichte des Großen Kurfürsten. Die prachtvollste Blüte erlebte die Universität in den ersten Jahrzehnten des 19. Jahrhunderts, als der große schwedische Dichter und spätere Bischof Esaias Tegnér hier Professor der griechischen Sprache war. Zu seiner Zeit wirkten in Lund international bekannte Forscher wie der Botaniker Agardh, der Naturforscher Retzius, der Archäologe Nilsson und der Gesetzhistoriker Schlyter, der die alten schwedischen Gaugesetze sammelte und veröffentlichte.

Vorbildlich ist das Kulturhistorische Museum in Lund wie auch das Zoologische Museum, dessen Sammlungen auf den Lehrer von Linné, Professor Stobbaeus, um 1720 zurückgehen. Der umfassende Botanische Garten wurde vor reichlich hundert Jahren von Agardh angelegt und hat sich zu einem der hübschesten und interessantesten Gärten dieser Art in Schweden entwickelt. In der Stadt stehen noch viele mittelalterliche Fachwerkhäuser. Im jetzigen Bibliotheksgebäude der Domschule wohnte Karl XII. von 1716-1718, als er nach der Rückkehr aus der Türkei seine Residenz nach Lund verlegt hatte. Auch die Wohnung des mächtigen Finanzministers Graf Görz im Kloster der Schwarzen Brüder neben der Kunsthalle kann besichtigt werden. Am Lundagård liegen ferner das Haus des Akademischen Vereins und das Historische Museum, während sich die Bischofsresidenz am Hügel ›Allerheiligen‹ befindet.

Das eindrucksvollste Gebäude der Stadt ist der großartige Dom, der vorbildlich für kirchliche Kunst und kirchliche Architektur in ganz Skandinavien wurde. Die Proportionen sind keineswegs überwältigend: Länge 82, Breite 27 und Turmhöhe 56 Meter, das Zusammenspiel der architektonischen Details jedoch löst eine starke Wirkung aus. Das Material ist feiner grauer Sandstein aus Höör, und der ganze Bau war schon 1160 fertig. Die Kirche wurde um eine ältere, von König Knut dem Heiligen um 1080 aufgeführte steinerne Kirche im englischen Stil gebaut und die ›innere Kirche‹ erst im letzten Baustadium der neuen ›äußeren‹ abgebrochen.

Der Stil ist romanisch-lombardisch, und von dem Architekten weiß man nur, daß er aus Italien gekommen war. Antikisierende byzantinische Züge können mehrfach beobachtet, und eine enge Zusammenarbeit zwischen gotländischen und schonischen Steinmetzen und Künstlern kann festgestellt werden. Zu derselben Zeit und beeinflußt vom Kathedralbau in Lund wurden zahlreiche romanische Kirchen in Schonen und auf Gotland erbaut; man kann behaupten, daß das 12. Jahrhundert eine Hochkonjunktur für den Kirchenbau mit sich brachte. Die Apsis und das Südportal des Doms von Lund sind Meisterwerke; die große Krypta, die normannische Züge aufweist, wurde 1123 geweiht, der Hauptaltar im Dom 1145. In der Krypta sind u. a. die Grabsteine des Bischofs Hermann von Schleswig von 1145 zu sehen und das Grabmal des letzten katholischen Erzbischofs, Birger Gunnarsson, der 1512 starb. Dieses stammt von dem deutschen Architekten und Bildhauer Adam van Düren, der von 1513-27 Restaurationsarbeiten am Dom durchführte und vorher das berühmte schonische Schloß Glimmingehus südlich von Simrishamn gebaut hatte. In der Krypta befindet sich auch der an einer Säule ausgemeißelte Riese Finn, der wohl ursprünglich Simson darstellen sollte, später aber zu einer symbolischen Märchenfigur wurde.

Zu den mittelalterlichen Schätzen des Dominnern gehört vor allem ein Flügelaltar von 1300, dessen Haupttafel die Aufnahme

Mariens ins Paradies zeigt, sowie reich dekorierte Chorstühle für die Mitglieder des Domkapitels. Ein Wunder ist das ›Horologium mirabile lundense‹, eine Uhr, die erst 1923 auf Grund mittelalterlicher Beschreibungen wieder in Gang gesetzt werden konnte und das ganze Kalendarium anzeigt. Jede Stunde geraten oberhalb der Riesenuhr zwei Ritter aneinander und wechseln so viele laute Schläge wie Stunden verflossen sind. Unter den fünf Glocken des Doms ist die Knutsglocke aus dem Jahre 1559 die älteste.

Aus der lutherischen Zeit stammt die Kanzel aus Sandstein, Kalkstein, Alabaster und Holz, 1592 von Johannes Ganssorg aus Frankfurt an der Oder signiert. Auch die Restauration durch Adam van Düren geschah zu der Zeit der beginnenden Reformation. Eine spätere Restauration wurde durch den Architekten Brunius um die Mitte des 19. Jahrhunderts begonnen und von dem bekannten Restaurator und Architekten Zetterwall zu Ende geführt. Am Hauptbau wurde nichts geändert, jedoch die Türme erhielten ihr vermutetes mittelalterliches Aussehen. Die mittelalterliche skulpturale Ausschmückung der Kapitelle, der Friese und Portale entzückt uns heute noch. Eigenartig ist die Erweiterung des Querschiffs durch Seitenkapellen, die mit Baldachinen versehen sind. Das Domkapitel zu Lund verfügte jahrhundertelang über zahlreiche Güter und sonstiges Eigentum und konnte seinen Unterhalt somit selbst finanzieren. Da Gustav Wasa bei der Reformation Schonen noch nicht besaß, blieb dieses Kirchengut erhalten.

Die Großstadt Malmö und die Westküste

Mit über 300 000 Einwohnern ist Malmö heute die drittgrößte Stadt in Schweden, und auch als Handelsstadt nimmt sie den dritten Platz ein. Malmö wird schon Ende 1100 genannt, und zur dänischen Zeit versuchte der Bürgermeister Jörgen Kock, aus Malmö eine freie Reichsstadt zu machen. Als zweitgrößte Stadt des damaligen dänischen Reichs konkurrierte Malmö mit Kopenhagen. König Christian III. ließ in den Jahren 1537-42 das Schloß Malmöhus als einen stark befestigten Renaissancebau errichten. Heute ist das Schloß ein Museum. Malmö selbst wurde nach der Übernahme durch Schweden 1658 mit großen Verteidigungsanlagen versehen und widerstand auch erfolgreich allen dänischen Rückeroberungsversuchen in den Jahren 1677 und 1709-10. Interessant ist, daß die

Bürger sich damals mit Enthusiasmus gegen ihre früheren ›Landsleute‹ wehrten, wie es das große Wandgemälde Gustav Cederströms im Rathaus zeigt, obwohl die militärische Lage Schwedens 1709 hoffnungslos war: Die große Armee war soeben in Rußland vernichtet, und König Karl XII. befand sich auf der Flucht in die Türkei. Das Wunder der trotzdem erfolgreichen Verteidigung Schonens gegen die Übermacht der Dänen vollbrachte der Generalgouverneur Graf Magnus Stenbock.

Wie Göteborg, so besitzt auch Malmö einen inneren Kanalgürtel, über den die Stadt längst hinausgewachsen ist. Im Süden ist der ehemalige Fischer- und spätere Industrieort Limhamn, Sitz des Riesenunternehmens Skånska Cement A/B, längst eingemeindet. Hier kann man die gewaltigen Kalksteinbrüche besehen, wo täglich 4000 Tonnen Kalkstein gebrochen werden. Ein anderes Großunternehmen ist der Kockum-Konzern. Malmö ist ein ausgeprägter Importhafen und verfügt als Spezialität über die modernsten Tabakfabriken in ganz Europa. Der Passagierverkehr Malmö–Kopenhagen über den Öresund – Dampfer, Eisenbahnfähren, Autofähren, Flugzeuge – weist fast astronomische Zahlen auf. Seit Jahren plant man einen kombinierten Tunnel- und Brückenbau zwischen Malmö und Kopenhagen. Die Pläne sehen sogar eine Zusammenfassung aller Öresundstädte in ein Riesenkonglomerat vor, das man ›Örestaden‹ (Örestadt) genannt hat.

Der Deutsche irrt, wenn er glaubt, daß ›Gustav Adolfs Markt‹ mit dem Gustav Adolf des Dreißigjährigen Kriegs etwas zu tun hat. Zu dieser Zeit war Schonen noch dänisch. Wo der Königsname Gustav Adolf in Schonen erscheint, bezieht er sich immer auf den später abgesetzten König Gustav IV. Adolf, der hier besonders populär war. Unter den vielen politischen Zusammenkünften, die Malmö in den vergangenen Jahrhunderten erlebt hat, können die Waffenstillstandsverhandlungen zwischen Preußen und Dänemark erwähnt werden, die unter Vermittlung König Oskars I. im Jahre 1848 hier stattfanden. In den nordischen Ländern erinnert man sich auch gerne an die Zusammenkunft der drei nordischen Könige im Dezember 1914, die eine neue Ära der nordischen Zusammenarbeit einleitete. Wer in der bunten Geschichte Malmös forschen will, kann im städtischen Archiv die mittelalterliche Chronik ›Registrum ville Malmoeghe‹ studieren.

Unter den Kirchen von Malmö ist eigentlich nur die zu Anfang des 14. Jahrhunderts erbaute in der Altstadt (Gamla Staden) gelegene gotische Kirche St. Petri von Interesse; ihr Hochaltar ist eine Lüneburger Arbeit. Das unter Jörgen Kock 1546 erbaute Rathaus im Stil der Renaissance und mehrere ältere Fachwerkhäuser an und um den Stortorg verdienen Beachtung. Auf dem großen Markt steht das Reiterstandbild des ›Wiedervereinigers‹ Karl x. Gustav, Pfalzgraf und Wittelsbacher. Malmö ist eine lebendige Kunstmetropole, und das neue 1944 erbaute städtische Theater hat Platz für 1700 Zuschauer. Die Kunstgalerie im dritten Stock des Schlosses birgt vorwiegend schonische und baltische Kunst; im Schloßpark stehen zahlreiche Bildwerke, so Carl Milles' Pegasus, Carl Friesendahls ›Vildsvinet‹ (Wildschwein) und Gerhard Hennings ›Liegendes Mädchen‹. Der Königspark begrüßt uns mit den Fontänen ›Öresund‹ und ›Duschen‹, und außerdem gibt es noch den großen Strandpark Öresund und die umfassenden Anlagen ›Pildammsparken‹.

Das in Grüngebiete eingebettete Malmö ist Residenzstadt für die Landeshauptmannschaft Malmöhus Län und Sitz des Hofgerichts (Oberlandesgericht) für Schonen und Blekinge. Der Bahnhof von Malmö soll der größte des ganzen Nordens sein, und zu den großen Hafenanlagen gehören sowohl ein Industriehafen wie auch ein Freihafen. Im Norden der Stadt liegt die Lomma-Bucht mit den kombinierten Bade- und Industrieorten Lomma und Bjärred und dem berühmten landwirtschaftlichen Institut Alnarp. Weiter an der Küste nach Norden folgen Barsebäckshamn, Ludåkra-Bucht und die Stadt Landskrona mit ihrem natürlichen Hafen.

Landskrona ist eine dänische Stadtgründung aus dem Jahre 1413, durch die der dänische König die Macht der deutschen Bürgerschaften in den übrigen, von der Hanse bevormundeten dänischen Städten brechen wollte. Die Kirche St. Johannis Baptistae ist neben St. Petri in Malmö der hervorragendste gotische Kirchenbau in Schonen, das ja sonst vom romanischen Stil geprägt ist. Die berühmte Zitadelle, die immer noch das Stadtbild beherrscht, wurde in den vierziger Jahren des 16. Jahrhunderts von Christian III. von Dänemark gebaut und zweihundert Jahre später von den Schweden erweitert. Zu Ende des 18. Jahrhunderts erlebte Landskrona eine Blütezeit, und Kirchen und Häuser wurden in einem Stil aufgeführt, den man ›Landskrona Barock‹ nennt und der eine gewisse Kuriosität ist. Die Stadt liegt wie Malmö hübsch in viel Grün eingebettet und vermittelt natürlich einen lebhaften Verkehr über den hier nur 15 Kilometer breiten Öresund. Mit Landskrona eingemeindet wurde 1959 die berühmte Öresundinsel Ven. Sommerhäuser und das Urlaubsdorf Erikstorp verbrämen die ganze Küstenlinie, wo jedes Jahr ein reges Badeleben stattfindet.

Knapp zwanzig Kilometer nördlich von Landskrona liegt ›Schonens Paris‹, die elegante Stadt Hälsingborg an der engsten Stelle des Öresunds. Die Entfernung zur dänischen Schwesterstadt Helsingör beträgt nur vier Kilometer, und der Schiffs- und Fährenverkehr gleicht einem Perpetuum mobile. Auch hier streitet man sich über Tunnel- und Brückenprojekte. Der Sund ist hier 18 Meter tief gegenüber nur 7 Metern bei Malmö, und die Strömung erinnert daran, daß der Öresund nach der Ancyluszeit tatsächlich ein Fluß gewesen ist.

Für schwedische Verhältnisse ist die hübsche Stadt Hälsingborg, deren Einwohnerzahl bald 100000 erreicht, eine Großstadt und außerdem für die meisten Automobiltouristen das Tor nach Schweden. Die obere Stadt auf dem Strandwall war schon alt, als die Burg um 1150 angelegt wurde. Von dieser ist heute nur der berühmte Turm ›Kärnan‹ vorhanden, einer der phantastischsten Aussichtspunkte der ganzen Öresundgegend. Im mißlungenen dänischen Revanchekrieg von 1676-79 wurde fast die ganze Altstadt zerstört, und die neue Blüte kam erst mit der Entwicklung der Verkehrsmittel im 19. Jahrhundert. Heute ist Hälsingborg die drittwichtigste Seestadt und die viertgrößte Hafenstadt von Schweden. Die Stadt besteht aus zwei Teilen, der neuen oberen Stadt und der Uferstadt, deren Strandstraße vierzehn Kilometer lang ist. Am Anfang dieser Straße sprudelt der Gesundbrunnen Ramlösa, dessen Wasser das führende Mineralwasser Schwedens ist. Im nördlichen Teil der Stadt, zwischen dem Öresundspark und dem Vikingsberg, quillt die einzige Salzquelle von Schweden mit einem Kochsalzgehalt von 1,4 Prozent. Nördlich mündet die Strandstraße in den königlichen Park vom Schloß Sofiero (Sophienruh), das für die Königin Sophia, geborene Prinzessin von Nassau, in den sechziger Jahren des 19. Jahrhunderts gebaut wurde. Diese Sommerresidenz wurde König Gustav VI. Adolf von der Großmutter vermacht, als dieser 1905 die englische Prinzessin Margareta heiratete. Sehenswert ist die Kirche Sta. Maria, die um 1150 romanisch begonnen und im 14. Jahrhundert zu einer dreischiffigen gotischen Kirche umgewandelt wurde. Schöne mittelalterliche Kleinodien wetteifern hier mit moderner Kunst. In Hälsingborgs Stadtmuseum und in Fredriksdals Freilichtmuseum kann man sich in die Geschichte von Hälsingborg vertiefen, das sehenswerte Kunstmuseum im Vikingsbergpark enthält ein Porträt von Descartes von Frans Hals. Der Retter Schonens in den schweren Jahren von 1709 bis 1710, Graf Magnus Stenbock, hält in Bronze auf dem Großen Marktplatz die Wache.

Noch nördlicher, kurz ehe der Öresund bei dem Höhenzug Kullen in das Kattegat mündet, liegen die schon erwähnte Industriestadt Höganäs und die Badeorte Viken, Krapperup und Mölle. Der Höhenzug Kullaberg (Kullen) ist 16 Kilometer lang, aber nur zwei Kilometer breit und mit 188 Metern der höchste Küstenberg Südschwedens. Das Bergmassiv besteht aus rotem und grauem Gneis mit Einschlägen von Diabas, und die wilden Strandfelsen, die zahlreichen Grotten und die schäumende Brandung machen die Halbinsel zu der romantischsten Gegend ganz Schonens. Auf der Nordseite, an der großen Kattegatbucht Skälderviken, liegt der märchenumwobene Badeort Arild, im Mittelalter ein Wallfahrtsort mit einer heiligen Quelle. Von hier sind die nordöstlichen Sehenswürdigkeiten von Kullaberg am besten zugänglich, und man macht die Ausflugsfahrt an der sieben Kilometer langen Küstenstrecke von Arild zum Leuchtturm Kullen am besten im Boot. Die Bergformationen sind außerordentlich eindrucksvoll: Ravinen und Grotten, Felsenvorsprünge und Felsentore und das immer laut atmende Meer, das Millionen geschliffene Kieselsteine in Weiß und Rot mit rasselndem Schall in Bewegung hält. Die zahlreichen Grotten tragen Namen wie Silvergrottan, Josefinelust, Oskarsminne und Trollhålet. Oben präsentiert der wilde Berg ein schönes Plateau mit einer wunderbaren Pflanzenwelt, die unter Naturschutz steht, und hier liegt auch, vom Buchenwald umgeben, das Gasthaus Kullagården.

In die große Kattegatbucht Skälderviken mündet der Rönne-Strom, und kurz vor der Mündung liegen die Stadt Ängelholm und die Ruinen ihrer Vorgängerin Luntertun. Zwischen 1547 und 1767 waren beide Städte aufgegeben worden, die Einwohner von Ängelholm erhielten im erstgenannten Jahr den Befehl, nach dem neugegründeten Landskrona zu übersiedeln. Die Stadtrechte für

Ängelholm wurden von Schweden 1767 wiederhergestellt. Der Ort verfügt über den Gesundbrunnen Thorslunda und zwei Strandbäder: Meeresbad Ängelholm und Skälderviken. An der Nordspitze der Bucht liegen der Badeort Torekov, von dem aus die Insel Hallands Väderö besucht werden kann, und noch nördlicher an der Gaugrenze zu Halland an Laholmsbukten der Hauptbadeort der schonischen Westküste, der Flecken Båstad.

Båstad war einmal, und zwar im 15. Jahrhundert, eine Stadt, deren Rechte die Bürger so belasteten, daß diese selbst darum baten, ihren Ort in einen Flecken zurückverwandelt zu bekommen. Jetzt ist der Flecken ein berühmter Badeort, dessen Ruhm auf den schwedisch-russischen Dynamitkönig Nobel zurückgeht. Das im Klosterstil aufgeführte Hotel Skånegården genießt internationalen Ruf und wurde vom alten König Gustav v. gern besucht. Der Golfplatz soll der beste und hübscheste in ganz Schweden sein. In der unmittelbaren Nähe Båstads breiten sich die im Jahre 1906 von Rudolf Abelin angelegten Mustergärten aus, die das milde Båstader Klima ausnützen und in Schweden nicht ihresgleichen haben. Wer dem naturschönen Italienischen Weg westwärts von Båstad folgt, erreicht ›Hovs Hallar‹ und den Endpunkt Knösen (154 Meter), wo sich ›Hallands Höhenzug‹ dramatisch in das Kattegat stürzt. An der interessanten Kirche von Hov kann man die eigenartige Anlage ›Elektroflora‹ besuchen, wo Pflanzen ohne Verwendung von Erde gezüchtet werden. Unweit davon liegt das Grabfeld Tofta aus der Bronzezeit mit seinen ›Elchenmühlen‹.

Die Astronomeninsel Ven und Hallands Väderö

In der Mitte vom Öresund und sechs Kilometer westlich von Landskrona liegt die mit dieser Stadt eingemeindete glorreiche Insel Ven, deren Name früher Hven geschrieben wurde. Oberhalb der dreißig Meter hohen Steilküste bildet die siebeneinhalb Quadratkilometer große Insel eine freundliche Plateaulandschaft, die in älterer Zeit dicht bewohnt war. Felszeichnungen zeigen, daß die zentrale Lage schon in der Bronzezeit ausgenützt wurde. Die Geschichtsforscher meinen, daß Ven die berühmte Insel Svolder der alten Zeit ist, wo der norwegische Heldenkönig Olav Tryggvason im Jahre 1000 n. Chr. von den vereinigten Flotten des Schwedenkönigs Olof Skötkonung und des Dänenkönigs Sven Tveskägg vernichtend geschlagen wurde, wobei sein berühmtes Schiff ›Ormen långe‹ (Lange Schlange) erbeutet wurde. Für diese Niederlage suchen die Norweger heute noch Revanche.

Die Berühmtheit von Ven geht jedoch auf den Astronomen Tycho Brahe zurück, der dem dänischen Zweig dieser bekannten Familie angehörte und 1546-1601 gelebt hat. Seine astronomischen Studien hatte er in Deutschland gemacht und im Jahre 1572 den Stern Cassiopeia entdeckt. Vom dänischen König Fredrik II. erhielt Brahe 1576 die kleine Insel Ven als Lehen, und hier ließ er sich das phantastische Schloß Uranienborg und das größte Observatorium der damaligen Welt, Stjärneborg (Sternenburg), bauen. Heute sind nur noch Ruinen davon vorhanden, jedoch gibt es vollständige Beschreibungen der beiden Riesenanlagen. Es heißt von Uranienborg u.a.: »Man bewegte sich auf marmornen Dielen in geschmackvoll dekorierten Zimmerfluchten, wo man frisches Wasser durch Wasserrohre aus einem Brunnen im Nordturm erhielt, der heute noch Trinkwasser spendet. Oberhalb des Brunnenkellers gab es ein Observatorium, und im Südturm noch eines. Hier gab es außerdem eine Bibliothek und ein Laboratorium, und im Garten wuchsen dreihundert verschiedene Bäume wie auch seltene Pflanzen aller Art. Bald wurde südlicher die unterirdische Sternwarte Stjärneborg gebaut, wo die Instrumente erdfest und somit stabiler aufgestellt werden konnten, und ein Kilometer noch südlicher wurde eine Papiermühle aufgeführt, die nebst einer Druckkerei heute sehr seltene Drucksachen lieferte.«

Einundzwanzig Jahre oder bis 1597 trieb Brahe seine erfolgreichen Beobachtungen auf Ven, wo ihn Fürsten und Gelehrte aufsuchten. Sein Schüler, Johannes Kepler, fand zum großen Teil auf Grund der Beobachtungen Brahes Gesetze des Aufbaues unseres Sonnensystems und der Bewegungen der Planeten. Mit dem Thronantritt Christians IV. verlor Brahe die Gunst des dänischen Hofs und begab sich nun in kaiserliche Dienste, wurde Hofastrologe Kaiser Rudolfs II. und starb 1601 in Prag. Sein Wahlspruch war, daß »weder Macht noch Reichtum, nur der Einfluß des menschlichen Geistes besteht«. Spätere Kriege haben die gefährlich gelegene Insel verheert, sogar die Türme der Kirche St. Ibb wurden 1716 abgeschossen, während eine ältere Kirche gänzlich in Ruinen liegt.

Das Naturschutzgebiet ›Hallands Väderö‹ (Hallands Wetterinsel) gehört zu dem auf der nordwestlichsten Halbinsel Schonens gelegenen Badeort Torekov und liegt keineswegs in Halland, wie der Name vermuten läßt. Die Fährstrecke beträgt drei Kilometer. Die Insel ist drei Quadratkilometer groß und besitzt rund 84 Hektar mit wunderbarem Laubwald, der viele ungewöhnlich alte und mächtige Bäume aufweist. So mißt der Umkreis der sogenannten ›Königseiche‹ sieben Meter; ein Erlenbaum erreicht auf Brusthöhe einen Umfang von vier Metern. Riesenbuchen zählen ein Alter von über 300 Jahren, und viele Eichen sollen noch älter sein. Die Vogelkolonien auf der Insel begeistern alle Ornithologen; man zählt mehr als 35 verschiedene Arten, darunter Eiderenten, Silber- und Mantelmöwen, Meerschwalben, Brandenten, Strandläufer und Säger. Von Mitte Mai bis Johanni singen die Nachtigallen fast ununterbrochen. Obwohl das Meer zu Litorina-Zeiten zwölf Meter höher stand und die Insel somit noch kleiner war, war sie bereits in der Steinzeit besiedelt. Heute besteht die Bevölkerung nur noch aus Förstern und dem Personal des Leuchtturms.

Die Ostseeküste Schonens

Südlich von Malmö, wo die Küste bald im rechten Winkel gen Osten biegt, steckt Schonen einen langen Finger ins Meer, auf dessen breiter Spitze die zusammengewachsenen Zwillingsstädte Skanör und Falsterbo liegen. Die Landzunge wird bei Höllviksnäs durch den Falsterbo-Kanal durchschnitten, der die Einfahrt von der östlichen Seite in den Öresund erleichtert. Die Städte sind uralt, man hat Skanör sogar auf das erste nachchristliche Jahrhundert zurückführen können. Der Name bedeutet einfach schonische Sandküste (Ör bedeutet Sandriff), und der Ort wurde durch den Heringsfang reich. Erst um 1250 wurde das etwas südlicher gelegene Falsterbo ausgebaut, das ein königliches Schloß, Falsterbohus, erhielt. Im 15. Jahrhundert verschlechterten sich jedoch die Zeiten. Jetzt aber sind die siamesischen Zwillingsstädte hochberühmte und vornehme Badeorte, die über lange Sandufer verfügen.

Zwischen Falsterbo und Trelleborg liegt der kleine Küstenort Skåre, wo Karl XII. nach der Rückkehr von der Türkei und der Räumung Stralsunds 1715 zum ersten Mal wieder schwedischen Boden betrat. Trelleborg selbst ist der allen Deutschen bekannte

Endpunkt der berühmten Fährstrecke Saßnitz–Trelleborg und war durch Jahrzehnte der deutsche Hauptweg nach Schweden. Seitdem die DDR über Saßnitz verfügt, hat man eine zweite Linie nach Travemünde eröffnet. Auch Trelleborg hat eine mittelalterliche Vergangenheit. Es erhielt bereits 1267 ein Franziskanerkloster östlich von Trelleborg, wo sich der Sandstrand dreißig Kilometer erstreckt. An der Landspitze Smygehuk liegt der südlichste Punkt von Schweden. Die Südküste Schonens besteht aus einer breiten, etwas welligen Ebene, Söderslätten, deren drei zentrale Gerichtsbezirke (Härade), Skytts, das südöstlich von Malmö liegende Oxie und das nahe der Südküste zwischen Bystad und Malmö liegende Vemmenhög, unzählige Landkirchen aufweisen und seit Urzeiten bewohnt waren. Die fruchtbare Erde besteht aus kalkhaltigem Moränenlehm mit einem Untergrund von Kreidekalkstein und Flint. Typische, aber niedrige Geröllhöhenzüge beleben die Landschaft und erinnern an die Eiszeit. Westlich von Abbekås liegt das südlichste Schloß von Schweden, Dybäck, in einem herrlichen Park, und als sein größter Konkurrent das Schloß Charlottenlund. In Sjörup treffen wir auf einem lauschigen Hügel mit Seeblick eine der schönsten mittelalterlichen Landkirchen von Schonen an.

Ystad war einmal die zweitgrößte Stadt in Schonen, es wird zum erstenmal 1200 genannt und lebte in alter Zeit vom Heringsfang und der Ausfuhr von Rindern. Später vermittelte Ystad den Verkehr mit Schwedisch-Pommern und noch später den gefährlichen, aber sehr lukrativen Handel mit England während der Napoleonischen Kontinentalblockade. An diese Zeit erinnert noch das eigenartige Hagermansche Haus, das mit doppelten Dielen, falschen Schornsteinen und drehbaren Spiegeln versehen ist. Die Stadt ist voll von schönen mittelalterlichen Fachwerkhäusern, man zählt rund 300. Die dreischiffige Marienkirche stammt aus dem 13. Jahrhundert, und in dem St. Petri angegliederten, gut erhaltenen Franziskanerkloster ist das Altertumsmuseum untergebracht. Früher lagen die Schonischen Dragoner, einmal das größte Kavallerieregiment Europas, in Ystad in Garnison, und ein kleines Museum erinnert noch heute daran. Selbstverständlich gibt es hier auch eine Badestadt: Ystads saltsjöbad.

Östlich von Ystad springt Schonens Küste etwas nach Süden vor, um sich bei Sandhammar dann nach Norden zu wenden.

Auf dieser Strecke, kurz vor Kåsehuvud, findet sich eine Schiffssetzung, bei Sandhammar Flugsand. Die einzige Stadt an der Ostküste ist Simrishamn, eine ruhige, idyllische Hafenstadt mit Schiffsverbindung nach der dänischen Insel Bornholm. Auch Simrishamn stammt aus dem frühen Mittelalter, erlebte die Hochkonjunktur des Heringsfangs und blühte unter der langen Regierung des Dänenkönigs Christian IV. Um 1900 besaß Simrishamn die größte Segelflotte von Schweden, heute ist es ein Fischerhafen mit Gefrier-, Konserven- und Lederindustrie. Die letztere unterhält auch ein Ledermuseum. Der alte Markt wird von der großen St. Nicolai-Kirche und vom Rathaus beherrscht. Die Sandsteinkirche aus dem 12. Jahrhundert ist romanisch, ihr mächtiger Turm spätgotisch, das um 1860 erbaute Rathaus dagegen neuromanisch. Die Vorgängerin von Simrishamn, das Städtchen Tumathorp, heißt heute Tommarp, wurde aber dann später von seinem Meereshafen überflügelt. Als die wendischen Seeräuber um 1000 die südliche Ostsee beherrschten, zogen sich die Städte gern etwas ins Binnenland zurück, wo sie weniger leicht entdeckt oder doch vorgewarnt werden konnten.

Nördlich von Simrishamn zieht sich die weite Hanö-Bucht hin. Das Flachland zwischen Ystad und Simrishamn, Österlen genannt, hebt sich langsam gegen den Höhenzug Linderöd, dessen Südostspitze, Stenshuvud, von 120 Metern Höhe in die Ostsee abfällt. Dieser Berg ist ebenso märchenumwoben wie der Kullaberg im Nordwesten des Landes. Österlen und die Hanö-Küste besitzen die größten Obstbaumanlagen von Schweden, der Hauptort ist Kivik südlich des Flusses Verkeån. Bei der Flußmündung liegt Ravlunda, wo Linné vor reichlich 200 Jahren behauptete, daß hier Bernstein »gestochen« werden könnte. Rav ist ein altschwedisches Wort für Bernstein (bärnsten). Landschaftlich gesehen, fand Linné eine Ähnlichkeit zwischen Südschonen und Flandern, das er von seinem langen niederländischen Aufenthalt her gut kannte.

Nördlicher an der Hanö-Bucht liegt der große Flecken Åhus, der heute als Hafen der Binnenstadt Kristianstad dient. Wie einige andere schonische Ortschaften war Åhus im Mittelalter eine beachtliche Handels- und Seefahrtstadt an der Mündung des großen Helge-Stroms, der damals noch weite Strecken segelbar war, seine Mündung aber später wechselte. Im Jahre 1614 verlor Åhus seine Stadtprivilegien zugunsten der Neugründung Kristianstad und versank in Unbedeutendheit. An der gut erhaltenen großen Marienkirche kann man die ehemalige Blüte der versunkenen Stadt messen, und weitere Zeugnisse legen die Ruinen der erzbischöflichen Burg und der Hospitalkirche St. Anna ab, ebenso Stadtwälle, das Westtor oder das schöne Fachwerkhaus Kungsstugan.

Binnenortschaften in Schonen

Wenn man das schon beschriebene Lund ausklammert, gibt es nur drei Binnenstädte in Schonen, nämlich Kristianstad, Hässleholm und Eslöv, dazu aber noch Flecken und sogenannte ›dichtbewohnte Ortschaften‹ (tätorter). Und dann gibt es noch die gewesene Stadt Vä, die gleich Åhus zugunsten von Kristianstad geopfert wurde. Auch Lund hatte im frühesten Mittelalter eine Vorgängerin, Arendala, die nur drei Kilometer östlich der jetzigen Stadt liegt und wo die Schoner zur heidnischen Zeit ihr Thing abhielten. Die Stätte war gleichzeitig ein uralter Marktplatz, wo ›der Markt zu den drei Grabhügeln‹ abgehalten worden war.

Kristianstad wurde im Jahre 1614 vom dänischen König Christian IV. als Hauptort für Nordostschonen am Helge-Strom nördlich des Sees Hammarsjön gegründet, und es trägt auch heute noch die gekrönte Namenschiffre dieses Königs im Wappen. Wie schon früher angedeutet, erhielten die Bürger im südöstlicheren Åhus und südwestlicheren Vä den Befehl, in die neue Stadt zu ziehen. Diese wurde sofort als starke Festung ausgebaut, und die etwas küstenfernere Lage kann als Folge einer Furcht vor der schwedischen Flotte erklärt werden. 1658 fiel Kristianstad ohne Schwertschlag an Schweden, leistete aber mit schwedischer Besatzung 1676 Widerstand gegen die belagernden Dänen, die sie eroberten, um sie jedoch nur zwei Jahre zu behalten.

Interessant ist die Heilige Dreifaltigkeitskirche, die laut Anweisungen durch König Christian von Dänemark von den Hofarchitekten Lorenz und Hans van Steenwinkel im holländischen Renaissancestil aufgeführt und bereits 1618 eingeweiht wurde. Das geplante königliche Palais wurde nie gebaut, aber ein ›Königshaus‹ (Kungshus) ist selbstverständlich vorhanden. Hier residierte Karl XII. bereits 1700 vor seinem damaligen Gegenangriff auf Dänemark, und hier hielt 1711-14 der vertriebene polnische König Stanislaus Leszcynski hof. Hier verbrachte seine Tochter Maria glückliche Mädchenjahre, ehe sie im Jahre 1725 König Ludwig XV. von Frankreich heiratete. Als die flüchtigen Bourbonen nach der Revolution nach Schweden kamen, waren sie also mit der Scholle schon etwas vertraut. Vielleicht ist es der Hofhaltung des Polenkönigs, dessen Tochter Königin von Frankreich wurde, zuzuschreiben, daß Kristianstad in weit späteren Jahren den Beinamen Klein-Paris erhielt.

Kristianstad verfügt über ein umfangreiches Museum und bedeutende Kunstsammlungen, in denen bekannte schwedische Maler vertreten sind. Bereits vor hundert Jahren wurde ein Teil des Hammarsjö (Hammarsee), der sich im Süden der Stadt ausbreitet und heute fast versumpft ist, trockengelegt, so daß man hier eine holländisch anmutende Landschaft einige Meter unter der Meereshöhe sieht. Zwei Herrensitze in der unmittelbaren Nähe der Stadt, Hammarshus und Lillöhus, ersetzen mittelalterliche Burgen, von denen noch Ruinen stehen. Die romanische Kirche zu Norra Åsum aus dem 12. Jahrhundert soll der berühmte Erzbischof Absalon gegründet haben. Unter den Ruinen der mittelalterlichen Stadt Vä finden wir solche eines großen Prämonstratenserklosters. Die Marienkirche von Vä, eine der monumentalsten der Provinzkirchen von Schonen im romanischen Stil, überzeugt den Besucher, daß die heutige stille Ortschaft früher einmal bedeutend war.

Hässleholm und Eslöv nördlich von Lund verdanken ihre Existenz hauptsächlich der Eisenbahn, obwohl gewisse Handelstraditionen vorhanden waren und die Gegend viele interessante Kirchen und Altertümer aufzeigen kann. Bei Eslöv gibt es ein Naturschutzgebiet, Fäladen, das von großem geologischem Interesse ist: Hier begegnen sich nämlich zwei eiszeitliche Moränengebiete, in denen man sogar Granitblöcke aus Finnland identifizieren konnte. Unter den zahlreichen Flecken Schonens verdienen vielleicht Bromölla nordöstlich von Kristianstad am Ivösee, Hörby, Höör, Perstorp, Kävlinge nordwestlich von Lund, Åstorp und Klippan nordöstlich von Hälsingborg Erwähnung, die alle, wie auch die Städte, ziemlich industrialisiert sind.

Bromölla am Ivösee ist der Sitz für die A/G Iföverken, die führende feinkeramische Industrie Schwedens, die auch die obenerwähnten großen Kaolinvorkommen ausnützt. Die bekannte schwedische Porzellanfabrik Rörstrand in Lidköping gehört auch diesem Konzern an. Am alten Postmeisterhof von Hörby ist eine Gedächtnistafel für die originelle schwedische Schriftstellerin Victoria Benedictsson angebracht, die unter dem männlichen Pseudonym Ernst Ahlgren treffliche Bücher über das schonische Volksleben geschrieben hat. Höör, nördlich des Ringsjö, wiederum ist ein uraltes Zentrum für eine Sandsteingewinnung, die bereits vor neunhundert Jahren das Material für den Bau des Doms von Lund lieferte.

Nördlich von Höör bei Frostavallen befindet sich der große Tier- und Naturschutzpark von Schonen, den viele für eine der größten Sehenswürdigkeiten dieses Landes halten. Auf dem Wege von Höör nach Hässleholm liegt auch das größte Grabfeld der Eisenzeit des ganzen Nordens, Vätteryd, wo unter anderem Schiffssetzungen und über zweihundert Bautasteine zu sehen sind.

Der bedeutende Industrieort Klippan nordwestlich von Hälsingborg leitet seine industrielle Tradition auf eine Papiermühle zurück, die der Onkel des Astronomen Tycho Brahe, Sven Bille, 1570 ins Leben rief und die immer noch, wenn auch mehrmals modernisiert, besteht. Die Kraft erhielt die alte Mühle aus dem Rönne-Strom unweit der Ruinen des 1144 gegründeten Zisterzienserklosters Herrevad, womit 1565, nach dem Tode des letzten Abtes, Herr Bille belehnt wurde. Hier war der Platz, wo man an einer flachen Stelle den Rönne-Strom überquerte; das schwedische Wort ›Vad‹ bedeutet ›Furt‹, also Herrevad, eine Furt für die Herren. Interessanter is es zu wissen, daß sein Neffe Tycho Brahe auf diesem Klosterhof den Stern Cassiopeia im Jahre 1572 entdeckt hat. Als Astrologe soll der zukünftige Astronom auch geweissagt haben, daß im Norden ein Prinz geboren werden wird, vor dem das Deutsche Reich zittern würde. Zweiundzwanzig Jahre später wurde Gustav II. Adolf geboren!

Zwei industrielle Zwillingsflecken sind Kävlinge und Furulund nordwestlich von Lund im Flußtal des Kävlinge- oder Löddestroms, der die Wasser der Nordseite des Romele-Höhenzugs aufnimmt und das größte Stromgebiet Südschonens besitzt. Das Tal war immer eine Kulturgegend von Rang, und hier gibt es auch eine lange Serie von Schlössern mit wunderbaren Parkanlagen. Die Kirche zu Kävlinge besitzt Gewölbemalereien aus dem späten Mittelalter und schöne Kirchenkleinodien. Åstorp wiederum am Rönnefluß unweit von Klippan liegt in der Grenzgegend zwischen dem Waldland und dem Flachland und besitzt bedeutende Möbel-,

Beton- und Maschinenfabriken. Zum Ort gehören der Aussichtsberg Björnekulla (Bärenhügel), die mittelalterliche Kirche Ausås und bedeutende Fundstätten für Altertümer. Unweit von Åstorp liegen die Schlösser Rosendal und Vrams Gunnarstorp, das letztgenannte im Besitz des Admirals, der die dänische Flotte in der Seeschlacht bei Fehmarn 1644 befehligte. Der alte König Christian IV. war selbst an Bord, die Schlacht endete unentschieden. Die Dänen haben aber aus dem alten König einen Wikingerhelden gemacht, der die ›Goten‹ massenweise vernichtete. Aus diesem Märchen ist das dänische Nationallied entstanden. In Wirklichkeit verloren die Dänen kurz darauf sowohl ihre Flotte als auch den Krieg.

Einige Kirchen und Schlösser in Schonen

Bereits im frühen Mittelalter soll Schonen dreihundert steinerne Kirchen besessen haben, und die Zahl der Schlösser war kurz darauf durchaus nicht kleiner. Einige von den berühmtesten städtischen Kirchen wie auch einige Schlösser wurden schon oben erwähnt. Einige weitere werden hier behandelt, als Typen aber nur zwei eingehender geschildert. Unter den Kirchen wird Dalby und unter den Schlössern Glimmingehus an der Südwestküste besonders gewürdigt.

Die Kirche des Heiligen Kreuzes in Dalby, nur zwölf Kilometer südöstlich von Lund, wird als die älteste steinerne Kirche des ganzen Nordens angesehen und ist im Jahre 1060 als Domkirche vom dänischen König Sven Estridsson begonnen und von seinem Sohn Knut dem Heiligen vollendet worden. Ein Bischofssitz und ein Kloster wurden hier gegründet, und der Bischofssitz blieb auch erhalten, nachdem das nahe gelegene Lund als kirchliches Zentrum obgesiegt hatte. Die Vorhalle der Kirche wird als Krypta bezeichnet, obwohl sie ursprünglich die Taufkapelle war. So eifrig wurde im 11. Jahrhundert getauft, daß die Kapelle über einen eigenen Brunnen verfügte, der in der nordöstlichen Ecke noch besichtigt werden kann. Über der runden Türöffnung befinden sich in Relief Simson und der Löwe. Der prachtvolle Kirchenraum besteht aus neun großen Quadraten, die von Kreuzgewölben gedeckt sind. Das Taufbecken wird dem gotländischen Meister Byzantios zugeschrieben. Das Chorgestühl stammt aus der Zeit um 1300, und die spärlichen gotischen Fresken in den Gewölben sind noch später. Die ursprünglich dreischiffige Kirche hatte zwei Türme, die aber später in einer eigenartigen Weise zusammengebaut wurden, so daß das Äußere stark auffällt. Bei Grabungen 1919 hat man den verschwundenen Ostteil der Kirche rekonstruieren können und auch die Ruinen des ehemaligen Augustinerklosters freigelegt. In der Nähe der Kirche liegt der Dalby-Söderskogs Nationalpark.

In der aus Feldstein erbauten Kirche von Knislinge nördlich von Kristianstad sind Apostel und Heilige durch mittelalterliche schonische Meister dargestellt worden. Das Taufbecken wird dem gotländischen Meister Calcarius zugeschrieben, der im 12. Jahrhundert wirkte.

Nordwestlich von Simrishamn befindet sich die Opferkirche St. Olof, deren monumentale Gewölbemalereien aus der Zeit kurz nach 1400 stammen. Das berühmte Gemälde der Märtyrer dürfte jedoch ein späteres Werk sein; es stellt den Märtyrertod verschiedener Apostel und Heiliger dar. Die Kirche besitzt Altäre zur Anrufung der Muttergottes, der hl. Anna, der Heiligen Dreifaltigkeit und des Schutzheiligen Olof, dessen Bild eine wundertätige Axt beigelegt war, die der Büßende berührte. Danach machte man einen Opfergang zu der einen halben Kilometer entfernten St. Olofs-Quelle, deren heiliges Wasser man trank.

Weitere besonders empfehlenswerte Kirchen sind diejenigen zu Bjäresjö nördlich von Systad, Brunnby auf der Halbinsel Kullen, Finja westlich von Hässleholm am Finjasjö, Färlöv nordwestlich von Kristianstad nahe dem Helgastrom, Gårdslånga nordöstlich von Lund, Hammarlunda östlich von Lund, nordwestlich von Vombsjön, Hannas südwestlich von Simrishamn, Hällestad südwestlich von Lund, Lyngsjö westlich von Åhus, Maglarp westlich von Trelleborg, Rinkaby südöstlich von Kristianstad und Valleberga an der Südküste, östlich von Bistad, die einzige gut erhaltene Rundkirche von Schonen. Das Taufbecken ist hier ein Werk der Gotlandsmeister Majestatis aus der Zeit um 1150.

Unter den zahlreichen Schlössern Schonens ist Glimmingehus im Südwesten von Simrishamn Primus inter pares. Mit dem Bau des jetzigen Schlosses wurde 1499 der Deutsche Adam van Düren betraut, Besitzer war damals der dänische Reichsadmiral Jens Ulfstand. Die Proportionen des 26 Meter hohen Sandsteinbaus sind 12mal 30 Meter, die Außenwände sind bis zweieinhalb Meter dick.

Man hat behauptet, daß die Konstruktion den Anforderungen der damaligen Zeit entspräche: Die Kriegsgefahr war immer akut, die Nordische Union ging ihrer endgültigen Auflösung entgegen, Seeräuber waren wieder tätig und die schonischen Bauern mit der Vormachtstellung des dänischen Hochadels nicht zufrieden. Mithin mußten Pracht, Bequemlichkeit und Verteidigungsbereitschaft in gleichen Maßen Berücksichtigung finden.

Das Schloß wurde einige Kilometer küstenentfernt, jedoch mit freiem Blick auf die Ostsee angelegt und von Wallgräben umgeben. Das hochgelegene Tor war mit Fallgatter versehen und konnte vom zweiten und vom dritten Geschoß verteidigt werden, wobei Vorräte an Pech und Wasser vorhanden waren, die zum Sieden gebracht werden konnten. Im Keller befand sich ein eigener wasserreicher Brunnen, auch konnten dort große Lebensmittelmengen aufbewahrt werden, Eisenhaken an der Decke trugen geschlachtete Tiere. Von der unteren Küche ausgehend, wurde ein System von Warmluftkanälen angelegt, die die oberen Stockwerke heizten. Jedes Geschoß konnte für sich verteidigt und die steilen Treppen mit schweren Steinplatten zugeschlossen werden. Im ersten Geschoß befanden sich Speisesaal und Wohnzimmer, wobei dem Schlafzimmer eine Nische als luftiger Abtritt beigefügt war. Das zweite Geschoß umschloß den großen Rittersaal, der prachtvoll eingerichtet war und einen verzierten Kalksteinherd besaß, an dem das Feuer wohl selten ausging. Wandbehänge und Kissen, Samt, Goldstoff und flandrische Gewebe trugen zur Gemütlichkeit bei, jedoch gab es auch hier geheime Schießscharten und steinerne Absperrplatten für den Treppenzugang. Das dritte Geschoß diente ausschließlich der Verteidigung, und hier wurden später sogar Geschütze installiert. Das Schloß widerstand mit Erfolg dem schonischen Bauernaufruhr im Jahre 1525. Im 17. Jahrhundert wurden dem Schloß zwei Flügel beigefügt, die heute als Herberge und Gasthof benutzt werden. Seit 1924 gehört Glimmingehus dem schwedischen Staat.

Auf den schonischen Gütern ist oft Großpolitik getrieben worden. So traf Gustav IV. Adolf 1805 auf dem Schlosse Årup mit dem englischen Botschafter zusammen und teilte ihm seinen Entschluß mit, gegen Napoleon einzugreifen und der Kontinentalblockade nicht beizutreten. Das Nachbarschloß ist das berühmte Trolle-Ljungby, dessen Efeu von der Schloßruine Heidelbergs stammt.

Das Schloß, das früher fast über ein eigenes Fürstentum verfügte, gehört seit 170 Jahren der blühenden gräflichen Familie Wachtmeister. Auf Smedsborg, unweit des Ortes Tomelilla, befand sich der spätere König Jacob I. von England 1589 als Gast, als sein Freund und Gastgeber Anders Bing, der Letzte eines uralten dänischen Adelsgeschlechts, unerwartet starb. Der gelehrte König hat selbst die Grabschrift verfaßt, die das Grabmonument von Bing im schwarzen Stein ziert.

Im Schloß Svenstorp schlief die Nacht vor der Schlacht bei Lund am 4.12.1676 der dänische König Christian V., die Nacht darauf der Sieger, der junge schwedische König Karl XI. Das sogenannte Monument bei Lund gedenkt dieser bitteren und blutigen Schlacht, die die schwedische Herrschaft in den ›wiedervereinigten Provinzen‹ für die Zukunft sicherstellte. Bei Schloß Tosterup – vor der Wiedervereinigung 300 Jahre im Besitz des dänischen Brahe-Zweigs – geht die Einfahrt quer durch den Viehstall, der in altschonischer Art als Vorburg diente. Das Schloß kam später in den Besitz der gräflichen Familie Ehrensvärd, deren Mitglied Carl August Ehrensvärd hier im Jahre 1800 starb und als der Entdecker der Kunstwerte der schonischen Landschaft bezeichnet worden ist.

Schloß Bollerup, bereits 1130 bekannt, ist jetzt ein landwirtschaftliches Institut. Es gehörte vorübergehend dem ersten Bernadotte, Karl XIV. Johan. Als Renaissanceschloß um 1550 umgebaut, ähnelt es Glimmingehus und ist jetzt wieder in voller Pracht restauriert. Schloß Kristinehov bei Andrarum westlich von Kivik, wo bereits 1637 eine Alaunfabrik aufgeführt wurde, gilt als das schönste karolinische Schloß von Schonen. Es liegt in Ostschonen im Tal des Verke-Stroms und ist von einem herrlichen Park umgeben.

Auf dem Schloß Araslöf hielt die ›schonische Prinzessin‹ Sofia Ridderschantz, eine Urgroßtochter von König Christian IV. und Cousine Karls XII., hof und erlebte eine eigenartige Liebesgeschichte: Aus russischer Gefangenschaft kehrte der schwedische General Staël von Holstein zurück, dessen Frau, eine geborene Gräfin Horn, bei einem Überfall von den Russen entführt worden war und tot geglaubt wurde. Sofia verliebte sich in den Witwer, als aber die Hochzeit gerade bevorstand, kehrte die verschwundene Gräfin zurück. Mit siebzig Jahren wurde der General dann wirklich Witwer und heiratete die wartende zweite Braut, die inzwischen jedoch sechzig Jahre erreicht hatte!

Fast alle der tausend Schlösser und Herrensitze Schonens sind von Sagen und Familiengeschichten umwoben. Sie sind noch weitgehend in der Hand des schonischen Adels, wenn auch das Fideikommiß als Institution in Schweden aufgehoben ist. Das alte Bosjökloster mitten im Ringsjö, ursprünglich für Benediktinerinnen aufgeführt, wurde später Sitz des dänischen Reichshausmeiers Corfitz Ilfeldt, der bereits vor der Abtretung Schonens in schwedische Dienste getreten war und in Kopenhagen als Verräter angesehen wurde. Ihm gelang die Flucht, aber seine Frau, obgleich Tochter des verstorbenen Königs Christian IV., wurde auf zwanzig Jahre im Blauen Turm zu Kopenhagen eingekerkert. Später kam Bosjökloster in den Besitz der Barone Beck-Friis (die Frau des sozialdemokratischen schwedischen Premiers Olof Palme ist eine Baronesse Beck-Friis) und gehört jetzt einem Grafen Bonde.

Im Jahre 1808 erhielt der schwedische Generalgouverneur von Schonen, der ehemalige gustavianische Minister J.K. Toll, auf Bäckaskog den Befehl, Schonen gegen einen erwarteten französischen Angriff unter dem Marschall Bernadotte zu verteidigen, doch Napoleon griff nicht an; zwei Jahre später hatte Toll den Auftrag, denselben Bernadotte in Hälsingborg als Thronfolger in Schweden zu begrüßen. Schloß Bäckaskog wurde sodann von Oscar I. und Karl XV. übernommen, und hier fand auch die Verlobung der Prinzessin Lovisa, Tochter von Karl XV., mit dem späteren dänischen König Fredrik VIII., dem Urgroßvater der jetzigen Dänenkönigin, statt; ursprünglich, im 13. Jahrhundert, war das schöngelegene Bäckaskog am großen Ivö-See ein Kloster der Prämonstratenser. Auch Börringekloster war von Mönchen angelegt, wie der Name besagt. Dieser schöne Besitz wurde eine Grafschaft für den natürlichen Sohn von Karl X. Gustav, einen Halbbruder von König Karl XI. Das prachtvolle Schloß wurde in gustavianischer Zeit von einem Grafen Beck-Friis erbaut.

Diese kurze Aufzählung der bedeutendsten Schlösser mag ausreichen. Als weitere besonders empfehlenswerte können folgende Erwähnung finden: Hjularöd, Karlsholm, Krageholm, Krapperup, Lindholmen, wo König Albrecht von Mecklenburg gefangensaß, Maltesholm, Marsvinsholm, Ovesholm, Råbelöv, Skabersjö, Skarhult, Björnstorp, Högestad, Stora Herrestad, das der

Familie Königsmarck gehört hat, Svaneholm, Torup, Ugerup, Vidarp, Vittskövle, Örtofta und Övedskloster.

Über die hohen Ehrbegriffe des schonischen Adels gibt uns folgende abschließende Geschichte Bescheid: Im Nordischen Siebenjährigen Krieg von Dänemark und Lübeck gegen Schweden in den sechziger Jahren des 16. Jahrhunderts war Arild Urup zu Ugerup in schwedische Gefangenschaft geraten, wurde aber wegen seiner bevorstehenden Hochzeit auf Ehrenwort auf ein Jahr ›beurlaubt‹, wonach er sich wieder einzufinden hatte. In der Sprache der damaligen Zeit hieß es aber, daß seine Wiederkehr in die Gefangenschaft fällig sei, wenn die nächste Frühjahrssaat auf Ugerup reif geworden ist. Herr Urup zu Ugerup besäte daraufhin alle seine Felder mit Kiefernsamen und kehrte nicht zurück. Die schönen Kiefernwälder zu Ugerup sollen noch aus dieser Zeit stammen.

BLEKINGE UND HALLAND

Das malerische Blekinge

Wer die Landkarte betrachtet, wundert sich, weswegen das kleine Blekinge überhaupt Eigenständigkeit erhalten hat und nicht als Nordosthang Schonens oder als die Südküste Smålands behandelt worden ist. Wer aber den hübschen Südostgau von Schweden besucht, wird von der landschaftlichen Schönheit und Eigenart Blekinges derart eingenommen, daß er gerne zurückkommt. Und doch ist Blekinge als Touristenprovinz immer noch stark zurück, einfach weil die seefahrenden Blekinger nicht viel von sich reden machen.

Im ›Brockhaus‹ von 1864 heißt es: »Blekinge, eine Landschaft im südlichen Schweden an der Ostsee, bildet die südliche Terrasse des Hochlands von Småland, ist gebirgig, doch ohne bedeutende Erhebungen, und umschließt schöne und reizende Thallandschaften, namentlich im mittleren Theile auch vorzügliches Ackerland.« Ferner erfahren wir, daß Blekinge »unstreitig die schönste Landschaft des südlichen Schweden« ist und daß das Land in drei Teile geteilt wird: 1. Strandbygden, der Küstenstrich mit den vorliegenden Schären, 2. Mellanbygden, nördlich davon und mit fruchtbaren Ackerfeldern und 3. Skogsbygden im Norden, wo Viehzucht und Waldwirtschaft betrieben werden. Sogar von einer anfänglichen Industrialisierung weiß das alte Nachschlagewerk, das Blekinge kurz und bündig und gleichzeitig ganz zutreffend beschrieben hat. Zu der Industrialisierung trugen früh die »aus Småland herabstürzenden Flüsse« bei, unter denen Mörrumsån der südlich von Mörrum westlich von Karlshamn, Ronnebyån, der bei Ronneby östlich von Karlshamn und Lyckebyån, der bei Lyckeby nördlich von Karlskrona in die Ostsee mündet, hervorgehoben werden können.

In der Tat umfaßt Blekinge nur 3000 Quadratkilometer, hat eine ost-westliche Länge zwischen den großen Halbinseln Torhamn und Listerlandet von rund hundert Kilometern und eine nord-südliche Breite von nur dreißig Kilometern. In der heidnischen Zeit war Blekinge ein Teil des sveeisch-gotischen Reichs, durch die Christianisierung um 1000 geriet die Gegend unter dänischen Einfluß und wurde dem Bischof zu Lund unterstellt. Es fristete sein Leben als umstrittenes Grenzland bis zur Wiedervereinigung mit Schweden 1658. Diese verursachte zunächst gewisse wirtschaftliche Schwierigkeiten, nachdem aber Karl XI. Karlskrona zum Hauptkriegshafen von Schweden ausersehen hatte, ging es wieder aufwärts. Im Gegensatz zu Schonen war die Aristokratie in Blekinge nur spärlich vertreten: selbständige Bauern, Schiffer, Handwerker, Seeleute und Fischer machten den Kern der Bevölkerung aus. Der Lachsfang in den Flüssen hat hier alte Tradition wie natürlich auch der Heringsfang an der Küste.

Der Charakter der Landschaft auf den Blekinge vorgelagerten Inseln wird weitgehend von den erhaltenen wunderbaren Eichenbeständen geprägt. Von den Inseln sind besonders die großen vor Karlskrona Tjurkö, Sturkö, Aspö, Hasslö, Senoren und Hanö zu nennen. Von den vier südlichen Küstenstädten Blekinges kann diese frische und behagliche Schärenwelt leicht erreicht werden. Altertümer und die mittelalterliche Sturkö-Kirche zeugen von alter Kultur in dieser für den Kontinentaleuropäer ganz unbekannten Schärenwelt. Dem festländischen Teil von Blekinge wird eine ›pastorale Anmut‹ mit romantischer Ausstrahlung zugeschrieben, wozu die grünen Täler, die klaren Wasserfälle, die Ravinen und die reiche Pflanzenwelt beitragen. Ronneby, dessen eisenhaltige Quellen bereits 1705 entdeckt wurden, war einer der romantischsten Badeorte von Schweden in den beiden vergangenen Jahrhunderten; die Gesellschaft, die sich hier in der Saison versammelte, verstand es, glänzende Feste zu arrangieren. Zu einer neuen Gutsbesitzerklasse entwickelten sich die leitenden Seeoffiziere von Karlskrona, so daß Blekinge eine Reihe sogenannter ›Admiralsgüter‹ erhielt.

Unter den Altertümern ist vor allem der Runenstein zu Björketorp unweit der Listerby-Kirche zu nennen. Er ist vier Meter hoch, stammt aus dem Anfang des 6. Jahrhunderts, und der Text ist in einer Übergangsform zwischen älteren und jüngeren Runen abgefaßt. Die schönste mittelalterliche Kirche von Blekinge ist die Kirche des Heiligen Kreuzes in Ronneby, die um 1100 aufgeführt, später aber gotisch umgebaut wurde. Wandgemälde aus dem

Halland und Schonen (Skåne)
0 10 20 30 km
Surte
Agnesberg
Floda
Nääs
TEBORG
Lerum
Jonsered
Partille
Sävedalen
Gunnebo
Indal
Lindome
Anneberg
Kungsbacka
Hanhals
Fyrås bräcka
Tjolöholm
Ölmanäs
Röstorp
Åsa
Frillesås
Borås
Sandared
Viskafors
Seglora
Kinna
Skene
Viskan
Svenljunga
Ulricehamn
Åsunden
Limmared
Tranemo
Ätran
Jönköping
Huskvarna
Forserum
Taberg
343
Norrahammar
Röksberg
Nässjö
Skillingaryd
Sävsjö
Norra Ljunga
Nydala
Gislaved
Anderstorp
Värnamo
Bor
Trollaborg
Aminne
Vidöstern
Liljenäs
Smålandstenar
Töftaholm
Flåren
Moheda
Rydaholm
Alvesta
Bolmen
Össlöv
Ljungby
Replösa
Kånna
Vislanda
Fegen
Gunnarp
Rolfstorp
Grimeton
Asklöster
Torpa
Kärra
Getterön
Varberg
Lunnaberg
Torstorp
Älmeberg
Svartrå
Köinge
Okome
Dagsås
Axtorna
Apelviken
Träslövsläge
Galtabäck
Hällerup
Stafsinge
Glommen
Olofsbo
Falkenberg
Hyltebruk
Torup
Kvibille
Oskarström
Ugglarp
Steninge
Särdal
Haverdalsstrand
Holm
Vapnö
Sperlingsholm
Simlångsdalen
Viken
Frösakull
Skedala
Halmstad
Stjärnarp
Tylösand
Påarp
Låxvik
Eldsberga
Laholmsbucht
Kattegat
Mellbystrand
Laholm
Knäred
Ysby
Karsefors
Hovs hallar
Knösen 154
Skummelöv
Hallands Väderö (Naturreservat)
Hov
Båstad
Malen
Skottorp
Vallen
Vaxtorp
Torekov
Östra Karup
Lugnarö
Hallandsås
Högalteknall 226
Färslöv
Skälderviken
Kullen
Kullaberg 188
Arild
Mölle
Krapperup
Brunnby
Jonstorp
Ängelholm
Höganäs
Traryd
Möckeln
Delary
Älmhult
Markaryd
Osby
Lönsboda
Vittsjö
Åsljunga
Örkelljunga
Bälinge
Bjärnum
Hästveda
Glimåkra
Olofström
Broby
Knislinge
Schonen
Finja
Tyringe
Hässleholm
Åstorp
Klippan
Perstorp
Viken
Öresund
Rosendal
Gunnarstorp
Ljungbyhed
Bjuv
Billesholm
Söderåsen
Hälsingborg
Helsingör
Hilleröd
Skromberga
Röstånga
Skåne
Kristianstad
Vinslöv
Nävlingeåsen
Lillöhus
Råbelöv
Karsholm
Ivösjön
Bäckaskog
Bromölla
Arup
Sjöborg
Trolle-Ljungby
Frostavallen (Tier- u. Natur schutzpark)
Vätteryd
Ovesholm
Vä
Åsum
Rinkaby
Hammarsjön
Tollarp
Ugerup
Lyngsjö
Åhus
Maltesholm
Höör
Svalöv
Ven
Marieholm
Ringsjön
Bosjökloster
Linderödsåsen
Vittskövle
DÄNEMARK
Landskrona
Eslöv
Hörby
Kävlinge
Örtofta
Skarhult
Gillhög
Viderup
Gårdstånga
Magiehem
Barsebäckshamn
Furulund
Svenstorp
Hjularöd
Kristinehov
KOPENHAGEN
Bjärred
Hammarlunda
Andrarum
Ravlunda
Kivik
Lomma
Lund
Hällestad
Vombsjön
Övedskloster
Torup
Stenshuvud 120
Ostsee
Alnarp
Dalby
Veberöd
Sjöbo
St. Olof
MALMÖ
Staffanstorp
175
Romeleåsen
Sövdeborg
Österlen
Björnstorp
Snogeholm
Tomelilla
Smedstorp
Simrishamn
Skabersjö
Högestad
Bollerup
Tommarp
Glimmingehus
Svaneholm
Krageholm
Svedala
Marsvinsholm
Hannas
Tosterup
Svedala
Lindholmen
Skurup
St. Herrestad
Borrby
Sjörup
Bjäresjö
Skanör
Hölvikshäs
Skegrie
Ystad
Ystads-saltsjöbad
Valleberga
Sandhammaren
Falsterbo
Maglarp
Dybäck
Charlottenlund
Kåsehuvud
Kåseberga
Skåre
Abbekås
Trelleborg
Smygehamn
Smygehuk

15. Jahrhundert schmücken den Kirchenraum, und der um 1570 entstandene ›Totentanz‹ soll auf das Blutbad von 1564 anspielen, das die siegreichen schwedischen Truppen bei der Erstürmung der Stadt unter den mit den Dänen sympathisierenden Einwohnern anrichteten. Vom Mittelalter geprägt sind auch die Kirchen zu Hjortsberga und zu Edestad östlich von Ronneby und die in Ramdala östlich von Karlskrona und von Ysane nördlich von Sölvesborg.

Mittelalterliche Burgen sind nicht viele vorhanden: Sjöborg, Lyckå und Sölvesborg seien erwähnt. Spätere Schlösser sind Johannishus nördlich von Listerby und Tromtö westlich von Karlskrona an der Südküste, die den Grafen Wachtmeister gehören. Originell ist die Residenz Skärva bei Karlskrona, die sich der Admiral von Gustav III., Henrik af Chapman, erbaute. Ein Kunsthistoriker hat das Schloß als eine »Mischung von griechischem Tempel, von italienischer Kuppelkirche und von blekingeschem Blockhaus« bezeichnet. Der Herrensitz Göholm südlich Ronneby gehörte dem Generaladmiral Johan av Puke, der an Bord seines Admiralschiffs ›Dristigheten‹ (Dreistigkeit) die 1790 in der Viborger Bucht in Finnland von den Russen blockierte schwedische Flotte durch ein kühnes Manöver rettete und einen bedeutenden Seesieg errang.

Ortschaften und Städte in Blekinge

Die Haupt- und Residenzstadt von Blekinge ist die Flottenstadt Karlskrona im Osten der Südküste, die im Auftrag von Karl XI. in den achtziger Jahren des 17. Jahrhunderts von Graf Erik Dahlbergh angelegt und befestigt wurde. Die vom damaligen Generaladmiral Graf Hans Wachtmeister geschaffene schwedische Flotte – 10 Fregatten und 38 Linienschiffe – beherrschte bis zur Niederlage Karls XII. die Ostsee vollständig. Unter Gustav III. schuf Generaladmiral af Chapman eine neue Flotte, die sich gegen die Russen voll bewährte. Damals wurde Karlskrona zur drittgrößten Stadt von Schweden, dann kam der neue Zusammenbruch unter Gustav IV. Adolf. Karlskrona ist jedoch die schwedische Flottenbasis geblieben und besitzt ein Marinemuseum. Die 1685 gebaute Admiralitätskirche Ulrica Pia verfügt über eine in ganz Schweden bekannte ›Armensparbüchse‹ mit dem Namen ›Gubben Rosenbom‹, die jährlich bedeutende Summen einbringt.

Die Stadt ist auf zahlreichen, mit Brücken untereinander verbundenen Inseln angelegt und hat eine wunderbare Lage. Es leuchtet ein, daß die Werften von spezieller Bedeutung sind, aber auch andere Industrien haben sich hier angesiedelt; zur gleichen Zeit hat sich die Fischerei stark entwickelt. Die Stadt bietet hervorragende Badegelegenheiten am Ostseestrand. Das Blekinge-Museum gibt einen Überblick über vergangene Zeitperioden und wird darin durch das große Freilichtmuseum im Vämöpark ergänzt. Man kann hier nicht nur alte Häuser von Blekinge sehen, sondern auch die Katen für die durch die Militärordnung Karls XI. angesiedelten Soldaten, die in Friedenszeiten friedliche Kleinbauern waren.

Die zweite Stadt von Blekinge ist Karlshamn im Westen der Südküste, das zu dänischer Zeit Bodekull hieß und in Friedenszeiten den Eisenexport von Småland vermittelte. Die Stadt verfügt über den tiefsten natürlichen Ostseehafen von Schweden und kann alle großen ozeangehenden Schiffe aufnehmen, weswegen Karl X. Gustav hier die Flottenbasis anlegen wollte. Ende des 17. Jahrhunderts weilte eine eigenartige Gesellschaft in Karlshamn, die Kreditoren Karls XII., die viele der türkischen Abenteuer des Königs finanziert hatten und sich nach der Rückkehr des finanziell sehr unbekümmerten Monarchen hier etablierten, um die in dieser Zeit gemachten Schulden wieder einzutreiben. Sie wurden von dem im Geschichtskapitel erwähnten undurchsichtigen Finanzminister des Königs, Graf Görz, allmählich ausgezahlt. Einer besseren Konjunktur erfreute sich die Stadt während der Kontinentalblockade, als der von Napoleon verbotene Handel zwischen England und Deutschland über Schweden lief. In letzter Zeit wächst Karlshamn zunehmend und konkurriert schon mit Karlskrona.

Die drittgrößte Stadt von Blekinge ist der alte Badeort Ronneby an der Südküste zwischen Karlskrona und Karlshamn, der bereits 1387 die ersten Stadtprivilegien erhielt, jedoch in den Grenzkriegen so zerstört wurde, daß die Einwohner dreimal zwangsweise umgesiedelt wurden. Es blieben aber immer noch welche, andere kehrten zurück oder zogen zu, so daß 1714 die ehemalige Stadt wieder zum Kaufflecken wurde. Ronneby war damals nicht nur ein berühmter Badeort, sondern dank den Wasserfällen des Ronnebyå auch eine Industriestadt mit gutem Hafen. Heute beherrscht der Kockumkonzern das Industrieleben, Stadt und Umgebungen sind aber auch für Urlauber erfolgreich ausgebaut. Besonders empfohlen werden der südlich der Stadt liegende Villenort Ekenäs und die Insel Karö, wo die Pflanzenwelt nicht nur den Botaniker entzückt.

Die viertgrößte Stadt ist der Grenzort Sölvesborg auf der Halbinsel Listerlandet, der einmal bereits zu Schonen gehörte und nur etwas weiter östlich von Kristianstad liegt. Die Stadtrechte stammen von 1445, jedoch führte Sölvesborg ein karges Leben, bis man anfing, Tabak anzubauen und Branntwein herzustellen. Wie überall in Schweden wurden die hinsiechenden Kleinstädte zuerst von der Gründung der Eisenbahnen und sodann von der stürmisch wachsenden Industrie gerettet: Werften, Textil- und Lederindustrie prägen Sölvesborg heute. Die Ruinen vom Schloß Sölvesborg gehen viel weiter zurück als die erste Stadtgründung, und nachdem Waldemar Atterdag 1360 Blekinge von Schweden erobert hatte, befestigte er die Burg aufs neue. Auf dem großen Markt zu Sölvesborg wurde 1948 die vom Künstler Stig Blomberg geschaffene Fontäne ›Ask och Embla‹, das altschwedische Gegenstück zu Adam und Eva, enthüllt. Die St. Nikolai-Kirche stammt aus der Zeit um 1300 und besitzt interessante Fresken mit Motiven aus dem Neuen Testament; in einer Seitenkapelle wird das Fegefeuer dargestellt. Auch die Kirchenväter sind abgebildet, und in die Kirchenmauer wurde ein Runenstein mit mystischer Inschrift eingemauert. Die Glashütte Sölvehyttan und das Stadtmuseum gehören zu den Touristensehenswürdigkeiten, und der Tivolipark gibt einen Begriff von den schönen Buchenwäldern in Südschweden. Wer das Meer bewundern und baden gehen will, begebe sich zu dem Sölvesborg benachbarten Tredenborgsnabben.

Wie Schonen verfügt auch Blekinge über ›gewesene Städte‹. Unter diesen tritt besonders die heutige Sommerfrische Kristianopel gegenüber der Südspitze der Insel Öland hervor, die der Dänenkönig Christian IV. im Jahre 1600 als Hafen- und Festungsstadt mit der Aufgabe anlegte, das schwedische Kalmar zu überflügeln. Der königliche Hofarchitekt Hans van Steenwinkel, holländischer Herkunft, erbaute Festung und Stadt im Renaissancestil und mit gepflasterten Straßen, deren Reste man noch sehen kann. Nach der Wiedervereinigung mit Schweden wurden die Befestigungen geschleift, und die Stadt sank zu einer Dorfidylle herab. Hierzu hatte der schwedische Überfall auf Kristianopel 1611 stark beigetragen. Damals wurde die Stadt nebst Burg und Kirche auf Befehl und unter Leitung des sechzehnjährigen schwedischen Kronprinzen und späteren Königs Gustav II. Adolf bis auf den Grund zerstört.

Der Name Kristianopel wurde von Christian IV. von Dänemark in Nachahmung des großen Konstantin erfunden. Nicht nur die Bürger von Ronneby, sondern auch diejenigen aus den mittelalterlichen Städten Lyckeby und Elleholm am Bukarviksbukten erhielten damals den Befehl, unverzüglich nach Kristianopel umzusiedeln. Lyckeby oder Lyckå, wo die Schloßruinen noch sichtbar sind, war im Mittelalter Hauport im östlichen Blekinge. Heute wird der Hügel, wo die Stadt lag, noch ›Lyckeby fläck‹ genannt. Auch Elleholm, auf einer Insel in der Mündung des Mörrum-Stroms gelegen, eine Stadt, die immerhin 500 Jahre Bestand gehabt hatte, ist seit 1600 gänzlich verschwunden. Ein hübscher Gutshof liegt noch an der Stelle; hier residierte vor 150 Jahren die Gräfin Danner, die Freundin von König Fredrik VII. von Dänemark. Der König besuchte sie oft, woran ein Gedenkstein im Park erinnert.

Halland und die schwedische Westküste

Wenn auch sowohl Bohuslän als auch Västergötland und Schonen eine Westküste besitzen, so wird doch Halland in Schweden weitgehend mit der schwedischen Westküste identifiziert, die Fremdenverkehrsprospekte nennen sie die »Schwedische Riviera«. Die ausgedehnte Kattegatlandschaft, die die Verbindung zwischen Schonen und Göteborg vermittelt, verfügt über meilenweite märchenhafte Sandufer, an denen sich in unserer Zeit das internationale Strandleben Schwedens abspielt. Die Hauptsaison an den weiten Sandküsten von Halland ist der August, weil das Wasser dann am wärmsten (18° bis 20°) und am salzreichsten ist. Sogar der September ist in Halland noch mild. Wie Blekinge den südlichen Abhang des småländischen Hochlands bildet, stellt Halland die westliche Abdachung dar. Die Zahl der Badeorte an der 150 Kilometer langen Küste ist heute Legion, und diese verteilen sich zwischen den fünf Küstenstädten, unter denen die Residenzstadt Halmstad am Nordufer von Laholmsbukten führt.

Mit 5000 Quadratkilometern gehört Halland zu den kleinsten Gauen Schwedens, da man es aber gewöhnlich der Länge nach durchquert, merkt man es nicht sogleich. Das Kartenbild Hallands ähnelt demjenigen des nördlich gelegenen Bohuslän so stark, daß man beide verwechseln könnte. Doch landschaftlich sind die beiden Provinzen sehr verschieden, obwohl die Küste von Nordhalland, die bis in die Vororte von Göteborg hineinreicht, schon Felsen und Berge aufweist und Schären besitzt. Während das mittlere Halland eine Breite bis zu fünfzig Kilometern erreicht, mißt der Südteil nur dreißig Kilometer und der spitze Norden nur zwanzig. Vier größere Flüsse suchen sich vom südschwedischen Hochland über Halland den Weg ins Meer; vom Süden nach Norden: Lagan, der bei Laholm, Nissan, der bei Halmstadt, Ätran, der bei Falkenberg, und Viskan, der nördlich von Varberg mündet. Vor der Eiszeit verliefen die Flüsse hier anders, weswegen man heute mehr Quertäler als fließende Gewässer findet. Im Norden von Halland, östlich der Stadt Kungsbacka, hat der Eisrand vor etwa 10000 Jahren den sandigen Höhenzug Fjäråsbräcka dem Meeresufer parallel gebildet und eine tiefe Förde abgeschnürt, die zum zwanzig Kilometer langen Binnensee Lygnern geworden ist. Durch den Rolfså hat sich dieser See, dessen nordöstliche Hälfte Västergötland gehört, einen Abfluß in die Kungsbacka-Förde erarbeitet.

Die Küstenebene und das mittlere Halland galten früher als das große schwedische Heidegebiet; 1645 bei der Wiedervereinigung Hallands mit Schweden waren rund 1500 Quadratkilometer des Landes Heideland. Das ewig umstrittene Grenzland wurde von den Dänen nur wenig gefördert, hierzu kamen der Flugsand an den Küsten und die Schafherden im Binnenlande, die die Pflanzenwelt ruinierten. Alles dies ist heute anders: Die Heide ist auf ein Zehntel der damaligen Fläche als Folge planmäßiger Wiederaufforstung und Bindung des Flugsands geschrumpft, Ackerland wurde gewonnen und dessen Ergiebigkeit dadurch erhöht, daß man Mergel ausgrub und auf das Heideland verstreute. Man sieht immer noch die Mergelgruben auf der Küstenebene, wenn auch meist nur als Teiche, da sie sich inzwischen mit Wasser gefüllt haben. Mergel besteht aus Schnecken- und Muschelschalen aus der Eiszeit, sein Vorzug ist sein hoher Kalkgehalt.

Der Höhenzug Hallandsåsen, der bei Hovs-hallar und Knösen im nordwestlichsten Vorsprung von Schonen ins Kattegat vorstößt, scheidet Schonen von Halland und kann als Ausläufer des südschwedischen Hochlands gegen den Westen aufgefaßt werden.

Geologisch ist er ein Horst von 40 Kilometern Länge und 5 bis 10 Kilometern Breite. Die Grenze Hallands folgt dem Rücken des Höhenzugs, so daß der höchste Gipfel von Halland, Högalteknallen, mit 226 Metern unweit seines schonischen Gegenstücks liegt. Der Nordabhang des Höhenzugs ist weit steiler als die südliche Abdachung, jedoch erleichtern einige Quertäler den Verkehr. Während die westliche Strecke des Höhenzugs mit Buche, Eiche, Esche und Ulme bewachsen ist, herrschen im östlichen Teil Nadelwälder vor. Dieser südliche Höhenzug nebst der Westkante des südschwedischen Hochlands umschließen im langgestreckten Bogen Halland, das also auch im Osten ein ansteigendes Wald- und Bergland besitzt. In dieser östlichen Zone befinden sich, außer dem schon genannten Lygnern, auch einige Binnenseen nordöstlich von Halmstadt im Simlångsdalen, das von Fylle-ån durchflossen wird und eine landschaftliche Schönheit ganz anderer Art aufweist.

An Altertümern ist in Halland kein Mangel: Steinkisten, Ganggräber, Dolmen und Grabhügel erzählen von der Steinzeit und der Bronzezeit, Richterringe, Schiffssetzungen und Bautasteine von der Eisenzeit. Bei Växtorp, landeinwärts, östlich von Bastad, kann man Lugnaro, den berühmtesten Grabhügel von Halland, besichtigen, in den sogar Stufen hineinführen. Eine Graburne und eine Schiffssetzung sind hier im Erdinnern freigelegt worden. Die Runensteine dagegen sind spärlich. Das Land scheint bereits in der Wikingerzeit umkämpft worden zu sein, die sich bildenden drei nordischen Reiche erhoben alle Anspruch auf Halland. Dabei waren die Halländer in alter Zeit keineswegs unbekannt: Ptolomaios spricht 150 n.Chr. von einem Völkerstamm ›firasoi‹, den man mit Fjäre in Nordhalland (Fjäråsbräcka) am Lygnern, südöstlich von Kungsbacka, in Verbindung gebracht hat, und Jordanes schreibt 551 n.Chr. in seiner Geschichte der Goten über die ›Hallin‹ in ›Scandia‹.

Das Christentum gewann schon gegen Ende 900 an Boden in Halland, aber erst 1194 bauten sich die Zisterzienser in Ås das erste Kloster des Landes. Die älteste Kirche dürfte Östra Karup östlich von Bastad in Laholmsbukten im südlichsten Halland sein, die um 1050 aufgeführt sein könnte. Grenzverträge zwischen Dänemark und Schweden, die Halland damals aufteilten, kennt man aus dieser Zeit. Die Annalen berichten, daß der norwegische König

Håkon (IV.) Håkonsson im Jahre 1256 Halland verheerte, im Jahre 1277 tat es der schwedische König Magnus Ladulås und im Jahre 1294 der Dänenkönig Erik Menved. Sodann wurde ein Däne Graf von Halland, trat aber den Gau dem König Håkon V. von Norwegen ab. Nun gelang es aber dem Schwedenkönig Magnus Ladulås, seinen ältesten Sohn Birger mit der Tochter des Dänenkönigs und den zweiten Sohn Erik mit der Tochter des norwegischen Königs zu verheiraten, was sich auf Halland äußerst günstig auswirkte.

Prinz Erik wurde Herzog von Halland, das zuerst fast als selbständiger Staat regiert wurde, im Jahre 1326 aber Schweden auch formal einverleibt wurde. Erik wurde zwar von seinem Bruder, König Birger, umgebracht, jedoch wurde sein Sohn unter dem Namen Magnus (II.) Eriksson Smek König sowohl von Schweden als auch von Norwegen. Obwohl Magnus durch das Intermezzo mit Albrecht von Mecklenburg in Schweden abgesetzt worden war, bereiteten die Annäherung Schwedens und Norwegens und die Verwandtschaft der drei Königshäuser die später so mißlungene nordische Kalmarer Union vor. Inzwischen hatte jedoch der Dänenkönig Waldemar Atterdag Halland wieder mit Dänemark vereinigt. In dieser dänischen Zeit marschierte der schwedische Volksbefreier und Nationalheld Engelbrekt in Halland ein, ohne sich halten zu können. Das oft geteilte Land kam nicht zur Ruhe, bis es durch den Frieden zu Brömsebro 1645, also früher als Schonen und Blekinge, endgültig mit Schweden vereinigt wurde. Das Land lag damals völlig darnieder und erholte sich erst langsam. Laut Bericht des ersten schwedischen Landeshauptmanns war die Armut der halländischen Bauernschaft unbeschreiblich, man könne keine Steuern erwarten. Die Dänen führten dreißig Jahre später noch einen Revanchekrieg, wurden aber bei Halmstad 1676 von dem jungen schwedischen König Karl XI. vernichtend geschlagen. Seitdem herrscht hier Frieden, wenn auch die Kriege Karls XII. nochmals Aufregung brachten.

Eine eigenartige Ecke von Halland ist die große nördliche Halbinsel Onsala südöstlich von Kungsbacka, nahe dem Einzugsgebiet von Göteborg. Das Onsalaland ist ein Granitplateau, das von breiten Spalten und Quertälern durchzogen ist und eine eigenartige Landschaft bildet. Felsspitzen und flache sandige Buchten lösen sich ab, und in den Tälern gedeiht eine üppige Pflanzenwelt. Die unternehmungslustige Bevölkerung widmete sich seit alters her der Seefahrt und der Fischerei, und die vielen Kriege machten, daß auch die Seeräuberei ein erfolgreicher Beruf wurde. Der große Held Onsalas ist der Bauernsohn Lars Andersson, der um 1700 lebte, die Kriege Karls XII. als vaterländischer Kaper ausnützte, Vermögen und Adelspatent gewann und in noch jungen Jahren als der wohlgeborene Lars Gathenhielm in der Kirche von Onsala beigesetzt wurde. Hier ruhen er und seine Frau in zwei prachtvollen Marmorsarkophagen, die ursprünglich für das dänische Königspaar gemacht worden waren, von Gathenhielm aber erbeutet wurden. Man erzählt, daß seine Füße im Sarge zusammengebunden wurden, damit er nicht nach dem Tode umgehen konnte. Seine Witwe setzte erfolgreich seine weitläufigen Geschäfte fort und erbaute das schöne Gathenhielmsche Haus in Göteborg.

Halländische Städte, Kirchen und Burgen

Die Hauptstadt des Landes und Residenz des Landeshauptmanns ist Halmstad in Südhalland bei der Mündung des Flusses Nissan in die Laholmbucht. Die Einwohnerzahl nähert sich 50000, und um die Verbundenheit von Halmstad mit Europa zu unterstreichen, wurde Milles' berühmter Brunnen ›Europa und der Stier‹, der den großen Markt ziert, errichtet. Um 1300 wurde die Stadt, die früher höher am Strom lag, auf den jetzigen Platz verlegt, und sowohl die Dominikaner als auch die Franziskaner folgten. Hier wurde sodann die stattliche St. Nikolai-Kirche aufgeführt, die im Laufe der Zeit mehrmals umgebaut und restauriert wurde, jedoch über schöne gotische Kreuzgewölbe verfügt. Infolge der speziellen Stellung Hallands wurde im Jahre 1450 beschlossen, die Wahl des gemeinsamen Unionskönigs hier abzuhalten, ein Entschluß, der jedoch durch das Ausscheiden Schwedens aus der Union wieder hinfällig wurde. Viele Verhandlungen wurden indessen in Halmstad geführt; hier trafen sich auch 1618 die erbitterten Feinde Christian IV. und Gustav II. Adolf.

Das Schloß zu Halmstad wurde erst 1615 von Christian IV. von Dänemark fertiggestellt; früher hatte es an diesem Platz am Strom einen Königshof, Halmstadsgård, gegeben. Bastionen sind noch erhalten, und der Stadtkern wird im Halbkreis von den Resten der alten Wälle umgeben. Der Schloßpark und der Stadtpark Norre Katts rahmen das Zentrum in romantischer Weise ein. Ein schönes

Fachwerkhaus von 1700 ist Gamla hospitalet, während das heutige Rathaus eine ganz moderne Schöpfung ist. An der Ausschmükkung hat sich die sogenannte Halmstad-Künstlergruppe stark beteiligt, die 1929 gegründet wurde. Eine konkurrierende Künstlervereinigung nennt sich ›Hallandsringen‹ und gibt sich realistisch und naturverbunden. Werke der Halmstad-Gruppe kann man auch im Theaterfoyer bewundern.

Den schönsten Blick hatten in Halmstad, wie gewöhnlich im alten Schweden, die zum Hängen Verurteilten: Der Galgenhügel am Nordende der Stadt erhebt sich bis 72 Meter zwischen Meer, Strom und dem Landala-Binnensee. An diesem Hügel, der einen Aussichtsturm trägt, kann man fünf ebene und kilometerlange Terrassen übereinander unterscheiden, die das jeweilige Uferniveau von der letzten Eiszeit bis zur Litorinazeit anzeigen. Das Meer scheint nicht allmählich, sondern in Intervallen gesunken zu sein, und man darf nicht vergessen, daß das Land sich auch bewegte. Deswegen variieren die Angaben über die Meereshöhe zu verschiedenen Zeiten in allen schwedischen Küstenprovinzen.

In der nächsten Umgebung von Halmstad befinden sich der Höhenzug Eldsberga (Feuerberg) mit zahlreichen Grabhügeln aus der Bronzezeit, die Herrensitze Vapnö westlich von Halmstad, Stjärnarp südöstlich von Halmstad und Sperlingsholm nordöstlich von Halmstad und die Kirchen Holm und Kvibille. Schöne Ausflüge ins ansteigende Tal des Nissan können gemacht werden. In Halmstad selbst verdienen Hallands Museum und das ergänzende Freilichtmuseum Hallandsgården auf dem Galgenhügel (Galgberget) und Miniland Aufmerksamkeit. Auch das schöne Simlångsdal erreicht man am besten von Halmstad aus, und zwar über das historische Skedala, in dessen Nachbarschaft das größte aus Feldstein gebaute Ganggrab Schwedens zu sehen ist. Der größte Anziehungspunkt von Halmstad in moderner Zeit ist jedoch das vorgelagerte Meeresbad Tylösand mit seinem ausgezeichneten Strand und seinem international bekannten Golfplatz.

Die südlichste Stadt von Halland ist Laholm, das der großen Bucht den Namen gegeben hat und gleich unterhalb des nördlichen Abstiegs des Höhenzugs Hallandsås am Fluß Lagan liegt. Um Laholm, das ein gutes Stück flußaufwärts gelegen ist, breitet sich als Fortsetzung der Bucht halbmondförmig die große und fruchtbare Laholmebene aus, die von den Geologen als eine breite

Niederung im Urgebirge beschrieben wird, die von Sand und Lehm auf Kreidegrund bedeckt ist. Hier erstreckte sich vor 100 Millionen Jahren das ›Kreidemeer‹, und der Fluß Lagan hatte damals seine Mündung im östlichen Randgebirge, wo sich die Grenze zu Småland hinzieht. Der Name Laholm ist eine Verkürzung des Namens Lagaholm für die alte Feste, die auf einer Insel (holm) im Lagan lag und die Brücke kontrollierte. Auf Lagaholm schlossen die Könige Ladulås und Erik Glipping Frieden, und als Unterpfand verlobten sich gleichzeitig im Friedensjahre 1278 ihre Kinder, der Kronprinz Birger von Schweden und die Prinzessin Märta von Dänemark.

Die idyllische Kleinstadt Laholm mit ihrem Rathaus vom Ende des 18. Jahrhunderts ist heute ein Touristenort, und der Bürgermeister hat selbst das Chronikspiel verfaßt, das jeden Sommer aufgeführt wird. Wie die übrigen halländischen Städte besitzt Laholm viele Werke der Bildhauerei aus neuerer Zeit; besonders tätig ist hier wie in Halmstad der Bildhauer Stig Blomberg gewesen. Der alte Stadtkern Gamleby (Altdorf) ist sehr malerisch, und auf dem Großen Markt sprudelt die von John Lundquist geschaffene Laga-Fontäne. Nachdem die Wasserfälle von Nissan und Lagan ausgebaut wurden, hat der Lachsfang hier aufgehört, doch gibt es in Laholm eine bedeutende Lachszuchtanstalt. Der Spitzenlachs der Westküste heißt noch heute ›Halmstadslachs‹.

Südlich von Laholm befindet sich das ruhmreichste Schloß Hallands, Skottorp, wo Karl XI., ein Jahr nach dem Frieden zu Lund, 1680 seine Hochzeit mit der dänischen Prinzessin Ulrika Eleonora feierte. Skottorp ist das einzige halländische Schloß, das in Erik Dahlberghs ›Suecia antiqua et hodierna‹ abgebildet worden ist. Das Schloß wurde 1803 von Kommerzienrat Peter Möller gekauft, dessen Sohn wegen seiner Verdienste um die Entwicklung der Landwirtschaft in Halland geadelt wurde. Dieser Möller veröffentlichte 1874 ein interessantes Werk über die halländischen Herrensitze und stellte sogar ein Wörterbuch über halländische Dialekte zusammen, wofür er die Goldmedaille der Schwedischen Akademie erhielt. Ein weiteres südhalländisches Schloß ist Vallen bei Växtorp südöstlich von Laholm auf einer Insel in einem Binnensee.

Die älteste Backsteinkirche von Halland ist Ysby (1290) östlich von Laholm am Lagan; sehr sehenswert sind auch die mittelalterlichen Kirchen Skummeslöv südlich von Laholm und Östra Karup. Den Fluß Lagan aufwärts erreicht man das große Kraftwerk Karsefors, dessen Dammanlagen eine eigenartige Seelandschaft geschaffen haben. Am Strom Lagan führte der uralte Verbindungsweg Lagastigen (Steige am Lagan) nach Småland hinein, ein Weg, den schon die ersten Missionare im 9. und 10. Jahrhundert benutzt haben und der heute durch Autostraßen ersetzt ist. Ehe man die Smålandsgrenze erreicht, kommt man durch Knäred am Lagasee, wo der für Schweden unvorteilhafte Frieden von 1613 geschlossen wurde, mit dem Gustav II. Adolf seine später so siegreiche Regierung einleiten mußte. Sechzehn Jahre später trafen sich die beiden Feinde Christian IV. und Gustav Adolf unweit davon bei Markaryd in Ulvsbäcks kungsgård in Småland, um ein Bündnis gegen den Kaiser zu beraten. Da aber der alte Christian unbedingt den Oberbefehl führen wollte, wurde nichts daraus. Lange nach dem Tode seines jungen Gegners mußte Christian als alter Mann durch den Frieden zu Brömsebro 1645 nicht nur auf Halland, sondern auch auf Gotland, Jämtland und Härjedalen verzichten. Den Verlust von Schonen und Blekinge brauchte er allerdings nicht mehr zu erleben.

Wenn man der großen Göteborgstraße in nordwestlicher Richtung von Halmstad folgt, erreicht man nach 40 Kilometern die alte Stadt Falkenberg beim Übergang des Flusses Ätran unweit der Mündung. Der Feste an der Brücke verdankt die Stadt ihren Ursprung, zumal die Reichsgrenze bei alten Teilungen von Halland oft bei Ätran verlief. Seinen Namen verdankt der Ort dem Falkenfang, der im Mittelalter hier offenbar besonders erfolgreich war. Eine schöne steinerne Brücke, von den berühmten Stockholmer Architekten Hårleman und Cronstedt 1756-61 gebaut, vermittelt immer noch den Verkehr und trägt den bezeichnenden Namen Zollbrücke (tullbron). Die Kirche St. Laurentius stammt aus dem Anfang des 14. Jahrhunderts und ist zum Teil aus Feldstein gebaut. Keramik war das alte Handwerk von Falkenberg, und man besucht auch heute noch gern die Töpferei der Familie Törngren, die ihr Geschäft reichlich 200 Jahre betrieb. Die berühmte ›Doktorspromenade‹ begrenzt am Ufer des Ätran eine schöne Parkanlage, die auch die Wälle und die Reste des Schlosses Falkenbergshus umschließt.

Die industrialisierte Stadt erstreckt sich heute bis zum Meeresufer, wo Falkenbergs Havsbad mit Sand und Dünen unmittelbare Erholung bietet. Das Flußtal des Ätran, das sich bis weit nach Västergötland hinein erstreckt, wird als die landschaftlich schönste Gegend von Halland gerühmt. Am Suseån südöstlich von Falkenberg erheben sich der alte Hexenberg Smörkull und gleich nördlich der Stadt auf einem Bergkegel die Kirche zu Stafsinge. Der alte Reitpfad von der Küste nach Västergötland folgte dem Flußlauf des Ätran, dessen Quelle auf 322 Meter Meereshöhe liegt. Die Flußregelungen wegen der Kraftgewinnung haben hier langgestreckte, aber schmale Seen geschaffen, die die Romantik der grünen Landschaft noch erhöhen. Als Sehenswürdigkeit wird die Holzkirche von Gunnarp am Ätran nahe der Grenze zu Västergötland mit Deckenmalereien von 1782 empfohlen. Köinge, ein gutes Stück nordöstlich von Falkenberg, und unweit davon Okome und Svartrå sind hübsche mittelalterliche Inlandskirchen. Bei Axtorna südlich von Köinge fand 1565 eine der blutigsten schwedisch-dänischen Schlachten statt. Der Herrensitz Hellerup gehörte zur Zeit der Wiedervereinigung dem damals schon alten dänischen Admiral Ove Gjedde, der dänische Kolonien in Ostindien angelegt hatte und im Handstreich die befestigte Stadt Tranquebar an der Koromandelküste eingenommen hatte.

Von Falkenberg an der Küste entlang erreicht man die nordhalländische Hauptstadt und Festung Varberg, die zweitgrößte Stadt von Halland. Diese unruhige Stadt hat in geschichtlicher Zeit, das heißt seit 500 n. Chr., fünfmal ihren Ort gewechselt, ehe sie sich nach der Wiedervereinigung für die gegenwärtige Lage entschloß. Auf einem Felsen am Meere führte Graf Jakob bereits 1287 eine Feste auf, die, von Christian IV. von Dänemark erweitert und von den Schweden verstärkt, immer noch sehr imposant wirkt. Der Aufschwung kam hier, als man 1811 eine Heilquelle entdeckt hatte; allmählich wurde jedoch das Meer wieder wichtiger für den Ort als das Heilbad. Seit man die ›Getterön‹ mit dem Festland vereinigt hat, ist Varberg erst richtig bekanntgeworden. Heute sorgen für das weitere Fortkommen der Stadt eine Textilindustrie und der Fahrradkonzern Monark.

In der Festung saß (1792-96) als berühmtester Staatsgefangener der vermutete Anstifter des Mordes an König Gustav III., General Pechlin, der jedoch, ohne ein Bekenntnis abzulegen, starb. Die Bastionen und Kasematten der längst geschleiften Festung sind auch heute noch interessant, besonders die Art und Weise, wie man auf der Innenseite die Geschütze transportieren konnte. In der Bastion Vita munken soll Karl XII. logiert haben. Das Museum zu Varberg zeigt vor allem die alte Bauernkultur, es enthält außerdem ein umfassendes geschichtliches Archiv. Die Gegend hier fängt schon an, ein härteres und felsigeres Gesicht dem Meere zuzuwenden, das Binnenland aber ist noch von einer weicheren Anmut geprägt. Das etwas entfernte Tal des Flusses Viska bildet eine breite Zufahrt nach Västergötland.

Innerhalb der schwedischen Kunst spielt Varberg eine gewisse Rolle: Nordström, Kreuger und Bergh waren im ganzen Land bekannte Maler um die Jahrhundertwende. Über diese Varbergschule sagt G. Näsström: »Es gereicht Varberg zu Ehren, daß es durch seine topographische Eigenart das Vorzüglichste in der schwedischen Landschaftskunst hervorgelockt hat.« An Altertümern verdienen das eisenzeitliche Grabfeld bei Lunnaberg Aufmerksamkeit, während die mittelalterlichen Kirchen zu Dagsås südöstlich von Varberg, Rolfstorp nordöstlich, Torpa nördlich und Grimeton östlich von Varberg an eine harte Vergangenheit erinnern. Im schärfsten Kontrast zu der restaurierten Kirche strekken sich in Grimeton die sechs 127 Meter hohen Radiomasten der schwedisch-amerikanischen Funkstation gegen den Himmel. Unweit davon stehen die Dolmen von Klastorp.

Ein Besuch des nördlich von Varberg gelegenen Torpa-Derometals vermittelt einen anschaulichen Unterricht, wie die Eiszeit den Fluß Viskan seiner ehemaligen Stromrinne beraubt hat. Bekannte Herrensitze gibt es in der Varberggegend genügend, am interessantesten ist vielleicht Torstorp nördlich von Grimeton, das vor hundert Jahren dem originellen Großgrundbesitzer Alfred Bexell gehörte. In Konkurrenz zu echten Felszeichnungen ließ dieser am Älmeberg oberhalb des Valasees denkwürdige Namen in die Steinwand einritzen. Leute, die zwar bekannt waren, aber die er nicht mochte, erhielten ihre Namen verkehrt gezeichnet; unter diesen befindet sich Bismarck.

Die nördlichste Stadt von Halland ist die Kleinstadt Kungsbacka, die mehr und mehr zu einem Vorort von Göteborg wird. Die Stadt ruht auf achtzig Meter dicken Lagern von Blaueisenerde und vertrug bis in die letzte Zeit nur Holzhäuser. Die Vorgängerin, Aranäs (heute Årnäs), wurde bereits 1256 von den Norwegern zerstört. 1366 gab es, der Blaueisenerde zum Trotz, ein Schloß zu Kungsbacka, das bis auf einige Wälle verschwunden ist. Kungsbacka ist die Hauptstadt von Onsala und spielt als Reederzentrum eine gewisse Rolle. Eine Kleinindustrie, die dem selbständigen Onsalageist besser paßt, hat sich in Kungsbacka weit verzweigt. Das Meer ist drei Kilometer entfernt, und der Kungsbackaå erlaubt nur kleinen Schiffen den Zugang. Die große Tankflotte der Kungsbackareeder kann den Heimathafen überhaupt nicht anlaufen. Die Kirche ist eine interessante moderne Holzkonstruktion mit einem Altaraufsatz im Barockstil. Kungsbacka besitzt einen Naturpark und das nordhalländische Heimatmuseum.

Einige halländische Badeorte

Der älteste Badeort von Halland war das nördliche Särö am Kattegat, wo sich der schwedische König Karl XV. und Oskar II. gern aufhielten und wo die Göteborger seit mehr als 100 Jahren großartige Sommerresidenzen bauten. Klimatologisch ist Särö ein Unikum: Eichen, Linden und Eschen erreichen hier sagenhafte Ausmaße, und der Eichenwald zu Särö ist der größte in ganz Skandinavien. 1903 wurde Särö durch eine direkte Vorortbahn mit Göteborg verbunden und kann aus dem Leben dieser Großstadt nicht mehr weggedacht werden.

Wenn wir wieder südwärts streifen, muß Gottskär, der Badeort von Kungsbacka, an der Spitze der Halbinsel Onsala genannt werden. Im Mittelalter lag hier der Marktflecken Gåsekil, dessen Einwohner 1539 nach Varberg umgesiedelt wurden. An der gegenüberliegenden Seite östlich der Kungsbackaförde finden wir auf dem Wege nach Süden die Badeorte Hanhals, Åsa und Frillesås und nahe dieser Strecke die Burgruine Hunehals und die Schlösser Tjolöholm und Ölmanäs. Auf derselben Straße noch weiter nach Süden folgt Kärra, ehe man Varberg selbst mit dem Küstensanatorium Apelviken erreicht. Zwischen Varberg und Falkenberg, wo schon der Sand ganz vorherrscht, liegen Träslövsläge, Glommen und Olofsbo, wobei der erstgenannte Ort ein großes Fischerdorf ist. Südlich von Träslövsläge liegt Galtabäck, wo man 1928 ein Wikingerschiff ausgrub.

Zwischen Falkenberg und Halmstad zählt der Wählerische folgende Badeorte auf: Stenige, Särdal, Haverdalsstrand, Viken, Frösakull und Tylösand. Bei Stenige besitzt der Naturschutzverein von Halland ein Reservat, und bei Särdal gibt es Dolmen und Steinhaufen. An der Haverdal-Bucht darf man baden, aber nicht bauen. Landeinwärts ist der Sand durch Anpflanzungen von Flugsandgras gebunden; auch darf man an Stellen, wo kein Badeleben ist, den Tang nicht entfernen. Dieser wurde früher vielenorts als Düngemittel für die Äcker benutzt, worauf der Flugsand wieder einsetzte. So hat man erreicht, daß die Dünen an den meilenweiten Sandbuchten nicht mehr wandern.

Für die mondäne Welt ist Tylösand der Badeort der Westküste schlechthin. An dem zehn Kilometer langen Strand sonnen sich im Sommer bis zu 20000 Badegäste, die zwischen den doppelten Reihen der Dünen auch Versteck spielen können. Der Golfplatz mit 18 Löchern soll einer der besten in Halland sein. Das architektonische Prunkstück ist die in Tylösand wiederaufgeführte alte Holzkirche von Lidhult. Nach der Stiftung, die den Wiederaufbau vollbrachte, wird die Kirche heute St. Olofs-Kapelle genannt. Die beiden Kirchenglocken sind vom Geschwisterpaar Königin Ingrid von Dänemark und dem Herzog von Halland Prinz Bertil von Schweden geschenkt worden.

An dem halländischen Teil der großen Laholmbucht breitet sich eine Perlenkette von Badeorten aus: Påarp, Laxvik, Mellbystrand, Skummeslövstrand, Hemmeslöv und Malenö. Von den hohen Dünen bei Mellbystrand, das über ein gutes Strandhotel verfügt, kann der Blick die ganze Bucht überspannen, deren Breite reichlich dreißig Kilometer mißt. Bei der sandigen Mündung des Flusses Lagan muß man vorsichtig sein, da hier der Boden wie ein Moor nachgeben kann. Bei Malen verläuft die Grenze zu Schonen, und hier liegen die Ausläufer von Båstad, das bereits zu Schonen gehört. In dieser Gegend erheben sich die Grabhügel Klinkehögen und Råhögen und eine Reihe von Bautasteinen, die Galtastenarna genannt werden.

Obwohl Halland sich durch Fleiß und Zielbewußtheit aus dem einstigen Verfall emporgearbeitet hat, wurde das Land erst durch die zahlreichen Strandbäder in weiteren Kreisen bekannt. Für die Nordschweden ist Halland ein kleines Spanien, und die Hunderttausende von schwedischen Touristen in Südeuropa haben die Zahl derer, die Halland jährlich besuchen, keineswegs geschmälert. An den gewaltigen Zeltstädten, die um die Badeorte zur Saisonzeit errichtet werden, sieht man, daß auch die Jugend dabei ist. Wer an die schwedische Westküste will, dem sei geraten, alles lange Zeit vorzubestellen, denn die Saison ist kurz, und alles ist rasch ausgebucht. Die vorhandenen Hotels sind gut, für die Bequemlichkeit ist gesorgt, Krebse, Krabben, ›Westküstensalat‹ und Halmstadslachs sind immer reichlich vorhanden, und die kulturgeschichtlichen Exkursionen sind freiwillig. Die schöne, wechselvolle Landschaft gibt sich kostenlos.

NORRLAND – DAS SCHWEDISCHE KANADA

Der Reichsteil Norrland

Von den drei Reichsteilen des heutigen Schweden – Svealand, Götaland und Norrland – ist der letztgenannte wegen seiner nördlichen Lage und dünnen Besiedlung am wenigsten bekannt. Und doch umfaßt Norrland, das aus neun Gauen (landskap) besteht, 58 Prozent der ganzen Fläche von Schweden, beherbergt aber nur rund 17 Prozent der Bevölkerung. Es ist ungefähr so groß wie die Bundesrepublik Deutschland. Die Grenzen Norrlands haben während der Jahrhunderte gewechselt; sein südlichster Gau, Gästrikland, wurde einige Zeit zu Svealand gezählt, während Jämtland und Härjedalen vorübergehend zu Norwegen gehörten. Als 1809 Finnland, der vierte Reichsteil Schwedens, abgetrennt wurde, mußte Norrland ein nördliches Stück an das neue russische Großfürstentum Finnland abtreten. Zur Zeit Karls v. Gustav war Trondheim eine kurze Zeit mit Norrland vereinigt. Seit 1809 sind indessen die Grenzen dieses Reichsteils stabil.

Für Schweden bedeutet Norrland heute eine Art von Klein-Kanada; die Natur, das Klima und die Bodenschätze lassen sich in etwa mit kanadischen Verhältnissen vergleichen. Holz, Erz und die ›Weiße Kohle‹ haben der schwedischen Industrie ein Eldorado aufgetan, das Großanlagen amerikanischen Zuschnitts ermöglicht. Der Löwenanteil der schwedischen Erzausfuhr stammt heute aus Norrland, und dieses gilt auch für die Ausfuhr von Holz, Zellulose und Papier. Die Land- und Forstwirtschaft ist bis in die letzte Zeit noch ein erheblicher Faktor innerhalb der norrländischen Volkswirtschaft.

Für den Reisenden ist Norrland ein Erlebnis ersten Ranges. Die einsame und majestätische Landschaft, die schneebedeckten Gipfel, die tiefen Flußtäler, die unermeßlichen, blauenden Wälder und die weiten bottnischen Küstenstrecken vermitteln Eindrücke, die unvergeßlich sind. Das Land wird von zehn größeren, fast parallelen Flüssen durchzogen, die alle in südöstlicher Richtung fließen und Längen von vierhundert Kilometern und mehr aufweisen. Man kann das ganze Land in die Flußtäler aufteilen, man kann aber auch drei geographische Zonen unterscheiden: die Küstenebene, das mittlere Land der Täler, die noch reichlich Querverbindungen besitzen, und das Hochgebirge. Die dort gelegenen Täler sind fast immer von langgestreckten großen Binnenseen ausgefüllt, die, wie der Storsjö in Jämtland, fast die Größe des Bodensees erreichen.

Das Hochgebirge, dem die Flüsse entspringen, erhebt sich mit dem Kebnekajse unweit von Kiruna bis 2123 Meter und bildet die langgestreckte Bergkette Kölen (Kiel), die die Grenze und Wasserscheide zwischen Norwegen und Schweden bildet. Die breite südöstliche Abdachung dieser Gebirgskette zum Bottnischen Meerbusen hin ist Norrland. Die Höhenunterschiede sind hier viel bedeutender, und die Landschaft ist hier viel großzügiger als im übrigen Schweden, und das an Norwegen angrenzende Gebirge verfügt heute über eine große Zahl von gut ausgebauten Wintersportplätzen. Geologisch gesehen sind die Berge in Norrland uralt und bestehen meistens aus Gneis und Granit, aber auch aus Sandstein und Schiefer. Die Eiszeit war hier eine sehr späte Erscheinung, deren Auswirkungen aber auch für den Laien deutlich erkennbar sind. So wurden die großen Flüsse oft von Sand- und Geröllriegeln aus ihren alten Läufen verdrängt, was zu natürlichen Stauseen und zu einer gewissen Unsicherheit der Abflußverhältnisse geführt hat. Am bekanntesten ist das Verschwinden des großen Sees Ragunda in einer Frühsommernacht des Jahres 1796. Ein eiszeitlicher querliegender Höhenzug aus Kies wurde mit einem furchtbaren Getöse durchbrochen, und der große Indalsfluß stürzte in sein altes voreiszeitliches Flußbett. Dadurch verschwand Storforsen, der Große Wasserfall, der sich über eine mächtige Felsschwelle hinabgestürzt hatte und der seitdem Döda fallet (Toter Fall) heißt.

Das Ereignis von Ragunda in Jämtland war die größte Naturkatastrophe in neuerer Zeit in Schweden, da aber damals keine Ortschaften direkt am reißenden Fluß lagen, hat die Riesenwelle nur Wälder, Felder und Hügel mitgerissen. Der ›Tote Fall‹ gleicht heute dem ehemaligen ›Svea-Wasserfall‹ in Närke, obwohl dieser einer weit älteren Zeit entstammt. Der 25 Kilometer lange See soll sich in vier Stunden geleert haben. Zurück blieb ein riesiger schwarzer

Schlammboden, in dessen Mitte der Fluß sich ringelte und einen neuen Wasserfall, Hammarforsen, bildete. Heute hat die Pflanzenwelt alles längst überwachsen, man kann aber das alte Seeufer, besonders in der Nähe der am See gelegenen Kirche, noch gut erkennen.

Wenn auch Norrland weitgehend vom Süden her kolonisiert worden ist, hat es doch eine eigenständige alte Kultur, die bis in die Steinzeit zurückreicht. Die Fundstätten sind meistens in den südlicheren Gauen, besonders in Gästrikland, Hälsingland und Jämtland gelegen. Im nördlichen Teil, der ein Stück von Lappland ist, waren die Ureinwohner Lappen, in Schweden auch ›Same‹ genannt, die allmählich verdrängt wurden. Bekanntlich ist Lappland auf Schweden, Finnland und Norwegen aufgeteilt und fällt mit dem sogenannten Nordkalottengebiet zusammen. Die Hauptstadt von Schwedisch-Lappland ist Lycksele am Umeälv in Südostlappland. Heute wird für diesen früher sehr zurückgedrängten Volksstamm wahrscheinlich ugrischen Ursprungs viel getan. Der Haupterwerbszweig der Lappen ist auch heute noch die Rentierzucht.

Über Norrland strebte Schweden noch unter den ersten Wasa-Königen nach der Eismeerküste, über Finnland nach der Weißmeerküste, über Norwegen nach der Atlantikküste, doch umsonst. So muß Schweden den größten Teil des Ertrages der gewaltigen Erzfundstätten bei Kiruna im nördlichsten Norrland über Norwegen in Narvik verladen, nur ein geringer Teil geht zum Bottnischen Meerbusen. Nördlich von Kiruna liegt der größte See Lapplands, Torneträsken, mit einer Fläche von 320 Quadratkilometern auf einer Meereshöhe von 340 Metern; eine schmale, aber felsige Wasserscheide trennt ihn vom Atlantischen Ozean.

Die neun Gaue Norrlands sind: Gästrikland, Hälsingland, Härjedalen, Jämtland, Medelpad, Ångermanland, Västerbotten, Norrbotten und Lappland. Norrland erstreckt sich über neun Breitengrade (60°-69°) und wird im Norden vom nördlichen Polarkreis durchzogen. Hier oben leuchtet im Sommer das geheimnisvolle Licht der Mitternachtssonne, es gibt hier aber auch die unendlich langen, kalten und dunklen Winternächte.

In älterer Zeit wurde Gästrikland als eine uppländische Mark betrachtet, die schon zur Vendelzeit zum sveeischen Reich gehörte. Der kleine Gau von nur 4600 Quadratkilometern gleich nördlich der Seenreihe an der Mündung des großen Dalflusses (Dalälven) umfaßt das Gebiet um die Gävle-Bucht am Bottnischen Meer und die Täler der beiden kleineren Ströme Gavleån und Testeboån. Dieser Gau ist zwischen Dalarna und Uppland eingeklemmt und wird im Norden durch den Höhenzug Ödmården von Hälsingland getrennt. Aus nicht ganz erkennbaren Gründen wurde aber Gästrikland im Jahre 1641 offiziell mit Norrland vereinigt, dessen südlichster Anhang es seitdem ist. Die alte Gauhauptstadt Gävle ist von da an die volkreichste Stadt Norrlands geblieben.

Gästrikland, das noch keineswegs die großzügige norrländische Natur aufweist, ist bestimmt durch eine liebliche kleinhügelige Landschaft, reich an Seen und grünen Nadelwäldern. Die Hüttentraditionen hier sind alt, da doch Gästrikland in das ›Bergslags‹-Gebiet von Norduppland, Nordvästmanland und Dalarna gehört, obwohl sich die Metallindustrie von heute auf die drei Zentren Hofors, Sandviken und Forsbacka zwischen Gävle und Falun konzentriert hat, die verarbeitende Industrie in Gävle gar nicht zu nennen. Eisenzeitliche Funde gibt es an der Küste bei Axmarby und in Hamre, der bildreiche Runenstein in Ockelby schildert die altschwedische Göttersage, das Schiff ›Björkebåten‹, das aus dem ersten christlichen Jahrhundert stammt, verwendet bereits Eisennägel.

Die mittelalterlichen Kirchen von Gästrikland sind meistens restauriert, besitzen aber doch allerlei Kleinodien und Reste alter Bauteile; Beispiele sind die Kirchen zu Ockelbo nordwestlich von Gävle, Ovansjö nordwestlich von Sandviken, Torsåker südöstlich von Hofors, Valbo westlich von Gävle, Årsunda am Storsjön und südlich davon Österfärnebo. Unter den Herrensitzen verdienen die alten Hüttenresidenzen zu Forsbacka, Gysinge ganz im Süden, wo sich die von Forsbacka und Årsunda kommenden Straßen treffen, und Högbo nördlich Sandviken hervorgehoben zu werden. Der Hüttenort Sandviken am hübschen See Storsjö (Großer See) bleibt in der Geschichte des Stahls unvergeßlich: Hier wurde am 18.7.1858 die sogenannte Bessemermethode für die

Eisengewinnung experimentell vollendet. Heute befindet sich das größte schwedische Werk für Qualitätsstahl in Sandviken, das längst eine moderne Industriestadt geworden ist.

Die Landeshauptstadt Gävle ist mit 60000 Einwohnern schon dabei, eine nordische ›Großstadt‹ zu werden. Sie ist heute nicht nur die größte Hafen- und Industriestadt an der langen bottnischen Küste, sie kann auch auf eine große Vergangenheit zurückblicken, eine Vergangenheit, die vielleicht bis in das ›römische Eisenzeitalter‹ reicht, denn hier wurde auch ›Björkebåten‹ gefunden. Die Stadtprivilegien gehen auf das Jahr 1413 zurück. In alter Zeit vermittelte Gävle die Eisentransporte aus Dalarna und Fischereiprodukte aus der Umgebung. Früh spielte das Kunsthandwerk eine Rolle, und es gibt hier Keramik- und Porzellanfabriken. Merkwürdigerweise konzentrierte sich auch lange Zeit ein bedeutender Teil der schwedischen Tabakveredelung auf Gävle, während die Holz- und Massenindustrie erst im 19. Jahrhundert hinzukam.

Das Wasaschloß, wo der Landeshauptmann residiert, wurde in den 1580er Jahren von Johan III. aufgeführt. Zum Leibgedinge der Mutter von Gustav II. Adolf, Christina von Holstein-Gottorp, gehörte ganz Gästrikland. In Gävle hielt Gustav III. 1792 seinen letzten Reichstag ab; kurz darauf wurde er ermordet. Als die Russen nach dem Tode Karls XII. die schwedischen Städte an der Bottnischen Meeresbucht verheerten, entging Gävle dem ihm zugedachten Schicksal, weil man fürsorglicherweise bereits 1717 die Festung Fredriksskans bei der Mündung des Gavleå aufgeführt hatte. Heute liegt der moderne Tiefhafen hier draußen. Das Rathaus wurde in den Jahren um 1780 vom Architekten Adelcrantz gebaut, der auch die alte Oper in Stockholm entworfen hatte. Die Dreifaltigkeitskirche stammt aus den Jahren um 1640 als Ersatz und Erweiterung einer älteren Kirche. Ein Runenstein in einem alten Teil der Mauer berichtet, daß ein Mann namens Bruse am Ende des 10. Jahrhunderts das Seeaufgebot (ledung) des Gaus geführt hat und daß sein Bruder in Tavastland in Finnland gefallen sei. Die Inschrift beweist die selbständige Stellung Gästriklands als ›Bundesgau‹ um die Jahrtausendwende. Auf die europäischen Bindungen weist wieder der Name des hübschen Stadtparks hin: der Boulognerwald. Und selbstverständlich gibt es in der Nähe von Gävle einen modernen Volkspark, Furuvik, mit allem, was dazugehört.

In alter Zeit wurde das ganze Land nördlich von Gästrikland – Jämtland, Härjedalen und Lappland ausgenommen – Hälsingland genannt. Der Name Norrland soll erst in den dreißiger Jahren des 15. Jahrhunderts in Gebrauch gekommen sein. Mit ›Hälsing‹, das vom Wort ›Hals‹ kommt, bezeichnete man früher eine enge Stelle, vor allem eine Meerenge. Beispiele dafür sind Hälsingborg in Schonen, Helsingör auf Seeland und Helsingfors im schwedischsprachigen Gau Nyland in Finnland. Hälsingland war somit das Land an der Bottnischen Meerenge, die heute Kvarken heißt. Gegen Ende des 15. Jahrhunderts wurden jedoch die Gaugrenzen präzisiert, zumal Ångermanland schon lange eine feste Landesbezeichnung war. In diesen entlegenen nördlichen Gegenden überschnitten sich jedoch lange die oft ganz fließenden Grenzen. Das gegenwärtige Hälsingland, das 14400 Quadratkilometer groß ist, war immer das Herzland der ›Norrländer‹, hier mündet der große Fluß Ljusnan, der eine Länge von 430 Kilometern mißt und ein Stromgebiet von 20000 Quadratkilometern besitzt. Dieser Fluß, in dem sich die Wasser von Hälsingland und Härjedalen nebst einem Teil von Dalarna sammeln, bildet zwischen den vielen Stromschnellen zahlreiche Seen. Seine bedeutendsten Nebenflüsse in Hälsingland sind Lean und Voxnan. Die größten Seen von Hälsingland sind die beiden Dellenseen, Henna, Storsjön, Orsjön und Bergviken.

Das östliche Hälsingland und auch die Küste sind, genau wie Gästrikland, altes Kulturland. In den breiten Tälern gedeiht eine reiche Landwirtschaft, und erst gegen den Nordosten, wo die Talböden bis 400 Meter ansteigen, wird die Landschaft ›norrländisch‹. So paradiesisch erschien in der Tat bereits im 17. Jahrhundert das untere Ljusnantal, daß der Dichter und Historiker Olaus Rudbeck die Elysäischen Gefilde hierher verlegte. Und der Propst Olof Broman machte noch hundert Jahre später vor seiner verdutzten, aber gläubigen Gemeinde geltend, daß Hälsingland das richtige Zweistromland gewesen sei und daß Adam folglich hier das Licht der Welt erblickt habe.

Hälsingland ist ein Land der Großbauern, die gleichzeitig Waldbesitzer sind und an der Küste auch Seefahrt treiben. Es ist ein selbstbewußtes Volk, das weitgehend die Finnen und Lappen in die nördlicheren Wälder zurückdrängte und den Rest von Norrland kolonisierte. Hierbei haben sie zwar auch Hilfe vom Süden bekommen, aber man verhandelte doch stets gleichberechtigt. Die Hälsinger besaßen schon früh Selbständigkeit, und ihr mittelalterliches Gaugesetz ›Hälsingelagen‹ blieb für ganz Norrland und auch für Teile des gegenüberliegenden und zu Schweden gehörenden ›Finland‹ geltend. In der Wikingerzeit hatten die Hälsinger sogar ein eigenes Alphabet, die Hälsinge-Runen.

Neolithische Wohnplätze wurden bei Enånger an der großen Küstenstraße nördlich Söderhamn gefunden. Etwas landeinwärts, bei Forsa, befindet sich ein Bestattungsfeld von 300 Grabhügeln aus der Bronzezeit. Die Kirchen zu Trönö und zu Hög stehen auf alten heidnischen Opferplätzen, und wir finden hier Runensteine wie auch in Hälsingtuna und Järvsö. Am bekanntesten ist der Mala-Stein in Via gleich nördlich von Hudiksvall, der in Hälsingerunen von dem Gauhäuptling Fisiolf berichtet. Die älteste Kirche, aus der Zeit um 1100, steht in Söderala unweit von Söderhamn. Eine Wetterfahne aus vergoldeter Bronze zierte früher hier das Kirchendach, befindet sich aber jetzt im Museum in Stockholm. Weitere Kirchen mit mittelalterlichen Sehenswürdigkeiten sind Harmånger und Hälsingtuna nördlich von Hudiksvall, Ljusdal am Ljusnan und Njutånger südlich von Hudiksvall. Ein mittelalterlicher Hälsingkünstler, dessen Werke viele Kirchen schmücken, hieß Håken Gulleson. Als typisches Bauernland besitzt Hälsingland viele Marktflecken, während die Städte erst später entstanden. Da der Ljusnan infolge großer Mündungswasserfälle nicht der Seefahrt dienlich gemacht werden konnte, verlieh König Johan III. im Jahre 1582 dem Küstenort Hudiksvall Stadtrechte als der ersten Stadt des eigentlichen Norrlands. Hudiksvall ist eine kleine Hafenstadt, die von der Fischerei und vom Holzhandel lebt, mit einem Heimatmuseum und einer Gemäldegalerie schwedischer Künstler und einer Kirche aus dem 17./18. Jahrhundert. Eine schöne Aussicht hat man vom Galgenberg und vom Köpmansberg, wo man auch speisen und spazierengehen kann.

Die zweite Küstenstadt von Hälsingland, Söderhamn, erhielt ihre Privilegien 1620 von Gustav II. Adolf, hauptsächlich weil es hier eine Gewehrfabrik gab. Die um 1300 aufgeführte Feste Faxehus wurde bereits 1434 von Engelbrekt niedergerissen und nie wiederhergestellt. Sowohl Hudiksvall als auch Söderhamn wurden 1719 von den Russen in Brand gesteckt und haben sich erst im 19. Jahrhundert durch die Holzkonjunktur wieder erholt. Interessanter als die beiden Küstenstädte ist die Binnenlandstadt Bollnäs am See Varpen, wo sich der Fluß Voxnan mit dem Ljusnan vereinigt. Zwar stammen die Stadtrechte dieses alten Orts erst aus dem Jahre 1942, jedoch hat man hier Hausfundamente aus der Völkerwanderungszeit gefunden. Die Kirche, deren Turm um 1400 errichtet worden ist, besitzt einen um 1500 verfertigten süddeutschen Altarschrein und ein schönes altes Marienbild.

Durch Eingemeindungen ist Bollnäs der Fläche nach die zweitgrößte Stadt Schwedens, obwohl die Bevölkerung kaum 20000 übersteigt. Westlich von Bollnäs, am Strom Voxnan, liegt der alte Ort Alfta, aus dem der ›Secretarius Ericus Alftanus‹ des Königs Erik XIV. stammte. Der Überlieferung nach war die Nichte dieses Sekretärs die junge Karin Månsdotter, die König Erik gegen die Einwände des Adels heiratete und 1568 als Königin von Schweden krönen ließ. Nach dem Sturz Eriks 1570 wurde die Exkönigin Karin nach Finnland verwiesen nebst der Familie Alftanus, aus der die freiherrliche Familie von Alfthan hervorgegangen ist. Königin Karin Månsdotter starb erst 1612 und wurde im Dom zu Åbo in Finnland beigesetzt.

Folgt man dem Ljusnan aufwärts, erreicht man bei Kolsätt die Grenze des wilden Gebirgslandes Härjedalen, wo das Gelände von 400 Metern bis auf 1800 Meter ansteigt. Härjedalen erstreckt sich, mit dem Ljusnan als Zentralfluß, in einer Länge von 160 Kilometern und einer Breite von rund 80 Kilometern bis zur norwegischen Grenze. Im Süden grenzt es an Dalarna und im Norden an Jämtland. Härjedalen ist der einzige Gau Schwedens, der über keine Stadt verfügt. Der Hauptort ist der alte Flecken Sveg im breiten Tal des Ljusnan auf halbem Wege zwischen Mora und Östersund.

Wer in diese wilde Landschaft kommt, glaubt zunächst in ein Land abseits aller Kultur zu kommen. Doch bei aller Wildheit ist Härjedalen heute weitgehend industrialisiert, besonders was die Ausnützung der Wasserkraft betrifft, und gleichzeitig ist es ein modernes Sportparadies. Die dort gefundenen Felszeichnungen im Fjällgebiet von Falltruet beweisen, daß dieses Land schon in der Steinzeit bewohnt war; in die Todesravine des Evagrabens jagten bereits die steinzeitlichen Jäger wilde Rentiere. Das Christentum fand hier schon um das Jahr 1000 Eingang, denn zu dieser

Zeit regierte der erste christliche König Norwegens, Olaf der Heilige, im nordwestlich davon gelegenen Nidaros, dem heutigen Trondheim. Um 1200 war Sveg schon bekannt als Thingort der Einwohner von Härjedalen, und 1273 soll der Mächtigste im Gau, Härjulfr Hornbrytare, die schwedische Prinzessin Helga geheiratet haben. Ob diese der damals regierenden Folkunger-Familie angehörte, ist zweifelhaft. Auch von König Olaf dem Heiligen heißt es, daß seine Frau eine schwedische Prinzessin war, obwohl bekanntlich Olof Skötkonung den Großfürsten von Kiew, Jaroslaw, als Schwiegersohn vorgezogen hatte. Während Skötkonungs Tochter Ingegärd den Warägerfürsten am Dnjepr heiratete, mußte sich der Norwegerkönig Olaf mit Estrid, der Tochter eines königlichen Kebsweibes, begnügen. Härjedalen wurde in den nachfolgenden Jahrhunderten ein Streitobjekt zwischen Schweden und Norwegen, das im 15. Jahrhundert mit Dänemark vereinigt war. Erst 1645 wurde Härjedalen endgültig schwedisch.

Im Hochgebirge Helagsfjället (1800 Meter) befindet sich der südlichste Gletscher Schwedens, und die Hochmoräne Rogen hat ihre Eisdecke erst in postglazialer Zeit abgeworfen. In diesem merkwürdigen, von steinigen Seen durchsetzten Hochplateau liegen die Quellen der großen schwedischen Ströme Ljusnan, Dalälven und Klarälven, wie auch diejenigen des norwegischen Glomma, des größten Flusses von Skandinavien.

Ein westlicher Hauptort von Härjedalen ist Funäsdalen nahe der norwegischen Grenze und unweit des Quellgebiets des Glomma, das schon 600 Meter über dem Meere liegt. Die Baumgrenze verläuft in diesen nördlichen Gegenden etwa bei 900 Metern; wer nur die Alpen kennt, glaubt sich daher hier um 1000 Meter höher, als er ist. Durch Härjedalen, den Ljusnan entlang, führte eine alte Pilgerstraße nach Nidaros, auf der das große Dorf Hede eine wichtige Raststelle war. In alter Zeit gab es noch hie und da in den obersten Gebirgstälern Lappen, doch sind diese heute abgewandert. Dagegen Rentiere gibt es hier immer noch, und im Nationalpark zu Sånfjället leben noch Bären. Um 1900 erlangte der Pfarrer von Lillhärdal als Salix-Forscher botanischen Weltruhm. Lillhärdal besitzt eine Kirche aus dem 14. Jahrhundert, und auch die Kirchen zu Älvros und Vemdalen sind wegen ihrer Architektur äußerst interessant.

Wie Härjedalen ist das weit größere Jämtland, das erst 1645 zu Schweden kam, ein reines Binnenland. Und obwohl es noch nördlicher liegt und bereits an Lappland grenzt, ist es weitgehend von alter Kultur geprägt. Durch Jämtland führen sowohl die Eisenbahnstrecke Stockholm–Trondheim als auch die große Straße von Sundsvall am Bottnischen Meerbusen nach Trondheim am Atlantik. Auch die lange norrländische Binneneisenbahn, die in einigen hundert Kilometern vom Süden nach dem Norden parallel zur Küste verläuft und über Östersund nach Kiruna geht, führt durch Jämtland, das über die beachtliche Fläche von 38000 Quadratkilometern verfügt. Die großen schwedischen Sportzentren Åre und Storlien nahe der norwegischen Grenze befinden sich hier, und das Herz von Jämtland ist die Insel Frösö im 450 Quadratkilometer großen ›Storsjö‹ gegenüber der jämtländischen Hauptstadt Östersund. Der Storsjö, der fast den Umfang des Bodensees hat, füllt die niedrigste Partie des jämtländischen Silurgebiets aus und liegt auf einer Meereshöhe von rund 300 Metern.

Touristisch gesehen liegt Jämtland an der Spitze von ganz Norrland. Der Hauptfluß, der auch den Storsjö bildet, ist der 420 Kilometer lange Indalsälv, dessen Flußgebiet 27000 Quadratkilometer umfaßt. Er berührt nur die nördlichste Ecke von Storsjön, dessen Südspitze dicht an der niedrigen Wasserscheide des südjämtländischen Stroms Ljunga liegt. Die Geologen meinen, daß der präglaziale Ausfluß des großen Sees hier gelegen ist, zumal das untere Tal des Ljunga deutlich zeigt, daß dieser Fluß früher einmal weit größer war. Wenn hier eines Tages dieselbe Katastrophe eintreten würde wie bei Ragunda, würde sich der Storsjö ebenfalls in sehr kurzer Zeit entleeren.

Die jämtländischen Fjälle, das heißt Bergmassive, sind der Inbegriff schwedischer Berge. Am höchsten erheben sich die Sylarna-Berge (1760 Meter) unmittelbar an der norwegischen Grenze, dann folgt der Åreskuta (1367 Meter) bei Åre, die Snasahögar und Oviksfjällen. Das typische Berggestein in Jämtland ist der kristalline Schiefer, während silurische Ablagerungen die Mitte des Landes um den Storsjö beherrschen; auch Kalkstein kommt reichlich vor, hinzu treten Moränenerde und Geröll. So sind die Flußtäler und Strandebenen unerwartet fruchtbar. Die Binnenseen bedecken insgesamt eine Fläche von 3600 Quadratkilometern, eine Fläche, die siebenmal so groß ist wie der Bodensee, und Moore und Sümpfe sind zahlreich. Dies alles macht Jämtland zu einer Landschaft von erhabener Naturschönheit.

Vom Scheitel der Insel Frösö, unweit der alten Kirche, schweift der Blick hundert Kilometer in die Ferne, von den Schneebergen im Westen über die blauenden Seen bis zu den Flußläufen weit im Südosten. Die Insel war und ist immer noch das Zentrum des Landes, tausend Jahre lang trat das Thing der Jämter hier zusammen. Bei Hof, unweit der Kirche, erhob sich der Heidentempel des altnordischen Fruchtbarkeitsgottes Fröj, der auch der Insel den Namen verliehen hat. Die erste Brücke über die See-Enge zwischen Frösön und Östersund war schon im Jahre 1060 gebaut worden; ein Runenstein am Strande teilt mit, daß Östman Gudfastsson Jämtland christianisiert und Åsbjörn die Brücke geschlagen hat. Dieses geschah zur Zeit des norwegischen Königs Olaf in Nidaros, und die Verflechtung mit Tröndelagen, der Gegend um Trondheim, blieb immer eng, obwohl die Jämter ein schwedischer Volksschlag sind. Einen sprachlichen Unterschied aber gab es unter dem Volk dieser Berge nicht, wenn man von den Dialektabweichungen in den verschiedenen Flußtälern absieht. Die Jämter bildeten aber schon früh eine volkliche Einheit, wahrscheinlich auf eigenem uraltem Grunde, denn die Felszeichnungen und Felsmalereien aus der Steinzeit sind hier außerordentlich zahlreich. Die bekanntesten befinden sich auf Fångsjöberget, bei N. Skärvången und bei Hästskotjärn am Ostende des Juvulsees. Hier ist die rote Farbe, die mit dem Felsen eine Art chemische Verbindung eingegangen ist, wie mit einer Glasur überzogen. Bei Glösa nördlich des Storsjö beim Alsensjö, und noch ein Stück nördlich davon bei Gärde, im Westen bei Landverk und auf der Halbinsel Håltbergsudden im Ånnsee östlich von Storlien gibt es Felszeichnungen von spezifisch jämtischem Charakter, die wenig Ähnlichkeit mit ihren Gegenstücken im übrigen Schweden besitzen.

Jämtland ist reich an geographischen Merkwürdigkeiten. In Hoverberget, einem Urbergshorst an der südlichen Bucht von Storsjön, befindet sich eine der größten Grotten Schwedens, 81 Meter lang und 25 Meter hoch; auf dem Berge oben steht ein Aussichtsturm. Im nördlichsten Jämtland, wo Ströms Vattudal eine Reihe von Binnenseen aufweist, treffen wir eine Karstlandschaft an, die an Kroatien erinnert. Der Bjurälv fließt hier über lange Strecken unterirdisch, Grotten und Erdtrichter sind zahlreich und muten in dieser nördlichen Gegend ganz eigenartig an. Unter den unzähligen Stromschnellen und Wasserfällen, die zum großen Teil von der Industrie genutzt werden, ist Tännforsen nordwestlich von Åre am berühmtesten und nunmehr auch unter Naturschutz gestellt. Über den verschwundenen See bei Ragunda am Indalsälv haben wir schon berichtet; über das Seeungeheuer im Storsjö, das sich seit der Heidenzeit dort befinden soll, gibt es im Gegensatz zu ›Nessie‹ im Loch Ness keine Neuigkeiten.

Im Winter sind die Wasserfälle phantastisch anzuschauen, das Eis läßt Tempelhallen von Stalagmiten und Stalagtiten entstehen, die in der Sonne in allen Farben des Regenbogens funkeln. Eindrucksvoll ist der 35 Meter hohe Wasserfall bei Hällingså südlich von Gäddede nahe der norwegischen Grenze, der sich über die Kante des Munsfjälls stürzt. Unterhalb davon strömt das Wasser in einem schmalen Cañon mit 60 Meter hohen Wänden weiter. – Als Skigebiet ist Jämtland einzigartig; die großen Hotels in Åre und Storlien bieten alle Bequemlichkeiten der modernen Zivilisation, und die zahlreichen Skilifte arbeiten in der Saison wie Paternosteraufzüge.

Der Held des frühen jämtländischen Mittelalters Arnljot Gelline, der sich taufen ließ und 1030 bei Stiklastad an der Seite König Olafs des Heiligen fiel, wurde zum Gegenstand eines Epos des norwegischen Dichters Björnstjerne Björnson und einer Oper des aus Jämtland stammenden schwedischen Komponisten Wilhelm Peterson-Berger. Das Musikdrama wird jeden Sommer als Freilichtaufführung unweit der Frösö-Kirche und des Grabs von Peterson-Berger aufgeführt.

Von Östberget auf Frösön kann man bei guter Sicht 21 Kirchen an den Ufern des Storsjö wahrnehmen. Fast alle sind einen Besuch wert. Als die älteste Kirche in Jämtland, noch aus der Zeit Arnljots, wird Hackås am Südende des Storsjö genannt. Die Kirche zu Frösö wurde um 1650 umgebaut und erhielt wie andere jämtländische Kirchen damals einen Glockenturm mit Zwiebelkuppel. Obwohl Frösö immer noch das eigentliche Herz von Jämtland geblieben ist, wurde 1786 am Seeufer die Stadt Östersund gegründet, deren Marktplatz zu Ehren des Gründers ›Gustav III.s torg‹ heißt. Eine moderne Brücke verbindet heute die schöne und wachsende jämtische Hauptstadt mit der Insel, deren Zentrum hoch oben liegt. Frösön ist 40 Quadratkilometer groß und hat noch in zwei anderen Richtungen Fährverbindungen.

Unheimlich sind die vielen Erinnerungszeichen an den Untergang der letzten karolinischen Armee im jämtländischen Hochgebirge 1719. General Armfelt war von Karl XII. beauftragt worden, Trondheim zu besetzen, während der König selbst zur gleichen Zeit im Süden Norwegens bei Fredrikstad eindrang. Die nordschwedische Armee belagerte vom Herbst 1718 an Trondheim, als mitten im Winter die Nachricht vom Tod des Königs eintraf. Armfelt beschloß daraufhin den Rückzug, geriet aber beim Übergang über das Gebirge im Januar 1719 in einen schweren Schneesturm, der einen großen Teil seiner Armee hinwegraffte. Zu Tausenden erfroren damals die Soldaten Karls XII. im Westen, während im Osten die Russen in das zerfallende Reich einbrachen. Der Traum von einem Zugang zum Atlantik, der die schwedischen Könige von Karl IX. bis Karl XII. beherrscht hatte, war damit endgültig ausgeträumt. Als Norwegen 1814 zwangsweise zu einem Bundesstaat Schwedens wurde, blieben die Grenzen, wie sie waren.

Medelpad und Ångermanland

An der langen Westküste des Bottnischen Meerbusens lösen sich die norrländischen Gaue ab. Auf Gästrikland und Hälsingland folgen zunächst Medelpad und Ångermanland. Medelpad, das nur 7500 Quadratkilometer groß ist, umfaßt die Mündungsgebiete der beiden großen Flüsse Ljungan und Indalsälven und wurde lange als ein nördlicher Anhang von Hälsingland angesehen. Der Name bedeutet eigentlich der ›mittlere Weg‹, und dieser Ausdruck bezieht sich auf das alte Nidaros, das heutige Trondheim. Die Silbe ›pad‹ steht für das altnordische ›path‹ und ist gleichbedeutend mit dem deutschen ›Pfad‹; denn eine Straße gab es hier nicht. Nur zu Fuß, zu Pferd oder mit Tragbahren konnte die rund 500 Kilometer lange Querverbindung zwischen den Meeren einst bewältigt werden. Hier ritt der schwedische König Karl VIII. Knutsson 1449 zu seiner Krönung nach Nidaros, als ihm vorübergehend auch die norwegische Krone zugefallen war.

Die Grabhügel in Högom am Westrand von Sundsvall, die ähnliche Abmessungen wie die in Alt-Uppsala besitzen, zeigen, daß Medelpad bereits in der frühen Eisenzeit eine Rolle spielte. Der Hafen bei Selånger, jetzt im Norden von Sundsvall fünf Kilometer vom Meer entfernt gelegen, hieß im Mittelalter St. Olovs Hafen, denn hier gingen die Pilger an Land, die dann den ›Medelpad‹ zum Grabe des hl. Olof in Nidaros benützten. Diese eigenartigen wandernden Scharen hoch im Norden, die wegen ihres Seelenheils die Strapazen der langen, wilden Talwanderungen und der Überquerung des Hochgebirges auf sich nahmen, sind in Kontinentaleuropa so gut wie unbekannt. Man pilgerte jedoch im frühen Mittelalter im Norden nach Nidaros wie im Südwesten Europas nach Santiago di Compostela oder nach dem Mont Saint-Michel.

St. Olovs Hafen war aber auch ein Umschlagplatz, und als das Wasser immer seichter wurde, baute man einen neuen Hafen weiter draußen auf einem Wall am Sund. So entstand die Stadt Sundsvall, die im Jahre 1624 von Gustav II. Adolf ihre Privilegien erhielt. Sie ist heute ein wichtiger Hafen an der Mündung des Selångerå und ein Hauptort der Holzindustrie. Hier in Sundsvall befindet sich auch das Heimatmuseum des Gaues, das Freiluftmuseum von Medelpad Fornhem. Jenseits des schmalen Alnösundes befindet sich die langgestreckte Insel Alnö, die man von Alvik aus über eine hohe Brücke erreicht. Die mit Wandmalereien aus dem 16. Jahrhundert geschmückte Feldsteinkirche von Alnö stammt aus dem 12. und 13. Jahrhundert. Ebenso alt ist das berühmte hölzerne Taufbecken, das jetzt in der neuen Kirche steht. Hier wie in vielen anderen Kirchen von Medelpad war der obenerwähnte norrländische Meister Håken Gulleson tätig.

Medelpad ist heute ein Zentrum der schwedischen Holzveredelungsindustrie. Im vorigen Jahrhundert dominierten die Sägewerke, heute die Zellulose- und Papierherstellung, während die vielen Stromschnellen in den untersten Läufen der beiden großen Flüsse Ljungan und Indalsälven für die Kraftgewinnung genützt werden. Auf langen Strecken sind hier die Flußtäler zu Stauseen verwandelt, die aber der landschaftlichen Schönheit keinen Abbruch tun. Sundsvall und die nahen Industrieorte Njurunda, Kvistle, Skön, Tinrå und Lövudden sind alle von der chemischen Holzveredelungsindustrie geprägt, der nicht ganz angenehme Geruch, der hierbei entsteht, soll jedoch der Gesundheit nicht abträglich sein. Sosehr auch das Holz hier alles beherrscht, auf dem

Gebiet des Hausbaus hat man ihm entsagt. Das Zentrum von Sundsvall heißt bezeichnenderweise die ›Steinstadt‹, denn nach den Kriegsverheerungen und sonstigen Feuersbrünsten beschloß man, nur noch steinerne Häuser zu bauen.

Mit 21000 Quadratkilometern ist Ångermanland sogar für norrländische Verhältnisse nicht gerade klein. Die gerade Küstenlinie beträgt rund 200 Kilometer, die unzähligen Buchten und Einschnürungen würden aber eine vielfache wirkliche Strandlinie ergeben. Von diesen Buchten leitet sich der Name ab, denn ›anger‹ bedeutet im Altschwedischen ›Bucht‹. Im modernen Schwedischen bedeutet aber ›ånger‹ ›Reue‹, was zu vielen witzelnden Wortspielen Anlaß gibt. Der Hauptfluß von Ångermanland ist der 450 Kilometer lange Ångermanälv nebst den beiden großen Nebenflüssen Fjällsjöälven und Faxälven. Das Flußgebiet umfaßt 32000 Quadratkilometer, und die Mündungsbucht, an der der Industrieort Nyland und die Stadt Kramfors liegen, ist 40 Kilometer lang. Die lange Küste zieren außerdem die Städte Härnösand und Ornsköldsvik. Am Flusse, der hier segelbar ist, liegt die Stadt Sollefteå.

Die Landschaft von Ångermanland ist mächtig, die Berge treten bis an den Bottnischen Meerbusen heran, der hier kurz vor der Meerenge Kvarken seine größte Tiefe besitzt. Eine bedeutende Schärenwelt, den zahlreichen Buchten vorgelagert, vermittelt den Übergang zum offenen Meer. Ebenso wie Medelpad ist das Land ganz von der Holzveredelungsindustrie bestimmt, die mit der Kraftgewinnung aus den unzähligen Stromschnellen des Ångermanälv verbunden ist; doch durch die Weiträumigkeit der Landschaft merkt man dies nicht im gleichen Maße wie in dem kleinteiligeren Medelpad. In Sandslån bei Nyland befindet sich eins der größten Holzsortierungswerke der Welt, denn dem Ångermanälv entlang werden jährlich Millionen von Baumstämmen geflößt. Über Ångermanland haben die schwedischen Schriftsteller Pelle Molin und Ludwig Nordström bekannte Werke geschrieben, auch die Erinnerungen des ehemaligen Stockholmer Oberbürgermeisters Lindhagen greifen auf das Leben auf einem ångermanländischen Herrensitz zurück.

Achtzig Prozent der Fläche von Ångermanland sind mit Wald bedeckt, was auch für schwedische Verhältnisse viel ist. Eine neue allgemeine Wasserregelung, die auch die zahlreichen, zum Teil sehr großen Binnenseen einbezieht, ist im Gang. Dem Wald zum Trotz spielte hier die Landwirtschaft in den großen und breiten Flußtälern seit alters her eine führende Rolle, denn erst im 19. Jahrhundert setzte die Holzkonjunktur richtig ein, so daß sich das Schwergewicht von da an verlagerte. Der untere Flußlauf des Ångermanälvs wird Ådalen genannt, und die mittlere Steilküste heißt Nordingrå.

Die Hauptstadt Ångermanlands, Härnösand, die wegen ihrer klassizistischen Gebäude stolz den Beinamen ›Athen Norrlands‹ trägt, war sowohl Residenz als auch Bischofssitz. König Johan III. verlieh 1585 dem alten Handelsplatz die Stadtrechte. Ende des 18. Jahrhunderts förderte Gustav III. hier den eleganten Klassizismus. Der Gau selbst hatte sich bereits im 13. Jahrhundert von Groß-Hälsingland gelöst. Härnösand liegt beiderseits der Meerenge zwischen dem Festland und der Insel Härnö und hat, laut Ludwig Nordström, »eine freche Lage«. Unter dem berühmten Dichter und Bischof Franz Mikael Franzén in der ersten Hälfte des 19. Jahrhunderts gewann Härnösand einen Ruf als Kulturzentrum. Berg, Meer, Fluß und Himmel verleihen der Stadt ein frisches Gepräge, dem auch die spätere Industrialisierung keine Einbuße getan hat.

Das nördlichere Örnsköldsvik, nach einem energischen ångermanländischen Landeshauptmann getauft, erhielt seine Stadtrechte erst 1893 und gilt als Hauptort für den nördlichen Teil des Gaues. Zentrum der Holzindustrie ist die junge Stadt Kramfors, die aber alte Sägewerkstraditionen besitzt. Etwas südlich davon führt die schöne moderne Sandö-Brücke über den mächtigen Ångermanälv. Flußaufwärts liegt, für die Schiffahrt noch voll erreichbar, die Stadt Sollefteå in einer hügelreichen Landschaft, die zu einer beliebten Wintersportgegend geworden ist. Das Panorama vom Hallstaberg bei Sollefteå wird als einmalig gepriesen. Von der großen Flußbrücke kann man die eigenartige Sandformation ›Borgen‹ sehen, die wie ein hoher Felsen wirkt. Solche Formationen aus gepreßtem Sand, die oft Steilufer bilden, werden hier ›nipor‹ genannt und veranlassen oft gefährliche Erdrutsche.

Das, mit heute verglichen, viel günstigere Klima während der Steinzeit führte dazu, daß diese nördliche Gegend schon damals bewohnt war. So wurden bei Nämforsen unweit von Ådalsliden am Angermanälv oberhalb von Sollefteå Felszeichnungen und bei Skuleberget Reste neolithischer Wohnplätze gefunden. Das Meer erstreckte sich damals noch bis in diese Gegend. Bei Arnäs nördlich von Örnköldsvik und bei Björkå am Angermanälv östlich von Sollefteå sind Grabfelder aus der Eisenzeit, bei Torrböle am Öreälv Wikingergräber, bei Stensätter an der Küste östlich Örnsköldsviks die Ruinen einer Altburg gefunden worden. Auf dem Mullträberg bei Sollefteå wurden bereits in der Völkerwanderungszeit Feuerzeichen angezündet. Von den mittelalterlichen Kirchen seien hier nur Anundsjö nordwestlich von Örnsköldsvik, Grundsunda und Nordmalling an der Küste nordöstlich von Örnsköldsvik, Ramsele am Saxälv, Skog westlich von Nordingrå, Torsåker am Angermanälv, Ullänger auf halbem Wege zwischen Härnösand und Örnsköldsvik und Ytterlännäs bei Nyland genannt; in vielen von ihnen wirkte Håken Gulleson. Hübsche Herrensitze aus der Zeit der beginnenden Sägewerkskonjunktur, also aus dem Anfang des vorigen Jahrhunderts, sind Björkå, Gideå, Hom und Högsjö zwischen Kramfors und Harnösand, während bei Myckelgensjö, das man von Örnsköldsvik über Anundsjö erreicht, die Gebäude eines Großbauernhofs in ihrer ursprünglichen Form erhalten wurden. Eigenartig sind die Fischer- und Hafendörfer an der felsigen Küste, vor der Felseninseln wie Mjältön am Ulvösund über 230 Meter aus dem Meer aufragen.

Västerbotten und Norrbotten

Västerbotten und Norrbotten beenden die Reihe der norrländischen Küstengaue. So wie Västerbotten aus den nördlichen Küstenstreifen des ehemals gegen Norden unbegrenzten ›Hälsingland‹ hervorgegangen ist, so wurde Norrbotten erst im vorigen Jahrhundert als die nördlichste Küstenlandschaft von Schweden gebildet. In alter Zeit teilten sich die Gaue Västerbotten in Norrland und Österbotten in dem damals noch schwedischen ›Finland‹ in das Land um die innerste Bucht des Bottnischen Meerbusens, und die Grenze verlief beim großen finnländischen Kemifluß. Jedoch mußte das Land zwischen den beiden Flüssen Kemi und Torneå 1809 abgetreten werden, so daß Schweden und sein ehemaliger Reichsteil ›Finland‹ eine neue Grenze am Torneåfluß erhielten.

Das doppelt verkleinerte Västerbotten umfaßt seitdem 15 000 Quadratkilometer und besitzt die Küstenstädte Umeå und Skellefteå. Das Land gleicht Ångermanland, hat aber nicht die gleiche Großzügigkeit, obwohl es der Umeälv mit seinen 470 Kilometern Flußlänge mit dem Ångermanälv gut aufnehmen kann. Der Oberlauf des Umeälv liegt jedoch in Lappland. Großzügig über alle Maßen hat sich hier die Industrie entwickelt, seitdem 1926 die Erzvorkommen bei Boliden unweit von Skellefteå entdeckt wurden. Es war das Werk des Zündholzkönigs Ivar Kreuger, der jedoch daran zugrunde ging, daß die ihn bekämpfende Finanzgruppe stärker war als er und klar erkannte, was hier zu gewinnen war. Heute kontrolliert die Bolidens Gruv A/B die gesamte Erzgewinnung in Västerbottens Bergslag. Es handelt sich um Kupfer, Blei, Zink, Gold, Silber und Schwefel. Große Aufbereitungswerke scheiden die unedlen Bestandteile aus, während die Fabriken in Skellefteå die Endprodukte herstellen.

Haupt- und Residenzstadt von Västerbotten ist Umeå, am gleichnamigen Fluß, aber zehn Kilometer oberhalb der Mündung gelegen. Als Außenhafen dient Holmsund. Wie die meisten bottnischen Städte besitzt Umeå gute Fährverbindungen mit den gegenüberliegenden Hafenstädten in Finnland, vor allem nach Vaasa. Umeå führt zwar seine Geburt auf das Jahr 1588 zurück, da aber die Urkunden nicht ganz in Ordnung waren, stellte der unermüdliche Gustav II. Adolf 1622 neue Stadtprivilegien aus. Seit einigen Jahren besitzt nun auch Umeå die erste norrländische Universität Schwedens, und hier tagt auch das Hofgericht (Oberlandesgericht) für Nord-Norrland. Im Residenzgarten zu Umeå wachsen Eichen, was als ein dendrologisches Wunder betrachtet wird, da die Baumgrenze der Eichen bereits durch Gästrikland und Dalarna verläuft. Die letzte russische Besetzung erlebte die Stadt 1809; im großen Nordischen Krieg von 1699-1721 wurde die Stadt nicht weniger als sechsmal von den Russen geplündert und zuletzt dem Erdboden gleichgemacht. Alte Gebäude sind deswegen nicht mehr viele vorhanden.

Mittelalterliche Kirchen gibt es in Bygdeå und Lövånger, wo noch eine alte ›Kirchenstadt‹ zu sehen ist, das heißt, die Ställe und die Übernachtungskaten für die bäuerlichen Kirchenbesucher, die oft riesige Entfernungen zu überwinden hatten, um die Kirche besuchen zu können. Die ›Kirchenstadt‹ von Lövånger besteht aus

164 verschiedenen Holzgebäuden, im übrigen ist Lövånger wegen seines berühmten Västerbotton-Käses in Schweden ein Begriff. Beide Orte liegen an der Küstenstraße von Umeå nach Skellefteå. Die Kirchen in Umeå und Skellefteå sind neueren Datums, die letztgenannte aber sehenswert. Über den Vindelälv, den großen Parallelfluß des Umeälvs, ist in Schweden eine lebhafte Diskussion entstanden. Der Fluß besitzt eine Länge von 444 Kilometern, und man will ihn als Naturreservat vor Kraftwerken schützen. Im Atomzeitalter, so wird argumentiert, brauche man nicht alle Stromschnellen mehr auszubauen.

Mit 27700 Quadratkilometern hat Norrbotten den Löwenanteil des Gaues Västerbotten erhalten, und der junge Gau in einer alten Gegend verfügt über vier recht bedeutende Städte: Piteå, Luleå, Boden und Haparanda. Die großen Flüsse sind hier Torne, Kalix, Pite und Lule, die alle ihren Oberlauf in Lappland haben. Das Küstenland ist niedrig, die Buchten und die Schären sind in einer fast verwirrenden Weise zahlreich. Das ganze Land besitzt einen fruchtbaren Lehmboden, der dem nördlichen Klima zum Trotz sowohl der Landwirtschaft als auch der Viehwirtschaft gute Bedingungen bietet. Heutzutage keimt der kanadische Weizen sogar nördlich des Polarkreises. Die hohe sommerliche Lichtmenge ersetzt die kurze Saison und läßt alles schneller reifen. Dafür sind die Winter lang und streng; doch schützt die dicke Schneedecke die Scholle. Selbstverständlich bleibt die Forstwirtschaft der führende Erwerbszweig, obgleich der Erzreichtum im nahe liegenden Lappland auch die Industrialisierung Norrbottens verstärkt hat. Handel, Seefahrt, Fischerei und die Jagd tragen zum guten Lebensstandard von Norrbotten bei.

Westlich des nach Norden verlaufenden Torneå-Tals und des kurz vor Pajala einmündenden Grenzflusses Muonio bis zu dem Großdorf Karesuando, dem nördlichsten Kirchspiel Schwedens, bildet Norrbotten einen Keil mit einer rund 40000 Personen zählenden finnischsprachigen Minderheit innerhalb der Grenzen Schwedens. Demgegenüber umfaßt die schwedische Minderheit in Finnland rund 400000 Menschen. Lappen wohnen seit langer Zeit nicht mehr in den Küstengegenden. Der Polarkreis schneidet den obenerwähnten Keil in zwei Hälften.

Die Haupt- und Residenzstadt von Norrbotten, Luleå, liegt

mitten in der breiten Flußmündung des Luleälv. Die frühere Stadtinsel, die nunmehr zu einer Halbinsel geworden ist, besitzt ein modernes ›Shoppingcenter‹ und viele hochmoderne Bauten. Seitdem große eisenindustrielle Anlagen während und nach dem Kriege nach Luleå verlegt wurden, entwickelt sich hier, rund 50 Kilometer südlich des Polarkreises, eine nordische Großstadt. Die Bedeutung der Eisenbahn Luleå–Gällivare–Kiruna–Narvik, die bei Boden von der nach Haparanda führenden Küstenbahnlinie gekreuzt wird, kann gar nicht hoch genug eingeschätzt werden. Die beiden Endpunkte sind die Ausschiffhäfen für den riesigen schwedischen Eisenexport. Zwar wurde Luleå schon 1621 gegründet, doch die Altstadt liegt etliche Kilometer flußaufwärts und war niemals von besonderer Bedeutung. Das neue Luleå dagegen, dessen Parkanlagen von Birken und Ebereschen strotzen, hat nachgeholt; man hat sich sogar einen neugotischen Dom gebaut. In der Altstadt von Luleå ist das Museum von Norrbotten eingerichtet worden, in dem man die Entwicklung im hohen Norden, wo sich drei Nationalitäten überschneiden, studieren kann. Luleå kann als geistige Hauptstadt nicht nur von Norrbotten, sondern auch von Lappland angesehen werden.

Piteå und Haparanda sind Kleinstädte geblieben, obwohl die erstgenannte ihren Ursprung auf Gustav II. Adolf zurückführen kann. Während Piteå die typische Stadt der Sägewerke ist, tritt Haparanda als Grenzort hervor. Die Urbevölkerung ist hier finnisch, und der Name ist eine Verdrehung des finnischen Wortes Haaparanta, das ›Espenstrand‹ bedeutet. Als 1809 die Grenze am Torneälv gezogen wurde, lagen die beiden Brückenkopfstädte Haparanda und Torneå westlich beziehungsweise östlich des Stroms. Dieser veränderte aber sein Flußbett, so daß nunmehr die beiden Städte westlich des Flusses liegen, während die schwedisch-finnländische Grenze hier mitten im versumpften alten Flußbett verläuft. Eine fast kilometerlange Holzbrücke überquert die grüne Riesenwiese. Über die neue Flußmündung führen Straßen- und Eisenbahnbrücken.

Haparanda erlebte im Ersten Weltkrieg eine Riesenkonjunktur als Grenzort. Abertausende von russischen Flüchtlingen retteten sich hier über das Großfürstentum Finnland vor ihren Verfolgern. Bei jeder Absperrung der Ostsee wächst der Verkehr um den Bottnischen Meerbusen. Auch die schwedischen Könige nahmen oft diesen Weg. In den unzähligen Kriegen mit Rußland – zuletzt 1809 – marschierten die schwedischen Heere zur Winterzeit, wenn das Eis der fast 1000 Kilometer langen Bucht nicht trug, längs diesem nördlichen Gestade. In Haparanda begegnen sich auch die Eisenbahnnetze Schwedens und Finnlands, die verschiedene Spurweiten besitzen, so daß eine Umladung notwendig ist; trotzdem war in den beiden Weltkriegen der Verkehr hier enorm. Heute gewinnt der Lastwagentransport auch hier im Norden immer mehr die Oberhand.

Die strategisch wichtigste Stadt von Norrbotten ist zweifellos Boden, wo sich die stärkste Festung Schwedens befindet. Boden liegt auf einer Landenge zwischen zwei Binnenseen, Bodträsket und Svartbyträsket, und dem Ostufer des großen Luleälv, vierzig Kilometer nordwestlich von Luleå. Selbstverständlich ist es auch den Touristen nicht erlaubt, über die Festung Näheres zu erfahren. Dafür bietet die Stadt Boden, von der Garnison geprägt, ein reges Leben. Touristen und das technische Personal der Eisenbahn kommen hinzu. Wie schon erwähnt, kreuzt sich hier die Küstenbahn mit der Linie Luleå-Narvik. Zehnstöckige Häuser und moderne Sportanlagen kontrastieren heute zu den alten Häusern des ehemaligen Överluleå und der 150 Jahre alten Kirche mit den sie umgebenden Holzkaten und Stallungen. In den Seen gibt es in den kurzen Sommern genügend Gelegenheiten zum Rudern und Baden, und im Luleälv kann man immer noch Lachse fangen. Edefors im hübschen oberen Flußtal auf dem Wege nach Jokkmokk besitzt zwar nur einen 23 Meter hohen Wasserfall, doch die herabstürzenden Wassermassen und die schöne Umgebung üben einen seltsamen Zauber aus. Wer sich für die Vergangenheit interessiert, kann den über Älvsbyn auf dem Wege nach Glommersträsk liegenden Ort Gråträsk, den ältesten Kirchplatz der Lappen, besuchen und von hier nach Arvidsjaur weiterfahren, das bereits zu Lappland gehört. Älvsbyn gilt wegen seiner Lage als die ›Perle Norrbottens‹.

Lappland – Land der Mitternachtssonne

Der Begriff Lappland erinnert an den Begriff Mazedonien: Das Land ist auf drei Staaten aufgeteilt, die alle mit der Urbevölkerung des Landes nichts zu tun haben. Ehedem besaß Norwegen den nördlichen Teil des riesigen, aber dünn bevölkerten Landes und Schweden den Südteil. Nach der Gründung des russischen Großfürstentums Finnland 1809 erhielt dieses den östlichen Teil von Lappland, während Schweden den südwestlichen behielt. Mit 118000 Quadratkilometern ist Schwedisch-Lappland der größte Gau Schwedens. Zugleich ist es eins der menschenärmsten Gebiete von Europa. Die Lappen bilden darin heute eine winzige Minderheit von kaum 10000 Seelen.

Die Geschichte der Lappen zeigt, wie stärkere, angrenzende Völker das Territorium eines fremdrassigen einfachen Volkes allmählich besetzen und unter sich verteilen. Um die Zeitenwende dürften die Lappen, die aus dem östlichen Mitteleuropa eingewandert sind, ganz Finnland und die nördlichen Hälften von Schweden und Norwegen als ihr Gebiet angesehen haben, obwohl es auch hier schon zuvor menschliche Besiedlung gegeben haben muß, wie neolithische Funde im Tornetal beweisen. Als die Finnen um die Zeit der Völkerwanderung über die karelischen Landengen in ihre heutige Heimat einbrachen, trieben sie die Lappen nordwärts, und als die Schweden immer mehr nach Norden vordrangen, geschah Ähnliches. Die Lappen sind friedliche Nomaden, die in Zelten wohnen und mit ihren Rentieren von Weide zu Weide ziehen. Das Rentier gibt ihnen alles, was sie benötigen, außer dem Salz und dem Kaffee, den die Zivilisation hinzugefügt hat. Damit sie nicht gänzlich von den Wald- und Erzspekulanten ausgerottet werden, wurden Gesetze zu ihrem Schutz erlassen. Ihre Sprache gleicht der finnischen, man ist aber heute der Auffassung, daß sie ihre ursprüngliche Sprache verloren haben und heute ein verändertes Finnisch sprechen. Sie sprechen und verstehen aber auch Schwedisch und Norwegisch. Sie sind kein mongolisches Volk, wie man lange glaubte, und auch nicht mit den Eskimos verwandt. In letzter Zeit wird in Schweden viel getan, um Geschichte und Überlieferungen der Lappen zu bewahren, sogar Volksschulen in ihrer Sprache sind eingerichtet worden.

Hauptort der Lappen im südlichen Lappland ist Lycksele am Umeälv, das wie Jokkmokk am Luleälv eine Lappenkirche aus dem 18. Jahrhundert besitzt. In Jokkmokk gibt es sogar eine 1942 gegründete Volkshochschule für Lappen. Anfang Februar halten die Lappen hier einen Markt ab, bei dem sie vor allem Felle verkaufen. Der für die Touristen am leichtesten zu erreichende Lappenort ist Jukkasjärvi, ungefähr zwanzig Kilometer nordöstlich von Kiruna. Die 1726 dort erbaute Holzkirche erreicht man durch den abseits stehenden Glockenturm und den Friedhof, durch himmelblaue Türen, die in das farbige Innere führen. Farbig ist auch die Tracht der Lappen mit ihrem dominierenden Rot, Blau und Gelb und dem großen Puschel auf der Mütze der Männer. Um so größer er ist, desto reicher ist der Mann; hängt er nach hinten, ist er verheiratet, steht er nach vorn, ist er noch ledig. Ein Viertel des Jahres in der Nacht, ein Viertel des Jahres in der Dämmerung, inmitten einer Natur, die nur wenige Farben kennt, ist die Buntheit der Tracht der Lappen Ausdruck einer Sehnsucht nach dem ganz Anderen, Ausdruck des Selbstbehauptungswillens des Menschen. Die Lappen brauchen die fröhlichen, leuchtenden Farben, um ihr seelisches Gleichgewicht herzustellen, so wie die Arbeiter in Kiruna das elektrische Licht, Kino, Fernsehen und Sportanlagen benötigen, um mit der Dunkelheit und der Natur fertigzuwerden. Die Bekehrung der Lappen zum Christentum setzte früh ein, in Gammelstad bei Luleå wurde bereits um 1300 eine Kirche aufgeführt, in Nederkalix hundert Jahre später; doch hielten sich die Bräuche und Traditionen des alten Schamanen-Glaubens noch lange. Die Hochlandkirchen, Arjeplog (1767), Gråträsk, Jukkasjärvi, gehen auf die Zeit Karls IX. zurück, während die meisten sonstigen Lappenkirchen, oft reine Holzkirchen, aber immer von starker Farbigkeit, aus dem Anfang des 18. Jahrhunderts stammen.

Von Mitte November bis Ende Februar scheint im nördlichen Lappland keine Sonne – Stürme, Schnee und Nacht beherrschen das Dasein. Nur die gespenstischen Visionen des Nordlichts bieten manchmal ein märchenhaftes Schauspiel. Dafür geht von Ende Mai bis Mitte Juli hier am Polarkreis die Sonne nicht unter, und es ist um Mitternacht so hell und warm wie am Tage. In den riesigen Wäldern, in denen Silberwurz und Moosglöckchen gedeihen, hausen noch Bären und Wölfe, und unendliche Mengen von Heidelbeeren, Preiselbeeren und Jordtronas lassen den Wanderer sich in die Zeiten zurückversetzt fühlen, die er heute in Europa nur noch aus den Märchen kennt. Es gibt fast keine Straßen, nur das Kreuz der beiden großen Eisenbahnlinien, die vom Süden nach Norden und vom Bottnischen Meerbusen zum Atlantik verlaufen. Die schwedische Vereinigung zur Förderung der Touristik hat jedoch einen über achthundert Kilometer langen Fußweg, den ›Kungsleden‹ oder Königspfad, angelegt, der in Tagesstrecken eingeteilt ist. In der Entfernung von Tagesmärschen befinden sich Gasthäuser oder Unterkunftshütten, die mit Proviant versehen sind und in denen man übernachten kann. Auch gibt es einige luxuriös eingerichtete Hotels, die an der Bahnlinie liegen, wie zum Beispiel das Lapplandia-Hotel an der norwegisch-schwedischen Grenze, das Abisko-Hotel und andere, die jedoch fast alle im September schließen. In Abisko geht die Skisaison von März bis Mai. Wem eine Reise ins Land der Mitternachtssonne zu zeitraubend und kostspielig erscheint, kann im Sommer auch von dem Stockholmer Binnenflughafen Bromma aus einen nächtlichen Rundflug dorthin machen.

Lappland ist heute nicht nur das schwedische Erzland schlechthin, seine unendlichen Weiten und das großartige Hochgebirge im Verein mit den zahlreichen großen Seen und Flüssen haben ihm ein touristisches Ansehen verschafft, das kaum zu übertreffen ist. Besonders anziehend sind die Nationalparks Peljekaise, Muddus, Sarek und Abisko, die durch den ›Königspfad‹ (Kungsleden) verbunden sind. Es sind Naturreservate von beachtlicher Größe, der von Muddus zum Beispiel südwestlich von Gällivare umfaßt rund 500 Quadratkilometer. Das Gebiet, das Urwälder an Föhren und Fichten besitzt, wird von tiefen eiszeitlichen Ravinen durchschnitten, unter denen der Cañon des Muddusjåkks, wo der Strom unter anderem einen vierzig Meter hohen Wasserfall bildet, vielleicht der eindrucksvollste ist.

Während das Peljekaise-Massiv nordwestlich von Arjeplog am Ende des langgezogenen Hornavan von Birken, Wiesen, Seen und Heideland umgeben ist, in deren Mitte die Gipfel nur etwas über 1100 Meter emporklettern, zählen Abisko und Sarek zum Hochgebirge, das bis rund 2000 Meter ansteigt. Der Sarektjåkkå mit 2090 Metern beherrscht diese großartige Gebirgslandschaft, wo unzählige Gletscher die verschiedenen Gipfel begleiten, wo es aber auch im schönen Rapa-Tal eine reiche Pflanzenwelt gibt. Der Kebnekaise (2123 Meter), die ›Zugspitze‹ Schwedens, besitzt ein Rasthaus auf 1940 Metern Höhe, der Rundblick von hier aus ist phantastisch. Unmittelbar an der norwegischen Grenze liegt das Gebirge Sulitälma mit über 1900 Metern. Der größte See Lapplands ist der Torneträsk (320 Quadratkilometer), zugleich die Quelle des

Torneälv, mit einer Tiefe bis zu 170 Metern. An seinem südlichen Ufer verläuft die Eisenbahnlinie Kiruna–Narvik, die über Abisko, Björkliden und Riksgränsen führt. Weitere bedeutende Seen, die ihre phantastischen lappischen Namen beibehalten haben, sind: Akkajaure, Virihaure und Vastenjaure im Nationalpark Padjelanta, Tjeggelvas am Kungsleden und Uddjaur bei Arjeplog. Zwischen den Seen Akkajaure und Stora Lulevatten stürzt der Store Luleälv im Stora Sjöfallet vierzig Meter tief in den Langasee. Das ganze Gebiet hier ist heute Nationalpark. Bei Porjus am südöstlichen Ende des Stora Lulevatt befindet sich ein gewaltiges Kraftwerk, das auch Kiruna mit Strom versorgt, ebenso einige Kilometer flußabwärts bei Harsprånget. Hier wurde ein Stausee angelegt, und eine unterirdische Fallhöhe von 108 Metern ermöglicht eine Stromerzeugung von rund 350000 Kilowatt; den Turbinensaal, 100 Meter unter Tage, kann man besichtigen.

Abwechslungsreich und wunderbar sind die zahlreichen Flußtäler Lapplands, die von hübschen Seen, grünen, blumenreichen Wiesen oder von Hainea mit Fjällbirken bestanden sind, während glänzende Schneegebirge den Hintergrund bilden. Und immerzu gibt es Überraschungen: Plötzlich verengt sich das Tal, und das Wasser stürzt in schäumenden Kaskaden in schier unendliche Tiefen. Ein geographisches Wunder ist die Bifurkation zwischen den beiden Flüssen Torne und Kalix. 1677, während eines Frühjahrhochwassers, sandte der Torneflуß von Junosuando aus einen Arm hinüber in den Nachbarfluß Kalix. Dieser Querfluß, der die niedrige Wasserscheide durchbrach, ist seitdem geblieben und hat den Namen Tärendö erhalten. Er zapft reichlich die Hälfte des Wassers des großen Tornestroms ab, der sich bei der Mündung nur dank dem späteren Nebenfluß Muonio behaupten kann.

Die ersten Erzfunde wurden in Lappland bereits um 1640 gemacht, und zwar auf der Wasserscheide zwischen den Flüssen Torne und Kalix, etwas oberhalb der obenerwähnten Bifurkation. Hier wurde ein Hochofen angelegt, dessen Ruinen man noch sehen kann. Hundert Jahre später wurden die Eisenerze in Malmberget bei dem Lappenort Gällivare gefunden, die heute auf etwa vierhundert Millionen Tonnen geschätzt werden, und sodann diejenigen in Kiruna bei Jukkasjärvi, südlich des Tornesees. Doch erst durch den sogenannten Thomasprozeß konnten die phosphorhaltigen Erze voll ausgenutzt werden. 1889 traf der 1855 in Dalsland geborene Geologe, »Menschenfreund und Schönheitssucher«, Hjalmar Lundbohm in Kiruna ein, das dann praktisch seine Schöpfung wurde. Er erkannte die außerordentliche Bedeutung des hier lagernden Erzes, das man auf mehrere Milliarden Tonnen schätzt. Der sogenannte Erzberg, Malmberg, enthält 60 bis 70 Prozent reines Eisen höchster Qualität, das ist außerordentlich viel, da normalerweise sich der Erzabbau schon bei 18 bis 20 Prozent Eisen lohnt. Heute werden hier, über und unter Tage, in einer Schicht fünf- bis sechstausend Tonnen Eisen abgebaut. Täglich, das heißt vierundzwanzig Stunden durchgehend, werden hier 1500 Erzwagen beladen, die in Narvik oder Luleå auf Schiffe aller Länder umgeladen werden. Daß hier die modernsten Abbaumethoden Tag und Nacht angewendet werden, versteht sich von selbst. Der sogenannte Zentralschacht erreicht eine Tiefe von über vierhundert Metern, doch soll das Erz bis in eine Tiefe von 1200 Metern hinabreichen. Etwas südlicher, bei Laisvall an der västerbottnischen Grenze, liegt die größte Bleierzfundstätte Europas, die zum Boliden-Konzern gehört.

Kiruna mit seinen rund 20000 Einwohnern ist heute – der Fläche nach – die größte Stadt der Welt, denn die ganze Landschaft zwischen den oberen Läufen der Flüsse Torne und Kalix, einschließlich der Hochgebirge Kebnekaise und Abisko, wurde eingemeindet. Das Stadtgebiet umschließt in der Tat 13000 Quadratkilometer, was etwa einem Drittel des gesamten Staatsgebiets der Schweiz gleichkommt. Diese eigenartige Stadtschöpfung geschah aus gewissen administrativen Gründen im Jahre 1948, und wenn man den Industrieort selbst meint, spricht man vom ›Zentrum‹, das ein wenig an eine Goldgräberstadt erinnert, obwohl es übermodernste soziale Einrichtungen, Sportanlagen und Hochhäuser verfügt. Die Kirche Kirunas wurde nach Lundbohms Anweisungen 1912 wie ein riesiges Lappenzelt erbaut, und das Altargemälde stellt eine Sommerlandschaft dar, die der Künstlerprinz Eugen, ein jüngerer Bruder von König Gustav v., extra für diese Kirche malte. Der riesige Erzkonzern Luossavaara-Kirunavaara ist nunmehr in staatlichem Besitz, weswegen die schwedische Regierung immer wieder auf harte Proben durch die unruhigen Belegschaften gestellt wird. Man bedenke, daß die Arbeitsstätten 150 Kilometer nördlich des Polarkreises liegen, daß man auch viel unter Tage arbeitet und daß die Nacht die Erdoberfläche das halbe Jahr regiert.

Dafür verdient man gut, besitzt elektrische Kraft im Überfluß, so daß das künstliche Licht die Nacht zum Tage macht. Doch weiß man, daß der Ort, an dem man lebt, nichts ist als eine kleine Insel in einem Meer der Finsternis. Der Tourist merkt davon nichts, er erscheint im Sommer oder wenn die Märzsonne bereits die Finsternis überwunden hat. In den großen, schönen Hotels kann er zwei Monate lang die Mitternachtssonne genießen und an Pytheas von Massilia denken, der 300 v. Chr. den hohen Norden besuchte und dazu bemerkte: »Und die Barbaren zeigten uns, wo die Sonne ihr Nachtlager hat.«

Zu den Abbildungen 18-20 und 30-35:

Gustav I. Wasa
Kopie nach J. Binck
Universität Uppsala

Gustav II. Adolf
Gemälde von Jakob Elbfas
Kungsholm Kirche, Stockholm

Königin Kristina
Gemälde von Sébastian Bourdon, 1653
Nationalmuseum, Stockholm

Königin Lovisa Ulrika
Gemälde von L. Pasch d. J., 1767
Schloß Gripsholm

Carl v. Linné
Gemälde von Alexander Roslin, 1775
Schloß Gripsholm

Emanuel Swedenborg
Kopie nach einem Gemälde von Josua Reynolds
Universität Uppsala

Die Krönung Gustavs III.
Gemälde von Carl Gustav Pilo
Nationalmuseum, Stockholm

Carl Mikael Bellman
Gemälde von Peter Krafft d. Ä., 1779
Schloß Gripsholm

Johann Tobias v. Sergel
Gemälde von Jens Juel
Nationalmuseum, Stockholm

Kalmar 65, 70, 72, 74, 141, 355, 364 bis 366, 370, Abb. 22

Allen hier nachstehend aufgeführten Photographen und Institutionen möchte der Verlag für ihre unermüdliche Hilfe bei der Zusammenstellung der Abbildungen danken:
Göran Algård, Campione d'Italia I, III, IV, VI; Antikvarisk-Topografiska Arkivet, Stockholm 2, 3, 4, 6; Bayerische Staatsbibliothek, München 24; Klaus D. Francke, Hamburg 49; IDF-Bavaria 45; Eugen Kusch, Nürnberg 7, 9, 10, 11, 13, 16; Wolfgang Meier-Bavaria 12; Walter Pöppel, Älvsjö 47; Refot, Stockholm 15 (aus dem terra magica-Bildband ›Schweden‹ mit Genehmigung des Hanns Reich Verlages, Düsseldorf); Sonja Rihsé-Menck, Stade 8, 21, 42; Eberhard Schmeltzer, München V; Toni Schneiders, Lindau II, 1, 14, 22, 26, 29, 46; Toni Schneiders-Bavaria 5, 28, 48; Otto Siegner, München-Pullach 25, 44; Stockholms Stadsmuseum 17, 23, 36, 39; Stockholms Stadsmuseum (Lennart af Petersens) 37, 38; Svenska Porträttarkivet, Nationalmuseum, Stockholm 18-20, 27, 30-35, 40; Svenska Turisttrafikförbundet, Stockholm (Schwedisches Fremdenverkehrsamt, Frankfurt am Main) 41, 43. Das Zornmuseet in Mora stellte freundlicherweise das Ektachrom für den Schutzumschlag zur Verfügung.